普通高等教育案例版系列教材

供预防医学类、卫生管理类本科及非预防医学、非卫生管理专业研究生使用

案例版

流行病学

第2版

主　　编　姚应水　高晓虹

副 主 编　王金桃　倪进东　沈　冲　张　玲

编　　委　（按姓氏笔画排序）

于海兵（广东医科大学）

卫平民（东南大学）

王金桃（山西医科大学）

文育锋（皖南医学院）

孔丹莉（广东医科大学）

申元英（大理大学）

白华民（包头医学院）

庄　勋（南通大学）

刘　芬（首都医科大学）

李兴洲（佳木斯大学）

李晓霞（牡丹江医学院）

岑　晗（宁波大学）

余结根（皖南医学院）

沈　冲（南京医科大学）

张　玲（首都医科大学）

张　莹（沈阳医学院）

张莉娜（宁波大学）

陈　欣（大连医科大学）

金　辉（东南大学）

金岳龙（皖南医学院）

钟朝晖（重庆医科大学）

姚应水（皖南医学院）

袁　慧（皖南医学院）

倪进东（广东医科大学）

高玉敏（内蒙古医科大学）

高晓虹（大连医科大学）

郭立燕（济宁医学院）

董　晨（苏州大学）

裴泓波（兰州大学）

戴江红（新疆医科大学）

科学出版社

北　京

郑 重 声 明

为顺应教学改革潮流和改进现有的教学模式，适应目前高等医学院校的教育现状，提高医学教学质量，培养具有创新精神和创新能力的医学人才，科学出版社在充分调研的基础上，首创案例与教学内容相结合的编写形式，组织编写了案例版系列教材。案例教学在医学教育中，是培养高素质、创新型和实用型医学人才的有效途径。

图书在版编目（CIP）数据

流行病学 / 姚应水，高晓虹主编. —2 版. —北京：科学出版社，2017.1

ISBN 978-7-03-050798-3

Ⅰ. ①流… Ⅱ. ①姚… ②高… Ⅲ. ①流行病学–医学院校–教材 Ⅳ. ①R18

中国版本图书馆 CIP 数据核字(2016)第 285346 号

责任编辑：胡治国 / 责任校对：张凤琴

责任印制：赵 博 / 封面设计：陈 敬

科 学 出 版 社 出版

北京东黄城根北街 16 号

邮政编码：100717

http://www.sciencep.com

北京中石油彩色印刷有限责任公司印刷

科学出版社发行 各地新华书店经销

*

2009 年 2 月第 一 版 开本：787×1092 1/16

2017 年 1 月第 二 版 印张：28

2025 年 1 月第七次印刷 字数：813 000

定价：99.00 元

（如有印装质量问题，我社负责调换）

前　　言

流行病学是预防医学专业的一门主干学科，它在传染性疾病和慢性非传染性疾病的预防上起着巨大的作用。近年来，流行病学的研究方法不断发展、完善，已广泛应用于医学研究的各个领域，尤其是对研究不明疾病起着独特的作用。流行病学不仅是预防医学专业的基础课程，而且也是现代医学的一门基础学科，它已成为临床医学、预防医学和卫生事业管理、口腔医学、妇幼保健等专业的必修课程。流行病学发展过程中的许多事实证明：流行病学有“医学侦探”和“医学之母”的称号。

考虑到目前课程的设置不能很好地适应快速发展的疾病预防与控制的实际需要，教学内容与实际脱节；教学方法单调，以教师为中心，以及实践教学不能满足教学的要求；考试、考核的方法不利于学生创新思维能力的培养等问题。本教材在编写过程中，以此为切入点，采取案例导入的编写模式，达到启发学生自行思考，解决实际问题，注重学生智力开发及创新思维能力的培养等。

本案例版教材的核心是案例，设计案例应符合以下要求:①要考虑案例的现实性，以及学生的已有条件；②设计的案例要来自工作实际，或者是学生比较熟悉的例子，尽量维持实际环境，不做大的修饰；③要考虑未来性，对学生毕业后的工作有联系和帮助；④要给学生充分思考和讨论学习的空间等。案例的类型可以是信息式、问题式、陈述式、决策式、系列式和实录式等；要求案例要具备典型性、知识性、启发性、针对性、趣味性和实践性等特点。本教材的知识结构并不做大的调整，仍符合国家本科教学的大纲要求，但是，要突出学科的进展，突出知识的更新，突出理论联系实际，突出学生面对的医师资格考试的实际和将来工作的要求。

本教材共有二十五章，除系统介绍流行病学的基本概念、原理和方法学内容外，还编写了传染病流行病学、慢性非传染病流行病学、医院感染、突发公共卫生事件流行病学、伤害流行病学、药物流行病学、分子流行病学、精神疾病流行病学、社会心理与行为流行病学、病毒性肝炎、性传播疾病、结核病、感染性腹泻、地方病流行病学、循证医学等。

本教材是全新的案例式教材，虽然参考了国内外类似的教材，但由于文化、国情等方面差异的原因，所以在内容和风格等方面肯定会存在诸多不足，加之编写水平有限，可能有不少的缺陷和错误，希望各院校广大师生在使用过程中提出宝贵的意见或建议，以便进一步修改。

姚应水

2016年11月

前言

目　　录

第一章 绪 论

案例 1-1

在 20 世纪的多数年代里，冠心病一直是美国的主要死因之一。冠心病的死亡率在 1960 年代达到了高峰。1968 年之后，死亡率持续下降，而且种族和性别的死亡率几乎保持在同一水平。截止到 1993 年，年龄调整的冠心病死亡率已经下降到 248/10 万，与 1965 年相比，下降了 54%。下降的原因不完全清楚，但是主要的原因是生活模式中危险因素的减少，如吸烟、高血压、体育活动少和营养状况差等。在美国，诸如这些可以控制的危险因素，是由大规模流行病学研究确定的，如弗明汉研究等（Dawber，1980）。基于这些大规模流行病调查结果，以及之后开展的公共卫生项目获得的成功，如 1972 年开展的"国家高血压教育项目"，冠心病很多危险因素可以得到很好控制的现实和知识在医务界和公众间得到了普及。加之医疗服务和冠心病的有效治疗，使得冠心病死亡率明显下降，获得了巨大成功。这个项目，虽然持续了近 30 年，花费了大量的人力和物力，但是与取得的社会经济效益比，仍然载入了流行病学成功范例的史册。

问题：

（1）何为流行病学?

（2）案例中通过控制吸烟等危险因素，使冠心病死亡率下降的措施，属于何种流行病学研究?

流行病学（epidemiology）是在人类与疾病斗争过程中逐渐发展起来的古老而又年轻的工具学科，它的思想萌发于 2000 多年前，但学科的基本形成不过百余年。早期的流行病学重点是研究人类疾病的分布和发生的频率，后来扩展到研究疾病的影响因素。世界卫生组织报告中指出，20 世纪全球公共卫生的十大成就（如疫苗、健康饮食、传染病控制、降低心脑血管病死亡率、控烟、饮水加氟等领域）的取得都直接或间接地与流行病学研究有关。流行病学词典的主编 Last 教授称流行病学是公共卫生之母，它不仅是预防医学的骨干学科，也是现代医学一门重要的基础学科。

第一节 流行病学的定义和特征

一、流行病学定义的演变

流行病学的英文来源于希腊字 epi（在……之中、之上）、demos（人群）和 logos（研究），直译为"研究人群中发生的事情的学问"。在医学范畴中自然首先指的就是人群的疾病问题。由于不同时期人们面临的主要疾病和健康问题不同，所以流行病学的定义也具有鲜明的时代特点，并且与时俱进。

在传染病肆虐的 20 世纪上半叶，英国 Stallybrass（1931 年）把流行病学定义为"流行病学是关于传染病的主要原因、传播蔓延以及预防的学科"。苏联出版的《流行病学总论教程》（1936 年）中定义"流行病学是关于流行的科学，它研究流行发生的原因、规律及扑灭的条件，并研究与流行作斗争的措施"。可以看出，此时期内流行病学是以防制传染病为其总任务的。

随着传染病发病率和死亡率的大幅度下降，慢性非传染性疾病成为 20 世纪中后叶的主要卫生问题。与之相呼应，流行病学的定义也随之发展，从传染病扩大为非传染性疾病。1970 年 MacMahon 提出“流行病学是研究人类疾病的分布及疾病频率决定因子的科学”；1980 年 Lilienfeld 提出“流行病学是研究人群群体中疾病表现形式（表型）及影响这些表型的因素”；1964 年苏德隆提出“流行病学是医学中的一门学科，它研究疾病的分布、生态学及防制对策”。到 20 世纪 80 年代，随着社会经济的发展和医学模式的转变，人们在预防控制疾病的同时，也开始关注如何促进健康的问题。因此，Last 在 1983 年主编的《流行病学辞典》中将流行病学定义为：“流行病学研究在人群中与健康有关状态和事件的分布及决定因素，以及应用这些研究以维持和促进健康的问题”。

我国著名流行病学专家连志浩教授和李立明教授分别在 1992 年和 1999 年在流行病学第三版和第四版统编教材中给出的定义均为“流行病学是研究人群中疾病与健康状况的分布及其影响因素，并研究防制疾病及促进健康的策略和措施的科学”。该定义与 Last 提出的定义一致，既适合目前我国的卫生实践又充分显示了该学科的本质，因此本版教材仍沿用该定义。

二、现代流行病学定义的诠释

流行病学定义虽可简括为两句话，但展开来看却内涵丰富。

1. 流行病学研究内容的三个层次 流行病学是从以传染病为主的研究内容发展起来的，目前已扩大到全面的疾病和健康状态，包括了疾病、伤害和健康三个层次。疾病包括传染病、寄生虫病、地方病和非传染性疾病等一切疾病。伤害包括意外、残疾、智障和身心损害等。健康状态包括身体生理生化的各种机能状态、疾病前状态和长寿等，其内涵与世界卫生组织 1948 年提出的关于健康的概念，即“身体、精神和社会适应各方面均处于完好状态，而不只是无病或虚弱”是一致的。

2. 流行病学任务的三个阶段 第一阶段的任务是“揭示现象”，即揭示流行（主要是传染病）或分布（其他疾病、伤害与健康）的现象。第二阶段为“找出原因”，即从分析现象入手找出流行或分布的规律和原因。第三阶段为“提供措施”，即合理利用前两阶段的结果，找出预防或控制的策略与措施。依序完成上述三个阶段的任务，才算完整的流行病学工作。

3. 流行病学工作深度的三个范畴 不同的任务需要通过不同性质的工作来实现。当我们的任务是“揭示现象”时，开展的基本上是描述性工作，即通过描述性流行病学方法来实现。这个工作深度通常不能直接找出原因，更不能检验措施的效果，仅能提供深入探讨原因的基础，对现象作初步分析。深入一步的任务是要求“找出原因”，这时我们就需要借助分析性流行病学方法来检验或验证所提出的病因假说。最后的任务是以找到的原因为基础来“提供措施”，并进一步确证措施的有效性，这要用人群流行病学实验，即实验流行病学的工作来完成。

一般说上述三个范畴的工作是由浅入深循序渐进的，在科研工作中尤其如此，只有这样才有认识和解决问题的足够说服力。但在实际中，常是根据具体条件和情况着重或集中进行某一部分的工作。

4. 流行病学研究的三种基本方法 从方法学看，科学的方法不外乎历史法、观察法、实验法和数理法几大类。但流行病学以观察法、实验法和数理法为基本，其中尤以观察法最为重要。思维的逻辑推理是任何学科及日常生活都离不开的，流行病学工作也不例外。

5. 流行病学学科中的三大要素 一门独立的学科必须具有自己独特的研究内容和任务，要有自己的原理和方法，应用学科还必须到特定范围内去发挥其推动生产力的作用。流行病学的内容和任务前面已作了交代，而全部流行病学内涵则可概括成原理、方法和应用三部分。流行病学主要是一门应用科学，也是一门方法学，有别于理论科学。纯理论的内容在流行病学中是比较少且不够成熟的，因此我们认为以原理代替理论二字为宜。

知识点 1-1：流行病学概念

（1）突出八个字：分布—因素—措施—评价

（2）基本内涵

研究对象：人群（群体）

研究内容：疾病与健康状况

研究核心：分布及其影响因素

研究目的：提供科学决策依据

流行病学是一门应用科学和方法学（具有实用性和独立性），流行病学是从群体角度研究疾病和健康状况。

疾病：包括各种各样的疾病，不仅仅局限于传染病

健康：身体健康、心理健康、社会适应能力良好

三、流行病学特征

流行病学作为一门医学科学的基础学科和方法学，在其学术体系中体现着如下一些特征：

1. 群体的特征 流行病学研究人群中的疾病现象与健康状态，即从人群的各种分布现象入手，将分布作为研究一切问题的起点，而不是考虑个人的患病与治疗问题，更不是考虑它们如何反映在器官和分子水平上。我们的目光始终着眼于人群的问题。人群组成了社会，这是人与其他高等动物的根本不同点。人群的疾病或健康现象不可避免地被打上社会的烙印。如研究他们的分布，少不了研究职业、宗教信仰、居住地点等社会特征的分布。分析资料时也要看行为生活方式、社会经历、经济条件等社会因素的影响。因此，流行病学的研究结果是“群体诊断”，是对人群的疾病和健康状况的概括。流行病学方法也借用了社会学的研究方法，如调查中的非概率性抽样、问卷的设计及其技巧的使用、处理资料时的定性分析方法等。进行决策及采取措施时，更常运用社会手段，如加强宣传教育，改善生活与经济条件，改进卫生设施及医疗保健服务等。流行病学是医学中渗透或结合了诸多社会因素的一门学科。

2. 对比的特征 在流行病学研究中自始至终贯穿着对比的思想，对比是流行病学研究方法的核心。只有通过对比调查、对比分析，才能从中发现疾病发生的原因或线索。如对比高血压组和非高血压组的冠心病发病率，对比素食者与非素食者寿命之长短等。流行病学工作常常是对比疾病人群与正常人群或亚临床人群的某种概率的差异，这可能是流行病学工作中独特之处。对比差异的同时，我们还可以看两个或两个以上的结果之间有无相关现象，即不是看二者之差异而是看二者之符合程度，这也是一种对比。例如进行某项结果的一致性检验，有无剂量反应关系，计算相关系数等，在流行病学研究中也经常使用。

3. 概率论和数理统计学的特征 描述各种分布情况时，流行病学极少使用绝对数，多数使用相对数等频率指标，因为绝对数不能显示人群中发病的强度或死亡的危险度。频率实际上就是一种概率，流行病学强调的是概率，而概率必须有正确的分母数据才能求得。此外，流行病学工作要求有数量，而且是足够大的人群，分布本身就要求群体和数量。所谓大数量不是越大越好，而是要足够的合理的大数量，过多则增加无谓的经济负担和工作上的难度，过少则难以正确地说明问题。合理的数量依靠统计学方法来正确地估计。

4. 社会心理的特征 人群健康同环境有着密切的关系。疾病的发生不仅仅同人体的内环境有关，还必然受到自然环境和社会环境的影响和制约。在研究疾病的病因和流行因素时，应该全面考察研究对象的生物、心理和社会生活状况等。

5. 预防为主的特征 作为公共卫生和预防医学的一门分支学科，流行病学始终坚持预防为主的方针并以此作为学科的研究内容之一。与临床医学不同的是，它面向整个人群，着眼于疾病的

预防，特别是一级预防，保护人群健康。

6. 发展的特征 纵观流行病学的历史可以看出，针对不同时期的主要卫生问题，流行病学的定义、任务是不断发展的，研究方法在近年内也不断完善，尤其是流行病学学科不断从其他学科的发展中汲取新的思想，产生了许多新分支，这些都标志着学科发展的特征。

知识点 1-2：流行病学特征

根据流行病学以上特征，流行病学具有：①群体性和社会性；②预防性；③宏观方法性；④实用性。

第二节 流行病学的发展史

任何一门学科的出现，都会有其历史发展的需要与必然，流行病学学科也不例外。它是在与疾病（最初是传染病）的斗争中应运而生的。同时，作为一门科学，它是从观察开始，经过实践，上升为理论，进而找出规律性并采取相应办法予以改变。这也是流行病学学科发展的必然轨迹。在这条历史长河中，许多流行病学先驱功不可没，正是他们的创造性贡献推动了流行病学学科的形成和发展。梳理流行病学的发展史，就是帮助我们了解流行病学学科的特点及其在历史上的地位和作用。

一、学科形成前期

学科形成前期是指人类自有文明史以来至 18 世纪的一个漫长的历史时期。这一时期，科学的流行病学学科尚未形成，但与其密切相关的一些概念、观察的现象及采取的措施已构成流行病学学科的“雏形”。以下几个事实应予注意。

（1）古希腊著名的医师希波克拉底（Hippocrates，公元前 460 年～377 年），其著作涵盖领域极广，最著名的《空气、水及地点》是全世界最早的关于自然环境与健康和疾病关系的系统表述。而流行（epidemic）一词也是这时期在他的著作中出现的。在我国，“疫”、“时疫”、“疫疠”作为疾病流行的文字记载，也几乎是同时代出现的。像《说文解字》中的“疫者，民皆病也”和《素问·刺法论》中的“五疫之至，皆相染易，无问大小，症状相似”。

（2）15 世纪中叶，意大利威尼斯开始出现原始的海港检疫法规，要求外来船只必须先在港外停留检疫 40 天，成为最早的检疫（quarantine）。我国在隋朝就开设了“疠人坊”以隔离麻风病人，是传染病隔离的早期实践。

（3）1662 年，英国的 John Graunt 首次利用英国伦敦一个教区的死亡数据进行了死亡分布及规律性研究，并创制了第一张寿命表，用生存概率和死亡概率来概括死亡经历。在研究死亡规律和死亡资料质量的同时提出了设立比较组的思想。他的贡献在于将统计学引入流行病学领域。

二、学科形成期

学科形成期是指 18 世纪末至 20 世纪初，大约 200 年的时间。这时，西方开始了工业革命，资本主义社会出现并得到迅速发展。人们开始聚居于城市，为传染病的大面积流行提供了可能，而传染病的肆虐使流行病学学科的诞生成为必然。以下几个事实应予注意：

（1）1747 年，英国海军外科医生 James Lind 在 Salisburg 号海船上提出了由于维生素 C 缺乏引起身体虚弱的坏血病病因假说，并将 12 名患病海员分为 6 组进行对比治疗试验，开创了流行病学临床试验的先河。

（2）1796 年，英国医生 Edward Jenner 发明了牛痘接种预防天花，从而使天花的烈性传染得到了有效的控制，为传染病的控制开创了主动免疫的先河。

（3）18 世纪，法国革命对流行病学产生了深远的影响。其代表人物 Alexandre Louis 被喻为现代流行病学的先驱之一。他通过对比观察，探索放血疗法对炎症性疾病的疗效；利用寿命表对结核病的遗传作用进行了研究。此后又与他的学生-英国统计总监 William Farr 在英国首创了人口和死亡的常规资料收集，并通过这些数据的分析提出了许多流行病学的重要概念，如标化死亡率、人年、剂量反应关系、患病率=发病率×病程等。这一系列工作不仅使他们成为生命统计领域的先驱，也为流行病学的定量研究、对比研究打下了坚实的理论基础。1850 年，全世界第一个流行病学学会"英国伦敦流行病学学会"成立时，特别强调了 Alexandre Louis 将统计学应用于流行病学中的历史贡献。同时，学会的成立也标志着流行病学学科的形成。同年，伦敦流行病学中心成立，负责霍乱流行的医学信息发布，这标志着以传染病控制为主的流行病学诞生了。

（4）1848～1854 年，英国著名内科医生 John Snow 针对伦敦霍乱的流行，创造性地使用了病例分布的标点地图法，对伦敦宽街的霍乱流行及不同供水区居民霍乱的死亡率进行了调查分析。他首次提出了"霍乱是经水传播"的著名科学论断，并通过干预成功地控制了霍乱进一步的流行，成为流行病学现场调查、分析与控制的经典实例。

值得一提的是，当时的疾病病因有两大理论：即瘴气学说和细菌学说。John Snow 医师的霍乱研究彻底否定了瘴气学说，而霍乱弧菌的发现则是在 29 年后的 1883 年。这说明流行病学现场调查分析完全可以在病原不明的情况下开展，并实施有效的干预。1883 年，显微镜的问世使微生物学得到了长足的发展，细菌理论甚嚣尘上，使得 19 世纪末英国的流行病学研究进入了低谷时期。与此同时，美国的流行病学研究充分利用新的细菌学知识和方法开展环境中病原微生物的调查、移民筛查；并于 1887 年建立了国立卫生研究所的前身-卫生实验室，在传染病的控制方面做了大量工作。20 世纪 50 年代，美国流行病学情报所（Epidemiological Intelligence Service，EIS）成立，并开始系统地培训流行病学现场工作者。

三、学科发展期

学科发展期大约从第二次世界大战后的 20 世纪四、五十年代起至今，也可以称之为现代流行病学（modern epidemiology）时期。这一时期的主要特点是：①流行病学从研究传染病扩大为研究所有疾病和健康问题；②研究方法由传统的调查分析扩展为定量与定性相结合、宏观与微观相结合，分析方法不断完善，分析手段更加先进；③研究从"流行"发展为"分布"，动静态结合，由三环节两因素扩展到社会行为因素；④流行病学的分支学科不断涌现，使流行病学的应用范围越来越广。按目前国际流行病学界比较公认的分类方法，现代流行病学又可分为三个阶段。

1. 第一阶段 为 20 世纪 40 年代到 20 世纪 50 年代，该阶段创造了对慢性非传染性疾病的研究方法，包括危险度的估计方法。具有代表性的经典实例当属英国的 Doll 和 Hill 关于吸烟与肺癌关系的研究，开创了生活方式的研究领域。该研究不仅证实了吸烟是肺癌的主要危险因素，同时，也通过队列研究开启了慢性病病因学研究的一片新天地。其次就是美国的弗明汉心血管病研究（Framingham Heart Study），通过对同一批人群的长期随访观察，研究心血管病及其影响因素。弗明汉心血管病研究经过三代（1948 年～、1971 年～和 2002 年～）研究者的努力，在过去的 50 余年发表了 1000 多篇科学论文，确定了心脏病、脑卒中和其他疾病的重要危险因素，为进一步的临床试验铺平了道路，并带来预防医学的革命，改变了医学界和公众对疾病起源的认识。这一阶段，流行病学方法及病因学研究也得到了长足发展。1951 年，Jerome Cornfield 提出了相对危险度、比值比等影响深远的测量指标。1959 年，Nathan Mentel 和 William Haenszel 提出了著名的分层分析法，成为迄今为止被引用最多的流行病学研究方法。此外，在传染病方面，1954 年由 Jonas Edward Salk 组织开展的脊髓灰质炎疫苗现场试验涉及美国、加拿大和芬兰的 150 余万 1～3 年级儿童，不仅证实了疫苗的保护效果，也为人类最终实现消灭脊髓灰质炎的目标奠定了基础。

2. 第二阶段 为 20 世纪 60 年代到 20 世纪 80 年代，该阶段是流行病学分析方法长足发展的时期，包括混杂和偏倚的区分、交互作用以及病例对照研究设计的实用性发展。如 1979 年，Sackett 总结了分析性研究中可能发生的 35 种偏倚。Miettinen 于 1985 年提出了一种偏倚分类，即比较（comparison）、选择（selection）、信息（information）偏倚三大类。第一个多变量模型由 Jerome Cornfield 在弗明汉心血管病研究中建立，Logistic 回归模型成为流行病学时髦的分析手段。在此期间，一批有代表性的流行病学教科书和专著问世，如 MacMahon（1970 年）、Lilienfeld（1980 年）和 Rothman（1986 年）的流行病学专著。1983 年，Last 出版了第一本流行病学辞典。

3. 第三阶段 为 20 世纪 90 年代至今，是流行病学与其他学科交叉融合、更新理念和模式、不断推出新的分支学科、扩大流行病学应用领域的时期。微观上，流行病学与分子生物学的交叉形成了分子流行病学，并且在 1993 年由 Schulte 出版了第一本专著《分子流行病学-原理和实践》。宏观上，强调从分子、个体和社会多个水平，以及历史、现在与未来多个维度研究疾病与健康的相关问题，提出了生态流行病学（eco-epidemiology）模式。随着信息化时代的到来，如何在资源有限的情况下，系统总结证据，优胜劣汰，基于当前最佳的研究成果来制定临床和预防决策迫在眉睫，循证医学和循证保健遂成为世纪交替时一场震惊医学界的革命。

知识点 1-3：流行病学发展史

流行病学是适应人类生活和生产实践的需要逐渐发展起来的。

流行病学既来源于历代人类与传染病流行作长期斗争中积累的科学认识和防疫实际经验；又来源于近 200 多年来人类对疾病的流行病学研究方法的发展和进步。

正是这二者相结合逐渐形成了流行病学，它作为一门独立的学科对现代医学的发展已发挥着积极有效的作用。

第三节 流行病学的原理与方法

一、流行病学的基本原理

疾病在人群中并不是随机分布的，而是表现出一定的时间、地区和社会人口学分布特征。这种分布上的差异与危险因素的暴露或个体的易感性有着密切联系。若对此进行测量、评价并采取相应的控制措施，疾病是可以预防的。基于这样的思路，现代流行病学的基本原理包括：①疾病和健康在人群中的分布规律，其中包括疾病的流行现象；②疾病的发病过程，其中涵盖了机体的感染过程和传染病的流行过程；③人与环境之间的相互关系，即疾病的生态学；④病因论，特别是多病因论；⑤病因推断的基本原则；⑥疾病防制的策略和措施，其中包括疾病的三级预防措施；⑦疾病发展的数理模型等。现代流行病学的原理已经超越了以传染病为主要研究内容的传统流行病学。如探索疾病病因时，以多病因论作为指导，根据生物-心理-社会的医学模式，既涉及自然、社会和生态的外环境因素，又涉及人体生理、心理和精神的内环境因素。

二、流行病学研究方法

流行病学既是一门应用学科，也是逻辑性很强的科学研究方法。它以医学为主的多学科知识为依据，利用观察和询问等手段来调查社会人群中的疾病和健康状况，描述频率和分布，通过归纳、综合分析提出假说，进而采用分析性研究对假说进行检验，最终通过实验研究来证实。在对疾病的发生规律了解清楚之后，还可以上升到理论高度，用数学模型预测疾病的发生。

流行病学研究采用观察法、实验法和数理法，以观察法和实验法为主。观察法按是否有事先设立的对照组可进一步分为描述性研究和分析性研究。因此，流行病学研究按设计类型可分为描述流行病学、分析流行病学、实验流行病学和理论流行病学四类，每种类型包括多种研究设计。

描述流行病学主要是描述疾病或健康状态的分布情况，起到揭示现象、为病因研究提供线索的作用，即提出假设。而分析流行病学主要是检验或验证科研的假设。实验流行病学则用于证实或确证假设，如图 1-1 所示。

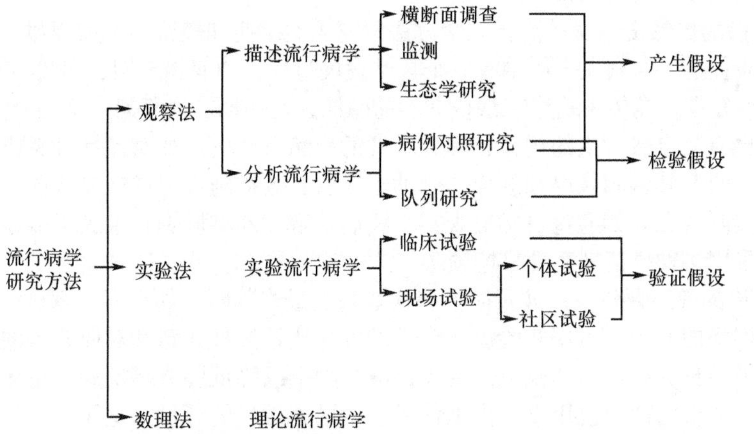

图 1-1　流行病学研究方法（按设计类型分类）

第四节　流行病学的应用

伴随着现代医学的发展和流行病学方法和原理的扩展，流行病学的应用也越来越广泛，已深入到医药卫生、疾病预防和公共卫生事业的各个方面。

1. 疾病预防控制和健康促进　流行病学的根本任务之一就是预防控制疾病。疾病三级预防的指导思想包括无病时预防使其不发生（病因预防），疾病的早期发现、早期诊断、早期治疗（“三早”，即临床前期预防），发生后使其得到控制或尽快康复（“康复防残”，即临床预防）。这一用途在传染病、寄生虫病和慢性非传染性疾病的预防上已显而易见。例如通过接种麻疹疫苗来降低麻疹的发病；通过杀灭钉螺来消灭血吸虫病；对肺癌，提倡以戒烟作为主要措施；采取控制高血压、戒烟、限酒、合理膳食和积极的体育锻炼等综合措施来预防冠心病。另外，流行病学在健康促进方面也具有重要的作用。

2. 疾病的监测　疾病的监测是贯彻预防为主方针的一项很好的措施。监测地区可大可小，可以是一个地区或是整个国家，可以是长期也可以是短期，疾病可以是一种或多种，可以是传染病也可以是非传染性疾病或其他（如伤残或健康状态）。既监测发生的疾病又监测已执行的措施。我国目前已有卫生部建立的全国传染病监测系统和死因监测系统，它们都正在发挥很好的作用。

3. 疾病病因和危险因素的研究　为了彻底达到预防疾病的目的，必须进行疾病病因的探索。因为只有透彻地了解疾病发生或流行的原因才能更好地防制乃至消灭某一种疾病，流行病学必定要有发掘病因及疾病危险因素的工作。

疾病的病因有单因素（如传染病中的麻疹、刀割伤等），也有多因素综合作用的结果（如高血压、高血脂、吸烟、肥胖等）。流行病学的主要用途之一就是尽量逐个澄清这些危险因素。有时，真正的病因尚未完全被阐明，而诸多危险因素已被发掘出来，据此防制疾病仍可收到很好的效果。如吸烟可致肺癌，但吸烟只是肺癌的一个危险因素，病因可能是烟草中的某个成分；尽管如此，控制吸烟仍能有效地预防肺癌。因此，流行病学工作不拘泥于非找到病因不可，若找到一些关键的危险因素，也能在很大程度上解决防病的问题。

流行病学工作常常遇到“未明原因”（指一时原因不明，不意味着原因根本不能查明）疾病的调查。这些疾病是突然暴发或是短时期内多发的，而临床医务人员一时不能做出诊断。以流行病学观点，采取流行病学调查分析的方法，再配合临床检查和检验，由寻找危险因素入手，最终这类暴发大多都能找到原因。这种例子很多，如1958年，新疆的“察布查尔病”证明是肉毒杆菌毒素引起的中毒；1959年，湖南、安徽等地区出现的“烧热病”由长期进食生棉籽油引起的；1972年，上海大规模的皮炎流行由桑毛虫引起的。

4. 了解疾病的自然史 通过流行病学方法研究人类疾病和健康的发展规律，以进一步应用于疾病预防和健康促进。疾病在个体中有一个自然发展过程，如亚临床期、症状早期、症状明显期、症状缓解期、恢复期。在传染病中有潜伏期、前驱期、发病期、恢复期。这是个体的疾病自然史。疾病在人群中也有其自然发生的规律，称为人群的疾病自然史。如对慢性肝炎或迁延性肝炎病人进行定期随访，研究其转归状况和规律，有助于采取有效措施以促进恢复健康。自然史研究既有理论意义也有实际意义。如通过自然史观察，我们了解到乙型肝炎有很大可能通过孕妇垂直传播给新生儿，故采用接种疫苗来实现早期预防。

5. 疾病防治的效果评价 这涉及防治疾病效果的最终判断。如观察儿童接种某种疫苗后，是否阻止了相应疾病的发生，可用实验流行病学的方法比较接种儿童和对照儿童的发病情况。在社区中实行大规模干预，如饮水加氟以防龋齿，减少吸烟以降低肺癌等疾病，也需使用流行病学实验方法去评价。类似的评价也用于卫生工作或卫生措施效果的评价，这属于卫生事业管理流行病学。在评价人群有关疾病、健康诸问题时，个体测量是办法之一，实验室检验也是办法之一，但归根结底要看人群中的效果，看是否降低了人群发病率，是否提高了治愈率和增加了健康率等。只有人群中的结果才能最终说明人群中的问题。因此，只有流行病学才能承担此任务。

知识点 1-4：流行病学的应用

（1）疾病预防控制和健康促进

（2）疾病的监测

（3）疾病病因和危险因素的研究

（4）了解疾病的自然史

（5）疾病防治的效果评价

第五节　流行病学与其他学科的关系及流行病学展望

一、流行病学与其他学科的关系

流行病学应用广泛，涉及面宽，几乎涉及社会科学、自然科学和医学科学的各主要学科。在历史发展中，它伴随着卫生统计学、微生物学、免疫学以及传染病学的发展而走过来的。现在，除了基础医学和临床医学，流行病学还与社会医学、心理学及一系列预防医学学科，也包括卫生管理学，建立了紧密联系。如在非传染性疾病的研究上，流行病学与病理学、生物化学、遗传学、分子生物学、临床医学相应各科及预防医学有关学科（例如环境卫生、营养等）关系密切。研究健康流行病学时，与生理学、生物化学、医学心理学、社会医学等尤为相关。当然，流行病学与卫生统计学形同姐妹，更是密不可分。

在现代流行病学时期出现了流行病学与相关学科定义相互渗透的现象。有几十种这样的名称出现，如分子流行病学、基因组流行病学、遗传流行病学、临床流行病学、肿瘤流行病学、心血管病流行病学、围生期流行病学、环境流行病学、生态流行病学、职业流行病学、营养流行病学、灾害流行病学、老年流行病学、健康流行病学、药物流行病学、（卫生事业）管理流行病学等。由此可见流行病学与诸多学科的广泛联系，也看出当今学科之间交互影响和相依存在的趋势。对以上名称有人叫做流行病学的“分支学科”，我们认为把其中一部分称为交叉学科（如临床流行病学、药物流行病学）为宜。另一些则仅仅是流行病学在某方面（如老年流行病学、健康流行病学、灾害流行病学）或某些病种（如肿瘤流行病学）上的应用。

知识点 1-5：流行病学与其他学科的关系

（1）与基础医学

基础医学：侧重于直接病因研究

流行病学：侧重于病因线索的探讨

基础医学以细胞水平、分子水平为主（微观水平研究），如应用先进的实验技术测量生物学标志，结合流行病学现场研究方法，从分子水平阐明疾病的病因及其相关的致病过程，提出、评价防制措施，如分子流行病学。

（2）与临床医学

临床医学：以个体水平为主，解决病人诊断和治疗

流行病学：研究疾病、健康在人群中的分布、影响因素及疾病的原因，正确地做出群体诊断

流行病学：需要临床医学基本知识和理论

临床医学：如掌握流行病学的研究方法，有利于获得有关的病因线索

将流行病学的群体观察及方法与临床医学的个体决策结合—临床流行病学。

二、流行病学面临的挑战与展望

1. 宏观与微观并举 流行病学应充分利用分子生物学、人类基因组学的研究成果发展“微观”流行病学。同时，必须重视疾病和健康都与复杂的社会、经济、文化和生态环境有关，重视“宏观”流行病学发展。

2. 传染病和非传染病并重 必须警惕新发传染病的流行，并防止古老传染病的死灰复燃。建立和加强疾病监测、全球疫情信息的及时交流和资料共享，是控制传染病发生的基本保证。针对慢性非传染性疾病要努力探索病因、寻找危险因素。

3. 人群健康研究提上日程 世界卫生组织给出健康的全新定义，人们对健康的理解和追求逐渐发生了转变。流行病学研究的任务既要防制疾病，又要促进健康。

4. 发展应急流行病学 人们已经逐渐意识到突发事件对社会稳定、经济发展和人群健康的严重危害。发展应急流行病学，探索自然灾害、重大事故和疾病暴发等突发事件的发生原因、发展规律和危害特点，为突发事件的预防和应对提供科学依据，制定合适的预防策略、援救措施和应对预案等。

5. 重视流行病学研究中的伦理学问题 随着人类基因组流行病学的兴起，越来越多的流行病学研究、监测活动会涉及个体的遗传信息。信息暴露将对个人、家庭和社会产生不良影响。另外，在一些特殊疾病的公共卫生监测和疾病控制工作中，如艾滋病就涉及了很多复杂的伦理学难题。

6. 强化流行病学在循证浪潮中的作用 产生证据与提供理解和利用证据的技能是流行病学的两个重要作用。一切卫生决策都必须基于当前最好的证据，以便有限的卫生资源得到更有效的利用。

案例 1-1 分析讨论：

（1）流行病学是研究人群中疾病与健康状况的分布及其影响因素，并研究防制疾病及促进健康的策略和措施的科学。

（2）属于实验流行病学研究方法。

（姚应水）

第二章　疾病的分布

案例 2-1

2006 年 6～8 月，我国四川省部分地区发生了人感染猪链球菌事件。链球菌是一种革兰阳性球菌，种类很多，在自然界分布很广。引起四川省疫情的猪链球菌 2 型属于 α 溶血性链球菌。按抗原结构分类属于链球菌 D 群。猪链球菌 2 型可以存在于 50%的正常猪中，但发病率较低，是否发病与感染的细菌株含有的独立因子有关。人群普遍易感。屠宰场工人、宰杀病死猪的人员、洗切病死猪肉的人员等为高危人群。通过密切接触病死猪、猪肉（宰杀、切割、清洗）而被感染，尤其是手部皮肤有损伤的人员更容易被感染。本病一年四季均可发生，但 5～11 月份发生较多。此次疫情四川省累计报告人感染猪链球菌病例 204 例，其中死亡 38 例。病例分布在资阳、内江、成都等地区，其中发病年龄最小 26 岁，最大 82 岁，平均发病年龄为 54 岁。发病最多的为 50～60 岁年龄组，占病例总数的 42%。分析现有详细调查资料的 25 例死亡病例：潜伏期：最短 6 小时，最长 8.7 天，中位数 1.5 天。病程：最短 10 小时，最长 5 天，中位数 21.5 小时。诊断分型：以休克型为主（69.6%），混合型次之（17.4%）。疫情于 6 月下旬开始，7 月 16 日起发病明显增多，7 月 22 日达到高峰，7 月 19～25 日发病稳定在较高水平，7 月 28 日开始下降，8 月 4 日以后，没有新发病例。截至 8 月 21 日，已连续 16 天无新发人感染猪链球菌病病例，已超过 1 个潜伏期，疫情已基本控制。

问题：

（1）我们应该如何描述此次疫情？应该采取哪些描述疾病分布的指标？

（2）此次疫情的发病率、死亡率、病死率等指标应该如何计算？

（3）此次疫情属于何种流行强度？

不同的疾病可表现为不同的分布特征，同一种疾病在不同的环境下其分布特征也可能不同。但一般而言，同一种疾病的分布往往有一定规律性，这种规律与该病的病因、宿主及环境密切相关。因此，流行病学探索病因、提出疾病预防和控制策略离不开疾病分布的研究，疾病分布的研究是流行病学研究的起点和基础。

第一节　疾病频率测量指标

疾病分布（distribution of disease）是指疾病在不同时间、地区和人群中发生的数量或频率特征。换言之，疾病分布是以疾病发生的频率为指标，描述疾病在不同时间、地区和人群的分布现象，又称疾病的三间（时间、空间、人间）分布。疾病分布的描述就是将流行病学调查的资料或其他常规资料按不同时间、地点、人群进行分组，并通过计算相关疾病发生和死亡等指标来比较和分析疾病在不同时间、地区和人群的表现特征的过程。

正确描述疾病的分布，有助于认识疾病的群体现象、分布规律及其影响因素，从而有助于临床诊断和治疗决策的制定。疾病分布特征是疾病在人群中发生、发展内在规律的外在反映，通过对疾病分布的分析，可为疾病病因探索提供线索；可为合理地制定疾病的预防和控制、保健策略及措施提供科学依据；有助于政府合理分配卫生资源并确定卫生服务的重点。

一、率、比和构成比的概念

（一）率

率（rate）是指在单位时间内某一确定人群中某现象发生的频率或强度。率是在一定条件下某现象实际发生例数与可能发生该现象的总例数之比。一个率由分子（发生数）、分母（可能发生的总数）、事件发生的特定时间和系数（分率）组成。系数（分率）将分数和小数转换成整数，便于统一单位和不同时间、不同地区之间进行比较。一般用百分率、千分率、万分率或十万分率表示。

$$\text{率}=\frac{\text{单位时间内某现象实际发生的例数}}{\text{可能发生该现象的总人数}}\times k \tag{2-1}$$

k=100%，1000‰，10 000/万，100 000/10 万……

（二）比

比（ratio）也称相对比，两个数相除所得的值，说明两者的相对水平，常用倍数或百分数表示。

$$\text{比}=\frac{\text{甲指标}}{\text{乙指标}}(\text{或}\times 100\%) \tag{2-2}$$

注意：通常情况下，分子和分母是两个彼此分离的互相不重叠或包含的量，即分子不包含于分母之中，甚至分子分母可以代表不同总体，也就是二者是不同质的。率也是比，但是比不一定是率。例如，率比是两个发病率或死亡率的比，属于比，但不属于率，是表示暴露效应大小的指标。

（三）构成比

构成比（proportion）是表示同一事物内部各个组成部分所占总体的比重或分布，常以百分率表示。构成比分子和分母的单位相同，而且分子包含于分母之中。

$$\text{构成比}=\frac{\text{某事物内部某一部分的数量（个体数）}}{\text{同一事物内部的整体数量（个体数之和）}}\times 100\% \tag{2-3}$$

构成比也是比的一种，反映事物静止状态内部构成成分占全体的比重，可反映某种概率的数值大小。还有一类为发生频率比，与构成比不同，反映一定时间内，发生某种变化者占全体的比例。发生频率比是动态发生变化者占原来全体的频率，反映了在该时间区间内发生某种变化的概率大小。率和发生频率比都是用来描述变量随时间变化的动态指标。区别是前者可以取任何值，是反映动态过程的一个参数，而后者取值仅在 0 到 1 之间，是变量在一定期间内发生变化的概率。两者既不相同又互相联系。

二、发 病 指 标

（一）发病率

1. 定义 发病率（incidence rate）表示在一定时期内，特定人群中某病新病例出现的频率。计算公式为

$$\text{发病率}=\frac{\text{一定期间内某人群中某病新病例数}}{\text{同时期暴露人口数}}\times k \tag{2-4}$$

k=100%，1000‰，10 000/万，100 000/10 万……

2. 时间单位 计算发病率时可根据研究的病种及研究问题的特点来选择时间单位，一般多以年为时间单位。

3. 分子与分母的确定 发病率的分子是一定期间内的新发病例数，而新发病例的确定依据

则为发病时间。对于有明显症状的急性疾病，可以将症状最早出现的时间作为发病时间，如腹泻、发热、皮疹的出现时间等。但对于恶性肿瘤、高血压、糖尿病和精神病等慢性疾病，多在疾病早期并无明显症状，一般以初次诊断时间作为发病时间。新病例是指观察期间内发生某种疾病的病人，有时一个人在观察期间内可能多次发生同种疾病，记为多个新病例，此时分子为发病人次。

分母中所规定的暴露人口是指在观察期内某地区人群可能会发生该病的人群。对于观察人口中不可能发病的人，应从分母中减去。如研究传染病的发病率时，对以前感染过传染病或因接种疫苗而获得免疫者，理论上不应包括在分母中。但在实际工作中，对于大数量的人群，准确的暴露人口往往不容易获得，因此，一般多使用年平均人口数代替暴露人口数作为分母。年平均人口数的表示有两种方法，可以用该年 7 月 1 日零时人口数代替，或年初人口数和年末人口数之和除以 2 来计算。

4. 注意问题 发病率可按人群不同特征，如年龄、性别、职业、民族等分别计算，此即发病专率（specific incidence rate）。不同特征人群疾病发病率往往不同，因此，计算发病率时，用发病专率比粗的发病率更能反映实际情况。除此之外，在不同资料的发病率进行对比时，应考虑年龄、性别等的构成不同，进行发病率的标准化处理。

5. 应用 发病率是一个重要的常用指标，对于描述死亡率极低或不会致死的疾病尤为重要。可用于描述疾病的分布，探讨发病因素，提出病因假说，评价防制措施的效果等。由于发病率的水平受致病因素作用、疾病诊断水平、诊断标准、防制措施、疾病报告与登记制度等因素的影响，因此，在分析发病率的变化时，要综合考虑各方面因素的影响。

（二）罹患率

罹患率（attack rate）和发病率一样，也是人群新发病例发生频率的指标。通常多指在某一局限范围，短时间内的发病率，反映该范围人群罹患疾病的程度。观察时间单位可以是日、周、旬、月。罹患率适用于描述局部地区疾病的暴发，食物中毒、传染病及职业中毒等暴发流行情况。其优点是可以根据暴露程度精确地测量疾病发生频率。

$$罹患率=\frac{观察期内某病新病例数}{同期暴露人口数}\times k \tag{2-5}$$

$$k=100\%或1000/‰$$

（三）续发率

续发率（secondary attack rate，SAR） 也称二代发病率，在第一个病例（原发病例）出现后，在该病最短与最长潜伏期之间受其传染而发生的病例称为续发病例（二代病例）。续发率等于易感接触者中发病的人数（续发病例）占家庭或某集体成员中所有易感接触者总数的百分率。

$$续发率=\frac{潜伏期内易感接触者中发病人数}{易感接触者总人数}\times 100\% \tag{2-6}$$

续发率计算时应注意，须将原发病例从分子及分母中去除。对那些在同一家庭中来自家庭外感染，或短于最短潜伏期及长于最长潜伏期发病者均不应计入续发病例。续发率可用于分析传染病传染力的大小、流行因素，包括不同条件对传染病传播的影响（如年龄、性别、家庭中儿童数、家庭人口数、经济条件等）及评价卫生防疫措施的效果（如对免疫接种、隔离、消毒等措施的评价）。

三、患病指标

（一）患病率

1. 定义 患病率（prevalence）是指某特定时间内总人口中，某病新旧病例所占比例，也称现患率或流行率。患病率可按观察时间的不同分为时点患病率(point prevalence)和期间患病率(period prevalence) 两种。时点患病率更为常用。通常患病率时点在理论上是无长度的，但实际调查或检查时一般不超过 1 个月。而期间患病率的调查时间通常多超过 1 个月。

$$时点患病率=\frac{某一时点一定人口中现患某病新旧病例数}{该时点人口数（被观察人口数）}\times k \quad (2\text{-}7)$$

$$期间患病率=\frac{某观察时间内一定人口中现患某病新旧病例数}{同期的平均人口数（被观察人口数）}\times k \quad (2\text{-}8)$$

k=100%，1000‰，10 000/万，100 000/10 万……

2. 患病率与发病率、病程的关系　在一个相当长的时间内，当某地某病的发病率和该病的病程都保持稳定时，患病率、发病率和病程三者的关系为

$$患病率（P）=发病率（I）\times 病程（D） \quad (2\text{-}9)$$

上式也可以用于推算某些疾病的病程。如有学者调查得出：美国明尼苏达州癫痫的患病率是 376/10 万，发病率为 30.8/10 万，则可以估算癫痫的病程为 12.2 年。

3. 影响患病率的因素　患病率升高或降低主要取决于两个因素，即发病率和病程。因此，患病率的变化可以反映出发病率的变化或疾病结果的变化或两者兼而有之。例如某病的患病率增高，既可能是发病率真的增高，也可能是由于诊断水平的提高或治疗措施的改进，使得患者免于死亡而寿命延长所致。同理，某些疾病患病率下降，既可以是由于发病率下降所致，也可以是由于治疗措施的采取，病人恢复快病程缩短所致，还可能是病情恶化病人死亡快，病程缩短所致。因此，患病率的变化要结合发病率、存活率、治愈率等各个方面的资料进行综合分析，才能得出正确的结论。

影响患病率升高的主要因素有：①新病例增加 (发病率增高)；②病例迁入；③健康者迁出；④易感者迁入；⑤病程延长；⑥未治愈者的寿命延长；⑦诊断水平提高；⑧报告率提高。

影响患病率降低的主要因素：①新病例减少 (发病率下降)；②病例迁出；③健康者迁入；④病程缩短；⑤病死率增高；⑥治愈率提高。

4. 应用　患病率通常用来表示病程较长的慢性病的发生或流行情况；反映某地区人群对某疾病的负担程度；可为医疗设施规划、医院床位周转估计、卫生人力的需要量估算、医疗质量的评估和医疗费用的投入等提供科学的依据；探索研究疾病的流行因素；评价慢性病的控制效果。

5. 患病率与发病率的区别　患病率与发病率的区别可归纳如表 2-1 所示。

表 2-1　患病率与发病率的区别

比较内容	发病率	患病率
分子	观察期间新发病例数	观察期间病例数（新、旧病例）
分母	暴露人口数或平均人口数	调查人口数或平均人口数
观察时间	一般为 1 年或更长时间	较短，一般为 1 个月或几个月
适用疾病种类	各种疾病	慢性病或病程较长疾病
性质	动态频率	静态比例
来源	疾病报告、疾病监测、队列研究	现况调查
用途	研究病因，评价防制措施的效果	可为医疗设施规划、医院人、财、物的投入等提供依据；评价慢性病的控制效果
影响因素	危险因素暴露、诊断水平、疾病报告质量等	影响发病率变动的因素、病后死亡或痊愈、康复情况及患者病程等

(二) 感染率

感染率 (infection rate) 是指在某个时间内所检查的整个人群样本中，某病现有感染者人数所

占的比例。

$$感染率=\frac{受检者中阳性人数}{受检人数}\times100\% \quad (2\text{-}10)$$

感染率是评价人群健康状况常用的指标，其性质与患病率相似。不同的是患病率的分子是指患病的人数，而感染率的分子是指感染者数。许多传染病感染后不一定发病，可以通过血清学检测抗体或病原学检测病原体等检测方法获知是否被感染。感染率应用广泛，尤其是在具有较多隐性感染的传染病和寄生虫病的调查中，常用于研究人群的感染情况和分析防治工作的效果，估计某病的流行势态、也可为制定防制措施提供依据。

（三）病残率

病残率（prevalence of disability）也称病残流行率，是指某一人群中，在一定期间内每百（或千、万、十万）人中实际存在的病残人数，即通过询问调查或健康检查，确诊的病残人数与调查人数之比。可说明病残在人群中发生的频率，也可以对人群中严重危害健康的任何具体病残情况进行单项统计。它是人群健康状况的评价指标之一。

四、死亡与生存指标

（一）死亡率

1. 定义 死亡率（mortality rate，death rate）是指某人群在一定期间内总死亡人数与该人群同期平均人口数之比。它是测量人群死亡危险最常用的指标。其分子为某人群一定期间的总死亡人数，分母为该人群同期平均人口数。观察时间常以年为单位。

$$死亡率=\frac{某人群某年总死亡人数}{该人群同年平均人口数}\times k \quad (2\text{-}11)$$

k=1000‰，10 000/万或 100 000/10 万

在人口学研究中常用千分率，便于与出生率相比较。在疾病研究中，多采用十万分率，便于与其他地区和国际间对比。

2. 应用 死亡率反映一个人群总的死亡水平，是用于衡量某一时期，一个地区人群因病伤死亡危险性大小的指标，是一个国家或地区文化、卫生水平的综合反映。不仅在医学上受到重视，在政治、经济研究中也受到关注。它既可反映一个国家或地区不同时期人群的健康状况和卫生保健工作的水平，也可为确定该国家或地区卫生保健需求和规划制定提供科学依据。死亡率可用于探讨病因和评价防制措施的效果。死于所有原因的死亡率是一种未经过调整的率，所以通常也称粗死亡率（crude death rate）。不同国家或地区、不同年代人口的年龄、性别等构成不同，粗死亡率不能直接比较，必须进行年龄或性别的调整，计算调整或标准化死亡率，以排除年龄或性别构成不同所造成的假象。

3. 死亡专率 死亡率可按不同疾病种类、年龄、性别、职业、民族、种族、婚姻状况等分别计算，称为死亡专率（specific death rate）。

$$某病死亡专率=\frac{某年某病死亡人数}{同年平均人口数}\times k \quad (2\text{-}12)$$

k=1000‰，……

疾病死亡专率是一项重要指标，对于某些病死率高的疾病，如肺癌、肝癌、胰腺癌、心肌梗死等流行病学研究很有用途，因为死亡率与发病率十分接近，死亡水平基本上可以代表其发病水平，而且死亡率准确性高于发病率，因此，常用作病因探讨的指标。但对于非致死性疾病如普通感冒、关节炎等，进行死亡率分析的意义不大。

计算死亡专率时，应注意分母必须是与分子相应的人口数。例如计算宫颈癌死亡率，分母应

为女性人口；计算某地 60 岁以上男性前列腺癌的死亡专率，分母应该是该地 60 岁以上男性人口数，不能用 60 岁以上人口，也不能用全人口，分子应为 60 岁以上男性死于前列腺癌的人数。如果死亡率按职业、种族等特征分类时，分子和分母的类别也必须相同。

4. 累积死亡率　累积死亡率（cumulative mortality rate）是指在一定观察期内死亡人数占观察开始时人口数的比。适于在研究人群的数量比较大且较稳定的情况下使用。

$$累积死亡率=\frac{观察期内死亡人数}{观察开始时的人口数}\times k \quad (2\text{-}13)$$

k=1000‰，……

（二）病死率

病死率（fatality rate）是指在一定时期内，患某病的全部病人中因该病死亡者的比例。

$$病死率=\frac{一定期间内因某病死亡人数}{同期确诊的某病病例数}\times 100\% \quad (2\text{-}14)$$

病死率通常多用于病程短的急性病。表示某确诊疾病的死亡概率，它可表明该疾病的严重程度，以衡量疾病对人生命威胁的程度。病死率受疾病的严重程度、早期诊断水平和医院治疗水平等影响。在比较不同医院的病死率时，须注意不同医院就诊病人病情的严重程度及医院的医疗设施等条件是否有可比性。

（三）生存率

生存率（survival rate）　是指患某种疾病的人或接受某种治疗措施的病人，经 n 年随访，到随访结束时仍尚存活的病例数占观察病例总数的比例。

$$n年生存率=\frac{随访满n年尚存活的病例数}{开始随访的病例数}\times 100\% \quad (2\text{-}15)$$

生存率反映了疾病对生命的危害程度，可用于评价某些病程较长疾病治疗的远期疗效。在某些慢性病如恶性肿瘤、心血管疾病、结核病等的研究中常常应用。应用该指标时，应确定随访开始日期和截至日期。开始日期一般为确诊日期、出院日期或手术日期，截至日期通常可为 1 年、3 年、5 年或 10 年，即可计算 1 年、3 年、5 年或 10 年的生存率。

五、疾病负担指标

（一）潜在减寿年数

1. 定义　潜在减寿年数（potential years of life lost，PYLL）是指某病某年龄组人群死亡者的期望寿命与实际死亡年龄之差的总和，即死亡所造成的寿命损失。

$$PYLL=\sum_{i=1}^{e}a_i d_i \quad (2\text{-}16)$$

式中，e 为预期寿命（岁），i 为年龄组（通常计算其年龄组中值），a_i 为剩余年龄，$a_i=e-(i+0.5)$，其意义为：当死亡发生于某年龄（组）i 时，至活到 e 岁还剩余的年龄。由于死亡年龄通常以上一个生日计算，所以尚应加上一个平均值 0.5 岁，d_i 为某年龄组的死亡人数。

用潜在减寿年数来评价疾病对人群健康影响的程度，能消除死亡者年龄构成的不同对预期寿命损失的影响。该指标的优点是计算简便、易于理解，结果直观、方便比较。

2. 应用　潜在减寿年数是人群中疾病负担测量的一个直接指标，也是评价人群健康水平的一个重要指标。

（1）用于衡量各种死因对一定年龄组人群的危害程度，可计算每个病因引起的寿命减少年数，及用于比较不同原因所致的寿命减少年数。

（2）可用于将某一地区（县或省）和另一标准地区（县或省）相比较。

（3）在卫生事业管理中，作为筛选确定重点卫生问题或重点疾病的指标，也适用于防治措施效果的评价和卫生政策的分析。

（4）对于不同疾病连续多年计算潜在减寿年数，可了解疾病的长期发展趋势。

（二）伤残调整寿命年

1. 定义 伤残调整寿命年（disability adjusted life year，DALY）是一个定量的计算因各种疾病造成的早死与残疾对健康寿命年损失的综合指标。包括因早死所致的寿命损失年（years of life lost，YLL）和疾病所致伤残引起的健康寿命损失年（years lived with disability，YLD）两部分，是用于计算疾病负担的主要指标之一。

2. 应用 DALY的应用主要有：

（1）可应用伤残调整寿命年宏观地认识疾病和控制疾病。可用于跟踪疾病负担的动态变化及监测其健康状况在一定期间的改进，还可对已有的措施计划进行初步的评价，测定医疗卫生干预措施的有效性。

（2）对不同地区、不同对象（性别、年龄）、不同病种进行伤残调整寿命年分布的分析，可以帮助确定危害严重的主要病种、重点人群和高发地区，为确定防治重点及研究重点提供重要信息依据。

（3）可进行成本效益分析。以伤残调整寿命年的降低作为反映干预措施效益的指标，研究不同病种、不同干预措施挽救一个伤残调整寿命年所需的成本，从而确定并采取最佳干预措施来防治重点疾病，使有限的资源发挥最大的效益。

知识点2-1：疾病频率常用测量指标、发病率与患病率的比较、死亡率与病死率的比较

（1）疾病频率常用测量指标有：发病率、罹患率、患病率、感染率、续发率、死亡率、病死率、生存率、PYLL、DALY等。

（2）发病率与患病率的比较：在分子、分母、观察时间、适用疾病种类、性质、来源、用途、影响因素等方面均不同。

（3）死亡率与病死率的比较：死亡率是指某人群在一定期间内总死亡人数与该人群同期平均人口数之比。病死率表示一定时期内，患某病的全部病人中因该病死亡者的比例。二者在分子、分母、用途等方面不同。

第二节 疾病流行的强度

疾病流行强度是指在一定时期内，某地区某人群中某病发病率的变化及其病例间的联系程度。描述疾病流行强度的常用术语包括散发、暴发、流行和大流行。

一、散 发

散发（sporadic）是指某病在某地区人群中发病率呈历年的一般水平，病例在人群中散在发生或零星出现，各病例间在发病时间和地点方面无明显联系。散发用于描述较大范围地区中人群某病的流行强度，而不用于人口较少的居民区或单位，因为其发病率受偶然因素影响较大，年度发病率很不稳定。

确定疾病是否散发一般将发病率与当地近三年同种疾病的平均发病率水平进行比较，如当年的发病率未明显超过既往平均水平时为散发。

疾病分布呈现散发与疾病本身的特点及预防和控制措施效果有关，常见于以下几种情况：

（1）该病在当地常年流行或因预防接种使人群维持一定的免疫水平。如麻疹、甲型病毒性肝炎等。

（2）以隐性感染为主的疾病，常以散发形式存在，如脊髓灰质炎、流行性乙型脑炎等。

（3）有些传播机制不容易实现的传染病也可出现散发状态，如狂犬病、斑疹伤寒、炭疽等。

（4）某些长潜伏期传染病通常以散发形式存在，如麻风（潜伏期平均为2～5年，短者数月，长者超过10年）。

二、暴　发

暴发（outbreak）是指在一个局部地区或集体单位中，短时间内突然出现许多症状相似的病人。这些人多有相同的传染源或传播途径。大多数病人常同时出现在该病的最长潜伏期内。如集体食堂的食物中毒、托幼机构的麻疹、手足口病、流行性腮腺炎、甲型病毒性肝炎等疾病的暴发等。

三、流　行

流行（epidemic）是指某病在某地区发病率显著超过该病历年散发发病率水平。与散发不同，流行出现时各病例间呈现明显的时间和地区联系，如2009年甲型 H_1N_1 流感的流行就表现出明显的人与人之间传播关系和地域间的播散特征。

四、大 流 行

某病发病率显著超过该地一定历史条件下的流行水平时，疾病迅速蔓延，涉及地域广，在短时间内跨越省界、国界甚至洲界形成世界性流行，称之为大流行（pandemic）。如2003年SARS的流行，几个月的时间就波及32个国家和地区。流行性感冒及霍乱也曾多次形成世界性大流行。随着全球经济的飞速发展，交通日益便捷，人群和物资流动的频率和速度是空前的，病原体和传染源的快速移动会使某种疾病在短时间内传遍全球，因而疾病世界性大流行的危险始终存在。

知识点 2-2：描述疾病流行强度的常用术语

描述疾病流行强度的常用术语包括散发、暴发、流行和大流行。

第三节　疾病的三间分布

疾病的分布既反映了疾病本身的生物学特性，也反映了疾病有关的各种内外环境因素的效应及其互相作用的特点。疾病分布是流行病学研究中的基本内容，是描述性研究的核心，是分析性研究的基础，是制定疾病防制策略和措施的依据。

一、时 间 分 布

疾病时间分布是指疾病流行过程随时间的推移而不断变化的现象。这种情况在传染病发病上较为突出。慢性病的发病频率在短期内可呈现稳定状态，但经较长时期观察，也可获得发病频率变动或变动趋势的资料。研究时间分布规律常可提供病因及流行因素的线索。疾病时间分布有以下几种表现形式。

（一）短期波动

短期波动（rapid fluctuation）又称时点流行，是指在一个固定人群中，短时间内某病发病人数突然增多的现象。含义与暴发相近，区别在于暴发常用于范围较小的人群，而短期波动常用于范围和数量较大的人群。

短期波动常因许多人在短期接触同一致病因子而引起。由于潜伏期不同，发病有先有后。先发病者为短潜伏期患者，后发病者为长潜伏期患者，大多数病例发生日期往往在最短和最长潜伏期之间，即常见潜伏期。发病高峰与该病的常见潜伏期基本一致。因此可从发病高峰推算暴露日期，从而找出引起短期波动的原因。各种疾病均可发生短期波动或暴发。

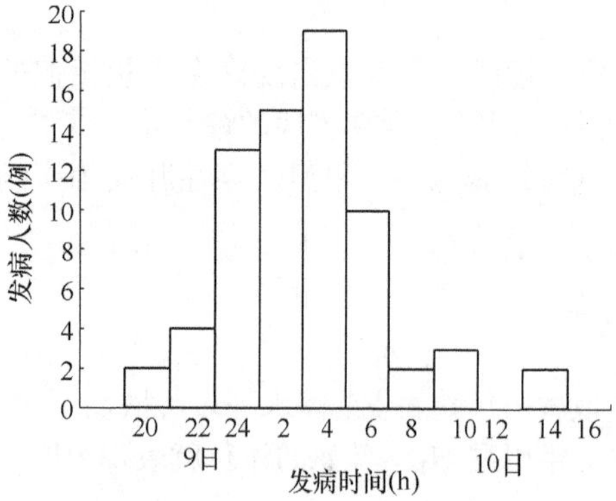

图 2-1 某单位食物中毒的时间分布

除致病因素持续起作用的疾病暴发外，一般情况下，急性传染病暴发的发病曲线都是迅速上升，然后下降，发病达到高峰的速度快慢和流行期限的长短与该病传染性大小、潜伏期长短、流行开始时人群中易感接触者的比例及人群密度等有关。食物中毒暴发常在数小时或数十小时内发生，多因共同食入某种食物所致，病人常集中发生在同一潜伏期内，流行曲线呈单峰型。图 2-1 系某单位食物中毒暴发的时间分布，图中显示所有病例发病时间集中在 20h 以内，在暴发开始后 7～10h 内出现病例高峰，因患者无传染性，故无续发病例。

（二）季节性

疾病在一定季节内呈现发病率升高的现象称为季节性（seasonal variation，seasonality）。不同疾病可表现出不同的季节分布特点，主要有以下三种情况：

1. 严格的季节性 在某些地区以虫媒传播的传染病发生有严格的季节性，发病多集中在一年中的少数几个月内，其余月份则没有病例的发生。图 2-2 呈现的是我国流行性乙型脑炎 1955 年的流行特点，是疾病流行严格季节性分布的典型资料。在辽宁流行性乙型脑炎发病高峰为 8、9、10 三个月，北京为 7、8、9 三个月，湖南为 6、7、8 三个月，其他季节几乎无病例出现，表现出严格的夏秋季高发的季节性特点。而福建则全年均有病例发生，只是在夏秋季节发病频率出现季节性升高。其主要原因与乙型脑炎病毒在媒介昆虫体内繁殖特性及蚊虫孳生条件有关，也与猪的病毒血症时间密切相关。

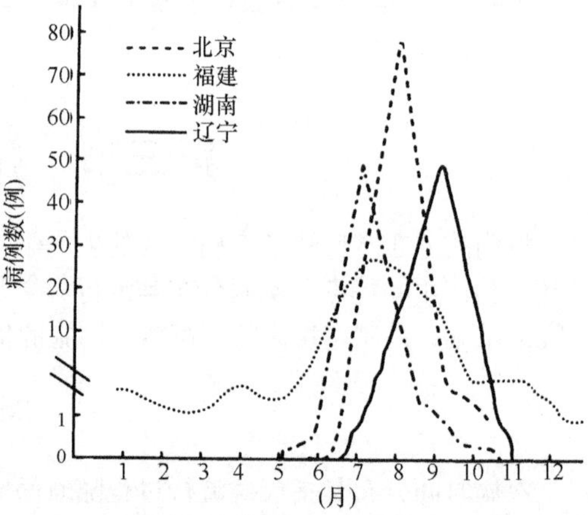

图 2-2 1955 年我国流行性乙型脑炎季节分布

2. 季节性升高 疾病在一年四季中均可发生，但在不同的月份，疾病的发生频率可表现出较大的差异。如以细菌性痢疾为代表的肠道传染病在我国各地全年均可发生，但有季节性升高，一般为 8～9 月份，南方稍早，北方稍晚，有的地区季节性高峰内的病例数占全年病例数的 40%以上。而流行性感冒、麻疹等呼吸道传染病则在冬春季发病率较高。非传染性疾病亦有季节性升高的现象，如营养缺乏病中的糙皮病（pellagra）常春季高发；花粉热多发生在春夏之交；脑出血多发生于冬季；急性心肌梗死出现在 11 月～1 月和 3～4 月两个高峰；黑色素瘤常在夏季多发，与强烈阳光照射有关。

3. 无季节性 指疾病的发生无明显季节性升高的现象，表现为一年四季均可发病。如乙型病毒性肝炎、结核、麻风等发病均无明显季节性。

影响疾病季节性分布的原因十分复杂，常见原因包括以下四方面：

（1）受气候因素的影响，病原体繁殖、媒介昆虫消长、动物传染源的活动等因季节而异。

（2）与野生动物分布、生活习性和家畜家禽生长繁殖等因素有关。

（3）受人们的生活方式、生产、劳动条件、营养、风俗习惯及医疗卫生水平变化的影响。

（4）与人群暴露机会及人群易感性有关。

研究疾病的季节性不仅可以帮助我们认识疾病的流行特征，探讨流行因素、传染源，还可为防制对策的制定提供依据。

（三）周期性

周期性（periodicity）是指疾病发生频率经过一个相当规律的时间间隔（例如每隔若干年），呈现规律性变动的状况。例如普遍使用麻疹疫苗前，麻疹在人口众多城市中常常表现为两年一次流行高峰。自 1965 年广泛推广使用麻疹疫苗后，我国麻疹的发病率显著降低，周期性流行已不明显。又例如流行性脑脊髓膜炎约 7～9 年流行一次，如图 2-3 所示，黄热病约 6～10 年流行一次，如图 2-4 所示。

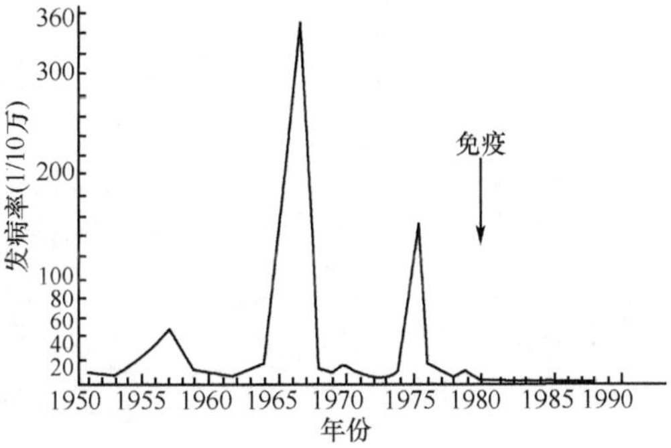

图 2-3 1950～1988 年保定市流行性脑脊髓膜炎发病率

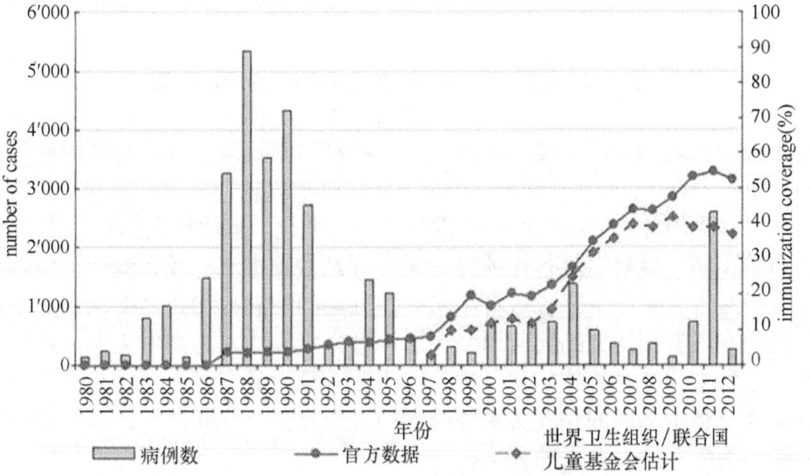

图 2-4 全球 1982～2012 年黄热病报告发病人数

疾病周期性常见的原因及疾病出现周期性必备的条件是：

（1）易感者的周期性积累：在人口密集的大中城市，当存在着传染源及足够数量的易感人群，特别是新生儿的积累提供了相应数量的易感者，而又无有效的预防措施时，疾病的流行便有可能发生。

（2）传播机制容易实现的疾病：如呼吸道传染病，人群受感染的机会较多，只要有足够数量的易感者，疾病可迅速传播。

（3）病后可形成稳固免疫力的疾病：流行后发病率可迅速下降，流行后人群免疫力持续时间越久，疾病流行周期的间隔时间越长。

（4）病原体变异：周期性的间隔还取决于病原体变异及变异的速度，变异速度越快，周期性越短。

（四）长期趋势

长期趋势（secular trend）又称长期变异（secular change），是指在一个相当长的时间内，通常为几年、十几年或几十年，疾病的临床特征、分布特征、流行强度等方面所发生的变化。人类许多疾病在一个相当长时间内随着社会生活条件改变、医疗技术的进步及自然条件的变化而发生显著变化，可表现出经过几年或几十年发病率或死亡率持续上升或下降的趋势。如图 2-5 所示：英国、芬兰、丹麦、爱尔兰、瑞典、挪威六国的男性肺癌死亡率近 30 年来呈现先上升后持续下降的趋势，而上述国家女性的肺癌死亡率近 30 年来则呈现持续上升趋势。

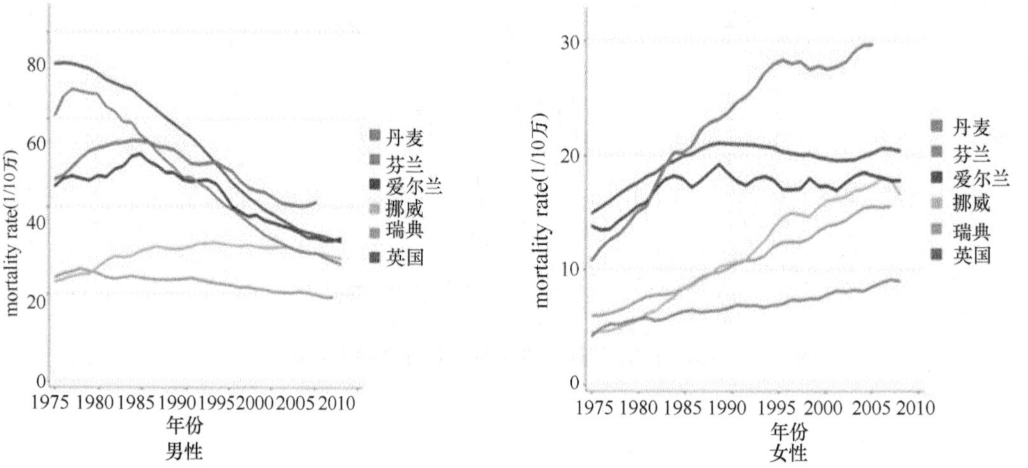

图 2-5 欧洲六国 1975～2010 年间肺癌死亡趋势

分析研究疾病的长期趋势可为揭示流行因素、考核防制效果、修订防制措施等提供重要的参考依据。

新中国成立以来我国传染性疾病的种类发生了很大变化。解放初期伤寒、细菌性痢疾、霍乱、炭疽、白喉、布鲁菌病、麻疹、流行性脑脊髓膜炎等经常发生流行或大流行。但经过大力防治，这些疾病的发病率呈现大幅度下降。近百年来，猩红热的发病率和死亡率均明显下降，重症病人的比例减少，轻型和不典型病例的比重增多。麻疹过去以婴幼儿为高发人群，近年来发病年龄向大年龄组推移。这种变化与病原体的流行株、毒力及致病力的变异，机体免疫状况、诊治条件、药物疗效及病原体与宿主之间的相互关系等因素的改变有关。除此之外，还与是否采取有效的防制措施及应用新的治疗方法、手段等有关。

20 世纪 50 年代我国疾病死因顺位的前 3 位以传染病为主，到了 21 世纪，前 3 位死亡原因均为慢性病，即脑血管疾病、恶性肿瘤和心脏病。疾病死亡谱的长期变化趋势反映了疾病致病因素和防制对策综合作用的结果。

长期变异出现的原因大致可归为：

（1）病因或致病因素的变化。

（2）病原体抗原型别、致病力、毒力及机体免疫状况的改变，是传染病产生长期变异的主要原因。

（3）医生诊断能力的提高、新的诊断技术方法的引进及普及应用。

（4）疾病防治能力的提高、新的防治方法和手段的应用等。

（5）登记报告及登记制度的完善、疾病的诊断标准、分类发生改变。

（6）人口学资料的改变及人口老龄化等。

二、地 区 分 布

疾病的发生往往受地区的自然环境和社会条件的影响，因此往往有地区分布差异。研究疾病地区分布常可对疾病的病因、流行因素等提供线索，有助于制定防治对策和措施。

疾病地区分布划分，在世界范围内可按国家、区域、洲、半球为单位；在一个国家内可按行政区域划分，如我国可按省（直辖市、自治区）、市、区（县）、街道（乡、镇）为单位，这样可以比较容易获得完整的人口数字和发病与死亡资料。但是疾病的分布受自然因素影响，若以行政区域为单位来描述疾病的分布，虽有方便之处，但由于在同一行政域内常常自然环境不尽相同，则很可能掩盖了自然环境作用。如按自然环境划分，可依山区、平原、湖泊、河流、森林和草原为单位，可以显示自然条件的影响。影响地区分布的因素很多，除自然因素外，有时人群聚集状态、城市、乡村、商业区与工业区等均影响着疾病的分布。因此，按何种方法划分地区来描述疾病分布，可根据研究目的和病种不同来确定。

疾病的地区分布，可用地图或表描述。地图有直观的特点，可根据实际情况，作出疾病标点地图、疾病行政地区、自然景观分布图或传播蔓延图等。此外，也可列表比较不同地区疾病的发病率、死亡率或患病率等。如果进行地区间比较，需要进行率的标准化。

（一）描述疾病地区分布的常用术语

1. 疾病的地方性（endemic）　由于自然因素或社会因素的影响，某种疾病经常存在于某一地区或只在一定范围人群中发生，而不需要自外地输入时称为地方性。可依其特点不同分为以下几种：

（1）自然地方性：某些疾病受自然环境的影响只在某一特定地区存在的现象称为自然地方性。包括两种情况：一类是该地区有适合某种病原体生长发育和传播媒介生存的自然环境，使该病只在这一地区存在，如疟疾、血吸虫病、丝虫病等。另一类是疾病与自然地理环境中的某些元素缺乏或过多有关，具有严格地方性，如地方性甲状腺肿、大骨节病和氟中毒等，该类疾病在我国习惯上称为地方病。

（2）统计地方性：由于生活习惯、卫生条件或宗教信仰等社会因素的影响，一些疾病的发病率在某一地区长期显著地高于其他地区，与该地的自然环境无关。例如因为一些地区居民文化及卫生设施水平低或存在一些特殊条件及风俗习惯，而使一些传染长期存在，如伤寒、痢疾等。

（3）自然疫源性：某些疾病的病原体在繁衍过程中不依赖于人，而在野生动物或家畜中循环，只在特定的条件下传染给人，这种情况称为自然疫源性，这类疾病称为自然疫源性疾病。如鼠疫、流行性出血热、地方性斑疹伤寒、恙虫病、森林脑炎等。发生这类传染病的地区存在动物传染源、传染媒介及病原体生存传播的自然条件，这类地区称为自然疫源地。

2. 外来性或输入性　凡本国或本地区不存在或已消灭的传染病，从国外或其他地区传入时，称为外来性或输入性疾病。如艾滋病是在20世纪80年代由国外传入我国。

（二）判断地方性疾病的依据

（1）该病在当地居住的各人群组中发病率均高，并一般随年龄增长而上升。

（2）在其他地区居住的相似人群组，该病的发病率均低，甚至不发病。

（3）外来的健康人，到达当地一定时间后发病，其发病率和当地居民相似。

（4）迁出该地区的居民，该病的发病率下降，患者症状减轻或呈自愈趋向。

（5）当地对该病易感的动物可能发生类似的疾病。

符合上述标准的数量越多，说明该病与该地区有关致病因素的关系越密切。

（三）疾病在国家间和国家内的分布

1. 国家间的分布 有些疾病只发生于世界某些地区，如黄热病流行于南美洲和非洲，登革热则流行于热带、亚热带。有些疾病的地区分布并非恒定，如埃尔托型霍乱，过去只发生在东南亚，印度尼西亚的苏拉威西岛是该病的疫源地。但自 1961 年以来，该病逐渐扩大流行区域，1970 年以后不但侵入 20 多年来已无霍乱的非洲，并进入了 50 年来无霍乱的欧洲，并波及大洋洲。1991 年，霍乱首次入侵南美洲，由秘鲁开始流行并迅速传播，两年中几乎全部拉丁美洲国家均受波及，至今第七次霍乱世界大流行已持续近 50 年，五大洲 140 个以上的国家和地区报告病例超过 500 万例，波及范围之广和持续时间之长均超过历次世界大流行。

有些疾病虽在全世界均可发生，但在不同地区的发生或死亡频率有差异。如肝癌主要分布在东南亚和东南非，而欧洲和美洲则少见。乳腺癌、肠癌死亡率欧洲和北美较高。肺癌年龄标化发病率在北美、西欧中部、南欧、北欧和东亚较高，而在中西非最低。我国和日本脑卒中死亡率高于欧美各国。

2. 国家内的分布 疾病在同一个国家内部的不同地区之间分布也存在明显差异。如血吸虫病在我国有较严格的地方性，流行只限于长江流域及以南十三省、自治区（直辖市）。疟疾一般多分布在低纬度的地区。这类疾病的分布是与中间宿主或媒介昆虫的分布呈现一致性。克山病在我国自东北向西南呈一条宽带状分布，此地带介于西南内陆和沿海之间。鼻咽癌多见于华南各省，以广东发病最高，而胃癌则高发于华北、东北和西北地区。食管癌则以太行山脉的山西、河南、河北三省交界处的死亡率最高。

（四）疾病的城乡分布

由于生活条件、卫生状况、人口密度、交通条件、工业水平、动植物的分布等各种因素不同，城乡之间在疾病的病种、死因顺位、发病率或死亡率等方面均表现出明显差异。

发展中国家大城市的特点是人口多、密度大、居住面积狭窄、交通拥挤，青壮年所占比例较多，出生率保持在一定水平，人口流动性较大，始终有一定数量的某些传染病的易感人群，因此可使某些传染病常年发生，而且一旦流行，传播迅速，并可形成暴发或流行，也常常出现周期性。如流行性感冒在一个大城市流行时，往往在两个月内便可涉及各个角落。城市儿童某些传染病的感染年龄比农村儿童提早。城市空气、水、环境污染严重，加上人们生活节奏快，压力大，某些慢性病患病率明显高于农村。职业性疾病和某些恶性肿瘤如肺癌城市发病率高于农村。城市自然疫源性疾病罕见，虫媒传染病也比农村少。

农村由于人口密度低，交通不便，与外界交往不频繁，人口流动性小，呼吸道传染病不易流行，但人群易感性也高，一旦有传染源传入，也可迅速蔓延，引起暴发。由于农村卫生条件较差，接近自然环境，所以肠道传染病、虫媒传染病及自然疫源性疾病，如痢疾、疟疾、血吸虫病、流行性出血热、钩端螺旋体病等疾病较易流行。一些地方性疾病如地方性甲状腺肿、氟骨症等在农村的发病率也高于城市。农村乡镇企业防护条件和劳动条件较差，职业中毒和职业伤害不断发生。农村人口不断流入城市，使农村常见的一些传染病不断流入城市，同时也把城市常见的传染病带回农村。

三、人群分布

疾病的分布常常随人群的不同特征如年龄、性别、职业、种族、民族及婚姻状况等不同而有差异，也与人群的行为、生活方式及环境有关。有些特征是固有的，如性别、种族、民族；有些可随时间、环境的变化而改变，如年龄、职业、行为等。疾病的发病率、死亡率和病死率常与这些特征或其变化有关。研究疾病在不同人群中的分布特征，常有助于确定高危人群、探讨流行因素和制定疾病预防控制措施。

（一）年龄分布

1. 年龄分布的特征 研究不同特征人群的疾病分布时，以年龄因素与疾病的发生关系最为密切。几乎所有疾病的发生发展均与年龄有关。但是不同的疾病在不同的年龄组的发病率高低可表现出很大的差异，表现为：

（1）传染性疾病：易于传播且患病后能够获得稳固持久的免疫力的疾病如麻疹、水痘、流行性腮腺炎等，儿童发病较高，成年人较少；以隐性感染为主的传染病如流行性脑脊髓膜炎、脊髓灰质炎和流行性乙型脑炎等的年龄分布特点均以儿童发病率为高，成年人较少发病；疾病常年存在，反复流行时，如流行性脑脊髓膜炎、疟疾等，以婴幼儿和低龄儿童患病为主；病后缺乏稳固的免疫力的疾病如流感各年龄组发病率趋于一致。

（2）非传染性疾病：各年龄组均可发病。肿瘤、心脑血管疾病等多表现为随年龄增加而增加的趋势，但白血病则表现为儿童期发病较高，然后下降再升高的趋势，如图 2-6 所示。

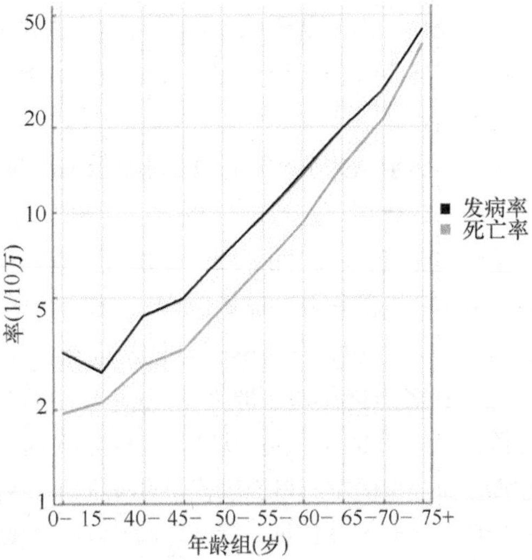

图 2-6 全球各年龄组白血病的发病和死亡趋势

2. 年龄分布出现差异的原因

（1）不同人群免疫水平状况不同。

（2）不同人群生活方式、行为方式等不同，对致病因子的暴露机会不同。

（3）有效的预防接种可改变某些疾病固有的发病特征。

3. 研究疾病年龄分布的目的

（1）根据年龄分布特征，可帮助提供重点保护对象及确定高危人群，为今后有针对性地开展防治工作提供依据。

（2）有助于分析疾病不同年龄分布的差异，以便深入探索致病因素，为病因研究提供线索。

（3）根据不同年龄分布的动态趋势，有助于观察人群免疫状况的变化、确定预防接种对象和进行预防接种措施的实施，以保证预防接种的效果。

4. 疾病年龄分布的分析方法

（1）横断面分析（cross sectional analysis）是指在特定时间内，对某一特定人群疾病或其他健康状态的年龄分布特征与相关变量之间关系的研究。常用于描述潜伏期短的疾病的年龄分布特征，例如分析某种急性疾病不同年龄组的发病率、患病率和死亡率等。但该法用于恶性肿瘤、高血压及冠心病等慢性病年龄分布的研究存在不足，因为慢性病暴露时间距发病时间一般很长，而且不同时期致病因素的种类及其作用的强度可能会发生变化，所以这种分析方法不能正确显示慢性病的致病因素与年龄的关系。

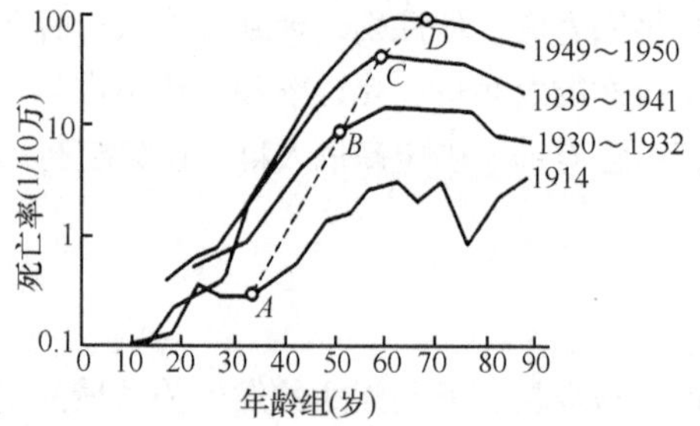

图 2-7 1914～1950 年某地男性肺癌年龄别死亡率

图 2-7 是 1914～1950 年某地男性肺癌年龄别死亡率的横断面分析，从图可以看出两方面的特点：①不同年代相同年龄组男性肺癌死亡率不同，1914 年各年龄组男性肺癌死亡率都较低，其后随着时间的往后推移，同一年龄组男性肺癌死亡率均有不同程度的上升，且增幅明显，提示病因作用在持续增强；②同一时期各年龄组男性肺癌死亡率都有从 10～20 岁低年龄组开始逐渐上升，60～70 岁时达到高峰，70 岁以后呈现缓慢下降的趋势，然而这一现象可能未反映真实的肺癌死亡情况。这种分析方法能说明同一时期不同年龄组死亡率的变化和不同年代各年龄组死亡率的变化，而不能说明不同年代出生者的不同年龄组的死亡趋势。可用下述出生队列分析了解不同年代出生人群各年龄组的发病或死亡趋势，正确揭示和合理解释不同年代出生人群年龄与疾病的关系。

（2）出生队列分析（birth cohort analysis）是指对同一年代出生的人群组在不同年龄阶段某病的发病率或死亡率进行的分析，以了解发病或死亡年龄变化的趋势和不同出生队列的暴露对发病或死亡的影响。图 2-7 中，ABCD 连线便是出生队列曲线。A 点代表 1880 年出生的男性人群在 1914 年（34 岁）的肺癌死亡率；B、C 和 D 点分别是 1880 年出生的男性人群在 1931 年（51 岁）、1940 年（60 岁）和 1949 年（69 岁）的肺癌死亡率；将 A、B、C、D 各点连接起来即为 1880 年出生队列的男性人群从 1914（34 岁）到 1949 年（69 岁）时不同年龄的肺癌死亡率曲线，可以看出随年龄增加，肺癌死亡率上升，并无下降趋势。这种曲线称为出生队列肺癌死亡率曲线，图 2-8 表示的就是这种曲线。从 1850、1860、1870、1880、1890 年 5 条出生队列曲线中可以看到以下规律：①各出生队列男性肺癌的死亡率均随年龄的增长而呈显著升高的趋势；②与较早出生的队列相比，出生年代越晚的男性，开始死于肺癌的年龄越早，且肺癌死亡率上升速度越快；③年龄相同，出生越晚的男性队列肺癌死亡率越高。因此，出生队列分析不仅可以合理地解释年龄与肺癌死亡之间的关系，澄清横断面分析曲线中男性肺癌死亡率从 70 岁开始呈现下降趋势的假象，还可以表明出生年代越晚者暴露于致病因素的时间可能更早，暴露量可能更大。因此，出生队列分析有助于

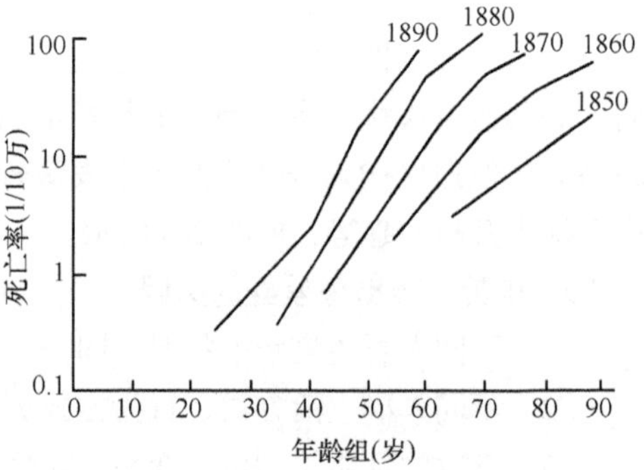

图 2-8 1850～1890 年间出生者男性肺癌年龄别死亡率

正确地分辨出年龄、时间因素和暴露经历三者对疾病的作用。

（二）性别分布

描述疾病在不同性别人群中的分布规律，一般是指比较男女间的发病率和死亡率，有时也可用性别比来表示。因为不同年龄组的男女比例可能不同，所以需按不同年龄组分别进行比较或者标准化后再进行比较。若人群中男女人口数没有明显差别，也可用男女的病例数作比较。疾病分布之所以表现出性别上的差异主要取决于以下因素：

1. 暴露致病因素的机会不同　由于种种原因而使得男女两性对许多疾病的致病因素有不同的暴露机会，如森林脑炎、血吸虫病、野鼠型出血热、钩端螺旋体病等常因为男性暴露机会多于女性而表现为男性发病率高于女性。

恶性肿瘤死亡率除女性或男性特有的肿瘤，如乳腺癌、子宫内膜癌、宫颈癌及前列腺癌外，其他男女均可患的恶性肿瘤一般是男性发病率高于女性。其中明显高的有肺癌、结直肠癌、胃癌、肝癌、食管癌、膀胱癌等，如图 2-9 所示，可能与男性在日常生活及职业工作中暴露致癌因子的机会高于女性有关。

2. 遗传特征、生理解剖特点及内分泌代谢等因素不同　不同疾病性别分布不同，往往与男女之间的遗传因素、内分泌因素、心理因素及生理解剖等因素不同有关，这些因素影响了人们对疾病的易感性，如胆囊炎、胆结石等女性发病率明显高于男性，可能与其生理解剖特点有关。地方性甲状腺肿女性发病高于男性，冠心病女性发病低于男性，可能与内分泌因素有关。

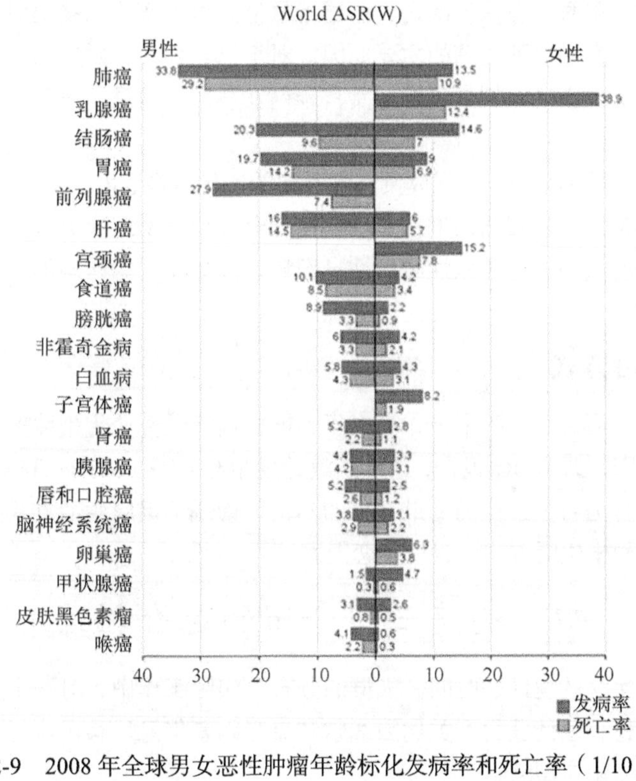

图 2-9　2008 年全球男女恶性肿瘤年龄标化发病率和死亡率（1/10 万）

（三）职业分布

某些疾病的发生与职业有密切关系，发病率与职业危害因素的暴露机会、劳动条件、劳动强度、劳动者的社会经济地位与文化水平以及精神紧张程度不同有关。如煤矿工易患矽肺，石棉、炼焦工人易患肺癌，制鞋、燃料工作者易患苯中毒，矿工、建筑工人和农民易发生意外伤害和死于外伤，脑力劳动者易患冠心病，理发员易患静脉曲张等。某些传染病的发生与职业也有关系，如北方伐木工人易患森林脑炎，皮毛厂工人易患炭疽，农牧场工人易患布鲁菌病等。

（四）民族和种族分布

不同种族人群包含着许多因素，如遗传、地理环境、自然条件、社会经济状况、宗教、生活习惯、医疗卫生水平等。这些因素均可影响疾病的发生。如马来西亚居住有三种民族：马来人患淋巴瘤较多；印度人患口腔癌多；而中国人以患鼻咽癌和肝癌较多。美国黑人和白人中某些疾病的发病率和死亡率有显著的差别：黑人宫颈癌高发，而白人乳腺癌高发；黑人多死于高血压性心脏病、脑血管意外、结核、梅毒、犯罪和意外事故，而白人死亡率较高的是血管硬化性心脏病，自杀和白血病。

（五）婚姻与家庭

婚姻与家庭状况对人群健康有明显影响。国内外许多研究表明：对多数疾病的死亡率而言，离婚者的死亡率最高，单身和丧偶者次之，已婚者最低。可见离婚、丧偶对精神、心理和生活的影响明显，可能是导致发病或死亡高的主要原因。对于已婚妇女，婚后的性生活、怀孕、分娩、哺乳等均会对健康有明显影响，例如已婚妇女宫颈癌发病率显著高于单身妇女；未婚女性和高龄分娩者则易患乳腺癌。

家庭是社会生活的基本单位。家庭成员有着共同的遗传特性、生活习惯和生活上的密切接触。因此，一些传染病如结核病、细菌性痢疾及病毒性肝炎等很容易造成家庭成员间的传播。除此之外，一些与遗传有关的疾病，如家族性腺瘤性息肉病、高血压、糖尿病等均可形成一定程度上的家庭聚集性。

（六）行为生活方式

目前，恶性肿瘤、冠心病、脑卒中、高血压、糖尿病等慢性非传染性疾病已经成为危害人类健康和生命的主要原因。据 WHO 报告，这些疾病的发生与发展，60%～70%是由社会因素和不健康的生活方式与不良行为习惯造成的。最常见的不良行为或不健康生活方式有：吸烟、酗酒、吸毒、不正当性行为、静坐生活方式及过度迷恋上网等。

四、疾病三间分布的综合描述

以上分别叙述了疾病的地区、时间、人群的分布。实际工作中，对一个病的描述往往是综合进行的。只有综合描述，才能获得有关病因线索和流行因素信息。移民流行病学研究就是一个疾病三间分布的综合描述的典型例子。

（一）移民流行病学的概念

移民流行病学（migrant epidemiology）是通过观察某种疾病在移民人群、移居地当地人群及原居住地人群的疾病发病率或死亡率差别，以探索该病发生与遗传因素和环境因素的关系。它是利用移民人群研究疾病的分布，从而探索病因的一种研究方法，已用于肿瘤等慢性病以及一些遗传病的病因研究中。

（二）移民流行病学研究的原则

（1）若某病在移民人群中的发病率或死亡率与原居住地人群的发病率或死亡率不同，而接近于移居地当地人群的发病率或死亡率，则该病可能主要与环境因素有关。

（2）若某病在移民人群中的发病率或死亡率与原居住地人群的发病率或死亡率相近，而不同于移居地当地人群的发病率或死亡率，则该病可能主要与遗传因素有关。

具体应用时，应考虑移民人群生活条件和生活习惯改变的程度及原居住地和移居地的社会、经济、文化及医疗卫生水平等的差异。

（三）移民流行病学研究实例

近百年来日本人移居美国者甚多。两国人民生活习惯、地理环境不同，因此研究日本移民的流行病学资料较多，如表 2-2 所示。

表 2-2 日本人、在美国的日本移民、美国白人一些死因的标化死亡率比（1959～1962 年）

疾病	日本人	日本移民		美国白人
		非美国出生	美国出生	
食管癌（男）	100	132	51	47
胃癌（女）	100	55	48	18
肠癌（男）	100	374	288	489
乳腺癌（女）	100	166	136	591
宫颈癌	100	52	33	48
脑血管疾病	100	32	24	37
动脉硬化性心脏病	100	226	165	481

（MacMahon.Epidemiology，1970）

日本为胃癌高发区，而美国则是低发区，如以日本人胃癌死亡率为 100，则非美国出生的日本移民为 55，在美国出生的日本移民为 48，而美国白人为 18。日本移民胃癌死亡率高于美国白人，而低于原居住国日本人，说明环境因素对胃癌的发生关系较大。同样，日本移民宫颈癌和脑血管疾病的死亡率低于日本本国人，而与美国白人较接近。日本移民一旦脱离日本环境，则宫颈癌和脑血管病的死亡率下降，说明环境因素与这两种疾病有关。

知识点 2-3：疾病时间分布的表现形式、疾病地方性的种类、疾病年龄分布的分析方法、移民流行病学

（1）疾病时间分布有以下几种表现形式：短期波动、季节性、周期性和长期趋势。

（2）疾病地方性按其特点分为自然地方性、统计地方性和自然疫源性三种。

（3）疾病年龄分布的分析方法有：横断面分析和出生队列分析。

（4）移民流行病学是通过观察某种疾病在移民人群、移居地当地人群及原居住地人群的疾病发病率或死亡率差别，以探索该病发生与遗传因素和环境因素的关系。

案例 2-1 分析讨论：

（1）将疫情的资料按不同时间、地点、人群特征进行分组，并通过计算人感染猪链球菌发生和死亡等指标来比较和分析该病在不同地区、不同时间及不同人群的表现特征。应该采用发病率、死亡率、病死率等描述疾病分布的指标进行计算。

（2）此次疫情的发病率、死亡率、病死率等指标根据各指标的公式进行计算，注意找对分子和分母。

（3）此次疫情属于暴发，因为符合暴发的特征，即在一个局部地区短时间内突然出现许多症状相似的病人。这些人多有相同的传染源或传播途径。

（郭立燕）

第三章　描述性流行病学

第一节　概　　述

案例 3-1

1854 年秋季，伦敦宽街暴发霍乱，10 天内死亡 500 多人，在霍乱暴发后的 6 天内，发病严重的街道有 3/4 以上的居民死亡。据 1853 年统计，在过去几次霍乱流行中，该地区虽曾流行，但远比其他地区轻微。英国医师 John Snow 运用流行病学调查，分析了霍乱的流行情况。他集中精力调查发生疫情的地点和死亡病例，分析伦敦不同地区霍乱死亡人数，发现有两个不同的供水公司供水区霍乱死亡率相差悬殊，见表 3-1。

表 3-1　1854 年 7 月 8 日至 8 月 26 日伦敦两个供水公司供水区的霍乱死亡情况

供水公司	人口数	霍乱死亡人数	霍乱死亡率（‰）
Southwark	167654	644	5.0
Lambeth	19133	16	0.9

他对 8 月 31 日至 9 月 2 日三天内发生的 89 例死亡病例做了详细调查，并将死亡病例标点在地图上，首创了标点地图分析方法。从标点地图看出死亡病例集中分布在宽街水井周围，如图 3-1 所示。根据这种分布特点，John Snow 认为此次霍乱暴发与宽街供水站的水井有密切关系。

伦敦宽街霍乱死亡病例标点地图表明死亡病人均为宽街水井供水居民，进一步调查发现该水井被附近一下水道所污染。根据这些发现，John Snow 提出霍乱病原存在于肠道内，随粪便排出污染饮水，人喝被污染的水而被感染发病。经封闭水井，暴发即告终止。该结果比霍乱弧菌的分离早 30 年。

问题：

（1）如何确定 1854 年秋季发生的霍乱疫情的严重程度？

（2）此次霍乱流行的原因是什么？（瘴气学说、食物传播、水源传播等）

（3）此次霍乱流行时病例分布有何特征？

（4）应采用什么方法进行调查研究？

按设计类型的不同，流行病学可分为描述性研究、分析性研究、实验性研究和理论性研究。描述性研究位于 4 种研究方法之首，因为描述性研究是其他 3 种研究方法的基础。在分析性研究、实验性研究和理论性研究方法尚未系统化之前，流行病学应用的主要是描述性研究方法。如果认为描述性研究仅仅是对资料进行描述，不涉及深奥的理论与技术，那是对流行病学的误解。事实上，流行病学中的描述是分析性描述，离开了描述性研究，无论过去还是现在人们都不可能揭示出任何　起群体发病事件的原因。

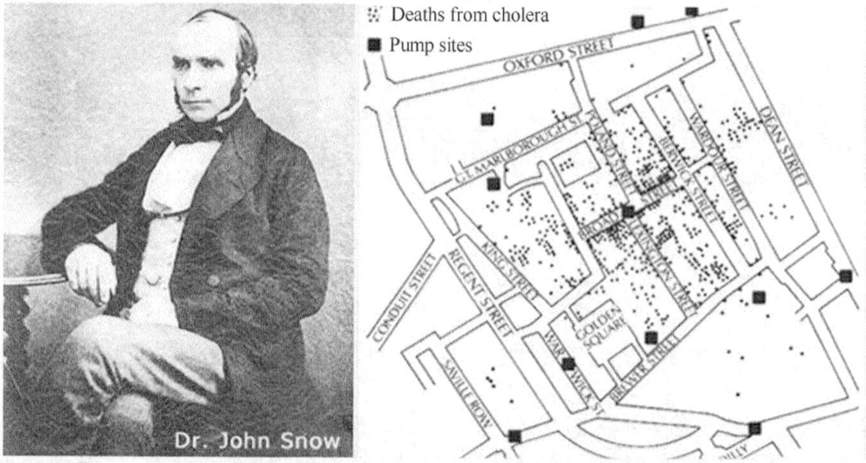

图 3-1 Dr. John Snow 标记的伦敦宽街霍乱死亡病例和供水站分布地图

一、描述性流行病学

描述性研究（descriptive study）又称描述流行病学（descriptive epidemiology），是指利用已有的资料或专项调查的资料，按不同地区、不同时间及不同人群特征分组，把疾病或健康状态或暴露因素的分布情况以及发生、发展的规律真实地展现出来。

描述性研究的基本方法是以某条件、特征或变量来分组，然后测量疾病或健康状态或暴露因素的频率分布。通过比较，初步分析存在分布差异的可能原因，提出进一步的研究方向或防制策略的设想。描述性研究的关键在于对信息做出正确判断，前提是收集可靠的基础资料，并对研究背景和基本形势做出适当的估计。

描述性研究常用的基本资料包括：人口统计资料、疾病资料、死亡资料以及相关的自然环境与社会环境资料等。

二、描述性研究的种类与特征

（一）描述性研究的种类

描述性研究主要包括历史或常规资料的收集和分析、个案调查与病例报告、暴发调查的前期、现况研究（横断面研究）、生态学研究等。

历史和常规资料的收集和分析（collection and analysis of available historical and routine data）是指利用已有的疾病登记报告系统或疾病监测系统，收集既往或当前的疾病或健康状态资料并进行分析，描述疾病或健康状态的分布以及变动趋势。如传染病发病报告、死亡报告、出生登记、出生缺陷监测等。该方法所获结果的准确性依赖于疾病登记报告系统和疾病监测系统的完善程度。

个案调查（individual survey）和病例报告（case report）是在疾病防治中对发生的个别病例及其周围环境或诊断治疗过程所进行的调查和报告。个案调查包括传染病病例、非传染病病例或与健康有关的其他问题如伤害等，具体病种根据工作需要确定。病例报告则多用于临床。

暴发调查（outbreak survey）是指对某特定人群短时间内突然发生多例临床症状和体征相似的病例所进行的调查。通过对暴发疾病的调查，不仅可以阐明暴发的原因，采取相应的应急措施控制疾病的蔓延；对病因未明的疾病，还可提供病因线索。暴发调查的前期主要是描述疾病的流行强度以核实暴发的存在，描述疾病的三间分布规律，以提供病因线索，然后在此基础上采用分析流行病学和实验流行病学方法进一步验证病因。

现况研究和生态学研究为本章主要内容，详见第二节和第三节。

（二）描述性研究的特征

（1）描述性研究收集的往往是初步资料，由于受很多因素的影响，分析所得出的结论一般只能提供病因线索或进一步的研究方向。

（2）描述性研究可以不设立对照组，仅对人群疾病或健康状态进行客观的反映，一般不涉及暴露与疾病因果联系。

（3）描述性研究中也有分析，是针对自然形成的不同健康状态或不同特征的人群进行一般意义的分析，以提供病因线索，但不能直接分析暴露与疾病的关系。

三、描述性研究的主要用途

通过描述性研究，主要获得疾病或健康状态或暴露因素在不同人群、不同时间和不同地区间分布及其变动趋势的信息。这些信息主要有以下用途：

（1）描述疾病或健康状态在人群中的分布及其特征或进行社区诊断（community diagnosis），即通过对一个社区的某种疾病或健康状态的描述，发现主要健康问题，为制定疾病防制和促进健康的对策与措施提供依据。

（2）描述、分析某些因素与疾病或健康状态之间的关联性，为进一步研究疾病病因或影响因素提供线索。

（3）为评价疾病控制或促进健康的对策与措施的效果提供信息。即通过描述性研究，获得实施控制疾病或促进健康对策与措施前后的资料，通过比较，可对该对策或措施的效果做出评价。

知识点 3-1：描述性研究的定义、种类和特征

（1）描述性研究（descriptive study）又称描述流行病学（descriptive epidemiology）是指利用已有的资料或专项调查的资料，按不同地区、不同时间及不同人群特征分组，把疾病或健康状态或暴露因素的分布情况以及发生、发展的规律真实地展现出来。

（2）描述性研究的种类包括历史或常规资料的收集和分析、个案调查与病例报告、暴发调查前期、现况研究和生态学研究等。

（3）特征：探索病因、无对照组、不能判断因果关系。

第二节　现 况 调 查

案例 3-2

广州大学生手机依赖综合征（Mobile phone dependence syndrome，MPDS）的现况调查。研究者为了了解广州地区大学生（MPDS 的发生情况、分布特征及其危险因素，采用统一调查问卷，以整群抽样方法对广州市 6 所高校 2311 名大学生进行问卷调查，分别采用单因素和多因素 logistic 回归分析不同群体 MPDS 的分布和大学生 MPDS 的危险因素。共收回有效问卷 2213 人（份），其中男生 1149 人（51.9%），女生 1064 人（48.1%），平均年龄为（21.33±1.72）岁。广州地区大学生 MPDS 发生率为 23.3%（515/2213）。MPDS 发生率在不同年级、专业、独生子女、月生活费、性格和学习成绩间的差异均有统计学意义（P 值均<0.05）；不同母亲文化程度、母亲教养方式、父亲教养方式和自觉母亲关爱情况间的 MPDS 发生率差异有统计学意义（P 值均<0.05）。多因素 logistic 回归分析显示：专业为文学和法学类、月均生活费高、父亲专制型和民主型教养方式、母亲专制型和溺爱型教养方式、自觉母亲一般关心和不关心/不清楚关心自己

是大学生发生 MPDS 的危险因素，性格不确定者较性格外向者少发生 MPDS。通过上述研究结果的分析，研究者认为广州地区大学生 MPDS 发生率高，且无性别差异。应依据其危险因素采取干预措施。

问题：

（1）这是一个什么性质的流行病学研究？

（2）本案例采用的具体研究方法是什么？

（3）本案例的研究对象是如何获得的？收集了哪些资料？进行了哪些分析？

（4）本案例研究的意义或作用是什么？

现况研究（prevalence study）又称横断面研究（cross-sectional study）是指在特定的时间内，即某一个时点或短时期内，通过普查或抽样调查的方法，对特定人群中有关因素与疾病或健康状况的关系进行调查，确定患病率，从而描述这一时间内的疾病分布以及疾病与因素的关系。由于描述疾病的指标主要是患病率，因此也称现患研究或患病率研究。

一、现况研究的特征

现况研究具有以下基本特征：

1. 属于观察性研究 现况研究不同于实验流行病学研究，它直接调查收集客观存在的实际情况，无人为施加的因素或干预措施。如调查对象是否患病、调查对象是否吸烟、调查对象从事何种职业等。

2. 无事先设立的对照组 现况研究不同于分析性流行病学研究，它事先不需要专门设立对照组，但在资料整理分析中可自然形成对照。如患者与非患者、吸烟者与非吸烟者等。

3. 只反映某一特定时间人群的疾病与暴露情况 现况研究是在某一特定时间内进行的，所收集的是调查当时的资料，许多研究指标既不能代表过去也不能推断将来，只能反映该特定时间的情况。如调查时的吸烟与否与既往的吸烟史常不一致。但某些基本不变的指标例外，如血型、疾病家族史等。

4. 疾病与暴露同时存在 由于研究是在一个较短的时间内进行，所调查的也是该时间内的疾病与暴露的状况，此时疾病与暴露同时存在，难以确定因果关系。

二、现况研究的目的和用途

1. 描述疾病或健康状态或暴露因素的三间分布情况 通过对某一地区人群的调查，获得某种疾病或健康状态或暴露因素在人群、时间和地点的分布资料，可评价一个地区的健康水平，找出该地区危害人群健康和生命的主要病种和问题，确定该地区疾病控制工作的重点问题和重点人群，为疾病控制工作提供科学依据。

2. 描述某些因素或特征与疾病或健康状态的关联，为病因学研究提供线索或建立病因假设 如通过冠心病及其危险因素的调查，发现高血压、高血脂、肥胖、吸烟及有关职业与冠心病有关联，从而为进一步采用分析性研究探索冠心病的病因提供了初步病因线索。

3. 评价防制措施的效果 通过流行病学研究，针对不同疾病和危险因素采取预防和控制措施后，可以进行一次或几次现况调查，并将结果与采用某项干预措施前的结果进行比较，从而判断出防制措施的效果。

4. 用于疾病的二级预防 在现况研究的普查中，结合筛检技术的应用，可达到在人群中“早发现、早诊断和早治疗”某种疾病的目的。如乳腺癌、宫颈癌的普查就是实施肿瘤二级预防的典型实例。

5. 用于疾病的一级预防　在现况调查的普查中，还可以结合调查危险因素，从而发现高危人群，针对高危人群实施行为干预或某些预防措施，可达到一级预防的目的。如高血压是冠心病和脑卒中的重要危险因素，通过普查，找出所有高血压患者，对其进行有效的血压控制和监测，以减少冠心病和脑卒中发生的危险。

6. 为疾病监测或其他流行病学研究提供基础资料。

三、现况研究的方法

现况研究的方法有两种，即普查和抽样调查。

（一）普查

1. 概念　普查（census）是指在特定时间内对某一特定人群的所有个体进行的调查。特定时间一般较短，可以是几天或几周或 1～2 个月，最长不宜超过 3 个月。特定人群是指某一地区或具有某一特征的人群。

2. 目的　普查的目的可分为 3 类。①为了早期发现某些疾病，以便早期诊断和早期治疗，即二级预防，这也是普查的主要目的。如在一定年龄范围的女性中进行阴道涂片检查，以早期发现宫颈癌；②为了制定人体某些指标的正常值。如制定血红蛋白、血糖或血压等生理生化指标的正常值范围；③为了了解某人群的健康状况及其影响因素。如了解某特定人群中高血压的患病率、了解儿童生长发育或营养状况等。此外，当发生疾病流行时，为了解疾病流行的全貌，可在小范围的人群中开展普查。

3. 优点与局限性

（1）普查的优点：①能发现特定人群中的全部病例；②不存在抽样误差；③可同时观察多个因素与多种疾病，④无医德问题；⑤可同时进行医学科普知识宣传。

（2）普查的局限性：①不适合于患病率低和检查方法复杂的疾病调查；②由于普查对象多，难免出现漏查、漏诊和误诊；③由于工作量大，工作人员多，很难进行深入细致的调查，普查质量控制难度较大。

4. 应用原则

（1）符合普查的主要目的，即早期发现病例并给予及时治疗，所以普查的疾病应具有早期检测指标和有效的治疗方法。

（2）普查的疾病应为患病率较高的疾病或在某特定人群中患病率较高的疾病，以便得到足够的病例或具有较好的成本效益。

（3）普查应具备灵敏度高、特异性较强且易于在现场实施的筛检方法。

（4）普查需要足够的人力、物力和财力的支持。

（二）抽样调查

1. 概念　在实际工作中，若不是为了早期发现病人，而是要快速地描述某些疾病或因素的分布状况，此时可以从研究对象的总体中按一定的原则抽取一部分有代表性的样本（个体）进行调查，用这部分人的调查结果，估计出总体的患病率或某些因素的情况，这就是抽样调查（sampling survey）。它是一种以小测大，以局部估计全体的调查方法。在流行病学研究与日常医疗卫生工作中，抽样调查占有重要地位，它几乎可以实现现况研究的所有目的。抽样调查中被抽样的总体人群称为源人群，是由研究者严格定义的，具有一定的个体、地区和时间上的特征，凡符合其要求的个体都应属于源人群中的一员。被抽取的人群称为样本（sample）或研究人群（study population），是指研究者对其进行观察并收集相关信息的人群，属于源人群中的一部分。而目标人群（target population）是研究者根据研究的目的而拟定的，为研究结果或已有的知识所能推及的人群。值得注意的是，目标人群并不一定是研究者所进行观察的人群。

抽样调查的关键在于样本的代表性，样本的代表性则取决于抽样的随机化和样本量的大小。抽样的随机化程度取决于抽样的方法和抽样的质量控制。样本量的大小取决于总体中抽样指标的分布和变异，变异越大则样本量越大。虽然一个样本是按照随机方法从源人群抽选出来的，由于存在抽样误差等因素的影响，使样本得出的结果不一定完全等于整个源人群的结果，需要用统计学的方法根据样本值估计出总体参数所在的范围并计算出抽样误差的大小。

2. 优点与局限性

（1）抽样调查的优点：①较普查节省人力、物力和时间；②由于调查对象相对较少，因而工作量较小，调查工作易细致，质量也易控制。

（2）抽样调查的局限性：①抽样调查的设计、实施和资料分析比较复杂；②重复和遗漏不易发现；③不适用于变异过大的疾病或因素的调查；④发病率很低或所需样本达到总体的 75%时不适用；⑤不能满足二级预防的要求。

四、现况研究的设计与实施

（一）设计模式

现况研究的设计模式，如图 3-2 所示。

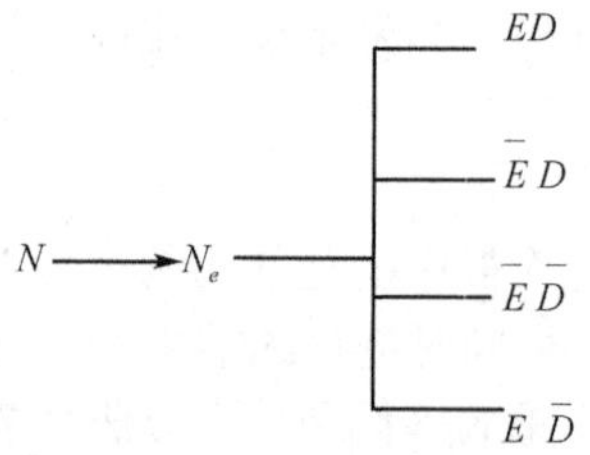

图 3-2 现况研究的设计模式

N 为研究的总体（源人群）；N_e 为随机抽取的样本；E 为暴露因素；$\bar{E}$ 为无暴露因素；D 为患有要研究的疾病；$\bar{D}$ 为无病。

（二）设计原则

1. 数量足够的研究对象 研究对象的数量必须满足统计学检验所需的最低样本数。

2. 随机抽样原则 若为抽样调查，抽样的方法必须遵循随机化原则，以保证样本对总体的良好代表性。

3. 尽可能短的调查时间 因为现况研究只反映某一特定时间内人群的疾病与暴露情况，如果调查时间偏长，某些调查指标可能发生变化。

（三）设计的主要内容

1. 研究目的 是研究设计的核心和关键，它决定了研究设计的其他内容，因此必须明确此项研究要回答或解决什么问题？研究的意义是什么？

2. 研究方法 是研究设计中非常重要的环节之一。在现况调查中研究方法主要是普查和抽样调查。若采用抽样调查则需要确定具体的抽样方法。

目前在流行病学调查中所使用的抽样方法有单纯随机抽样、系统抽样、分层抽样、整群抽样和多级抽样。在现况调查中后三种方法较常用。

（1）单纯随机抽样（simple random sampling）：单纯用随机数字表或抽签的方法，从研究人群中抽取样本。其原则是研究人群中的每一个个体都有相同的机会被选入样本。使用随机数字表是简便、易行的科学方法，不需要专门工具，但要求在抽样前抄录全部研究对象的名单并编号。因此，当研究对象数量大时，难以实现。在个体差异甚大的医学研究中，单纯利用这种抽样方法时，样本的数量要足够大，才能较好地代表研究人群。在流行病学研究中，较少使用单纯随机抽样，但它是实施其他抽样方法的基础。

（2）系统抽样（systematic sampling）：也称机械抽样，随机地确定一个抽样起点，根据所需样本数，然后按照一定排列顺序机械地每隔一定数量的单位抽取一个单位，组成样本。这种抽样方法比较方便。样本在整个研究人群内的分布比较均匀，因而代表性较好。但仍不适用于规模较大的现场调查。此外，若各单位的排列具有某种规律性变化时，则抽取的样本可能存在偏倚。

（3）分层抽样（stratified sampling）：抽样前先根据研究对象的某种特征（如年龄、性别、职业、教育程度等）将研究人群分为若干层，然后从每层抽出一个随机样本。分层抽样可减少由各层特征不同而引起的抽样误差，还能根据特殊需要在不同层按不同比例抽样，是现况研究常用抽样方法之一。

（4）整群抽样（cluster sampling）：从研究人群总体中随机抽出若干群体作为观察单位组成样本，抽样单位是群体而不是个体，然后调查每个被抽取群体中的所有对象。如抽取居委会、车间、班级、连队或居民小组，然后调查其中的所有成员。其优点是易被接受，抽样和调查都比较方便，且节约人力和时间，因而多用于大规模调查。所抽取的“群”越多，精密度越好。缺点则是抽样误差较大，需适当扩大样本含量，分析工作量也较大。

（5）多级抽样（multistage sampling）：又称多阶段抽样，是进行大规模调查时常用的抽样方法。多级抽样通常是将上述四种抽样方法进行组合，分阶段进行。从研究人群先随机抽取范围较大的单位，称为一级抽样单位，再从一级单位中随机抽取范围较小的二级抽样单位，进一步再随机抽取范围更小的三级抽样单位，……，最终组成调查样本的既可以是个体，也可以是较小的群体。如市→区→街道→居委会→住户→人。其优点是节省人力和物力。缺点是抽样前要掌握各级调查单位的详细人口资料和特点，给抽样实施和分析带来一定困难。

3. 研究对象 根据不同的研究目的选择不同的研究对象。

（1）目标人群及其来源：目标人群也就是研究结论所能推论到的一个总体人群。该人群依研究目的不同而不同，可以是符合一定诊断标准的某病病人，或是具有某种特征的人群等。而研究对象则是这个目标人群中的一个有代表性的样本。

当目标人群为某病病人时，研究对象既可来自医院，也可来自一般社区人群。在现况研究中，研究对象更多的是来自于一定条件下的一般人群。

（2）样本含量的估算：样本含量的估算是设计任何一项抽样调查时必须注意的问题之一。样本含量太大会造成不必要的浪费，增加质量控制难度。样本含量太小则影响其代表性和精确度。影响样本含量估算的决定因素：①调查人群中某研究疾病或特征的比例（预期的患病比例或暴露比例），比例越小，所需样本越大；②对调查结果的精确度和把握度的要求，即 α 和 $1-\beta$，α 和 β 越小，样本量越大；③研究单位之间的变异（一般用标准差表示），变异越大，样本量越大。

进行患病率或感染率调查时，其样本含量可用下列公式估算。

$$n=\frac{t^2pq}{d^2} \tag{3-1}$$

式中，n 为样本大小；p 为预期患病率；$q=1-p$；d 为样本率与总体率之差，即容许误差。

$$当 d 为 0.1p 时，n=400\times\frac{q}{p}$$

$$当 d 为 0.15p 时，n=178\times\frac{q}{p}$$

$$当 d 为 0.2p 时，n=100\times\frac{q}{p}$$

对符合二项分布的资料，如患病率或感染率不太大也不太小时，可利用上述公式方便地估计样本含量。如差值 d 变化，或改变显著性水平，则公式需作相应改变。注意：上述公式计算的是用单纯随机抽样方法抽样时的样本含量，如果采用整群抽样方法抽样，其样本含量需增加50%。

例如某地区欲调查人群中高血压的患病情况，假定允许误差不超过 $0.1p$，$\alpha=0.05$，我国人群高血压的患病率约为15%。估计本次调查样本含量。

此例 $p=15\%$，$\alpha=0.05$，$q=1-p=0.85$，$d=0.1p$，则有：

$$n=400\times\frac{q}{p}=2267\ （人）$$

如果采用单纯随机抽样，则至少调查2267人。如果采用分层整群抽样，则需样本3420人。

肿瘤、心脏病等慢性病的分布服从Poisson分布。抽样调查时，估计样本大小可参考Poisson分布期望值可信区间表。

当进行人群中某指标（如血压、总胆固醇等）均数的调查时，样本含量可通过下列公式估算。

$$n=\frac{t^2s^2}{d^2} \qquad (3\text{-}2)$$

式中，s 为抽样指标总体标准差的估计值，一般通过查阅文献或预调查获得；d 为容许误差。

4. 研究指标及测量

（1）研究指标的确定：研究指标即调查的内容或项目，由研究目的所决定。研究指标应包括暴露与结局两类指标。暴露泛指研究对象所接触的各种外在因素（如环境因素、职业因素等）和自身所具有的各种内在特征（如年龄、性别或某些临床检测结果等）及行为习惯（如吸烟、饮酒等）。结局指研究对象是否患病或某种检测指标的大小及是否阳性等。

（2）指标的测量：研究指标应尽量采用定量化和客观的指标，少用定性和主观的指标。对每一项研究指标均应有明确的定义或说明。测量的方法应先进、灵敏、特异、可靠、价廉且安全易行。

5. 资料收集

（1）利用现成记录和统计资料：如普查或体检资料、传染病报告资料、病案资料等。

（2）通过调查表收集资料：这是现况研究获取资料的最主要方式。调查表设计的好坏，直接影响资料收集的完整性和可靠性。调查表的设计原则是：①项目完全，必要的项目一个不少；②不过于繁琐，不必要的项目一个不多；③文字表达准确、简单、易懂、易回答。

调查表的类型包括：①开放式问卷：给应答者充分的自由，尽情回答。其特点是能调动被调查者的积极性，但易发生答非所问，统计难度较大；②封闭式问卷：给应答者对问题的回答予以明确的限制，通常用"是"与"否"来回答。其特点是项目明确，不易走题，且调查结果便于统计处理，但易出现应答者无法选择的情况；③复合式问卷：是上述两种问卷的结合，一方面将一个问题可能出现的多种答案均给出，由应答者选出符合自己情况的几项；另一方面对一些数量化的资料可由应答者直接填写，如开始吸烟的年龄、平均每日吸烟量等。

一份完整的调查表应包括四个组成部分：①导语及填写说明：向被调查者解释此项调查的目的和意义，并说明如何填写问卷；②一般项目：包括被调查者的姓名、性别、年龄（最好是填出生年月日）、职业、文化程度、经济收入等一般情况。这些项目既是核查项目，也是分类、分析的重要内容；③调查的主要内容：一是关于现在患病或健康状况，如果目的是要查明某病患病情况，应有统一的疾病诊断标准，其最后结果为定性二分类数据（患病或不患病）；如果目的是同时要建立健康正常值标准，应测量并记录各种指标的测量值；二是关于暴露情况，多数现况研究常常伴有对病因的初步探索，因此要选准因素，可包括个人生活习惯、遗传因素及环境条件等，可以是定性、定量资料；④调查者项目：包括调查者姓名、调查时间等，由调查者填写，目的是便于资料的审核，以及增强调查者的责任感。

为了保证调查方法的一致性，以便收集到真实可靠的原始资料，在调查开始之前应对调查员进行培训，使参加调查的人员掌握相应的调查技术和知识，并统一调查方法。培训内容一般包括：①学习有关疾病的理论知识、调查方法与检测技术；②培养工作责任心，避免因调查工作不深入细致而造成的偏倚；③训练询问技巧以及组织宣传能力；④努力做到不遗漏调查对象，提高应答率，随时分析影响应答的原因，以便有针对性地予以纠正。

6. 资料分析及注意事项 资料分析是现况研究的重要步骤，也是设计时必须考虑的内容。现况研究的资料整理和分析通常在计算机上进行。

（1）资料整理与核实：现况调查的数据量一般比较大，不仅样本较多，且每个样本有若干变量，在调查、填写、编码、录入计算机等过程中都有可能出现错误。因此，在统计分析之前，必须对数据进行细致的检查和整理。在录入计算机前，首先检查与核实原始资料的准确性、完整性，填补缺漏并删除重复，对可疑者进行核对或复查；对一些变量进行编码或赋值。数据采用双机录入，并进行核查。

（2）资料分析：根据研究目的将原始资料归纳分组、列表。分析的内容一般包括以下三方面：①计算有关统计指标：包括患病率、感染率、暴露率等频率指标，有关计量资料的均数、标准差、标准误、95% 的可信区间等；②描述疾病或健康状态的分布：按时间、地区和人群描述疾病或健康状态的分布。可先按某个因素分层描述分布，再按多个因素描述分布，如按时间—地区、地区—人群、时间—人群等不同分层方法进行描述；③分析性描述：对某些因素和疾病或健康状态之间的关系，可做初步的相关或关联分析。也可选择适当的自变量和因变量进行多因素分析。

（3）注意事项：现况研究资料分析获得结果的价值，取决于资料质量的优劣和分组、归纳方法是否恰当，尤其是偏倚的影响至关重要。在分析某因素与某疾病或健康状态之间的关系时，要注意现况研究通常无法确定暴露和疾病之间的时间先后顺序。在和其他地区进行疾病频率比较时，必须考虑到年龄、性别等因素的影响，需将疾病频率按标准人口构成标准化后才具有可比性。

五、现况研究的偏倚及防止

（一）现况研究中常见的偏倚

1. 选择偏倚 选择偏倚（selection bias）是指在研究对象的选择过程中所产生的系统误差，通常包括以下几种：

（1）选择性偏倚：在调查过程中，没有按照随机抽样方法进行，而是“随意”或“随便”选择研究对象。例如抽样中的对象没有找到，而随意由其他人代替，因而可能影响调查对象的代表性。

（2）无应答偏倚（no-response bias）：调查对象由于种种原因拒绝合作或调查时调查对象不依从而降低了应答率，后来亦未补查。如果一次现况研究的无应答率高于 10%，则可能带来相应的偏倚，而不能较好地反映总体人群的情况。

（3）幸存者偏倚：在现况研究中，常常会选择某疾病的现患人群为研究对象，从而出现一定程度的局限性和片面性。因为患该病的一部分人已经死亡，而幸存者或疾病类型不同、或病程不同、或致病因素不同，因此这种调查结果很难代表所研究疾病的全貌。

2. 信息偏倚 信息偏倚（information bias）是指在收集资料过程中所产生的各种系统误差，使所获得的资料缺乏真实性。通常有以下几种：

（1）报告偏倚（reporting bias）：这是由调查对象所引起的偏倚。询问调查对象有关个人疾病史、暴露史、个人生活习惯和某些特征时，由于种种原因，回答不够准确，可造成报告偏倚。

（2）社会期望偏倚（social expecting bias）：也是由调查对象所引起的偏倚。对一些敏感问题或社会上争论的热点话题，调查对象常按社会大多数人的观点回答，掩盖自己真实想法，因而造成社会期望偏倚。

（3）测量偏倚（measurement bias）：是指测量仪器或量具的不准确，或在测量过程中因操作失误所导致的各种系统误差。

（4）调查人员所引起的偏倚：在调查中，由于调查员未采用统一的调查方式对待所有的调查对象，或为了获得所需要的内容，进行诱导性询问，这都将影响收集资料的真实性，导致结果系统偏离真实情况。

（二）现况研究中偏倚的控制

1. 选择偏倚的控制 严格按照随机抽样设计方法进行研究对象的选取；提高调查对象的应答率；病例的选择面尽可能广一些，并注意收集有关病程、疾病类型等方面的资料，以便在分析结果时综合考虑。

2. 信息偏倚的控制 设计科学适用的调查表，以便调查对象能提供准确的信息；入户调查时要先取得对方的信任，从而使被调查者积极合作，提供可靠的信息；对于一些敏感问题的调查，要采用间接询问法、对象转移法等技术，以保证所需信息的获取；严格培训调查员，统一调查程序、方法，减少调查员主观偏倚的产生；选择与本研究无任何利害关系的人员做调查员；选用标准的测量仪器，以保证测试结果的准确与可靠。

六、现况研究的优点与局限性

1. 优点 ①时间短、花费少，容易实施；②可以弥补常规报告资料的不足；③样本来自一般人群，而不是到医院内的病人，研究结果有较强的推广意义；④一次研究可观察多种疾病状况及多种相关暴露因素；⑤调查群体内有自然形成的同期对照组，使结果具有较好的可比性；⑥无医德问题。

2. 局限性 ①调查时疾病与暴露同时存在，不能直接估计某因素和某病的确切因果联系；②一般只能得到患病率资料，只有定期重复进行现况调查时可获得发病率资料；③主要适用于一些慢性病研究。同时还需注意慢性病缓解期的病人；④现况研究的调查时间应尽量短，以使在调查期间所研究的疾病或因素相对稳定不变；⑤在同一人群中开展现况研究，要特别注意如空气、水源、生活习惯等共同暴露问题。

知识点 3-2：现况研究的定义、方法和偏倚

（1）现况研究是在特定的时间内，对特定人群中有关因素与疾病或健康状况的关系进行调查，确定患病率，从而描述这一时间内的疾病分布以及疾病与因素的关系。

（2）现况研究的方法包括普查和抽样调查。

（3）现况研究常见的偏倚有选择性偏倚、无应答偏倚、幸存者偏倚、报告偏倚、测量偏倚等；偏倚的控制主要从研究的设计和测量两个方面进行控制。

第三节 生态学研究

案例 3-3

我国云南省曲靖的宣威和富源等地是全世界肺癌高发区，为了研究环境介质中铜（Cu）等重金属的暴露与体内分布特征，探讨 Cu 与肺癌的相关性，在当地开展肺癌环境流行病学调查，采集宣威和富源高发区人群饮食、饮水以及人体血浆和肺组织样品，微波消解 ICP—MS 法测定样品中 Cu 等元素。结果显示：当地居民使用燃料类型是影响肺癌高发的重要因素。高发区人群 Cu 的日摄入总量低于我国推荐的每日膳食中营养素供给量（RDA）。肺癌组血液中 Cu 含量显著高于对照组，肺癌组织中 Cu 含量显著高于癌旁组织和正常组织，且肺癌患者的血浆和肺组织中 Cu/Zn 比值均升高。Pearson 相关性分析结果表明：Cu 和 Ni、Cu 和 Pb 呈显著正相关，提示在致癌作用上具有协同效应；Cu 和 Fe、Cu 和 Zn 呈显著负相关，提示具有抑制或拮抗作用。多因素 Logistic 回归结果表明：Cu 是肺癌发生的重要影响因素，人体中 Cu 含量和 Cu/Zn 比值可为肺癌的早期预防和诊断提供科学依据。

问题：

（1）本案例采用的是何种研究方法？

（2）这种研究方法的主要用途是什么？

（3）此类研究的优点和局限性是什么？

一、生态学研究概述

生态学研究（ecological study）是描述性研究的一种，是以群体为观察、分析单位，描述不同人群中某因素的暴露情况与疾病的频率，从而分析暴露与疾病关系的一种流行病学研究方法。它的特点在于收集疾病或健康状态以及某些因素的资料时，以群体作为分析单位而不是以个体作为分析单位。它通常描述某疾病或健康状态在各人群中所占的百分比或比数以及具有某特征者在各人群中所占的百分数或比数。从这两类群体数据分析某疾病或健康状态的分布与人群特征分布的关系，从而探求病因线索。在生态学研究中，群体的单位一般按行政或地理区域划分，如乡、县、市、省甚至整个国家。

二、生态学研究方法

1. 探索型研究 探索型研究（exploratory study）是最简单的一种生态学研究类型。这种研究是观察不同人群或不同地区某种疾病或健康状态的分布，然后根据疾病和健康状态分布的差异，提出某种病因假说。在探索性研究中，没有明确的暴露资料，通常也不需要特别的资料分析，而是利用现有资料来描述疾病的地区性分布。例如在大骨节病病因研究中，发现大骨节病有明显地区分布，在山区、浅山区和丘陵地带患病率较高，平原地区患病率很低。大骨节病患病率的地区分布与某些环境暴露因素的分布相吻合，发病地区主食是玉米和小麦，与水无关。根据这一探索性研究，提出某些环境因素与大骨节病发病关系的假说。

2. 生态比较研究 生态比较研究（ecological comparison study）又称多组比较研究，是指比较在不同人群组中某因素的平均暴露水平和疾病频率之间的联系，及比较在不同人群组中疾病的发病率或死亡率的差异，了解这些人群中某些因素出现的频率并同疾病的发病率或死亡率对比，从而为探索病因提供线索。生态比较研究的应用较为广泛。例如通过多组比较研究发现：①大肠癌在发达国家比发展中国家更常见。这促使人们考虑饮食习惯和环境污染是否与大肠癌发病有关；②大肠癌的发病率和死亡率的性别比接近 1。这提示有关的暴露在男性和女性中应是相近的，并再次提示与饮食和环境暴露的联系；③大肠癌的发病率城市高于农村。这提示某些危险因素在城市比农村更为普遍。因此，工业活动导致的环境污染应考虑可能为与大肠癌有关的因素。

3. 生态趋势研究 生态趋势研究（ecological trend study）又称时间趋势研究，是指连续观察一个或多个人群中某因素平均暴露水平的改变和某种疾病的发病率、死亡率的变化关系。通过比较暴露水平变化前后疾病频率的变化情况，来判断某因素与某疾病的联系或某项干预措施的效果。

如图 3-3 所示，2003～2007 年广州市出生缺陷发生率的变化趋势曲线与 2002～2006 年户外空气质量综合评价的变化曲线基本一致（P=0.470）。

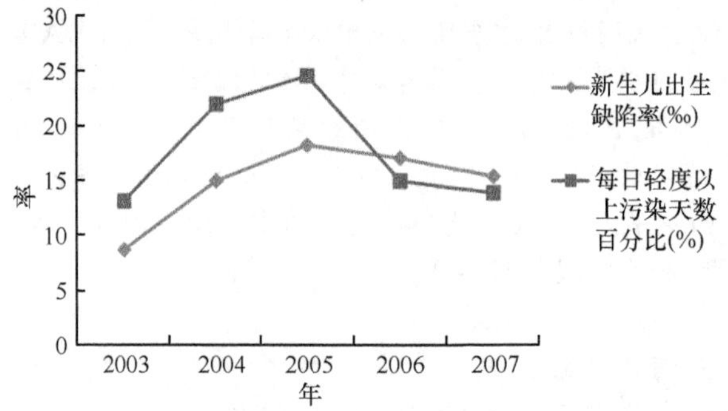

图 3-3 广州市出生缺陷发生率及户外空气质量综合评价示意图

三、生态学研究的主要用途

（1）生态学研究被广泛应用于对慢性非传染性疾病的病因学研究，提供与疾病分布有关的线索，为病因学研究提供病因假设。

（2）用于探讨某些环境变量与人群中疾病或健康状态的关系。

（3）可用于评价人群干预试验或现场试验的效果。例如在某人群中推广低钠盐，然后比较推广低钠盐前后人群平均钠摄入水平的变化与人群平均血压值的变化趋势，以评价低钠盐干预的效果。

（4）在疾病监测工作中，应用生态学研究可估计某种疾病发展的趋势，为疾病控制或制定促进健康的对策与措施提供依据。

四、生态学研究的优点与局限性

（一）生态学研究的优点

1. 当某疾病病因不明、研究方向不清时，生态学研究能提出病因线索供进一步研究。

2. 利用历史和常规资料进行研究，因而节省时间、人力和物力，可较快得到结果。

3. 适用于人群中变异较小和难以测定的暴露研究。当所研究的变量在所研究地区的人群中变异非常小时，适合做生态学研究，如脂肪摄入量与乳腺癌的关系研究。有时某些变量个体累积暴露水平不易测量，如空气污染与肺癌的关系，由于个体的暴露量目前尚无有效的测量方法，一般只能作生态学研究。

4. 适合对人群干预措施效果的评价。在很多情况下，我们常常需要了解某干预措施对整个群体健康状况的影响效果，而不需要针对个体进行评价，此时应用生态学研究较为适宜。

（二）生态学研究的局限性

1. 生态学谬误 由于生态学研究是以由各不同情况的个体所组成的群体为观察和分析单位，因而只能对暴露和疾病的关系进行粗线条的描述和分析。用生态学研究的结果作因果关系的推论，可能出现生态学上的联系与事实不相符，这种错误被称为生态学谬误（ecological fallacy）。

2. 缺乏暴露和疾病联合分布的资料 生态学研究只知道每个研究人群内的病例数和非病例数、暴露数和非暴露数，不知道在暴露者或非暴露者中有多少病例，也不能在特定的个体中将暴露与疾病联系起来，这也是产生生态学谬误的原因。

3. 缺乏控制可能的混杂因素的能力 在生态学研究中，缺乏有关混杂因素的资料，其原因为：

①群体研究的混杂因素与个体研究的混杂因素常常不同；②生态学研究中的暴露与疾病资料常用其他资料间接反映，如以烟、酒的税收来估计人群烟、酒的消耗量等。因此，研究中往往不能有效地控制混杂因素的混杂作用，使其结果难以解释。

4. 相关资料中的暴露水平不是个体的实际值　生态学研究中暴露水平只是近似值或平均水平。进行相关分析并不能精确解释暴露的改变量与所致疾病频率改变量的关系，并且有时还可能在疾病和暴露之间增添更复杂的联系。例如酒精消耗量与冠心病死亡之间生态学相关分析显示：酒精消耗越多，冠心病死亡越低，呈负相关。但分析性研究表明，酒精消耗与冠心病死亡之间不是一个简单的负相关，而是重度饮酒者冠心病死亡危险最大，少量饮酒者冠心病死亡的危险比重度饮酒者和不饮酒者均低。生态学研究很难准确显示出这种非线性关系。

5. 暴露和疾病间的时间顺序及因果关系难以确定　生态学研究中疾病或暴露由于是非时间趋势设计，所收集的资料通常都是横断面性质的，此时暴露和疾病同时存在，暴露和疾病的因果时间顺序不易确定。对于一些慢性病（如肿瘤等）而言，疾病的发生可能是某些暴露因素长期作用的结果，研究时的暴露因素水平并不能完全代表过去较长时间的情况，因此，在生态学研究中难以区分因果关系。

知识点 3-3：生态学研究的定义、方法和偏倚

（1）生态学研究是描述性研究的一种，是以群体为观察、分析单位，描述不同人群中某因素的暴露情况与疾病的频率，从而分析暴露与疾病关系的一种流行病学研究方法。

（2）生态学研究方法包括探索型研究、生态比较研究、生态趋势研究。

（3）生态学研究要考虑生态学谬误的影响。

案例 3-1 分析讨论：

（1）同往年或同其他地区比较，了解 1854 年秋季发生霍乱疫情的发病人数、发病率、死亡人数、死亡率、病死率等测量指标的结果，用于判断疫情的严重程度。

（2）两个不同供水公司的霍乱死亡率相差很大；死亡病人主要是宽街水井供水居民；封闭水井后，暴发即终止。这些表明可能同水源传播有关。

（3）该病主要发生在秋季、宽街水井周围的居民。

（4）描述性流行病学中的横断面研究。

案例 3-2 分析讨论：

（1）描述性流行病学中的横断面研究。

（2）抽样调查。

（3）研究对象是通过整群抽样方法来获得。收集的资料包括个人情况（如性别、年龄、年级、专业、独生子女否、性格和学习等）、父母情况（文化程度、教养方式、月均收入等）。分析包括大学生手机依赖症的发生率、影响因素分析。

（4）研究目的是为了了解广州地区大学生手机依赖综合征 MPDS 的发生情况、分布特征及其危险因素，从而有助于改善大学生手机依赖综合征的现状。

案例 3-3 分析讨论：

（1）生态学研究。

（2）这种方法的主要用途：用于慢性非传染性疾病的病因学探索性研究；用于探讨某些环

境变量与人群中疾病或健康状态的关系；用于评价人群干预试验或现场试验的效果；在疾病监测工作中，应用生态学研究可估计某种疾病发展的趋势，为疾病控制或制定促进健康的对策与措施提供依据。

（3）优点：进行未明疾病的病因学探索；利用历史和常规资料进行研究，节省时间、人力和物力；适用于人群中变异较小和难以测定的暴露研究；适合对人群干预措施效果的评价。

局限性：生态学谬误；缺乏暴露和疾病联合分布的资料；缺乏控制可能的混杂因素的能力；相关资料中的暴露水平不是个体的实际值；暴露和疾病间的时间顺序及因果关系难以确定。

（卫平民　金　辉）

第四章 队列研究

案例 4-1

20 世纪上半叶英国肺癌的死亡率呈迅速上升趋势，而且与烟草的消耗量呈平行关系，这种分布特征使卫生工作者意识到肺癌与吸烟之间可能存在联系。英国医师 Doll 与 Hill 从 1948 年开始进行了吸烟与肺癌关系的病例对照研究，发现肺癌患者中吸烟比例明显高于对照组，提示吸烟有可能是肺癌的病因。在此基础上，他们于 1951～1976 年，对居住在英国国内的注册医生进行了长达 20 余年的前瞻性队列研究。在 1956 年进行的阶段性总结结果显示：吸烟者和不吸烟者肺癌的死亡率分别为 0.90‰和 0.07‰，相对危险度（*RR*）为 12.9，且随着吸烟量的增加 RR 值逐渐增大，提示吸烟是肺癌的可能病因。

问题：

（1）队列研究的基本原理为何？

（2）该研究属于什么研究类型？有何优缺点？

（3）在该研究设计和实施中应注意哪些主要问题？

（4）如何揭示吸烟与肺癌的关联强度？

分析流行病学主要用于检验和验证某些因素与某种卫生事件之间的关联性或因果关联，是病因研究的主要方法。队列研究作为一种研究疾病病因的重要方法之一，通过直接观察和比较某因素在不同暴露状况人群中疾病等结局事件的发生情况及其差异，可以获得暴露因素与结局事件之间有无因果关联及关联强度的结论。因此，队列研究在阐明疾病病因、预测疾病发生和流行趋势及寻找有效干预措施等方面具有重要科学意义及应用价值。

第一节 概 述

一、概念及基本原理

1. 概念 队列研究（cohort study）是将特定人群按照对某因素是否暴露分为暴露组和非暴露组，或不同暴露水平的亚组，随访观察一定时期内各组人群中某种（或某些）结局事件的发生情况，通过比较两组或各组人群结局的发生率，以检验该暴露因素与结局事件之间有无因果关联及关联强度的一种观察性研究方法。由于队列研究的性质为前瞻性，通常采取随访观察收集资料，通过对结局发生率的比较而获得结论，故又将队列研究称为随访研究（follow-up study）、前瞻性研究（prospective study）、发生率研究（incidence study）等。

流行病学研究中，暴露与结局均是研究者所感兴趣的。暴露（exposure）指研究对象接触过某种待研究的物质、具备某种待研究的状态或特征。这些因素、特征和状态即为暴露因素，也称研究变量（variable）。暴露在不同的研究中有不同的含意，既可以是有害的因素也可以是有益的因素，既可以是一种暴露因素，也可以是多种暴露因素。结局是由暴露引发的各种事件，既可以是某种长期效应，如发病或死亡，也可以是某种短期效应，如生物学指标的变化或亚健康状态等。

队列（cohort）原意是指古罗马军团中的十个分队之一，流行病学家借以表示具有共同经历或暴露于某因素或具备某特征的一组人群，在队列研究中通常包括暴露队列（暴露组）和非暴露队列（非暴露组）。如案例 4-1 中的吸烟人群和不吸烟人群。根据研究对象进入队列的时间不同，可将队列分为固定队列（fixed cohort）和动态队列（dynamic cohort）两种。固定队列指研究人群均在某一固定时间或较短时间内进入队列，或者是指一相对稳定或相对大的人群，这种队列在随访观察的整个过程中不再加入或基本上不加入新的观察对象；动态队列指在整个随访过程中，原有的队列成员可以不断退出，新的观察对象可以随时进入，即整个观察期内队列成员不固定。应注意，队列研究与出生队列研究中的队列不同，出生队列（birth cohort）是指出生于某特定时期的一组人群，可认为是队列的一种特殊形式，主要用于分析年龄与疾病的关系。

2. 基本原理 队列研究的基本原理是在某一特定人群中，根据目前或过去某个时期是否暴露于某个（或某些）待研究的因素，将研究对象分为暴露组和非暴露组，随访观察一定时期内各组人群中研究结局（疾病、死亡、健康事件等）的发生情况，通过比较各组结局事件的发生率，从而判断暴露因素与结局事件的病因学关系。如果暴露组的发生率明显高于非暴露组，则可认为该暴露因素为疾病发生的可能病因；如果暴露组的发生率明显低于非暴露组，则可认为该暴露因素为疾病发生的保护因素，如图 4-1 所示。

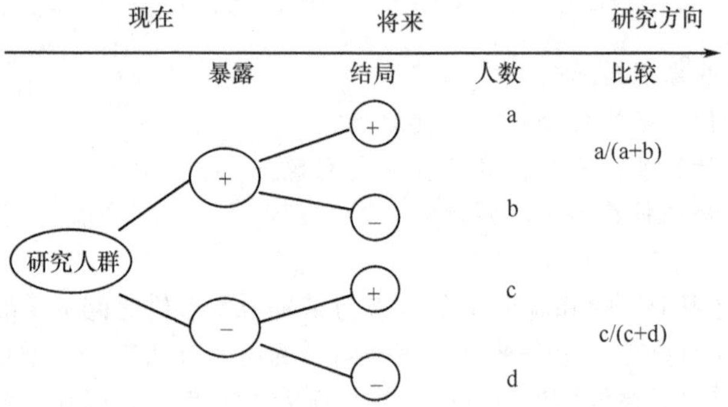

图 4-1 队列研究基本原理示意图

二、特　　点

1. 属于观察性研究 在队列研究中，暴露与结局事件均在自然情况下发生，没有给予任何干预，这一特点构成了与实验性研究的本质区别。

2. 必须设立对照 设立对照组旨在比较，这是分析流行病学与实验流行病学研究的共同特点之一，而有别于描述性流行病学研究。对照组与暴露组可来自同一人群，也可来自不同人群。

3. 由“因”推“果”的研究 在队列研究中，先观其因，后究其果，研究性质为前瞻性。这一特点与实验性研究相一致，而与病例对照研究不同。

4. 可验证因果关联 队列研究从暴露入手，在疾病发生之前即进行随访观察，能确切掌握暴露因素的作用及结局的发生情况，符合先因后果的病因推断规则，从而可推断暴露与结局的因果关联。

三、类　　型

按照研究对象进入队列及终止观察时间的不同，将队列研究分为前瞻性队列研究、历史性队列研究和双向性队列研究三大类型，如图 4-2 所示。

1. 前瞻性队列研究 前瞻性队列研究（prospective cohort study）为队列研究最基本的类型。研究对象的确定与分组是依据研究开始时的暴露状态，研究结局需要前瞻性追踪观察一定时间才

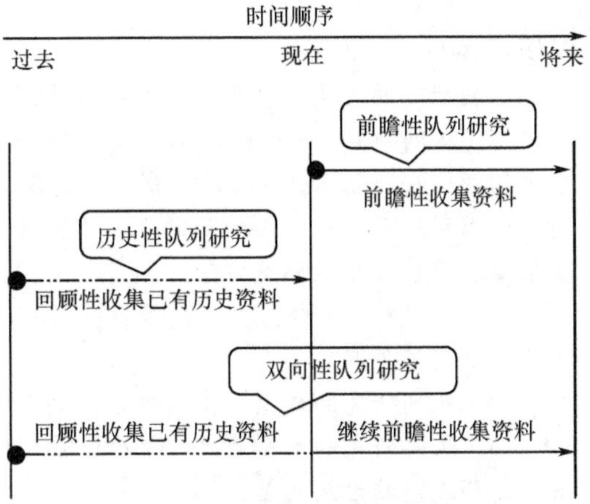

图 4-2 队列研究类型示意图

能获得。这种研究的优点是所获得的资料真实可靠，偏倚较小，所得结果和结论可信。但存在需要观察的人群数量较大、观察时间较长、费用较高、可行性较差等缺点，特别是对于长潜伏期疾病进行前瞻性研究时，这种影响更为突出。

前瞻性队列研究的选择指征：①有明确的研究目的和检验假设；②所研究疾病或某种结局的发生率不能过低；③能提供足够数量的观察人群，并保证其能被长期随访而获得完整可靠的资料；④有较大把握获得观察人群的暴露资料；⑤有确定发病或死亡等结局的简便、可行的手段和方法；⑥有足够的人力、物力和经费。

2. 历史性队列研究 历史性队列研究（historical cohort study）又称为回顾性队列研究（retrospective cohort study），是将研究起点定位于过去某个时点，依据当时的暴露状态对研究对象进行确定与分组，从已掌握的历史资料（如疾病或死亡报告、病案记录、体格检查记录等）中获得研究的结局，通过两组研究结局发生率的比较，推断暴露因素与疾病等事件的相关关系。这种研究在性质上相当于从过去某时点开始的前瞻性队列研究的随访，实际上在研究当时暴露与疾病或死亡均已成事实。该类研究最大的优点是节省时间、人力和物力，出结果快，因而适用于长诱导期和长潜伏期的疾病，也经常用于具有特殊暴露的职业人群的研究。但此研究相对于前瞻性队列研究而言，资料的偏性较大，而且由于对影响暴露与结局的混杂因素难以控制，从而使研究结果的可信度受到影响。

历史性队列研究的选择指征：除了考虑上述前瞻性队列研究的选择指征外，可提供研究所需的完整、准确而可靠的相关记录或档案资料是选择该研究的必备条件。

3. 双向性队列研究 双向性队列研究（ambispective cohort study）也叫历史前瞻性队列研究（或回顾前瞻性队列研究），是继历史性队列研究之后，再进行一段时间的前瞻性队列研究。这种混合型的研究兼有上述两类研究的优点，并在一定程度上弥补了两者的不足。这种类型的研究最适用于评价对人体健康同时具有短期效应和长期效应的暴露因素的研究。

四、用 途

1. 检验病因假设 这是队列研究最主要的目的和用途。经过大量临床观察、描述性研究或病例对照研究，可提供某因素为某种疾病可能病因的假设，队列研究可检验这些假设，从而确定存在病因学关系的可能性，如案例 4-1 用于验证吸烟与肺癌之间是否存在病因学关联。一次队列研究既可以检验一种因素与一种疾病或健康状况的关系，也可以同时检验多种因素与多种结局的因果关联。

2. 描述疾病的自然史 人群疾病的自然发展史包括疾病的发生、发展到结局等一系列连续过程。队列研究从暴露开始观察，可以了解到疾病或健康等结局事件从发生、发展到结局的全过程，并对其进行描述，可为疾病预防措施的制定提供可靠信息。

3. 评价自发的预防效果 在队列研究的实施过程中，常有部分研究对象由于认识到暴露的危害而自发地转为非暴露，如案例 4-1 中原来吸烟者中有部分自行戒烟，对这些戒烟者与继续吸烟者进行比较分析，可评价戒烟对肺癌的预防效果，为吸烟与肺癌病因学关系的判断提供可靠依据。

4. 预测疾病发展趋势 通过队列研究长期随访观察积累的资料，可以分析某种疾病发生、发展的变化特点与规律，预测其未来发展动态与趋势，为制定有效的疾病防制策略和措施提供科学依据。

知识点 4-1:

队列研究的定义、特点、类型和主要用途

（1）队列研究（cohort study）是将特定人群按照对某因素是否暴露分为暴露组或不同暴露水平的亚组和非暴露组，随访观察一定时期内各组人群中某种（或某些）结局事件的发生情况，通过比较两组或各组人群结局的发生率，以检验该暴露因素与结局事件之间有无因果关联及关联强度的一种观察性研究方法。

（2）队列研究的特点：①属于观察性研究；②必须设立对照；③由“因”推“果”的研究；④可验证因果关联。

（3）队列研究的类型：①前瞻性队列研究；②历史性队列研究；③双向性队列研究。

（4）队列研究的主要用途：①检验病因假设；②描述疾病的自然史；③评价自发的预防效果；④预测疾病发展趋势。

第二节　队列研究的设计与实施

一、暴露因素

1. 暴露因素的确定　队列研究中的研究因素一般较少，有时仅为单一因素，因此必须慎重选择和确定。通常是在病例对照研究或描述性研究的基础上，将与疾病发生有因果关联可能性较大的因素作为暴露因素，以进一步证实其因果关系或提供进一步研究的可靠依据。如案例 4-1，Doll 与 Hill 基于病例对照研究提示吸烟与肺癌关联性较强并可能具有病因学关联的基础上，确定吸烟为暴露因素进行了前瞻性队列研究。

2. 暴露因素的测量和界定　暴露因素既可以是导致疾病事件增加的危险因素，也可以是降低疾病事件发生概率的保护因素，还可以是另一个暴露因素所产生的后果。例如高血压是脑卒中的危险因素，但它同时也是肥胖、血脂异常等因素产生的结果。暴露的测量应采用灵敏、特异、简单和可靠的方法。当暴露因素一旦确定以后，应给予明确的定性或定量界定，即规定暴露的测量标准以及暴露的剂量水平，同时尚应考虑暴露的时间长短、暴露的方式、是否连续暴露等问题。如案例 4-1，Doll 和 Hill 研究吸烟与肺癌关系时，不仅规定了是否吸烟的暴露标准，同时对吸烟的暴露量、开始吸烟年龄、吸烟持续时间、是否戒烟及戒烟年限等进行了随访观察。这样既有利于探讨暴露因素的致病效应，也可判断暴露与结局之间有无剂量反应关系，增强对因果关系的判断依据。暴露因素的执行定义一旦确定，在研究的整个实施过程中便不可随意变更。

二、研究结局

结局（outcome）是指在随访观察中出现的预期结果事件。结局是队列研究的观察终点，任何研究对象一旦出现结局，便可终止对其观察。在队列研究中可以同时收集某一因素与多种结局的资料并加以分析，如在案例 4-1 关于吸烟与肺癌的队列研究中，在重点随访肺癌结局的同时，也观察了其他癌症、其他呼吸道疾病、冠状动脉栓塞等多种疾病死亡的情况。结局的确定应有明确而统一的标准，最好按照国际或国内统一的标准判断。在观察结局的过程中，对于与结局相关的一些现象也应注意记录，如以发病为结局的观察中，应注意记录疾病的不同类型、不同临床表现等，供详细分析用。此外，在队列研究中所观察的结局既可以是随访终点的结果（如发病或死亡），也可以是中间结局（如生物代谢指标、健康指标）；结局变量既可以定性，也可定量设定。结局是对研究对象个体而言观察的自然终点，与整个队列研究观察期的终止不是一个概念。

三、研究对象

队列研究中的研究对象包括暴露组和非暴露组（对照组）两组人群。前者指暴露于某研究因素的人群或处于不同暴露水平的人群；后者指未暴露于该因素的人群。暴露组和非暴露组均应由未发生观察结局（如发病）但有可能出现该结局的人群组成。

（一）暴露人群

1. 特殊暴露人群 指对研究因素有较高暴露频率的人群。当研究因素在一般人群中暴露率较低时，常选择高度暴露人群作为暴露组，有利于达到检验或验证暴露与疾病关联性的目的。在某些职业中常常存在特殊暴露因子，使职业人群中某些疾病的发病率或死亡率比一般人群高，因此，常选择某些职业人群作为特殊暴露人群。如选择染料厂接触联苯胺的工人作为研究对象，研究联苯胺致膀胱癌的作用；选择石棉作业工人研究石棉与肺癌的关系。选择特殊暴露人群进行队列研究时，由于对暴露因素的危害作用往往不是一开始就认识到的，一旦认识到了，大多已采取了防护措施，所以不宜进行前瞻性队列研究，而以选择历史性队列研究为宜。

2. 社区人群 在某行政区域或自然地理区域内选择暴露于所研究因素的人群作为暴露组。选择社区一般人群作为暴露组代表性好，但应保证：①该人群数量足够；②该人群比较稳定，便于观察；③当地医疗机构和技术水平较高，领导支持，群众配合。通常在以下三种情况下考虑用社区人群作为观察对象：①所研究的暴露因素与疾病在人群中较常见；②主要以观察一般人群的发病情况为目的；③为了观察环境因素与疾病或健康的关系。如 1948 年美国 Framingham 著名的心血管病的前瞻性研究就是选择了当地 30～60 岁居民作为研究对象。

3. 有组织的人群团体 这种队列可看作是一般人群的特殊形式，如选择某一机关、团体或学校的成员中的暴露者。选择有组织的人群团体便于有效地随访观察，减少失访偏倚。如在案例 4-1 Doll 和 Hill 关于吸烟与肺癌的研究中，即选择了英国医师协会会员中的吸烟者作为暴露组，成为利用社会团体进行队列研究的典范。

（二）对照人群

对照人群即非暴露人群，选择对照时应把握与暴露人群具有可比性的原则，即对照组除了未暴露于所研究的因素外，其他可能影响发病或死亡等结局事件的重要因素应尽可能与暴露组一致或相近。实际工作中，选择恰当的对照人群往往比暴露人群的选择更困难。对照人群的选择是否合适直接影响到研究结果的真实性，其重要性与暴露组相比毫不逊色。

1. 内对照（internal control） 是指对照组与暴露组来自同一人群，将没有暴露或暴露水平最低的人员作为对照的形式。如案例 4-1 Doll 和 Hill 进行吸烟与肺癌的研究时即将男性医生中不吸烟者作为内对照。选择内对照具有可比性好、对照易选取、工作实施较容易等优点。

2. 外对照（external control） 以特殊暴露人群为暴露组时，往往不宜从该人群中选择对照，常需要在该人群之外选择对照，这样选择的对照称为外对照，也称平行对照（parallel control），即暴露组与非暴露组来自不同的人群。如研究某职业暴露与疾病的关系时，可选择某工厂暴露于该职业因素的全体工人作为暴露组，而选择其他工厂无该暴露因素的工人作为对照组。选择外对照时要特别注意与暴露组之间的均衡、可比性。

3. 一般人群对照（general population control） 是指以全人群的资料作为对照，即利用整个地区（如全国或某省、市、区县等）已有的发病、死亡等统计资料与暴露者观察的结果做比较。这种对照的优点是对比资料容易得到，可节省大量的时间、人力和经费，但存在资料比较粗糙或缺少某些信息、与暴露组在人口特征方面的可比性差、时间不一致等缺点。

4. 多重对照（multiple control） 为了增强研究的科学性，使结果更加真实、可靠，可以选用多重对照，即同时设立上述两种或两种以上的对照组，以减少单一对照带来的偏倚。如在设一个内对照或外对照的同时，可以再与一般人群作比较。设立多重对照将增加研究的工作量，同时应注意保证暴露组与不同对照组之间的可比性。

四、样本含量

（一）样本含量的影响因素

在队列研究中影响样本大小的主要因素为：

1. 暴露组与对照组结局事件的发生率之差（d） d 为暴露人群结局的发生率（p_1）与非暴露人群该结局发生率（p_0）之差（$d=p_1-p_0$），d 值越大，所需样本量越小。

2. 暴露因素与结局事件的关联强度 一般用相对危险度（ralative risk，RR）表示。暴露因素与结局事件的关联强度越大，所需的样本含量越小，反之亦然。

3. 显著性水平（α） α 为第一类错误的概率，也称假阳性率。一般情况下，将 α 定为 0.05 或 0.01。α 值越小，所需的观察人数越多。

4. 把握度（1–β） β 为第二类错误的概率，也称假阴性率。1–β 为拒绝无效假设的能力，或避免假阴性的能力。通常将 1–β 定为 0.90，一般不应低于 0.80。把握度要求越高，所需观察人数越多。

（二）样本大小的估计

队列研究样本大小可按 4-1 公式计算

$$n=\frac{\left(z_\alpha\sqrt{2\overline{pq}}+z_\beta\sqrt{p_0q_0+p_1q_1}\right)^2}{(p_1-p_0)^2} \quad (4\text{-}1)$$

式中，p_1 和 p_0 分别代表暴露组和非暴露组的发病率，如果不能获得 p_1，可由式 $p_1=RR\times P_0$ 求得；$q_1=1-p_1$，$q_0=1-p_0$；$\overline{p}$ 为两组发病率的平均值，即 $\overline{p}=(p_1+p_0)/2$；$\overline{q}=1-\overline{p}$；$Z_\alpha$ 和 Z_β 分别为 α 与 β 对应的标准正态分布临界值，可查表获得。

举例：为了考察母亲孕期使用雌激素与所生子女患先天性心脏病的联系，拟进行队列研究。已知非暴露孕妇所生婴儿的先天性心脏病发病率（p_0）为 2‰，使用雌激素引起子女患该病的 RR 为 2。设 $\alpha=0.05$（双侧），$\beta=0.10$，求样本大小。

已知：p_0=0.002，RR=2，则

$$p_1=RR\times p_0=2\times0.002=0.004,\quad q_1=0.996\quad q_0=0.998$$

$$\overline{p}=(0.004+0.002)/2=0.003,\quad \overline{q}=1-\overline{p}=0.997$$

查表得：Z_α= 1.96，Z_β= 1.28

代入公式（4-1）得：

$$n=\frac{\left(1.96\sqrt{2\times0.003\times0.997}+1.28\sqrt{0.002\times0.998+0.004\times0.996}\right)^2}{(0.004-0.002)^2}=15700$$

即暴露组与非暴露组各需 15700 人年。

考虑到失访的可能性，尚需再加 10%的样本量，则两组实际各需要样本量为 15700+ 1570= 17270 人年。

随着计算机技术的广泛应用，目前很多统计学软件都具有计算样本含量的功能，如 EpiCalc 2000 等，根据上述四个参数即可获得样本含量。

五、资料收集与随访

（一）基线资料的收集

基线资料是指在研究开始时收集有关研究对象及暴露因素的信息。

1. 研究对象的确定及相关资料的收集 在队列研究开始时，应对所选择的研究对象进行检查，剔除不合格者，对于已发生结局（如患有所研究疾病）者必须排除，如研究高血脂与高血压关系时，应对所有研究对象测量血压，将高血压患者剔除；进行吸烟与肺癌关系研究时，须排除肺癌患者。同时应详细收集研究对象的人口学特征、生活习惯、生活方式、居住环境和条件、既往病史、其他疾病现患史、家庭情况及家庭成员患病史等资料。

2. 暴露的确定及暴露因素的收集 队列研究中暴露的确定至关重要，应按照已制定的统一而规范的标准执行，同时对于暴露程度和暴露方式也应详细调查和记录。定量收集暴露因素，有利于了解暴露因素的致病机理，增强对疾病因果关系判断的可信度。

3. 基线资料的获取方式 主要包括：①查阅医院、工厂、单位等机构及个人的健康记录或档案；②进行专项调查，按照制订的统一且详细的调查表直接询问研究对象或其他知情人；③对研究对象进行相关的体格检查、实验室检查或特殊项目的检查；④如果所研究疾病的暴露因素为环境中的某些理化、生物、气象或污染因子等，可通过查阅环境、卫生、气象等监测部门的有关记录获得，必要时还需进行工作或生活环境中某些毒物或污染物浓度监测；⑤如果需要，尚需进行研究对象血液、尿液等生物标本中相关生物指标或代谢产物的检测。

（二）随访

随访（follow up）是队列研究实施阶段收集资料的主要形式。

1. 随访对象 暴露组和非暴露组成员均为随访对象。应采用统一的方法定期或不定期地收集各组成员的资料，确定研究对象是否仍处于观察之中，了解研究人群中结局事件的发生情况，同时收集有关暴露和混杂因素变化的资料。应注意对两组对象的随访应等同对待、同时进行。对于失访者应尽量进行补访，未能追访到者应尽量了解其失访原因，以估计可能产生的偏倚及其大小。

2. 随访内容 尽管依据研究目的不同随访内容亦有差异，但均涉及以下内容：①有关暴露的信息，即确定暴露组与非暴露组的人数，特别注意在随访过程中某些暴露者和非暴露者的行为或状态变更情况，同时应收集暴露因素的变化及研究对象暴露程度的变化等信息；②有关结局的信息，即按照设计规定的标准确定结局的有无以及与结局相关的资料；③有关与暴露和疾病相关的可能产生混杂作用的信息。通常将随访内容设计成调查表，以防止缺项、漏项的发生，也便于核查资料的完整性。

3. 随访方法 可根据研究结局的性质选取直接随访（如函调、面谈、定期体检等）或间接随访（如医院病历，死亡登记、疾病报告卡、人事档案、劳保资料、保险档案等）的方式。对于某些特殊的暴露或结局信息，尚需通过对研究对象进行某些生物指标的测定以及对相关环境因素进行调查或监测等途径获取。

4. 随访开始时间及随访期限 对每个观察对象开始随访的时间及随访时间的长短直接关系到研究的功效。随访开始时间应在了解了疾病的潜隐期或潜伏期并提出了病因假设的基础上确定。理论上随访应在疾病的最短诱导期和潜伏期之后进行，而不要在暴露一发生就开始随访，但是在实施中往往难以做到。随访时间的长短取决于暴露与疾病的关联强度和疾病潜伏期的长短，暴露与疾病的关联强度越大，随访时间越短；潜伏期较短的急性病，随访期短，而对潜伏期较长的慢性病，随访时间也较长。多数队列研究的随访期都比较长，因而需要在随访期限内实施多次随访，确定随访间隔与随访次数时应根据研究结局出现的速度、研究的人力、物力等条件而定。一般慢性病的随访间隔期可定为1～2年，如Framingham心血管病的随访研究就是每两年随访一次。对于随访期比较短的队列研究，通常在终止观察时一次收集结局资料即可。

5. 随访终点和终止时间 随访终点也叫观察终点，是指研究对象出现了预期的结局而不再对该对象继续进行观察的时间。随访终点一般规定为某种疾病的发生或死亡，如在研究高血压与脑卒中关系时，将随访终点定为脑卒中的发生，有时也可将随访终点规定为某些生物学检测指标或其他健康指标达到某水平的时间。随访终止时间则是指整个随访观察工作截止的时间，即经过了一个完整的随访期到达的终点时间。

6. 失访及其处理 由于队列研究观察对象多、时间长，失访问题在所难免。对于失访者应尽可能进行补访，未能追访到者，应尽可能取得失访者结局的信息，或从失访者中抽取样本调查其结局，对失访原因做进一步的分析，与在访人群的结局进行比较，以推测失访对结果的可能影响。如果暴露组与未暴露组的失访率相似，失访者与未失访者的结局发生率也相似，则失访对研究结果的影响作用较小。比较现实可行的方法是把失访者与未失访者基线资料中的一些特征加以比较，如差别不大，则可假定结局发生率的差别可能也不大，否则，对选择偏倚可能产生的影响应有充分估计。

（三）质量控制

同任何流行病学调查研究一样，队列研究中资料收集的质量控制尤为重要，关乎研究结果的真实性，因此，在资料收集的各个环节均应予以足够的重视。

1. 编制调查员手册 队列研究所涉及的调查员多，调查内容复杂，因此，在实施研究之前应编制调查员手册，重点包括全部操作程序、注意事项、调查问卷的完整说明等。

2. 调查员的选择与培训 随访和收集资料的人员通常应具有医学背景和调查所需的专业知识，具备相应的专业技术水平，具有严谨认真、实事求是的工作作风和科学态度，与研究对象交流和沟通时无语言障碍。在资料收集前，应对所有参加调查的人员进行严格培训，使其掌握统一的资料收集方法、标准、技术和技巧，考核合格后方可参与调查。

3. 监督与管理 为保证调查质量，在随访期间应有专人对随访工作的质量进行定期监督和检查，建立严格的检查考核制度和良好的组织机构。监督检查内容主要包括进行数据检查或逻辑检错、抽样重复调查、定期观察和考核调查员的工作质量等，以便及时发现和纠正问题。

知识点 4-2：队列研究设计与实施的要点内容、研究对象选择的原则及人群、影响样本含量的主要因素、随访的主要内容

（1）队列研究设计与实施的要点：①确定暴露因素；②明确研究结局；③选择研究对象；④估计样本含量；⑤观察、收集资料。

（2）研究对象选择的原则：①暴露组和非暴露组均应选择未发生观察结局（如发病）但有可能出现该结局的人群；②对照组与暴露者具有可比性。

研究对象包括：暴露组和非暴露组。其中，暴露组可选择 ①特殊暴露人群；②社区人群；③有组织的人群团体。非暴露组可选择 ①内暴露对照；②外暴露对照；③一般人群对照；④多重对照。

（3）影响样本含量的主要因素：①暴露组与对照组结局事件的发生率之差；②暴露因素与结局事件的关联强度；③显著性水平（α）；④把握度（1–β）。

（4）随访的主要内容：①有关暴露的信息；②有关结局的信息；③有关与暴露和疾病相关的可能产生混杂作用的信息。

第三节 队列研究资料的分析

一、资料的整理与描述

在随访过程中和随访结束后，应及时对资料进行审查，核实资料的正确性与完整性。对有明显错误的资料应进行重新调查修正或剔除；对不完整的资料要设法补齐。继而对合格资料归档，建立数据库。在此基础上，对资料进行描述性分析，即对暴露组和非暴露组人群的年龄、性别等一般人口学特征，研究结局、失访等事件的发生情况等进行描述，分析两组的可比性及资料的可靠性。

二、率的计算

在描述性分析的基础上，按暴露组和非暴露组某结局事件（以发病为例）发生的人数和人年数，归纳整理成表 4-1 的形式。计算各组结局事件的发生率（发病率或死亡率等），通过两组率的差别的比较进行暴露与疾病病因关联的推断性统计分析。

表 4-1 队列研究资料整理归纳表

	病例	非病例	合计	发病率
暴露组	a	b	$a+b=n_1$	a/n_1
非暴露组	c	d	$c+d=n_0$	c/n_0
合计	$a+c=m_1$	$b+d=m_0$	$a+b+c+d=t$	

由于队列研究观察的时间较长、观察人数较多，在进行暴露组和非暴露组结局发生率的计算时应根据研究对象和资料的性质特征，选择适宜的率的计算方法。

（一）累积发病率

当观察人群数量较多，流动性小，比较稳定时，不论观察时间的长短和发病频率的高低，以观察开始时的人数作为分母，整个观察期内发生的病例数（或死亡数）作为分子，可计算该观察期内的累积发病率（cumulative incidence，CI）或累积死亡率（cumulative mortality，CM）。累积发病率的量值变化范围为 0～1，报告累积发病率时必须说明累积时间的长短，否则，其流行病学意义不明确。

$$CI = n/N \qquad (4\text{-}2)$$

式中，n 表示观察期内的发病人数；N 表示观察开始时的人数。

（二）发病密度

当观察人群变动较大时，如观察对象进入研究的时间先后不一，各种原因造成失访、迁移、死于他病，研究对象出现终点结局的时间不同等，均可造成每个对象被观察的时间不同。此时用观察开始的总人数作分母计算率则显然不够合理，此时以观察人时（person time，PT）即观察人数与观察时间的乘积为分母计算发病率较为适宜。观察时间可以为年、月、日等，一般以年为时间单位，即以人年（person year）为单位计算人年发病率（或死亡率）。以人时为单位计算出来的率带有瞬时频率性质，即表示在一定时间内发生某病新病例的速率，故称为发病密度（incidence density，ID）。发病密度是一定时期内的平均发病率，其分子仍是一个人群在观察期内新发生的例数（n），分母则是该人群中每一成员所提供的人时数的总和。该指标包含了观察人群中发生的新病例数、观察人群的数量、发生这些例数所经历的时间等信息，可以较好地反映动态人群所研究结局的发生频率。

$$ID = n/(PT) \tag{4-3}$$

式中，n 表示观察期内的发病或死亡人数；PT 表示观察人时的总和。

（三）观察人时的计算

暴露人年是最常用的一种人时概念。常用的计算方法有精确法、近似估计法和寿命表法。

1. 精确法 该方法是将每一个观察对象贡献的确切的人年数相加所得的总和。计算所得结果准确，但计算过程复杂，过去一般用于观察人数较少的研究。随着计算机技术的迅速发展和广泛应用，已有许多专门用于人年计算的统计学软件问世并应用，如较常用的 PYRS 软件、OCMAP 软件等，使暴露人年的精确法计算变得简便、快捷，同时也适合于观察人数较多的研究。该方法具有计算结果准确、可靠的优势，被推荐为首选方法。

2. 近似估计法 当随访观察的人数较多，且对于每一个成员进入和退出的确切时间不明确时，就不能用精确法直接计算暴露人年，可以用平均观察人数乘以观察年数估计暴露人年。平均人数可取相邻两观察时段人口的平均值，也可以取年中观察人数。

案例 4-1 中，Doll 和 Hill 从 1951 年 11 月 1 日开始观察男性医生 34494 人，至 1956 年 4 月进行阶段性总结时，共观察了四年零五个月。观察期间每 12 个月统计一次各年龄组的人数，各期存活人数及暴露人年数见表 4-2。该表中人年数的计算即是采用了近似估计法，如，45～岁组的人年数=（7117+7257）÷2 +（7257+7381）÷2 +（7381+7351）÷2 +（7351+7215）÷2 +（7215+7191）÷2×5/12 = 32156 人年。

表 4-2 男性医生随访人数整理表

年龄（岁）	观察人数						人年数
	1951 年 11 月 1 日	1952 年 11 月 1 日	1953 年 11 月 1 日	1954 年 11 月 1 日	1955 年 11 月 1 日	1956 年 04 月 1 日	
35～	8836	9149	9287	9414	9710	9796	41211
45～	7117	7257	7381	7351	7215	7191	32156
55～64	4094	4212	4375	4601	5057	5243	19909
合计	20097	20618	21043	21366	21982	22230	93276

3. 寿命表法 当观察人数比较多，人群流动性较大时，应用寿命表法估计暴露人年较为科学合理。依照寿命表法原理计算人年数时，将当年进入队列和失访或出现研究结局的人均按 0.5 人年计。表 4-3 为利用寿命表法计算暴露人年的结果。

计算公式

$$L_x = I_x + 1/2(N_x - D_x - W_x) \tag{4-4}$$

$$L_{x+1} = I_x + N_x - D_x - W_x \tag{4-5}$$

式中，L_x 为 x 时间内暴露人年数；I_x 为 x 时间开始观察的人数；N_x 为 x 时间内进入队列的人数；D_x 为 x 时间内出现研究结局的人数；W_x 为 x 时间内失访的人数，包括死于非研究结局的人。

如：第一年的暴露人年数为：

$$L_1 = I_1 + 1/2(N_1 - D_1 - W_1) = 1403 + 1/2(79 - 4 - 30) = 1425.5 \text{ 人年}$$

$$I_2 = I_1 + N_1 - D_1 - W_1 = 1403 + 79 - 4 - 30 = 1448 \text{ 人}$$

第二年的暴露人年数为：

$$L_2 = I_2 + 1/2(N_2 - D_2 - W_2) = 1448 + 1/2(45 - 2 - 11) = 1464 \text{ 人年}$$

依次类推，合计总人年数得 13336.5 人年。

整个观察期内发病人数为 37，则人年发病率为 37/13336.5 = 2.77‰。

表 4-3 寿命表法计算暴露人年

观察时间（年）x	年初人数 I_x	年内进入人数 N_x	年内发病人数 D_x	年内失访人数 W_x	暴露人年数 L_x
1	1403	79	4	30	1425.5
2	1448	45	2	11	1464.0
3	1480	60	3	8	1504.5
4	1529	5	2	19	1521.0
5	1513	10	7	25	1502.0
6	1491	18	8	29	1481.5
7	1472	13	3	73	1440.5
8	1409	12	5	74	1375.5
9	1342	9	2	467	1112.0
10	882	3	1	819	473.5
11	65	0	0	57	36.5
合计			37		13336.5

（四）率的差异性检验

队列研究通过比较暴露组与非暴露组的发病（或死亡）率差别以反映暴露与疾病有无关联。当研究样本量较大，p 和 $1-p$ 都不太小，如 np 和 $n(1-p)$ 均大于 5 时，样本率的频数分布近似正态分布，此时可应用正态分布的原理进行率的差异性检验，可用 U 检验、x^2 检验等。如果率比较低，样本较小时，可改用直接概率法、二项分布检验或 Poisson 分布检验。

队列研究一般观察时间较长，常以人年为单位计算发病率或死亡率，用一般率的显著性检验方法则不合适，但采取什么检验方法为宜目前尚存争议，近年来 x^2 检验被推荐用于人时率的差异性推断，现简要介绍。

$$x^2 = \frac{a - n_1 m_1 / t}{\sqrt{m_1 n_1 n_0 / t^2}} \tag{4-6}$$

式中，a 表示暴露组的结局发生数；n_1 和 n_0 分别为暴露组和非暴露组人时数；m_1 为暴露组和非暴露组的结局发生总数；t 为暴露组和非暴露组总人时数。

例如：孕期暴露和未暴露于 X 线的妇女，其子女死于乳腺癌的情况如表 4-4 所示。

表 4-4 孕期暴露于 X 线子女乳腺癌死亡数与观察人年数

	暴露	未暴露	合计
死亡数	41（a）	15（c）	56（m_1）
人年数	28010（n_1）	19017（n_0）	47027（t）

将观察数据带入公式 4-6，得：

$$x^2 = \frac{41 - 28010(56/47027)}{\sqrt{56 \times 28010 \times 19017 / 47027^2}} = \frac{7.65}{3.67} = 2.08$$

查标准正态分布表，得单侧 P 值=0.02，提示乳腺癌发生与其母亲孕期暴露于 X 线有关。

知识点 4-3：累积发病率和发病密度计算的适用条件、人时的概念及计算方法

（1）累积发病率计算的适用条件：观察人群流动性小，人群比较稳定。

发病密度计算的适用条件：当观察人群变动较大。

（2）人时的概念：观察人数与观察时间的乘积。常以年为时间单位，计算人年（person-year）数。

人时的计算方法：主要有精确法、近似估计法和寿命表法。

三、效应估计

（一）相对危险度

相对危险度（relative risk，RR）为反映暴露与疾病关联强度大小最重要的指标，是暴露组与非暴露组人群发病率或死亡率的比值，又称为率比（rate ratio），表明暴露组发病或死亡的危险性是对照组的若干倍，故又称为危险比（risk ratio）。

$$RR = I_e / I_0 \quad (4\text{-}7)$$

式中，I_e和I_0分别表示暴露组和非暴露组的发病率或死亡率。

RR 的意义：*RR* 的数值从 0～正无限大。*RR*=1，表示暴露组与非暴露组的发病率或死亡率相同，提示暴露与疾病的发生无关；*RR*＞1，说明暴露组的发病率或死亡率高于非暴露组，提示暴露可增加疾病发生的危险性，是疾病发生的可能病因因素；*RR*＜1，表示暴露组的发病率或死亡率低于非暴露组，提示暴露对于疾病的发生起阻止作用，可减少疾病的危险性，为保护因素。目前，通过 *RR* 值判断关联强度尚无明确标准，表 4-5 提供了两者之间的关系，供参考。

表 4-5　相对危险度与关联强度

RR		关联强度
0.9～1.0	1.0～1.1	无关联
0.7～0.8	1.2～1.4	弱
0.4～0.6	1.5～2.9	中
0.1～0.3	3.0～9.9	强
＜0.1	10～	很强

案例 4-1 中，Doll 和 Hill 于 1951 年对 40701 名男性医生进行了吸烟与肺癌关系的前瞻性队列研究。在随访观察了四年零五个月的阶段性总结时发现，吸烟与不吸烟者肺癌的死亡率分别为 0.96‰和 0.07‰，差别具有统计学意义。利用公式 4-7 则推算得吸烟导致肺癌死亡的相对危险度为：

$$RR = 0.96‰ / 0.07‰ = 13.71$$

该结果表示吸烟者肺癌的死亡率为不吸烟者的 13.71 倍，据该结果 *RR*＞1，说明吸烟组肺癌的死亡率高于不吸烟组，即吸烟可增加肺癌死亡的危险性，为肺癌死亡的可能病因。

RR 作为一次调查研究得到的点估计值，用以推断总体范围时，应考虑抽样误差存在的可能性，故需计算 RR 的可信区间（confidence interval，CI），一般计算其 95%可信区间（95% CI）。

RR 95%可信区间的计算方法较多，常用 Woolf 法（公式 4-8）进行估计。

$$\ln RR95\%CI = \ln RR \pm 1.96\sqrt{Var(\ln RR)} \quad (4\text{-}8)$$

式中，*Var*（In*RR*）为 *RR* 自然对数的方差：

$$Var(\ln RR) = \frac{1}{a} + \frac{1}{b} + \frac{1}{c} + \frac{1}{d}$$

取 ln*RR*95%*CI* 的反自然对数值即可得 RR 的 95%可信区间。

RR 95%可信区间的意义：如果所计算的可信区间范围包含 1，说明该 *RR* 值由抽样误差造成，表示暴露与疾病无关；如果所计算的可信区间范围不包含 1（无论＞1 或＜1），说明该 *RR* 值非抽样误差所造成，表示暴露与疾病有关联。

（二）归因危险度

归因危险度（attributable risk，AR）称为特异危险度，为暴露组的率与非暴露组的结局发生率之差，也称为率差（rate difference，RD），表明暴露组与非暴露组某种结局事件发生危险相差的绝对值，故也称为超额危险度（excess risk）。

$$AR = I_e - I_0 \quad (4\text{-}9)$$

由 $RR = I_e / I_0$，可推得：

$$AR = RR \times I_0 - I_0 = I_0(RR - 1) \quad (4\text{-}10)$$

由公式（4-10）即可在不明确 I_e 的情况下，通过 RR 和 I_0 算出 AR。

同样，归因危险度也是一个样本的点估计值，其 95%可信区间可用公式（4-1）计算。

$$AR95\%CI = AR \pm 1.96\sqrt{\frac{a}{n_1^2} + \frac{c}{n_0^2}} \quad (4\text{-}11)$$

AR 的意义：*AR* 说明在暴露者中，单纯由于暴露引起或降低某结局事件发生的危险性的大小，换言之，*AR* 可反映发病或死亡等结局发生的危险性可特异地归因于该暴露因素的程度。

由案例 4-1 可计算归因危险度为：

$$AR = 0.96‰ - 0.07‰ = 0.89‰$$

表明在吸烟者中由吸烟引起肺癌死亡的危险性为 0.89‰，即吸烟者比不吸烟者患肺癌死亡的危险增加了 0.89‰。

RR 与 *AR* 均是表示某因素与疾病等事件发生关联强度的指标，且彼此密切相关，但它们所表明的意义却不同。*RR* 是反映某因素对个体作用大小的指标，其值越大表明某危险因素的致病作用越强，具有病因学意义；*AR* 值表示暴露于某危险因素的人群中疾病的发病或死亡危险比未暴露于该危险因素的人群增加的数量，如果对暴露人群采取措施，消除该危险因素，可降低发病或死亡危险的程度，具有公共卫生学意义。现以表 4-6 为例说明。

表 4-6　吸烟与肺癌和心血管疾病的 *RR* 与 *AR* 比较

疾病	吸烟者（1/10 万人年）	非吸烟者（1/10 万人年）	*RR*	*AR*（1/10 万人年）
肺癌	48.33	4.49	10.76	43.84
心血管疾病	294.67	169.54	1.74	125.13

从表 4-6 中数据可见，吸烟者与不吸烟者相比，对于个体而言患肺癌比患心血管病的危险性大，但就整个人群来说，吸烟引起心血管病的危险性比肺癌大，如果采取戒烟措施，预防和控制心血管病的人群效应可能更为明显。

（三）归因危险度百分比

归因危险度百分比（attributable risk percent，AR% 或 ARP）又称为病因分值（etiologic fraction，EF_e），是指暴露人群中发病等结局事件归因于暴露的成分占全部病因的比例。

$$AR\% = (I_e - I_0) / I_e \times 100\% \quad (4\text{-}12)$$

结合公式（4-7）可推得：

$$AR\% = (RR - 1) / RR \times 100\% \quad (4\text{-}13)$$

由公式（4-13）可见，*AR*%主要与 *RR* 有关。

ARP 的意义：ARP 反映在某因素的暴露者中，单纯由于该因素引起发病等结局事件的危险占整个病因的比例。

如案例 4-1，计算归因危险度百分比得：

$$AR\% = (0.96‰ - 0.07‰) / 0.96‰ \times 100\% = 92.71\%$$

结果提示：在吸烟者中，由吸烟引起的肺癌死亡占全部肺癌死亡病因的 92.71%。

（四）人群归因危险度和人群归因危险度百分比

RR 和 *AR* 均是反映暴露的生物学效应的指标，人群归因危险度（population attributable risk，PAR）和人群归因危险度百分比（population attributable risk percent，PARP 或 PAR%）则说明了暴露对整个人群的危害程度及其比例。这两个指标综合考虑了研究因素的致病效应（*RR*）及该因素在人群中的暴露比例，可更为全面地评价某暴露因素对人群发病等生物事件的影响。例如石棉作业工人患肺癌的 *RR* 为 3.8，但石棉在整个人群中的暴露比例很低，故对全人群的危害性较小，而只要对石棉职业暴露人群加强防护，采取科学的预防措施则可明显降低其危害。

PAR 是指人群总发病率或死亡率与非暴露组发病率或死亡率之差。

$$PAR = I_t - I_0 \tag{4-14}$$

式中，I_t 和 I_0 分别表示一般人群和非暴露组的发病率或死亡率。

PAR 的意义：PAR 可表示在整个人群中，单纯由于研究因素引起发病或死亡等结局事件危险性的大小。

PARP 又称为人群病因分值（population etiologic fraction，EFp），表示人群中由于某因素引起发病等结局事件的危险性占整个人群病因的比例。

$$\text{PARP} = (I_t - I_0)/I_t \times 100\% \tag{4-15}$$

$$\text{PARP} = \frac{p_0(RR-1)}{p_0(RR-1)+1} \tag{4-16}$$

式中，p_0 为某因素在人群中的暴露比例。

可见，PARP 既与 *RR* 有关，也与人群对某因素的暴露比例有关。

PARP 的意义：PARP 反映了在一般人群中，某因素引起发病或死亡等结局事件的危险占全部病因的百分比。

结合案例 4-1，已知当时全人群肺癌的死亡率为 0.56‰，则：

PAR = 0.56‰−0.07‰=0.49‰

PARP =（0.56‰−0.07‰）/0.56‰×100% = 87.50%

表示在整个人群中，由于吸烟引起肺癌死亡的危险性为 0.49‰，占人群肺癌全部病因的 87.50%。

（五）标准化死亡率比

在队列研究中，当研究对象数量较少，发病率或死亡率较低时，无论观察时间长短，都不宜计算率，通常用标准化发病率比（standard incidence ratio，SIR）或标准化死亡率比（standard mortality ratio，SMR）来代替率。

SIR（或 SMR）为观察发病数（死亡数）与预期（或理论）发病数（死亡数）的比值。计算公式为：

$$\text{SIR(SMR)} = \frac{\text{观察发病（或死亡数）}}{\text{预期发病（或死亡）数}} = \frac{\text{观察发病（或死亡数）}}{\text{全人口发病（或死亡）率} \times \text{观察人数}} \tag{4-17}$$

式中，预期发病（或死亡）数=全人口的发病（或死亡）率×观察人数

在实际工作中，死亡率较发病率的资料容易获得，尤其在发展中国家，人群发病率的资料比较欠缺，通常计算标化死亡比（SMR）。

SMR 的意义：常用来衡量某特殊暴露人群或某职业人群中接触某些因素的危害程度，表示某暴露人群发病或死亡的危险性为一般人群的若干倍。如果计算所得比值等于 1，说明暴露于某因素发病或死亡的危险性与一般人群接近，该因素与疾病的发生无关；如果计算所得比值大于 1，说明暴露于某因素发病或死亡的危险性比一般人群高，该因素为疾病的危险因素；如果比值低于 1，则说明暴露人群发病或死亡的危险性较一般人群为低，该因素为保护性因素。

例如：某工厂 30～45 岁组工人有 1250 人，某年有 5 人死于肺癌。已知当年当地同年龄组人

群肺癌的死亡率为2‰，求SMR。

观察死亡数=5；预期死亡数=1250×2‰=2.5

则：SMR=5/2.5=2

结论：该工厂30～45岁工人死于肺癌的危险是一般人群的2倍。

在利用总人口作对照时，尽量应用与观察人群在时间、地区及人群构成上相近的总人群为对照，以减少偏倚。如果为了说明一个队列内何种死因危害较大，也可用χ^2检验比较不同死因的SMR。但应注意用不同标准率算得的SMR不能互相比较，即使是根据同一标准人群死亡率算得的SMR，也只有在各队列的年龄构成近似时才具可比性。

知识点4-4：暴露对结局的效应指标的概念、计算及其意义

评价暴露对结局的效应指标主要有：相对危险度（RR）、归因危险度（AR）、归因危险度百分比（ARP）、人群归因危险度（PAR）、人群归因危险度百分比（PARP）、标准化死亡率比（SMR）。

（1）相对危险度（relative risk，RR）：①概念：RR为反映暴露与疾病关联强度大小最重要的指标，是暴露组与非暴露组人群发病率或死亡率的比值，表明暴露组发病或死亡的危险性是对照组的若干倍；②计算公式：$RR=I_e/I_0$；③意义：RR=1，表示暴露与疾病的发生无关；RR＞1，说明暴露可增加疾病发生的危险性，是疾病发生的可能病因；RR＜1，表示暴露对于疾病的发生起阻止作用，可减少疾病的危险性，为保护因素。

（2）归因危险度（attributable risk，AR）：①概念：AR为暴露组的发病率或死亡率与非暴露组的发病率或死亡率之差，表明暴露组与非暴露组某种结局事件发生危险相差绝对值的大小；②计算公式：$AR=I_e-I_0$；③意义：说明在暴露者中，单纯由于暴露引起或降低某结局事件发生的危险性的大小，换言之，AR可反映发病或死亡等结局发生的危险性可特异地归因于该暴露因素的程度。

（3）归因危险度百分比（attributable risk percent，AR% 或 ARP）：①概念：ARP是指暴露人群中发病等结局事件归因于暴露的成分占全部病因的比例；②计算公式：$AR\%=(I_e-I_0)\ I_e\times100\%$；③意义：揭示在某因素的暴露者中，单纯由于该因素引起发病等结局事件的危险占整个病因的比例。

（4）人群归因危险度（population attributable risk，PAR）：①概念：PAR是指人群总发病率或死亡率与非暴露组发病率或死亡率之差；②计算公式：$PAR=I_t-I_0$；③意义：表示在整个人群中，单纯由于研究因素引起发病或死亡等结局事件危险性的大小。

（5）人群归因危险度百分比（population attributable risk percent，PARP 或 PAR%）：①概念：PARP是指人群中由于某因素引起发病等结局事件的危险性占整个人群病因的比例；②计算公式：$PARP=(I_t-I_0)\ I_t\times100\%$；③意义：表示在一般人群中，暴露因素引起某种疾病或其他生物学效应的危险占全部病因的比例。

（6）标准化死亡率比（standard mortality ratio，SMR）：①概念：SMR为实际发病数（死亡数）与理论发病数（死亡数）的比值；②计算公式：$SIR(SMR)=\dfrac{\text{观察发病（或死亡数）}}{\text{预期发病（或死亡）数}}=\dfrac{\text{观察发病（或死亡数）}}{\text{全人口发病（或死亡）率}\times\text{观察人数}}$；③意义：SMR常用来衡量某特殊暴露人群或某职业人群中接触某些因素的危害程度，表示某暴露人群发病或死亡的危险性为一般人群的若干倍。SMR=1，表示该因素与疾病的发生无关；SMR＞1，说明暴露于某因素发病或死亡的危险性比一般人群高，该因素为疾病的危险因素；SMR＜1，则说明暴露人群发病或死亡的危险性较一般人群为低，该因素为保护性因素。

四、分级分析

分级分析是将不同暴露水平的资料由小到大或由大到小形成多个有序的暴露等级，将不同水平的暴露分别与无暴露或最低水平的暴露做比较，推断暴露与疾病之间是否存在剂量-反应关系（dose-response relationship），增加因果联系的判断依据。

例如：在案例 4-1 中，Doll 和 Hill 对 35 岁及以上男性医生进行吸烟量与肺癌关系的队列研究时，就每日吸烟量与肺癌死亡率的关系进行了分级分析，如表 4-7 所示。

表 4-7 各年龄组每年肺癌死亡率（‰）与吸烟量的关系

年龄	不吸烟	每日吸烟量（支）		
		1～14	15～24	25 及以上
35～	0.05	0.07	0.00	0.11
45～	0.00	0.31	0.62	0.75
55～	0.00	0.48	2.31	3.88
65～	0.00	2.69	5.16	6.48
75～	1.11	2.68	7.27	16.33
合计	0.07	0.57	1.39	2.27
RR	1.00	8.14	19.86	32.43
AR	0.00	0.50	1.32	2.20

表 4-8 中，不同吸烟量的 RR 和 AR 值均以不吸烟组的死亡率为参照计算而得，如每日吸烟 1～14 支组的 RR=0.57‰/0.07‰=8.14，AR=0.57‰–0.07‰=0.50‰。以此类推，可算得每日吸烟 15～24 支及 25 支以上者肺癌死亡的 RR 和 AR。结果提示：随着吸烟量的增加，肺癌死亡的危险性逐渐上升，说明吸烟可能是肺癌死亡的原因，两者存在剂量-效应关系。必要时，可对率的变化做线性趋势 χ^2 检验。

五、分 层 分 析

分层分析（stratified analysis）旨在识别混杂因素和控制混杂因素对研究结果的影响。其分析思路为：按可疑混杂因素（如性别、年龄等）将资料分成若干组（即层），如可按性别或年龄分成两层或若干层（男性，女性；≤30 岁，30～40 岁，＞40 岁），再分别在每一层内分析暴露与疾病的关联强度。由于在暴露组和非暴露组内作为分层标志的因素固定不变或变化很小，即所分层的因素对暴露组和非暴露组的作用一致或相近，因此可以控制该因素对暴露与疾病关系的歪曲作用，从而可较为客观地评价研究因素与研究疾病的关联。

在队列研究中尽管所研究的暴露因素比较单一，但也会有一些因素对所研究的因素和结局的关联性发生混杂作用。在进行资料分析的过程中可通过分层分析对这些因素加以控制，其分析方法见第五章。

六、多因素分析

队列研究在推断某因素与某结局的相互关系时可能会受到许多因素的干扰。如果影响因素较少，可采取频数匹配或分层分析的方法加以控制，但由于受到匹配过头或分层分析时样本量的限制，使其应用受到限制。随着计算机技术的日益完善和广泛使用，多因素分析作为控制混杂因素干扰有效而可行的方法，为提高流行病学研究结果的真实性提供了有力保障。队列研究中较常用的多因素分析方法有多元线性回归分析、Logistic 回归分析、Cox 模型等，前两种方法主要用于混杂因素的控制，Cox 模型则特别适合于随访资料的分析，对于失访问题予以科学、合理的估计和判断，从而较为客观地反映了研究的真实性。

知识点 4-5：分级分析的主要目的、分层分析的思路和主要目的

（1）分级分析的主要目的：推断暴露与疾病的剂量-反应关系，增加因果联系的判断依据。

（2）分层分析的思路：按可疑混杂因素将资料分成若干组（即层），再分别在每一层内分析暴露与疾病的关联强度。由于在暴露组和非暴露组内作为分层标志的因素固定不变或变化很小，即所分层的因素对暴露组和非暴露组的作用一致或相近，从而控制该因素对暴露与疾病关系的歪曲，较为客观地评价研究因素与研究疾病的关联。

（3）分层分析的主要目的：识别混杂因素和控制混杂因素对研究结果的影响。

第四节　队列研究中常见的偏倚及其控制

偏倚（bias）是流行病学研究中对结果的真实性影响较大的问题之一，与其他流行病学研究方法一样，队列研究中也可由于偏倚的存在而影响暴露与疾病等结局真实关系的推断。

一、选 择 偏 倚

队列研究中以所抽取的样本人群作为研究对象时，有时会因代表性差而造成选择偏倚（selection bias）。常见的选择偏倚有：

1. 失访偏倚　失访偏倚是队列研究中最常见的一种偏倚，是指在随访观察过程中，研究对象由于种种原因而退出研究或死于非终点疾病，因而造成对研究结果的影响。失访所产生偏倚的大小主要取决于失访率的高低、失访者的特征和暴露组与非暴露组失访情况的差异。队列研究由于观察人数较多、观察时间较长，失访难以避免。失访的主要原因为研究对象的迁移、外出、不愿合作等，在进行历史性队列研究时，某些研究对象的档案缺失或记录不全是失访的特殊形式，而这些档案记录资料的缺失是导致失访的主要原因。

2. 错误分组偏倚　在确定暴露组与非暴露组时，如果对暴露的定义不严格或执行不当，可导致归类错误而引起错误分组偏倚；如果对疾病的诊断缺乏统一标准或未严格执行，将可能使某些已患所研究疾病的病人被纳入研究队列，而他们在暴露组和非暴露组的分布往往不一致，这样也会带来错误分组偏倚。

3. 志愿者偏倚　志愿者为研究对象时，由于他们具有的某些特征或习惯与一般人群之间存在差别，如年龄可能以青年或老年为主，从事某种特殊职业者或无业者较多，有某种特殊习惯或行为、心理倾向等，都会影响到研究对象的代表性，使研究结果推论到目标人群时受到影响而产生偏倚。

4. 易感性偏倚　又称为健康工人效应（health worker effect），当选择某种职业暴露的人群为研究对象，探讨接触该职业因素对健康的影响时，有时会发现该暴露人群的发病率或死亡专率与一般人群之间无差别，甚至低于一般人群。其原因可能是由于工作需要，这些职业暴露者的健康水平较一般人群高，或者是他们在长期接触这些有害物质时对其产生了耐受性，使得对某些疾病的易感性降低。如果忽视了这方面的影响，将会产生由于易感性偏倚导致的错误结论。

选择偏倚的主要控制方法：①严格制定和执行选择研究对象和确定暴露的标准；②尽可能提高研究对象的依从性，避免失访的发生；③以志愿者为研究对象时，应对其某些特征与一般人群进行比较，预先估计易感性偏倚产生的可能性，加以避免。

二、信 息 偏 倚

在随访观察的整个过程中所获得资料的不准确所带来的系统误差叫信息偏倚（information bias）。队列研究中常见的信息偏倚有：

1. 诊断和错误归类偏倚　在资料收集过程中，由于对疾病等研究结局的诊断标准定义不明确或掌握不当，造成对结局的错判或误判。这种在随访过程中发生的诊断或错误归类偏倚属于信息偏倚。

2. 测量偏倚 随访观察时由于检测仪器不准确、检验方法未统一或技术不规范，调查员的询问技巧欠佳等，均可使所收集到的信息不能反映实际情况，造成对研究结果和结论的歪曲。

3. 诊断怀疑偏倚 一般指由于研究者或被研究者的主观偏性而导致研究结果发生的偏差。研究者如果事先知道研究对象的暴露情况，在主观上可能会倾向于应该出现某种阳性结果的意向，则以不同的调查方式、态度对待暴露组和非暴露组，或判断结果时带有较大的主观偏性。同样，若研究对象了解了研究目的，并知道自己是暴露者，则可能对研究结局的出现做出主观判断。

信息偏倚的主要控制方法：严格培训调查员，提高调查和检测技术水平，统一诊断标准，统一调查与检测方法，校准实验仪器，尽量采用客观的判断暴露与结局发生的指标，如果条件允许可采用盲法收集资料，避免主观偏性对结果的影响。

三、混杂偏倚

队列研究中尽管研究因素比较单一，但任何与暴露和所研究结局均有关的各种外部变量都有可能作为混杂因素存在，干扰研究结果和结论的真实性。如吸烟与冠心病的队列研究中，研究对象的年龄、性别、血压水平、血脂含量等均可能作为混杂因素。因此，在不同类型和不同研究目的的队列研究中，应对混杂因素加以识别并予以控制。

混杂偏倚的控制方法主要有限制、匹配、分层分析和多因素分析等。

第五节 队列研究的优点与局限性

1. 优点 ①由于队列研究中暴露与结局间先因后果的时间顺序清楚，资料的获得为随访观察所得，真实可靠，偏倚较小，故对检验假设或验证假设的推断说服力强，对病因推断的论证强度较高；②队列研究中可以计算发病、死亡等结局事件的发生率，从而可直接估计暴露与疾病等生物事件的关联强度，以充分评价研究因素的作用效应；③可估计在一般人群中暴露率较低的某些暴露因素对人群疾病或健康的影响，并可同时分析一种或多种暴露因素与多种结局的关系；④队列研究实施从暴露到结局的前瞻性观察，避免了回忆偏倚的产生；⑤队列研究从暴露开始观察到疾病的发生或死亡，经历了疾病发生、发展、甚至结局产生的全过程，故可对疾病的自然史进行描述和研究。

2. 局限性 ①不适合研究发病率很低的疾病，即使对于常见病进行前瞻性队列研究，仍需要大样本人群，对于发病率很低的疾病所需的样本将会更大，实施的难度较大；②队列研究一般实施时间较长，在长期的随访研究中，观察对象难免发生因各种原因的退出、搬迁、死亡等，造成失访，产生较大失访偏倚；③研究耗时间、费人力、开支大；④队列研究设计要求严谨，资料分析难度较大。

知识点 4-6：队列研究中常见的偏倚、队列研究的优点和局限性

（1）队列研究中常见的偏倚：

1）选择偏倚：①失访偏倚；②错误分组偏倚；③志愿者偏倚；④易感性偏倚。

2）信息偏倚：①诊断和错误归类偏倚；②测量偏倚；③诊断怀疑偏倚。

3）混杂偏倚。

（2）队列研究的优点和局限性：

1）优点：①暴露与结局间先因后果的时间顺序明确，对病因推断的论证强度较高；②可直接估计暴露与结局事件的关联强度，以充分评价研究因素的作用效应；③可评价在一般人群中暴露率较低的因素对研究结局的影响，并可同时分析一种暴露因素与多种结局的关系；④可避免回忆偏倚的产生；⑤可对疾病的自然史进行描述和研究。

2）局限性：①不适合研究发病率很低的疾病；②失访偏倚较大；③研究耗时间、费人力、开支大；④设计要求严谨，资料分析难度较大。

案例 4-1 分析讨论：

（1）队列研究的基本原理：在某一特定人群中，根据目前或过去某个时期是否暴露于某个（或某些）待研究的因素，将研究对象分为暴露组和非暴露组，随访观察一定时期内各组人群中研究结局的发生情况，通过比较各组结局事件的发生率，从而判断暴露因素与结局事件的病因学关系。如果暴露组的发生率明显高于非暴露组，则可认为该暴露因素为疾病发生的可能病因；如果暴露组的发生率明显低于非暴露组，则可认为该暴露因素为疾病发生的保护因素。

（2）本研究属于前瞻性队列研究。①优点：所获得的资料真实可靠，偏倚较小，所得结果和结论可信；②缺点：需要观察的人群数量较大，观察时间较长，费用较高，实施难度较大。

（3）任何一项研究的设计均直接关系到研究的成败。在该项研究设计中特别应关注：①吸烟的界定和测量；②肺癌发病和死亡的判定；③吸烟人群和非吸烟人群的选择；④确定样本含量；⑤确定资料收集的方式和内容；⑥制定资料分析策略和方案。

（4）在吸烟与肺癌的队列研究中，可以计算相对危险度（RR）、归因危险度（AR）、归因危险度百分比（ARP）、人群归因危险度（PAR）、人群归因危险度百分比（PARP），从而判断吸烟与肺癌的关联强度，并量化评价吸烟对肺癌产生的效应。

（王金桃）

第五章　病例对照研究

第一节　概　　述

案例 5-1

人们在英国和威尔士的死亡登记中发现，由肺癌导致的死亡例数显著增多。如 1922～1947 年死亡数从 612 例上升到 9287 例，增长了 15 倍。45 岁及以上男性肺癌死亡率，1940～1944 年仅 5 年的时间与 1921～1930 年相比，肺癌的死亡率就增加了 6 倍，女性肺癌死亡率增加了 3 倍，且呈上升趋势。除英国和威尔士外，世界上其他国家如瑞士、丹麦、美国、加拿大、澳大利亚、土耳其和日本等也出现了相同的现象。此现象引起了世界上很多研究者的高度重视，并开始研究这一现象发生的原因。当时提出的能够导致肺癌发病率增高的原因主要有两种：①汽车尾气的排放、焦油路表面的灰尘及煤气厂和工厂中煤的燃烧而导致的大气污染；②吸烟。

吸烟与肺癌的关系是依据医务工作人员的临床观察而得出的，即在临床诊疗中发现肺癌患者有很多人吸烟，为搞清楚肺癌高发的真正原因，研究者们在 1930～1960 年进行了大量的流行病学研究。其中包括 Doll 和 Hill 进行的一项病例对照研究。这项研究的目的是为了检验患肺癌患者与非肺癌患者在吸烟习惯方面或其他如大气污染等方面是否存在差异。

问题：

（1）何谓病例对照研究？

（2）病例对照研究的基本原理是什么？

（3）病例对照研究有哪些类型？

（4）病例对照研究的作用是什么？

一、基本概念

（一）病例对照研究的定义

病例对照研究（case control study）是选定患有所研究疾病的人群作为病例组，未患有该病的人群作为对照组，分别调查上述两组所有对象既往对某个（或某些）因素的暴露情况和暴露水平，并比较两组中暴露率或暴露比例的差异，以研究该疾病与这个（或这些）因素关系的一种观察性研究方法。

暴露（exposure）是指研究对象接触过某种研究的因素，或具有某种特征或处于某种状态，如接触某些化学物质、感染某种病原体、具有某种遗传特征、吸烟、酗酒及精神心理因素等。这些因素或特征即可称为暴露因素。

（二）病例对照研究基本原理与特点

病例对照研究的基本原理如图 5-1 所示。病例对照研究中分析、比较的指标为病例组某一因素的暴露率即 $a/(a+c)$ 和对照组的暴露率 $b/(b+d)$。若经检验两组的差别具有统计学意义，则可认为该因素与所研究疾病之间存在统计学上的关联。并需进一步分析暴露因素与疾病之间的关联强度大小，估计各种偏倚对研究结果的影响程度，最后再借助病因推断原则及方法，推断出暴露因素与疾病的关系。

由病例对照研究的概念和基本原理可见，该研究方法具有如下特点：①属于观察性研究，因为研究者对研究对象没有施加任何干预措施，而只是客观地收集研究对象既往对某个（或某些）因素的暴露情况；②研究方向是回顾性的，是一种由果推因的研究；③设立对照组，与病例组之间进行有比较的研究；④可用于探索疾病的危险因素以及初步检验病因假设，但不能验证暴露与疾病是否存在因果关系。

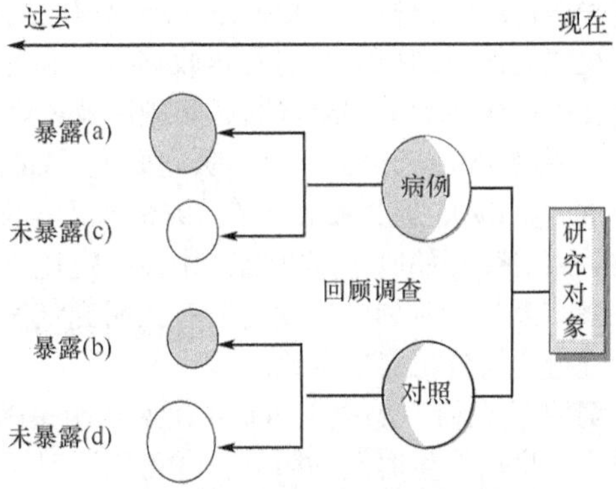

图 5-1　病例对照研究示意图

二、类　　型

按照病例与对照是否进行匹配，将病例对照研究分为成组病例对照研究和匹配病例对照研究两种。

（一）成组病例对照研究

成组病例对照研究是指按照一定的原则和标准，在设计所规定的病例和对照人群中，分别抽取一定数量的研究对象组成病例组和对照组进行的研究。两组人数可相等也可不等。

（二）匹配病例对照研究

匹配是指所选择的对照在某些因素或特征上与病例保持一致。匹配可分为成组匹配与个体匹配。匹配病例对照研究是指在设计所规定的病例和对照人群中，采用成组匹配或个体匹配的方法为病例选择适宜的对照，对组成的病例组和对照组进行的研究。根据匹配方式的不同，将匹配病例对照研究分为成组匹配病例对照研究和个体匹配病例对照研究。

1. 成组匹配病例对照研究　成组匹配又称为频数匹配，是指具有某些因素或特征者在病例组和对照组所占的比例一致或接近。如病例组中男性占 70%，女性占 30%，则对照组中同样男女性别比应为 7∶3。

2. 个体匹配病例对照研究　个体匹配是指病例组和对照组以个体为单位进行某些因素或特征的匹配。即每选择一个病例的同时，就选择一个或几个对照，若一个病例只匹配一个对照，使病例与对照配成对（pair），称为配对研究；若一个病例匹配多个对照，则称为配比研究。对照需满足在某些因素或特征（如年龄、性别等）方面与其相配的病例尽可能地一致。这些因素或特征称为匹配因素（matching factor）或匹配变量（matching variable）。

（三）病例对照研究的衍生类型

1. 巢式病例对照研究　巢式病例对照研究（nested case-control study，case-control study nested in a cohort）是 Mantel 于 1973 年提出的一种将队列研究和病例对照研究结合起来形成的一种新方法，即在对一个事先确定好的队列进行随访观察的基础上，再应用病例对照研究（主要为匹配病例对照研究）的设计思路进行研究和统计分析，该法特别适用于在前瞻性随访开始后又有了新的研究假设，而这种假设涉及的因素未被测量或因条件所限无法进行测量；或研究某些生物学前体与一些疾病的关联等研究中。

具体实施步骤为：①按照设计要求确定某一人群作为研究队列，收集队列中所有成员的基线资料，同时需采集相关生物学标本如组织或体液标本等储存备用；②对该队列随访预期规定时间；③将在随访期内发生的所研究疾病的全部病例作为病例组，同时，按病例进入队列的时间、性别、年龄等作为匹配因素，从同一队列中选择一个或多个非病例构成对照组；④抽出已收集好的病例组和对照组的基线资料进行整理，对生物标本进行必要的检测；⑤按匹配病例对照研究资料的分析方法进行统计分析；⑥根据分析结果得出结论。

巢式病例对照研究具有资料收集方法和统计处理方法简单易行、偏倚产生的可能性小、符合暴露在先疾病在后的因果推断时间顺序及统计效率高等优点。

2. 病例-队列研究 病例-队列研究（case-cohort study）又称为病例参比式研究（case-base reference study），是 Precntice 在 1956 年提出的一种新的设计方法，病例-队列研究的基本设计方法是在队列研究开始时，即在队列中按一定比例随机抽取一个有代表性的样本作为对照组，病例组为观察结束时，队列中出现的所有预研究疾病的病例，然后对上述随机对照组与病例组间的研究因素进行比较分析得出结论。

病例-队列研究的优点包括：①对照组是随机选择的，具有良好的代表性；②对照选择快，不受被研究疾病发生时间的限制；③可以同时研究几种疾病，即不同的疾病有不同的病例组，而对照组则由同一组随机样本构成。

3. 病例交叉研究 病例交叉研究（case-crossover design）是由 Maclure 于 1991 年提出的一种病例交叉设计的方法。该方法的基本原理是比较相同研究对象在急性事件发生前一段时间（危险期）和未发生事件的某段时间（对照期）内的暴露情况。因此，如果暴露（如服药、运动等）与某急性事件（猝死等）有关，那么在事件发生前一段时间内的暴露率或暴露比例应大于更早时间内的暴露率或暴露比例。此法所包含的病例和对照的信息均来自于同一个体，是对个体危险期和对照期内暴露信息进行比较。

除以上 3 种类型外，病例对照研究还包括病例-时间-对照设计（case-time-control design）、单纯病例研究等衍生类型。

知识点 5-1：病例对照研究的定义及基本原理

（1）病例对照研究（case control study）是选定患有所研究疾病的人群作为病例组，未患有该病的人群作为对照组，分别调查上述两组所有对象既往对某个（或某些）因素的暴露情况和暴露水平，并比较两组中暴露率或暴露比例的差异，以研究该疾病与这个（或这些）因素关系的一种观察性研究方法。

（2）病例对照研究的基本原理是根据是否患有所要研究的某种疾病，将研究对象分为病例组和对照组，通过收集两组人群过去某些因素暴露的有无和暴露程度，比较病例组与对照组暴露率或暴露比例的差别。如果病例组的暴露率与对照组的暴露率差别有统计学意义，则可认为该因素与所研究疾病之间存在统计学上的关联。并需进一步分析暴露因素与疾病之间的关联强度大小，估计各种偏倚对研究结果的影响，再借助病因推断原则及方法，最终推断出暴露因素与疾病间是否存在因果关系。

第二节 病例对照研究的设计和实施

一、病例对照研究的实施步骤

病例对照研究大致按下列步骤进行：

1. 提出假设 根据已有的描述性或现况调查得到的资料，并结合文献查阅结果，提出欲研究疾病的病因假设。

2. 制定研究计划 根据研究目的制定出周密的研究计划。计划的核心内容主要包括以下几个方面：①选择病例和对照的比较方法，可采用成组比较法或匹配法，也可两者同时使用。如用匹配法，还需考虑是采用成组匹配还是个体匹配，并需进一步确定病例与对照的比例及匹配因素；②明确病例与对照的来源、入选和排除标准，以及疾病的诊断标准和诊断方法；③估计适宜的样本大小；④根据病因假设与研究所具备的条件，确定具体的调查内容。包括调查项目的种类、数量及测量方法等，同时还应考虑混杂因素的排除；⑤设计调查表。调查表的设计应简单明了，做到既不丢失任何有用的项目，又不增加任何无用的项目，以免给研究增加不必要的工作量；⑥充分估计研究中可能出现的各种偏倚，并制定措施加以控制；⑦调查的实施与期中分析；⑧资料的整理与分析方法，包括使用什么软件建立数据库及分析指标等；⑨所需费用的详细预算；⑩明确人员分工与需要的协作单位；⑪确定研究的开始时间及整个研究周期。

3. 培训调查员并进行预调查 制定调查员手册，统一调查标准并明确调查方式。调查员手册的主要内容包括：①调查员须知；②调查技术与方法；③填表说明等。对调查员进行培训并对其进行考核，不合格者要重新培训或淘汰。在正式开展调查前，还应在小范围内进行预调查，以便及时发现调查表中的不足之处并进行及时的修订。

4. 实施调查 严格按照已修改过的调查表及统一的调查方式进行。不得在实施过程中任意进行改动。

5. 资料的整理与分析 详见本章第三节。

6. 提出研究报告 依据对研究结果的分析，在充分讨论的基础上得出研究结论，并撰写研究报告。

二、病例与对照的选择

案例 5-1（续 1）

Doll 和 Hill 在 1948 年 4 月至 1952 年 2 月间，在伦敦及附近医院的住院患者中，选择被确诊为肺癌的新发病例作为病例组，并选择与病例同性别，年龄相差不超过 5 岁，且尽量选择与病例在同一家医院或同期住院的非肺癌病人作为对照组。对病例组和对照组的患者，使用事先设计好的调查问卷进行调查。调查问卷的内容主要包括职业、家庭住址、家庭取暖方式、呼吸系统疾病史、吸烟习惯等，鉴于其他的目的，还包括饮食习惯和腹泻药的使用等。

问题：

（1）选择医院病人作为研究对象有何好处？

（2）病例和对照的来源都有哪些？

病例与对照的选择，特别是对照的选择成功与否，是病例对照研究的关键。研究所得的结论是否可靠，首先要看对照的选择是否合理。病例与对照选择的基本原则有两点：一是所选择的研究对象应具有代表性，即选择的病例要足以代表总体的病例，对照应足以代表产生病例的总体人群或源人群（resource population）；二是要强调病例组与对照组的可比性，要求病例组与对照组的成员在年龄、性别等主要特征方面尽可能地一致。

病例与对照的来源主要有以下两个方面：一是以医院为基础的（hospital-based），即来源于医院的现患病人，包括医院住院病人和门诊病人，医院和门诊的病案以及出院记录等；二是以社区为基础的（community-based），即来源于社区的监测资料或普查、抽样调查的人群资料。

（一）病例的选择

被选入研究对象的病例首先必须符合规定的诊断标准，在可能的情况下，应尽量采用“金标准”，即目前被大家公认的真实性最好的疾病诊断方法，如病理诊断、活组织检查等；其次，由于病例对照研究是由疾病得到过去某研究因素的暴露史，因此，所选的病例必须具有暴露于研究因素的可能性；最后，为减少调查时产生的回忆偏倚，应尽量选择新发病例进行研究，因为新发病例的发病时间短，所以回忆偏倚相对小，且被调查因素的改变也较少。

1. 以医院为基础选择病例 在某个或某些医疗保健机构中，选择一定时期内符合要求的连续病例。这些病例具有比较合作、资料容易获得且比较完整准确、较易实施等优点。但医院的病例代表性差，会产生选择偏倚。特别是当病人选自专科医院时，往往带有一定的选择性，其结果仅能反映该医院病人的特点，而不是全人群该病病人的特点。为了减少偏倚，病例应尽可能的选自不同地区、不同水平的综合医院。

2. 以社区为基础选择病例 以一定地区某段时间内发生的全部新病例（或现患病例），如在社区人群进行普查或抽样调查时发现的病例，或进行社区疾病监测时发现的病例等作为调查对象。其优点是病例的代表性好，对照的选择比较简单，不易产生选择偏倚。但调查对象的依从性难以保证，且很难将全部病例均包括在研究范围内，所以选择此类型的病例进行研究可行性较差。

（二）对照的选择

对照选择的原则：①对照组应与病例组来自同一总体；②经采用相同诊断标准确认为不患有所研究疾病的人；③不患有与研究因素有关的其他疾病；④对照组应与病例组有相似的暴露于研究因素的可能性。设立对照的目的是平衡研究因素以外的其他因素如性别、年龄等对研究结果的影响，以提供比较的基础。

1. 对照的来源

（1）医院和门诊中患其他疾病的人：其优点是应答率高，合作性好，资料容易获得且质量较高。不足之处是代表性差，易发生选择偏倚。为了避免偏倚，应选择多个医院、多个科室及多病种的病人作为对照。

（2）人群对照：即从一般人群中选择对照。如果病例是来源于人群，如来源于死亡报告、肿瘤登记、疾病监测、普查或抽样调查等的病例，则对照也应从人群中选择，以提供良好的可比性和代表性。但无应答率较高，不易实施，且费时、费钱。

（3）病例的亲属、同事或邻居：优点是对照在很多方面与病例相一致，可比性较好。如同胞作对照可平衡生长发育早期的环境因素和遗传因素的影响；配偶作为对照，可控制婚后环境因素的影响；选择邻居、同事作为对照，可平衡居住环境、社会经济地位等因素的影响。缺点是在某些研究因素方面可能与病例有相同的暴露。

知识点 5-2：病例与对照选择的基本原则、病例与对照的来源

（1）病例与对照选择的基本原则：一是所选择的研究对象应具有代表性，即选择的病例要足以代表总体的病例，对照应足以代表产生病例的总体人群或源人群；二是要强调病例组与对照组的可比性，要求病例组与对照组的成员在年龄、性别等主要特征方面尽可能地一致。

（2）病例与对照的来源主要有以下两个方面：一是以医院为基础的（hospital-based），即来源于医院的现患病人，包括医院住院病人和门诊病人，医院和门诊的病案以及出院记录等；二是以社区为基础的（community-based），即来源于社区的监测资料或普查、抽样调查的人群资料。

2. 对照与病例比较的方法

（1）成组比较法（group comparison）：是指根据样本的大小，选择一定数量的对照。一般要求对照组人数多于或等于病例组人数。这种方法较匹配法容易，但方法本身不能控制混杂因素。

（2）匹配法：是指根据设计的要求和所需的样本大小，采用成组匹配或个体匹配的方法选择对照。

由于匹配因素在病例组与对照组分布是一致的，其发生率在两组间也相同，因此在分析结果时，就无法了解该因素与疾病之间的关系。所以，被研究的因素，即可疑病因不宜作为匹配因素。匹配因素必须是已知的混杂因素，或至少有充分的理由怀疑为混杂因素。由于混杂因素既与研究疾病有关，又与研究的因素有关，因此，如果混杂因素在病例组和对照组中分布不均，可掩盖或夸大研究因素与疾病之间的真实联系。所以在研究中，常用匹配的方法来控制某些混杂因素对研究结果真实性的干扰，这是匹配的目的之一。匹配的另一个目的是为了提高研究效率，即增加每一个研究对象提供的信息量。在个体匹配中，病例与对照的匹配比例可采用 1∶1、1∶2、1∶3 或 1∶4 等匹配形式。但值得注意的是最多不宜超过 1∶4。因为从理论上讲，随着匹配比例的增加，研究功效也增加，但当匹配比例超过 1∶4 时，研究效率增加缓慢。此外，随着对照数目的增加，寻找对照的难度也随之增加。还应注意避免“匹配过度（overmatching）”，即当把不必要的变量作为匹配因素时，不仅增加工作的难度，还可降低研究效率，掩盖疾病和研究因素的真正联系。

在研究中可设立多组对照，如既选择医院的病人，又选择亲属或邻居作为对照。这不仅扩大了对照的来源，而且有助于减少偏倚，增加代表性。

知识点 5-3：匹配

匹配是一种限制研究因素以外的某一种或某些因素干扰研究结果的手段，其目的是控制已知的混杂因素，如性别、年龄等。

三、样本含量的估计

（一）影响样本大小的因素

在病例对照研究中，样本大小与下列参数有关：①人群中被研究因素的暴露率 P_0；②预期研究因素与疾病关联强度大小，即相对危险度（*RR*）或比值比（*OR*）大小；③检验水准 α 值，即第Ⅰ类错误的概率大小；④假设检验的功效（$1-\beta$），β 为第Ⅱ类错误的概率大小。

人群中被研究因素的暴露率 P_0 与其在病例组中的暴露率（P_1）差值越大，所需的样本含量越小。当 α，β 以及 P_0 保持不变时，相对危险度（*RR*）或比值比（*OR*）的估计值越远离 1，即研究因素与疾病的联系强度越大，所需的样本含量越小，反之，当相对危险度（*RR*）或比值比（*OR*）的估计值越趋向 1，所需的样本含量越大。如果希望犯第Ⅰ类错误的概率 α 和第Ⅱ类错误的概率 β 越小，那么所需的样本含量越大。

（二）样本含量的估计方法

1. 查表法

例 5-1：某研究者拟进行一项关于某市吸烟与肺癌关系的病例对照研究。已知该市人群吸烟率 P_0 为 40%，*OR* 为 2.5，α 定为 0.05（单侧），$1-\beta$ 定为 0.90，问病例组和对照组所需的样本量各为多少？

根据已知的条件（*OR*=2.5、对照组暴露率=0.4、α=0.05（单侧）、$1-\beta$=0.90）查表 5-1，共有 3 个数字：91、68 和 57。当 *M*（对照数/病例数）=1 时，即病例与对照的匹配比例为 1∶1 时，需要 91 个病例和 91 个对照；*M*=2 时，即病例与对照的匹配比例为 1∶2 时，需 68 个病例和 136（68×2）个对照。同理，当 *M*=3 时，需要 57 个病例和 171（57×3）个对照。

表 5-1 病例对照研究的样本含量 α=0.05 $1-\beta$=0.90（单侧检验）

OR	*M*	对照组暴露者的比例											
		0.01	0.05	0.10	0.15	0.20	0.25	0.30	0.40	0.50	0.60	0.70	0.80
1.5	1	9090	1927	1039	749	610	531	485	442	442	479	570	778
	2	6758	1434	774	559	455	397	362	331	331	360	429	586
	4	5583	1186	641	463	377	329	301	275	276	300	358	480

续表

OR	M	对照组暴露者的比例											
		0.01	0.05	0.10	0.15	0.20	0.25	0.30	0.40	0.50	0.60	0.70	0.80
2.0	1	2815	605	332	243	201	178	165	155	160	178	218	305
	2	2079	448	346	181	150	133	123	116	120	134	164	230
	4	1704	368	202	149	124	110	102	96	100	112	137	192
2.5	1	1493	325	181	134	113	101	95	91	96	110	137	195
	2	1097	239	134	100	84	75	71	68	72	82	103	147
	4	893	195	109	82	69	62	58	57	60	69	86	123
3.0	1	977	215	121	91	77	70	66	65	70	81	103	149
	2	715	158	89	67	57	52	50	49	53	51	78	112
	4	578	128	73	55	47	43	41	40	44	51	64	94
4.0	1	556	125	72	55	48	44	43	43	48	57	74	109
	2	405	91	53	41	35	33	32	32	36	43	55	82
	4	326	73	43	33	29	27	26	27	30	35	46	68
5.0	1	382	57	51	40	35	33	32	34	38	45	41	91
	2	277	64	38	30	26	25	24	25	29	35	46	69
	4	221	51	30	24	21	20	20	21	23	29	38	57
7.5	1	211	50	31	25	23	22	22	24	28	35	47	72
	2	152	36	23	18	17	16	16	18	27	26	35	54
	4	120	29	18	15	14	13	13	15	17	21	29	45
10.5	1	145	36	23	19	18	19	18	20	24	30	42	64
	2	105	26	17	14	13	13	13	15	18	23	31	48
	4	82	21	13	11	11	10	11	12	15	19	25	40
15.0	1	90	34	16	14	14	14	14	17	20	26	37	58
	2	65	17	12	10	10	10	11	12	15	20	28	43
	4	50	13						10	12	16	22	35
20.0	1	56	18	13	12	12	12	13	15	19	25	35	54
	2	47	13						11	14	18	25	41
	4	36	10							11	15	21	33

2. 公式法

（1）成组病例对照研究以及成组匹配病例对照研究

$$N=2\overline{p}\,\overline{q}(U_\alpha+U_\beta)^2/(P_1-P_0)^2 \qquad (5\text{-}1)$$

$$P_1=P_0RR/[1+P_0(RR-1)],\quad \overline{p}=(P_0+P_1)/2,\quad \overline{q}=1-\overline{p}$$

式中，N为病例组或对照组人数；U_α是第Ⅰ类错误概率为α时的标准正态临界值；U_β是第Ⅱ类错误概率为β时的标准正态临界值；P_0为人群中研究因素的暴露率；P_1为病例中研究因素的暴露率；RR为相对危险度。P_0和RR一般可通过查阅文献、预调查或专项调查获得，而U_α和U_β可通过查阅表5-2获得。表5-2中有单侧检验和双侧检验之分，若能肯定某些研究因素是所研究疾病的危险因素或保护因素时用单侧检验，否则用双侧检验。

表 5-2　标准正态差简表

α（或 β）	单侧检验时 U_α，单侧和双侧检验时 U_β	双侧检验时 U_α
0.001	3.09	3.29
0.005	2.58	2.81
0.010	2.33	2.58
0.025	1.96	2.24
0.05	1.64	1.96
0.10	1.28	1.64
0.20	0.84	1.28
0.30	0.52	1.04

例 5-2：在某市拟进行一项关于大肠癌与某种肠道疾病史的病例对照研究。通过查阅文献获悉此因素与大肠癌的相对危险度为 1.9，并通过调查已知该市此种肠道疾病的患病率为 10%，设 α=0.05（双侧），β=0.10，计算样本含量。

先求 P_1、$\overline{p}$ 和 $\overline{q}$ 。

$$P_1 = 0.1 \times 1.9 / \left[1 + 0.1(1.9 - 1)\right] = 0.174$$
$$\overline{p} = (0.1 + 0.174) / 2 = 0.137$$
$$\overline{q} = 1 - 0.137 = 0.863$$

用 α 、β 值查表 5-2 可知 U_α 为 1.96，U_β 为 1.28。

代入式（5-1），可得

$$N=2 \times 0.137 \times 0.863 \times \left(1.96 + 1.28\right)^2 / \left(0.174 - 0.1\right)^2 =453$$

即病例组和对照组各需要调查 453 人。

（2）个体匹配病例对照研究

1）1∶1 配对病例对照研究：Schlesselman 推荐的公式为

$$m = \left[U_\alpha / 2 + U_\beta \sqrt{p\left(1 - p\right)}\right]^2 / \left(p - 1/2\right)^2 \qquad (5\text{-}2)$$

式中，$p = RR / (1 + RR)$，m 为病例和对照暴露状况不一致的对子数。

需要调查的总对子数 M 为

$$M \approx \frac{m}{(P_0 q_1 + P_1 q_0)} \qquad (5\text{-}3)$$

式中，$P_1 = P_0 RR / [1 + P_0(RR - 1)]$，　$q_1 = 1 - P_1$，　$q_0 = 1 - P_0$ 。

例 5-3：有学者在某城市进行了一项关于某因素与乳腺癌关系的 1∶1 配对病例对照研究。设 α=0.05（双侧），β=0.10，对照组某因素的暴露率为 25%，估计的 RR 值为 3，计算样本含量。

先计算 p 值，$p = 3 / (1 + 3) = 0.75$

代入式（5-2），可得

$$m=\left[1.96 / 2 + 1.28\sqrt{0.75 \times \left(1 - 0.75\right)}\right]^2 / \left(0.75 - 1/2\right)^2 \approx 38$$

$$P_1 = 0.25 \times 3 / [1 + 0.25 \times (3 - 1)] = 0.5 \text{，} \quad q_1 = 1 - 0.5 = 0.5 \text{，} \quad q_0 = 1 - 0.25 = 0.75$$

代入式（5-3），可得

$$M \approx 38 / (0.25 \times 0.5 + 0.5 \times 0.75) = 76$$

即需要调查 76 对病例和对照。

2）1∶m 匹配的病例对照研究：当所研究疾病的病例来源有限或符合规定的病例数较少时，为了提高统计学检验效率，病例与对照常采用 1∶m 的匹配形式。所需病例数 N 可通过式（5-4）

计算。

$$N=[U_{\alpha}\sqrt{(1+1/m)\overline{P}(1-\overline{P})}+U_{\beta}\sqrt{P_1(1-P_1)/m+P_0(1-P_0)}]^2/(P_1-P_0)^2 \quad (5\text{-}4)$$

式中，$P_1=P_0RR/[1+P_0(RR-1)]$，　$\overline{p}=(P_1+mP_0)/(1+m)$。

对照组所需的样本量则为 mN。

例 5-4：某研究者欲进行一项关于痛风危险因素的 1∶3 匹配病例对照研究。若对照组某因素的暴露率为 20%，OR=9.2，α=0.05（双侧），β=0.10，计算病例组和对照组所需的样本含量。

已知 P_0=0.2，OR=9.2，故 $P_1=P_0RR/[1+P_0(RR-1)]=0.70$

$$\overline{p}=(P_1+mP_0)/(1+m)=0.325$$

α=0.05（双侧），β=0.10，故 U_{α}=1.96，U_{β}=1.28

代入式（5-4），可得

$$N=\left[1.96\times\sqrt{(1+1/3)\times0.325\times(1-0.325)}+1.28\times\sqrt{0.7\times(1-0.7)/3+0.2\times(1-0.2)}\right]^2/(0.7-0.2)^2\approx11$$

即该项病例对照研究需要调查 11 例病例和 33 例对照。

以上样本含量的估计均是针对一个研究因素与疾病关系的，但在实际工作中，往往是同时研究多个因素与疾病之间的关系，而且每个研究因素都有其各自不同的相对危险度（RR）和暴露率（P_0）。如研究帕金森病的危险因素，就要研究家族史、脑外伤史、精神因素、环境因素、生活方式和习惯等多个因素。此时，常以相对危险度最低的因素和最适宜的 P_0 来估计样本含量，以使所有的研究因素都能获得较高的检验效能。但此时所需的样本含量必然很大，需要兼顾可行性问题。

知识点 5-4：影响样本大小的因素

（1）人群中被研究因素的暴露率 P_0。

（2）预期的研究因素与疾病关联强度大小，即相对危险度（RR）或比值比（OR）大小。

（3）检验水准 α 值，即第Ⅰ类错误的概率大小。

（4）假设检验的功效（$1-\beta$），β 为第Ⅱ类错误的概率大小。

四、确定研究因素

在病例对照研究中，根据病因假设与研究所具备的条件确定研究因素，包括确认的危险因素、可疑的危险因素、保护因素及可能的混杂因素等。具体内容可涉及被调查者的人口统计学特征、行为生活方式、工作及生活环境、社会心理因素、家族史、疾病史等诸多方面。所确定的研究因素要全而精，必要的一项也不能漏，不必要的一项也不能多。同时，每个研究因素都应有明确的定义，并尽可能采用国际或国内统一的标准。如在 Doll 和 Hill 所做的关于吸烟与肺癌关系的病例对照研究中，就明确规定不间断的每日吸 1 支烟并持续 1 年者为吸烟者。此外，还要明确规定研究因素的测量，即要规定研究因素的资料是通过仪器、实验室检查还是通过询问调查获得的，有关研究因素的暴露程度是用数值来表示还是用等级来表示，如“有”和“无”，“−”、“±”和“+”，“经常”、“偶尔”和“从不”等。

知识点 5-5：研究因素

研究因素即为研究者所关心的与研究疾病可能有关的暴露因素，包括确认的危险因素、可疑的危险因素、保护因素及可能的混杂因素等。在病例对照研究中，根据病因假设与研究所具备的条件确定研究因素之后，应尽可能采用国际或国内统一的标准定义研究因素，同时，明确其测量方法。

五、资料的收集

病例对照研究的资料可通过多种途径获得，如查阅医院病案记录、疾病登记报告以及出生、死亡及健康体检记录等；测量各种指标，如检测病人的体液标本、生物监测及环境监测等；现场观察等。但通常主要还是依靠问卷调查获得信息。具体方法主要包括电话询问、信访、面对面调查、自填问卷等。无论采用什么方法收集资料，都应严格实行质量控制，以保证资料收集的准确性和可靠性。

第三节　病例对照研究资料的分析

案例 5-2

在上述案例中，为了检验患肺癌患者与非肺癌患者在吸烟习惯方面或其他如大气污染等方面是否存在差异，开展了一项病例对照研究。通过问卷调查获得病例组和对照组患者相关信息后，进行了资料的分析。首先比较了病例组和对照组在性别、年龄、调查地点、居住地以及社会地位等方面的均衡性。结果显示：病例组和对照组在性别、年龄以及调查地点构成上完全一致。社会地位有所不同，但差别无统计学意义（χ^2=5.28，0.20＜P＜0.30）。

随后，比较了男性肺癌病例组和对照组在发生现患疾病前的吸烟状况，结果见表 5-3。

表 5-3　男性病例组和对照组吸烟状况比较

吸烟状况	病例	对照	合计
吸烟	1350	1296	2646
不吸烟	7	61	68
合计	1357	1357	2714

进一步对男性肺癌病例组和对照组的每日吸烟量进行了比较，结果见表 5-4。

表 5-4　男性病例组和对照组平均每日吸烟支数比较

每日吸烟支数	病例	对照	合计
0	7	61	68
1～	565	706	1271
15～	445	408	853
25～	340	182	522
合计	1357	1357	2714

问题：

（1）比较病例组和对照组在性别、年龄、调查地点、居住地以及社会地位等方面是否相似的目的是什么？

（2）根据表 5-3，分别计算病例组中吸烟和不吸烟的比值，对照组中吸烟和不吸烟的比值，并计算比值比（OR）。

（3）从吸烟与肺癌关系的比值比中，你能推出什么结论？

（4）根据表 5-4，以不吸烟为参照，计算不同吸烟水平的比值比，并解释该结果。

一、资料的整理

资料整理的第一步为核查调查资料。核查的内容包括项目填写是否完整、有无漏项、有无逻辑错误、抄写与计算的数字是否有误等。对缺失项尽量进行弥补，纠正逻辑错误项，并弃去不合格者。待资料整理核查完毕后，进行编码并建立数据库。

二、资料的分析

病例对照研究的资料分析首先从描述研究对象的一般特征，并分析比较病例组和对照组的某些特征是否相似开始，其目的是检验两组的可比性。其次，分析研究因素与疾病是否存在统计学关联，在此基础上进一步估计研究因素与疾病的关联强度大小以及随机误差的影响，采用分层分析等方法控制混杂因素的干扰。同时，还可分析研究因素与疾病之间是否存在剂量-反应关系，并进行多因素分析。经以上分析后，再结合病因推断的原则，对研究因素与疾病之间的关联做出推论。

（一）描述性分析

1. 描述研究对象的一般特征 描述病例组和对照组的一般特征，如病例组和对照组中研究对象的人数、性别、年龄、职业、居住地、出生地、疾病类型等。一般用均数和构成比表示。成组匹配时，还应描述病例组和对照组中匹配因素的比例。

2. 均衡性检验 是指检验病例组与对照组在研究因素以外的其他基本特征方面是否相似或相同，目的是为了检验两组间的可比性。因为只有两组间的非研究因素均衡可比，才能认为所研究疾病的发生与两组间该因素的暴露率差异有关。

（二）统计性推断

1. 成组病例对照研究资料的分析

（1）分析研究因素与疾病有无关联：利用 χ^2 检验法，检验病例组和对照组某研究因素的暴露率或暴露比例有无统计学的差异。若差异存在统计学意义，说明该研究因素与疾病之间有关联，但仅能说明存在统计学关联，而不能说明具有因果关联。即使差异无统计学意义，也应理解为“不足以否定无效假设”，不能认为研究因素与疾病无关联。因为统计学显著性检验的结果往往受样本大小等因素的影响。如果样本太小，结果受随机变异的影响较大，可能会出现实际上暴露的作用很大，但结论却无统计学意义的现象。

资料分析应先将成组病例对照研究结果整理成如表 5-5 所示的 2×2 表（四格表），然后再进行 χ^2 检验。

表 5-5 病例对照研究的资料整理表

研究因素（暴露）	病例组（D）	对照组（$\bar{D}$）	合计
暴露（E）	a	b	$a+b=n_1$
无暴露（$\bar{E}$）	c	d	$c+d=n_0$
合计	$a+c=m_1$	$b+d=m_0$	$a+b+c+d=N$

χ^2 检验的计算公式为

$$\chi^2=\frac{(ad-bc)^2N}{n_1n_0m_1m_0}\text{（未校正）} \tag{5-5}$$

$$\chi^2=\frac{(|ad-bc|-N/2)^2N}{n_1n_0m_1m_0}\text{（校正）} \tag{5-6}$$

当理论频数≥5 时，用未校正的 χ^2 检验公式（5-5）；当 1≤理论频数<5 时，用校正的 χ^2 检验公式（5-6）。理论频数的计算公式为

$$T_{rc}=\frac{n_rn_c}{n} \tag{5-7}$$

式中，T_{rc} 为四格表中第 r 行第 c 列的理论频数；n_r 为 T_{rc} 所在行的合计数；n_c 为 T_{rc} 所在列的合计数。

以案例 5-2 中男性肺癌病例和对照吸烟状况的比较为例，计算 χ^2 值。

首先计算四格表中，每一个格子的理论频数，如表 5-6 所示。由于四格表中的理论频值均大于 5，故使用未校正公式（5-5）计算。

$$\chi^2=\frac{(ad-bc)^2N}{n_1n_0m_1m_0}=\frac{(1350\times61-1296\times7)^2\times2714}{2646\times68\times1357\times1357}=43.98$$

查 χ^2 界值表，得 $P<0.005$，结果表明病例组与对照组吸烟的暴露率差异有统计学意义，病例组高于对照组，即吸烟与肺癌有统计学关联。

表 5-6　男性肺癌病例组和对照组吸烟史的比较

吸烟状况	病例	对照	合计
吸烟	1350（1323）	1296（1323）	2646
不吸烟	7（34）	61（34）	68
合计	1357	1357	2714

（2）分析研究因素与疾病的关联强度：分析关联强度的目的是为了推断研究因素与疾病关联的密切程度。关联强度分析的指标主要有相对危险度与比值比。相对危险度（relative risk，RR）是指暴露组某病的发病率或死亡率与非暴露组该病的发病率或死亡率之比。因此相对危险度的计算必须要有暴露组和非暴露组的发病率或死亡率。但在病例对照研究中，既没有暴露组和非暴露组，又不能计算发病率或死亡率，因此也就不能直接计算相对危险度（*RR*），可用比值比（*OR*）近似地估计暴露与疾病的关联强度。一般来讲，在病例对照研究中，如果研究疾病的发病率较低，所选择的病例和对照代表性好，则 *OR* 值接近于 *RR* 值。当发病率小于 5%时，*OR* 是 *RR* 的极好近似值。

比值比（odds ratio，OR）又称优势比或交叉乘积比，是指病例组的暴露比值与对照组的暴露比值之比。其中暴露比值是指有暴露史的概率与无暴露史的概率之比。

根据表 5-5 可知，病例组的暴露比值为

$$\frac{a/(a+c)}{c/(a+c)}=a/c$$

对照组的暴露比值为

$$\frac{b/(b+d)}{d/(b+d)}=b/d$$

故

$$\text{比值比}=\frac{\text{病例组的暴露比值}}{\text{对照组的暴露比值}}=\frac{a/c}{b/d}=\frac{ad}{bc} \tag{5-8}$$

OR 值的意义与相对危险度（*RR*）相同，指暴露者发生某种疾病的危险性是非暴露者的多少倍。*OR*＞1 表示暴露与疾病呈正关联，数值越大，说明被研究的暴露因素充当危险因素的可能性就越大；*OR*＜1 表示暴露与疾病呈负关联，数值越小，说明该因素充当保护因素的可能性越大；*OR*=1 表示暴露与疾病无关联。

以案例 5-2 中男性肺癌病例组和对照组吸烟史的比较为例，计算 *OR* 值。

$$OR=ad/bc=1350\times61/1296\times7=9.08$$

表明吸烟者患肺癌的危险性是不吸烟者的 9.08 倍。

由于上述 *OR* 值是由一个样本计算得出的点估计值，可能会存在抽样误差。因此，需用样本的 *OR* 值推测总体 *OR* 值所在的范围，即估计总体 *OR* 值的可信区间（confidence interval，CI），则能更准确地反映出 *OR* 值的特点。常用的计算可信区间的方法有 Miettinen 和 Woolf 法。

1）Miettinen 法：

$$OR95\%CI = OR^{(1\pm1.96/\sqrt{X^2})} \tag{5-9}$$

用 OR_U 和 OR_L 来表示 *OR* 值 95%可信区间的上限和下限。

用表 5-3 中的数值代入公式（5-9），可得

$$OR95\%CI = 9.08^{(1\pm1.96/\sqrt{43.98})} = 4.73 \sim 17.43$$

OR 值 95%可信区间为 4.73～17.43。

2）Woolf 自然对数转换法：

$$\ln OR95\%CI = \ln OR \pm 1.96\sqrt{Var(\ln OR)} \tag{5-10}$$

式中，$Var(\ln OR)$ 为 *OR* 自然对数的方差，其计算公式为

$$Var(\ln OR) = \frac{1}{a} + \frac{1}{b} + \frac{1}{c} + \frac{1}{d} \tag{5-11}$$

同样用表 5-3 中的数值代入公式（5-10），可得

$$Var(\ln OR) = \frac{1}{a} + \frac{1}{b} + \frac{1}{c} + \frac{1}{d} = \frac{1}{1350} + \frac{1}{1296} + \frac{1}{7} + \frac{1}{61} = 0.16076$$

$$\ln OR95\%CI = \ln 9.08 \pm 1.96 \times \sqrt{0.16076} = 1.42 \sim 2.99$$

再求 1.42 和 2.99 的反自然对数，即为 *OR* 值的 95%可信区间。

$$OR95\%CI = 4.14 \sim 19.89$$

用 Woolf 自然对数转换法计算 *OR* 值的 95%的可信区间比 Miettinen 法计算所得的可信区间范围略大。

OR 值的 95%*CI* 的意义：说明有 95%的可能性计算得出的可信区间包含总体 *OR*，根据可信区间是否包含 1 来推断研究因素与疾病关联强度的可靠性。如果计算出的 *OR* 值的 95%*CI* 不包括 1，说明进行 100 次该项病例对照研究，有 95 次 *OR* 值不等于 1，即说明计算出的 *OR* 值不等于 1 并非抽样误差所致。所以，有理由认为该研究因素是疾病的保护因素或危险因素。如果可信区间包括 1，说明若进行多次该项病例对照研究，可能有若干次 *OR* 值等于 1 或接近 1。因此，*OR* 值不等于 1 可能是由抽样误差所致，即没有足够的把握判断研究因素是疾病的保护因素或危险因素。

用 Miettinen 法和 Woolf 自然对数转换法，分别计算得出的表 5-3 的可信区间均大于 1，且不包括 1，说明该项吸烟与肺癌的病例对照研究所得的 *OR* 值 9.08 并非抽样误差所致。所以，有理由认为吸烟是肺癌的危险因素。

知识点 5-6：成组病例对照研究资料分析

（1）分析研究因素与疾病有无关联：

$$\chi^2 = \frac{(ad-bc)^2 N}{n_1 n_0 m_1 m_0} \text{（未校正）}$$

$$\chi^2 = \frac{(|ad-bc| - N/2)^2 N}{n_1 n_0 m_1 m_0} \text{（校正）}$$

当理论频数≥5 时，用未校正的 χ^2 检验公式；当 1≤理论频数<5 时，用校正的 χ^2 检验公式。

（2）分析研究因素与疾病的关联强度：

$$\text{比值比（}OR\text{）} = \frac{\text{病例组的暴露比值}}{\text{对照组的暴露比值}} = \frac{a/c}{b/d} = \frac{ad}{bc}$$

估计总体 *OR* 值的 95%可信区间：$OR95\%CI = OR^{(1\pm1.96/\sqrt{X^2})}$（Miettinen 法）

2. 匹配病例对照研究资料的分析　成组匹配的病例对照研究，资料的分析与成组病例对照研究资料的分析相同。本节将主要介绍 1∶1 配对病例对照研究资料的分析。1∶1 配对病例对照研

究资料的分析步骤同成组病例对照研究资料的分析。

首先将资料整理成表 5-7 的格式。表内的 *a* 是指病例和对照均有暴露史的对子数；*b* 是指病例无暴露史，对照却有暴露史的对子数；*c* 是指病例有暴露史，而对照无暴露史的对子数；*d* 是指病例和对照均无暴露史的对子数。

表 5-7　1∶1 配对病例对照研究资料整理表

对照	病例		合计
	有暴露史	无暴露史	
有暴露史	a	b	$a+b$
无暴露史	c	d	$c+d$
合计	$a+c$	$b+d$	$a+b+c+d$

（1）分析研究因素与疾病有无关联：由于是 1∶1 配对病例对照研究资料，故采用配对资料的 χ^2 检验公式，即 McNemar 公式进行计算，计算公式为

$$\chi^2=\frac{(b-c)^2}{b+c}\text{（未校正）}\tag{5-12}$$

$$\chi^2=\frac{(|b-c|-1)^2}{b+c}\text{（校正）}\tag{5-13}$$

当 $b+c\geqslant 40$ 时，使用未校正公式（5-12）；当 $b+c<40$ 时，使用校正公式（5-13）。

（2）分析研究因素与疾病的关联强度

$$OR=c/b\tag{5-14}$$

OR 值的 95%*CI* 使用 Miettinen 法计算，即公式（5-9）。

例 5-5：有学者运用 1：1 配对病例对照研究方法，研究了外源性雌激素与子宫内膜癌的关系，结果见表 5-8。

表 5-8　子宫内膜癌病例组和对照组服用外源性雌激素情况的比较

对照	病例		合计
	有暴露史	无暴露史	
有暴露史	27	3	30
无暴露史	29	4	33
合计	56	7	63

由于本例 $b+c<40$，故使用校正公式（5-13）计算其 χ^2 值。

$$\chi^2=\frac{(|29-3|-1)^2}{29+3}=19.53$$

查 χ^2 界值表，得 $P<0.05$，结果表明：子宫内膜癌病例组与对照组外源性雌激素的服用率差异有统计学意义，病例组显著地高于对照组，即服用外源性雌激素与子宫内膜癌有关联。

计算 *OR* 值及其 95%可信区间

$$OR=29/3=9.67$$

表明服用外源性雌激素者患子宫内膜癌的危险性是不服用者的 9.67 倍。

$$OR^{(1\pm1.96/\sqrt{\chi^2})}=9.67^{(1\pm1.96/\sqrt{19.53})}=3.53\sim26.45$$

计算所得 *OR* 值的 95%可信区间不包括 1，且上限和下限均大于 1，说明该项研究所得的 *OR* 值（9.67）并非抽样误差所致。因此，有理由认为服用外源性雌激素是子宫内膜癌的危险因素。

知识点 5-7：1∶1配对病例对照研究资料分析

（1）分析研究因素与疾病有无关联：

$$\chi^2 = \frac{(b-c)^2}{b+c} \quad （未校正）$$

$$\chi^2 = \frac{(|b-c|-1)^2}{b+c} \quad （校正）$$

当 $b+c \geqslant 40$ 时，使用未校正公式；当 $b+c < 40$ 时，使用校正公式。

（2）分析研究因素与疾病的关联强度：

$$OR=c/d$$

3. 分层资料的分析 分层资料的分析简称分层分析，是指将研究人群按可能的混杂因素分成若干层，然后分析各层中研究因素与疾病的关联。若各层间 *OR* 值接近或一致，且与未分层的 *OR* 值接近，说明混杂作用较小或基本无混杂作用；各层间 *OR* 值接近或一致，且与未分层 *OR* 值相差较大时，应进一步计算总 χ^2 、总 *OR*、总 *OR* 值的 95%可信区间有助于分析可疑因素是否起混杂作用；若各层间 *OR* 值相差较大，应进行同质性检验，若不属于同质资料，应进一步进行标准化处理或其他处理。分层分析的目的是为了控制或平衡混杂因素对结果的影响，并了解因素间的交互作用。因为混杂因素既与研究因素有关，又与研究疾病有关，因此混杂因素的存在可掩盖或夸大该因素与疾病之间的真正关联。

（1）分层资料的整理：首先将分层资料整理成表 5-9 的格式，以便分析。

表 5-9 病例对照研究分层资料整理表

暴露史	*i* 层		
	病例	对照	合计
有暴露史	a_i	b_i	n_{1i}
无暴露史	c_i	d_i	n_{0i}
合计	m_{1i}	m_{0i}	t_i

（2）计算各层资料的 *OR*，分析研究因素与疾病的关联强度。

计算公式为

$$OR_i = \frac{a_i d_i}{b_i c_i} \tag{5-15}$$

（3）计算总 χ^2 ：总 χ^2 也称合并 χ^2 ，使用 Mantel-Haenszel 提出的公式计算。

计算公式为

$$\chi^2_{MH} = \frac{[\sum a_i - \sum E(a_i)]^2}{\sum V(a_i)} \tag{5-16}$$

自由度=处理组−1。

式中 $\sum E(a_i)$ 为 $\sum a_i$ 的理论频数，计算公式为

$$\sum E(a_i) = \sum m_{1i} n_{1i} / t_i \tag{5-17}$$

$\sum V(a_i)$ 为 $\sum a_i$ 的方差，其计算公式为

$$\sum V(a_i) = \sum_{i=1}^{I} \frac{m_{1i} m_{0i} n_{1i} n_{0i}}{t_i^2 (t_i - 1)} \tag{5-18}$$

式中，I 是指分层的总层数；i 为第几层。

（4）计算总 OR：总 OR 也称合并 OR，使用 Mantel-Haenszel 提出的公式计算。

计算公式为

$$OR_{MH}=\frac{\sum(a_i d_i/t_i)}{\sum(b_i c_i/t_i)} \tag{5-19}$$

（5）估计总 OR 值的 95%可信区间，用 Miettinen 法计算。

$$OR_{MH}{}^{(1\pm1.96/\sqrt{\chi^2 MH})} \tag{5-20}$$

例 5-6：一项关于口服避孕药与心肌梗死的病例对照研究中，研究者认为年龄是可疑的混杂因素，因为年龄既与心肌梗死有关，又与口服避孕药有关。因此，为了控制年龄对研究结果的影响，按年龄进行了分层，分为小于 40 岁和大于等于 40 岁两层。表 5-10 显示的是未分层时的研究结果，表 5-11 则为按年龄分层后的研究结果。

表 5-10　口服避孕药与心肌梗死的病例对照研究结果

暴露情况	病例	对照	合计
服用避孕药	39	24	63
未服用避孕药	114	154	268
合计	153	178	331

χ^2=7.70，OR=2.20

表 5-11　按年龄分层的研究结果

暴露情况	<40 岁			≥40 岁		
	病例	对照	合计	病例	对照	合计
服用避孕药	21	17	38	18	7	25
未服用避孕药	26	59	85	88	95	183
合计	47	76	123	106	102	208

分析步骤：

（1）计算各层资料的 OR：

$$OR_1=\frac{21\times59}{17\times26}=2.80$$

$$OR_2=\frac{18\times95}{7\times88}=2.78$$

两层的 OR 值接近，且均比未分层时的 OR 值 2.20 大。当各层的 OR 值接近时，可说明资料是同质的。若要检验资料是否为同质，可用 Woolf 的齐性检验法，具体计算方法请参阅相关书籍。

（2）计算总 χ^2：先计算 $\sum E(a_i)$ 和 $\sum V(a_i)$。

$$\sum E(a_i)=38\times47/123+25\times106/208=27.26$$

$$\sum V(a_i)=\frac{38\times85\times47\times76}{123^2\times(123-1)}+\frac{25\times183\times106\times102}{208^2\times(208-1)}=11.77$$

代入公式（5-16），可得

$$\chi^2_{MH}=\frac{[21+18-27.26]^2}{11.77}=11.71$$

自由度 ν=4−1=3，查 χ^2 界值表，得 P<0.01，结果表明：心肌梗死病例组与对照组口服避孕

药的暴露率差异有统计学意义，病例组显著地高于对照组，即口服避孕药与心肌梗死有关联。

（3）计算总 *OR*，并估计总 *OR* 值的95%可信区间。

$$OR_{MH}=\frac{21\times59/123+18\times95/208}{26\times17/123+88\times7/208}=2.79$$

表明服用避孕药者患心肌梗死的危险性是不服用者的2.79倍。

$$2.79^{(1\pm1.96/\sqrt{11.71})}=1.55\sim5.02$$

总 *OR* 值的95%可信区间为1.55～5.02，不包括1，且均大于1，说明总 *OR* 等于2.79并非抽样误差所致。所以，有理由认为口服避孕药是患心肌梗死的危险因素。

通过以上分析可以看出，按年龄分层后，OR_1=2.80，OR_2=2.78均大于未分层时的 *OR* 值2.20。总 *OR* 值2.79也大于未分层时的 *OR* 值。说明由于年龄这一混杂因素的作用，减弱了口服避孕药与心肌梗死的关联强度。

知识点5-8：分层资料的分析

分层分析是将研究人群按可能的混杂因素分成若干层，然后分析各层中研究因素与疾病的关联。若各层间 *OR* 值接近或一致，且与未分层的 *OR* 值接近，说明混杂作用较小或基本无混杂作用；各层间 *OR* 值接近或一致，且与未分层 *OR* 值相差较大时，应进一步计算总 χ^2 和总 *OR*，总 *OR* 95%可信区间有助于分析可疑因素是否起混杂作用；若各层间 *OR* 相差较大，应进行同质性检验，若不属于同质资料，应进一步进行标准化处理或其他处理。

（1）计算各层资料的 *OR*，分析研究因素与疾病的关联强度。计算公式为 $OR_i=\dfrac{a_id_i}{b_ic_i}$

（2）计算总 χ^2：总 χ^2 也称合并 χ^2。计算公式为 $\chi^2_{MH}=\dfrac{[\sum a_i-\sum E(a_i)]^2}{\sum V(a_i)}$

自由度=处理组–1；$\sum E(a_i)=\sum m_{1i}n_{1i}/t_i$；$\sum V(a_i)=\sum\limits_{i=1}^{I}\dfrac{m_{1i}m_{0i}n_{1i}n_{0i}}{t_i^2(t_i-1)}$

式中，*I* 是指分层的总层数；*i* 为第几层。

（3）计算总 *OR*：总 *OR* 也称合并 *OR*。计算公式为 $OR_{MH}=\dfrac{\sum(a_id_i/t_i)}{\sum(b_ic_i/t_i)}$

（4）估计总 *OR* 值的95%可信区间，用Miettinen法计算：$OR_{MH}{}^{(1\pm1.96/\sqrt{\chi^2 MH})}$

4. 分级资料的分析 分级资料的分析是将不同水平的各级与无暴露或最低水平的暴露做比较，分析研究因素与疾病之间是否存在剂量-反应关系，以增强因果关系推断的依据。分析步骤为：先进行 χ^2 检验，目的是检验病例组和对照组暴露水平的分布是否存在显著性差异，再计算各级暴露水平的 *OR* 值，若表现出 *OR* 值随着暴露水平的增加而增加的趋势，应进一步进行 χ^2 趋势检验，以检验暴露水平与 *OR* 值之间是否存在剂量-反应关系。

分级资料的整理：首先将分级资料整理成如表5-12所示的2×*C* 列联表。

表5-12 病例对照研究分级资料整理表

	暴露水平 x_i						
	0	1	2	3	…	*t*	合计
病例	a_0（=*c*）	a_1	a_2	a_3	…	a_i	n_1
对照	b_0（=*d*）	b_1	b_2	b_3	…	b_i	n_2
合计	m_0	m_1	m_2	m_3	…	m_i	*N*

由于在分级资料中，将暴露水平最低或无暴露的那一组作为对照组，因此，在表 5-12 中 a_0 和 b_0 相当于前面四格表（表 5-5）中的 c 和 d。

以案例 5-2 中的表 5-4 为例介绍分级资料的分析。首先将表 5-4 资料整理成表 5-13 的格式。

表 5-13　男性肺癌病例和对照平均每日吸烟支数比较

	每日吸烟支数				
	0	1～	15～	25～	合计
病例	7	565	445	340	1357
对照	61	706	408	182	1357
合计	68	1271	853	522	2714

（1）χ^2 检验：

计算公式为

$$\chi^2 = n(\sum_{i=1}^{2}\sum_{j=1}^{c}\frac{A_{ij}^2}{n_i m_j} - 1) \tag{5-21}$$

自由度=（行数－1）×（列数－1）。

式中，A_{ij} 为 $2\times C$ 列联表中每个格子的实际频数；n_i 为 A_{ij} 所在的第 i 行合计数；m_j 为 A_{ij} 所在的第 j 列合计数。

本例

$$\chi^2 = 2714\times\left(\frac{7^2}{1357\times68}+\frac{565^2}{1357\times1271}+\frac{445^2}{1357\times853}+\frac{340^2}{1357\times522}+\frac{61^2}{1357\times68}+\frac{706^2}{1357\times1271}+\frac{408^2}{1357\times853}+\frac{182^2}{1357\times522}-1\right)=107.95$$

自由度（4–1）×（2–1）=3，查 χ^2 界值表，得 $P<0.005$，说明男性肺癌病例组和对照组吸烟量的分布有显著性差异。

（2）计算各级暴露水平的 OR 值：每一个暴露水平均以暴露水平最低或无暴露作为参照，运用公式（5-8）分别计算各级暴露水平的 OR 值。

本例以不吸烟，即吸烟支数 0 作为对照，计算各级 OR 值，分别为 6.97，9.5 和 16.28。

（3）χ^2 趋势检验：

$$\chi^2 = \frac{[T_1-(n_1T_2/N)]^2}{V} \tag{5-22}$$

自由度=1。

式中的 V 、T_1 、T_2 可通过以下公式计算获得

$$V = \frac{n_1n_2(NT_3-T_2^2)}{N^2(N-1)} \tag{5-23}$$

$$T_1 = \sum_{i=0}^{t} a_iX_i \tag{5-24}$$

$$T_2 = \sum_{i=0}^{t} m_iX_i \tag{5-25}$$

$$T_3 = \sum_{i=0}^{t} m_iX_i^2 \tag{5-26}$$

式中，N 为研究对象总数；X_i 为暴露水平的等级值，其取值方法共有两种，一是用 0、1、2、3、4…表示暴露水平，另一种是取每个暴露水平的组中值。

本例，首先根据表 5-13 的资料计算 T_1 、T_2 、T_3 和 V 。

$$T_1=7\times0+565\times1+445\times2+340\times3=2475$$

$$T_2=68\times0+1271\times1+853\times2+522\times3=4543$$

$$T_3=68\times0+1271\times1+853\times4+522\times9=9381$$

$$V=\frac{1357\times1357\times(2714\times9381-4543^2)}{2714^2\times(2714-1)}=444.267$$

代入公式（5-22），可得

$$\chi^2=\frac{\left[2475-(1357\times4543/2714)\right]^2}{444.267}=93.21$$

自由度=1，查 χ^2 界值表，得 $P<0.005$，说明趋势检验有统计学意义，再结合以上分析结果表明，患肺癌的危险性随着吸烟支数的增加而增加，即吸烟与肺癌存在剂量-反应关系。

5. 归因分值 归因分值（attributable fraction，AF）也称归因危险度百分比（attributable risk proportion，ARP），分为暴露人群的归因分值（AF_e）和人群归因分值（AF_p）。

$$AF_e=(I_e-I_u)/I_e\approx(OR-1)/OR \tag{5-27}$$

$$AF_p=(I_p-I_u)/I_p=P_e(OR-1)/\left[1+P_e(OR-1)\right] \tag{5-28}$$

式中，I_e 为暴露组发病率；I_u 为非暴露组发病率；I_P 为总人群发病率；P_e 为人群的暴露率。在病例对照研究中，由于不能获得发病率，用 OR 作为 RR 的估计值计算 AF_e 和 AF_p。AF_e 表示暴露人群中由该暴露引起的某种疾病的发病占全部发病的比例，即消除该暴露因素后，暴露组发病降低的比例。AF_p 表示暴露引起的某种疾病的发病占全人群中全部发病的比例，即消除该暴露因素，人群中发病降低的比例，是具有公共卫生意义的指标。

知识点 5-9：归因分值

归因分值（attributable fraction，AF）也称归因危险度百分比（attributable risk proportion，ARP），分为暴露人群的归因分值（AF_e）和人群归因分值（AF_p）。

$$AF_e=(I_e-I_u)/I_e\approx(OR-1)/OR$$

$$AF_p=(I_p-I_u)/I_p=P_e(OR-1)/\left[1+P_e(OR-1)\right]$$

式中，I_e 为暴露组发病率；I_u 为非暴露组发病率；I_P 为总人群发病率；P_e 为人群的暴露率。在病例对照研究中，由于不能获得发病率，用 OR 作为 RR 的估计值计算 AF_e 和 AF_p。AF_e 表示暴露人群中由该暴露引起的某种疾病的发病占全部发病的比例，即消除该暴露因素后，暴露组发病降低的比例。AF_p 表示暴露引起的某种疾病的发病占全人群中全部发病的比例，即消除该暴露因素，人群中发病降低的比例，是具有公共卫生意义的指标。

三、功　　效

研究功效（1–β）又称为把握度（power），为拒绝无效假设的能力，即当疾病与某种研究因素之间确实存在统计学关联时，无效假设被拒绝的概率。当已知人群中被研究因素的暴露率 P_0、研究因素与疾病关联强度大小（RR 或 OR）、检验水准 α 值和样本量时，可通过变换样本量计算公式估计研究功效。

例 5-7：某研究者拟进行一项关于胃癌与饮酒的成组病例对照研究。通过查阅文献获悉该地区人群中饮酒的比例（P_0）为 0.30，胃癌与饮酒之间的关联强度（OR）为 2，研究希望达到的检验显著性水平（α）为 0.05（双侧），若病例和对照各调查 50 例，估计该研究能够发现 OR=2

的功效。

首先将成组病例对照研究样本量估计公式（5-1）进行如下变换

$$U_{\beta}=\sqrt{\frac{n(P_1-P_0)^2}{2\overline{p}\overline{q}}}-U_{\alpha} \quad (5\text{-}29)$$

式中，$P_1=P_0RR/[1+P_0(RR-1)]$，　$\overline{p}=(P_0+P_1)/2$，　$\overline{q}=1-\overline{p}$

本例 $\alpha=0.05$（双侧），则 $U_{\alpha}=1.96$，$P_0=0.30$，$OR=2$，$n=50$，则

$$P_1=0.3\times2/[1+0.3\times(2-1)]=0.4615$$

$$\overline{p}=(0.3+0.4615)/2=0.3808$$

$$\overline{q}=1-0.3808=0.6192$$

代入公式（5-29）得

$$U_{\beta}=\sqrt{\frac{50\times(0.4615-0.3)^2}{2\times0.3808\times0.6192}}-1.96=-0.297\approx-0.30$$

查标准正态分布表，当 $U_{\beta}=-0.30$ 时，$\beta=0.62$，则功效 $1-\beta=0.38$。即在给定的研究条件下，该研究发现 OR 值不等于 1 的概率为 38%，可见该项研究的功效是比较低的。

由于在研究功效估计时，未考虑控制混杂因素，未评价研究因素之间的交互作用等，因此，计算所得的研究功效属于粗略的估计，在设计阶段可供参考。一般认为一项研究的功效应大于 80%。

知识点 5-10：研究功效

研究功效（$1-\beta$）也称为把握度（power），为拒绝无效假设的能力，即当疾病与某种研究因素之间确实存在统计学关联时，无效假设被拒绝的概率。当已知人群中被研究因素的暴露率 P_0、研究因素与疾病关联强度大小（RR 或 OR）、检验水准 α 值和样本量时，可通过变换样本量计算公式估计研究功效。由于在研究功效估计时，未考虑控制混杂因素，未评价研究因素之间的交互作用等，因此计算所得的研究功效属于粗略的估计，在设计阶段可供参考。一般认为一项研究的功效应大于 80%。

第四节　病例对照研究中常见的偏倚及其控制

案例 5-1（续 2）

Doll 和 Hill 所做的这项关于吸烟与肺癌关系的病例对照研究中，病例组来源于住院患者中的被确诊为肺癌的新病例，而对照组则来源于同一医院或同期住院的非肺癌病人。

问题：

（1）选择住院的肺癌患者作为病例，是否能代表患有肺癌的全部人群？

（2）选择住院的非肺癌患者作为对照，是否能代表不患有肺癌的一般人群？

（3）它们将如何影响研究结果？如何提高研究对象的代表性？

偏倚是指由于各种因素的影响，使所获得的研究结果系统地偏离真实值。偏倚可发生在研究的设计、实施、分析及推论的各个阶段。病例对照研究作为一种回顾性研究，较易发生偏倚。常见的偏倚有选择偏倚、信息偏倚和混杂偏倚。

一、选择偏倚

选择偏倚（selection bias）是由于选入的研究对象与未选入的研究对象在某种特征上存在差异，

即由于选择的研究对象不能代表相应人群而造成的系统误差。选择偏倚常发生在研究的设计阶段。常见的选择偏倚有以下几种：

1. 入院率偏倚 入院率偏倚也称伯克森偏倚（Berkson's bias），是指利用医院门诊患者或住院患者作为病例与对照时，常因各种疾病的入院机会不同而使研究结果偏离了真实值。入院率可受诸多因素的影响，如患者的经济条件，所患疾病的严重程度，医院技术水平的高低及医疗条件的好坏，居住地与医院的距离远近等。

避免和控制入院率偏倚的方法，主要是在研究的设计阶段，尽量采用随机原则选择研究对象，并尽量在多个医院选择一定时期内符合诊断标准的全部病例。如果不能做到选择所有或绝大多数符合诊断标准的病例，那么为了减少入院率偏倚的发生，就要尽可能地在多个医院选择病例，并在相应的医院多科室中选择多病种对照。

2. 现患病例-新发病例偏倚 现患病例-新发病例偏倚也称奈曼偏倚。病例对照研究中，选择的病例常常是现患病例，不包括那些死亡病例、轻型病例、不典型病例以及病程短的病例。选择现患病例作为研究对象时，所调查得到的信息可能与存活有关，但未必与所研究的疾病有关，从而可能高估了某些研究因素的作用；其次，由于某些患者在患病后，改变了其不良生活习惯，从而低估了某些研究因素的作用；最后，还有可能在调查时某些患者夸大或缩小了其在发病前生活习惯上的某些特征，从而导致研究者错误地估计某些因素与疾病的关联。

避免此类偏倚发生的方法是在研究的设计阶段明确规定病例的纳入标准为新发病例。若有可能的话，进行队列研究，将暴露程度、暴露时间以及暴露结局三者联系起来得出结论，有助于减少现患病例-新发病例偏倚的程度。

3. 检出征候偏倚 检出征候偏倚（detection signal bias）也称暴露偏倚（unmasking bias），是指某因素与某疾病在病因学上虽无关联，但由于该因素的存在而引起该病的某些症状或体征出现，促使患者及早就医，从而使具有该暴露因素的人群该病的早期病例检出率高，以致得出该因素与疾病有关联的错误结论。

检出征候偏倚可通过延长收集病例的时间进行纠正。具体方法是使收集病例的时间超过疾病由早期向中、晚期发展的时间，那么就可使检出病例中某些因素暴露者的比例趋于正常。

4. 时间效应偏倚 时间效应偏倚（time effect bias）常发生在研究慢性疾病的病例对照研究中。由于慢性病如肿瘤、冠心病等自开始暴露于危险因素到出现临床症状需要经历一个较长的过程。因此在病例对照研究中，常常可能把有暴露史但尚未出现临床症状的人或已发生早期症状但通过现有的检查手段未能检出的人列入对照组，从而错误估计了研究因素与疾病关联性，称为时间效应偏倚。

减少时间效应偏倚的措施包括：①对病例和对照的诊断尽量采用敏感的早期检测技术；②进行观察期足够长的纵向调查。

病例对照研究中还可出现易感性偏倚、排除偏倚等选择偏倚。

二、信息偏倚

信息偏倚（information bias）又称观察偏倚（observation bias）或测量偏倚（measurement bias），信息偏倚是由于收集到的关于暴露和疾病情况不真实而产生的系统误差。信息偏倚常发生在资料的收集阶段。

1. 回忆偏倚 病例对照研究中，关于病例组和对照组人群对某些因素既往的暴露情况，主要是通过询问调查所获得的。因此若被调查者回忆失真或不完整可导致所获得的研究结果偏离真实值。由此产生的偏倚称为回忆偏倚（recall bias）。回忆偏倚的发生可受诸多因素的影响，如被调查事件的重要性、调查时间与事件发生的时间间隔长短、调查者的询问技术和方式等。

在病例对照研究中，回忆偏倚最常见且难以避免。但通过一些措施可减少回忆偏倚的发生。如选择客观指标或选择不易被人们所忘记的重要指标做调查，或选择一个与暴露史有联系的记忆明确的指标帮助被调查者回忆，同时注意询问技巧及方式，或调查知情人或家属等。

2. 报告偏倚　报告偏倚（reporting bias）也称说谎偏倚，是指研究对象出于某种原因有意夸大或缩小某些信息而导致的偏倚。例如向研究对象询问某些敏感问题，如收入、婚前或婚外性行为等，有些研究对象会隐瞒某些暴露信息。

为了避免或减小报告偏倚的发生，在调查开始前应向研究对象说明研究的目的及意义，并告知被调查者的所有信息均会得到严格保密。同时，还可采用敏感问题调查技术，如随机化回答技术，调查表采用匿名法等。

3. 诱导偏倚　诱导偏倚（inducement bias）是由于调查者的询问技术不当或诱导被调查者做出倾向性的回答而产生的偏倚。表现为在询问病例组人群时，重点询问甚至诱导可疑危险因素的暴露情况，而对于对照组人群的询问则不诱导且草率了事。

诱导偏倚可通过采用盲法，严格培训调查员，采用统一的调查方式等措施加以控制。

病例对照研究中还可出现测量偏倚、暴露怀疑偏倚等信息偏倚。

三、混杂偏倚

在病例对照研究中由于存在一个或多个既与研究因素有关，又与研究疾病有关的混杂因素的影响，掩盖或夸大了研究因素与疾病之间真正关联，由此产生的偏倚称为混杂偏倚（confounding bias）。混杂偏倚的控制方法主要有：①在选择研究对象时，对可能的混杂因素加以限制；②对照与病例比较的方法采用匹配法，将混杂因素作为匹配因素，使其在病例组和对照组保持一致，以消除混杂因素对结果的影响；③在分析资料时，可采用分层分析方法或多因素分析方法予以控制。

知识点 5-11：病例对照研究中常见的偏倚

病例对照研究作为一种回顾性研究，较易发生偏倚，包括选择偏倚、信息偏倚和混杂偏倚。其中常见的选择偏倚有入院率偏倚、现患病例-新发病例偏倚、检出征候偏倚、时间效应偏倚等；常见的信息偏倚有回忆偏倚、报告偏倚和诱导偏倚。

第五节　病例对照研究的优点和局限性

1. 优点　①省时、省力（人力和物力）、成本较低，出结果快且较易组织实施；②可以同时研究多个因素与某种疾病的联系；③适合于对病因复杂、发病率低、潜伏期长的疾病进行研究，特别适用于发病率低的罕见病的病因研究；④不仅用于疾病的病因学探讨，还可用于其他研究，如暴发调查，疫苗免疫学效果考核等。

2. 局限性　①不适于研究人群中暴露率很低的因素的研究，因为需要很大的样本量；②病例对照研究不能直接计算暴露与无暴露人群的发病率，只能估计相对危险度即计算比值比，而且暴露与疾病的时间顺序又难以确定，所以检验因果关系的能力较队列研究弱；③在收集资料时，难以避免回忆偏倚；④在选择研究对象时，为病例选择合理的对照较困难。

虽然病例对照研究有一定的局限性，但很多研究者认为，如果设计合理、方法正确，即质量较高的病例对照研究的效果也可与队列研究结果相媲美。因此，在病因学研究中有很高的应用价值。

知识点 5-12：病例对照研究优点及局限性

（1）优点：①省时、省力（人力和物力）、节省经费，出结果快且较易组织实施；

②可以同时研究多个因素与某种疾病的联系；③适合于对病因复杂、发病率低、潜伏期长的疾病进行研究，特别适用于发病率低的罕见病的研究；④不仅用于疾病的病因学探讨，还可用于其他研究，如暴发调查，疫苗免疫学效果考核等。

（2）局限性：①不适于研究人群中暴露率很低的因素的研究，因为需要很大的样本量；②由于不仅不能直接计算暴露与无暴露人群的发病率，只能估计相对危险度即计算比值比，而且暴露与疾病的时间顺序又难以确定，所以检验因果关系的能力较队列研究弱；③在收集资料时，难以避免回忆偏倚；④在选择研究对象时，为病例选择合理的对照较困难。

案例 5-1 分析讨论：

（1）病例对照研究的定义：病例对照研究是选定患有所研究疾病的人群作为病例组，未患有该病的人群作为对照组，分别调查上述两组所有对象既往对某个（或某些）因素的暴露情况和暴露水平，并比较两组中暴露率或暴露比例的差异，以研究该疾病与这个（或这些）因素关系的一种观察性研究方法。

（2）病例对照研究的基本原理：根据是否患有所要研究的某种疾病，将研究对象分为病例组和对照组，通过收集两组人群过去某些因素暴露的有无和暴露程度，比较病例组与对照组暴露率或暴露比例的差别。如果病例组的暴露率与对照组的暴露率差别有统计学意义，则可认为该因素与所研究疾病之间存在统计学上的关联。并需进一步分析暴露因素与疾病之间的关联强度大小，估计各种偏倚对研究结果的影响，再借助病因推断原则及方法，最终推断出暴露因素与疾病的关系。

（3）病例对照研究的类型：传统的病例对照研究按照病例与对照比较方法的不同，将病例对照研究分为成组病例对照研究和匹配病例对照研究两种。除上述两种类型外，近年来衍生了多种改进的、非上述传统意义的病例对照研究类型，包括巢式病例对照研究、病例-队列研究、病例交叉研究、病例-时间-对照设计、单纯病例研究等。

（4）病例对照研究的作用：用于探索疾病的危险因素以及初步检验病因假设。

案例 5-1（续 1）分析讨论：

（1）选择医院病人作为研究对象具有应答率高，合作性好，资料容易获得且质量较高，较易实施等优点。

（2）病例和对照的来源：一个来源是医院的现患病人，包括医院住院病人和门诊病人，医院和门诊的病案以及出院记录等，称为以医院为基础的病例对照研究；另一个来源是以社区为基础的，即来源于社区的监测资料或普查、抽样调查的人群资料。

案例 5-2 分析讨论：

（1）比较病例组和对照组在性别、年龄、调查地点、居住地以及社会地位等方面的目的是为了检验两组在研究因素以外的其他基本特征方面是否均衡可比。

（2）病例组中吸烟和不吸烟的比值=1350/7=192.86

对照组中吸烟和不吸烟的比值=1296/61=21.25

比值比 OR=192.86/21.25=9.08

（3）表明吸烟者患肺癌的危险性是不吸烟者的 9.08 倍。

（4）与吸烟支数 0 作为对照：

吸烟支数为 1 支至 14 支的比值比=（565×61）/（706×7）=6.97

吸烟支数为 15 支至 24 支的比值比=（445×61）/（408×7）=9.50

吸烟支数大于 25 支的比值比=（340×61）/（182×7）=16.28

提示：随着吸烟支数的增加患肺癌的危险性也随之增加，但还需进一步做 χ^2 趋势检验，以检验吸烟与肺癌之间存在的剂量-反应关系是否有统计学意义。

案例 5-1（续 2）分析讨论：

在病例对照研究中，选择住院患者作为病例和对照具有应答率高、合作性好等优点，但其代表性差，会产生选择偏倚，使所获得的研究结果系统的偏离真实值。即选入的研究对象与未选入的研究对象在某种特征上存在差异而造成系统误差。为了减少偏倚，应尽量采用随机原则选择研究对象，病例应尽可能的选自不同地区、不同水平的综合医院，并在相应的多个医院、多个科室中选择多病种的病人作为对照。

（高晓虹）

第六章　实验流行病学研究

案例 6-1

流行性感冒（流感）病毒、肺炎球菌是呼吸系统感染最常见的病原体，常导致某些慢性疾病的加重，增加患者住院率和病死率。为了解和评价联合接种 23 价肺炎球菌多糖疫苗（23-Valent Penumococcal Polysaccharide Vaccine，PenV23）和流感病毒裂解疫苗（Split-virus Influenza Virus Burst Vaccine，InfV-B）对上呼吸系统感染性疾病的预防效果，有研究选取来自某市城区长期居住并伴有发生上呼吸道感染高度危险因素的老年人群。以 2005 年在该市城区 3 个预防接种门诊接种过 PenV23 和 InfV-B 的 60 岁及以上老年人为疫苗接种组调查对象，实际有效调查 151 人。从社区抽取 5 年内未接种过 PenV23 和 1 年内未接种过 InfV-B 的 60 岁及以上老年人为未接种组调查对象，有效调查 188 人。

调查方法：所选择社区要求经济条件、接受医疗服务条件基本相同。在知情同意基础上，疫苗组和对照组同时进行基线问卷调查。建立调查对象联系卡制度，2 年观察期内，每 2 周随访两组调查对象因上呼吸道感染而首次入院确诊的病人，调查内容包括上呼吸道感染的发生情况，以及由此导致的就诊住院次数、住院天数等。保护率和减少就诊率作为评价效果指标。

研究结果：基线比较，疫苗组和对照组的年龄、性别比例和各基础疾病情况差异无统计学意义。随访显示：疫苗组和对照组上呼吸道感染疾病发生率分别为 5.3%（8/151）、13.3%（25/188），差异有统计学意义（χ^2=6.10，P<0.05）。接种 PenV23 和 InfV-B 能减少上呼吸道感染的发生率，其保护效率为 60%，RR=0.35（95%CI：0.153，0.794），差异有统计学意义（P=0.009）。

因上呼吸道感染住院，平均住院时间：疫苗组为（20.00±5.66）d，对照组为（24.19±7.24）d，差异有统计学意义（t=5.82，P<0.001）。两组病死率分别为 0.66%和 1.06%，差异无统计学意义（χ^2=0.15，P=0.652）。

结论：社区老年人群联合接种 PenV23 和 InfV-B 能减少上呼吸系统疾病的发生，具有一定的保护效力。

问题：

（1）该实验为什么需要进行基线调查？

（2）该实验的研究方法与分析流行病学的有何不同？

流行病学实验研究作为流行病学的重要研究方法之一，是通过比较给予干预措施后的实验组人群与对照组人群的结局，从而验证研究假设和考核干预措施效果的一种前瞻性研究方法，又称干预研究、实验流行病学研究等。其中包括临床试验、现场试验和社区试验等研究类型。这类研究方法在临床治疗和疾病预防措施的科学评价和筛选、医疗卫生政策、健康教育及诊断技术效果评估等方面起着举足轻重的作用，已被视为评价干预措施有效性的标准方法。

第一节　概　　述

一、简　　史

早在 1537 年，Ambroise Pare 就将实验研究方法应用于战伤的治疗上，此后，1600 年东印度运输公司通过供应和不供应柠檬汁的船员之间的比较观察，发现柠檬汁可预防船员得坏血病（维生素 C 缺乏病）。1747 年，James Lind 关于坏血病病因研究是公认的最早在人群中开展的流行病学实验研究，该研究通过设立对照，比较分析观察结果，初步显示出了平行对照研究设计的科学价值。1848 年 Semmelweis 关于产褥热的研究、1914 年 Goldberger 关于糙皮症的研究是早期采用平行对照的流行病学实验设计的经典案例。早在 17 世纪 Van Helmont 使用了抽签法随机分配发热患者分别到放血疗法组和对照组，在实验研究中引入了随机化做法，19 世纪初，Louis 就提出如果有完全相似的两组受试者接受干预，评价措施有效性的可信度会大大提高。1923 年，随机化概念由 Fisher 最早引入农业实验研究，并发展了基于随机化的方差分析方法。在 1948 年英国医学研究委员会开展的使用链霉素治疗肺结核的临床试验中，详细描述了隐匿法的实施过程，这也被认为是随机方法在实验研究中发展的里程碑。在 1799 年 Haygarth 木棒代替金属棒的研究被认为是早期开展的单盲试验之一。早期开展的双盲试验如 1880 年 Potter 和 Storke 在一项对比研究中，使用了安慰剂干预对照组，且主治医生亦不了解分组情况。1911～1914 年，Bingel 在白喉治疗试验中采用了盲法，患者和参与的医生（除他本人外）均不了解分组方式。20 世纪后半叶，盲法开始被应用到现场试验中。

迄今规模最大的人群试验是 1955 年 Francis 进行的疫苗现场试验，试验对象为近百万在校儿童，此项研究为脊髓灰质炎的预防奠定了坚实的基础。

近年来，流行病学实验研究进入了蓬勃发展时期，公开发表的临床试验类文章几乎以每 5 年翻一番的速度增长，并广泛覆盖心脑血管疾病、肿瘤、糖尿病、出生缺陷等非传染性疾病和意外伤害及传染病的防治研究，以及对卫生管理、保健设施和保健项目的评价。20 世纪 90 年代，循证医学的思想和理论体系形成并逐渐发展成熟，在浩如烟海的医学研究成果中，随机化对照试验的结果被公认为临床和公共卫生实践领域的最佳证据。

国内早期的流行病学现场试验研究有：1963 年天津医学院、河北医学院、河北地方病防治所在承德市郊开展了以碘盐作为干预措施防治地方性甲状腺肿的现场试验；1979 年前后，中国医学科学院卫生研究所在东北克山病流行地区开展了向人群投硒制剂以预防克山病的现场试验；1979 年苏德隆等在江苏省启东县进行的关于水源与肝癌发生关系的类试验（quasi-experiment）。同期，武汉、北京及长春等生物制品研究所组织了全国各省、市卫生防疫机构进行的关于流行性脑脊髓膜炎多糖体菌苗、细菌性痢疾活菌苗及腮腺炎疫苗的人群流行病学实验等。

中国早期随机对照试验开始于 1970 年末。检索《中国生物医学文献数据库》（CBMDISC）早期发表的随机化双盲对照临床试验包括 1981 年发表的《用 Nd-OFS 治疗胃溃疡的随机双盲试验》，1983 年中医药领域的中药注射剂治疗心绞痛等。20 世纪 80 年代以来，我国开始开展一些大规模的多中心临床试验，如中国老年收缩期高血压试验等。

二、基本概念

实验流行病学（experimental epidemiology）又称流行病学实验（epidemiological experiment），是指来自同一总体的人群作为研究对象，根据研究目的，按照设计的研究方案随机分配到实验组和对照组，对实验组人为地施加或减少某种因素，对照组不做处理或给予安慰剂，随访观察该因素的作用结果，并比较和分析两组人群的结局，从而判断处理因素效果的一种前瞻性、实验性研究方法，如图 6-1 所示。实验场所可以是医院、社区、工厂、学校等现场。常用的研究方法包括临床试验、现场试验和社区试验。

三、主要特点

1. 前瞻性研究　在流行病学实验研究中，因为干预在前，结局在后，所以属于前瞻性研究，研究结果具有较强的对因果关联的验证性。

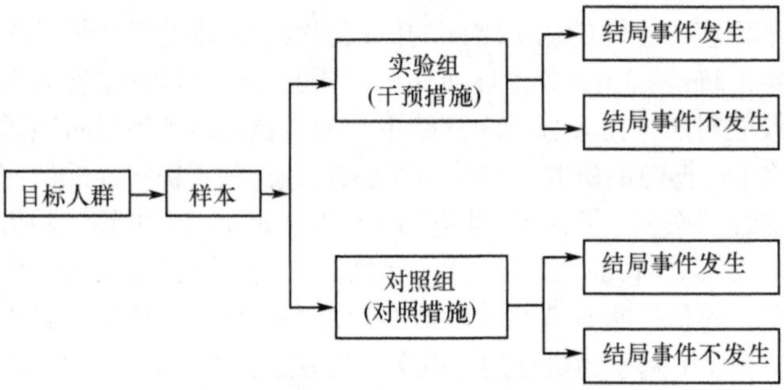

图 6-1 实验流行病学研究原理示意图

2. 随机分组 严格的实验流行病学应遵循随机化原则，即对研究对象进行随机分组，以提高实验组和对照组之间的可比性。当受条件限制无法进行随机分组时，应尽可能保证两组的基本特征均衡可比。

3. 有均衡可比的对照 实验流行病学的研究对象均来自同一总体，设立均衡可比的对照，排除研究因素以外其他因素对研究结果的干扰。

4. 有人为施加干预措施 实验流行病学不同于观察性研究，它需要研究者根据研究目的，对实验组进行人为施加干预措施，对照组不做处理，然后随访观察两组之间的结局事件发生差异。因为有人为施加干预，所以流行病学实验容易产生医学伦理问题。

四、主要用途

1. 验证假设 通过干预试验减少危险因素的暴露水平，验证疾病危险因素或流行因素的致病作用，或用于鉴定影响疾病发生、发展相关暴露因素，如粉尘、化学物质、放射线等的有害作用。

2. 评价疾病防治效果 用于评价疾病预防性策略、措施的防治效果，如疫苗接种策略预防传染病，饮食调节、适当运动等综合措施预防心血管疾病的效果；也可用于评价治疗措施的效果。此外，在外伤或慢性病康复过程中可以评价某种康复措施或综合康复措施的效果等。

知识点 6-1：实验流行病学的概念、特点和主要用途

（1）实验流行病学（experimental epidemiology）是指来自同一总体的人群作为研究对象，根据研究目的，按照设计的研究方案随机分配到实验组和对照组，对实验组人为地施加或减少某种因素，对照组不作处理或给予安慰剂，随访观察该因素的作用结果，并比较和分析两组人群的结局，从而判断处理因素效果的一种前瞻性、实验性研究方法。

（2）实验流行病学的特点：①前瞻性研究；②随机分组；③有均衡可比的对照；④有人为施加干预措施。

（3）实验流行病学的主要用途：①验证假设；②评价疾病防治效果。

第二节 实验流行病学的基本原则与分类

一、实验流行病学研究的基本原则

1. 对照原则 实验流行病学的研究要求设立对照，有对照才有比较。设立除干预因素外，其他特征与干预组均衡可比的对照组，从而排除其他特征如年龄、性别、文化程度、居住环境、健康状况等对研究结果的影响，这样研究获得的组间差异才能归因于干预措施的效应。

2. 随机原则　采用随机方法把研究对象分配到实验组和对照组，使得研究对象进入实验组或对照组的机会均等，以提高两组的可比性或均衡性。但在有些实验流行病学设计中，如一些社区试验中并不是总能获得随机对照，有时实际情况不允许研究对象做随机分组。不同于观察性研究中的描述性研究、队列研究或病例对照研究，在常用的流行病学研究方法中，只有实验流行病学要求随机分组。

3. 盲法原则　在流行病学实验研究工作的过程中，为避免或控制可能因研究对象和研究者主观因素的影响，导致在研究设计、资料收集或分析阶段出现信息偏倚，设计时可采用盲法，使研究对象或调查分析人员不清楚干预措施的分配，保证研究结果真实、可靠。如在临床试验中，应尽量采用盲法去克服病人可能存在的心理因素的影响，但在社区试验中，由于样本量较大及群体性的特点，盲法实施较为困难。

二、实验流行病学研究的主要类型

目前尚无统一的关于流行病学实验研究的分类标准，一般认为，根据研究场所和研究对象的不同，可分为临床试验、现场试验和社区试验；根据实验设计所具备的基本特征，如实验是否设立对照组或是否进行随机分组，可分为真实验和类实验；根据处理因素，可分为治疗性实验和预防性实验。常见的是前两种分类方法。

（一）根据研究场所和研究对象分类

1. 临床试验（clinical trial）　研究场所设在医院或其他医疗服务环境，以病人为研究对象，接受临床治疗处理或某种预防措施的基本单位是个体病人，用于评价药物或临床治疗方案、措施的效果。临床试验主要应用于对新药或新疗法疗效的评价，同时也可用于观察药物的不良反应。遵循随机化并设立对照的临床试验，即随机化临床试验（randomized clinical trial，RCT）是这类实验中应用广泛的一种设计。

2. 现场试验（field trial）　研究场所设在某一特定的环境下，研究对象与临床试验有所不同，其研究的是未患所研究疾病的“健康”个体，接受处理或某种预防措施的基本单位是个体，不是人群或亚人群。但为了提高实验的效率，一般会选择对干预措施敏感人群进行研究。如研究麻疹疫苗免疫学效果，研究过程中会通过血清学筛查剔除既往患过麻疹的个体，选择既往未感染过麻疹个体为实验对象，以有效评价机体的免疫应答情况及不良反应发生情况。现场试验常用于评价疾病预防措施的效果，所以又称之为预防实验（preventive trial）。现场试验的设计和实施，可参照RCT相关要求和方式进行。

3. 社区试验（community trial）又称为社区干预试验（community intervention trial）　研究场所设在社区，以社区人群为干预单位，从人群或亚人群整体层面评价干预措施的效果。例如研究某传染性疾病疫苗的保护效果，首先通过基线调查获得相关社区该传染病发病率、流行情况及影响疾病流行的相关特征，从中选择各个方面尽量相似若干社区，分为实施干预措施（接种疫苗）的实验社区，和不接种疫苗或接种安慰剂的对照社区，经过一个疾病流行周期的随访观察，比较不同社区间发病率差异，分析疫苗的保护效果。

（二）按实验设计所具备的基本特征分类

1. 真实验（true experiment）　流行病学实验研究将研究人群随机分为实验组和对照组，研究者对实验组人群人为施加某种干预措施后，随访并比较两组研究对象的结局发生情况，以分析判断干预措施效果的一种实验性研究方法。真实验必须具备四个基本特征，即流行病学实验的四个基本特征：必须是前瞻性研究；有人为施加一种或多种干预措施；设有均衡可比的对照组；遵循随机分配原则。

从常见流行病学研究特征来看，描述流行病学和分析流行病学中的研究对象可以采取随机抽样方法获得，但无法像实验流行病学这样做到随机分组。与描述性研究相比，实验性研究还有一个显著特征就是能够检验假设。与分析研究相比，虽然两者都能够检验假设，但是实验流行病学的检验效能比任何分析性研究都强，因为实验性研究是人为施加干预措施，对研究对象进行随机分组，能够较好的排除、控制其他非研究因素的干扰。

2. 类实验 又称半实验（semi-experiment），在一些研究中，因为受到条件限制不能对研究对象进行随机分组或无法设置平行的对照组，称为类实验。进一步可将类实验分为两类。

（1）不设立对照组：虽然这类实验没有设立对照组，但不等于没有对比，因为只有通过比较，才能分析判断干预措施的效果。这种类实验的对比主要通过下列两种方式进行：一是干预前后的自身对照，即同一受试对象在接受干预措施前后的比较。例如观察某种药物降血糖的效果，可以比较糖尿病病人服用该药物前后的血糖水平。二是与已知的不给该项干预措施的结果比较。如已知我国人群乙肝病毒表面抗原（HBsAg）携带率平均为 10%，国家将乙肝疫苗纳入儿童免疫规划程序，如果要评价该免疫策略控制人群 HBsAg 携带率的效果，因为是在儿童中全面推行疫苗接种，一方面难以获得不接种疫苗的对照人群，另一方面因为未接种疫苗时期，我国人群 HBsAg 携带率是一个已知相对稳定的水平，该研究也不一定要设对照组。

（2）设立对照组：这类实验虽然设立了对照组，但研究对象没有随机分组。如在社区研究中，并不是都能获得随机对照，有时只能对整个居民区人群实行预防，而选择具有可比性的另一个社区人群作为对照组。如乙肝疫苗的保护率评价，甲校为实验组注射乙肝疫苗，乙校为对照组不注射乙肝疫苗，然后对比两校血清学和流行病学观察指标的差异。这类实验常用于研究对象数量大、范围广而实际情况不允许对研究对象做随机分组的情况。

知识点 6-2：实验流行病学的基本原则和分类

（1）实验流行病学基本原则：①对照原则；②随机原则；③盲法原则。

（2）实验流行病学的分类：按研究场所和研究对象分类：①临床实验；②现场实验；③社区实验。按实验设计所具备的基本特征分类：①真实验；②类实验。

第三节 现场试验研究

案例 6-2

为了评价长春长生生物科技股份有限公司研制的吸附无细胞百白破联合疫苗的安全性和免疫原性。江苏省疾病预防控制中心在该省连云港市赣榆县选择 3～5 月龄、未接种过百白破联合疫苗、无百日咳白喉破伤风疾病史的足月健康儿童进行研究。

研究制剂：观察疫苗为长春长生生物科技股份有限公司生产的吸附无细胞百白破联合疫苗，批号为 20051001。对照疫苗为武汉生物制品研究所生产的吸附无细胞百白破联合疫苗（以下称对照疫苗），批号为 20050521-1。实验采用随机、双盲、同类疫苗平行对照设计。观察对象 525 人以 3∶2 的比例随机分别接受观察疫苗（315 人）和对照疫苗免疫接种（210 人）。给药方案：符合入选条件的观察对象，按免疫规划程序每人注射 3 针，每针间隔 1 个月，注射部位分别在两臂部肌肉，交替注射 0.5ml/次。对所有受试者进行系统的全身和局部反应以及不良反应观察，分析评价安全性。观察时间：于疫苗接种后 30 min、6～8h、24h、48h、72h 做全身和局部反应观察。每次接种后 15 天再进行随访 1 次，30 天内由受试者主动报告。如实记录以上所有观察结果。

本期试验前共有 525 人签署知情同意书，最终入选符合受试者条件 501 人，其中观察组 308 人，对照组 193 人。最终对入选的 501 人全部进行了免疫接种、系统性反应观察、采集了免前免后系列血清标本并进行了血清学试验。

结果显示：观察疫苗组和对照疫苗组的免疫后抗体阳转率比较：抗破伤风抗体观察组阳转率为 100.00%，对照组为 99.48%；抗白喉抗体观察组阳转率为 98.05%，对照组为 97.93%；抗百日咳毒素抗体观察组阳转率为 87.99%，对照组为 92.23%；抗丝状血凝素抗体观察组阳转率为 93.18%，对照组为 93.78%。4 种抗体两组间的差别均无统计学意义。

观察组免疫前后抗体抗体几何平均滴度（GMT）比较：观察组抗破伤风抗体 GMT 水平免前为 1.1023，免后为 4.3985；抗白喉抗体 GMT 水平免前为 0.0160，免后为 0.8825；抗百日咳毒素抗体 GMT 水平免前为 5.0000，免后为 36.0000；抗丝状血凝素抗体 GMT 水平免前为 8.0000，免后为 43.5000。抗破伤风抗体、抗白喉抗体、抗百日咳毒素抗体、抗丝状血凝素抗体 GMT 水平免前和免后相比差异有统计学意义，免后抗体 GMT 水平均高于免前。

疫苗安全性比较：疫苗接种局部反应、全身发热反应和全身其他反应两组间发生率差异无统计学意义。

结论：长春长生吸附无细胞百白破联合疫苗与武汉生物制品研究所生产的无细胞百白破一样，在血清学试验及安全性观察中被证明是有效的、安全的。

问题：

（1）何为现场试验？

（2）现场试验常用评价效果指标有哪些？

（3）本案例中采用的是何种对照方式？

（4）现场试验容易产生什么偏倚？如果出现该怎样处理？

现场试验是在现场环境下进行的干预研究，以自然人群为研究对象的试验研究，干预措施的基本单位是个体。常用于对某种预防措施效果进行评价。

一、研究设计基本原则与步骤

（一）制定研究方案

进行任何一项流行病学研究都必须先制定一个科学、合理和可行的研究方案，研究方案主要包括以下几方面内容：

1. 明确实验的目的　在研究方案设计过程中首先应明确研究目的，要解决什么问题，是验证病因，或是为了评价某项防治措施的效果。如儿童接种冻干水痘减毒活疫苗可以降低水痘的发生率。通常一次实验只解决一个问题，若目的不明确，想解决的问题越多，往往适得其反，甚至造成各项实验措施不集中，进而影响整个实验研究的结论。

2. 明确实验对象的具体要求和来源　根据研究目的确定选择研究对象的具体要求及抽样方法，如为评价冻干水痘减毒活疫苗免疫学效果，水痘高发于低年龄儿童，接种对象主要也是低年龄儿童，所以实验对象选择低年龄儿童，同时因为要排除既往感染对机体抗体影响，所以加上排除的条件。

3. 确定干预措施　对干预措施进行统一、标准化，如接种疫苗剂量、接种程序、接种途径等。

4. 确定评价指标　即确定反映干预措施效果的结局指标，通常确定 1-2 个主要指标，若干次要指标。优先选择客观指标或定量指标。

5. 确定随访观察时间和资料收集方式　根据干预措施效应表现时间确定随访时间，根据评价指标的不同确定资料收集方式，如根据疫苗接种后的抗体产生情况，一般在接种后 4 周左右，通过采集血液样本进行观察，而如果评价疫苗接种副反应，则在接种后连续数天持续观察，主要通过询问、直接观察等方式收集资料。

6. 明确资料、数据整理和分析方法　在研究方案设计之初，明确结果分析采用的主要统计学分析方法，因为这直接关系到样本量、评价指标等关键因素的确定。

（二）确定研究对象

在现场试验中，研究对象的选择是根据研究目的所确定的研究人群，包括实验组和对照组。研究对象的选择时应注意以下几点：

1. 选择干预措施有效的人群 在现场试验研究中，研究某干预措施的预防效果，应选择对该干预措施有效人群为研究对象。如成人往往因为在儿童、少年时期感染过水痘而使机体保留有水痘抗体，所以一般不列入研究对象范围。

2. 研究对象的代表性 研究的样本应具备总体的基本特征，包括年龄、性别、种族等均要能代表总体。

3. 选择预期发病率高的人群 应选择在疾病高发区人群中或高危年龄组进行。如评价疫苗的预防效果时多选择低年龄儿童。

4. 选择容易随访的人群 预计在实验过程中就有可能被剔除者不应作为研究对象，如用阿司匹林预防老年缺血性脑血管疾病的研究，常将伴有癌症者、有严重肾和肝病者除外，因为这些人可能在研究尚未结束前即死亡或因病情严重而被迫停止实验。

5. 选择干预措施对其有益或至少无害的人群 若干预对其有害，不应该选作研究对象。因此，在新药防病效果实验时，往往将老年人、儿童、孕妇除外，因为药物可能引发不良反应，而这些人群相对脆弱，潜在风险较大。

6. 选择依从性好、乐于接受并坚持试验的人群 所谓依从性是指研究对象能服从实验设计安排，配合研究者，严格执行干预措施。

7. 确定并严格执行统一的入选和排除标准 保障样本的代表性，符合研究目的要求，提高组间均衡性和可比性，减少失访。

（三）确定研究现场

在现场试验研究中，现场多在自然形成的特定环境中，影响实验的因素多且复杂，选择现场试验应注意以下几个方面：

（1）实验现场人口相对稳定，流动性小，并要有足够的可供选择样本数量。

（2）实验研究的疾病在该地区有较高而稳定的发病率，以期在实验结束时，能有足够的发病人数或通过干预减少的病例数，达到有效的统计分析。

（3）评价疫苗的免疫学效果时，应选择近期内未发生该疾病流行的地区。

（4）实验地区有较好的医疗卫生条件，医疗卫生机构比较健全，疾病监测报告质量较高，医疗机构诊断水平较好等。

（5）实验地区（或单位）领导重视，群众愿意接受，有较好的协作条件等。

（6）进行基线调查，确保选择的实验组和对照组间非研究因素、特征的均衡、可比。

（四）确定样本量大小

在进行现场试验研究时，为保证实验质量，在设计时就应对研究所需的样本量进行估计。样本的大小可以直接影响到结果，样本量过小，会降低实验研究的把握度，影响到对总体推断的精度；样本量过大，不仅导致人力、物力、财力和时间的浪费，而且给实验的质量控制带来困难。

1. 影响样本量大小的主要因素

（1）干预措施实施前、后实验人群中研究事件变化情况：干预后效果越好，即事件相关特征变化越大，所需样本量小。反之，需要样本要大些，这些数据可以根据既往的研究结果或预实验（pilot study）的结果估计。

（2）第Ⅰ型（α）错误出现的概率，即出现假阳性错误的概率：α 水平由研究者自行确定，通

常将 α 定为 0.05，有时也可定为 0.01。要求的显著性水平越高，所需样本量就越大。

（3）第Ⅱ型（β）错误出现的概率，即出现假阴性错误的概率：β 水平由研究者自行确定，一般常将 β 定为 0.20、0.10 或 0.05。$1-\beta$ 称把握度，把握度要求越高，则所需样本量就越大。

（4）单侧检验或双侧检验：单侧检验比双侧检验所需样本量小。如果十分明确实验组的效果不比对照组差时，可采用单侧检验；当不能肯定是实验组和对照组哪一组效果好，即实验组可能优于对照组，也可能对照组优于实验组时，则必须采用双侧检验。

（5）研究对象分组数量：分组数量越多，则所需样本量越大。

2. 实验样本大小的计算

（1）非连续变量样本大小的计算：所谓非连续变量是指计数资料，如发病率、感染率、死亡率、病死率、治愈率等，实验组与对照组之间比较时按下列公式计算样本大小：

$$N=\frac{\left[Z_{\alpha}\sqrt{2p(1-p)}+Z_{\beta}\sqrt{p_1(1-p_1)+p_2(1-p_2)}\right]^2}{(p_1-p_2)^2} \qquad (6\text{-}1)$$

式中，p_1 为对照组研究事件发生率；p_2 为实验组发生率；p 为（p_1+p_2）/2；Z_α 为 α 水平相应的标准差；Z_β 为 $1-\beta$ 水平相应的标准差；N 为计算所得的一个样本量。

（2）连续变量样本大小的计算：所谓连续变量是指身高、体重、血压等计量资料。如按样本均数比较，当两组样本相等时，可按下列公式计算样本大小：

$$N=\frac{2(Z_{\alpha}+Z_{\beta})^2\sigma^2}{d^2} \qquad (6\text{-}2)$$

式中，σ^2 为估计的标准差，d 为两样本均数之差（一般为估计值），Z_α、Z_β、N 所示意义同前。

3. 注意问题　最终确定研究所需样本量时，需要注意以下两点：

（1）以上计算所得到的 N 是一组人群（实验组或对照组）的大小。如果两组人数相等，则全部实验所需要的样本量为 $2N$。

（2）考虑到可能发生的失访，需要适当增加样本量，应在公式计算的基础上增加 10%～15% 作为实际的样本量。

（五）设立严格对照

在实验研究中，应采取合理、可行的对照设计，要求除了实验组接受的干预措施外，两组在其他方面都必须尽可能相似，以控制偏倚以及目前尚不明确的潜在因素的影响，使研究获得正确、可信的结论。

1. 通过设立对照加以控制的影响

（1）不能预知的结局（unpredictable outcome）：人类生物学因素又称为自身的因素，它包括：一般特征如年龄、性别、种族等；人体的免疫状态；人体的遗传因素；人体的精神心理状态等。由于个体自身因素差异的客观存在，往往导致同一种事件或事件特征，如同一疾病在不同个体中表现出来的疾病特征不一致，即疾病的发生、发展和结局的表现不一致。

（2）霍桑效应（Hawthorne effect）：指人们因为成了研究中特别感兴趣和受注意的目标而改变了其行为的一种趋向，与他们接受的干预措施的特异性作用无关。某些研究对象因迷信有名望的医生和医疗单位，而产生的一种心理、生理效应，对干预措施产生正面效应的影响。当然，有时因为厌恶某医生或不信任某医疗单位而产生负面效应。应采取结合盲法和安慰剂的对照加以控制霍桑效应。

（3）疾病的自然史：不同疾病的发生、发展过程有一定的变化规律，有些疾病有自愈倾向，有些有季节性或周期性波动。对于一些疾病自然史不清楚的疾病，在实施干预后，其效应既可能是干预措施引起的，也可能是疾病发展的自然结果，如不设立可比的对照组，则很难将干预措施的真实效果区分开来。

（4）安慰剂效应（placebo effect）：某些研究对象，由于依赖医药而表现的一种正向心理效应。

因此，当以主观感觉的改善情况对结局效应产生影响，其效应可通过在对照组设置盲法的安慰剂加以平衡。

（5）潜在的未知因素的影响：人类的知识总是有局限性的，在实验研究中，很可能还有一些未知因素影响着结局效应，由于目前尚未被我们所认识，难以通过针对性措施加以控制。

2. 设立对照的方式

（1）标准对照（standard control）或称阳性对照（positive control）：是临床上最常使用的一种对照，即以现行最有效或临床上最常用的药物或治疗方法做对照，用以判断新药或新疗法是否优于现行的药物或疗法。应用时注意，不能用对症药物或保健食品做对照，也不能为了提高实验药物或疗法的效果而选用疗效低的药物或疗法做对照。

（2）安慰剂对照（placebo control）或称阴性对照（negative control）：药物常具有特异性和非特异性效应，为了排除非特异性效应的干扰，常用安慰剂对照。安慰剂是指没有任何药理作用的物质，通常用乳糖、淀粉、生理盐水等成分制成，使用时要注意两点：第一，要求安慰剂的剂型和外观尽量与实验药物相同，而且对人体无害，以便于进行盲法处理；第二，要掌握安慰剂的使用指征，应限在目前尚无有效药物治疗的疾病研究中，或虽然使用安慰剂，但对病人的病情和预后基本没有不良影响，否则不要运用安慰剂对照。

（3）自身对照（self control）：即实验对象不分组，通过干预前后以同一人群作对比。如评价某预防措施实施效果，在实验前需要规定一个足够的观察期限，然后将干预措施实施前后人群的疾病或健康状况等进行对比。

（4）交叉对照（crossover control）：即在实验过程中将研究对象随机分为两组，在第一阶段，一组人群给予干预措施，另一组人群为对照组，干预措施结束后，两组对换实验，这样，每个研究对象均兼作实验组和对照组成员，但这种对照必须有一个前提，即第一阶段的干预一定不能对第二阶段的干预效应有影响，这在许多实验中难以保证。因此，这种对照的应用受到一定限制。

（5）相互对照（mutual control）：如果同时研究几种药物或疗法时，可以不设专门的对照，分析结果时，各组之间互为对照，从中选出疗效最好的药物或疗法。

此外，尚有历史对照、空白对照等非均衡对照。由于这类对照缺乏可比性，除某种特殊情况外，一般不宜采用。

（六）从目标人群中随机抽取样本，并进行随机分组

研究对象和使用的对照方式确定后，下一步的工作就是随机将研究对象分配到实验组和对照组。在流行病学实验研究中，随机化是一个极为重要的原则。随机化是为了使试验组和对照组具有可比性，控制和减少偏倚，提高研究结果的真实性。流行病学实验研究中的随机化包括随机抽样和随机分组。随机抽样即目标总体中的每一个个体都有同等的机会被抽出来作为样本。随机分组指保证样本中的每一个个体都有同等的机会被分配到实验组或对照组。

常用的随机抽样和随机分组的方法有：

（1）简单随机法（simple randomization）：最常用的方法是利用随机数字表或随机排列表，也可用抽签或抛硬币等方法。简单随机法的应用和操作简单，但分配到各组的样本量可能不等，如果组间样本量差异较大时有必要再次经随机化原则调整。

（2）区组随机法（block randomization）：当研究对象人数较少，而影响实验结果的因素又较多，简单随机法难以保证两组间具有较好的可比性，可采用区组随机法进行分组。其基本方法是将条件（如年龄、性别、健康状况等）相近的一组受试对象作为一个区组，每一区组内的研究对象数量相等，然后应用简单随机法将每个区组内研究对象进行分组。该法的优点是分组过程中，任何时刻的实验组与对照组病例数保持相对一致，并可根据实验要求设计不同的区组。

（3）分层随机法（stratified randomization）：按照对干预效果影响较大的特征进行分层，再运用简单随机法将每层内的研究对象分为实验组和对照组。该法的优点是所用样本量小，效率高；

缺点是分层不可太多，分层越多选择可比性的研究对象越难，需要的样本量越大。

（七）盲法的运用

流行病学实验研究中由于有人为施加干预措施、并对相关影响因素进行控制，存在因研究对象、观察者及资料分析人员的主观心理因素引起干扰作用的风险，为控制和减少这类干扰作用，研究过程中应采用盲法（blinding 或 masking）。盲法分为以下三种：

（1）单盲（single blind）：单盲是指研究对象不知道自己所在分组和所接受的处理，但观察者和资料收集分析者知道。这种盲法的优点是研究者可以更好地观察了解研究对象，在必须时可以及时恰当地处理研究对象可能发生的意外问题，使研究对象的安全得到保障。缺点是避免不了研究者方面带来的主观偏倚，易造成实验组和对照组的处理不均衡。

（2）双盲（double blind）：研究对象和现场研究者都不了解实验分组情况，而是由研究设计者来安排和控制全部实验。其优点是可以避免研究对象和现场研究者的主观因素所带来的偏倚。缺点是方法复杂，较难实行，且一旦出现意外，较难及时处理。因此，在实验设计阶段就应慎重考虑该方法是否可行。

（3）三盲（triple blind）：不但现场研究者和研究对象不了解分组情况，而且负责资料收集和分析的人员也不了解分组情况，从而较好地避免了偏倚。其优缺点基本上同双盲，从理论上讲该法更合理，但实际实施起来很困难。

与上述盲法相对应的是非盲法，又称开放实验（open trial）即研究对象和研究者均知道实验组和对照组的分组情况，实验公开进行。多适用于有客观观察指标的实验。例如改变生活习惯（包括饮食、锻炼、吸烟等）的干预效果的观察。其优点是易于设计和实施，研究者了解分组情况，便于对研究对象及时做出处理。其主要缺点是容易产生偏倚。

（八）收集、整理与分析资料

1. 收集资料　根据研究的目的，观察、评价的效应指标及影响因素特征，采取适宜的资料收集方式，常见的有采集检测生物学样本、体检和调查访谈等，研究方案中应同时明确资料收集的间隔周期及调查频次。进一步根据不同的资料收集方式，制定相应的原始记录表、调查问卷、逐级的报告表格等。随着互联网络的普及，还可以制定网络报告数据库等。

研究结果是否具有真实性，除了要做好严谨的科研设计外，收集真实、可靠和完整的资料也是十分关键的环节。要对研究过程实行严格的质量控制，防止偏倚的出现。另外，因为现场试验往往有多个单位参与，各单位应尽可能完整地保存研究相关的各类记录、资料，并保存至实验完成之后，以便在资料整理、分析过程发现部分信息遗漏、缺少时的追溯、补救。

2. 整理资料　整理资料是根据研究目的和设计对研究资料的完整性、规范性和真实性进行核实，并进一步录入、归类，使其系统化、条理化，便于进一步分析。需要注意的是，要对纳入研究的所有对象的资料进行整理，与研究目的相关联的正、反两方面资料都应当选取，不能只选用与预期结果相符合的所谓“有用资料”，而舍弃与预期结果不符的资料。要对研究过程中的退出者和缺失资料情况进行评价分析，防止因此可能产生的偏倚。

3. 分析资料　分析资料指采用统计学方法，对研究收集的原始数据进行统计分析，抽象出研究对象的相关特征，阐明事物的内在联系和规律。包括统计描述、统计推断和临床或公共卫生意义的分析判断。

二、实验效果的主要评价指标

评价指标选择的基本原则：①尽可能用客观的定量指标；②测定方法有较高的真实性和可靠性；③要易于观察和测量，且易为受试者所接受。

现场试验是以个体为基本单位进行分析，其效果评价除发病率和死亡率等常用指标外，还有保护率、效果指数、抗体阳性率等指标等。

（1）保护率（protective rate，PR）

$$\text{保护率}=\frac{\text{对照组发病（或死亡）率}-\text{实验组发病（或死亡）率}}{\text{对照组发病（或死亡）率}}\times 100\% \quad (6\text{-}3)$$

$$PR95\%\text{可信限}=PR\pm 1.96\sqrt{\frac{1}{P_1^2}+\frac{P_2Q_2}{n_2}+\frac{p_2^2}{P_1^4}\times\frac{P_1Q_1}{n_1}}\times 100\% \quad (6\text{-}4)$$

式中，n_1、n_2分别为对照组、实验组人数；P_1、P_2分别为对照组、实验组发病率；$Q_1=1-P_1$，$Q_2=1-P_2$。

（2）效果指数（index of effectiveness，IE）

$$\text{效果指数}=\frac{\text{对照组发病（或死亡）率}}{\text{实验组发病（或死亡）率}} \quad (6\text{-}5)$$

（3）抗体阳性率（antibody positive conversion rate）

$$\text{抗体阳转率}=\frac{\text{抗体阳性人数}}{\text{疫苗接种人数}}\times 100\% \quad (6\text{-}6)$$

（4）抗体几何平均滴度（geometric mean titer，GMT）：利用编码滴度计算抗体 GMT，公式为

$$\text{GMT}=2^m\times C \quad (6\text{-}7)$$

式中，C：编码滴度为零时，血清稀释倍数之倒数；m：编码滴度之算术均数。

对慢性非传染性疾病评价指标常用以下中间结局变量：①人群认知、态度、行为的改变；②行为危险因素的变化，如控烟、合理膳食、体育运动、高危人群的生活指标等；③生存质量的变化，包括生理（身体）机能的变化、心理机能、社会机能、疾病的症状体征、对健康总的感受和满意程度等。

此外，根据研究目的需要，还可采用卫生经济学指标进行评价，如成本效果比、成本效益比和成本效用比等指标。

三、常见偏倚和防止

（一）现场试验研究常见偏倚

1. 选择偏倚（selection bias） 主要是选择研究对象和分组时，由于人为干预而导致的偏倚，使研究结果偏离真实的情况。防止的方法可以采用严格掌握研究对象的入选标准，并使用随机抽样和随机分组法。

2. 报告偏倚（reporting bias） 是指研究信息收集时，由于某些原因，研究对象有意夸大或缩小某些信息而导致的系统误差。例如涉及对职业危害的调查研究，若调查的信息涉及研究对象的福利时，研究对象可能会夸大某些有害因素的暴露信息。

3. 测量偏倚（detection bias） 是指研究者对研究所需数据进行测量时所产生的系统误差。如在获取研究所需实验室分析数据时，所有仪器、设备校正不准确，试剂不符合要求，测定方法的标准或程序不统一，分析、测试的条件不一致，以及操作人员的技术水平较差等，均可导致不正确的测量结果，使测量的结果偏离真值。

4. 沾染 是指对照组的研究对象额外的接受了实验组的干预措施，从而人为地造成了一种夸大对照组结局效应的现象。

5. 退出（withdrawal） 是指研究对象在随机分配后从实验组或对照组退出。这不仅会造成原定的样本量不足，使研究工作效率降低，且易产生偏倚。退出的原因可能有以下几种：

（1）不合格（ineligibility）：一般在实验研究时，研究者对实验组往往观察仔细。因此实验组

中的不合格者比较容易发现，结果造成不合格而被退出的人数多于对照组。有时，研究者对某些研究对象的反应的观察与判断可能有倾向性，对效果差的可能特别注意。因此，更易于从中发现其不符合标准并将其退出，而留在组内的往往是效果较好的研究对象。由此而得出的结论往往比实际的效果要好。

（2）非依从（noncompliance）：是指研究对象在随机分组后，不遵守实验所规定的要求。实验组成员不遵守干预规程，相当于退出（drop-out）实验组，对照组成员不遵守对照规程而私下接受干预规程，相当于加入（drop-in）实验组。研究对象不遵守实验规程的原因一般有以下几种：①实验或对照措施有副作用；②研究对象对实验不感兴趣；③研究对象的情况发生改变，如病情加重等。

（3）失访（loss to follow-up）：是指研究对象因迁移或与本病无关的其他疾病死亡等而造成失访。在流行病学实验研究中应尽量设法减少失访。一般要求失访率不超过10%。

（二）偏倚的防止

1. 排除（exclusions）　在随机分配前对研究对象进行筛查，凡对干预措施有禁忌者、无法追踪者、可能失访者、拒绝参加实验者，以及不符合标准的研究对象都应排除。

2. 宣传教育　提高研究对象对实验目的、意义的认识，提高研究对象依从性。

3. 精炼干预措施　要注意设计的合理性，保证干预措施和对照组“安慰剂”效应对研究对象无害，并简化干预措施，实验期限不宜过长，以减少退出现象的发生。

4. 采用盲法收集信息　根据研究内容，收集研究所需信息时尽可能地采用盲法。如双盲法，使调查人员与研究对象对分组情况及相关内容均不知晓，以避免报告偏倚和沾染。

5. 调查技术的应用　对敏感问题进行调查时，应尽量采用敏感问题调查的技术或方法，如设计适当的问卷，应用随机应答技术等，并尽可能采用客观指标，以获得可靠信息，避免报告偏倚。

6. 其他控制措施　如随机分配后发现不符合标准者，可根据入选标准将研究对象分为“合格者”和“不合格者”两个亚组分别进行分析。如果两者结果不一致，则在下结论时应慎重。在实验中出现失访时，尽量用电话、通讯或专门访视进行调查；在资料分析时，应考虑两组失访率的差异，若失访率不同，则资料分析结果可能产生偏倚，即使两组失访率相同，也要考虑不同失访原因导致失访在组间差异。

四、现场研究中的伦理问题

流行病学实验是以人类（病人或正常人）为研究对象，直接关系到个人的生命健康和切身利益，关系到人权。涉及人类受试者的流行病学实验研究在进行的过程中，必须重视受试者的权利和福利保障等伦理学问题。如进行疫苗、药物效果评价，在开展人群实验前，应先做动物实验，初步验证此种实验方法合理、效果良好、无危害性。设置对照时，必须以不损害受试者身心健康为前提，如安慰剂对照是常用的一种方法，这不是对研究对象的欺骗，而是真正负责任的做法，这是因为：经研究证明，安慰剂虽然没有药理作用，但在心理上确有一定效果，安慰剂对照一般是严格限制在不损害研究对象利益前提下进行的，安慰剂对照组和实验组处于同等道德处境。因为在人体实验前任何疫苗、药物和方法的效果只是一种估计，既然要进行实验，就意味着某种疫苗、药物和方法是否有效尚未定论，用随机安慰剂对照正是要科学地验证其有效性和安全性。这比把一种尚未肯定有效和无害的疫苗、药物或方法推广应用更符合道德准则。现场研究一般应注意下列问题：

（一）研究必须具有科学依据

现场试验的预防或干预措施必须有充分的科学依据，要有严格的设计和充分的准备，以保证涉及人群的实验能获得有科学价值的结果，现场试验的预防或干预措施的风险一般比临床试验小，但由于参与受试者众多，涉及面较广，影响较大，花费巨大，故需谨慎行事。

（二）公平选择研究对象

现场随机对照试验更多的是从预防医学的角度考虑问题，即用有限的卫生资源获得尽可能大的人群健康目标。因此，要充分考虑经济上贫困的人群（发病危险大），使他们尽可能地获得健康效益，而不能因为方便或费用原因，趋向于选择富裕人群。

（三）获得研究对象的知情同意

现场试验的受试者很多，不能像临床试验一样对每个受试者详细说明并获得知情同意书。但应当以信任度较高的文件或公告等形式向社会公众宣传，以最易理解的方式做出有关解释，包括实验的目的、可能的益处和风险、实验的程序，保密问题，如果出现实验相关的损害如何处理，实验结果反馈，以及实验是自愿参加等。然后征得研究对象的同意或认可。这样也能提高研究对象的参与率、依从率和随访率，从而提高了现场试验的研究质量。

（四）对照组的选择和"善后"处理

任何新的预防或干预措施一般应当同目前通常进行（标准）的措施比较，仅仅为了实验的目的而撤除已经存在的有效干预措施，常常是不符合伦理的。在不存在确实有效的预防或干预措施时，或者不采取措施而不存在"延误"的问题，可以考虑安慰剂或空白（自然状态）对照；如果已有被证实有效的预防或干预措施，则应当对安慰剂或空白对照组参与者给予"善后"处理，即研究结束后给予同样有效的预防或干预措施，这样还可以进一步验证措施的有效性。

（五）较长实验期限导致"延误"问题

现场试验的期限一般比较长，少则半年，多则几年甚或十几年，容易产生"延误"的问题。因此要估计"延误"所造成的健康损害风险，如果风险较大，该长期实验在伦理上就不能接受。如疫苗长期保护效果的实验，意味着对照组长期不能接受疫苗或接受质量较差的疫苗，因而对照组受试者存在感染发病的风险。在这种情况下，应尽量寻找免除受试者风险的替代方法。也许有人会说，对照组的人即使不作为受试者，他可能也不会去接受疫苗。但是，他成了受试者，研究者就承担了道德义务和责任，况且研究者在某种程度上也减少了他去接受疫苗的机会，特别是在使用安慰剂时，实验过程中对照组受试者可能会认为自己也接种了疫苗。针对慢性病的行为干预实验，一般伦理问题和风险较小。因为行为改变的途径很多，对照组受试者可以通过大众传媒或人际交往等获得有关健康信息，不像接受疫苗那样必须通过特定途径。

知识点 6-3：现场试验的基本操作、评价指标及常见偏倚

（1）现场试验基本操作步骤：①明确研究目的；②确定研究对象；③确定研究现场；④确定样本量大小；⑤严格设立对照；⑥随机化分组；⑦盲法运用；⑧收集、整理与分析资料。

（2）评价指标：①保护率；②效果指数；③抗体阳性率；④抗体几何平均滴度。

（3）常见偏倚：①选择偏倚；②报告偏倚；③测量偏倚；④沾染；⑤退出。

第四节 临床试验研究

案例 6-3

前列腺炎是泌尿外科门诊最常见的疾病之一，也是成年男性的常见病，具有发病率高且难以治愈的特点。本研究通过对比三种不同治疗方案治疗ⅢB 型前列腺炎的疗效，寻找治疗ⅢB 型前列腺炎的最佳方案，以及探索新的治疗方案。

选取2012年1月～2012年10月期间在延安大学附属医院泌尿外科门诊确诊为ⅢB型前列腺炎的男性患者180例，平均年龄（31.3±6.4）岁，按患者就诊的先后顺序用随机数字表法分为药物治疗组（A组）、综合治疗组（B组）、非药物治疗组（C组），每组60例患者。病例纳入标准：患者年龄20～50岁，主要表现为长期、反复的骨盆区域疼痛或不适，有的患者可能出现不同程度的排尿异常表现及性功能障碍，有时射精后疼痛或不适是其突出特征，甚至可能会让某些患者出现心理障碍，并且这些症状在过去的6个月中持续时间达3个月以上。患者的尿常规镜检白细胞数目正常，细菌培养阴性；前列腺按摩液/精液/前列腺按摩后尿液中细菌的培养结果为阴性。病例排除标准：近3个月用其他药物或方法治疗前列腺炎者；近1月有感染性疾病者；近1周有前列腺按摩者；近1周有留置导尿者；近1周有泌尿系有创性检查者；门诊就诊前48h内射精者；合并急慢性附睾或睾丸炎、生殖器疱疹、尿道狭窄、前列腺或膀胱尿道肿瘤等患者；合并严重的心、脑、肝、肾功能异常疾病者；不能耐受本研究中的药物或其他非药物治疗方法者。

研究方法：将参与本次实验的患者完全随机化分组。第一组（A组）给予口服a-受体阻滞剂（盐酸坦索罗辛缓释胶囊）+植物制剂（普适泰片）治疗，患者日常生活方式不变，按照自己的生活习惯生活。第二组（B组）口服药物同第一组，药物治疗的同时强调患者严格改变生活饮食习惯，如戒酒，忌辛辣刺激性强的食物，尽量避免憋尿、会阴部受凉，改变不规律的性活动，每晚温水（40～50℃）坐浴半小时。在治疗的同时给予心理疏导，缓解患者的心理压力。第三组（C组）口服安慰剂，其余治疗方案同第二组。

研究结果：因部分患者失访，或者因患者中断治疗、未严格坚持治疗方案等原因而未计入最后的有效病例，A组最后有效病例53例，B组最后有效病例41例，C组最后有效病例58例。治疗3个月时，A组治疗的有效率为75.5%，B组治疗的有效率90.2%，C组治疗的有效率59.6%，三组之间差异有统计学意义。B组治疗的疗效最好，A组疗效其次，C组疗效最差。结论：药物治疗比非药物治疗在短时间内疗效更显著，药物治疗的同时结合非药物治疗疗效确切。

问题：

（1）该实验中采用了是什么对照方法?

（2）通过上述的临床试验研究，简单说明其有什么用途?

人类在与疾病斗争的漫长历史中，不断探索、发现新的药物、临床治疗手段，而这些药物和临床治疗手段是否安全有效，或新的方法手段是否优于现有的治疗措施等，是必须要明确的问题，需要通过合理设计的临床试验去评价判断。

一、定义与目的

临床试验研究是以病人为研究对象，按照随机原则进行分组，评价临床各种治疗措施效果的方法。在临床试验中，随机对照试验是目前评估临床干预措施最严谨、最可靠的实验设计。临床随机对照试验是选定患有某种疾病的病人，可以是住院病人，也可以是非住院病人，将他们随机分为两组，实验组和对照组，对实验组病人施加某种预防或治疗的干预，对照组不施加，随访观察一段时间，比较两组病人的临床结局，从而判断干预措施的预防或治疗效果。

临床试验的目的有：①对新的临床治疗措施评价研究，如新药在获得新药证书之前必须经过临床试验研究，对其效果、安全性等进行判断确认，才能被批准生产，进入市场应用。新药的临床试验根据研究的阶段和深入程度不同，分为四期，并分别有相应的实验设计要求与标准；②对目前临床应用的药物或治疗方案进行评价研究，以从中找出最有效的药物或治疗方案；③新的临床诊断实验研究，即评价其真实性、可靠性及经济学评价；④病因研究，在一些疾病的流行病学

“病因”研究中，通过临床治疗等干预，分析判断其对疾病发生、发展的关联。

二、基本特征

（一）具有实验性研究的特性

1. 设立对照 临床试验以患有某种疾病的病人为研究对象，影响因素多且复杂，需要综合考虑疾病病情、病程及是否有并发症等因素，设立对照组以控制、减少非研究因素的干扰作用。

2. 随机化 遵循随机化原则，保证样本对所研究疾病的代表性，提高组间的均衡性和可比性。

3. 盲法 疾病患者往往普遍存在对医生或新的治疗手段的依赖心理，从而对相关观察效应产生影响，执行盲法可减少或避免因主观心理因素对试验造成的误差。

4. 重复 是指在相同条件下重复试验的过程。重复是消除非处理因素影响的重要手段，也是验证实验结果稳定性、可信性的有效方法。

（二）研究对象的特殊性

临床试验的研究对象是病人，其个体生理特点、心理状态、生活状态和社会环境等都会对疾病的发生、发展产生影响，疾病本身的临床表现、特征及对治疗的反应也因人而异。这些个体间的差异同样对研究的干预措施，如药物、治疗措施的效果产生影响，还会影响对研究的依从性。因此为保证研究结果的真实性，除了采取随机抽样、随机分组和执行盲法外，在研究过程中还需采取必要措施保证研究对象的依从性。

（三）要考虑医学伦理问题

临床试验的研究对象是病人，必须遵守医学伦理学相关要求。《赫尔辛基宣言》中指出：“凡涉及人的生物医学试验，必须遵循科学的原则。应建立在足够的实验室和动物试验及科学文献认识的基础之上”。因此，用于病人的治疗性药物或临床措施必须有充分的依据，并经过药效学、药代动力学和毒理学等基础研究证实安全有效后，才能用于临床试验研究。而且研究之前必须明确告知研究对象试验相关信息，如试验目的、预期效果、可能存在的风险等。在研究对象同意并签署知情同意书后，方可参加试验。

三、临床试验设计的基本原则

（一）随机化

流行病学实验研究的随机化包括样本从总体中随机抽取，样本在实验组和对照组间随机分配。由于临床试验研究对象为病人，研究多是基于医院开展，难以做到样本来源的随机化，并存在发生入院偏倚可能风险。为克服这一问题，临床试验常采用多中心设计，以及样本选择过程中纳入不同级别的医疗机构，以保证不同临床表现和特征的病人样本来源。

随机分组在临床试验中有较严格要求，并且分组的程序必须与任何已知和未知的可能影响病情转归的因素无关。随机分组是获得组间可比性最可靠方法，是随机对照试验的重要的科学基础之一。在临床试验中，如果研究对象的同质性较好时，一般可采取单纯随机分组或系统随机分组。如果同质性较差时，可先分层，再进行随机分组。

（二）设立对照

通常情况下，实验组接受待评估的干预措施（如药物或其他临床治疗措施），对照组接受另一种干预措施（如安慰剂或标准疗法）。实验组和对照组应保证其他非研究因素均衡可比，即在整个研究过程中，除干预措施外，其他可能影响观察效果的因素在各比较组间可比、均衡。只有这样，在组间施加不同干预时，观察效果的组间差别才能归因于不同干预措施的效应差异。临床试验常用的设立对照方法有标准对照、相互对照、安慰剂对照、交叉对照和自身对照。

（三）执行盲法

随机化主要是保证样本代表性和组间的可比性，研究过程中可能发生的一些事件，如研究对象不遵守干预措施要求、研究者剔除不合格研究对象或研究者采用另一组干预措施等，这些事件的发生是非随机的，会受到研究者或研究对象主观因素影响，并对研究结果产生较大影响。

四、常用实验效果评价指标

（1）有效率（effective rate）与相对有效率

$$有效率=\frac{治疗有效人数}{治疗总人数}\times 100\% \tag{6-8}$$

$$相对有效率=\frac{实验组有效率-对照组有效率}{1-对照组有效率}\times 100\% \tag{6-9}$$

单纯计算有效率时未涉及对照组，用相对有效率评价干预措施的效果更有意义。

（2）治愈率（cure rate）

$$治愈率=\frac{治愈病例数}{治疗总例数}\times 100\% \tag{6-10}$$

（3）病死率（case fatality rate）

$$病死率=\frac{因该病死亡人数}{某病受治疗人数}\times 100\% \tag{6-11}$$

（4）不良事件发生率（adverse event rate）

$$不良事件发生率=\frac{发生不良事件病例数}{可供评价不良事件的总病例数}\times 100\% \tag{6-12}$$

（5）*n* 年生存率

$$n年生存率=\frac{随访满n年存活病例数}{随访满n年的病例总数}\times 100\% \tag{6-13}$$

（6）相对危险度降低（relative risk reduction，*RRR*）

$$RRR=\frac{对照组事件发生率-实验组事件发生率}{对照组事件发生率} \tag{6-14}$$

（7）绝对危险度降低（absolute risk reduction，*ARR*）

$$ARR=对照组事件发生率-实验组事件发生率 \tag{6-15}$$

（8）需治疗人数（number needed to treat，*NNT*）

$$NNT=\frac{1}{ARR} \tag{6-16}$$

此外，还可采用卫生经济学指标进行评价，如成本效果比、成本效益比、成本效用比等。

五、常见偏倚与控制

1. 选择偏倚 如前文所述，临床试验多是基于医院开展，易出现入院偏倚，同时在分组时也容易出现人为干预导致的偏倚。防止的方法首先是严格执行入选标准；条件允许情况下，开展多中心研究，并包含不同级别医院病例；严格遵守随机分组。另外，某些受条件限制情况下，根据研究目的和确定的入选研究对象标准，阐明研究结论适用的总体范围。

2. 信息偏倚 收集资料过程中，同现场试验一样会因检测工具、观察者操作的误差和被观察者主观的误差导致的测量偏倚。防止的方法主要是检测工具标定、操作过程标化和尽可能使用客观指标。临床试验中还易出现诊断怀疑偏倚，主要来源于研究者，也可来自研究对象，因主观倾向于研究对象应该或不应该出现某种结局，影响诊断或分析时的客观性，主要通过实施盲法和严格执行相应诊断、评价标准规范等加以控制。

3. 干扰和沾染 干扰是指实验组或对照组额外地接受了类似试验药物的某种制剂，从而人为地夸大了疗效。如实验组接受了“干扰”药物，导致疗效提高，引起实验组与对照组疗效差异的增大；反之，如果对照组接受了“干扰”药物，则可引起对照组疗效增高，使两组间的疗效差异缩小。临床试验中也同样存在出现沾染的可能。干扰和沾染的控制办法就是使用盲法，并严格按治疗方案进行，不要随意增加和减少药物种类。

六、临床随机对照实验应注意的问题

（一）临床依从性

依从性指研究对象按照研究对治疗等干预措施的要求接受干预的程度。依从性是实现干预效果的前提，如病人没有吃药，就无法从治疗中获益，研究就无法显示治疗的效果。依从性降低通常会造成低估治疗的效果。在评估药物效果的试验中依从性的高低十分重要。可以试想，当依从性为零时，即治疗组和无治疗组在治疗上的差别将等于零，两组在疾病转归方面的差别将也会等于零，显示药物无效。良好的依从性是保证临床试验获得真实可靠的科学结论的重要条件之一。

1. 衡量依从性的方法

（1）计数研究对象剩余的处方药量衡量依从性。

（2）药物水平测定的方法：利用生化方法检测服药者血、尿、唾液或其他排泄物、分泌物中的药物浓度，借以确定研究对象对治疗的依从性。此外，在使用的药物中加入某种无毒、无害、理化性质稳定的指示剂，如维生素 B_2、荧光素等，这些物质不易被研究对象发现，且服后数小时能在尿中出现，可用以判断患者服药情况。

（3）从治疗的预期效果分析依从性：如果诊断正确，治疗合理，治疗效果与依从性之间一般应是正相关关系。

（4）直接询问研究对象：当病人复诊或随访病人时，直接询问研究对象了解其遵从干预措施情况。

2. 高依从性的基本前提

（1）对所研究的疾病，诊断方法、标准真实、可靠，即诊断研究对象患有所研究疾病的结果准确性高，研究对象高度认可。这一点也是正确治疗的前提。

（2）干预措施经过前期基础性研究等充分证实安全有效，并且利大于弊。

（3）有简便、可靠的衡量依从性的方法，能够测量、发现依从性改变情况，以及时发现、分析问题，采取相应措施。

（4）试验开展之前明确告知，研究对象明确认知、认可所接受的干预措施，自愿参与试验。

3. 低依从性的原因

（1）研究对象所患疾病的症状不明显或轻微，尚未影响患者的健康、生活和工作。

（2）研究对象文化素养或医学知识的限制等影响。

（3）因经济和社会的原因不能接受有效、系统的治疗。

（4）某些治疗疗程太长、治疗过于复杂或治疗措施存在毒副作用，导致研究对象难以坚持。

（5）参与研究的医务人员服务态度欠佳，或技术水平较低，使患者不满或失去信任。

4. 改善依从性措施

（1）加强宣教动员，提高患者对疾病及遵从医嘱防治疾病的正确认识。

（2）干预措施力求简单方便。

（3）提高医疗技术水平。用药要高效低副作用，加强对疗效及副作用的观察，及时调整用药。

（4）将服药习惯的养成与日常生活行为结合起来，使病人服用方便，不易遗忘。

（5）改进管理，使患者就医方便，改善医疗服务质量，取得病人充分合作。

（6）社会和家庭的关怀和支持是提高依从性的重要环节之一。

（二）临床不一致性

临床医生在工作中经常发生临床意见分歧即同一医生对同一病人连续几次的检查结果，或者不同医生对同一病人的检查结果不相符，称为临床不一致性（clinical disagreement）。临床不一致性会对临床试验研究对象的选择、剔除以及干预效果的评价等产生直接影响。

1. 临床不一致性产生的原因

（1）研究对象的生理、心理反应差异。

（2）检测者感觉的生理变化：不同医生的经验不同，视力、听力等亦有差异，以及对待工作的责任心、态度、情绪等均可影响观察结果的判断。此外，检查者主观因素也会产生影响。

（3）检测的仪器、方法和试剂方面的问题，以及监测环境中可能存在的干扰因素影响。

2. 临床不一致性发生的影响因素

（1）采集病史中的不一致性：某些疾病的诊断常依靠病人的主观描述，缺乏客观的标准，因而不同病人可能对同一种症状有不同的描述，不同的医生也可能对同种疾病或症状询问出不同的病史。

（2）体格检查中的不一致性：不同医生检查同一病人，或同一医生先后两次检查同一病人，有时结果就不一致。例如有研究挑选了 89 张拍摄清晰的胸片分别请 3 位专家阅读，每位专家对同批片子在不同场合下阅读 2 次。结果对结核诊断的情况是：每两位专家在 89 张胸片中的不一致率为 13.5%；而在至少有一次读片结果为结核阳性的胸片中，不一致率高达 31%。每位专家两次读片的不一致率分别为 5.2%、13.6%。

（3）实验室检查中的不一致性：实验室检查虽然比较客观，但由于被检查对象的变异，检查者自身的变异，以及仪器、设备、试剂、条件等的变异均可造成结果的不一致性。如用超声和钼靶 X 线诊断乳腺癌，由于两者的成像空间不同，两种方法检出的病变至少存在 10%的不一致性。

（4）诊断和治疗中的不一致性：主要根据临床表现或症状确定诊断的疾病，以及对某些非典型病例的治疗最容易发生意见分歧。

3. 减少临床不一致性的措施

（1）创造良好的诊断环境，保持整洁、安静、光线充足，不受任何干扰。

（2）加强责任心，建立良好的医患关系，以取得病人的信任与合作。

（3）加强人员训练，熟练掌握操作技术。

（4）统一检查、诊断和治疗标准。

（5）复查病史，引用旁证资料，避免主观臆断、先入为主。

（6）邀请专家会诊，邀请不了解病情的医生会诊，以核实临床资料的准确性。

（7）应用适当的辅助检查技术。

（8）在可能的条件下进行复查。

4 临床不一致性的描述 目前常用 Kappa 值，实际一致率与非机遇一致率的比来表示不一致。例如对某医院收治的 64 例病例分别通过实验诊断和临床诊断其是否患有结核病，检查结果见表 6-1，判断标准见表 6-2。

表 6-1 实验诊断和临床诊断的结果比较

实验诊断	临床诊断		合计
	阳性	阴性	
阳性	21	10	31
阴性	12	21	33
合计	33	31	64

注：*Kappa*=0.31，计算方法见第 7 章

表 6-2 判断 *Kappa* 一致性的强度

Kappa 值	一致性强度
<0	弱
0～0.20	轻
0.21～0.40	尚好
0.41～0.60	中度
0.61～0.80	高度
0.81～1.00	最强

（三）安慰剂效应

大多数医学干预措施既有特异的作用，又有非特异作用。因此给安慰剂的病人也可能表现出超过了完全不给药所表现的病情好转。安慰剂效应是对给予干预措施的一种反应，这种反应肯定是该干预措施的一种结果，但不是它的特异作用机理所致。安慰剂与实验药物的对比，只是在没有标准药物即传统而疗效明确的药物时使用。除了药物，安慰剂还应包括其他安慰治疗，如假拟手术等。但安慰疗法易被病人识破，而使临床医生中断实验或改变对比的方式。应用安慰剂可以排除非特异性的来自病人精神心理方面对治疗的影响。但应注意在临床试验中，使用安慰剂应当符合医学伦理要求。

（四）向均数回归

这是临床上见到的一种现象，即一些极端的临床症状或体征有向正常回归的现象，称为向均数回归（regression to the mean）。例如血压水平处于特别高的病人中有 5%的人，即使不治疗，过一段时间再测量血压时，也可能会降低一些。

知识点 6-4：临床试验的常用实验效果评价指标、常见偏倚及控制

（1）常用实验效果评价指标：①有效率；②治愈率；③病死率；④不良事件发生率；⑤*n* 年生存率等。

（2）常见偏倚：①选择偏倚；②信息偏倚；③干扰与沾染。

第五节 社区试验研究

案例 6-4

流行性感冒（简称流感）是由流感病毒引起的严重危害人类健康的急性呼吸道传染病，发病率高，并伴有一定的病死率。世界卫生组织已将其列为实行全球监测的首要传染病。疫苗接种是预防流感的重要措施之一。在上世纪 70 年代中国医学科学院病毒研究所在研究疫苗病毒株过程中，发现甲型流感病毒温度敏感疫苗的几个母株，对其中的京福 R8-1 温敏疫苗株的流行病学效果评价，选择了广西灌阳县为试验现场，首先将广西灌阳县九个公社（乡镇）划分为

条件大致相似的两区，以四个半公社为疫苗接种区，另四个半公社为对照区。统计了1973～1975年两个地区的流感发病率，接种区为74.39%，对照区为75.82%，大致接近，可以大致排除因地区或人群免疫水平的不同所致的自然差别。

1975年年底至1976年年初，疫苗按规定进行稀释后，接种区7～60岁的健康人确定为接种对象，7岁以下儿童、60岁以上老人、孕妇及有较重心肺疾病的人不予接种。每人经鼻腔喷雾接种0.25～0.5ml。非接种区所有个体不接种疫苗。

建立健全流感疫情报告制度，对所有村赤脚医生（村医）进行培训，制订出统一的流感诊断标准，印发了流感病人登记表和月报表。疫苗接种和未接种地区均对流感病人进行登记，每月上报一次，遇有暴发及时上报。

结果：1975年年底至1976年年初，用京福R8-1疫苗在灌阳县4个半公社范围内共接种64 969人，接种率达总人口的62.4%，占应接种人口的80.5%。1976年1～4月当地发生流感小流行。疫情报告统计结果：接种疫苗地区的104 035人口中发病62例，发病率为0.06%；未接种疫苗地区的105 409人口中发病3, 162例，发病率为3%，两地区发病率之比为1∶50，保获率为98.5%。结论：京福R8-1疫苗对病毒变异程度和流行规模不太大的流感流行有较满意的保护效果。

问题：

1. 了解接种之前接种区和非接种区流感发病率的意义？
2. 社区试验与现场试验的主要区别是什么？

社区试验与现场试验有很多相同的地方，两者多以健康人为研究对象，但社区试验是以社区人群整体为研究对象，与现场试验相比，可分为两种情况，第一是干预措施无法按照个体区分实施，如食盐加碘防治碘缺乏、通过媒体开展健康教育预防慢性病、改水改厕等综合性措施预防肠道传染病等，受益的是整个社区的群众；第二是效果评价需通过群体形式表现，这种情形相对较少，比如案例6-4中对疫苗流行病学防病效果评价，因流感是传染性疾病，而通过疫苗接种预防传染性疾病，其防病效果表现，需要对该传染病易感人群较高比例的接种，以形成免疫屏障，阻断疾病传播链，因此针对传染性疾病疫苗流行病学效果评价应采用社区试验。有些文献中采用现场试验评价针对传染性疾病疫苗保护效果，如在幼儿园、小学选择研究对象，通过单双号编号，对单号学生接种疫苗，双号学生作为对照不接种疫苗或使用安慰剂，这样设计可以评价疫苗免疫学效果，但在评价其流行病学效果时，会因为密切接触的学生群体中一半的学生通过接种疫苗获得免疫保护，从而间接保护了对照学生，从而会导致对疫苗保护效果的低估。

社区试验中的社区，并不仅限于字面意义上的社区，可以是一个国家、省（州）或一个学校或地区等。

一、社区试验的主要目的

1. 评价预防措施的效果　通过大样本人群评价一种新的疫苗、药物或其他防治策略和措施对疾病的预防效果。

2. 验证病因和危险因素　通过社区干预试验，减少人群中危险因素的暴露水平，观察干预对疾病预防或促进健康的效果，可以验证病因或危险因素。

3. 评价卫生服务措施和公共卫生实践的质量　通过社区试验方法评价一项公共卫生政策或措施在人群中实施后的效果，为卫生行政管理部门进一步制定相关政策提供依据。

二、社区试验设计类型

1. 整群随机对照试验　按社区或团体分配的方式，即以一个学校、一个医院、一个机关等为单位进行随机分组试验。

整群随机分组要求抽到的人群能充分代表总体，所以群组间各变量或某些特征的变异越小越好。此法的优点是：在实际工作中易为群众所接受，研究对象依从性好，抽样和调查都比较方便；其缺点是：抽样误差较大，需要的样本量较大，分析工作量也大。

一般来说，以下情况可采取整群随机对照试验：①行为干预研究；②环境暴露干预研究；③采用宣讲方式进行的干预研究；④需要了解目标人群中不同群组的干预效应；⑤在同一群组内采用不同的干预措施可能会造成歧视。

2. 类实验 常用于研究数量大、范围广而实际情况不允许对研究对象做随机分组的情况。具体详见现场试验研究中的介绍。

三、设计和实施中应注意的问题

1. 减少失访 社区试验以群体为研究对象，易出现失访。为减少失访，首先，在社区现场选择时应考虑当地人口的流动性，选择人口较稳定；第二，因为研究在社区进行，争取乡镇、街道或居委会干部支持、配合，帮助组织、协调现场工作；第三，要开展必要的宣传动员活动，让群众理解试验的意义；第四，通过其他可能多途径追踪失访对象，减少失访影响。

2. 确定结局变量 结局变量包括主要结局变量和中间结局变量，社区试验主要以评价防治措施的效果和促进健康作用，结局变量主要为发病率、死亡率或保护率等。在慢性病防治效果研究，如相关健康危险行为的干预试验中，需要考虑健康效应的滞后性，研究过程中会较多使用行为改变、防治知识知晓情况等中间结局变量。另外在社区试验中，还需要考虑结局变量是否具有公共卫生意义，以及能否被准确测量和记录。

3. 避免沾染 受研究现场情况复杂性及受试者行为多样性，社区环境下研究对象的交往、活动范围，以及干预措施的实施方式等影响，社区试验容易发生沾染的问题。为避免和减少沾染的发生，选择对照社区时，在保证与干预社区基本特征一致性基础上，选择与干预社区有一定距离的社区作为对照，同时合理应用盲法和安慰剂。

4. 控制混杂因素 混杂因素控制的方法包括：在设计时尽可能基本特征相似社区作为干预组和对照组，平衡两组人群的基本特征，如本节案例中干预社区和对照社区在疫苗接种前发病率水平相似；在资料分析时采用分层分析、多变量分析等方法控制混杂。对自身前后比较的类实验资料，要注意可能存在时间效应偏倚。

知识点 6-5：社区试验的设计类型和设计中应注意的问题

（1）设计类型：①整群随机对照实验；②类实验。

（2）设计中应注意的问题：①减少失访；②确定结局变量；③避免沾染；④控制混杂因素。

第六节 实验流行病学研究优点与局限性

流行病学实验研究由于具有均衡可比的对照，人为控制干预措施，研究对象是随机分组的，能较好的排除那些外部因素的干扰作用，因而检验效应能力很强，与观察法研究相比，具有许多优点。

一、优 点

1. 不存在回忆偏倚 实验流行病属于前瞻性研究，通过随访将每个对象的干预过程和结局追踪观察，因而不存在回忆偏倚。

2. 随机对照提高可比性 通过随机化原则将来源于同一总体的研究对象分为实验组和对照

组，提高了可比性，并且较好地控制研究中的偏倚和混杂因素。

3. 验证假设能力强 流行病学实验是通过人为施加干预，研究因果现象发生的时间顺序是合理的，故其检验病因假设能力强。

4. 有助于疾病自然史的了解，并且可以获得一种干预与多种结局的关系。

二、局 限 性

1. 整个实验设计和实施条件要求高、控制严、难度较大，在实际工作中有时难以做到。

2. 研究人群数量大，随访时间长，因此依从性不易做到，容易因为研究对象死亡、退出、搬迁等原因而导致失访。

3. 受干预措施适用范围的约束，所选择的研究对象代表性不够，以致会不同程度的影响实验结果推论到总体。

4. 由于实验组接受人为施加的干预措施或对照组不接受某种干预措施，故容易涉及伦理道德问题。

案例 6-1 分析讨论：

（1）基线调查的目的在于确定实验组与对照组人群的基本特征是否相似，防止实验中混杂因素对实验结果的影响。

（2）该实验的研究方法与分析流行病学的主要区别：①可人为施加干预措施；②研究对象进行随机分组。

案例 6-2 分析讨论：

（1）现场试验：研究场所设在某一特定的环境下，研究对象与临床试验有所不同，其研究的是未患所研究疾病的“健康”个体，接受处理或某种预防措施的基本单位是个体，不是人群或亚人群。

（2）现场试验常用评价效果指标：保护率、效果指数、抗体阳性率、抗体几何平均滴度（GMT）。

（3）本实验采用的对照方式为阳性对照。

（4）现场试验研究常见的偏倚有：选择偏倚、报告偏倚、测量偏倚、沾染、退出；对于偏倚可以采用排除、宣传教育、精炼干预措施、采用盲法收集信息、应用调查技术及其他控制措施等方法进行防止。

案例 6-3 分析讨论：

（1）本实验采用的对照方式为相互对照。

（2）临床试验的用途有：①对新的临床治疗措施进行评价研究；②对目前临床应用的药物或治疗方案进行评价研究；③新的临床诊断实验研究；④病因研究。

案例 6-4 分析讨论：

（1）实验前对疫苗接种区和非接种区进行流感发病率的调查的意义，确定实验前两组人群的基本特征是否相似，主要在于控制混杂因素对实验结果的影响。

（2）社区试验与现场试验的主要区别：①社区试验是以社区人群整体为研究对象；②干预措施无法按照个体区分实施；③效果评价需通过群体形式表现。

（倪进东）

第七章 筛　检

案例 7-1

幽门螺杆菌（HP）感染的检测，临床多采用胃黏膜活检标本快速尿素酶试验、病例组织活检等侵入性方法，这类检测方法在儿科临床应用上存在一定的局限性。粪便标本 HP 抗原检测（Hpsa）为一种新的非创伤性方法。某医生对 90 名有消化系统疾患的儿童进行检查，以“快速尿素酶试验、组织学切片联合检测”作为金标准诊断为阳性者 40 名，其中 Hpsa 试验阳性者 38 名，阴性 2 名；金标准诊断为阴性者 50 名，其中 Hpsa 试验阳性者 5 名，阴性 45 名。

问题：

（1）Hpsa 试验的真实性如何？

（2）Hpsa 试验的可靠性如何？

（3）Hpsa 试验的预测值如何？

第一节　概　　述

根据疾病的自然史，如图 7-1 所示，疾病大致可分为易感期、临床前期、临床期和结局四个阶段。如果疾病在临床前期出现一些可以识别的异常特征，如肿瘤的早期标识物、血压升高、血脂升高等，则可使用一种或多种方法将其查出，并对其做进一步的诊断和治疗，则可延缓疾病的发展，改善其预后，筛检就是在此背景下提出的。它最初起源于 19 世纪，用来预防结核病。20 世纪早期，保险公司用它筛查参加保险的人。近年来，筛检在疾病控制工作中的应用不断扩大，不仅用于发现人群中多种慢性病的早期病人，还用于识别可能发生这些疾病的高危个体。

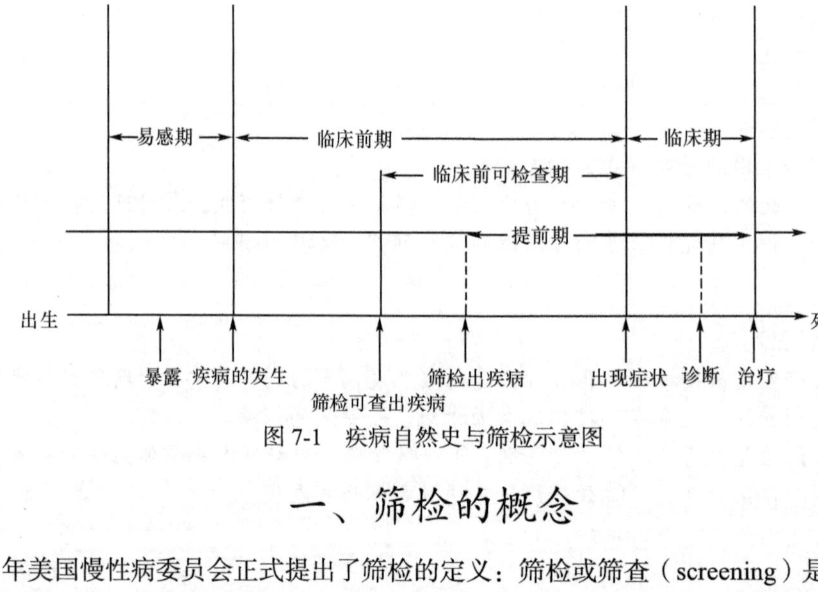

图 7-1　疾病自然史与筛检示意图

一、筛检的概念

1951 年美国慢性病委员会正式提出了筛检的定义：筛检或筛查（screening）是运用快速、简便的试验或其他手段，从表面健康的人群中去发现那些未被识别的可疑病人或有缺陷者。首先利用筛检试验将受检人群分为两部分。结果阴性者为健康个体，结果阳性者为可疑病人，建议后者作进一步的诊断，如果诊断试验结果也为阳性者则接受治疗。筛检流程如图 7-2 所示。

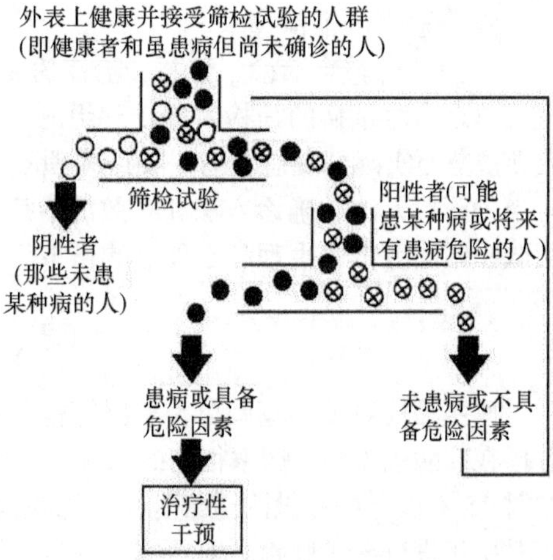

图 7-2 筛检试验流程图

○：筛检试验阴性；⊗：筛检试验阳性但未患病；●：筛检试验阳性目前已病

二、筛检的目的

1. 早期发现病人 筛检可提高治愈率，降低死亡率。如子宫颈癌，若经筛检能发现 0～Ⅰ期的病例，则手术治疗的 5 年生存率可高达 75%～100%，而如果待出现临床症状后才就诊，至少已是Ⅱ期了，此时手术治疗 5 年生存率明显下降。Ⅱ、Ⅲ、Ⅳ期的 5 年生存率分别为 64%、35%、0%～14%。

2. 筛检高危人群 这是一级预防的重要措施，如对孕妇的乙肝表面抗原进行筛检，阳性者所生的婴儿即为肝炎病毒感染的高危人群，产后应迅速对这些婴儿进行乙肝的被动和主动免疫，以阻止乙肝病毒的传播。如对高脂血症的筛检，筛检出的高脂血症者是高血压和冠心病的高危人群，对其进行降脂治疗可减少高血压和冠心病的发生风险。

3. 研究疾病的自然史 疾病的自然史应包括临床前期、临床期及临床后期各阶段的疾病发展过程，临床所见仅是后者，疾病的筛检，可观察到疾病各阶段症状和体征，了解疾病的自然史。

4. 开展流行病学监测 人群疾病的监测，还包括隐性感染及病原学监测等，定期对人群进行筛检可发现隐性感染者。

三、筛检的应用

（一）筛检试验的应用条件

1. 有较高的特异度和灵敏度，能有效地区别病人和非病人。

2. 试验方法要快速、简单、易行、廉价，易被群众所接受。

3. 试验方法要求安全、可靠，尽量减少痛苦。对被试者有创伤、有痛苦的试验一般不用于筛检，用于诊断时也要慎重。

（二）筛检的应用原则

筛检多针对非主动寻求医疗服务的群体，这些群体因为没有发现或识别到症状，或者因为他们没有察觉自己有需要接受医疗服务的健康问题，因而，不易取得研究对象的合作。为了不给病人和社会带来压力，必须制定好筛检计划，明确目的，估计效果，权衡利弊。因此应用筛检时要考虑下列几项原则：

1. 该疾病已成为当地一个重大的公共卫生问题。即该病患病率高，影响面广，不控制将会造成严重的后果。

2. 对筛检的疾病应有进一步确诊的方法与条件。由于筛检不是诊断试验，只能提示某病或某缺陷的可疑患者需要进一步确诊后才能进行处理和治疗。如无进一步确诊的方法或条件，则不宜进行筛检。

3. 有效的治疗方法。如果对筛检出来的疾病或缺陷毫无治疗办法和措施，则筛检无意义。

4. 明确该病的自然史，能准确预测筛检可能取得的效益，盲目筛检是不可取的。

5. 有较长的潜伏期或临床前期，便于筛检出更多的病例。

6. 有适当的筛检技术。

7. 应考虑整个筛检、诊断、治疗的成本与收益问题。

总之，对某病的筛检，比较理想的是每一项原则均能达到，满足的原则愈多说明筛检计划愈成熟。然而实际情况总会有一项或多项不能满足，尽管如此，筛检仍值得实施。最基本的条件是：适当的筛检方法、确诊方法和有效的治疗手段，三者缺一不可，否则将导致卫生资源浪费，给筛检试验阳性者带来生理和心理上的伤害等不良后果。

四、筛检的类型

按照筛检对象的范围分为整群筛检（mass screening）和选择性筛检（selective screening）。前者指在疾病患（发）病率很高的情况下，对一定范围内人群的全体对象进行普遍筛检，也称普查。如对35岁以上妇女做阴道细胞涂片筛检宫颈癌。后者根据流行病学特征选择高危人群进行筛检。如对矿工进行矽肺筛检，对石棉工人进行石棉肺、肺癌的筛检。

按筛检项目的多少分为单项筛检（single screening）和多项筛检（multiple screening）。前者指用一种筛检试验筛检一种疾病。如以儿童呼吸次数筛检可疑儿童肺炎。后者是同时使用多项筛检试验筛检一种疾病。如同时进行胸透、查血沉、痰中结核杆菌等发现可疑肺结核，然后再进一步做明确诊断。

按筛检的目的分为治疗性筛检（therapeutic screening）和预防性筛检（preventive screening），如前文提及的子宫颈癌的筛检属于治疗性筛检，而高血压筛检则为预防性筛检。

基于筛检组织方式可分为主动性筛检（active screening）和机会性筛检（opportunistic screening）。前者是主动出击，通过有组织的宣传介绍，动员群众到社区筛检地点接受检查。后者是将日常医疗服务与目标疾病的筛查结合起来，在患者就医过程中进行筛检。

五、筛检试验与诊断试验的区别

筛检是从健康人群中早期发现可疑病人的一种措施，不是对疾病做出诊断，仅是一个初步检查，对筛检试验阳性和可疑阳性的人必须进行确诊检查，再对确诊后的病人进行治疗，两者相互联系共同组成一个从筛检到诊断的完整过程。

筛检试验和诊断试验在试验方法、判断和评价标准等方面有共同之处，但实际应用中，两者存在以下区别，如表7-1所示。

表7-1 筛检试验与诊断试验的区别

项目	筛检试验	诊断试验
对象	表面健康或无症状的人	病人或筛检阳性者
目的	把可能患有某病的个体与可能无病者区分开来	把病人与可疑有病但实际无病的人区分开来
要求	快速、简便、有高灵敏度，尽可能地发现所有病人	复杂、准确性和特异度高，尽可能排除所有非病人。结果具有更高的准确性和权威性
费用	经济、简单、廉价	一般花费较高
处理	阳性者需进一步做诊断试验以确诊	阳性者要随之严密观察和及时治疗

六、伦理学问题

不论是医疗实践还是医学研究，筛检对受试者的影响均具有不确定性，受试者都可能面临一定程度的风险。因此，在实施时，必须遵守尊重个人意愿、有益无害、公正等一般伦理学原则。

筛检的宗旨是给受试者带来好处，但作为计划的受试者，有权利对将要参与的计划所涉及的问题“知情”。研究人员也有义务向受试者提供足够的信息，包括参与这项计划的利益与风险，并使他们理解提供的信息，据此做出理性的选择，决定是否同意参加。

有益无害原则在筛检实施的标准中有明确体现。如筛检试验必须安全可靠，无创伤性、易于被群众接受，不会给被检者带来身体和精神上的伤害。对筛检试验阳性者，有进一步的诊断、治疗方法，不会给他们带来不必要的心理负担，对健康产生负面影响。再者，筛检获得的是受试者个人的健康资料，因此个人的隐私权应受到尊重。除非得到本人允许，不得向外泄露。

公正原则要求公平、合理地对待每一个社会成员。如果筛检的价值和安全性已确定，并将用于医疗实践，给群众带来益处时，无论受试者的年龄、职务、性别、经济地位及与医务人员的关系如何，均应受到平等的对待。

七、筛 检 实 例

新生儿筛查是出生后预防和治疗某些遗传病的有效方法。我国目前已经把新生儿筛查作为妇幼公共卫生的重要组成部分，主要筛查先天性甲状腺功能低下症（Congenital hypothyroidism，CH）和苯丙酮尿症（Phenylketonuria，PKU）两种疾病，可避免或减少智力和体格发育落后的发生，是全面提高人口素质的重要措施。对我国 1985～2006 年开展的新生儿筛查进行回顾性分析。

1. 数据来源　国家卫计委临床检验中心每年由全国各新生儿筛查中心反馈的筛查资料，包括筛查数、阳性患儿数、治疗数、筛查方法、判断标准等。

2. 筛查对象　在医疗机构中住院分娩的活产婴儿。

3. 筛检方法　出生后 72 h 采足跟血，滴渗在专用滤纸片上，直径大于 8 mm 的血斑，室温下自然晾干，2～6℃存放，5 日内送至新生儿筛查中心。

CH：各筛查实验室根据自身条件，分别采取放射免疫分析法（RIA）、酶联免疫吸附法（ELISA）、酶免疫荧光分析法（EFIA）和时间分辨免疫荧光分析法（DELFIA）等方法测定滤纸血片的促甲状腺激素（TSH）浓度。

PKU：可采用免疫荧光定量法或细菌抑制法（BIA）。

4. 筛检结果　1985～2006 年共有 13 229 242 例新生儿参加了先天性甲状腺功能低下症（CH）的筛查，检出患儿 6505 例，患病率为 49.2/10 万，同时对 13 666 750 例新生儿进行了苯丙酮尿症（PKU）筛查，检出患儿 1170 例，患病率为 8.6/10 万。全国 CH 患病率呈上升趋势，且西部地区患病率较高，而全国 PKU 患病率相对较稳定。应进一步提高新生儿筛查的覆盖率、筛查率和治疗率，加强健康教育，普及新生儿筛查知识，积极探索筛查新技术。

知识点 7-1：筛检的定义、目的和应用原则

（1）筛检（screening）是运用快速简便的试验或其他手段，从表面健康的人群中去发现那些未被识别的可疑病人或有缺陷者。

（2）筛检的目的：①早期发现病人；②筛检高危人群；③研究疾病的自然史；④开展流行病学监测。

（3）筛检的应用原则：①疾病已成为当地一个重大的公共卫生问题；②对筛检的疾病有进一步确诊的方法与条件；③有效的治疗方法；④明确该病的自然史；⑤有较长的潜伏期；⑥适当的筛检技术；⑦应考虑筛检成本与收益问题。

第二节　筛检试验的设计

研究新的筛检试验，最基本的方法是将这个新的试验同诊断该病的标准诊断方法进行盲法和同步的比较，以评价其对疾病诊断的真实性和价值。因此其研究设计，首先，必须确立标准诊断方法；其次，选择研究对象，根据标准诊断将这些对象划分为“有病-病例组”与“无病-对照组”；第三，用被研究的诊断试验同步地测试这些研究对象，将获得的结果与标准诊断方法比较，应用某些指标来评价该试验的诊断价值。为了减少偏倚，在评价时应实行盲法的原则。

一、确定“金标准”

所谓“金标准”（gold standard）是指当前临床医学界公认的诊断疾病的最可靠方法。使用金标准的目的就是准确区分受试对象是否为某病患者。较为常用的金标准有活检、手术发现、微生物培养、尸检、特殊检查和影像诊断、临床综合判断以及长期随访的结果等。不同的疾病有不同的“金标准”，如冠状动脉造影诊断冠心病，病理学检查诊断肿瘤，外科手术所见诊断胆结石。

但是，实际工作中，并不是都能采用“金标准”进行筛检和诊断，有时因费用高，试验复杂或医德等问题使用可能受到限制。此时，可采用其他方法代替。新方法的判断价值到底有多大，必须要对其进行评价。有些诊断困难的疾病，可能暂时没有真正意义上的“金标准”，此时只能选择一个相对公认的方法作为“金标准”，并在同时间同等条件下，对病例和对照进行试验，选择检查结果最接近金标准判断结果的标准作为正常值的试行标准。

二、选择受试对象

选择受试对象的原则是：受试对象应能代表筛检试验可能应用的目标人群。为使病例组有代表性，受试的目标疾病的患者应包括临床各型（轻、中、重）和各期（早、中、晚）及有或无并发症的病例。对照组应选择用金标准证实没有目标疾病的其他病例，特别是那些易与该病产生混淆的疾病，以期考核待评价的筛检试验的鉴别诊断价值。对照则应在年龄、性别及某些重要特征等方面与病例具有可比性，对照不仅包括健康人，还应包括一些确实未患该病但患有其他疾病的病例，这些均直接关系到试验的评价结果的普遍性和应用价值。

三、确定试验指标

筛检试验的建立，首先需根据疾病的临床和病例特征选择试验指标。

1. 主观指标 也称感觉指标，是指不可能或难以用直接度量或计数取值而只能凭人们的感受评价确定其量的指标。如被诊断者的主诉，类似不舒服、头晕、头痛、食欲不振、失眠等。这些指标最容易受被诊断者的主观影响而改变。如病人确信某医生给他服用了好的安眠药（可能根本不是安眠药），他可能就认为自己睡得好（实际上也许和往常一样）。因此，仅凭被诊断者主观感觉的指标作为诊断指标常常很难反映真实情况。

2. 半客观（或半主观）指标 半客观指标也称半主观指标，是指根据诊断者的感觉而加以判断的指标，如肿物的硬度、肺部啰音的多少、脉象弦滑等。不同诊断者常易出现不同的主观判断。应用时，必须严格规定标准。

3. 客观指标 是指能用客观仪器加以测量的指标。这类指标很少依赖诊断者及被诊断者的主观意识判断，所以是比较可靠的。其中被观察者的死亡结果是一个绝对客观的指标，是不易弄错的。用仪器测定的结果，如体温计测的体温，胸部X线片观察肺部及胸骨病变，用血压计测定血压等，这些都是客观记录下来的，但其结果是由观察者去判断的，虽然各观察者之间的差别不应该太大，但也存在不一致的机会。因此在应用一般客观指标时，也应该严格规定其详细的标准，以便得到可靠的结果。此外，用自动记录仪器，也可得到可靠的读数。

四、确定样本含量

与研究样本量有关的因素有：①待评价筛检试验的灵敏度；②待评价筛检试验的特异度；③检验水准α，一般定为 0.05；④容许误差δ。

当灵敏度和特异度均接近 50%时，可用近似公式（7-1）。

$$n=\left(\frac{z_\alpha}{\delta}\right)^2(1-p)p \tag{7-1}$$

式中，n 为所需样本大小；z_α 为正态分布中累积概率为 α 的 z 值（如 $z_{0.05}$=1.960）δ 为允许误差；P 为灵敏度或特异度，可采用该试验灵敏度的估计值来计算病例组所需样本量，用特异度的估计值来计算对照组的样本量。

假设 B 型超声对胆石症诊断的估计灵敏度为 80%，估计特异度为 60%，试问要做多少样本才能具有统计学意义（δ=0.08，α=0.05）？

$$n_1=\frac{(1.96)^2\times(0.80)\times(1-0.80)}{(0.08)^2}=96.1\approx 97$$

$$n_2=\frac{(1.96)^2\times(0.60)\times(1-0.60)}{(0.08)^2}=144.1\approx 145$$

故作为诊断试验研究病例组应有 97 例，对照组应有 145 例。

当待评价的筛检试验的灵敏度或特异度小于 20%或大于 80%时，样本率的分布呈偏态，需要对率进行平方根反正弦转换，并用公式（7-2）计算样本量。

$$n=\left[\frac{57.3\times z_\alpha}{\sin^{-1}\left(\delta/\sqrt{p(1-p)}\right)}\right]^2 \tag{7-2}$$

例如待评价的筛检试验的估计灵敏度为 75%，估计特异度 55%，试计算病例组和对照组所需要样本量。

设α= 0.05，δ= 0.08，则

$$n_1=(1.96/0.08)^2\times(1-0.75)\times 0.75=112.5\approx 113$$

$$n_1=(1.96/0.08)^2\times(1-0.55)\times 0.55=148.6\approx 149$$

所以，评价该筛检试验，病例组样本量为 113 例，对照组样本量为 149 例。

临床上研究诊断试验，都是在样本中进行研究，所以在推论总体时应考虑样本例数的影响，因此在筛检试验评价研究时进行数据统计学分析，还要计算灵敏度和特异度的 95%可信区间。公式如下：

$$p\pm 1.96\sqrt{\frac{p(1-p)}{n}} \tag{7-3}$$

式中，p 为灵敏度或特异度；$n=a+c$ 即用“金标准”诊断为病例的总数（用于灵敏度可信区间计算），$n=b+d$ 即用“金标准”诊断为无病的例数（用于特异度可信区间计算）。使用上述公式计算灵敏度或特异度的可信区间时，必须具备的条件是 $np\geqslant 5$ 且 $n(1-p)\geqslant 5$。

知识点 7-2：金标准的定义、试验指标包括内容、影响样本量大小的因素

（1）金标准（gold standard）即标准方法，是指公认的诊断某病最可靠的标准。

（2）试验指标包括：主观指标；半客观（或半主观）指标；客观指标。

（3）影响样本量大小的因素：①试验的灵敏度和特异度；②允许误差 δ；③检验水准 α 值。

第三节 筛检试验的评价

对筛检试验的评价，除考虑安全可靠、简单快速及方便价廉外，主要从试验的真实性、可靠性及效益三个方面进行评价。将已明确诊断为病人和非病人的两组人群，用新方法重新确定，从而评价新方法正确判断的能力。

一、真 实 性

真实性（validity）又称准确性（accuracy）或效度，是指测定值与实际值符合的程度，即将病人和正常人正确区分开的能力。

经“金标准”确诊的目标疾病患者和非患者，接受待评价的筛检试验检测后，可出现四种情况。即“金标准”确诊的患者，可能被筛检试验判为有病（真阳性，a）或无病（假阴性，c）；而“金标准”确诊的非患者也可能被筛检试验确认为有病（假阳性，b）或无病（真阴性，d），整理成四格表，如表 7-2 所示。

表 7-2 筛检试验评价

筛检试验	金标准		合计
	患者	非患者	
阳性	真阳性 a	假阳性 b	$a+b$（R_1）
阴性	假阴性 c	真阴性 d	$c+d$（R_2）
合计	$a+c$（C_1）	$b+d$（C_2）	N

1. 灵敏度 灵敏度（sensitivity，SE）又称真阳性率，是指将实际有病的人正确地判断为患者的能力。理想的试验应为 100%。

$$灵敏度(\%)=\frac{a}{a+c}\times100\% \tag{7-4}$$

2. 特异度 特异度（specificity，SP）又称真阴性率，是指将实际未患某病的人正确地判断为非患者的能力。理想的试验应为 100%。

$$特异度(\%)=\frac{d}{b+d}\times100\% \tag{7-5}$$

3. 假阴性率 假阴性率（false negative rate，FNR）又称漏诊率，是指实际有病者而被判定为非病者的百分率。理想的试验应为 0。

$$假阴性率(\%)=\frac{c}{a+c}\times100\%=1-灵敏度 \tag{7-6}$$

4. 假阳性率 假阳性率（false positive rate，FPR）又称误诊率，是指实际无病者而被判定为有病者的百分率。理想的试验应为 0。

$$假阳性率(\%)=\frac{b}{b+d}\times100\%=1-特异度 \tag{7-7}$$

5. 约登指数 约登指数（Youden’s index）又称正确诊断指数，是指灵敏度和特异度之和减去 1，是综合评价真实性的指标。表示筛检方法发现真正病人与非病人的总能力。正确诊断指数的范围在 0～1 之间。指数越大，其真实性越高。

$$约登指数=（灵敏度+特异度）-1=1-（假阴性率+假阳性率） \tag{7-8}$$

6. 似然比　似然比（likelihood ratio，LR）属于同时反映灵敏度和特异度的复合指标，即有病者中得出某一筛检试验结果的概率与无病者得出这一概率的比值。该指标全面反映了筛检试验的诊断价值，非常稳定。它的计算只涉及灵敏度与特异度，不受患病率的影响。

因检验结果有阳性与阴性之分，故似然比相应地区分为阳性似然比（positive likelihood ratio，+LR）和阴性似然比（negative likelihood ratio，−LR）。

阳性似然比是筛检结果的真阳性率与假阳性率之比。该指标反映了筛检试验正确判断阳性的可能性是错误判断阳性可能性的倍数。比值越大，试验结果阳性时为真阳性的概率越大。

$$+LR=\frac{\text{真阳性率}}{\text{假阳性率}}=\frac{\text{灵敏度}}{1-\text{特异度}} \quad (7\text{-}9)$$

阴性似然比是筛检结果的假阴性率与真阴性率之比。该指标表示错误判断阴性的可能性是正确判断阴性可能性的倍数。比值越小，试验结果阴性时为真阴性的可能性越大。

$$-LR=\frac{\text{假阴性率}}{\text{真阴性率}}=\frac{1-\text{灵敏度}}{\text{特异度}} \quad (7\text{-}10)$$

阳性似然比越大，筛检试验的诊断价值越高；阴性似然比越小，筛检试验的诊断价值也越高。因此，在选择筛检试验时应选择阳性似然比高的方法。

现以表 7-3 中的数据为例，说明各项筛检试验评价指标的计算。

表 7-3　某人群某病筛检结果

筛检试验	金标准诊断结果		合计
	患者	非患者	
阳性	85	6	91
阴性	5	34	39
合计	90	40	130

灵敏度=（85/90）×100%=94.4%

特异度=（34/40）×100%=85.0%

假阴性率=（5/90）×100%=5.6%，或 1−94.4%=5.6%

假阳性率=（6/40）×100%=15.0%，或 1−85.0%=15.0%

约登指数=0.944+0.850−1=0.794

阳性似然比=0.944/0.15=6.29

阴性似然比=0.056/0.85=0.07

知识点 7-3：真实性的概念、评价真实性的指标

（1）真实性（validity）又称准确性（accuracy）或效度，指测定值与实际值符合的程度，即将病人和正常人正确区分开的能力。

（2）评价真实性的指标有：①灵敏度；②特异度；③假阴性率；④假阳性率；⑤约登指数；⑥似然比。

二、可　靠　性

可靠性（reliability）也称信度、精确度（precision）或可重复性（repeatability），是指在相同条件下用某测量工具（如筛检试验）重复测量同一受试者时获得相同结果的稳定程度。

（一）可靠性常用的评价指标

1. 变异系数（coefficient of variation，CV）　如果试验测量的是诸如血压、血糖等计量指标，则可用变异系数来表示可靠性。变异系数越小，可靠性越好。

$$变异系数 = \frac{测定值均数的标准差}{测定值均数} \times 100\% \tag{7-11}$$

2. 符合率（agreement rate）又称一致率 如果试验测量的是诸如阳性和阴性、正常与异常这样的定性指标时，则可用符合率来表示可靠性，符合率越高，可靠性越好。

$$符合率 = \frac{a+d}{a+b+c+d} \times 100\% \tag{7-12}$$

3. *Kappa* 值 观察者对研究结果判断的一致性既可用符合率表示，也可用 *Kappa* 值来描述。与符合率相比，因 *Kappa* 值考虑了机遇因素对一致性的影响并加以校正，从而提高了判断的有效性。

$$Kappa = \frac{N(a+d)-(R_1C_1+R_2C_2)}{N^2-(R_1C_1+R_2C_2)} \tag{7-13}$$

Kappa 值的取值范围介于−1 和+1 之间。K<0，说明由机遇所致一致率大于观察一致性；*K*=0，表示观察一致率完全由机遇所致；K=−1，说明两结果完全不一致。如 *K*>0，说明观察一致性大于因机遇所致一致的程度；K=1，说明两结果完全一致。一般认为 *Kappa* 值在 0.4～0.75 为中、高度一致，*Kappa* 值≥0.75 为一致性极好，*Kappa* 值≤0.40 时为一致性差。

依据表 7-3，计算一致率和 *Kappa* 值如下：

（1）计算两种试验方法结果的一致率（符合率，P_0）

$$P_0=(a+d)/n=(85+34)/130=0.915$$

（2）计算 *Kappa* 值

$$Kappa = \frac{N(a+d)-(R_1C_1+R_2C_2)}{N^2-(R_1C_1+R_2C_2)} = \frac{130\times(85+34)-(91\times90+39\times40)}{130\times130-(91\times90+39\times40)} = 0.80$$

（二）影响试验可靠性的因素与控制措施

1. 试验条件的影响 包括试验的环境条件，如温度、湿度等；试剂与药品的质量及配制方法；仪器是否校准等。因此，必须严格规定试验的环境条件，试剂与药品的级别，仪器必须先校准，才能保证试验的可靠性。

2. 观察者的变异 包括不同观察者之间的变异和同一观察者在不同时间、条件下重复检查同一样本时所得结果的不一致性。如由几名观察者同时测量同一人的血压值，即使观察者训练有素，差异在 2mmHg 以内当属允许范围。为此，观察者必须经过严格的培训，增强责任心，统一判断标准，使观察者的变异降低到允许范围以内。

3. 被观察者的个体生物学变异 生物个体的各种生理、生化测量值均随测量时间、条件等变化而不断变化。如血压值在上、下午，冬、夏季不同，并随测量体位和部位的不同而变化；血糖值在饭前、饭后不同时间有明显差异。因此，要严格规定统一的测量时间、条件等，以使被观察者在相同条件下进行比较。同时，临床医师应对个体的生物学变异给予足够的重视。

知识点 7-4：可靠性的概念、评价可靠性的指标和影响可靠性的因素

（1）可靠性（reliability）又称重复性（repeatability）或信度，是指在完全相同的条件下，重复进行某项试验时获得相同结果的稳定程度。

（2）评价可靠性的指标有：①变异系数；②符合率；③*Kappa* 值。

（3）影响可靠性的因素有：①试验条件的影响；②观察者的变异；③被观察者的个体生物学变异。

三、效 益

筛检试验是否切实可行，必须事先考虑其应用效益。可从以下几个方面进行评价。

（一）预测值

1. 概念 预测值是反映应用筛检结果来估计受检者患病和不患病可能性的大小的指标。它是表示试验能做出正确判断的概率，也表示试验结果的实际临床意义。根据筛检的阳性与阴性结果进行的估计分别称为阳性预测值和阴性预测值。

（1）阳性预测值（positive predictive value，PPV）是指试验为阳性者真正患有该病的可能性。

$$阳性预测值(\%)=\frac{a}{a+b}\times 100\% \tag{7-14}$$

（2）阴性预测值（negative predictive value，NPV）是指试验为阴性者真正没有患该病的可能性。

$$阴性预测值(\%)=\frac{d}{c+d}\times 100\% \tag{7-15}$$

根据表 7-3 中的数据，计算得到该筛检人群目标疾病的

$$阳性预测值=\frac{85}{85+6}\times 100\%=93.4\%$$

$$阴性预测值=\frac{34}{34+5}\times 100\%=87.2\%$$

2. 影响预测值的因素 总的来讲，筛检试验的灵敏度越高，则阴性预测值越高；筛检试验的特异度越高，阳性预测值越高。

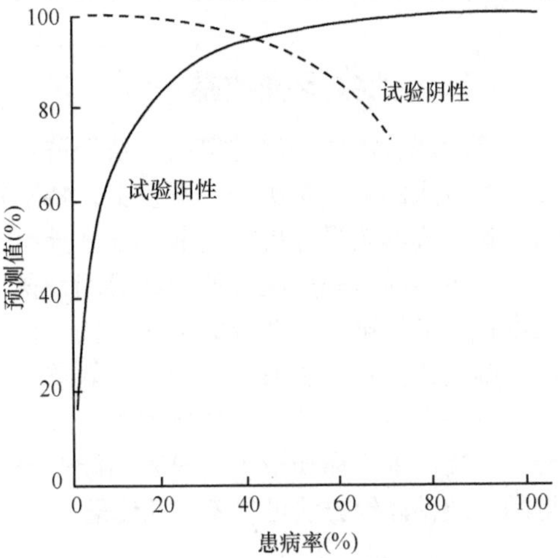

图 7-3 患病率与预测值的关系

此外，预测值还与受检人群目标疾病患病率（P）的高低密切相关，如图 7-3 所示。阳性预测值、阴性预测值与患病率、灵敏度和特异度的关系可用以下公式表示。

$$阳性预测值=\frac{灵敏度\times 患病率}{灵敏度\times 患病率+(1-患病率)(1-特异度)} \tag{7-16}$$

$$阴性预测值=\frac{特异度\times(1-患病率)}{特异度\times(1-患病率)+(1-灵敏度)\times 患病率} \tag{7-17}$$

表 7-4 说明了人群在不同患病率、灵敏度与特异度的情况下，阳性预测值与阴性预测值的变化。当灵敏度与特异度一定，疾病患病率降低时，阳性预测值降低，阴性预测值升高；当患病率不变，降低灵敏度，特异度将提高，此时阳性预测值将升高，阴性预测值将下降。

表 7-4 在灵敏度、特异度和患病率不同水平时某人群糖尿病筛检的结果

患病率（%）	灵敏度（%）	特异度（%）	筛检结果	金标准		合计	阳性预测值（%）	阴性预测值（%）
				患者	非患者			
50	50	50	+	250	250	500	50	
			−	250	250	500		50
			合计	500	500	1000		

续表

患病率（%）	灵敏度（%）	特异度（%）	筛检结果	金标准		合计	阳性预测值（%）	阴性预测值（%）
				患者	非患者			
20	50	50	+	100	400	500	20	
			−	100	400	500		80
			合计	200	800	1000		
20	90	50	+	180	400	580	31	
			−	20	400	420		95
			合计	200	800	1000		
20	50	90	+	100	80	180	56	
			−	100	720	820		88
			合计	200	800	1000		

（二）社会经济效益

筛检试验需要一定的费用，从经济效益的角度考虑，要求试验方法发现和确诊病人的数量要多，而投入的卫生资源少，花费少，特别是筛检试验更应注重效益评价。试验效益的定量评价最终有赖于成本效果分析、成本效益分析和成本效用分析。

成本包括试验所花费的全部费用，狭义的成本只包括用于试验的直接或间接费用，而广义的成本包括参加试验而造成的工作损失，检查时的不适以及筛检阳性时所致的焦躁不安。效益是指通过筛检或诊断试验所取得的经济效益，如经过筛检早期发现病人所节约的医疗费用，正确诊断后因避免误治而节约的医疗费用等。效果是指通过筛检或诊断试验所取得的社会效益，如延长了寿命，提高了生命质量等。只有当能取得大于试验成本的效益或显著的社会效果时，试验才是值得的。效益评价方法可参考相关专著。

知识点 7-5：预测值的概念、种类和影响因素

（1）预测值（predictive value，PV）又称诊断价值，它是表示试验能做出正确判断的概率，也表示试验结果的实际临床意义。

（2）预测值的种类：①阳性预测值；②阴性预测值。

（3）影响预测值的因素有：①灵敏度；②特异度；③患病率。

第四节　筛检试验判断标准的确定

一、灵敏度和特异度的关系

开展筛检工作的目的就是将人群中表面健康无症状的可疑患者找出来，以便得到早期诊断和治疗。这就要对筛检试验测得的观察值有个界定，即正常与异常，以区分某人可能“已患”或“未患”某病，也就是划分该试验阳性与阴性的标准。

一个合理的判断标准就是要使试验的真实性最好，使试验的灵敏度和特异度都达到 100%。只有当正常者与异常者的测定值完全没有重叠时，才能得到这种理想的结果。此时，判断标准很容易确定。然而通常的情况是正常者与异常测定值总有部分重叠。

以 70 例糖尿病患者及 510 例正常人在口服葡萄糖 2h 后的血糖试验为例，如以不同的血糖水平判定为糖尿病，可有不同的敏感度与特异度，如表 7-5 所示。因为正常人与糖尿病患者的血糖水平不是决然分开，而是有所重叠的，如图 7-4 所示。如果本例以血糖大于及等于 110mg/100mL 为阳性标准，则检查结果如表 7-6 所示。从表可以看到如果将判定糖尿病标准的血糖水平定得低些，灵敏度可升高，但这样会使更多的正常人划入糖尿病可疑对象。如果把标准定得高些，特异度可升高，但很多糖尿病患者将被错误地归入正常组。

无论临界点选在何处，筛检试验的灵敏度和特异度均不可能同时达到 100%。当诊断点向右移时，特异度升高，灵敏度降低；反之，当诊断点向左移时，灵敏度增大，特异度降低。因此，在筛检实践中很难达到灵敏度与特异度均高的目标。临床诊断指标往往选择假阳性和假阴性最低点作为分界线。而筛检试验的分界线则根据研究目的而确定。

表 7-5 不同血糖水平区分糖尿病标准的灵敏度与特异度

血糖水平（mg/100mL）	灵敏度（%）	特异度（%）
80	100.0	1.2
90	98.6	7.3
100	97.1	25.3
110	92.9	48.4
120	88.6	68.2
130	81.4	82.4
140	74.3	91.2
150	64.3	96.1
160	55.7	98.6
170	52.9	99.6
180	50.0	99.8
190	44.3	99.8
200	37.1	100.0

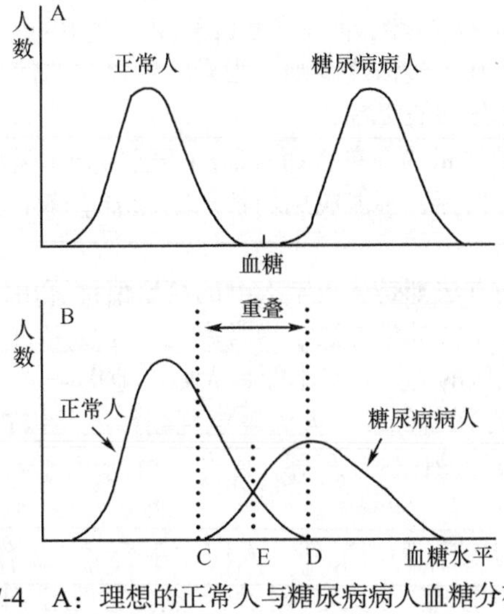

图 7-4 A：理想的正常人与糖尿病病人血糖分布，
B：现实的正常人与糖尿病病人血糖分布

表 7-6 糖尿病的筛检试验

筛检试验（血糖测定）	糖尿病人		非糖尿病人		合计
	人数	%	人数	%	
阳性（≥110mg/100ml）	65（真阳性）	（92.9）	263（假阳性）	（51.6）	328
阴性（<110mg/100ml）	5（假阴性）	（7.1）	247（真阴性）	（48.4）	252
合计	70	（100.0）	510	（100.0）	580

二、确定判断标准的原则

下列原则可供参考，并以图 7-4 为例。

1. 假阳性与假阴性错误的严重程度 当假阳性与假阴性的重要性相等时，可选择灵敏度与特异度相等，或使正确指数最大的分界值作为判断标准，即 E 处。

2. 进一步确诊试验的繁简程度 对筛检试验阳性者必须做进一步确诊，即使是诊断试验，如果其阳性预测值较低，亦需做进一步的试验进行确诊。如果确诊试验较繁，费用高，则以提高特异度为主，判断标准向 D 处移动；否则可考虑以提高灵敏度为主，判断标准向 C 处移动。

3. 漏掉一个可能病例的后果 如果该病早期诊断和早期治疗可获得很好的治疗效果，否则后果严重，如宫颈癌、肺结核等，此时应选择灵敏度高的判定标准，尽可能把所有的可疑病人都诊断出来，判断标准向 C 处移动。

4. 如果预后不好，又无治疗办法或会引起心理负担，如肿瘤、艾滋病等，此时应选择特异度高的判断标准，向 D 处移动，尽量减少误诊率。

5. 一定间隔期后再次检查的可能性 若试验对象在一定间隔期后有机会做第二次检查，则本次漏诊不会造成严重后果，此时应考虑以提高特异度为主，判断标准向 D 移；否则判断标准向 C 移。

判断标准向 C 移时，灵敏度增加，特异度下降，假阳性增加，将使诊断成本增加。相反，当判断标准向 D 移时，特异度增加，灵敏度下降，假阴性增加，将使漏诊率增加。

三、确定判断标准的方法

1. 均数加减标准差法 均数加减标准差法是目前较为常用的方法。该法一般采用“均数±2 倍标准差”作为正常值范围，凡超过该范围则视为异常。该法的优点是计算简单、应用方便。但只适用于生物学测量值呈正态分布的资料。

2. 百分位数法 百分位数法最为简单，而且适用于任何分布类型的资料。对于某些试验测定值的频数分布不呈正态分布的指标，不能应用均数加减标准差确定正常值范围时，则可应用百分位数法。

上述两种确定判断标准的方法都是从正常人群的测定值计算出来的，没有同时考虑病人的测定值；另外，这两种方法都属于统计学方法，异常率是人为规定的，没有生物学基础。据此制定出的判断标准往往难以满足临床的需要，且不能最大限度地提高试验的真实性。

3. 根据实际情况人为确定判断标准 人为确定判断标准是以正常人群和病例的测量值的分布资料为基础，平衡漏诊、误诊的比例和利弊，由专家讨论后制定的。如此制定的标准一般比较符合临床实际。

4. 受试者工作曲线 除上述几种情况外，人们常用受试者工作特征曲线（receiver operator characteristic curve，简称 ROC 曲线）来决定最佳临界点。它是用真阳性率和假阳性率作图得出的曲线，可反映灵敏度和特异度的关系。ROC 曲线的横轴表示假阳性率（1-特异度），纵轴表示真阳性率（灵敏度），曲线上的任意一点代表某项筛检试验的特定阳性标准值相对应的灵敏度和特异度，如图 7-5 所示。

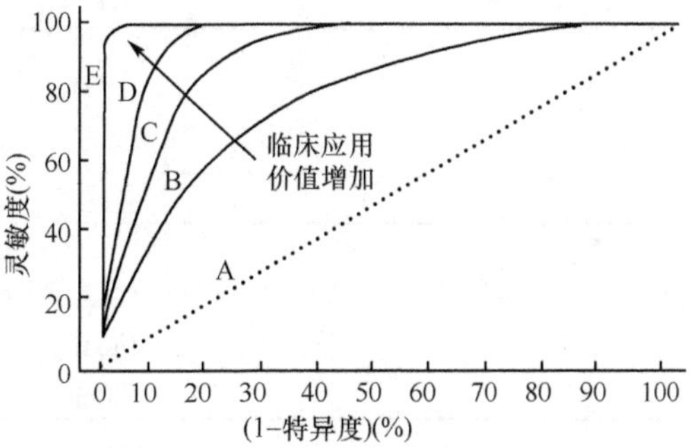

图 7-5　ROC 曲线

图 7-5 可见，所获得不同曲线能较清晰地表示灵敏度和特异度之间的相互关系。曲线 A 是无意义的试验；曲线 B、C 和 D 为临床应用价值逐步提高的试验；曲线 E 为最好的试验，灵敏度和特异度均接近 100%。

第五节　提高试验效率的方法

一、优化试验方法

试验效率的高低与试验方法的好坏密切相关，选择正确的、合适的、客观的指标，并考虑合适的分界值，使其具有尽可能高的灵敏度和特异度，同时还应使试验方法和步骤及条件等都要标准化，减少由于各种偏倚引起的误差，是提高试验效率的重要因素。

二、选择患病率高的人群

当试验方法确定之后，试验的灵敏度和特异度就已经固定。此时，选择患病率高的人群进行试验，是提高效率的有效手段。选择患病率高的人群，一方面可使新发现的病例数量增加。另一方面可使阳性预测值升高，试验成本下降，其结果使试验的效率提高。临床上实行的逐级转诊制度，建立专科门诊及专科医院等，其结果都提高了就诊群体的疾病阳性率，因而提高了试验效率。

三、联 合 试 验

实际工作中，同时具有很高的灵敏度和特异度的试验是很少的，即便有，也可能因为昂贵，操作繁琐或医德等问题而不能普遍或常规应用，因此常将其他灵敏度和特异度不太高的试验联合起来应用也能达到提高试验判断效率的目的。

1. 并联试验（parallel test）　是指同时做几个试验时，只要其中有一个阳性，即判为阳性的试验方法。并联可提高试验的灵敏度，减少漏诊率，阴性预测值升高，但特异度下降，误诊增加，阳性预测值下降。

2. 串联试验（serial test）　是指依次顺序地做几项试验，只有全部试验均呈阳性时才能判为阳性的试验方法。临床上一般先做较简单、安全的试验，当出现阳性结果时，再做比较复杂和有一定危险的试验，如出现阴性，则停止试验。该法可提高试验的特异度和阳性预测值，但却降低了试验的灵敏度，增加了漏诊。

二者的判断结果如表 7-7 所示。

表 7-7 联合试验

方式	试验 A	试验 B	结果
并联	+	+	+
	+	−	+
	−	+	+
	−	−	−
串联	+	+	+
	+	−	−
	−	（不必做）	−
	−	（不必做）	−

例如有研究者用红外扫描和 X 线摄片两种方法在一批成年女性中筛检乳腺癌，试验结果如表 7-8 所示。

表 7-8 两种试验方法筛查乳腺癌结果

红外扫描（A）	X 线摄片（B）	乳腺癌患者	非乳腺癌患者
+	+	44	26
+	−	5	9
−	+	26	22
−	−	6	2546
合计		81	2603

单独试验及采用联合试验后，灵敏度、特异度和预测值如表 7-9 所示。

表 7-9 两种试验方法联合筛查乳腺癌结果

试验	灵敏度（%）	特异度（%）	阳性预测值（%）	阴性预测值（%）
A	60.49（49/81）	98.66（2568/2603）	58.33（49/84）	98.77（2568/2600）
B	86.42（70/81）	98.16（2555/2603）	59.32（70/118）	99.57（2555/2566）
并联	92.59（75/81）	97.81（2546/2603）	56.82（75/132）	99.76（2546/2552）
串联	54.32（44/81）	99.00（2577/2603）	62.86（44/70）	98.58（2577/2614）

知识点 7-6：提高试验效率的方法、并联试验和串联试验的定义

（1）提高试验效率的方法：①优化试验方法；②选择高患病率人群；③采取联合试验。

（2）并联试验是指同时做几个试验时，只要其中有一个阳性，即判为阳性的试验方法。

（3）串联试验是指依次顺序地做几项试验，只有全部试验均呈阳性时才能判为阳性的试验方法。

案例 7-1 分析讨论：

根据研究结果整理成表 7-10

表 7-10 Hpsa 检测儿童 HP 感染

Hpsa 试验	HP 联合检测（金标准）		合计
	阳性	阴性	
阳性	38	5	43
阴性	2	45	47
合计	40	50	90

（1）

灵敏度=38/40=0.95

特异度=45/50=0.90

假阳性率=5/50=1−0.90=0.10

假阴性率=2/40=1−0.95=0.05

约登指数=（0.95+0.90）−1=0.85

阳性似然比=0.95/0.10=9.5

阴性似然比=0.05/0.90=0.06

(2)

计算两种试验方法结果的一致率（符合率，P_0）

P_0＝（a+d）/n＝（38+45）/90＝0.9222

计算 *Kappa* 值

$$Kappa=\frac{N(a+d)-(R_1C_1+R_2C_2)}{N^2-(R_1C_1+R_2C_2)}=\frac{90\times(38+45)-(43\times40+47\times50)}{90\times90-(43\times40+47\times50)}=0.844$$

(3)

$$\text{阳性预测值}=\frac{38}{38+5}\times100\%=88.4\%$$

$$\text{阴性预测值}=\frac{45}{45+2}\times100\%=95.7\%$$

（袁 慧 姚应水）

第八章 偏倚及其控制

案例 8-1

2008 年 1～12 月，在某市某口腔医院门诊进行了一项关于“吸烟与口腔黏膜白斑病之间关系”的配比病例对照研究。对照选自该口腔医院门诊的非口腔黏膜白斑病就诊者，如镶牙、补牙、洁牙、牙周炎等患者。病例和对照的配比条件：同性别，年龄相差在 2 岁以内的该市居民，并且近 10 年来一直居住在该市。结果：病例与对照均吸烟者共 45 对；均不吸烟者 20 对；病例吸烟而对照不吸烟者共 25 对；病例不吸烟而对照吸烟者共 10 对。结果表明：吸烟与口腔黏膜白斑病之间有关联（OR=2.5）。

问题：

（1）你认为这个结论正确吗？为什么？

（2）流行病学研究中常见的偏倚有几类？

（3）如何控制偏倚？

在流行病学科研的过程中，由于各种因素的影响，导致研究的结果与真实的情况存在一定的差异，即误差（error）。常见的误差有随机误差（random error）和系统误差（systematic error）两种，系统误差也称偏倚（bias）。一般将偏倚分为三大类，即选择偏倚（selection bias）、信息偏倚（information bias）和混杂偏倚（confounding bias）。偏倚可发生在研究的设计、实施、资料分析、推论等各个环节，因此，在研究的不同阶段可以通过采用不同的方式来对这三大类的偏倚进行控制，以保证研究结果的真实性和可靠性。

第一节 概　　述

在流行病学研究中，希望得到科学准确而又真实的结果，但是在实际工作中，由于各种因素的影响，使研究结果偏离真实情况，产生误差。误差的存在不仅影响研究结果的真实性和可靠性，而且有时还会导致错误的结论。因此，为了获得真实可靠的流行病学研究结果，就应该在研究的设计、实施及分析的各个阶段充分认识、控制和消除导致错误结论的各种误差，使研究结果尽可能与客观真实情况相一致。

一、误　　差

研究结果和真实情况间的差异叫误差。在任何一项科学研究中或多或少地存在误差，常见的误差有两种，一种是随机误差，另一种是系统误差。这两种误差贯穿于研究的设计、实施以及资料分析的全过程。应对这两种误差采取有效的针对性的措施进行控制，使研究结果更加准确、真实可靠。

1. 随机误差　也称抽样误差，是指样本值与总体值之间的差异，随机误差是由于被测量的生物现象的随机而变异。

随机误差是不可避免的。这是因为我们的研究不可能涉及所有的研究对象，而只能涉及全部研究对象中的一部分研究对象，因此即使采用无偏方法来抽取一定条件的样本人群，也不可能与总体人群完全一样或能完全代表总体人群，即实际研究结果很难与真实结果完全吻合。随机误差是偏向真实值的两侧。随机误差可通过统计学的方法来估计其大小，并且可以通过合理的设计、正确的抽样和适当增大的样本等而使之减少。

2. 系统误差　系统误差是由于研究设计、实施和分析不正确造成的测量值与真实值之间的差异，是人为造成的误差。系统误差是非随机性的，通常偏离真实值的一侧。用严密的研究设计和严格的技术操作规范加以消除或控制系统误差。

二、偏　倚

1. 概念　偏倚就是系统误差，在研究或推论过程中所获得的结果系统地偏离其真实值。在流行病学研究的设计、实施、资料分析以及推论的各个阶段均可以产生偏倚，例如不正确的研究对象选择方法，不正确的研究变量测量方法以及一些未被完全控制的混杂因素都有可能使研究结果产生偏倚。偏倚虽然不能通过加大样本含量加以控制，但却可以通过科学的研究设计，合理地选择对象，正确应用调查方法，准确收集信息等手段减少或控制。

2. 偏倚的方向　偏倚对研究结果的影响程度与其方向有一定的关系。偏倚的方向有两种，即正向偏倚和负向偏倚。如果研究因素与研究疾病的效应测量值大于真实值为正偏倚，反之，测量值小于真实值为负偏倚。不同方向的偏倚会产生不同的结论，正偏倚会夸大研究的结果，负偏倚则会减小研究的结果。

知识点 8-1：误差的概念和种类，偏倚的概念和方向

（1）误差：研究结果和真实情况间的差异叫误差。常见的误差有两种，一种是随机误差，另一种是系统误差。

（2）偏倚：偏倚就是系统误差，在研究或推论过程中所获得的结果系统地偏离其真实值。在流行病学研究的设计、实施以及资料分析的各个阶段均可以产生偏倚。

（3）偏倚的方向有两种，即正向偏倚和负向偏倚。如果研究因素与研究疾病的效应测量值大于真实值为正偏倚，反之，测量值小于真实值为负偏倚。不同方向的偏倚会产生不同的结论，正偏倚会夸大研究的结果，负偏倚则会减小研究的结果。

第二节　偏倚的分类

偏倚的种类很多，一般将其分为三大类，即选择偏倚、信息偏倚和混杂偏倚。选择偏倚主要在研究设计阶段产生，信息偏倚主要在研究实施阶段出现，而混杂偏倚主要由于研究设计或资料分析阶段，未对混杂因素进行控制和消除而导致。

一、选 择 偏 倚

选择偏倚是指由于选择研究对象的方法不正确，使入选的研究对象和未选入者在与研究有关的特征上有差异，从而导致研究结果与真实情况之间产生的系统差异。这种偏倚在研究设计阶段的确定研究样本、选择比较组时容易产生，也可以产生于资料收集过程中的失访或无应答等。

从案例 8-1 中给出的部分研究背景资料看，此项研究病例和对照的代表性均不强，且存在着明显的选择偏倚。如仅选择一所医院进行研究，显然所收集的病例很难代表该市口腔黏膜白斑病患者的吸烟暴露情况，当然对照也无法代表产生口腔黏膜白斑病患者的非病例人群。因为受经济条件的限制和对本病认识水平的不同，有部分患者很可能不会因口腔黏膜白斑病而就诊。另外，选择牙周炎、洁牙等患者作为对照时，由于吸烟也是牙周炎的发病危险因素之一，而且吸烟常常导致牙结石的形成和牙体着色，因此进行洁牙，这就有可能造成对照组中吸烟的暴露率明显高于该市的普通人群，从而导致吸烟和口腔黏膜白斑病之间的关联强度的低估。因此，还需要进一步增加病例和对照的代表性，克服不同的偏倚的影响，进行更大规模的病例对照研究，提高结果的可信程度。

选择偏倚在各类流行病学研究中均可发生，以现况研究和病例对照研究最常见。常见的选择偏倚有入院率偏倚（admission rate bias）、现患-新发病例偏倚（prevalence-incidence bias）、无应答偏倚（non-respondent bias）、失访偏倚（withdraw bisas）、检出征候偏倚（detection sign bias）、时间效应偏倚（time effect bias）等。

1. 入院率偏倚 入院率偏倚又称伯克森偏倚（Berkson's bias），是指在利用医院就诊或者住院病人作为研究对象时，由于不同患者入院率的不同而导致研究结果与实际情况的系统误差。影响入院率的因素是多方面的，如医院的技术特长、患者所患疾病的严重程度、患者的经济状况以及就诊方便与否等。利用医院病人作为研究对象时容易产生入院率偏倚。例如在 1979 年 Sacket 研究一项呼吸系统疾病与骨和运动器官疾病之间的关系时，得到如下的结果，见表 8-1。

表 8-1 不同人群骨和运动器官疾病与呼吸系统疾病之间关系的 *OR* 值

呼吸系统疾病	一般人群骨和运动器官疾病			住院病人骨和运动器官疾病		
	+	−	合计	+	−	合计
+	17	207	224	5	15	20
−	184	2376	2560	18	219	237
合计	201	2583	2784	23	234	257
OR		1.06			4.06	

研究结果提示：一般人群中和住院病人中研究骨和运动器官疾病与呼吸系统疾病之间的关系，由于研究对象的来源不同，其研究结果的 OR 值不同，因而得出的结论就可能不一致。

2. 现患-新发病例偏倚 现患-新发病例偏倚又称奈曼偏倚（Neyman bias），是指以现患病例为对象进行研究与以新发病例为对象进行研究相比，因研究对象特征的差异所造成的系统误差。新发病例与现患病例之间往往存在明显差异。病人在患病后，有可能会改变原来的某些因素的暴露，戒除一些不良行为，某些慢性病的现患病例对于早期的暴露情况，因为时间较长不能准确、详细地回忆出来，有时分辨不清暴露是发生在症状之前还是之后，而新发病例由于刚刚发生或正在发生，不存在上述的问题。

在病例对照研究或现况研究中所选用的研究对象往往是某病的现患病例，而不包括那些病程短已死亡的病例和轻型或不典型病例。这种情况下，用于病例对照研究或现况研究的现患病例与队列研究或实验研究中可以随访观察到各种临床类型的新病例显然是不同的，由此导致的偏倚就是现患-新发病例偏倚。例如 Friedman 等人以高胆固醇水平与冠心病关联的实例来说明现患-新发病例偏倚。在队列研究中，高胆固醇发生冠心病的相对危险度为 2.4（$P<0.01$）；而以现患病例进行的例对照研究中，高胆固醇者患冠心病的比值比为 1.16（$P>0.05$）。进一步分析发现：许多冠心病现患病人在被诊断为该病后，改变了病前生活习惯或嗜好，如戒烟、多食低胆固醇食物等，从而降低了血胆固醇水平，所以根据现患病例的观察结果所获得的胆固醇水平与冠心病无明显关联的结论是不真实的，致暴露与疾病的关联被低估。

此外，在病例对照研究和现况研究中，现患病例与新发病例构成不同也可产生现患-新发病例偏倚。

3. 无应答偏倚

案例 8-2

1996 年美国西北部铁路男职工冠心病情况分布的调查。当时虽然采取各种措施鼓励和要求全体职工参加此项调查研究工作，但一般职员只有 73.6%自愿参加此项研究工作，而扳道工只有 58%自愿参加此项研究工作，根据此次调查初步研究结果表明：一般员工冠心病现患率为 43‰，扳道工为 24‰，两者差异有显著性。6 年后研究人员检查了上述员工的健康记录，包括死亡者的死因并同时得到了 6 年前参加和未参加这项研究工作的员工的健康材料，再次分析的结果表明，上次调查时有部分患冠心病的扳道工因为害怕被解雇而没有参加调查，所以当时一般员工和扳道工冠心病现患率的差异是由于无应答偏倚造成的，是人为的系统误差对结果的影响。

在流行病学调查研究中，那些因各种原因不回答或不能回答所提出问题的人称为无应答者。无应答者可能在患病状况或暴露方面与应答者有区别，如果无应答者超过一定的比例，将会影响研究结果的真实性，由此产生的系统误差称为无应答偏倚。

造成无应答的原因是多种多样的，如身体健康状况、对健康关心程度、对调查内容是否感兴趣、年龄、受教育程度以及调查一些敏感问题等均可影响研究对象的应答率。国外研究报道在一次医师的信访调查中，年龄大于 65 岁的调查对象无应答率为 20%。无应答偏倚的大小主要取决于无应答率的高低和无应答者的特征，所以在研究中要特别注意无应答者的人数及发生原因，如果发生这种情况的原因是患病、死亡以及与研究因子有关的其他事件，则造成偏倚的可能性很大。分析时可以把这些人与继续被研究者的人口学特征加以比较，如有大的差别，则应分析在哪些方面对结果可能发生影响，如果无明显区别，则可以根据应答者的资料进行分析，但在调查报告中须交待清楚应答率、对影响因素的分析及对无应答者的处理方法等。还应注意，如无应答率较高，即使无大的差别，仍有发生偏倚的可能。所以应设法提高应答率，为了满足研究结果真实性的标准，不应答率不应超过 10%。

4. 失访偏倚　失访是无应答的另一种表现形式，主要发生在队列研究中，是指在随访的过程中，研究对象由于某种或某些原因未能按照计划被随访。在队列研究和实验性研究中，由于观察时间较长，研究对象中有人不能坚持而退出队列，如迁居，死亡，因药物副作用而停止治疗，导致当最后观察终止时，能够分析结果的人数远小于进入观察时的人数，因而造成对研究结果的影响。失访所产生偏倚的大小主要取决于失访率的大小和失访者的特征以及暴露组与非暴露组两组失访情况的差异。失访率一般不应超过 10%。

5. 检出征候偏倚　是指某因素与某疾病在病因学上本无关联，但由于该因素的存在而引起该疾病症状或体征的出现，因而具有该症状或体征的患者急于求医，结果接受检查的机会增加，使其中患该病的病人检出率被人为地提高了，导致该因素与疾病的虚假因果联系的错误结论。

例如 1975 年 Ziel 等人进行病例对照研究来探讨服用雌激素与发生子宫内膜癌之间的关联。研究者从美国某州的 110 万妇女的调查结果得出两者之间存在着高度关联的结论，即服用雌激素是子宫内膜癌的危险因素。随后又有几位研究者得出了类似的结果如表 8-2 所示。

表 8-2　子宫内膜癌与雌激素关联的病例对照研究

服用雌激素史	子宫内膜癌病例	对照
有	54	29
无	40	159
合计	94	188

注：OR=（54×159）/（40×29）=7.40

然而到 1979 年，Horwitz 和 Feintei 提出质疑，认为这是一种由检出症候偏倚导致的虚假联系。他们指出：服用雌激素会刺激子宫内膜增生，导致子宫容易出血，因而频繁就医，接受检查的机会增加，从而使子宫内膜癌患者在检查子宫出血的过程中被早期发现。而那些虽然患子宫内膜癌，但从未服用过雌激素的患者，因无子宫出血的症状而未能及时就诊接受检查，其被诊断的机会就很少。因此，子宫内膜癌病例中服用雌激素的比重被人为夸大了。为了证实这一点，Horwitz 等人在同一所医院不同科室进行的调查，发现服用雌激素的子宫内膜癌患者中有 79%为早期患者，而未服用雌激素的子宫内膜癌患者中只有 55%为早期患者。因此证明：由于服用雌激素引起子宫出血，促使患者及早就诊检查，使早期患者被诊断的机会就大于无子宫出血症状的患者。

6. 时间效应偏倚 许多慢性病（如冠心病、糖尿病、恶性肿瘤等），从接触暴露因素到发病需要经历几年或几十年，如果把接触暴露因素但没有出现临床症状的人或已有早期病变但现有的检测手段未能检出的人，错误地划为健康对照组就会产生这种时间效应偏倚。

例如在一些遗传性疾病中，某些疾病未达到外显年龄时，临床表现是正常的，如果这样的研究对象被纳入健康对照组，导致研究结果估计过低。

此外，常见的选择偏倚还有易感性偏倚（susceptibility bias）、排除偏倚（exclusive bias）、移动偏倚（migration bias）、志愿者偏倚（Volunteer bias）等。

二、信息偏倚

案例 8-3

某地冠心病研究方案规定：如果患者突然在数分钟死去，在该死者的死亡证书上医生只将“猝死”作为唯一的死因登记。同时，死者生前既往史不能对其死因推断提供依据时，就将这类猝死的病因归为冠心病。显然这项规定是有倾向性的，因为除冠心病外，造成猝死的原因还很多。该地区应用此规定进行了 6 年随访观察，共发生 24 名男性猝死者，进一步分析发现：只有 37%的死者生前有冠心病症状，而其他 63%的死者没有任何证据可以表明是患冠心病而死亡的。这一规定显然提供了错误的信息，提高了冠心病致死的病因，使研究结果偏离了真实情况。

信息偏倚又称观察偏倚（observation bias），指在研究实施过程中，由于观察和测量方法上有缺陷，使得所获得的信息不完整、不准确而产生的系统误差。各种类型的流行病学研究中都可发生信息偏倚。信息偏倚可来自于研究对象、研究者本身，也可来自于测量仪器、设备、方法等。信息偏倚的种类很多，常见的有回忆偏倚（recall bias）、报告偏倚（reporting bias）、测量偏倚（measurement bias）、调查者偏倚（interviewer bias）等。

（一）回忆偏倚

回忆偏倚是指调查对象在回忆过去的暴露史等信息时，因回忆不准确或回忆不完整，使获得的信息与真实情况间存在的系统误差。此种偏倚在现况研究和病例对照研究中最为常见。回忆偏倚产生的原因有：

1. 由于调查的因素或事件发生的频率低，未给研究对象留下深刻的印象而被遗忘。

2. 因调查的事件是很久以前发生的事情，研究对象记忆不清或已经遗忘。例如 Wilcox 等在自发性流产回忆准确度的研究中发现，调查前 10 年的流产有 82%人的回忆完整，而调查前 20 年或更早的流产时只有 73%人的回忆完整。

3. 因研究对象对所调查的事件关心程度不同，回答问题的多少及准确性有所不同，Wilcox 等在自发性流产的研究中发现由于流产发生的孕周不同对孕妇的重要性也不一样，因而被遗忘的程度也不同，在受孕头6周内发生的流产者中能回忆起的仅有54%，而在受孕后13周发生的流产者中能回忆起的有93%。

此外，在病例对照研究中，病例组的病人因患病而对过去的暴露史回忆比较认真和准确，而对照组的非病人因未患所研究的疾病而对过去的暴露史不能认真地回忆或回忆不完全，因此使病例组和对照组提供的既往史的准确性和完整性不一致。例如Stewart发现白血病患儿的母亲怀孕期间和孕前接受X线照射的比例大于对照组，其中以X线检查腹部和骨盆的差别尤为明显。因而认为幼儿患白血病与其母亲在孕期接受X线照射有关联。上述推论引起了一场争论，其中回忆偏倚就是争论的一个问题，即幼儿患病或死亡给母亲心理上带来创伤，使她们比较认真地回忆孕期各方面的情况，而对照组母亲由于没有上述经历，就漫不经心地回忆。这种回忆偏倚可能夸大了孕前腹部、骨盆X线照射与幼儿患白血病的关联。

（二）报告偏倚

报告偏倚是指在收集研究信息时，研究对象故意夸大或缩小某些信息而导致的系统误差，因此这种偏倚也被称为说谎偏倚。例如对吸毒、性行为等敏感问题进行调查时，研究对象常会故意隐瞒实情。对涉及职业危害的调查，如果调查信息涉及研究对象的福利待遇，调查对象可能会夸大有害因素的暴露信息。临床实验中，如果研究对象知道研究目的或分组情况，收集到的治疗效果或不良反应等有关信息可能会被有意夸大或缩小。

（三）测量偏倚

测量偏倚是指对研究所需的指标或数据进行测量时所产生的系统误差。测量偏倚产生的原因主要有：所用仪器、设备校正不准确；试剂不符合要求；实验方法的标准或程序不统一；分析或测试的条件不一致；操作人员的技术不规范等。此外，调查所用的调查表设计是否科学，记录是否完整，调查人员的认真态度以及调查方式等也与测量偏倚的产生有关。

（四）调查者偏倚

调查者偏倚是指由于调查者尽可能地去发现或诱导研究对象提供所需要的信息，由此而产生的系统误差。这种偏倚受主观影响较大，可以是自觉的，也可以是不自觉的。例如在病例对照研究中，研究者详细调查病例组的暴露因素而对照组的调查就相对简单。在队列研究中，由于研究者知道研究对象的暴露情况，对暴露组进行的检查比对照组更为细致，因此更容易在暴露组中发现或者诊断出所研究的疾病。这样最终导致在不同比较组间暴露与疾病关系的虚假联系。

此外，常见的信息偏倚还有暴露怀疑偏倚（exposure suspicion bias）、诊断怀疑偏倚（diagnostic suspicion bias）、不敏感测量偏倚（non-sensitive bias）等。

三、混杂偏倚

案例 8-4

一项性格类型与冠心病关系的病例对照研究显示：在257名冠心病患者中，A型性格者有178人，占69%，而在514名对照中，A型性格者有243人，占47%。粗比值比（cOR）为1.47。结果表明A型性格者较B型性格者易患冠心病。然而，进一步分析认为，吸烟在这个研究中作用不容忽视，于是将上述资料按是否吸烟分为两层，结果见表8-3。

表 8-3 性格类型与冠心病关系的分层分析

分组	吸烟			不吸烟		
	A 型性格	B 型性格	合计	A 型性格	B 型性格	合计
冠心病	168	34	202	10	45	55
对照	189	38	227	54	233	287
合计	357	72	429	64	278	342
OR_i		0.99			0.96	
aOR			0.98			

按吸烟与否分层分析后，校正后的比值比（aOR）小于 1。说明性格类型与冠心病的关联由于吸烟的混杂作用而被夸大了。

混杂偏倚是指在流行病学研究中，由于一个或者多个混杂因素（confounding factor）的影响，掩盖或者夸大了研究因素与研究疾病的联系，这种歪曲关联真实性的偏倚称为混杂偏倚。混杂偏倚在分析性研究和实验性研究中均可发生，以分析性研究中最为常见。

（一）混杂因素

混杂因素又称混杂因子或外来因素，是指与研究因素和研究疾病均有关的外来因素。混杂因素应具备以下 3 个基本特征：

1. 混杂因素与所研究疾病有关，是该疾病的危险因子之一。
2. 混杂因素与所研究因素有关。
3. 混杂因素不是研究因素与疾病病因链上的中间环节。

在一项研究中同时具有上述 3 个基本特征的外来因素才可能成为混杂因素。

混杂偏倚产生的根本原因是由于混杂因素在两组中分布不均匀所致。在研究的设计阶段未能对混杂因素加以控制以及在资料分析时未能对混杂因素进行正确的校正就会形成混杂偏倚。

例如在吸烟与肺癌的病例对照研究中，年龄因素就具有混杂因子的三个基本特征。如果年龄在两组中的分布不均衡，获得的 OR 值就不能真实地反映吸烟与肺癌的关联强度，因为年龄越大患肺癌的风险就越高。若病例组的年龄大于对照组的年龄，那么 OR 值会因此而被高估，即夸大了吸烟的危险性，反之则低估了其效应。这种由于年龄在两组中分布不均衡而歪曲了吸烟与肺癌之间关联强度的效应称混杂效应。年龄则是混杂因子。混杂效应的产生是由于研究设计时未能使年龄在两组研究人群中分布均衡；在资料分析时未将两组人群按年龄分层，计算每层中吸烟与肺癌的联系强度所致。

（二）混杂偏倚的判定

流行病学研究中，得出的任何一项具有统计学意义的关联，都必须首先排除潜在的混杂因素的作用，首先要搞清楚是否存在混杂偏倚。

利用分层分析可判别某因素是否为混杂因素。分析时按某可疑混杂因素（f）分层后，用 Mantel-Haenszel 法计算调整后的 RR 或 OR 值，即 aRR（f）或 aOR（f），然后与未分层的 RR 值（cRR）或 OR 值（cOR）进行比较，即可判定 f 是否为混杂因素。

当 cRR=aRR 或 cOR=aOR 时，则可判断 f 不是混杂因素。

当 cRR≠aRR 或 cOR≠aOR，则 f 是混杂因素。

（三）混杂偏倚的方向

根据混杂偏倚对结果的影响不同，将混杂偏倚分成两种类型：正混杂偏倚和负混杂偏倚。

1. 正混杂偏倚　是指由于混杂因素的作用，使暴露因素与疾病之间的关联被人为夸大。

2. 负混杂偏倚　是指由于混杂因素的作用，使暴露因素与疾病之间的关联被人为减小。

知识点 8-2：偏倚的类型及其产生原因，混杂因素

（1）一般将其分为三大类，即选择偏倚、信息偏倚和混杂偏倚。

（2）选择偏倚主要在研究设计阶段产生，主要是由于选择研究对象的方法不正确，使入选的研究对象和未选入者在与研究有关的特征上有差异，从而导致研究结果与真实情况之间产生的系统差异。此种偏倚在研究设计阶段的确定研究样本、选择比较组时容易产生，也可以产生于资料收集过程中的失访或无应答等。选择偏倚在各类流行病学研究中均可发生，以现况研究和病例对照研究最常见。常见的选择偏倚有入院率偏倚、现患–新发病例偏倚、无应答偏倚、失访偏倚、检出征候偏倚、时间效应偏倚等。

（3）信息偏倚是指在研究实施过程中，由于观察和测量方法上有缺陷，使得所获得的信息不完整、不准确而产生的系统误差。各种类型的流行病学研究中都可发生信息偏倚。信息偏倚可来自于研究对象，研究者本身，也可来自于测量仪器、设备、方法等。信息偏倚的种类很多，常见的有回忆偏倚、报告偏倚、测量偏倚、调查者偏倚等。

（4）混杂偏倚是指在流行病学研究中，由于一个或者多个混杂因素的影响，掩盖或者夸大了研究因素与研究疾病的联系，这种歪曲关联真实性的偏倚称为混杂偏倚。混杂偏倚主要由于研究设计或资料分析阶段，未对混杂因素进行控制和消除而导致。混杂偏倚在分析性研究和实验性研究中均可发生，以分析性研究中最为常见。

（5）混杂因素又称混杂因子或外来因素，是指与研究因素和研究疾病均有关的外来因素。混杂因素应具备以下 3 个基本特征：①混杂因素与所研究疾病有关，是该疾病的危险因子之一；②混杂因素与所研究因素有关；③混杂因素不是研究因素与疾病病因链上的中间环节。

第三节　偏倚的控制

偏倚可以发生在研究的设计阶段，实施阶段和资料分析阶段。因此，避免和控制偏倚的有效方法主要是通过科学严谨的研究设计、严格的实施和合理的分析等手段来实现。

一、设计阶段控制

多数偏倚的产生与设计密切相关，如果研究结束时再行注意为时已晚，有的则不能校正，因此，研究者应充分了解和估计可能产生的偏倚，用严谨的科研设计来避免这些偏倚。

（一）随机化（randomization）

随机化可分为随机抽样和随机分配两种不同的形式。随机抽样是指每个研究对象被抽取的机会均等，从而使研究样本有代表性，可避免因主观地、任意地选择研究对象造成的选择偏倚。随机分配是指每个研究对象有同等的机会被分配到实验组或对照组中，而不受研究者或研究对象主观愿望或无意识的客观原因所影响。随机分配的目的是使各种非研究因素在各组中能均匀地分布，增加实验组与对照组的可比性，提高研究结果的正确性。随机化是控制选择偏倚和混杂偏倚的有效方法之一。

（二）匹配（matching）

匹配是控制混杂因素的方法之一。匹配是指将可疑混杂因素作为匹配因素，使各比较组在一个或多个潜在混杂因素上相同或相近，以此来消除混杂作用。各种流行病学研究都可用匹配的方法消除混杂因素的影响。通常将年龄和性别作为匹配因素，因为这两个因素与许多疾病的发生、发展和预后关系密切。在流行病学流行病学研究中可根据研究目的和专业知识选择可疑的混杂因素进行匹配。

（三）限制（restriction）

限制是指对研究对象选择的条件加以控制。限制是控制混杂偏倚的方法之一，当认为某因素可能是混杂因素时，选择研究对象可以对此加以限制。例如在研究口服避孕药与心肌梗死的关系时，考虑到年龄可能为混杂因素，可只选某一年龄组的妇女作为研究对象。针对潜在的混杂因素实行限制后，可得到同质的研究对象，从而可防止某些混杂偏倚，有利于对研究因素与疾病之间的关系做出较为准确的估计。

（四）提高研究对象的依从性

在研究过程中要采取相应措施，选择依从性好的研究对象，尽可能取得研究对象的合作，以降低无应答率或失访。如调查内容中敏感问题的处理技巧，调查方法要简便易行等。

（五）严格研究对象的选择标准

不管是观察性研究还是实验性研究，研究对象选择必须要有严格、明确的纳入标准、诊断标准、排除标准等，使研究对象能有较好的代表性。如在现况研究中抽样样本的选择，病例对照研究中病例与对照的选择，队列研究中暴露组与非暴露组的选择等。在抽样设计中，被抽取的研究对象不应随意由他人替代，遇有必须由他人替代的情况，对替代的标准在设计时也应明确规定。

设计时尽量采用新病例，若新病例较少时可以在设计中增加新老病例的比较来进行研究，以控制现患-新发病例偏倚。

（六）尽量采用多种对照

在病例对照研究中，理想的研究对象是人群中的全部病例和未患该病的所有人，或其有代表性的样本，但实际很难获得。在医院选择研究对象，对于流行病学科研工作者来讲更方便、易行、应答率高，在实际工作中常被采用，但容易产生入院率偏倚。如要消除或控制入院率偏倚可以选取社区病人，或选择两个或两个以上的对照组，一个对照组来自社区，一个对照组来自医院不同科室的病人，通过对不同对照组的结果进行比较来判断是否存在选择偏倚。而病例的选择尽量不要仅来自于同一所医院，应该尽量做到在不同地区、不同等级的医院中随机抽样，这样样本的代表性较好。

（七）制定统一的调查表

调查表的设计要对调查内容或测量指标有客观、明确的标准，尽可能量化或等级化。每一个问题都应有明确的答案。多使用封闭式问题，而不是开放式。从而避免回忆偏倚。如在了解某人群对某食堂凉食的暴露情况时，问题应设计为："您昨天中午吃过某食堂的凉拌菜吗?"，而不是问"您昨天吃了什么?"，前者提供的信息较为准确，而后者提供的信息产生信息偏倚的机会要大得多。调查敏感问题时，应尽量采用敏感问题调查的方法，如设计适当的问卷，应用随机应答技术等，避免报告偏倚。

二、实施阶段控制

1. 调查人员的培训 调查人员的职业素质、工作态度、技术方法的熟练程度等对资料质量的影响是很大的。因此，在开展流行病学研究之前，要对从事资料收集的调查员进行统一培训，使其了解调查项目的含义，统一资料的收集方法，统一测量指标的标准，统一调查技巧。同时要进行预调查或预试验。制订定期检查资料质量的计划。

2. 严格信息标准 要严格执行设计规定的要求，制定明确而严格的资料收集方法和质量控制方法，同时对于研究中应用的仪器、设备、试剂等应事先确定并进行标准化。在同一试验中，尽量保持统一，并由专人负责。

在资料收集和测量过程中，对研究对象做好宣传和组织工作，使其能较好地了解研究目的，尽量获得研究对象的理解与合作，提供客观、真实的信息。

3. “盲法”的应用 在调查中可以采用“单盲”、“双盲”和“三盲”的方法，使研究对象或/和调查者对分组情况及有关内容均不知晓，以避免或消除研究对象或/和调查者主观心理因素的影响，保持观察的客观性，减少信息偏倚，尤其是控制调查偏倚。

三、资料分析阶段控制

对原始资料要进行查漏补缺，以保证资料的准确性和完整性。如果在研究设计阶段和资料收集阶段，偏倚未被充分控制，仍可以在资料分析时加以控制。

1. 分层（stratification） 在研究资料分析阶段，将已知的或可疑的混杂因素按其不同水平分层，然后再加以分析。这种方法适合于设计和实施阶段出现误差，已无法更改的资料，经过分层分析，可以控制混杂因素的影响。

2. 标准化（standardization） 按照统计学标准化的方法，将需比较的两个率进行调整，使可疑的混杂因素在两比较组中得到同等加权从而获得有可比性的标准化率，以此避免混杂因素的影响。

3. 多因素分析（multivariate analysis） 当欲控制的混杂因子较多，由于样本含量的限制使分层分析不适用时，可采用各种流行病学多因素分析方法。20 世纪 60 年代起，Cornfield 提出了 Logistic 回归模型。经过几十年的发展，Logistic 回归模型目前已成为现代流行病学危险因素研究的首选方法。不论在病因学研究或预后的研究中，危险因素或预后因素与疾病的关系都是非常复杂的，各种危险因素或预后因素之间可以相互影响，对结果的影响大小也不相同。采用 Logistic 回归模型进行多变量分析，能在复杂关系中平衡多种混杂因素的作用，进一步筛选出主要的危险因素或预后因素，并反映其在决定发病以及预后中的相对比重。随着计算机统计软件的发展，多因素分析方法得到更为广泛的应用，可以有效地消除混杂因素的影响。

知识点 8-3：偏倚的控制

（1）设计阶段：采用随机化、匹配、限制、提高研究对象的依从性、严格研究对象的选择标准、尽量采用多种对照、制定统一的调查表等方法控制偏倚。

（2）实施阶段：采用调查人员的培训、严格信息标准、“盲法”的应用等方法控制偏倚。

（3）资料分析阶段：采用分层、标准化、多因素分析等方法控制偏倚。

案例 8-1 分析讨论：

（1）这个结论不正确。因为从案例中给出的部分研究背景资料看，仅选择一所医院进行研究，显然所收集的病例很难代表该市口腔黏膜白斑病患者的吸烟暴露情况，当然对照也无法代表产生口腔黏膜白斑病患者的非病例人群。因为受经济条件的限制和对本病认识水平的不同，有部分患者很可能不会因口腔黏膜白斑病而就诊。另外，选择牙周炎、洁牙等患者作为对照时，由于吸烟也是牙周炎的发病危险因素之一，而且吸烟常常导致牙结石的形成和牙体着色，因此进行洁牙，这就有可能造成对照组中吸烟的暴露率明显高于该市普通人群，从而导致吸烟和口腔黏膜白斑病之间的关联强度的低估。因此，还需要进一步增加病例和对照的代表性，克服不同的偏倚的影响，进行更大规模的病例对照研究，提高结果的可信程度。

（2）偏倚种类：①选择偏倚（selection bias）研究对象的选取过程中，由于选取方式不当，导致入选对象与未入选对象之间存在系统差异，由此造成的偏倚称为选择偏倚；②信息偏倚（information bias）又称测量偏倚（measurement bias）或观察偏倚（observation bias），是指在研究实施过程中，由于观察和测量方法上有缺陷，使得所获得的信息不完整、不准确而产生的系统误差；③混杂偏倚（confounding bias）由于一个或者多个混杂因素（confounding factor）的影响，掩盖或者夸大了研究因素与研究疾病的关联，这种歪曲关联真实性的偏倚称为混杂偏倚。

（3）偏倚的控制：①设计阶段：采用随机化、匹配、限制、提高研究对象的依从性、严格研究对象的选择标准、尽量采用多种对照、制定统一的调查表等方法控制偏倚；②实施阶段：采用调查人员的培训、严格信息标准、“盲法”的应用等方法控制偏倚；③资料分析阶段：采用分层、标准化、多因素分析等方法控制偏倚。

（白华民）

第九章　病因与因果推断

第一节　概　　述

案例 9-1

沙利度胺最早由德国 Grunenthal 制药厂开发，1957 年首次被用作处方药，控制孕妇精神紧张，缓解孕吐，并有安眠作用，故又称为“反应停”。20 世纪 60 年代前后，欧洲至少 15 个国家都在使用它治疗早孕反应，由于它确实能减轻恶心、呕吐症状，成为“孕妇的理想选择”（当时的广告语）。于是“反应停”被大量生产、销售。但随即而来的是许多出生的婴儿都是短肢畸形，形同海豹，被称为“海豹肢畸形”。短肢畸形在反应停发明以前，很早就有发生但正常情况下很少见。在 1959～1961 年，欧洲出现万余例短肢畸形，具有特异性。1962 年 Lenz W 和 Knapp K 通过描述性研究，发现反应停销售的地区分布和时间分布上与这种特异性的短肢畸形符合。1963 年 Weicker H 采用病例对照研究方法调查海豹畸形婴儿 50 例，其中母亲服用反应停者 34 例，同医院同期出生无畸形婴儿 90 例，其中母亲服用反应停者 2 例，母亲服用反应停率病例组比对照组高（χ^2=16.94，P<0.001，OR=13.9）。McBride WG 采用队列研究观察孕妇服用反应停和不服用反应停者婴儿畸形的出现率，得出 RR＝175。1961 年后禁止出售反应停，这种短肢畸形发病明显下降。

问题：

（1）上述描述性研究的结果给我们什么启示?能否下结论?若不能，为什么?还需做哪些工作?

（2）根据上述病例对照研究的结果可以得出什么结论?能否据此认为反应停是海豹肢畸形的病因?

（3）根据上述队列研究的结果能说明什么问题?为了得出更确定的结论需进一步做哪些工作?

（4）根据禁止销售反应停后的结果可得出什么结论?

（5）简述病因推断的基本过程。

疾病的病因学研究一直都是医学探索的一个重要领域。病因研究不仅关系到疾病的诊断和治疗，更决定着疾病的预防策略和措施的制定。因此，基础医学、临床医学和预防医学均非常重视病因的研究，但不同学科研究病因的方法、手段、考虑问题的角度各有不同，甚至对于病因概念的理解及用于判断病因的标准也不一致。流行病学从群体的角度，应用概率论和逻辑推理的方法探索疾病的病因和疾病发生的影响因素，推动了病因概念的发展和病因研究的深入。随着医学科学的发展，掌握流行病学中的病因学研究方法，进行正确的因果推断，准确地理解研究结果，已成为每一位医学工作者必备的基本技能。

一、病因概念

（一）病因概念的发展

病因是指引起机体发生疾病的原因。随着科学的发展，人们对病因的认知也在不断发展和深入。古代唯心主义病因论将疾病的发生归因于上帝、鬼神及天意。公元前 5 世纪，中国古代哲学思想中提出了阴阳五行学说——金、木、水、火、土，并用这一学说解释疾病的发生与外界环境的物质密切相关；公元前 5 世纪西方也出现了类似的观点，以 Hippocrates 所著的《*On Airs, Waters and Places*》为代表，提出疾病的发生与外环境物质关系密切，从而形成朴素唯物主义病因观。19 世纪末，Pasteur 等首先证明了某些动物与人类的疾病是由微生物感染所致，不同的病原微生物可导致不同的疾病。以后随着病原微生物的不断被发现，逐渐形成了疾病发生的单病因论或特异病因论。随着微生物理论的发展，德国学者 R. Koch 等人提出了推断微生物导致特异疾病发生的“Koch 原理”，即每一种疾病必定由某一种特异的病原物所引起的。该原理在很多传染性疾病的发生中得到了证实，成为病因学发展史上革命性的理论标志。这一时期病因观的特点是主要考虑生物学致病因素的单一病因论，但忽视了社会和环境等因素对疾病的影响作用。随着科学的进一步发展，以及在此后的长期疾病防治实践过程中，人们逐渐认识到 Koch 原理并不能对所有的疾病做出合理的解释，疾病的发生并不完全依赖特异的病原物，还和环境因素及人体自身的多种因素有关。如在一些非传染性疾病的病因研究中发现：一种疾病的发生往往是多种因素共同作用的结果，而且多种致病因素同时存在的危害性要比其中单一因素的作用更为严重。即使是传染性疾病的发生，也和多种因素共同作用有关。如结核病的发生过程中，仅仅有结核杆菌的感染并不一定引起结核病，个体的遗传易感性、营养状况、免疫状况、居住条件及心理和精神因素等在结核病发病中均起重要作用。因此，20 世纪以来，许多学者提出了疾病的“多病因学说”。

（二）现代流行病学的病因定义

20 世纪 80 年代，美国流行病学家 A.M.Lilienfeld 教授从概率论的因果观层面阐述了流行病学的病因概念，在其所著的《流行病学基础》一书中给出的病因（causation of disease）的概念：“那些能使人群中发病概率升高的因素就可以被认为是病因；当其中的一个或多个因素不存在时，人群中疾病频率就会下降”。另一位流行病学专家 MacMahon 也认为，流行病学的实际目的是发现能够预防疾病的联系，从这个目的出发，因果联系可以实用的定义为：改变某一类别 X 的频率或特性，就会引起另一类别 Y 的频率或特性的改变，则 X 就是 Y 的原因。因此，现代流行病学中的“病因”概念是符合概率论的因果观，这一概念的提出，冲破了传统的特异病因观的束缚，充分认识到疾病的多因性，具有多因素、群体性、可预防性的特点，体现了现代流行病学的主要特征，不仅具有病因理论上的科学性和合理性，而且具有重要的公共卫生学意义。

在流行病学研究中，复杂病因疾病或疾病病因未明确时，相关致病因素常被称为危险因素（risk factor）。危险因素可能是疾病发生的原因或条件，也可能是疾病发生的一个环节。例如分析高血压的病因时，常把遗传、吸烟、饮酒、高盐饮食、超重或肥胖等均称为“危险因素”。流行病学研究可以测量每一危险因素导致疾病发生的相对作用大小，评估消除这些危险因素能够减少疾病发生概率的大小。可见对疾病病因的认识，在制定疾病预防控制和健康促进策略措施方面具有重要的意义。

（三）防治效应的原因定义

防治实验研究也是一种因果性研究。研究因果关系的实验是指：在受控条件下，研究者有意改变一个或多个因素（处理），并前瞻地确定其效应的研究。相对地，观察性研究有较多干扰因素（受控较少），甚至有的干扰因素还不清楚，因此可重复性较低，对因果关系的确证性比实验性研究差。

防治实验中的处理因素（treatment，maueuver）可以看成是防治特定效应（结局）的可能原因。如果实验处理使特定效应发生的概率升高，该处理因素就是特定效应的原因。同病因类似，也就是防治措施与该效应呈相关。

二、病 因 模 型

病因模型就是用简洁的概念关系图来表达因果关系的概念模型，它给我们提供因果关系的思维框架、涉及的各个方面因果关系的路径（通径）。由于对因果关系有不同的理解或不同的侧重，所以有多种多样的病因模型。目前具有代表性的因果模型有以下三类。

（一）生态学模型

该类模型将机体与环境作为一个整体来考虑。常见的有病因-宿主-环境模型，又称为流行病学三角如图 9-1 所示，及轮状模型如图 9-2 所示。它们给出了寻找病因的分类大框架。该类模型简明，整体性强，但过于笼统。

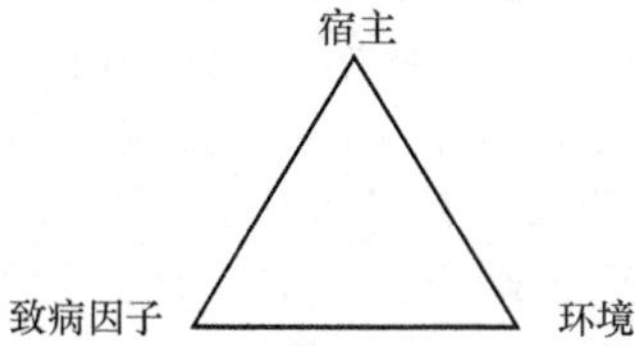

图 9-1 流行病学三角

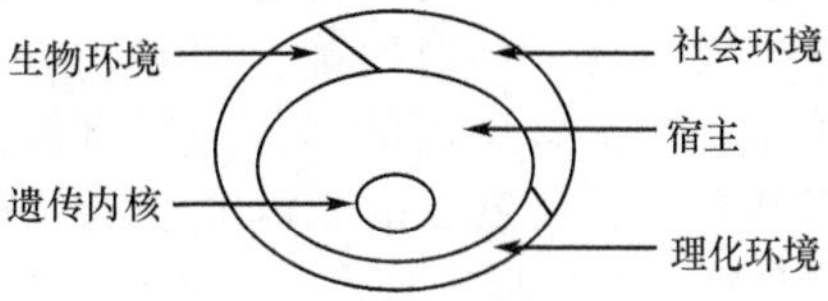

图 9-2 轮状模型

1. 流行病学三角 流行病学三角（epidemiologic triangle）模型表述了疾病发生的三个要素及三者之间互相联系、互相制约的密切生态关系，认为致病因子、宿主、环境是疾病发生的三个要素，相当于等边三角形的三个角，疾病的发生是这三者相互作用的结果，如果三者保持平衡，则表现为健康；如任一方的作用超过了维持平衡的限度，则表现为疾病。三角模型充分考虑了发病的三要素，是比较全面的。但该模型中仅强调了单一病原因子的作用，这在传染病和寄生虫病中表现明显，而慢性病和非传染性疾病往往是多因素作用的结果，并无特异性的病原物；同时三角模型将三个要素等量齐观，未能反映各自作用的大小。

2. 轮状模型 轮状模型（wheel model）强调疾病的发生是宿主和环境相互作用的结果。外环为环境因素，又分为生物、理化和社会环境；内环为宿主，宿主还包括遗传内核。所谓的病因本身就来自于宿主或环境，模型中各部分的相对大小反映了在疾病发生中所起作用的大小，可随不同的疾病而有所变化。如以遗传为主的疾病，宿主的遗传内核可大些；而与宿主免疫状态和环境有关的疾病，则相应部分可大些。这种模式较三角模式而言，更能解释疾病的发生，对病因的认识更全面，有利于疾病病因的探讨和疾病的防治。

（二）疾病因素模型

疾病因素模型在病因分类上操作性强，具有较强的实践指导意义。它将因素分为两个层次：外围的远因和致病机制的近因。外围的远因包括社会经济、生物学、环境、心理行为和卫生保健因素。流行病学的危险因素主要指外围的远因，通常指宏观的病因，具有数目多、对疾病的预防和公共卫生学上的意义较大；近因主要指微观的病因，对疾病的诊断和治疗的意义更大如图 9-3 所示。

（三）病因链和病因网模型

1. 病因链 根据生态学模型或疾病因素模型提供的框架可以寻找多方面的病因，这些病因相互存在联系，按时间先后连接起来就构成一条病因链（chain of causation）。病因链是指一种疾病的发生常是多种致病因素先后或同时连续作用的结果。

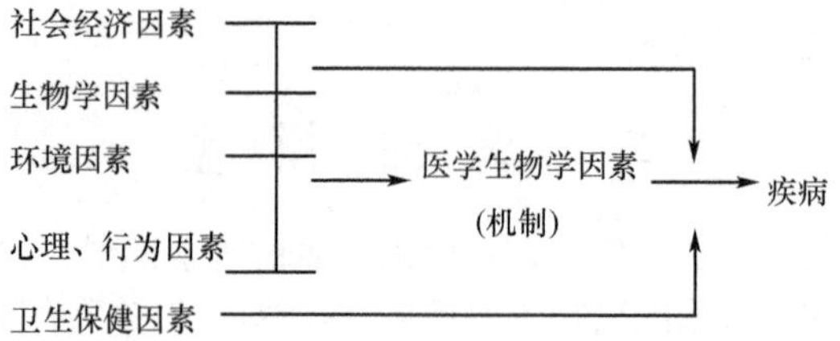

图 9-3 疾病的因素模型

在病因链或病因网中，所有与疾病发生直接相关的病因称为直接病因（direct causes），对应于上述疾病因素模型中的近因；其他与疾病间接相关的病因称为间接病因（indirect causes），对应于疾病因素模型中的远因。以世界卫生组织（WHO）2005 年提出的主要慢性病的病因链为例如图 9-4 所示，高血压、高血糖、血脂异常和超重肥胖等代谢中间危险因素就是所谓的直接病因或“近端病因”，是医学界更关注的主题。它们在病因链上距离疾病结局近，病因学意义相对明确，但是越靠近病因链近端的因素，涉及的人群面越窄，预防的机会越小。而个体层面的不合理膳食及过多的能量摄入、体力活动少、吸烟，则是上述直接病因共有的、最重要的、可改变的危险因素，有效干预这三种危险因素可以预防 80%的心血管疾病、2 型糖尿病和 40%的肿瘤；再往病因链的更远端看，还有“病因的原因”，即根本的社会经济、文化、政治和环境因素，又叫“健康的社会决定因素”（social determinants of health，SDH）。此类远端影响因素作为间接病因，与疾病之间的因果机制可能不是那么明确，但涉及的人群面广，预防的机会大，通过改善这类因素降低总疾病负担的预防效率会更高。

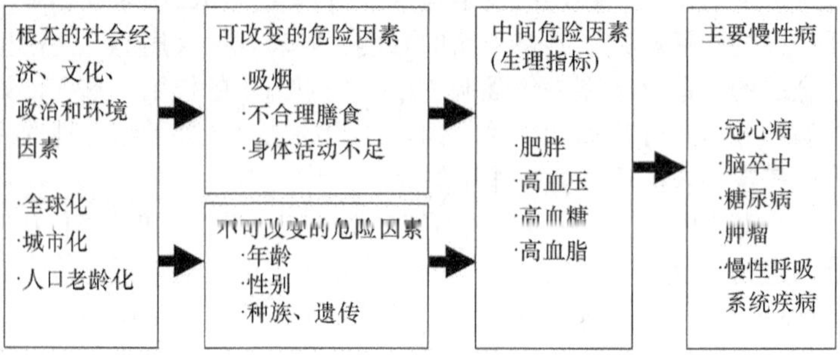

图 9-4 主要慢性病的病因链

2. 病因网 多个病因链交错连接起来就形成一张病因网（web of causation）。这就是病因网模型，它可以提供较为完整的因果关系路径。病因网的每一个节点是前面若干因素的结果，又是后面若干结果的原因之一，最后的“总节点”就是疾病终结局。例如肝癌的病因网如图 9-5 所示，可以看成由三条主要病因链交错形成，三条病因链的起始端分别为乙肝病毒感染、黄曲霉毒素污染食品和饮水中的藻类毒素。病因网模型的优点是表达清晰具体，系统性强，能很好地阐述复杂的因果关系。

（四）寻找病因的条目指南

上述病因模型给我们指出了寻找病因的大致方向、类别或联系方式（病因网），但这些模型相对而言还比较抽象，不便于实际操作。在实际工作中，为了增加寻找病因的可操作性，我们可以从寻找病因指南清单中得到启示如表 9-1 所示。

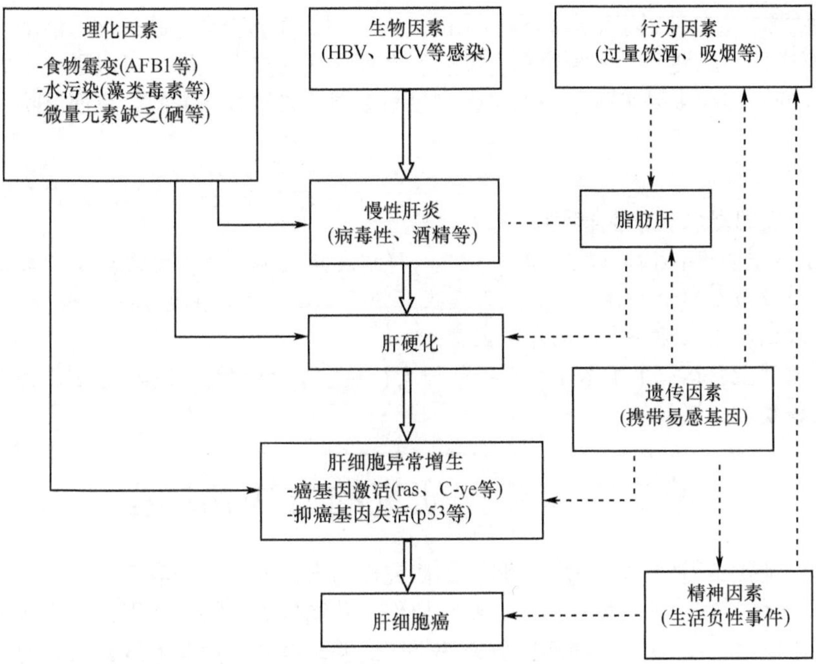

图 9-5　肝癌病因网模型示意

表 9-1　寻找病因的指南清单

因素		病因
宿主因素	先天的	基因、染色体、性别
	后天的	年龄、发育、营养状况、体格、行为类型、获得性免疫、既往史
环境因素	生物的	病原体、感染动物、媒介昆虫、食入或接触的动植物等
	化学的	营养素、天然有毒动植物、化学药品、微量元素、重金属等
	物理的	气象、地理（位置、地形、地质）、水质、大气污染、电离辐射、噪声、振动
	社会的	社会/人口（人口密度、居室、流动、都市化、交通、战争、灾害）、经济（收入、财产、景气）、家庭（构成、婚姻、家庭功能）、饮食习惯、嗜好兴趣（烟、酒、茶、运动、消遣）、教育文化、医疗保健、职业（种类、场所、条件、福利、劳保设施）、政治、宗教、风俗

三、因果联系方式

病因作用的联系方式是研究病因作用途径及机制的重要内容，也是构建上述各种病因模型的重要基础，并具有预防措施上的指导意义。因果联系方式包括单因单果、单因多果、多因单果和多因多果。

1. 单因单果　单一病因引起单一疾病，这是传统的简单化病因观，产生于人们早期认识疾病的局限性，也是因果特异性概念的根源。即使针对传染病，也不存在单一的病因。而且单一结果的概念也是不正确的。单因单果是不存在的，以这种模式来思考或研究病因，只可能得到片面或错误的结论。

2. 单因多果　单一病因引起多种疾病，这从病因的多种疾病效应方面来看，无疑是正确的，但所导致的这些疾病又并非仅由这单一病因所致。因此，单因多果仅仅从某病因的多效应这方面看是正确的。

3. 多因单果　多个病因引起单一疾病，这从疾病的多因性方面来看，无疑是正确的，但这些多个病因又并非仅仅导致单一疾病。多因单果和单因多果都各自反映了事物正确的某一方面。

4. 多因多果 指多种因素引起多种疾病的发生。例如高脂膳食、缺乏体力活动、吸烟和饮酒引起脑血栓形成、心肌梗死、大肠癌和乳腺癌。多种疾病的多个病因，可以是完全共同的，也可以是部分共同的。多因多果实际上是把单因多果与多因单果结合在一起，全面反映了事物的真实面目。

知识点 9-1：病因概念和病因模型

（1）现代流行病学病因的概念：那些能使人群中发病概率升高的因素就可以被认为是病因；当其中的一个或多个因素不存在时，人群中疾病频率就会下降。在复杂病因疾病或病因尚未明确时，相关致病因素被称为疾病的危险因素。

（2）病因模型包括：①生态学模型：包括流行病学三角和轮状模型；②病因模型；③病因链和病因网模型。

第二节 病因研究的方法和过程

基础医学、临床医学和流行病学均将病因研究作为自己的主要任务之一，并建立了自己的研究方法。不同学科各有所长，相互补充，密切协作，共同致力于揭示病因。若能掌握和灵活运用三种方法于病因研究中，则可加速病因研究的进程。基础医学从微观上解释疾病的发生，旨在揭示疾病发生、发展的微观机制。临床医学侧重于从个体机体的病理、生化、影像学改变等角度阐明疾病的发生。流行病学主要从人群的环境、遗传等多方面进行研究，从宏观角度解释疾病的发生。流行病学研究在病因学研究中占有举足轻重的地位。从假设的提出到最后论证的各个阶段，流行病学都有独到的研究方法。

一、病因研究的基本方法

（一）描述性研究

描述性研究是病因学研究的起点，其主要作用是提出假设，是最基本、最常用的提出病因线索的研究方法。主要包括现况研究、生态学研究、病例报告和个案调查等。现况研究通过普查或抽样调查描述疾病在不同时间、不同地区和不同人群中的分布特征，从而根据分布特征提出病因线索。生态学研究以群体为观察和分析单位，通过对某一自然人群与某些可能致病因素的相关分析来探索可能的病因。病例分析则是通过分析临床患者的暴露特征，从中获得可能的病因线索。个案调查是对罕见病例或群体现象进行报告，旨在用典型个案启发病因线索。

（二）分析性研究

分析性研究是比描述性研究更深入的探索和检验病因的方法。主要包括病例对照研究和队列研究。病例对照研究是回顾性的观察研究方法，通过比较分析病例组和对照组暴露特征的差异，从而判断暴露与疾病有无关联以及关联程度。队列研究是前瞻性的观察性研究，基线调查后通过若干年的随访观察，比较分析暴露组和非暴露组的发病或死亡结局，从而明确暴露是否与疾病有关联。

（三）实验性研究

实验性研究的主要作用是验证病因假设。该研究方法是在检验病因假设的基础上，通过评价干预措施的有效性进一步来证实所研究病因的客观存在。主要包括临床试验、现场试验和社区试验。临床试验是以病人为研究对象，主要用于评价新药物、新治疗措施、方案等的有效性，尤其在多中心大样本随机对照试验的论证强度最高。现场试验和社区试验统称现场干预试验，是以社区人群为研究对象，主要用于评价预防措施的有效性。

以上流行病学研究方法在人群病因学研究中发挥着不同的作用。一般而言，在因果关联论证强度上，实验性研究大于观察性研究，有对照的研究大于无对照的研究，以个体为单位的研究大于以群体为单位的研究（生态学研究）。防治效应的因果研究最好采用随机对照试验，随机对照试验是最常用于确定某干预措施的疗效，在病因学研究中论证强度较强。病因学研究最好采用前瞻性队列，如果有去除病因的干预试验则更好。随着循证医学的发展，为病因学研究提供了更加有效的手段，多项随机对照试验的 meta 分析和系统评价可以纳入尽可能多的相关随机对照试验，相当于扩大了研究的样本量，从而提高了研究结果的真实性，认为是论证强度最高的研究证据。当然，研究设计类型的选择与研究所处阶段、研究的资源条件及医学伦理有关。实验性研究尤其需要考虑伦理问题。实验性研究与观察性研究相比较，它控制偏倚的能力更强，研究结论更可靠，但实验条件有可能脱离真实生活环境，使其外推到现实情况时受限；而观察性研究更接近真实生活环境，其外推到现实情况时更可信，但观察性研究的结论较容易受偏倚的影响。另外，利用现代科学技术，对动物、组织细胞和基因分子等进行实验，也为病因学提供了丰富的研究手段。尤其在解决暴露与疾病之间的黑匣子、疾病发生的易感标志物、筛查高危人群等问题中均发挥着重要作用。不同病因学研究方法对因果关联度的论证强度排序如表 9-2 所示。

表 9-2 病因研究方法论证强度比较

研究方案	起始点	研究结果评价	研究方向	论证强度	可行性
随机对照试验	干预措施（暴露）	结局事件（发病、死亡等）	前瞻性	++++	难
队列研究	暴露状态	结局事件	前瞻性	+++	较难
病例对照研究	疾病状态	暴露	回顾性	++	易
描述性研究	暴露状态	疾病状态	现况	+/–	易

二、病因研究的基本过程

疾病的病因研究是一个循序渐进的过程，从病因不清到病因清楚，需要经过一系列的研究。一般来说，首先通过来自描述性研究提出疾病的病因线索，再运用逻辑推理形成病因假设；然后根据假设指出进一步的研究方向，选用分析性研究中的病例对照研究或队列研究方法检验病因假设；有时还借助于实验性研究进一步验证假设；最后应用病因推断标准做出因果推断。具体步骤如图 9-6 所示。

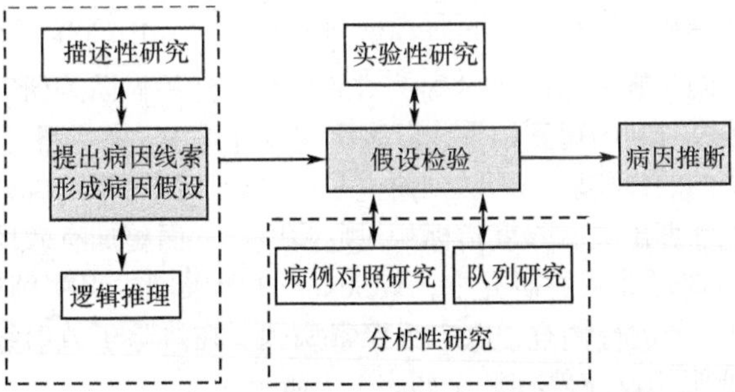

图 9-6 疾病病因研究的基本过程和主要步骤

（一）提出病因线索，建立病因假设

提出假设是病因研究的起点。流行病学通过来自人群的现况调查或生态学研究描述疾病的三间分布，根据分布特征提出病因线索。来自患者的病例报告和病例系列分析也属于描述性研究范畴，往往是临床工作者根据临床实际提出病因假设的重要途径。病因假设的建立必须从实际出发，必须建立在已有的调查资料、别人的经验、对疾病自然史的了解及其他相关资料的基础上，决不能凭空臆断。案例 9-1 中反应停与短肢畸形的关系，最初就是由临床医生在实际工作中观察并综

合分析从而提出的病因线索。1961 年底，临床医生 McBride WG 给 Lancet 杂志写信，怀疑短肢畸形可能与母亲妊娠期间服用反应停有关。之后学者才开展了一系列的研究来检验或验证因果关系。

建立病因假说的过程是根据描述流行病学研究结果进行逻辑推理的过程。其中最常用的逻辑方法是 Mill 准则（Mill's canons）。Mill 准则包括求同法、求异法、同异并用法、共变法和剩余法。

1. 求同法（method of agreement） 是指在相同事件（如患同种疾病）之间寻找共同点。如果同一疾病的不同患者间存在某个或某些相同因素，则怀疑这个或这些因素可能是该病的病因。例如进行肝癌的危险因素调查发现，尽管病人的年龄、性别、职业等不同，但大部分患者都有乙肝病毒感染标记，从而提示乙肝病毒感染可能是导致肝癌发生的危险因素之一。

2. 求异法（method of difference） 是指在事件发生的不同情况之间（如对群体而言，发病率高人群与发病率低人群之间；对个体而言，发病者与不发病者之间）寻找不同的线索。如发生与不发生地方性甲状腺肿的地区，人口、气候、风俗、饮食习惯等情况无明显差别，唯一不同的是发生甲状腺肿的地区饮用水中碘含量低，而不发生甲状腺肿的地区饮用水中碘含量正常，因而提出饮用水中缺碘可能是甲状腺肿的病因假设。

3. 同异并用法（joint method of agreement and difference） 求同法和求异法并用，相当于同一研究中设有比较组，控制干扰因素。同异并用法是比较性研究设计的逻辑学基础。

4. 共变法（method of concomitant variation） 如果某因素出现的频率或强度发生变化时，某疾病发生的频率与强度也随之变化，则该因素很可能是该病的病因。如在吸烟与肺癌的研究中，按吸烟量多少将研究对象分为若干组进行随访，各组之间其他与肺癌有关的因素皆均衡可比，此时，若发现吸烟量越大组的肺癌死亡率越高，则吸烟与肺癌有关。

5. 剩余法（method of residues） 进行研究的某种疾病的病因假设有时可能会产生几个，此时可根据客观资料及相关的知识，逐一进行排除，最后还有未能解释的部分，这部分就可归因于暴露因素范围内“剩余”的因素，也是可能的病因。在临床诊断及暴发原因的调查中，常用剩余法进行逻辑推理，帮助形成假设。例如肝癌的发生除了乙肝病毒感染和黄曲霉毒素能解释的部分，还有部分患者无法用这些危险因素解释，那么这部分就可以推理为其他“剩余”的因素，如饮水中的藻类毒素。

在病因假设的逻辑推理过程中，不仅要灵活运用上述方法，而且必须具备有关生物学、医学及其他学科的知识与经验。

（二）检验假设

描述性研究提出的病因假说，需经分析性研究进行论证。常用的分析性研究方法有病例对照研究和队列研究两种。论证的步骤一般是先做病例对照研究，然后做队列研究。病例对照研究不受疾病发生频率的限制，可在短时间内得到结果，但该研究设计是由“果”推“因”，因此只能确定二者之间的相关性，进行初步的假设检验；而队列研究是由“因”到“果”的研究，通过直接比较暴露组和非暴露组的发病率，计算出关联强度指标相对危险度，从而更加有效地检验病因假说。

例如在反应停与短肢畸形关系的研究中，Weicker H 等采用成组病例对照研究设计，对 50 个病例和 90 个健康婴儿的母亲进行调查，以广泛探索病因。在排除了放射线、避孕药、堕胎药、去污剂等因素后，只有孕期服用反应停有意义如表 9-3 所示。

表 9-3 反应停与短肢畸形的病例对照研究

服用反应停史	病例组	对照组
有	12	2
无	38	88
合计	50	90
服用反应停史的比例	24.0%	2.2%

注：χ^2=16.94，P<0.001　　OR=13.9（95%可信区间：2.8～131.2）

随后临床医生 McBridge W 报告了队列研究的结果，他们根据孕妇在怀孕初期是否服用反应停将其分为暴露组和非暴露组，再随访观察她们的新生儿的结局，结果如表 9-4 所示。研究结果表明：孕初期服用反应停者发生短肢畸形的相对危险度高达 175，特异危险度为 41.76%。这一结果进一步说明反应停与短肢畸形有关。

表 9-4　反应停与短肢畸形的队列研究

母亲分组	新生儿数			肢体缺陷发生率（%）
	有肢体缺陷者	无肢体缺陷者	合计	
孕 8 周内有服用反应停史者	10	14	24	42.00
孕早期无服用反应停史者	51	21434	21485	0.24

RR=42% ÷ 0.24% = 175，AR=42% －0.24% = 41.76%（95%可信区间：2.8～131.2）

（三）验证假设

无论是通过流行病学，还是通过实验医学或临床医学研究方法获得的病因假设，最终仍需在人群中用实验流行病学的方法进行验证。所用的研究方法多数是干预实验或类实验，就是通过干预减少人群中病因因素的存在，疾病的发病率或死亡率就会明显低于对照组或干预前，最终证明病因假说。

在反应停与短肢畸形案例中，分析反应停销量与短肢畸形发生率之间的关系的生态学研究，也从宏观层面检验了二者之间的因果关系。反应停从 1959 年开始在市场销售，1960 年销量迅速上升。1960 年底和 1961 年初这种短肢畸形的病例数亦随之上升。反应停销售量曲线的变化恰好与这些病例的母亲怀孕期相吻合。1961 年 12 月反应停在前联邦德国撤市，1962 年下半年以后出生的儿童便很少发生这种畸形，可以把药物撤市可作为干预研究的例证，这种终止效应强有力地支持了二者之间的因果关系。

流行病学应用描述-分析-实验流行病学的不同研究方法，分别从现象描述、原因分析、措施干预三个层次进行病因研究。可见案例 9-1 中反应停与短肢畸形之间的因果关系确立就是运用流行病学方法开展病因研究的范例之一。

知识点 9-2：病因学研究的主要方法和基本过程、Mill 准则

（1）流行病学的病因研究的首先应用描述性研究提出病因线索，再运用逻辑推理形成病因假设；然后应用分析性研究检验病因假设；有时还借助于实验性研究进一步验证假设；最后应用病因推断标准做出因果推断。

（2）Mill 准则（Mill's Cannon）是建立病因假设过程中常用的逻辑推理方法，主要包括：求同法（method of agreement）、求异法（method of difference）、同异并用法（joint method of agreement and difference）、共变法（method of concomitant variation）和剩余法（method of residues）。

第三节　因 果 推 断

案例 9-2

在幽门螺杆菌感染与十二指肠溃疡的关系研究中我们获得如下证据：

（1）324例幽门螺杆菌感染者，10年中有11%发生十二指肠溃疡，而133例非感染者仅有0.8%发生十二指肠溃疡。说明感染在前，发病在后。

（2）90%～100%的十二指肠溃疡患者存在幽门螺杆菌感染，OR >10；10%的感染者在10年中发生十二指肠溃疡，RR >10；十二直肠溃疡患者的感染密度（每平方毫米胃黏膜）高于非患者；幽门螺杆菌感染率与卫生条件有关，在发展中国家较高，可达50%以上，十二指肠溃疡患病率也较高；幽门螺杆菌感染无性别差异。

（3）许多研究者重复得到相似结果。

（4）幽门螺杆菌结合部位在胃窦细胞，它可随着胃窦细胞进入十二指肠，引起炎症，削弱黏膜，使其易于遭受酸的损伤。

（5）临床试验中清除幽门螺杆菌可使十二直肠溃疡愈合，其效果等同于组胺受体拮抗剂；用三联抗菌治疗清除该菌后，长期溃疡复发率为0，而用组胺受体拮抗剂治疗，复发率为60%～80%。

问题：

（1）上述五个证据分别对应因果推断的哪条标准？

（2）以上证据能否说明幽门螺杆菌感染与十二指肠溃疡的发生有因果关联？并请说明理由。

病因推断是确定所观察到的关联是否为因果关联的过程，它包括因素与疾病关联方式的判断及因果关联的推断标准。

一、因素与疾病关联判断

流行病学进行因果推断时，首先需要确定因素与疾病是否有关联，如有关联，进一步确定是何种关联。所谓关联（association）是流行病学上的一个术语，指两个或两个以上事件或变量间有无关系。应当指出有关联并不一定是因果关系。两事件或两个变量间有统计学关联，也只能说明它们在数量上的依存程度，同样不一定是因果关系。因此，当有关联时，判断是什么关联是至关重要的。

因果关联推断的步骤如下：

（1）确定两事件是否存在统计学上的联系；

（2）排除虚假关联和间接关联；

（3）检验是否符合因果联系的判断标准；

（4）进行科学概括与抽象，做出判断。

关联的分类总结如图9-7所示。

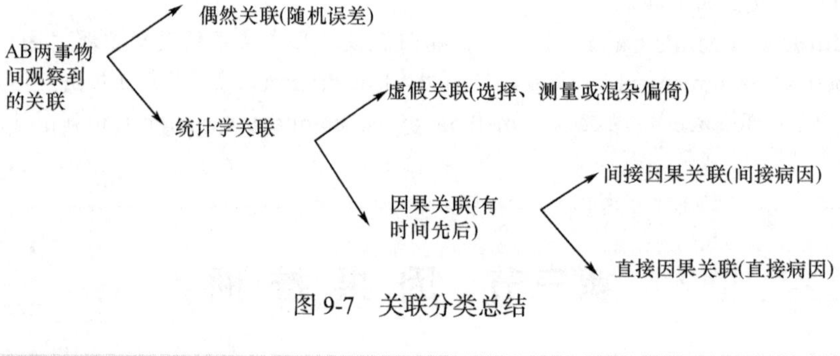

图9-7　关联分类总结

（一）统计学关联

狭义的统计学关联（association）指分类资料的相关（correlation），这主要针对流行病学中较多的分类资料；广义的关联等同于相关。可能病因（暴露）E 与疾病 D 存在统计学关联，只说明 E 与 D 的关联排除了偶然性（随机误差）的干扰，并不一定存在因果关联。要确定因果关联，在统计学关联的基础上，还得排除虚假关联和间接关联的干扰，如果还有统计学关联，进一步可以用因果判定标准进行综合评价，从而得出不同程度的因果关系结论。

（二）虚假关联和间接关联

1. 虚假关联（spurious association） 有统计学关联，并不一定是因果关联。在研究过程中，由于应用方法错误或各种偏倚（包括选择偏倚、信息偏倚等），都可使研究结果不真实，表现为扩大或掩盖了暴露与疾病的关联强度，甚至出现完全虚假的关联。其原因可能包括研究对象选取不恰当、测量方法错误等。如有人用病例对照研究方法探讨冠心病与喝咖啡的关系，选择同一医院的非冠心病的其他慢性病患者为对照，结果冠心病组喝咖啡的量和次数显著地大于对照组，提示喝咖啡可能是冠心病的一个原因。但进一步调查显示：这些慢性病患者较急性病患者或正常人喝咖啡少，提示该研究所选的对照组不是全部非冠心病病例的一个无偏样本，而可能包含了严重的选择性偏倚，从而导致了喝咖啡与冠心病有关的“假关联”结果。因此，判断结果时，要仔细分析研究设计，了解是否存在偏倚。只有研究方法正确，各种可能偏倚均已得到有效控制，才能排除虚假关联的可能性。

2. 间接关联（indirect association） 也称为继发关联（secondary association），是指本来两事件不存在因果关联，但由于两事件的发生都与另外一种因素有关，结果两事件间出现了统计学上的关联。例如吸烟是冠心病的危险因素，而吸烟又与饮用咖啡存在相关（没有确定的时间先后），从而造成饮用咖啡与冠心病的继发关联。继发关联可视为一种混杂，可通过分层分析加以调整。在排除了抽样误差、虚假关联及继发关联的可能性后，两事件间的关联才有可能是因果关联，才能进行病因推断。

（三）因果关联

因果关联（causal association）是指某一因素的发生频率或性质改变造成某一现象的发生频率改变，那么该因素则为该现象的原因，二者之间的联系即为因果关联。因果关联反映了事物间存在的固有内在联系。“因”和“果”在时间上总是先后相随，在空间上总是相伴存在，所以，探索因果关联时要从各个角度综合考虑。要确定因果关联，需要排除选择偏倚、测量偏倚和混杂偏倚这些系统误差的干扰，并确定因素与疾病的时间先后顺序。在排除或控制了这些偏倚的干扰后，如果还有统计学关联，就说明存在真实的关联，可以用因果推断标准进行综合评价。

整个因果关联的判断进程如下：

暴露 E 与疾病 D→有统计学关联否？→有偏倚否？→有时间先后否？
（提出假设）　（排除偶然）　（排除虚假）　（前因后果）

二、因果关联的推断标准

（一）因果推断标准的发展

1. Henle-Koch 原理（1882） Henle-Koch 原理作为病因推断标准的第一个里程碑，由 Henle 于 1840 年首先提出，Koch 后来扩展完善发展的。原始有 4 条：①在相应疾病患者中总是能检出该病原体（必要病因）；②在其他疾病的患者中不能检出该病原体（效应特异性）；③能从相应疾病患者中分离到该病原体，传过几代的培养物能引起实验动物患相同疾病（充分病因）；④能从患该病动物中分离到相同病原体。有的著作中以前 3 条为准。Koch 补充说：即便某传染病不能传给动物，但只要病原体有规律的和排他性的存在（原理①②条），就能证实因果联系。该原理应用于传染病，虽然还不甚完备和存在局限性，如仅仅从病原体方面把病因看成是特异的，但是毕竟抛弃了主观臆断，其客观的判定标准对研究者建立比较完备的因果推断标准奠定了基础。

2. 美国“吸烟与健康报告”委员会提出的标准（1964） 它作为病因推断标准的第二个里程碑，包括 5 条：①关联的时间顺序；②关联的强度；③关联的特异性；④关联的一致性或可重复性；⑤关联的连贯性或合理性（与现有理论知识吻合）。该标准是当代病因推断标准的雏形，随后英国流行病学和统计学家 Hill 结合 Mill 准则等哲学思想进行了完善而形成因果推断的 Hill 标准（Hill's criteria）。近年来，一些学者进一步对此标准进行了修订，形成了目前应用的因果推断标准。

（二）因果关联常用的推断标准-Hill 标准

1. 关联的时间顺序（temporal sequence of association） 有因才有果。作为原因一定发生在结果之前。这在病因判断中是必需的，且为绝对标准。即研究因素的暴露一定发生于疾病（结局）之前；即使不能确定暴露与疾病的时间顺序，也必须存在暴露先于疾病发生的可能性。在确定前因后果的时间顺序上，实验研究和队列研究最强；病例对照（用新病例）和生态学研究时间序列次之；横断面研究较差。

2. 关联的强度（strength of association） 是指结局与暴露因素之间关联程度的大小，常用 OR 或 RR 值等来描述。一般来说，某因素与某疾病的关联强度越强，则间接关联和虚假关联的可能性越小，误判的可能性就越小，成为因果关联的可能性越大。如在吸烟与若干种疾病的关联的研究中发现，吸烟与肺癌的 RR 值达 9～10，而吸烟与急性心肌梗死的 RR 值约为 2，因而提示吸烟与肺癌的因果关联成立的可能性较吸烟与急性心肌梗死的因果关联成立的可能性更大。但这里有两点值得注意：①并非弱的关联就一定不是病因，只是这时更需要考虑偏倚或混杂作用的可能性，因果判断时要更慎重；②在因果关联判断时，并没有公认、明确的关联强度的界值。

3. 关联的可重复性（consistency of association） 是指某因素与某疾病的关系在不同时间、不同地点、由不同学者用不同的研究方法进行研究均可获得一致性的结论。重复出现的次数越多，因果推断越有说服力。与观察性研究相比，实验性研究的可重复性较好，这是因为实验性研究的控制条件要好得多。某些观察性研究结果之间的差异，有可能是背景条件（其他危险因素）的差异所致。多数研究的可重复性使因果关联的可能性增加，而少数或个别研究的不同或相反的结果并不能简单反驳因果假设，但需要仔细探究结果差异的缘由。近年来，随着循证医学的快速发展，应用 meta 分析进行的系统评价为多项研究结果进行定量合并提供了技术支撑，是对研究结果重复性的量化分析，越来越多地被视为因果关联的科学证据。

4. 关联的合理性（plausibility of association） 是指某因素作为某病的病因，在科学上应“言之有理”，即观察到的两事件之间的联系要求能用现代医学理论进行解释。此条标准包括两个方面：

（1）对关联的解释与现有的理论知识不矛盾，符合疾病的自然史和生物学规律，这相当于客观评价。例如高脂血症与冠心病的因果关联，与冠状动脉粥样硬化的病理证据以及动物实验结果吻合。

（2）研究者或评价者从自身的知识背景出发，支持因果假设的把握度，这相当于主观评价，即科学家团体的意见。例如吸烟与肺癌的因果关联，设想化学物质随烟雾吸入及沉积在呼吸系统的组织和细胞上，引起癌变不是没有道理的。

当然，这种合理性的判断受到当时科技发展水平以及评价者知识背景和能力的局限。有些观察到的联系目前虽不能用生物学知识加以解释，并不表示没有这种可能，或许在未来的科学发展中将得以证实。

5. 关联的剂量-反应关系（dose-respose relationship） 是指某因素暴露的剂量、时间与某疾病结局之间存在数量依存关系，即暴露剂量越大，时间越长则疾病发生的概率越大。这种现象是由于生物个体对暴露因子的耐受性、敏感性存在较大的差异。存在剂量-反应关系可作为支持因果关联的有力证据。例如吸烟与肺癌的研究表明：随着吸烟量和年限的增加，患肺癌的危险性也增加，呈现明显的剂量-反应关系。但应该注意到，有些因素的生物学效应存在剂量-反应关系，有些则表现为“全或无”效应。因此，当不存在剂量-反应关系时，不能否认因果关系的存在。

6. 关联分布的一致性（coherence）　是指研究因素与结果时空分布上的一致性。强调两者间生态学相关的合理性，可以看作是关联合理性的一种表现。例如烟草销售量大的地方，肺癌患病率高，也为吸烟与肺癌间存在因果关联提供了证据。

7. 实验证据（experimental evidence）　是指用实验方法减少或去除可疑原因，结局的发生率随之下降，即研究的因与果之间存在终止效应，其作为因果关联的判断标准论证强度很高。这种终止效应可以来自人群现场试验，也可以来自临床试验。例如怀疑孕期服用反应停导致新生儿短肢畸形，停止销售反应停后流行终止，强有力地说明了两者之间的因果关联。来自随机对照试验的结果也是最有力的因果证据，但由于伦理冲突，往往使研究方案难以实现。有时某些大规模现场实验所获得的结果，即使未设立平行对照，在掌握所研究疾病自然史的条件下，也可以产生有利的因果证据。例如随着乙肝疫苗在人群中普及接种，乙肝病毒感染率明显下降，并且有研究也发现肝癌的发病率也在下降。尽管该研究由于伦理学要求没有设置空白对照组，但由于因果的时间关系明确，偏倚的干扰较小，所以仍然是乙肝病毒与肝癌之间因果关联判定的强有力证据。

8. 关联的特异性（specificity of association）　是指病因与疾病有严格的对应关系，即某因素只引起某疾病，某疾病只能由某因素引起。关联的特异性主要适用于传染病，对大多数非传染性疾病来说，特异性并不明确。例如吸烟除引起肺癌外，还可一起膀胱癌、口腔癌、心肌梗死及胃溃疡等；同时，肺癌的危险因素除吸烟外，还可以由其他许多因素引起，两者之间并不存在严格的特异性。另一方面，吸烟与各种疾病的关系中，与肺癌的关联强度最大，而且诸多研究表明：两者的关联主要表现在吸纸烟（非雪茄和烟头烟）与支气管鳞状上皮癌（非腺癌或其他癌）之间，因此，可以认为二者间存在一定的特异性。总之，当关联具有特异性时，可加强病因推断的说服力；当不存在特异性时，不能因此排除因果关联的可能。

流行病学中因果关系的判断是复杂的，在上述 8 条标准中，关联的时间顺序（前因后果）是必需满足的；关联的强度、关联的可重复性、关联的合理性、关联的剂量-反应关系及实验证据也有非常重要的意义；其他标准可作为参考。因果关联判断中，并不一定要求满足全部 8 条标准，但满足的条件越多，因果关联成立的可能性越大，误判的可能性越小。此外，也要认真考虑不同研究设计的科学性和合理性，以此判断证据的可靠性。同时还应掌握尽可能多的科学证据，具备其他学科知识，最终综合性地做出因果关联的判断。

知识点 9-3：因果关联推断的步骤、因果推断标准-Hill 标准

（1）因果关联推断的步骤：①确定两事件是否存在统计学上的联系；②排除虚假关联和间接关联；③检验是否符合因果联系的判断标准；④进行科学概括与抽象，做出判断。

（2）因果关联判断标准通常包括 8 条，其中关联的时间顺序是必需满足的；关联的强度、关联的可重复性、关联的合理性、关联的剂量-反应关系及实验证据也有非常重要的意义；关联的一致性和关联的特异性标准可作为参考。因果关联判断中，并不一定要求满足全部 8 条标准，但满足的条件越多，因果关联成立的可能性就越大。

案例 9-1 分析讨论：

（1）描述性研究发现，短肢畸形发生的地区、时间与反应停销售地区、时间相符合，这种分布的一致性提示短肢畸形的发生可能与反应停有关。但描述性研究仅能提供病因研究的线索，不能做出病因结论。为明确病因结论应进行分析性研究对病因假设加以验证。

（2）病例对照研究可以初步检验病因假设。本案例中病例对照研究的结果表明，母亲孕期服用反应停，其新生儿发生短肢畸形的风险是未服用者的 13.9 倍，提示母亲孕期服用反应停可能是新生儿发生短肢畸形的重要危险因素。但由于病例对照研究属于回顾性研究，且研究中可能存在偏倚的影响，因此，尚不能得出确切的病因结论。

（3）队列研究属于前瞻性研究，可以直接观察暴露因素与疾病之间的关联，因此可以检验病因假设。本案例中队列研究的结果表明：孕早期服用反应停其新生儿发生短肢畸形的危险性是未服用者的175倍，从而表明：母亲孕期服用反应停是其新生儿发生短肢畸形的重要病因。

（4）由于禁止销售沙利度胺后，短肢畸形的发生情况也随之下降，这一效应也可以看作是施加干预措施后（反应停药物撤市）对疾病效应的影响，即实验的终止效应。这一结果也从宏观上支持反应停与短肢畸形间的因果关系。

（5）流行病学进行病因推断，首先通过描述性研究提出疾病的病因线索，再运用逻辑推理形成病因假设；然后应用分析性研究检验病因假设；有时还借助于实验性研究进一步验证假设；最后应用病因推断技术标准做出因果推断。

案例 9-2 分析讨论：

（1）在幽门螺杆菌感染与十二指肠溃疡的关系研究获得的研究证据分别对应因果判断标准中：①关联的时间顺序；②关联的强度；③关联的重复性；④关联的合理性；⑤实验证据。

（2）以上研究证据可以充分说明：幽门螺杆菌感染与十二指肠溃疡之间存在因果关联。在上述一系列研究中，描述性研究通过对疾病分布的描述，发现幽门螺杆菌的感染与十二指肠溃疡之间可能密切相关这一病因线索，分析性研究中的病例对照研究和队列研究分别对这一病因假设进行了检验，且研究结果均表明：幽门螺杆菌感染是十二指肠溃疡发生的重要危险因素；而实验性研究的结果进一步验证了病因假设；进而应用因果判断标准进行病因的综合判断，由此可以得出结论：幽门螺杆菌感染与十二指肠溃疡之间存在因果关联。

（张 莹）

第十章　疾病预防策略与措施

案例 10-1

妊娠期糖尿病（GDM）是在妊娠期发生或首次发现的糖代谢异常，属高危妊娠范畴，对母婴均可造成不同程度的危害。为了提高孕妇的防病意识，做到早发现、早诊断、早治疗，确保GDM孕妇平安度过妊娠期，某院产科门诊2006年1月至2007年3月对6147例孕妇进行了GDM筛查（糖筛）和健康教育。

在门诊建立健康教育制度及GDM专家门诊，设立营养咨询及血糖检测室，采用多媒体、发放资料和咨询相结合的方式，将GDM发生的因素与危害、预防与治疗、定时测定血糖的重要性与GDM治疗性饮食等知识作为教育的重点内容，并针对个体评估患者对饮食和营养的需求，帮助患者制定最佳饮食方案。

通过筛检查出葡萄糖负荷试验（GCT）异常1360例，占22%；妊娠期糖耐量受损（GIGT）171例，占2.8%；GDM 136例，占2.2%。对妊娠期糖耐量异常或GDM者，加强饮食指导和定时监测血糖，建立科学健康的饮食方式。通过健康教育，孕妇对GDM的认识和防治意识有明显提高。136例GDM孕妇仅有3例需要应用胰岛素降低血糖，其余全部通过单纯性饮食控制血糖。

问题：

（1）疾病的预防策略与措施是什么？

（2）疾病三级预防的概念和内容是什么？

（3）健康教育、健康促进在疾病预防中的作用是什么？

（4）本例中所采用的方法对预防GDM的意义是什么？

流行病学的任务是揭示疾病或健康问题流行或分布的现象；从分析现象入手找出疾病或健康问题流行与分布的规律与原因；最后合理利用前两个阶段的结果，找出预防或处置疾病或健康问题的策略与措施。疾病的预防控制是流行病学的核心目的。因此，预防控制策略与措施的制定就尤为重要。本章通过实际案例来讲解疾病预防策略与措施的内容。

第一节　概　　述

疾病预防与控制的策略是指导全局的总体方针，疾病预防与控制的措施是开展工作的具体技术手段。策略和措施犹如军事上的战略和战术，密切相关。只有在正确、合理的策略指导下，采取有效、可行的措施，才能以最少的投入取得最大的防制疾病的效果。

一、在宏观水平制定预防控制的策略

疾病的防制策略应根据以下情况综合分析后制定：①该病的流行病学特点（分布和自然史）；②该病对人群健康和社会经济的危害程度；③该病有无特效的防治方法；④当地对预防控制该病的支持程度（政策、资源、社会参与）。疾病的防制策略是在充分了解疾病特点和当地背景的情况下，对如何执行具体措施做出的一种宏观决策。因此在制定防制策略时要考虑政府的卫生工作方针、社会大卫生观念、现代医学模式、影响健康的因素、社区诊断等方面的问题。如案例 10-1

中，妊娠期糖尿病（GDM）属于高危妊娠，对母婴均可造成不同程度的危害，提高孕妇对 GDM 的认识和防治意识，是预防 GDM 发生的重要策略。

战略规划制定的过程包括：对疾病流行形势和防制工作的分析和综合评估，找出在疾病防制工作中存在的主要困难和障碍，确定防制工作的优先领域及其目标，制定实现目标的策略，以及如何进一步加强防制工作，如何对防制工作进行监督、管理和评估等。这个过程可以分为三个步骤，即形势分析、应对分析和规划制定。

二、制定疾病预防和控制的策略和措施的宏观思想

（一）社会大卫生的观念

卫生工作只是卫生部门的事情，这种观念早已不适合新的医学模式了。社会大卫生观念，顾名思义，就是把卫生放在经济和社会发展的大背景下加以审视。首先，健康既是经济社会发展的目标，也是经济社会发展的手段。正如经济社会发展推动卫生工作一样，卫生也同样推动着经济社会的发展，二者相辅相成。其次，卫生事业不只是有关职能部门的事，也是全社会的共同事业；不只是提高医疗水平，还应当包括增强群众的自我保健意识，养成良好的生活习惯，全面完整意义上的健康是通过社会公众的一致行动来实现的。健康是群众和政府的共同目标，卫生工作要与社会和经济的发展同步。卫生工作只靠“技术突破”而不靠“社会突破”，只靠“医学技术”而不靠“政治行动”是很难达到预防和控制疾病目标的。

（二）医学模式

医学模式是人类在与疾病抗争和认识自身生命过程的实践中得出的对医学本质的概括。医学模式对于保护和促进人类健康、预防和控制疾病起着重要作用，它随着医学科学的发展和人类健康需求的不断变化而演变。20 世纪中期以来，全球疾病谱和死因谱已经发生了明显的变化，以生物病原体为主的传染病相对减少，而与心理社会因素密切相关的疾病即心身疾病的死亡率已跃居首位。首先，对人类健康和生命威胁最大的疾病如高血压、冠心病、肿瘤、糖尿病等为代表的慢性病，其病因已远远超出了生物学的范畴而与社会、心理、文化、环境、个人行为等因素密切相关。其次，那种认为现代生物技术的发展对控制传染病起了决定性作用的观点也备受挑战。1976 年，英国学者 Mckeown 对英格兰和威尔士最近三百年的公共健康统计资料进行分析后得出结论，三百年里传染病死亡率的下降，只有 10%可归功于医学上的发明创造（包括抗菌素），而绝大部分应归功于营养、环境和行为的改善。人们不得不用新的视角来认识疾病和健康问题，必然会用生物-心理-社会医学模式（bio-psycho-social medical model）来充实和扩展原有的生物医学模式。

医学模式的转变使人们认识到减少疾病的危害，单纯靠提高疾病的治疗水平是不够的，预防保健起着举足轻重的作用。医学模式的转变要求医疗卫生工作的重点从诊断治疗转变为预防保健。1997 年以来我国社区卫生服务在广度和深度方面有了很大的发展，社区卫生服务组织和机构在全国范围内广泛建立，部分城市已经建立了社区卫生服务体系框架；初级卫生保健工作也有了明显的发展，尤其农村的卫生状况有了很大的改善。这些成就对于我国预防和控制慢性非传染性疾病的发生，改善生活环境和卫生状况都有很重要的意义。生物-心理-社会医学模式适应了医学环境的变化，它要求整合生物医学、行为科学和社会医学等方面的研究成果，用三维或多维的思维方式去观察和解决人类健康问题。这不是一个简单的整合，而是需要医务人员改变思维方式和服务模式。现代医学模式为宏观决策提供了最佳的思维方式，以预防为导向的服务模式是符合现代医学模式的最佳服务模式。案例 10-1 中，医院产科对孕妇采取专家门诊筛查和健康教育相结合的措施对 GDM 进行预防和控制。

（三）影响健康的因素

现代健康的概念由世界卫生组织（WHO）在 1998 年进一步修订后，描述为：健康是生理、心理、精神和社会方面的一种动态的圆满状态，而不仅仅是没有疾病和虚弱。人群的健康水平与社会的可持续发展是相互依存的，一方面社会的发展不能以损害人的整体健康为代价，另一方面人群的卫生保健需求又需要社会的发展提供相应的经济基础。1974 年，加拿大政府发表《从新视觉看加拿大人民的健康》一文中将影响健康的因素归为四个领域：①人体生物因素；②环境因素；③生活方式；④卫生保健体系。Hancock 等人在 1985 年就提出了人体生态系统模型如图 10-1 所示。该模型的中心表示个体健康包括生理、心理和精神三个层面。影响个体健康的因素用三个嵌套的环形表示：家庭、社区和人造环境，以及文化和生物圈。在家庭和社区水平，影响因素又被分成四组：个人行为（生活方式）、人类生物学、物质环境和心理、社会、经济环境。而且，上述四组因素之间还有三个特别的联系：一是以诊疗疾病为目的的医疗体系，主要关注人类生物学和个人行为；二是工作，人类生活的重要组成部分之一，工作场所中的物质环境和心理社会经济环境都会对个体的健康有重要影响；三是生活方式，它是在特定社区和文化背景下个体行为与心理社会经济环境因素交互作用的结果。这个模型是动态的，不同环的形状和大小可根据不同时代、不同社会中不同影响因素的相对作用大小而改变。

健康受到各种因素的影响，按照性质我们将其归为以下四类：

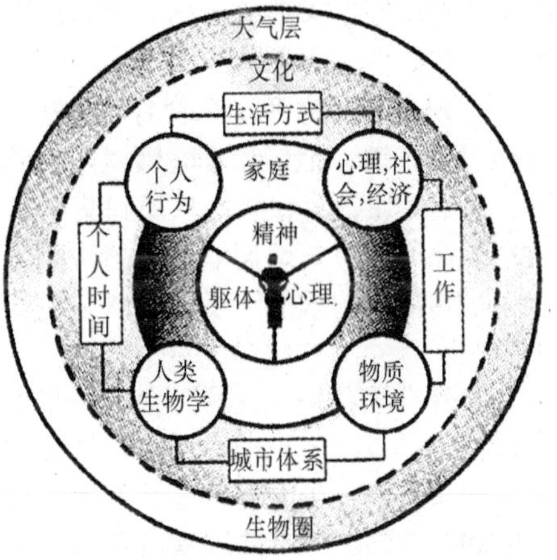

图 10-1　人类健康的生态系统模式

1. 生活方式因素　又称为健康行为因素，是指因自身的不良行为和生活方式，直接或间接地对健康带来不利的影响。它包括嗜好（如吸烟、酗酒、吸毒）、饮食习惯、风俗、运动、精神紧张、劳动与交通行为等。在当今社会中，由于不健康的生活方式可以导致多种疾病。癌症、脑血管病的发生与吸烟、酗酒、膳食结构不均衡、缺少运动及精神紧张等有关；意外死亡，特别是交通意外与工伤意外等也与行为不良有关。我国死因谱已与世界上发达国家的死因谱趋同。

2. 环境因素　“环境”是指以人为主体的广阔的外部世界，分为自然环境和社会环境。自然环境因素包括阳光、空气、水等，这些无疑对健康有着直接的影响。自然界中的恶劣气候、有害的水和气体、噪声和污染物等，随时威胁着人们的健康。社会环境因素更复杂，安定的社会、良好的教育、发达的科学技术等，无疑对健康起到了良好的促进作用。和谐的人际关系、美好的家庭环境、融洽的工作、学习环境等均会促进健康。反之，则可能会影响健康。

3. 生物因素　包括遗传、生长发育、衰老等。除了明确的遗传疾病外，许多疾病，如高血压、糖尿病等的发生，亦包含有一定的遗传因素。寿命的长短，遗传是一个不可排除的重要因素。

4. 卫生保健服务因素　包括良好的医疗服务和卫生保健系统，必要的药物供应，健全的疫苗供应与冷链系统，足够的医务人员的良好服务等。

这四个方面的因素相互依存、相互影响，通过人口学特征、文化特征、人们的满足感或精神状态、生态平衡及自然资源互相联系起来并保持平衡状态。

知识点 10-1：健康的基本概念及其影响因素、医学模式的发展的阶段

（1）现代健康的概念由世界卫生组织在 1998 年进一步修订后，描述为：健康是生理、心理、精神和社会方面的一种动态的圆满状态，而不仅仅是没有疾病和虚弱。

（2）健康受到各种因素的影响，按照性质我们将其归为以下四类：①生活方式因素；②环境因素；③生物因素；④卫生保健服务因素。

（3）医学模式的发展共包括两个阶段：生物医学模式和生物-心理-社会医学模式。

第二节 疾病的三级预防

疾病的自然发展过程，包括从发生、发展到结局的整个过程，称为疾病的自然史（natural history of disease）。疾病的自然史可分为 3 个阶段，即发病前期、发病期和发病后期。在发病前期，虽未发病，但存在各种潜在的危险因素；发病期一般机体在形态或功能方面已出现不同程度的异常变化；发病后期的结局除痊愈和死亡外，也可能会留下后遗症以及病残等，丧失劳动能力。针对疾病自然史的发病前期、发病期和发病后期 3 个不同阶段，采取相应的预防措施防止疾病的发生、阻止或延缓其发展，最大限度地减少疾病造成的危害，称为疾病的三级预防。

一、一 级 预 防

一级预防（primary prevention）又称病因预防，是在疾病尚未发生时针对致病因子、可疑致病因子或危险因素采取的措施，预防或限制疾病的发生。一级预防是预防疾病的发生和消灭疾病的根本措施。

实现一级预防可以采取多类措施，例如降低血清中胆固醇的水平来减少冠心病的发生；通过限制机动车辆、工厂和家庭燃烧产生的二氧化硫和其他有害气体的排放来降低城市空气污染的水平；通过健康教育使人们认识到艾滋病是如何传播，以及如何进行预防；案例 10-1 中，通过健康教育提高孕妇对妊娠期糖尿病的防病意识；通过接种疫苗，提高系统免疫能力，消灭天花等。绝大多数传染病的致病因子比较清楚，我们针对已知的病因积极采取各项预防措施预防疾病，防患于未然。

国外有学者从一级预防中进一步提出了根本预防（primordial prevention）的概念，我国有学者也称为零级预防。根本预防是指以政府为主体，多部门参与，通过制定法规、政策或指南，并采取措施，防止可能引发公共卫生事件的各种不良因素的出现。因此根本预防是在最早期对产生健康和公共问题的危险因素的预防，是真正意义的预防第一道关口，其核心是通过制定科学的政策、立法和有效的措施，改变危险因素赖以产生和发展的自然和社会环境，从而避免或限制这些因素的发生。根本预防并不是一个崭新的概念。我国古代医学家提出的“治未病”概念和根本预防的理念很贴近。国外在 1978 年由 Strasser 明确提出这一概念，强调预防心血管病不应局限于一级预防，还要采取行动阻止危险因素的出现从而预防危险因素在人群中的流行。

二、二 级 预 防

二级预防（secondary prevention）又称“三早”预防，包括早期发现、早期诊断和早期治疗，是疾病发生后为了防止或减缓疾病的发展而采取的措施。

目前，许多慢性非传染性疾病的病因非常复杂，因此，一级预防是不可能完全控制疾病发生的。做到早期发现、早期诊断和早期治疗是防止及减缓疾病发展的有效措施。应用先进的医疗技术，对于一些慢性病，例如心血管疾病、恶性肿瘤等疾病，完全有能力在发病期进行有效的干预，明显改善其预后。

早期发现是二级预防非常重要的环节。早期发现病人的方法包括普查、定期健康检查和设立专科门诊等，筛检是早期发现病人的主要方法，但要决定是否对某个疾病开展普查、筛检时，必须考虑进行这些流行病学调查时的适用条件，如疾病的发病率、检测方法是否简便、安全和准确、经济效益和社会效益等方面。

一些肿瘤可以通过自我检查早期发现，如乳房自检早期发现乳腺癌等。另外，有些癌前期病变虽不是癌，但及早发现和治疗癌前病变属二级预防。常见的癌前病变有：宫颈糜烂、萎缩性胃炎、黑痣以及肠管、食道、胃的息肉等。产前检查染色体异常和隐性致病基因携带者而早期做出诊断，进而终止妊娠，避免有遗传病的患儿出生，属于遗传病的二级预防措施。案例 10-1 中，通过专家门诊筛查，对妊娠期糖耐量异常或 GDM 者，加强饮食指导和定时监测血糖，建立科学健康的饮食方式，做到早发现、早诊断、早治疗，确保 GDM 孕妇平安度过妊娠期。

三、三 级 预 防

三级预防（tertiary prevention）又称临床预防，是在疾病的发病后期为了减少疾病的危害所采取的措施。

三级预防的目标是防止病残和促进功能恢复，提高生存质量，延长寿命，降低病死率，防止病情恶化、复发转移，减少合并症、后遗症，争取病而不残，残而不废，保护劳动能力，保护生活能力。

康复治疗是实现三级预防目标的手段之一。康复治疗主要包括功能康复和心理康复、社会康复和职业康复等。我国较成熟的康复工作有脊髓灰质炎后遗症手术矫治、白内障手术复明、聋儿语言康复等。

疾病三级预防必须政府支持，社会各界密切配合，预防医学、临床医学和基础医学通力合作才能卓有成效地进行。而不同的疾病，其三级预防的策略和措施应有所不同如图 10-2 所示。

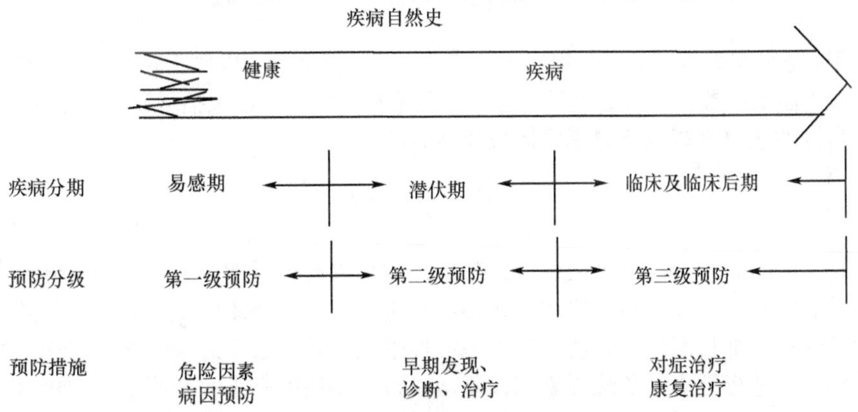

图 10-2　三级预防与疾病自然史的关系

四、全人群策略和高危个体策略

疾病的一级预防包含两种策略，他们经常互为补充，代表了两种不同的病因学观点。

1. 全人群策略（population strategy）　是以公共卫生思维为导向而实现一级预防的策略。通过消除有害暴露，尤其是那些个体难以觉察或控制的环境暴露，或针对人群中有害暴露的决定因素，即病因的原因采取措施，降低整个人群有害暴露的平均水平，进而降低人群总的疾病负担。全人群策略的优势在于不需要识别高危个体，但其主要的缺点是平均到每个个体因预防而获得的收益微不足道，这个现象即为英国流行病学家 Geoffrey Rose 提出的预防悖论。例如大部分人一生中都会在开车时佩戴汽车安全带以预防交通事故的发生。被人们公认的系安全带措施可以为整个社会带来巨大的收益，而表面上对大多数个体却没有显著收益。

2. 高危个体策略（high-risk individual strategy）　以临床医学思维为导向而实现一级预防的

策略。对未来发病风险高的一小部分个体，针对致病危险因素采取有针对性的措施，降低危险暴露水平及其未来发病的风险。以戒烟为例，大多数吸烟者都希望改变自己的生活习惯，吸烟者和医生的关注都会对其有积极的促进作用。高危个体是干预的直接受益者，甚至超过了由此产生的其他任何副作用，例如由于戒烟产生短期的尼古丁戒断综合征。如果高危个体策略获得成功，同时对非吸烟者也会获益，因为也降低了其被动吸烟的机会。出于干预成本的考虑，过去我们一直认为高危人群策略可能更为经济有效。但换个角度想，尽管高危人群策略的干预成本低于全人群策略，但是却增加了确定这组高危个体的筛检成本。

全人群策略和高危个体策略各有优势和局限性。在实际应用中，综合权衡了人群中高危个体的比例、危险因素的性质、确定高危个体的成本等因素后，可以采用高危人群策略作为全人群策略的有益的补充。

知识点 10-2：疾病三级预防的概念

（1）一级预防（primary prevention）又称病因预防，是在疾病尚未发生时针对致病因子、可疑致病因子或危险因素采取的措施，预防或限制疾病的发生。

（2）二级预防（secondary prevention）又称“三早”预防，包括早期发现、早期诊断和早期治疗，是疾病发生后为了防止或减缓疾病的发展而采取的措施。

（3）三级预防（tertiary prevention）又称临床预防，是在疾病的发病后期为了减少疾病的危害所采取的措施。

第三节　健康保护与健康促进

WHO 明确提出健康不仅是没有疾病或不虚弱，而是身体的、精神的健康和社会适应的完美状态。随着健康内涵的发展，公共卫生目标并非仅限于疾病预防，还包括了积极的维护和促进健康。而实现这一目标的主要策略包括健康保护与健康促进。

一、健康保护

健康保护（health protection）又称健康防护，即采取有针对性的措施保护个体或人群免受来自外界环境的有害物质（如生物、物理、化学类有害物质）对健康的威胁。它在预防与控制疾病中起着重要的作用。如长期食用碘盐来预防地方性甲状腺肿；禁止近亲婚配预防先天性畸形及部分遗传性疾病。某些慢性病的危险因素比较复杂，目前其病因尚未完全明了，但仍有一些危险因素较为公认，可以采取针对性的措施，如通过避免咸食、过量饮食和热食来预防胃癌；避免高脂肪饮食和高龄初产来预防乳腺癌；控制食盐摄入量来预防高血压等。

二、健康促进

健康促进（health promotion）是为形成健康行为和健康生活条件所采取的健康教育与环境支持相结合的策略。健康促进的目的是创造有利于健康的环境，避免和减少致病因子的暴露，促进积极的健康行为，提高应对环境和心理压力的能力，从而保持健康的平衡，减少疾病的发生。健康促进是适应医学模式转变，使疾病预防从医学预防走向社会预防的重要手段，是实现一级预防的重要途径。

健康促进主要包括以下几方面内容：

1. 健康教育　健康教育是一项通过传播媒介来提高人们的健康知识水平和自我保健能力，并激励人们采取有益于健康的行为和生活方式，避免危险因素，进而达到增进健康目标的教育活动。它强调的核心问题是行为问题。健康教育提供了改变行为所必需的知识、技术和服务，使人们能够主动选择健康的行为和生活方式，达到疾病一级预防的目的。

中国烟草消费到20世纪90年代达到高峰，人均烟草消费量增加了4倍，至今还没有明显下降。据2002年全国行为危险因素调查结果，中国人群的吸烟率为35.8%，目前吸烟率为31.4%；15～69岁人群中，共有3亿吸烟者。中国男性的吸烟率依然高达66%，目前吸烟者率为57.4%。中国女性吸烟率虽然总体上维持在低水平，但是一半以上的女性遭受"二手烟"的侵害。吸烟和被动吸烟不仅与肺癌等多种肿瘤发生有关，还与冠心病、脑中风的发生有关。大量资料证明：从心脑血管疾病、恶性肿瘤到呼吸道感染等都与行为和生活方式密切相关，可以通过改变行为和生活方式而达到预防的目的。20世纪60年代以来，美国医务界在政府的支持下对导致心血管疾病的吸烟、饮烈性酒和食用高脂肪饮食等不良嗜好和生活方式采取健康教育和社会干预措施，取得了明显的效果。1980年与1963年相比，居民的吸烟率下降了27%，白酒和食用动物油的消费量分别下降了33%和39%，参加体育锻炼的人数增加了25%，而同期的冠心病和脑血管病的死亡率分别下降了近40%和50%。有些疾病，如艾滋病，在目前尚无有效疫苗预防的情况下，健康教育是唯一有效的预防办法。

目前健康教育已成为各国实现"人人享有卫生保健"这个战略目标的一个重要支柱，也是当前许多国家正在设法摆脱难以承受的扶摇直上的医药费巨额财政开支的一条有效出路。

2. 自我保健　是指个人在发病前采取措施以促进健康，增强机体的生理、心理素质和社会适应能力。自我保健的措施包括合理营养、体育锻炼、充足的休息和健康的生活方式等，自我保健应是一级预防的核心，提倡自我保健，形成健康、科学的生活方式，降低恶性肿瘤、心脑血管疾病及其他疾病的发病率。

3. 环境保护和监测　环境保护是健康促进的重要措施，环境包括社会环境和自然环境。首先，应当建立和完善一个有益于人群健康的社会环境，包括有完善的政策及法律法规；再者，还应有一个保障人群健康的生活和生产环境，避免环境污染和职业暴露对健康造成危害，要以环境保护法为准绳，以国家颁发的"三废"排放标准和卫生标准为依据，切实做好环境保护工作。

另外，国外学者Tannahill于1988年提出了一个健康促进模型如图10-3所示，得到医学界的广泛认可。

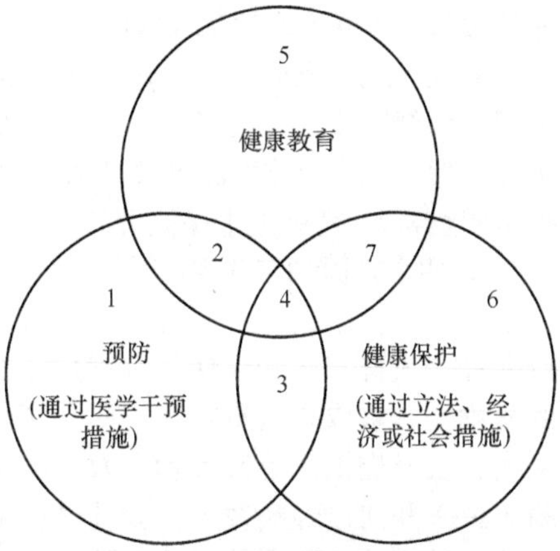

图10-3　Tannahill健康促进模型

在这个模型中，"1"为以预防为目的的医学服务，如肿瘤筛查、疫苗接种等；"2"为以预防为目的的健康教育，如提供戒烟信息和建议；"3"为以预防为目的的健康保护，如生牛乳的巴氏杀菌；"4"为通过健康教育实现以预防为目的的健康保护，如游说进行机动车安全带立法；"5"为积极的健康教育，如对青少年进行生活技能教育；"6"为积极的健康保护，如工作场所禁烟政策；"7"为通过健康教育实现积极的健康保护，如游说进行烟草广告立法；"1"至"4"的主要目的仍然限于传统的疾病预防；"5"至"7"以积极的促进健康为目的，不特别针对某种疾病。

三、全球卫生策略和初级卫生保健

1977年世界卫生大会通过了全球卫生策略——"2000年人人享有卫生保健"（health for all by the year 2000，HFA），WHO和各国政府的主要卫生目标。1978年WHO和联合国儿童基金会（UNICEF）联合召开会议明确提出："初级卫生保健"（primary health care，PHC）是实现上述目标的基本策略和途径。1988年41届世界卫生大会再次声明，人人享有卫生保健将作为2000年以前及以后年代的一项永久性目标。

（一）人人享有卫生保健的基本含义

WHO 对“2000 年人人享有卫生保健”（health for all by the year 2000）的含义的解释是“到 2000 年所有的国家的所有人，都应达到在社会和经济两方面，能过有效生活的那种卫生和健康水平”，具体目标共有以下 10 条：①每个国家的全体居民都至少能获得基本卫生保健和第一级转诊设施；②所有的人在其可能范围内，开展自我保健和家庭保健，并积极参与社会卫生活动；③全世界的居民团体都能同政府共同承担对其成员的卫生保健责任；④所有政府对人民的健康都担负起全部责任；⑤人民都有安全的饮水和环境卫生设备；⑥人民都能得到足够的营养；⑦所有儿童都得到主要传染病的免疫接种；⑧发展中国家的传染病在公共卫生学上的重要程度，到 2000 年不超过发达国家 1980 年的程度；⑨使用一切可能的方法，通过影响生活的方式和控制自然、社会、心理环境，来预防和控制非传染性疾病和促进精神卫生；⑩人人都可得到基本药物。人人享有卫生保健是使世界上所有人民的健康状况能达到在社会和经济两方面都享有卓有成效的生活水平。

（二）初级卫生保健的概念

1978 年由 WHO 和 UNICEF 在阿拉木图组织召开的国际初级卫生保健会议上通过了《阿拉木图宣言》（Declaration of Alma-Ata）。其中重申了 1948 年 WHO 对于健康的定义。正式提出了“初级卫生保健（primary health care，PHC）”这个概念。其含义包括：①是由社区通过个人和家庭的积极参与，依靠科学的、又受社会欢迎的方法和技术，费用也是社区或国家在各个发展时期依靠自力更生和自觉精神能够负担得起的，普遍能够享受的卫生保健；②是国家卫生系统的中心职能和主要要素；③是国家卫生系统和社区经济发展的组成部分；④是个人、家庭和社区同国家系统保持接触，使卫生保健深入居民生活与劳动的第一环节。《阿拉木图宣言》还指出：健康是一项基本的人权。就国家而言，实施初级卫生保健是政府的职责。就人民群众而言，人人都有权享受初级卫生保健服务，人人都有义务参与初级卫生保健工作并为之做贡献。就卫生工作而言，实施初级卫生保健是为全体居民提供最基本的卫生保健服务，以保障全体居民享有健康的权利。根据《阿拉木图宣言》，初级卫生保健可分为四个方面的工作目标和八项急需开展的工作内容。

1. 四个方面的工作目标 ①促进健康：包括健康教育、保护环境、合理营养、饮用安全卫生水，改善卫生设施，开展体育锻炼，促进心理卫生、养成良好生活方式等；②预防保健：在研究社会人群健康和疾病的客观规律及它们和人群所处的内外环境、人类社会活动的相互关系的基础上，采取积极有效的措施，预防各种疾病的发生、发展和流行；③合理治疗：及时发现疾病，及时提供医疗服务和有效药品，以避免疾病的发展与恶化，促使早日好转痊愈，防止带菌（虫）和向慢性病发展；④社区康复：对丧失了正常功能或功能上有缺陷的残疾者，通过医学的、教育的、职业的和社会的措施，尽量恢复其功能，使他们重新获得生活、学习和参加社会活动的能力。

2. 八项具体工作内容 ①对当前主要卫生问题及其预防和控制方法的健康教育；②改善食品供应和合理营养；③供应足够的安全卫生水和基本环境卫生设施；④妇幼保健和计划生育；⑤主要传染病的预防接种；⑥预防和控制地方病；⑦常见病和外伤的合理治疗；⑧提供基本药物。1981 年第 34 届世界卫生大会上，除上述八项具体工作内容外，又增加了“使用一切可能的方法，通过影响生活方式、控制自然和社会心理环境来预防和控制非传染疾病和促进精神卫生”一项内容。我国卫生部在此基础上在 20 世纪 90 年代初已分别制定了城市和农村初级卫生保健的评价指标体系。

初级卫生保健是应用切实可行、学术可靠又受社会欢迎的方法和技术，并通过社区的个人和家庭积极参与而达到普及，其费用也是社区和国家依靠自力更生原则精神能够负担的一种基本的卫生保健形式。

知识点 10-3：健康保护与健康促进的概念

（1）健康保护（health protection）又称健康防护，即采取有针对性的措施保护个体或人群免受来自外界环境的有害物质（如生物、物理、化学类有害物质）对健康的威胁。

（2）健康促进（health promotion）是为形成健康行为和健康生活条件所采取的健康教育与环境支持相结合的策略。

第四节　公共卫生监测

案例 10-2

1987～2005 年金华市 AIDS 监测结果显示：金华市累计报告 HIV 感染者 94 例，其中艾滋病病人（AIDS）14 例，以青壮年为主，男女性别比为 2.92∶1；传播途径以静脉注射毒品和性接触感染为主，47.87%的感染者文化程度为小学及以下；31.00%为常住人口，以性接触途径感染为主。1987～2005 年共完成重点人群监测 122180 人，检出 HIV 抗体阳性 87 例，阳性率为 0.07%。目前 AIDS 流行存在以下特点：①AIDS 流行仍处于低流行阶段，但近 2 年来呈快速增长趋势。2004～2005 年检测报告 H1V/AIDS 占历年总数的 74.47%；②局部地区、部分重点人群中高发，但有向一般人群扩散蔓延的趋势。临床就诊、自愿咨询、娱乐场所及无偿献血等一般人群中检出阳性率较高，占 38.3%；③外地户籍、低文化程度、男性青壮年农民工为 HIV 感染的主要人群，但本地户籍人员 HIV 检出阳性率在逐年升高；④性接触传播所占比例与静注毒品所占比例接近，比较 3 年前已有明显升高。本地户籍人员通过不安全性行为将 HIV 传播给一般人群的情况正在上升；⑤羁押人员和临床检测报告比例较高，分别占 45.74%和 23.40%。

问题：

（1）公共卫生监测的基本概念是什么？

（2）公共卫生监测的主要分类有哪些？

（3）公共卫生监测的方法和步骤有哪些？

（4）公共卫生监测的主要评价指标有哪些？

（5）公共卫生监测的结果对于疾病预防控制工作的意义有什么？

公共卫生监测是公共卫生实践的重要组成部分。公共卫生系统有 5 个必备的功能：人群健康评估、健康监测、健康促进、疾病和伤害的预防、健康保护。最早的监测活动主要是针对疾病的发生和死亡进行的，尤其是传染性疾病，因此称为疾病监测（surveillance of disease）。疾病监测既是预防和控制疾病的重要对策，也是很具体的重要措施。在制定和执行疾病的防制策略与措施的同时，必须进行疾病监测，将监测资料加以科学的分析，以便对对策和措施不断地进行恰当的评价，提出修改意见，使疾病的防制措施更加完善，从而提高疾病防制效率和水平。随着人类疾病谱、病因与死因谱的改变，监测工作的内容逐渐从观察传染病疫情动态扩展到慢性非传染性疾病、伤害和行为危险因素等，而且逐渐从单纯的生物医学角度转向生物-心理-社会的各个方面进行监测，其内容不断丰富、方法不断完善。

有系统的疾病监测工作 20 世纪 40 年代末开始于美国疾病控制中心（CDC）。随后，许多国家广泛开展监测，我国在 1950 年成立全国法定报告传染病疫情报告及反馈系统，这一系统在我国传染病防制工作中发挥了举足轻重的作用。20 世纪 70 年代后期西方国家疾病监测的概念传入我国，1980 年建立了全国疾病监测点监测系统，开展了以传染病为主并逐渐增加非传染病内容的监测工作。

一、公共卫生监测的定义

公共卫生监测（public health surveillance）是指长期、连续和系统地收集有关健康事件、卫生问题的资料，经过科学分析和解释将信息及时上报和反馈，以便指导制定、完善和评价公共卫生干预措施与策略并评价其效果的过程。也就是说，公共卫生监测是为了计划、实施和评价公共卫生行动而对健康数据不断地系统地收集、分析、解释和传播。公共卫生监测的目的为：

1. 定量评估公共卫生问题的严重性，确定主要公共卫生问题 公共卫生监测资料是卫生决策的重要依据。例如美国死亡监测资料显示，1982～1992 年间，25～44 岁男性的人类免疫缺陷病毒（human immunodeficiency virus，HIV）感染造成的死亡率逐年上升，1992 年已成为首位死因。提示艾滋病的流行已经严重地威胁到美国人的健康，成为一个严重的公共卫生问题。

2. 发现异常情况，查明原因，及时采取干预措施 在公共卫生监测过程中，若某种疾病的分布出现异常变化时，常常预示着某种疾病暴发流行，应尽快查明原因，及时采取措施。如 1988 年初，上海市甲型肝炎病例骤然上升，每日报告病例数达上万例，为近年病例数的十几倍甚至几十倍。经流行病学调查后发现，这次暴发是由于居民生食被甲型肝炎病毒污染的毛蚶引起的，遂禁售毛蚶，不久暴发即告平息。

3. 预测健康相关事件的发展趋势，估计卫生服务需求 通过动态的监测和数据分析，观察疾病的发展趋势，预测疾病流行规模，估计未来的卫生服务需求。例如在许多发展中国家通过艾滋病监测预测到未来艾滋病的流行将极其严重，因此，估计各国卫生资源的消耗将是巨大的。

4. 确定疾病的危险因素和高危人群 当疾病监测的内容包括与疾病有关的暴露因素时，有助于确定危险因素；而监测对象的人口学等方面的特征，则有助于确定高危人群。以此为依据制定干预措施，控制疾病流行。

5. 评价干预效果 通过公共卫生监测可以掌握疾病或相关健康事件发生发展的动态变化趋势，以此来客观地评价干预策略及措施的效果。

二、公共卫生监测的种类

随着时代的发展和科学技术的革新，公共卫生监测的种类不断丰富。目前，公共卫生监测的种类包括疾病或健康有关的各种卫生问题，而不仅仅是疾病的发生和死亡。

1. 疾病监测 疾病监测也称流行病学监测（epidemiological surveillance），是指长期、连续和系统地收集疾病的动态分布及其影响因素的资料，经过分析将信息及时上报和反馈，以便及时采取干预措施并评价其效果。疾病监测又主要分为以下两类：

（1）传染病监测：WHO 规定了在任何情况下都必须通报的 4 种疾病是天花、由野毒株引起的脊髓灰质炎、新亚型病毒引起的人类流感和 SARS；还规定了 20 种全球预警和应对的传染病。我国根据《中华人民共和国传染病防治法》将法定报告的传染病分为甲、乙、丙三类，共 37 种。2008 年卫生部将手足口病列为丙类传染病进行管理，2009 年又将甲型 H1N1 流感纳入乙类传染病管理。因此，目前我国法定报告的传染病共 39 种。

（2）慢性病监测：随着社会的发展，疾病谱的改变，疾病监测的范围已扩大到了慢性非传染性疾病，而且目前已涉及很多种疾病及其相关问题，如恶性肿瘤、心脑血管疾病、呼吸系统疾病、糖尿病、精神病、职业病、出生缺陷、流产等。我国大部分地区已对恶性肿瘤，心脑血管病、高血压、出生缺陷等非传染性疾病开展了监测。

2. 行为及行为危险因素监测 无论传染病还是慢性病，其发生、发展及结局都与危险因素的暴露密切相关，如果监测的内容只包括发病和死亡，就不可能全面掌握疾病的发生规律，合理地分配卫生资源，制定有针对性的干预措施并正确对其做出评价。

此外，行为学监测既适用于传染性疾病，也适用于非传染性疾病。传染病监测的指标主要是可能导致传播途径实现的各种行为，如共用注射器、性乱等可能是使艾滋病传播的行为。慢性非传染病监测主要是一些不良的生活习惯等行为，如吸烟、饮酒、营养缺乏或过剩、缺乏体力活动等。

目前，越来越多的国家将危险因素，特别是行为危险因素的监测作为疾病监测的一个组成部分。如美国疾病预防与控制中心的青年人危险行为监测系统（youth risk behavior surveillance system，YRBSS）。我国对性病艾滋病的监测也包括了行为危险因素的内容，由此确定了性乱和吸毒人群的重点干预措施，并取得了一定成效。

3. 其他公共卫生监测 包括营养监测、环境监测、学校卫生监测、药物不良反应监测、计划生育监测、食品卫生监测等。

三、公共卫生监测的方法与技术

很好地利用相关的技术与方法，有助于保证疾病监测工作的质量，提高其效率。

1. 被动监测 下级单位按照常规向上级单位报告监测数据和资料，而上级单位被动接受，称为被动监测（passive surveillance）。各国法定传染病监测信息系统、突发公共卫生事件报告系统、药品不良反应监测自发报告系统等多属于被动监测的范畴。

2. 主动监测 根据特殊需要，上级单位进行专项调查或要求下级单位严格按照规定调查收集资料，称为主动监测（active surveillance）。我国疾病预防与控制中心开展的传染病漏报调查，以及按照统一要求对某些传染病、非传染病以及某些疾病的高危人群进行重点监测，均属主动监测的范畴。

主动监测的质量明显优于被动监测。例如漏报调查表明，我国多数地区肠道传染病的实际发病率要比报告发病率高出 5～10 倍。可见，通过漏报调查这种主动监测的方式，才有可能掌握这些疾病的实际发生情况。

3. 哨点监测 某个特定的人群，即能灵敏反映总人群某种疾病流行状况的有代表性人群作为哨点人群。对哨点人群用统一的内容和方法开展的监测，称为哨点监测（sentinel surveillance）。例如 1995 年，由卫生部艾滋病预防与控制中心牵头负责，建立了艾滋病哨点监测系统，目前，已经在全国 30 个省、市、自治区建立了近四百个监测哨点，监测对象由性病患者、吸毒者、暗娼和长途卡车司机等高危人群组成，因为 HIV 感染目前主要集中于高危人群，所以通过哨点监测可以大致了解我国 HIV 的感染状况和发展趋势。

4. 监测的直接指标与间接指标 监测病例的统计数字，如发病数、死亡数、发病率、死亡率等称为监测的直接指标。有时监测的直接指标不易获得，如流行性感冒（流感）死亡与肺炎死亡有时难以分清，则可用“流感和肺炎的死亡数”作为监测流感疫情的间接指标。

5. 动态人群和静态人群 研究过程中无人口迁出、迁入的人群称静态人群（fixed population）。如果一个地区人口有少量出生、死亡、迁出和迁入时，仍可视为静态人群。计算率时可采用观察期的平均人口数作分母。如果研究过程中人口频繁地迁出、迁入，则为动态人群（dynamic population）。涉及动态人群的计算需要采用人时（人年或人月）计算法。

6. 第二代监测 第二代监测（Secondary Generation Surveillance，SGS）是指以血清学监测和行为学监测相结合的综合监测，以达到提高敏感性和监测效率的目的。第二代 HIV/AIDS 监测是在第一代 HIV/AIDS 监测的基础上，针对 HIV/AIDS 流行形势的复杂性和第一代 HIV/AIDS 监测的缺陷而提出并逐渐发展起来的。在传统常规监测的内容中加入了 BSS 是新一代 HIV/AIDS 监测的里程碑。

7. 公共卫生信息学 公共卫生信息学是指将信息、电脑科学和技术系统应用于公共卫生实践、研究和学习。公共卫生监测中越来越多地应用了计算机网络技术、地理信息系统等现代化信息技术，这使监测信息的收集、整理、分析、传递及反馈等更加便捷，从而大大提高了监测系统的工作效率，使公共卫生策略的制定和干预措施的实施更加实时。

四、公共卫生监测的基本内容和过程

公共卫生监测工作的内容包括资料收集、资料整理和分析、信息反馈与利用三个基本过程。

1. 资料的系统收集 根据监测目的，统一标准和方法，规范工作程序，系统长期收集相关健康事件资料。主要包括：①人口学资料；②发病和死亡资料；③暴发或流行的报告资料及流行病学调查的资料；④实验室资料（如血清学调查、病原体分离等资料）；⑤危险因素调查资料；⑥个案调查资料；⑦干预措施资料（生物制品、药物应用及防治措施等资料）；⑧动物宿主（如狂犬病、流行性出血热和鼠疫等人畜共患病）及媒介昆虫的分布资料；⑨其他有关资料。

2. 资料的整理和分析 内容包括：①原始资料的整理与核对；②资料的分析和解释：应用流行病学与卫生统计学方法进行资料分析，包括疾病分布特点、自然史、变化趋势、流行过程的影响因素及防治效果等。

3. 信息反馈与利用 信息反馈分为纵向和横向两个方面。纵向反馈包括上报至卫生行政部门，向下反馈到下级监测机构；横向反馈包括有关的医疗机构和社区居民等。疾病监测过程中收集的大量信息，经整理、分析，定期交流并迅速反馈产生疾病的防制效应。例如 WHO 的《疫情周报》、美国 CDC 的《发病和死亡周报》和中国疾病预防与控制中心的《疾病监测》等。监测信息流通使有关人员能快速获得相关信息，便于及时提出主动监测方案，或对重要疫情做出迅速反应，为制定预防控制疾病的策略和措施提供依据。利用监测信息搞好卫生决策和指导疾病防治是疾病监测的目的。利用互联网及期刊等方式定期发布监测信息是信息反馈与利用的很好的方法。

五、监测系统及评估

开展公共卫生监测工作需要设立专门的监测组织机构。监测系统就是为了达到特定目标而对某种疾病或某个公共卫生问题开展有组织、有计划的监测体系。这些监测系统主要有以下三种方式开展疾病与健康相关事件的监测。

1. 以人群为基础的监测系统 是指以特定人群为现场开展工作，如我国法定管理传染病报告系统依据《中华人民共和国传染病防治法》进行法定管理传染病的上报，该系统的作用是监测主要传染病的动态变化，是我国最基本、最主要的传染病监测系统。

2. 以医院为基础的监测系统 该系统主要是对医院内感染、病原菌耐药、出生缺陷等进行监测的系统。我国有组织的医院内感染监测系统始建于 1986 年，由中国疾病预防与控制中心流行病学研究所牵头，到目前为止已建立了有百余所医院参加的监测系统。

3. 以实验室为基础的监测系统 此类系统主要利用实验室方法对病原体或其他致病因素开展监测。例加我国的流行性感冒监测系统，它不但开展常规的流感病毒的分离工作，而且有信息的上报、流通和反馈制度。

每个监测系统应该定期进行评估，以确保它具有有效的公共卫生功能并与它的目标相符。对公共卫生监测系统的评估主要包括重要性、实用性、花费、数据质量（准确性、代表性、完整性）、监测系统的质量（简洁、灵活、方便、稳定、可接受性、敏感性、阳性预测值、代表性和及时性）等多个方面。评估监测系统的相关指南已经提出，例如对传染病监测系统的评估的详细内容可参见 2006 年 WHO 出版的指南（Communicable disease surveillance and response systems. Guide to monitoring and evaluating. WHO 2006）。

知识点 10-4：公共卫生监测基本概念、目的和意义及其分类

（1）公共卫生监测（public health surveillance）是指长期、连续和系统地收集有关健康事件、卫生问题的资料，经过科学分析和解释将信息及时上报和反馈，以便指导制定、完善和评价公共卫生干预措施与策略并评价其效果的过程。

（2）公共卫生监测的目的为：①定量评估公共卫生问题的严重性，确定主要公共卫生问题；②发现异常情况，查明原因，及时采取干预措施；③预测健康相关事件的发展趋势，估计卫生服务需求；④确定疾病的危险因素和高危人群；⑤评价干预效果。

（3）公共卫生监测的种类包括：疾病监测，行为及行为危险因素监测、其他公共卫生监测等。

案例 10-1 分析讨论：

本章案例 10-1 中的健康教育涉及了改善妊娠糖尿病的几个方面，①在门诊建立健康教育制度及妊娠糖尿病专家门诊，设立营养咨询及血糖检测室；②采用多媒体、发放资料和咨询相结合、医护相结合的方式，将妊娠糖尿病发生的因素与危害、预防与治疗、定时测定血糖的重要性与 GDM 治疗性饮食等知识作为教育的重点内容，以引起孕妇及家属的高度重视，积极主动的定期产前检查；③针对个体评估患者对饮食和营养的需求，帮助患者制定最佳饮食方案。

案例 10-2 分析讨论：

本章案例 10-2 中对 AIDS 监测资料的分析结果显示，金华市 AIDS 流行有关的几个特点，①AIDS 流行仍处于低流行阶段，但近 2 年来呈快速增长趋势；②局部地区、部分重点人群中高发，但有向一般人群扩散蔓延的趋势；③外地户籍、低文化程度、男性青壮年农民工为 HIV 感染的主要人群，但本地户籍人员 HIV 检出阳性率在逐年升高；④性接触传播所占比例与静注毒品所占比例接近，比较 3 年前已有明显升高。本地户籍人员通过不安全性行为将 HIV 传播给一般人群的情况正在上升；⑤羁押人员和临床检测报告比例较高，分别占 45.74%和 23.40%。

（刘　芬）

第十一章　传染病流行病学

案例 11-1

2002 年 11 月在中国广东省部分地区陆续出现一些不明原因肺炎病例，最初称为传染性非典型肺炎。2003 年 1 月起疫情加速扩散，2 月已呈全球流行态势。3 月 15 日，世界卫生组织（WHO）将其名称公布为严重急性呼吸道综合征（Severe Acute Respiratory Syndrome，SARS）。4 月 16 日，WHO 宣布 SARS 是由一种新的冠状病毒感染所引起。

SARS 发病主要集中在 2003 年 3 ～5 月，6 月疫情逐渐平息。截至当年 8 月 7 日，全球累计报告 SARS 病例 8 422 例，死亡 916 例，病例分布于各大洲的 32 个国家和地区。中国内地总发病数达 5 327 例，死亡 349 例，病例分布于 24 个省市。其中北京、广东分别发生 2 521 例和 1 512 例，占全国总病例数的 75.7%。病例以青壮年为主，20～29 岁病例占 30%，20～60 岁占 85%。病例具有明显职业特点，医务人员所占比例高达 20%。发病无明显性别差异。

问题：

（1）应该如何描述 SARS 的流行强度？

（2）什么是 SARS 的传染过程？请课外查阅 SARS 的有关资料后，结合本章学习内容，阐述 SARS 传染过程的影响因素及 SARS 感染谱的主要特征。

（3）什么是 SARS 的流行过程？构成 SARS 流行过程的基本条件是什么？请课外查阅 SARS 的有关资料后，结合本章学习内容，阐述 SARS 流行过程的具体情况。

（4）为什么 SARS 能够在短时间内在全球传播和流行？作为一种新的传染病，又为什么能够在短时间内得到控制？

假设某个地区发生了 SARS 疫情，请问应该怎样作好 SARS 的防制工作？

第一节　概　　述

流行病学这门学科正是人类在与传染病作斗争的过程中逐渐发展和形成的，现代流行病学虽然研究内容早已拓展到非传染性疾病及健康相关问题，但传染病流行病学依然是流行病学实践的一个重要领域，在传染病人群流行规律的研究及人群中传染病的预防与控制方面都发挥了极其重要的作用。

一、基 本 概 念

（一）传染病

传染病（infectious disease）是指由病原微生物（细菌、病毒、寄生虫、真菌、螺旋体、支原体等）感染所引起的具有传染性的特定疾病，它可以在人与人、人与动物、动物与动物之间发生相互传播。

（二）传染病流行病学

传染病流行病学（infectious disease epidemiology）是研究传染病在人群中的分布及其影响因

素，并研究预防、控制和消灭传染病的策略与措施的科学。换言之，传染病流行病学是研究传染病人群流行规律，并研究如何预防和控制传染病流行的科学。传染病流行病学是现代流行病学产生的来源和基础，也是现代流行病学一个重要的组成部分。

二、传染病预防与控制的基本形势

（一）传染病的预防与控制取得了巨大成就

在人类早期历史上，传染病一直是严重威胁人类健康的重要疾病，天花、鼠疫、霍乱、流感等传染病都曾肆虐流行，给人类的生命健康带来严重威胁。例如 1347 ～1351 年期间欧洲曾发生过一次鼠疫流行，导致欧洲 1/3 的人口死亡。1918 ～1919 年的流感世界性大流行造成全球 7 亿多人发病，约 2000 万人死亡。在早期的疾病谱与死因谱中，占前几位的死因无一例外都是传染性疾病。传染病流行病学正是在这样的历史背景下逐渐形成和发展成熟的，并且在人类针对传染病的第一次卫生革命中发挥了重要作用。

二十世纪以来，随着人类社会经济的发展，人们的营养状况、生活条件及卫生条件得到明显改善，同时由于医学科学技术的进步、人类对病原微生物认识水平不断提高、抗生素与免疫制剂研制成功并投入临床应用等因素的影响，人类传染病防治工作取得了巨大成就。总体而言，传染病无论是发病水平还是死亡水平都已明显下降，许多重大的传染病已得到有效控制，有些甚至已经消灭或接近消灭。十九世纪全世界人群传染病的死因构成比约为 50%～60%，而二十世纪中、后期已经下降至 10%以下。我国的法定报告传染病总发病率 1950 年为 2 万/10 万，自二十世纪八十年代以来，一直维持在相对较低的水平（2005 年为 338.70/10 万，2010 年为 480.24/10 万，2015 年为 470.35/10 万）。1977 年人类宣布成功地在世界范围内消灭了天花，目前脊髓灰质炎也已经在全球大多数国家得到控制，距离最终在全世界消灭已指日可待。

（二）传染病的预防与控制依然不容松懈

尽管如此，传染病防制工作仍然需要高度重视，不容松懈。2006 年在葡萄牙里斯本召开了第十二届国际传染病大会，会议认为全球传染病流行的态势依然严峻，我们已知的各种传染病在世界范围内仍持续不断地传播和流行，重大传染性疾病发生流行的突发公共卫生事件时有发生。由于人类的各种行为导致森林减少、气候恶化、物种灭绝等环境因素发生改变，新的、更具传染性和致病性的病原体不断出现并危害人类健康，新发传染病的威胁正日益增加。我国当前所面临的形势同样如此：一方面一些传统的传染病尚未得到有效控制或出现死灰复燃，如病毒性肝炎、结核、性传播疾病、血吸虫等。近 10 余年来，我国的病毒性肝炎年报告病例数一直居法定报告传染病的首位，乙型肝炎（简称乙肝）表面抗原携带率为 9.75%，乙肝病毒总感染率为 57.63%，每年报告的新发病例数约 80～100 万。结核病曾经得到较好控制，但 20 世纪 70 年代以来出现再度肆虐。目前我国的活动性肺结核病人数约为 450 万，居全球第二位，每年新发生的病例数为 145 万，每年约有 13 万人死于结核病。另一方面，我国同样面临着新发传染病的严峻挑战。最近 30 多年来，全球新发现的传染病约有 40 余种，其中在我国发生流行的有 15 种，如传染性非典型肺炎、艾滋病、人感染高致病性禽流感等。有些新发传染病已经成为严重危害我国人群健康的重要疾病。

综上所述，人类传染病防制工作成就显著，但未来任重而道远。在相当长一段时间内，传染病的防制仍将是我国疾病预防与控制工作的重要内容，传染病流行病学仍将有丰富的内容值得研究和应用，也会面临更多的机遇与挑战。

知识点 11-1：传染病流行病学的概念

传染病流行病学是研究传染病在人群中的分布及其影响因素，并研究预防、控制和消灭传染病的策略与措施的科学。

第二节 传染病流行病学的基本原理和方法

要做好传染病的预防与控制，必须正确认识传染病在人群中流行的基本规律，掌握传染病流行规律及其预防控制的基本原理与方法。

一、传染病的传染过程及感染谱

（一）传染过程

1. 传染 传染（infection）又称感染，是指生物的寄生现象，即病原体对生物体的一种寄生过程。病原体在生物体内的寄生特性是在长期的进化过程中逐渐形成的。

2. 传染过程 传染过程（infection process）是指病原体侵入机体后，病原体与宿主相互作用、相互斗争并产生不同结局的过程。它是在个体生物体内所发生的一种纯生物学现象。

3. 形成传染过程的基本条件 传染过程是病原体与宿主相互作用、相互斗争的过程，病原体和宿主是构成传染过程的两个最基本的条件，它们的一些生物学特性直接影响传染过程及其结局。

（1）病原体（Pathogen）：通常把能够引起宿主致病的各类微生物统称为病原体，如细菌、病毒、寄生虫、真菌、支原体、衣原体、螺旋体、立克次体等。不同的病原体具有不同的生物学特点，因此病原体在宿主体内的侵入门户、损害部位、致病能力及反应特征等方面都有所差异。常从以下几方面认识病原体的生物学特性：

1）传染力（infectivity）：是指病原体在易感者体内生长繁殖而引起感染的能力。衡量传染力强弱的指标常用续发率，即易感人群暴露于病原体后发生感染的比例。传染力的强弱还可通过引发感染所需要的最少病原体数量进行衡量。有些传染病的病原体传染力非常强如天花病毒、麻疹病毒等，有的则相对较弱如麻风病毒。

2）致病力（pathogenicity）：是指病原体引起易感者发生临床疾病的能力。致病力的大小常以病原体引起具有临床症状及体征的病例数占易感接触者的比例来衡量。致病力强的病原体主要导致显性感染，而致病力弱的病原体主要导致隐性感染。

3）毒力（virulence）：是指病原体感染机体后引起严重病变的能力。毒力的大小可以用重症病例或死亡病例占全体病例的比例进行衡量。

4）耐药性变异：是指原来对某种抗菌药物敏感的细菌变成对该种药物不敏感或耐受菌株。近年来，细菌耐药性的问题日益突出，给传染病的预防和治疗带来了新的挑战。如结核杆菌耐药性增强不仅给治疗带来困难，也是一些国家结核病疫情回升的重要原因之一。继世界上不少国家和地区出现多重耐药结核（指至少对两种主要一线抗结核药物异烟肼和利福平具耐药性者）后，最近几年又发现了更为严重的广泛耐药结核（也称极度耐药结核，是在前者基础上还对 6 类二线药物中的至少 3 类以上具耐药性的耐多药结核）。2007 年 6 月 WHO 报道：自 2006 年发现以来，已经有 37 个国家报道过此类病例，全球每年约有 3 万余人感染新型的广泛耐药性结核。

5）抗原性变异：病原体的基因突变可以导致抗原性发生改变，抗原性变异是普遍存在的。其中最典型的如甲型流感病毒，其表面抗原变异频繁，每发生一次大的变异，即形成一个新的流感病毒亚型，使人群易感性升高，就可能会导致又一次流感大流行的出现。

6）毒力变异：在长期的自然进化过程中或者经过人工改造，病原体的毒力可以发生改变，出现毒力增强或毒力减弱。病原体的毒力增强可以使其致病能力增强，或造成机体更为严重的损害效应。病原体毒力减弱形成的减毒株则可以用于疫苗制备，如卡介苗、脊髓灰质炎疫苗、麻疹疫苗等均是采用毒力减弱但抗原完整的变异株制备而成的。

（2）宿主（host）：是指病原体所寄生的人或动物的统称。病原体可以在适宜的宿主体内寄生，对宿主造成损害，同时宿主对病原体的入侵也具有抵制和中和的能力。因此，如果宿主自身具有充分的抵抗力和免疫力，则病原体难以入侵，或侵入后也难以在宿主体内生存、繁殖，而被迅速排除或消灭。反之，如果宿主缺乏足够的抵抗力和免疫力，则病原体可到达适合其特性的特定组织并生存、繁殖而形成新的感染。在长期进化的过程中，病原体不仅适应了在宿主体内生存、繁殖，也适应了在不同宿主之间的转移，从而造成传染病的传播蔓延。

（二）感染谱

传染病都是由特定的病原体感染宿主所引起，但病原体进入宿主体内后，受病原体及宿主生物学因素的影响，感染结局可表现为不同形式如隐性感染、显性感染甚至死亡等。

1. 感染谱　感染谱（spectrum of infection）也称感染梯度，是指传染过程中所体现的不同反应形式，具体表现为机体对病原体反应轻重程度的频率差异。

2. 感染谱的表现形式

（1）以隐性感染为主：隐性感染是指那些无明显临床症状、体征，但能够通过某些实验室检测方法进行测定证实的感染。许多的传染病以隐性感染为主，如脊髓灰质炎、流行性乙型脑炎（简称乙脑）、流行性脑脊髓膜炎（简称流脑）、风疹等。这些疾病隐性感染者所占比例较大，只有少数感染者出现典型的临床表现，严重病例和死亡病例极为少见。流行病学上将这种感染状况形象地比喻为“冰山”现象，这是因为能够被观察到的有明显临床症状和体征的病人数量极少，如同冰山暴露于海平面的尖顶部分，而大部分感染者因无明显临床症状和体征而无法观察到，好似隐藏于海平面以下的庞大山体。

（2）以显性感染为主：即大多数感染者出现明显的临床症状和体征，隐性感染者、重症感染者或死亡病所占比例极小，如麻疹、水痘等。

（3）大部分感染者以死亡为结局：大多数感染者在临床上均表现出较为严重的临床症状和体征，且多以死亡为结局，如狂犬病等。

因此，传染过程可以有不同的结局表现形式，认识疾病的感染谱有助于全面了解传染病在人群中流行的全貌，为防制策略与措施的制定提供科学依据。另外，值得注意的是无论是显性感染还是隐性感染均可产生特异性免疫，感染者都能排出病原体，都可以起到传染源的作用。

知识点 11-2：传染过程的概念、形成条件；感染谱的概念及表现形式

（1）传染过程（infection process）是指病原体侵入机体后，病原体与宿主相互作用、相互斗争并产生不同结局的过程。病原体和宿主是构成传染过程的两个最基本的条件。

（2）感染谱（spectrum of infection）也称感染梯度，是指传染过程中所体现的不同反应形式，具体表现为机体对病原体反应轻重程度的频率差异。感染谱的表现形式分为以隐性感染为主、以显性感染为主、大部分感染者以死亡为结局。

二、传染病的流行过程

流行过程（epidemic process）是传染病在人群中发生、发展及其传播蔓延的过程。具体而言，就是病原体从已感染者体内排出，经过一定的传播途径，又侵入一个新的易感者体内形成新的感染，此过程不断发生、发展即形成流行过程。

流行过程的发生必须具备三个基本条件即传染源、传播途径和易感人群，也称为流行过程的三个基本环节。这三个环节是传染病在人群中传播流行所必须具备的生物学基础，它们相互联系、相互依赖，缺乏任何一个环节，新的传染就不可能发生，流行过程即告终止。流行过程是在人群中发生的，它不同于传染过程，并不是一个单纯的生物学现象。流行过程既受自然因素影响，也受社会因素影响。如果能够正确认识各种传染病流行过程的规律性，及时采取有效措施，切断其中任意一个环节，即可阻止传染病在人群中的传播和流行，从而达到预防和控制传染病的目的。

(一)传染源

传染源(source of infection 或 reservoir of infection)是指体内有病原体生长、繁殖并能排出病原体的人和动物。包括传染病病人、病原携带者、受感染的动物。

1. 传染病病人(patient) 传染病病人是传播危险性极高的传染源，在传染病的流行过程中起到极其重要的作用。因为通常情况下病人体内存在着大量病原体，又具有某些有利于病原体排出的临床症状，如麻疹、流行性感冒等呼吸道传染病病人的咳嗽、咳痰，甲型肝炎(简称甲肝)、细菌性痢疾等消化道传染病病人的呕吐、腹泻等均可大量排出病原体，增加易感者感染的机会。另外，某些传染病如麻疹、水痘等无病原携带者，病人是其唯一的传染源。

传染病的病程可粗略划分为三个阶段即潜伏期、临床症状期和恢复期。病人在不同阶段作为传染源意义的大小主要取决于是否排出病原体、排出病原体的数量、频度及持续时间的长短。

(1)潜伏期(incubation period)：自病原体侵入机体到最早出现临床症状这段时间称潜伏期。潜伏期的长短主要受病原体侵入途径、侵入数量、毒力强弱、机体状态等因素影响。不同传染病的潜伏期各不相同，短的仅数小时，长的可达数月、甚至数年，如艾滋病的潜伏期平均为 2～10 年。即使是同一种传染病，其潜伏期也不尽相同，但往往波动在某一定范围。通常所说的某病的潜伏期一般指平均潜伏期。例如甲肝的潜伏期通常为 15～50 天，其平均潜伏期为 30 天。大多数传染病在潜伏期不向体外排出病原体，但少数传染病在潜伏期即可以排出病原体而具有传染性，如艾滋病、麻疹等。由于此期无明显临床症状，不易被发现，因此容易造成在人群中的传播。

潜伏期在流行病学调查研究及传染病防制工作中具有重要意义及用途：①根据潜伏期可判断患者受感染的时间，以进一步追溯传染源和确定传播途径；②根据潜伏期的长短可确定接触者检疫期限的长短：一般按平均潜伏期增加 1～2 天进行检疫，但对于危害严重的传染病需要按最长潜伏期进行检疫；③潜伏期的长短影响疾病的流行特征：潜伏期短的传染病往往来势凶猛，很快出现流行高峰，但疫情消退也快，其流行特征常表现为暴发，而潜伏期长的传染病其流行持续时间则较久；④根据潜伏期可确定免疫接种的时间：如麻疹的易感接触者只有在潜伏期的最初 5 天内进行被动免疫才有效；⑤根据潜伏期可评价预防措施的效果：如实施某项预防措施以后，经过一个潜伏期后发病或感染人数明显下降，则可以认为该措施有效。

(2)临床症状期：为出现疾病特异性症状和体征的时期。此期病原体在体内繁殖最为旺盛，某些临床症状又有利于病原体的排出，有些疾病在此期还可有多种途径排出病原体如乙型病毒性肝炎(简称乙肝)除血液外，唾液、汗腺、乳汁等均可排出病原体，因此临床症状期的病人传染性最强，作为传染源的意义重大。但此期病人容易识别，如能及时发现，加以隔离，则可以限制其作为传染源的作用。另外，轻型或非典型病人往往未进行治疗或隔离，作为传染源的意义也较大，切不可忽视。特别是某些轻型病例从事饮食或托幼机构工作，引起传染病暴发或流行的事例时有报道。

(3)恢复期(convalescent stage)：此期机体出现的各种损害处于逐渐恢复的过程，病人的临床症状逐渐消失，免疫力开始产生，体内的病原体逐渐被清除，一般不再起到传染源的作用。但有些传染病在恢复期仍可排出病原体并继续起到传染源的作用，如细菌性痢疾、乙肝、伤寒等疾病。有些疾病排出病原体的时间可能很长，甚至可终身作为传染源如伤寒的慢性带菌者。因此，不同传染病的恢复期有不同的流行病学意义。

不同的传染病排出病原体的时期及时间的长短各有不同，流行病学上将病人能排出病原体的整个时期称为传染期(communicable period)。传染期一般需要根据病原学检查的证据和流行病学调查结果加以判断，在流行病学上也具有重要意义：①传染期是决定病人隔离期限的重要依据；②传染期的长短影响疾病的流行特征：传染期短的疾病，续发病例常成簇出现，每簇病例之间的时间间隔相当于该病的平均潜伏期。传染期长的疾病，续发病例则陆续出现，持续时间可能也较长。

2. 病原携带者（carrier）　指无任何临床症状但能够排出病原体的人。病原携带者是一个统称，因其所带的病原体不同而相应的称为带菌者、带病毒者和带虫（原虫或蠕虫）者。病原携带者往往缺乏明显临床症状而不易被发现，有时可成为重要的传染源，甚至引起疾病的暴发。病原携带者一般可分为下列三种类型：

（1）潜伏期病原携带者（incubatory carrier）：是指在潜伏期内携带并能排出病原体的人。只有少数疾病如艾滋病、麻疹、流脑、甲肝等才有此类携带者。多数是在潜伏期的末期才排出病原体。

（2）恢复期病原携带者（convalescent carrier）：是指临床症状消失后，仍能在一定时间内排出病原体的人。如痢疾、伤寒、乙肝、白喉等疾病。多数传染病人在恢复期病原携带状态持续时间较短，但少数传染病的病人持续时间较长，个别病例甚至可终身携带。凡临床症状消失后病原携带时间在三个月以内者，称为暂时性病原携带者（transitory carrier），超过三个月者称为慢性病原携带者（chronic carrier）。慢性病原携带者由于携带状态持续时间长，应高度重视其作为传染源的作用。

（3）健康病原携带者（healthy carrier）：是指过去从未患过某种传染病而能排出某病病原体的人。此类携带者多为隐性感染的结果，一般只能用实验方法证实，但隐性感染不一定均能成为健康病原携带者。一般认为健康病原携带者排出病原体数量较少，持续时间较短，作为传染源的意义相对较小，但作为以隐性感染为主的传染病如脊髓灰质炎、乙肝等健康病原携带者数量众多，则是非常重要的传染源。

病原携带者作为传染源的意义大小，不仅取决于携带者的类型、排出病原体的数量和持续时间的长短，更重要的是取决于携带者的职业、个人卫生习惯及社会活动范围等。如果携带者从事饮食服务行业、托幼机构等单位工作则危害较大。如1900年发生于纽约的“伤寒玛丽”事件就是一个典型事例。Mary是来自爱尔兰的女厨师、表面上看她非常健康。她为纽约的多个家庭做饭，但在她所服务的家庭中陆续出现了53例伤寒病例。经追踪调查：Mary被证实为伤寒杆菌携带者，人们称她为“伤寒玛丽”。数年以后，在纽约和新泽西地区再次发生了伤寒暴发，共发现200余例病例，流行病学调查再次表明传染源仍是当年的“伤寒玛丽”。

3. 受感染的动物　许多动物的传染病可以由受感染的动物传染给人类的易感者，如狂犬病、炭疽、钩端螺旋体病等。人类罹患以动物作为传染源的疾病统称为“动物源性传染病”，也称人畜共患疾病。目前已证实的约有200余种，对人有重要意义的约有90余种。

人畜共患疾病按病原体储存宿主的差异可分为四类：①以动物为主的人畜共患病：此类传染病的病原体主要在动物中传播并延续其后代，只有在一定条件下才能传播给人。此类传染病在人与人之间一般不引起传播，如狂犬病、钩端螺旋体病等；②以人为主的人畜共患病：此类传染病的病原体主要靠人延续其种属世代，一般在人群中传播，动物感染是偶然的，如人型结核；③人畜并重的人畜共患病：人与动物作为传染源的作用同等重要，并可互为传染源，如血吸虫病等；④真性人畜共患病：病原体必须以人和动物分别作为中间宿主和终末宿主，其生活史必须在人和动物体内共同完成，缺一不可，如绦虫病等。

动物源性传染病的发生在人群中多表现为散发，但有些传染病传入到人群后，其原有的传播方式可以发生改变，而可能造成人传人的大流行。如鼠群中不会发生肺鼠疫，而人感染后可发生肺鼠疫，并可经呼吸道传播而在人群中形成肺鼠疫流行。动物源性传染病往往呈现明显的地方性，有些还具有较明显的季节性。

动物作为传染源的意义大小主要取决于人与受感染动物接触的机会与密切程度、动物传染源的种类和密度、是否具有适宜的传播条件等因素。

（二）传播途径

病原体不仅在一个宿主体内寄生，而且可以从受感染者体内排出，在外界环境中暂时存活，然后再侵入到新的易感宿主体内，循环往复地不断地更换宿主，以维持其种属的存在。所谓的传播途径（route of transmission）是指病原体从传染源排出后，再侵入新的易感宿主前，在外界环境中所经历的全部过程。病原体由传染源排出后再侵入新的易感者体内之前，在外界环境中必须依附于各种生物或非生物媒介如空气、水、食物、手及日常生活用品等，这些参与病原体传播的媒介物质统称为传播因素。各种传染病的病原体在传播过程中可以通过一种或多种传播因素进行传播。一般可以包括以下几种：

1. 经空气传播（air-borne infection）

（1）传播方式　包括下列三种：

1）经飞沫传播（droplet infection）：呼吸道传染病的病原体存在于呼吸道黏膜表面的黏液中或纤毛上皮细胞的碎片里，当感染者咳嗽、打喷嚏、呼气或大声说话时，可从鼻咽部喷出大量含有病原体的黏液飞沫。大的飞沫（直径在 100μm 以上）很快降落到地面，较小的飞沫（直径在 15～100μm）可在空气中悬浮，但时间很短，通常不超过几秒钟。因此，经飞沫传播的病原体只能近距离地传播给传染源周围的密切接触者。对外环境抵抗力相对较弱的病原体如流行性感冒病毒、脑膜炎双球菌、百日咳杆菌等常经此方式进行传播。

2）经飞沫核传播（droplet necleus infection）：飞沫核是飞沫表层水分蒸发后干燥的剩余部分，是极其微小的颗粒。直径约 1μm 的飞沫核可以在空气中悬浮形成气溶胶，可悬浮数小时，甚至更长时间。病原体经过飞沫核可以进行远距离的传播。一些耐干燥的病原体如麻疹病毒、白喉杆菌、结核杆菌等可经过飞沫核进行传播。

3）经尘埃传播：含有病原体的飞沫及其他分泌物散落在地面，干燥后形成尘埃。人们的一些活动可以使带有病原体的尘埃重新飞扬并悬浮于空气中，被易感者吸入而造成传播。对外环境抵抗力较强且耐干燥的病原体常可经此方式进行传播，如结核杆菌和炭疽杆菌芽孢等。

（2）流行特征

1）传播途径容易实现，传播广泛，病例常连续发生，且多为传染源周围的易感人群。如易感者较为集中，则容易出现暴发或流行。

2）由于传播广泛，人们往往在儿童期即可受到感染而获得免疫力，如果疾病的免疫力较为持久，病例往往表现为儿童多见如麻疹，因此常称为"儿童传染病"。但是，在进行了规范免疫预防的人群中，这种现象则不会存在。

3）在未经免疫预防的人群中疾病的流行多呈周期性的特点，并伴有季节性高峰，以冬春季多见。

4）疾病的流行强度往往与人口密度、居住条件及易感人口所占比例等因素有关。

2. 经水传播（water-borne infection）

（1）传播方式：包括下列两种方式。

1）经饮水传播：如伤寒、霍乱、痢疾、甲肝等许多肠道传染病都可经饮用水源进行传播。饮水受到污染的情况很多，如自来水管网破损污水得以渗入，粪便、污物或医院的污水未经处理直接排入水体等。另外，未来还要特别警惕人为故意污染水源的生物恐怖事件的发生。因饮水受到污染而造成传染病流行的事件过去屡有发生，历史上曾发生过多次重大流行的事件，例如 1955～1956 年印度德里由于水源被污染，在全市 170 万人口中有近 3 万人发生黄疸肝炎，加上无黄疸的病人及无症状的感染者，估计甲肝感染者约占总人口的 68%。近年来，随着城市公共供水系统建立及水质的卫生管理，因饮水被污染而引起的暴发或流行在城市已大大减少，但我国广大农村安全饮水仍是一个重要问题。

2）经疫水传播：是指易感者接触含有病原体的疫水时，病原体经过破损的皮肤、黏膜进入体内而造成传播。如血吸虫病、钩端螺旋体病等。其传播的危险性主要取决于人体接触疫水的面积大小、次数及接触时间的长短。

（2）流行特征

1）经饮水传播传染病的流行特征：①病例的分布与供水范围分布一致，有饮用同一水源的暴露史；②除哺乳婴儿外，发病无年龄、性别、职业的差异；③如水源经常受到污染，病例可终年不断，发病呈地方性特点，如系一次大量污染，则可导致暴发或流行；④停止使用污染的水源或采取净化消毒措施后，暴发或流行即可平息。

2）经接触疫水传播传染病的流行特征：①病例均有疫水接触史，接触方式以游泳、洗澡、捕鱼及收割等多见；②病例多见于疫水接触机会较多的职业人群，且发病多表现出地方性、季节性特点，病例多发生于水网地区、雨季或收获季节；③对疫水采取措施或加强个人防护后，可以防止病例的发生。

3. 经食物传播（food-borne infectionn）

（1）传播方式：所有肠道传染病、某些寄生虫病、个别呼吸道传染病（如结核病）及少数人畜共患病（如炭疽病）等均可经食物进行传播。经食物传播可分为两类：

1）食物本身含有病原体 如被甲肝病毒污染的毛蚶、贝类等水产品、感染绦虫的牛、猪的肉，患炭疽的牛、羊的肉，患结核病的乳牛所分泌的乳汁，被沙门菌感染的家畜的肉及蛋等。人们食用未充分加热消毒的上述食品后即可受到感染。如 1988 年 1～3 月，上海市发生大规模甲肝流行，急性肝炎病人达 29 万余人。调查表明此次甲肝暴发就是由于人们食用了含有甲肝病毒的毛蚶所导致的。

2）食物在各种条件下被病原体污染 食物在生产、加工、运输、贮存与销售的各个环节均可能受到污染。如食品加工过程中生熟不分、用污染的水洗涤蔬菜水果、携带病原体的媒介昆虫或鼠类污染食品等。

（2）流行特征：①病人均有进食某种污染食品史，未食者不发病；②如系一次大量污染可呈现暴发；③停止供应污染食品后，暴发或流行即可平息。

4. 经接触传播（contact infection）

（1）传播方式：包括下列两类传播方式。

1）经直接接触传播（direct contact infection）：是指在没有任何外界因素参与下，传染源与易感者直接接触而引起疾病的传播。如性病、狂犬病等。

2）经间接接触传播（indirect contact infection）：是指易感者间接接触了被传染源所污染的某些日常生活用品（如毛巾、脸盆、玩具等）所造成的传播，又称日常生活接触传播。被污染的手在此种传播方式中起到特别重要的作用。常见于一些肠道传染病、皮肤传染病及某些对外环境抵抗力较强的呼吸道传染病。间接接触传播的流行病学意义主要取决于病原体在外环境中的抵抗力、日常消毒制度是否完善以及人们的卫生知识、卫生习惯等因素。

（2）流行特征

1）经直接接触传播传染病的流行特征 一般表现为散发。

2）经间接接触传播传染病的流行特征 ①一般很少发生流行，病例多呈散发，往往在家庭及同室成员间进行传播；②流行过程相对平缓，无明显的季节性；③个人卫生习惯不良、卫生条件较差的情况下发病机会较多；④如切实改善个人卫生习惯及卫生条件后，可以减少或防止病例发生。

5. 经媒介节肢动物传播（arthropod-borne infection）

（1）传播方式：经媒介节肢动物传播是指通过蚊子、苍蝇、跳蚤、虱子等节肢动物作为媒介传播病原体，也称为虫媒传播。其传播方式可分为下列两类：

1）机械性传播 某些节肢动物如苍蝇、蟑螂可起到机械携带病原体的作用，但病原体在其体表或体内并不繁殖或发育，当它们觅食时通过接触、反吐或随粪便排出病原体而造成食品污染。人们食人受污染的食品后即可受到感染。其传播特点是病原体与媒介节肢动物之间并无生物学上的依存关系。

2）生物性传播：是指病原体进入吸血节肢动物体内后，在其肠道或体腔内经过发育或繁殖后，才能感染易感者。如乙脑病毒、疟原虫等即是通过此方式传播。其传播特点是病原体与媒介节肢动物之间存在生物学依存关系，且具有特异性。病原体在吸血节肢动物体内需经过一段时间的增殖或完成其生活周期中某一阶段后才具有传染性，所需的这段时间称外潜伏期（extrinsic incubation period）。

（2）流行特征：①具有地区性分布特点，病例分布与媒介节肢动物分布一致；②有明显的季节性，病例的高发季节与媒介节肢动物活动季节相一致或稍后；③某些传染病具有职业特点，如森林脑炎多见于伐木工人；④发病有年龄特点，老疫区发病者多见于儿童，新迁入疫区的易感者发病无年龄差异；⑤人与人之间一般不会直接传播。

6. 经土壤传播（soil-borne infection） 土壤容易受到污染，如传染源排出的带有病原体的排泄物或分泌物以直接或间接方式污染土壤、因传染病死亡的人、畜尸体未经处理直接埋葬而污染土壤等。土壤在传播蛔虫、钩虫等肠道寄生虫病中具有非常重要的意义。因为这些寄生虫卵必须在土壤中发育至一定阶段才能感染人。另外，某些细菌（如破伤风杆菌、炭疽杆菌）的芽胞在土壤中可长期生存，土壤受其污染后，可长期保持传染性，甚至达数十年之久。

经土壤传播的流行病学意义主要取决于病原体在土壤中的存活能力与存活时间、个体与土壤接触的机会、个人卫生习惯及卫生条件等因素。

7. 医源性传播（iatrogenic transmission） 是指在医疗及预防工作中，由于未能严格执行规章制度和操作规程，而人为引起某种传染病的传播。其传播方式主要分为两类：①易感者在接受预防、治疗措施及各种检测时，由于所用医疗器具、器械被污染或消毒不严而引起感染。此种方式以乙肝最为多见；②使用受到病原体污染的不合格生物制品或药品而引起传播。如病人接受被艾滋病病毒、乙肝病毒污染的血液及其制品而受到感染。此方式较前一种相对少见，但一旦发生，往往波及人群数量较多，危害较大。

8. 垂直传播（vertical transmission） 前面几种传播途径均是病原体借助于外环境中一定的传播因素而在人与人之间进行相互传播，统称为水平传播。所谓的垂直传播是指病原体通过母体传给子代，也称为母婴传播或围产期传播。其传播方式分为下列三种：

（1）经胎盘传播：受感染孕妇体内的病原体可经胎盘血液使胎儿受到感染。常见的如风疹病毒、艾滋病病毒、乙肝病毒及巨细胞病毒等。

（2）上行性传播：病原体从孕妇阴道经宫颈口到达绒毛膜或胎盘引起胎儿感染。如葡萄球菌、大肠杆菌、白色念珠菌、单纯疱疹病毒等可经此方式传播。

（3）分娩时引起传播：如果产妇产道感染严重，分娩时胎儿容易受到病原体感染。如淋球菌、疱疹病毒等可经此方式传播。

目前儿童艾滋病病例主要就是通过垂直传播方式感染艾滋病病毒的。

传播途径是病原体实现不同宿主间转移所必须经历的中间环节，当某种传染病发生流行时，为了控制传染病在人群中的传播蔓延，必须通过深入的流行病学调查了解其传播途径，并采取有针对性的防制措施，才能控制传染病的继续传播和流行。要注意的是传染病的传播途径可能是比较复杂的，一种传染病可同时通过多种不同的传播方式进行传播。如甲肝既可经水、食物传播，还可经媒介节肢动物、日常生活接触等多种途径进行传播。

（三）人群易感性

人群易感性（herd susceptibility）是指人群作为一个整体对传染病易感的程度。人群易感性的高低取决于该人群中易感个体占全部人口的比例。与之相对应的是人群免疫力（herd immunity），即人群作为一个整体对传染病侵入和传播的抵抗能力。人群对某传染病的易感性是动态变化的，要评价易感性高低，可以从人群中该病既往流行情况、针对该病的预防接种情况以及抗体水平检测结果等进行判定。

1. 影响人群易感性升高的主要因素

（1）新生儿的增加：婴儿出生后胎传免疫会逐渐减弱，一般出生 6 个月以上未经人工免疫的婴儿，对许多传染病都易感。

（2）易感人口的迁入：流行区居民常因发病或隐性感染而获得对疾病的免疫力，当大量缺乏免疫力的非流行区居民迁入即可使该人群易感性增高。如重庆三峡移民从血吸虫病的非流行区大量迁移到湖北、江西等流行区，就可能使移居地人群易感性明显升高。

（3）免疫人口免疫力的自然消退：少数的传染病如天花、麻疹等病后免疫力极为巩固，甚至可持续终身。但对大多数传染病而言，无论是病后免疫还是人工免疫都会随着时间推移而逐渐减弱，最后又成为易感者，使人群易感性增高。

（4）免疫人口的死亡：免疫人口的死亡可使人群易感性相对升高。

2. 影响人群易感性下降的主要因素

（1）预防接种：按科学的免疫规划对易感儿童及其他易感人群进行预防接种，使他们获得特异性免疫力，从而降低人群的易感性。这是降低人群易感性最积极、有效的方法。

（2）传染病流行：一次传染病的流行往往会使大部分易感者因发病或隐性感染而获得免疫力，人群中免疫人口数量和比例增加，人群易感性降低。在人类缺乏对传染病流行规律正确认识的历史阶段，往往只能靠传染病的自然流行使整个人群免疫水平逐渐提高后，流行才会得以暂时平息。

（3）隐性感染后免疫人口增加：易感者通过隐性感染也可获得特异性免疫力，使人群的易感性降低。

3. 人群易感性与传染病流行的关系　人群易感性的高低直接影响到传染病流行过程。如果人群针对某种传染病的免疫水平较高，人群易感性较低，疾病流行的范围和程度就较为有限。当人群中免疫人口达到一定比例时，传染病的流行就会明显减弱甚至得以平息。反之，当人群易感性增强时，传染病流行的可能性就会增大。但也不能认为易感性升高至某一水平就一定会发生疾病的流行，因传染病的发生和流行必须有传染源的输入。

知识点 11-3：流行过程的概念及其基本条件、传染源的概念及种类、潜伏期的流行病学意义、病原携带者的概念及其分类、传播途径的概念及分类、人群易感性及影响因素。

（1）流行过程（epidemic process）是指传染病在人群中发生、发展及其传播蔓延的过程。流行过程的发生必须具备三个基本条件即传染源、传播途径和易感人群。

（2）传染源（source of infection 或 reservoir of infection）是指体内有病原体生长、繁殖并能排出病原体的人和动物。包括传染病病人、病原携带者、受感染的动物。

（3）潜伏期的流行病学意义：①根据潜伏期可判断患者受感染的时间，以进一步追溯传染源和确定传播途径；②根据潜伏期的长短可确定接触者检疫期限的长短；③潜伏期的长短影响疾病的流行特征；④根据潜伏期可确定免疫接种的时间；⑤根据潜伏期可评价预防措施的效果。

（4）病原携带者（carrier）是指无任何临床症状但能够排出病原体的人，分为潜伏期病原携带者、恢复期病原携带者和健康病原携带者三种类型。

（5）传播途径（route of transmission）是指病原体从传染源排出后，再侵入新的易感宿主前，在外界环境中所经历的全部过程。具体可分为经空气传播、经水传播、经食物传播、经接触传播、经媒介节肢动物传播、经土壤传播、医源性传播、垂直传播等。

（6）人群易感性（herd susceptibility）是指人群作为一个整体对传染病易感的程度。影响人群易感性升高的主要因素：新生儿的增加、易感人口的迁入、免疫人口免疫力的自然消退和免疫人口的死亡。影响人群易感性下降的主要因素：预防接种、传染病流行和隐性感染后免疫人口增加。

（四）疫源地

1. 疫源地（infection focus）　是指传染源及其排出的病原体向周围播散所能波及的范围，即可能发生新感染或新病例的范围。疫源地的形成必须同时具备两个条件即存在传染源且能够继续散播病原体。

每个传染源可单独构成一个疫源地，但在一个疫源地内可同时存在多个传染源。一般将范围较小的疫源地或单个传染源所构成的疫源地称疫点，如以病家附近几户作为疫点。范围较大的疫源地或若干疫源地连成一片称疫区。它在农村一般指一个或几个村、乡等，在城市常指一个或几个居委会、街道等。

2. 影响疫源地范围大小的因素 当传染病疫情发生时，需要及时划定疫源地，并采取一些有效的防制措施以控制疾病的流行。因此必须科学地划定疫源地的范围。

疫源地范围大小主要取决于三方面的因素，即传染源的活动范围、传播途径的特点和周围人群的免疫状态。例如同样是甲肝，卧床的病人与自由活动的病人所形成的疫源地显然是不同的。就传播途径而言，如疟原虫是通过按蚊传播，疟疾的疫源地范围一般以传染源为核心、以按蚊吸血后飞行活动的范围进行划定。而麻疹作为经呼吸道传播的疾病，其疫源地范围相对就较小。另外，如果传染源周围人群均为免疫人口，疫源地范围可以很小，若周围人群都是易感者，则疫源地范围将包括传播途径所能涉及的整个范围。因此，不同传染病的疫源地大小不一，同一种传染病在不同条件下，疫源地范围也可能不相同，需要结合上述三方面特点综合考虑。

3. 确认疫源地消灭的基本条件 疫源地存续期间需要采取隔离、消毒等公共卫生措施，只有在疫源地消灭后，才能停止这些处理措施。

确认疫源地消灭的基本条件包括：①传染源已被迁走（包括住院隔离、已经治愈或死亡）；②传染源排至外环境中的病原体已被彻底清除；③所有易感接触者经过该病的一个最长潜伏期观察，未发生新的病例或感染。具备这三个条件时，针对疫源地的相关处理措施即可停止。

4. 疫源地与流行过程 每个疫源地均由它前一个疫源地引起的，而它又是发生新疫源地的基础。一系列相互联系、相继发生的疫源地就构成了传染病的流行过程。疫源地被消灭，流行过程也就得以中断。

（五）影响流行过程的因素

传染病流行过程是传染病在人群中发生、发展的过程，由于人类同时具备生物学和社会学属性，因此，流行过程既是一种生物学现象，也是一种社会现象。传染病的流行过程既受到自然因素影响，也受到社会因素影响。如艾滋病流行的生物学因素是艾滋病病毒的出现，而人们不正确的社会价值观念、不良的性观念、性行为以及吸毒等则是导致其流行的社会因素。

1. 自然因素对流行过程的影响 自然因素包括气候、地理、土壤等环境物质条件方面的因素以及动、植物方面的生物学因素，其中气候与地理因素对流行过程的影响最为明显。

自然因素可以作用于传染源、传播途径及易感人群这三个环节而影响到传染病的流行过程。如某些地形、地貌适合某些种类的动物传染源生存，因而成为某些疾病的自然疫源地。如草原或沙土地带土质较为疏松适于鼠类打洞繁殖，植物种类丰富的草原或沙土地带容易发生鼠疫的流行。又如气候因素影响到媒介节肢动物的活动，只有在温暖的季节才会出现虫媒传染病。另外，冬季气温较低，呼吸道局部抵抗力下降，易感性升高，加之室内活动多，人群接触密切，因此冬季易发生呼吸道传染病的流行。

2. 社会因素对流行过程的影响 社会因素广泛而复杂，包括人类社会活动所形成的一切条件或状态的总和，如特定的社会制度、风俗习惯、经济与文化水平、人口状况、宗教信仰等。社会因素对流行过程的影响也是复杂的，既可以促进传染病的流行，也可以对传染病的流行产生抑制作用。例如人类社会经济的发展推动了医学科学技术的进步，也促进了人们卫生条件、卫生习惯、卫生知识水平的明显改善，可以对传染病流行产生明显的抑制作用。相反，社会经济发展水平低下，社会生活秩序动荡不安甚至发生战争、灾害等往往可以促进传染病的发生和流行。

社会因素同样是通过对传染源、传播途径及易感人群这三个环节产生作用而影响传染病流行过程。如通过颁布和执行《传染病防治法》，疾病控制机构可以对传染病病人和病原携带者做到及时报告和规范管理，有效地阻止了其作为传染源的作用。卫生监督机构依法对空气、食品、饮水等进行严格监督和管理，可以有效地阻断多种病原体的传播途径。另外，国家针对儿童和特殊人群开展计划免疫则可以降低人群易感性。

综上所述，自然因素与社会因素对传染病流行过程都能产生影响作用。在实际工作中，应该认真分析传染病流行因素，从生物学防制与社会学防制两方面开展传染病的防制工作。

知识点 11-4：疫源地的概念、影响其范围大小的因素以及确认其消灭的基本条件、影响流行过程的因素

（1）疫源地（infection focus）是指传染源及其排出的病原体向周围播散所能波及的范围。

（2）疫源地范围大小主要取决于三方面的因素，即传染源的活动范围、传播途径的特点和周围人群的免疫状态。

（3）确认疫源地消灭的基本条件包括：①传染源已被迁走（包括住院隔离、已经治愈或死亡）；②传染源排至外环境中的病原体已被彻底清除；③所有易感接触者经过该病的一个最长潜伏期观察，未发生新的病例或感染。

（4）影响流行过程的因素：传染病的流行过程既受到自然因素影响，也受到社会因素影响。

第三节 传染病的预防与控制

正如概述中所述，在未来相当长一段时期内，传染病的预防与控制仍将是我国疾病预防与控制的重要内容之一。由于传染源、传播途径、易感人群是构成传染病流行过程的三个基本环节，必须同时具备，缺一不可，因此，传染病预防和控制的基本策略就是针对这三个基本环节采取相应措施。

一、传染病的预防

传染病的预防是指在传染病疫情尚未出现之前采取一些预防性措施，以防止疫情的发生。预防性措施主要针对传播途径和易感人群，旨在消除散播在各种传播媒介上的病原体、保护可能受病原体威胁的易感人群。具体措施及内容如下：

（一）一般性（经常性）预防措施

1. 健康教育 健康教育可以提高人们预防传染病的知识水平，促使人们改变不良的行为习惯，减少受感染机会。这是预防传染病最为经济、高效的重要措施。如艾滋病的健康教育就是当前艾滋病防制最切实有效的方法。

2. 改善卫生条件 除通过直接接触传播的少数疾病外，大多数传染病的病原体都需要借助于外环境中某种特定的媒介因素进行传播，因此，大力改善卫生条件有利于减少或消除存在于各种传播介质上的病原体，以阻断其传播。具体措施包括：改善用水条件，保证用水安全，加强食品卫生监督、对污水、污物、粪便进行无害化处理，有计划地改建和建设城乡公共卫生措施，公共场所严格消毒和管理、定期开展灭鼠、灭蝇工作等。

3. 制定法律法规 我国已相继颁布了《传染病防治法》、《食品卫生法》、《生活饮用水卫生标准》等相关法律法规，它们是做好卫生监督、保障人民群众生命健康的有力武器。另外，各单位也制定了一些相关的规章制度，如医疗机构制定的消毒隔离制度、托幼机构预防传染病传播的卫生保健制度等。

4. 加强卫生检疫 卫生检疫简称检疫（quarantine），分为国境卫生检疫和国内疫区检疫。

（1）国境卫生检疫：是指在一个国家国际通航的港口、机场、陆地边境和国界江河口岸设立国境卫生检疫机关，对进出国境人员、货物、行李及交通工具等实施医学检查和必要的卫生处理，以防止传染病经由国境通关口岸输入或输出。为加强和做好国境卫生检疫工作，1986 年我国颁布了《中华人民共和国国境卫生检疫法》，1989 年卫生部又发布了实施细则。我国现行规定检疫的传染病有鼠疫、霍乱和黄热病三种，其检疫期限分别为 6 天、5 天和 6 天。国境卫生检疫的内容按检疫地区可分为海港检疫、航空检疫和陆地边境检疫三类，按检疫性质的不同可分为出入境检疫、传染病监测和卫生监督三种。

（2）国内疫区检疫：当国内某地区发生传染病疫情时，可由卫计委批准实行疫区检疫。其目的是防止传染病由疫区传播至非疫区。具体内容包括：进行疫区封锁，限制疫区与非疫区的交往；查出疫区中的全部病人及传染源，并实施隔离和治疗；进行疫区消毒、杀虫及动物传染源的处理；对接触者进行医学观察；对易感者进行紧急预防接种或药物预防等。

（二）免疫预防

免疫预防是根据特异性免疫原理，采用人工方法将抗原（疫苗、类毒素等）或抗体（免疫血清、丙种球蛋白等）制成各种制剂，接种于人体，使其获得特异性免疫能力，达到预防某些疾病。前面提到的一般性预防措施是针对各种传染病的非特异性措施，而免疫预防则是针对特定传染病的特异性措施。

知识点 11-5：预防传染病流行的主要措施。

传染病的预防措施分为一般性（经常性）预防措施和免疫预防两个方面。一般性预防措施包括健康教育、改善卫生条件、制定传染病防治的法律法规、加强卫生检疫等。

二、传染病疫情的控制和管理

传染病疫情发生以后，应及时针对流行过程的三个环节采取各种措施来控制疫情的发展。具体措施及内容如下：

（一）针对传染源的措施

1. 病人 要求做到“五早”，即早发现、早诊断、早治疗、早报告和早隔离。病人一旦被诊断为传染病病人或疑似病人，就应根据我国传染病防治法的相关规定实行分级管理。

（1）早报告：及时报告传染病病人是由国家法律明确规定的，有利于迅速、全面、准确地掌握疫情。1989 年我国颁布了《传染病防治法》，将法定报告的传染病分甲、乙、丙三类共 35 种。2004 年 8 月，《传染病防治法》进行了第一次修订，报告的病种增至 37 种。2013 年 6 月，《传染病防治法》再次做了修订，现报告的病种增加到 39 种，具体分类及病种为：

甲类传染病：鼠疫、霍乱。（2 种）

乙类传染病：传染性非典型肺炎、艾滋病、病毒性肝炎、脊髓灰质炎、人感染高致病性禽流感、甲型 H1N1 流感、麻疹、流行性出血热、狂犬病、流行性乙型脑炎、登革热、炭疽、细菌性和阿米巴性痢疾、肺结核、伤寒和副伤寒、流行性脑脊髓膜炎、百日咳、白喉、新生儿破伤风、猩红热、布鲁氏菌病、淋病、梅毒、钩端螺旋体病、血吸虫病、疟疾。（26 种）

丙类传染病：流行性感冒、流行性腮腺炎、风疹、急性出血性结膜炎、麻风病、流行性和地方性斑疹伤寒、黑热病、包虫病、丝虫病，除霍乱、细菌性和阿米巴性痢疾、伤寒和副伤寒以外的感染性腹泻病、手足口病。（11 种）

《传染病防治法》还规定：对乙类传染病中传染性非典型肺炎、炭疽中的肺炭疽和人感染高致病性禽流感，采取本法所称甲类传染病的预防、控制措施。其他乙类传染病和突发原因不明的传染病需要采取本法所称甲类传染病的预防、控制措施的，由国务院卫生行政部门及时报经国务院批准后予以公布、实施。

2006 年卫生部新修订的《突发公共卫生事件与传染病疫情监测信息报告管理办法》中明确规定：各级各类医疗机构、疾病预防控制机构、采供血机构均为责任报告单位；其执行职务的人员和乡村医生、个体开业医生均为责任疫情报告人，必须按照传染病防治法的规定进行疫情报告，履行法律规定的义务。

责任报告单位和责任疫情报告人发现甲类传染病和乙类传染病中的肺炭疽、传染性非典型肺炎、脊髓灰质炎、人感染高致病性禽流感病人或疑似病人时，或发现其他传染病和不明原因疾病暴发时，应于 2h 内将传染病报告卡通过网络报告；未实行网络直报的责任报告单位应于 2h 内以最快的通讯方式（电话、传真）向当地县级疾病预防控制机构报告，并于 2h 内寄送出传染病报告卡。

对其他乙、丙类传染病病人、疑似病人和规定报告的传染病病原携带者在诊断后，实行网络直报的责任报告单位应于 24h 内进行网络报告；未实行网络直报的责任报告单位应于 24h 内寄送出传染病报告卡。县级疾病预防控制机构收到无网络直报条件责任报告单位报送的传染病报告卡后，应于 2h 内通过网络进行直报。

（2）早期隔离与治疗　甲类传染病病人、病原携带者必须强制隔离治疗，隔离期限根据各种传染病的最长传染期及医学检查结果确定。对甲类传染病的疑似病人，确诊前在指定场所单独隔离治疗。拒绝隔离治疗或者隔离期未满擅自脱离隔离治疗的，可以由公安机关协助医疗机构采取强制隔离治疗措施。乙类或者丙类传染病病人根据病情采取必要的治疗和控制传播措施。

2. 病原携带者　重点是"管理"。要进行健康教育，促使其养成良好的行为习惯，减少传播病原体的危险；要定期随访，须经 2～3 次病原学检查均为阴性时，方可解除其管理；在饮食、托幼和服务行业工作的病原携带者须暂时离开工作岗位，直至痊愈；艾滋病、乙肝、疟疾的病原携带者严禁做献血员。

3. 接触者　主要措施之一是"检疫"，其期限从最后接触之日算起经历一个该病的最长潜伏期。检疫可分为两种情况：①留验：又称隔离观察，是对甲类传染病病人、病原携带者、疑似病人的密切接触者施行的检疫措施，将其收留在指定场所，限制活动范围，并进行相关医学检查或处理；②医学观察：是对乙、丙类传染病密切接触者施行的检疫措施，接触者可正常工作、学习，但要接受必要的医学检查或处理。

另外，还可采取免疫预防、药物预防等措施，详见后面针对易感者的措施部分。

4. 动物传染源性　危害不大且有经济价值的动物给予积极治疗和隔离，危害较大且无经济价值的动物如鼠类等应予以捕杀和无害化处理。

（二）针对传播途径的措施

由于不同传染病的传播途径存在差异，因此需要针对各自传播途径的特点采取不同措施。如肠道传染病应做好粪便、垃圾、污水处理、注意食品和饮水卫生、培养个人卫生习惯等。经媒介昆虫传播的疾病，可根据不同媒介昆虫的生态习性特点采取不同的杀虫办法。呼吸道传染病应采取空气消毒、戴上口罩、加强通风等措施。这些措施主要是为了消灭传播病原体的媒介物质和媒介昆虫，具体而言就是要做好消毒和杀虫。

消毒（disinfection）是指用化学、物理、生物学的方法杀灭或消除环境中病原微生物的一种措施。从公共卫生的角度，消毒可以分为预防性消毒与疫源地消毒。

1. 预防性消毒　是指针对可能受病原微生物污染的场所和物品所进行的消毒，如饮水消毒、空气消毒，乳品消毒等。

2. 疫源地消毒　是指对现有或曾有传染源存在的场所和物品所进行的消毒，目的在于杀灭由传染源排出的病原微生物。疫源地消毒又可分为随时消毒和终末消毒。

（1）随时消毒（current disinfection）：是指传染源尚存在时，对其排泄物、分泌物及其所污染的物品和场所及时进行消毒。

（2）终末消毒（terminal disinfection）：是指传染源痊愈、死亡或离开疫源地后对疫源地进行的一次彻底消毒。其目的是完全清除传染源散播在外环境中的病原微生物。通常情况下，病原微生物对外环境抵抗力较强的疾病才需要进行终末消毒，如霍乱、鼠疫等。而病原微生物对外环境抵抗力较弱的疾病如麻疹、流行性感冒等，则不需要进行终末消毒。

（三）针对易感者的措施

1. 免疫预防 对有疫苗预防的传染病，当其发生流行时，可以对易感人群采用紧急被动免疫或自动免疫。被动免疫可以使易感者体内迅速获得保护性抗体，是传染病流行时保护易感者的一种重要措施。如注射丙种球蛋白或胎盘球蛋白预防麻疹、甲肝等疾病。另外，当麻疹发生局部流行时，在流行早期，对易感人群采用自动免疫，接种麻疹疫苗也具有较好效果。据观察感染麻疹病毒 3 天内或潜伏期早期接种麻疹疫苗均能控制发病。

2. 药物预防 对于某些有特效药物的传染病，在其发生流行时，可以采用药物预防。如服用氯喹预防疟疾、服用青霉素预防猩红热等。但药物预防作用持续时间短，且易产生耐药性，因此要慎重使用，避免药物滥用。

3.个人防护 个人防护是保护易感者的重要手段，其具体方法视疾病的传播特点而定。如戴口罩预防呼吸道传染病、使用安全套预防性传播疾病、挂上蚊帐预防虫媒传染病、医务人员戴上手套进行穿刺操作避免感染经血液传播的传染病等。

（四）传染病暴发或流行时的紧急措施

根据《传染病防治法》的规定：当传染病发生暴发、流行时，县级以上地方政府报经上一级人民政府决定后，可以采取下列紧急措施：

（1）限制或者停止集市、影剧院演出或者其他人群聚集的活动；

（2）停工、停业、停课；

（3）封闭或者封存被传染病病原体污染的公共饮用水源、食品以及相关物品；

（4）控制或者扑杀染疫野生动物、家畜家禽；

（5）封闭可能造成传染病扩散的场所。

甲类、乙类传染病暴发、流行时，县级以上地方人民政府可以划定和宣布疫区；国务院可以决定并宣布跨省、自治区、直辖市的疫区。省、自治区、直辖市人民政府可以决定对本行政区域内的甲类传染病疫区实施封锁，但是封锁大、中城市的疫区或者封锁跨省、自治区、直辖市的疫区，以及封锁疫区导致中断干线交通或者封锁国境的，由国务院决定。疫区封锁的解除，由原决定机关决定并宣布。

知识点 11-6：控制传染病疫情的主要措施。

（1）针对传染源的措施：早发现、早报告、早诊断、早隔离、早治疗。

（2）针对传播途径的措施：预防性消毒、疫源地消毒。

（3）针对易感者的措施：免疫预防、药物预防、个人防护。

第四节 计划免疫及其评价

免疫预防是预防与控制传染病的重要措施，我国从 20 世纪 70 年代以来，在全国开始实施有计划的免疫预防，增强人群针对特定疾病的免疫力，降低人群易感性，使得绝大多数疫苗针对的传染病得到了有效的控制。

一、预防接种的概念及种类

（一）预防接种的概念

预防接种（vaccination）又称人工免疫，是将具有抗原性或具有抗体活性的生物制剂接种到人体内，使机体产生对某种传染病的特异性免疫力，以提高人群免疫水平，预防传染病的发生与流行。

（二）预防接种的种类

1. 人工自动免疫　是将免疫原性物质接种人体，使人体自行产生特异性免疫。免疫原性物质包括处理过的病原体或其提炼成分及类毒素等。人工自动免疫制剂有下列三种：

（1）减毒活疫苗：用弱毒性或减毒的病原微生物所制成，如卡介苗、麻疹疫苗、脊髓灰质炎疫苗等。其优点是免疫效果好、接种剂量小、接种次数少、维持时间相对较长，缺点是不易保存，需要持续冷链。

（2）灭活疫苗：用理化方法将病原微生物杀灭后所制备的免疫制剂，如狂犬病疫苗、乙脑疫苗等。其优点是无须减毒、生产过程简单、易于保存、有效期长，缺点是免疫效果相对较差、接种次数多、接种量大。

（3）类毒素：是将细菌的外毒素经过处理后制备而成的无毒但仍保留免疫原性的制剂，如白喉类毒素，破伤风类毒素等。

（4）多联多价疫苗：如百白破三联疫苗、麻腮风三联疫苗等。多联多价疫苗可同时预防多种疾病，减少接种次数。

（5）新型疫苗：近年来，随着免疫学及分子生物学技术的快速发展，出现了一些新型疫苗，如 DAN 疫苗、基因工程重组疫苗、多肽疫苗等。它们的出现弥补了传统疫苗某些方面的缺陷，也进一步丰富了疫苗的种类，拓宽了疫苗研制的方向。

2. 人工被动免疫　是将含有抗体的血清或其制剂接种人体，使人体立即获得现成的抗体而受到保护。但免疫力持续时间较短，且易发生变态反应。人工被动免疫制剂有：

（1）免疫血清：用毒素免疫动物后所取得的含有特异性抗体的血清，也常称为抗毒素。如抗狂犬病血清、破伤风抗毒素等。主要用于治疗，有时也可作预防用。

（2）免疫球蛋白（丙种球蛋白及胎盘球蛋白）：由健康人的血液、健康产妇的胎盘及脐带血中提取的丙种球蛋白所制成，常作为麻疹、甲肝易感接触者紧急预防所用，但并不能预防所有的传染病，要避免滥用。

3. 被动自动免疫　指对易感者同时接种自动与被动免疫制剂，使机体在迅速获得保护的同时也产生较为持久的免疫力。一般是对高危易感接触者进行，只能用于少数传染病。如同时注射破伤风类毒素和破伤风抗毒素、同时注射白喉类毒素和白喉抗毒素。

二、计划免疫

（一）计划免疫的概念

计划免疫（planning immunity）是指根据传染病疫情监测和人群免疫水平的分析，按照科学的免疫程序，有计划地对特定人群进行预防接种以提高人群免疫水平，达到控制以致最终消灭传染病的目的。计划免疫强调科学地、有计划地开展预防接种。

20 世纪 70 年代以来，WHO 开展了全球扩大免疫计划（expanded program on immunization，EPI）行动，要求坚持免疫方法与流行病学监督相结合，防治白喉、百日咳、破伤风、麻疹、脊髓灰质炎、结核病等传染病。EPI 的中心内容：一是要求不断扩大免疫接种的覆盖面，使每一个儿童在出生后都有获得免疫接种的机会；二是要求不断扩大接种疫苗种类。从启动至 20 世纪 80 年代，重点放在提高免疫覆盖率，使每一个儿童在出生后都能按计划获得免疫接种。20 世纪 90 年代后，计划免疫的目标逐步过渡为疫苗可预防疾病的控制、消除和消灭。我国 1980 年起正式加入 EPI 活动，新近提出的工作总目标是：全面实施扩大国家免疫规划，继续保持无脊灰状态，消除麻疹，控制乙肝，进一步降低疫苗可预防传染病的发病率。

（二）计划免疫的工作内容

我国计划免疫工作的主要内容是适龄儿童的计划免疫，另外就是针对重点地区、重点人群开展免疫预防。

儿童计划免疫包括基础免疫和加强免疫。基础免疫是指人体初次接受某种疫苗全程足量的预防接种，要求在 1 周岁内按照免疫程序全程足量进行接种。基础免疫后，机体产生的免疫力会随着时间的推移而逐渐减弱，有必要适时进行同类疫苗的复种，才能更长时间地保持免疫力，即加强免疫。

我国已将 5 种疫苗（卡介苗、脊髓灰质炎三价疫苗、百白破混合制剂、麻疹疫苗和乙肝疫苗）纳入国家免疫规划，由政府免费提供适龄儿童接种。国家积极响应 EPI，根据社会经济发展水平，不断丰富和扩充国家免疫规划疫苗的种类和数量。2007 年底，国家最新制定的《扩大国家免疫规划实施方案》规定：在现行全国范围内使用的国家免疫规划疫苗基础上，将甲肝疫苗、流脑疫苗、乙脑疫苗、麻腮风疫苗纳入国家免疫规划，对适龄儿童进行常规接种。在重点地区对重点人群进行出血热疫苗接种。发生炭疽、钩端螺旋体病疫情或发生洪涝灾害可能导致钩端螺旋体病暴发流行时，对重点人群进行炭疽疫苗和钩体疫苗应急接种。通过接种上述疫苗，预防结核病、脊髓灰质炎、破伤风、百日咳、白喉、麻疹、乙肝、甲肝、流脑、乙脑、风疹、流行性腮腺炎、流行性出血热、炭疽和钩端螺旋体病等 15 种传染病。

（三）计划免疫程序

免疫程序是指对需要接种疫苗的种类、接种先后次序、接种时间、接种要求等做出的具体规定。免疫程序是根据传染病流行特征、疫苗生物学特点、人群免疫应答能力、免疫力的变化以及实施免疫预防的条件等多方面因素综合考虑后制定的。我国现行的儿童计划免疫程序见表 11-1。

表 11-1 我国儿童计划免疫程序

疫苗名称	卡介苗	脊髓灰质炎疫苗	百白破混合制剂	麻疹疫苗	乙肝疫苗	A 群流脑疫苗	A+C 群流脑疫苗	乙脑疫苗
新生儿	初种				1 次			
1 月龄					2 次			
2 月龄		1 次						
3 月龄		2 次	1 次					
4 月龄		3 次	2 次					
5 月龄			3 次					
6 月龄					3 次	6 月～18 月龄完成 2 针次（间隔 3 个月）		
8 月龄				初种				初种
1.5～2 周岁		*	加强					加强
3 周岁							初种	
4 周岁		复服						
6 周岁							加强	
7 周岁	复种		白类加强	加强	加强			
12 周岁	复种（农村）							

注：*部分地区对 18～24 月龄儿童作第 1 次复服，4 岁第 2 次复服

（四）计划免疫工作评价

评价内容主要包括两方面：一是疫苗本身安全性、有效性的评价；二是对计划免疫工作开展情况的考核评价。

1. 疫苗安全性评价 疫苗的安全性是疫苗能够生产和推广应用的前提。虽然在出厂前疫苗的安全性已进行过科学评价和证实，但在大规模的接种工作中，仍不能排除个别接种者出现一些较为严重的接种反应甚至异常反应，应该对接种反应做好密切观察和监测。

（1）一般反应：接种后24h内在接种部位局部可有红肿热痛等炎性反应，可能同时伴有发热、头昏、恶心、呕吐、腹泻等全身反应。其反应强度见表11-2。

表 11-2 预防接种一般反应的强度分级及表现特征

反应强度	局部反应（红肿直径，cm）	全身反应（体温，℃）
弱反应	<2.5	37.1～37.5
中反应	2.5～	37.6～38.5
强反应	≥5.0	≥38.6

一般反应是由于免疫制剂本身所固有的特性引起机体出现的正常接种反应，一般持续1～2天，可以不做特殊处理，适当休息即可，但反应强烈也可做对症治疗。如果接种人群出现强反应的比例超过5%，则该批疫苗不宜继续使用。

（2）异常反应：接种同一批免疫制剂的人群中，极少数个体可能会发生晕厥、过敏性休克、过敏性皮炎、化脓性感染等异常反应。一般出现机会很低，但后果严重，必须及时进行相应医学处理，并上报卫生主管部门。

（3）偶合病：与预防接种本无关系，只是因为时间上的巧合而被误认为是由于接种疫苗所引起的。如某接种者在接种甲肝疫苗时已经处于该病的潜伏期，接种后不到一周就发生了甲肝。遇到此种情况要详细了解病人的暴露史，做出正确的判断，并向病人及家属做好解释。

2. 免疫学效果评价 这是评价疫苗有效性的一个方面，是通过各种血清免疫学检测技术，评价接种前后机体免疫水平变化的情况。常用的评价指标包括接种人群抗体阳转率、抗体平均滴度、抗体持续时间等。

3. 流行病学现场效果评价 这是评价疫苗有效性的第二个方面，是体现疫苗保护效果最直接、最可靠的指标。评价方法需要采用严格的实验设计方案，对比接种组与对照组发病或感染情况，最常用的两个评价指标是疫苗保护率和效果指数。

$$①疫苗保护率率=\frac{对照组发病率-接种组发病率}{对照组发病率}\times 100\% \qquad (11\text{-}1)$$

$$②效果指数=\frac{对照组发病率}{接种组发病率} \qquad (11\text{-}2)$$

一般认为效果指数为2或以下，保护率为50%或以下，表示该疫苗的流行病学效果是无意义的。

4. 计划免疫工作情况考核 计划免疫工作考核内容主要包括：工作组织体系和人员配备；免疫规划和工作计划；计划免疫实施的管理和各项规章制度；冷链装备及运转情况；人员能力建设及宣传动员；监测及疫情暴发控制等方面的内容。常用的一些考核指标有：

①建卡率：抽样调查12～18个月龄儿童，根据调查结果计算建卡率。

$$建卡率=\frac{已建立免疫接种卡人数}{调查的适龄儿童数}\times 100\% \qquad (11\text{-}3)$$

②接种率：抽样调查12月龄儿童（经卫计委批准的少数地区，可定为18月龄），根据调查结果计算各种疫苗的接种率。

$$某疫苗接种率=\frac{某疫苗按免疫程序完成接种人数}{某疫苗的应接种人数}\times 100\% \quad (11\text{-}4)$$

疫苗的应接种人数包括禁忌证人数和外地来本地寄居≥3 个月的适龄儿童人数，但不包括外出≥3 个月的适龄儿童人数。

③五苗基础免疫率：即五种基础免疫疫苗的全程规范接种率。必须是五种疫苗都按规定完成接种的儿童才能计人公式的分子中。

$$五苗基础免疫率=\frac{五苗均按免疫程序完成接种人数}{调查的适龄儿童数}\times 100\% \quad (11\text{-}5)$$

④冷链设备完好率：疫苗是用病原微生物及其代谢产物所制备的，对温度很敏感，只能在一定的温度范围内才具有活性。因此，疫苗在保存、运输和使用的各个环节都要持续保冷，这一过程中所需要配备的冷藏、冷运设备称为冷链（cold chain）。

$$冷链设备完好率=\frac{冷链设备正常地运转数量}{冷链设备总数量}\times 100\% \quad (11\text{-}6)$$

另外，还可用传染病发病率来反映传染病控制效果，用人群抗体阳转率来反映免疫成功与否等。

知识点 11-7：预防接种的概念及分类、计划免疫的概念、计划免疫的主要内容、计划免疫工作的评价

（1）预防接种（vaccination）又称人工免疫，是将具有抗原性或具有抗体活性的生物制剂接种到人体内，使机体产生对某种传染病的特异性免疫力，以提高人群免疫水平，预防传染病的发生与流行。预防接种分为人工自动免疫、人工被动免疫和被动自动免疫。

（2）计划免疫（planning immunity）是指根据传染病疫情监测和人群免疫水平的分析，按照科学的免疫程序，有计划地对特定人群进行预防接种以提高人群免疫水平，达到控制以致最终消灭传染病的目的。我国计划免疫工作的主要内容是适龄儿童的计划免疫，另外就是针对重点地区、重点人群开展免疫预防。

（3）我国已将卡介苗、脊髓灰质炎三价疫苗、百白破混合制剂、麻疹疫苗和乙肝疫苗、甲肝疫苗、流脑疫苗、乙脑疫苗、麻腮风疫苗纳入国家免疫规划，对适龄儿童进行常规接种。在重点地区对重点人群进行出血热疫苗接种。发生炭疽、钩端螺旋体病疫情或发生洪涝灾害可能导致钩端螺旋体病暴发流行时，对重点人群进行炭疽疫苗和钩体疫苗应急接种。通过接种上述疫苗，预防结核病、脊髓灰质炎、破伤风、百日咳、白喉、麻疹、乙肝、甲肝、流脑、乙脑、风疹、流行性腮腺炎、流行性出血热、炭疽和钩端螺旋体病等 15 种传染病。

（4）计划免疫工作的评价内容主要包括两方面：一是疫苗本身安全性、有效性的评价；二是对计划免疫工作开展情况的考核评价。

案例 11-1 分析讨论：

（1）流行强度是表示一定时期某地区人群中某病发生的数量程度及病例间相互联系的程度，是一个相对的概念。根据案例所述，SARS 在全球范围内传播蔓延极其迅速，在半年左右的时间内，发病波及多个洲的 32 个国家，病例数达到 8000 多例，显然属于世界性大流行。在中国的北京、广东应称为暴发，因为流行特征完全符合暴发的三个基本特征（小范围、短时间、大量病例）。另外，比如说重庆也发现了 3 例，但这些病例均是外地感染后在当地被发现，本地没有构成相互传播关系，因此仍可以称为散发。

（2）SARS 的传染过程是指 SARS 病毒与宿主机体相互作用、相互斗争的过程，是一个纯生物学的作用过程，其感染结局取决于 SARS 病毒与宿主双方的生物学特性。本章第一节介绍了病原体具有变异的特点，SARS 病毒正是变异的冠状病毒，其基因结构较原有冠状病毒有明显差异，导致其毒力、传染力发生改变。针对一种变异的新型病毒，人体缺乏相应的保护性抗体，均为易感者。因此，SARS 病毒侵入机体后，难以得到清除，往往表现为显性感染，而且由于病毒的毒力强，所以大多数病人临床症状较为严重，病死率也较高（国内约 7%）。

（3）SARS 的流行过程是指 SARS 在人群中传播蔓延的过程，即 SARS 病毒从已感染者体内排出，经过飞沫等传播途径，侵入一个新的易感宿主体内形成新的感染，此过程不断发生发展，即形成了 SARS 的流行过程。

如同其他任何一种传染病，构成 SARS 流行过程的基本条件也是传染源、传播途径和易感人群。三者缺一不可。

1）传染源：本章第二节介绍了传染源分为三种即病人、病原携带者和受感染的动物。①SARS 病人：病人是最主要的传染源，观察发现其传染性随病程而逐渐增强，发病的第 2 周传染性最强。通常认为症状明显的患者传染性较强。②病原携带者：意义不大。因为尚未发现潜伏期患者以及治愈出院者传染他人的证据，且 SARS 以显性感染为主，隐性感染者可能有，但较少见，也无隐性感染者具有传染性的证据。这些表明本章所学习的三类病原携带者在此病的传播中都无实际意义。③动物：例如果子狸等被怀疑是 SARS 的传播宿主，目前虽然有一些实验室的依据，但流行病学分布特点并不支持。

2）传播途径：根据本章介绍的各种传播途径的流行特征及 SARS 本身的临床表现、流行病学特点，可以初步排除性传播、血液传播、媒介昆虫传播等。现有的研究表明：近距离飞沫传播是 SARS 最重要的传播途径。经飞沫核以气溶胶形式传播也是可能的传播形式。还有认为可以通过污染的手实现接触传播、经食物传播等，但仍需证实。

3）易感人群：针对新的病毒，人群普遍易感。但儿童和老年人的感染率却远低于成人，其原因尚不清楚。由于 SARS 主要通过飞沫传播，只能近距离地传播给周围的密切接触者，医护人员、病人家属与亲友同患者近距离接触机会多，感染 SARS 的危险性高，因此，出现了医护人员高发的职业分布特点。

（4）正如本章第二节所介绍，传染病的流行过程既受到自然因素的影响，也受到社会因素的影响。自然因素方面：一是病毒的变异产生了一种新型冠状病毒，全人群对之普遍易感；二是其传播途径易于实现。社会因素方面：人员流动、国际交流愈加频繁，传染源通过现代交通工具能够迅速实现远距离传播；城市人口密集、流动性大、大医院患者众多；传染源隔离措施不力、医护人员的个人卫生习惯和防护措施不当等。这些都是导致 SARS 迅速传播和流行的重要因素。

既然 SARS 的流行是受两方面因素的影响，其防制内容也就包括生物学防制和社会学防制。尽管现代医学科学技术帮助我们很快明确了病因，查明了病毒的一些主要特性，但作为一种新的病原体，短时间内难以找到特效药物或疫苗。这就需要采取一些社会学防制措施，如加强传染源的筛查和管理、做好疫区的消毒与检疫、限制人员的流动和大型集会活动、制定相应的法律法规等。正是在包括社会措施在内的各种综合性防制措施作用下，疫情才很快得以平息。

（5）根据本章第三节的内容，传染病疫情的控制就是针对流行过程的三个环节采取措施。考虑到 SARS 的生物学特点，应采取以控制传染源、阻断传播途径为主的综合性防制措施。

1）针对传染源的措施：①病人：做到"五早"。SARS 是按甲类进行管理的乙类传染病，发现病人后应在 2h 内完成网络直报。病人必须立即住院隔离治疗，其隔离期限的时间依据是传染期，即必须要有临床和流行病学证据表明传染性消失后才能解除隔离；②密切接触者：密切接触者应实施隔离医学观察，隔离期限是一个最长潜伏期（自最后接触之日算起 14 天）；③动物传染源：尚不明确，一旦发现可疑动物宿主，应立即报告。

2）针对传播途径的措施：由于 SARS 主要是经飞沫传播，因此要加强通风换气，减少近距离密切接触的机会，勤洗手，做好疫源地的随时消毒和终末消毒等。

3）针对易感者的措施：加强健康教育，作好个人防护，减少人群集聚的机会。但现有自动和被动免疫制剂均无特异的保护作用，也无特效的药物。

4）其他措施：根据法律规定，划定和宣布疫区并采取相应的管理措施；严格执行国家关于 SARS 防治相关管理规定；开展多部门协作，共同做好 SARS 防治工作；开展心理健康干预等。

（钟朝晖）

第十二章 慢性非传染病流行病学

第一节 肿瘤流行病学

案例 12-1

据大众网-齐鲁晚报报道：2007 年 4 月，北京肿瘤医院的总门诊量达到 17300 例，比 10 年前增长了 4 倍多。2006 年城市居民死于恶性肿瘤的比率比上一年上升 18.6%。癌症像感冒一样频发。

新中国成立以来，卫生部门分别在 1975 年、1992 年和 2002 年进行了三次较大规模的针对恶性肿瘤的死因调查。三次调查的结果显示：中国恶性肿瘤的死亡率由上世纪 70 年代中期 99.5/10 万，增加到 2002 年的 148/10 万。30 年间，中国恶性肿瘤死亡率上升了近 50%。肺癌的死亡率更是增加了 500%，年均增长 26.9%，居恶性肿瘤死亡的第一位。这三次调查的时代，在经济史上恰好对应了中国全面工业化之前、全面工业化开始启动和高速工业化时期三个时段。

上世纪 70 年代中期中国癌症死亡率比所有的发达国家都低；上世纪 90 年代，已经与美国、加拿大、新加坡的水平旗鼓相当；到了 2002 年，排在全世界第 52 位，比英国、法国、德国、美国和日本都要高。我国恶性肿瘤抽样调查也证实：工业化与癌症死亡率存在相关关系。三次死因调查统计显示：工业化提高了居民生活水平，胃癌、食管癌等“贫穷型癌症”发病率、死亡率 30 年来呈现下降或持平趋势，但同时，肺癌、乳腺癌、胰腺癌、大肠癌等“富裕型癌症”增长很快。

问题：

（1）我国癌症的发病率和死亡率逐年增高的原因有哪些？

（2）面对如此严峻的形势，我们该怎样应对？

肿瘤（tumor）是机体在各种致瘤因素作用下，局部组织的细胞增殖与凋亡失控，出现异常增生而形成的新生物（neoplasm）。根据其对人体的危害程度可分成良性肿瘤和恶性肿瘤。良性肿瘤与恶性肿瘤之间没有严格的界限，良性肿瘤一般分化良好，生长缓慢，边界清，常有包膜，完整切除一般不复发；恶性肿瘤（malignant tumor）通常称为“癌症（cancer）”，从组织学上恶性肿瘤分为上皮性的癌和非上皮性的肉瘤及血液癌。其特征是异常细胞的失控生长、浸润和转移。恶性肿瘤的瘤细胞分化不良，其结构和功能与相应正常细胞有较大的差异，形态怪异，功能减弱、增强或丧失，生长速度快，常呈浸润性生长，分界不清，一般无包膜，故难以完全切除，术后容易复发，且瘤细胞常由原发部位转移到局部淋巴结或向全身播散，这种播散如无法控制，将侵犯要害器官和引起衰竭，最后导致死亡。

恶性肿瘤是严重影响人类健康、威胁人类生命的主要疾病之一，其发病情况日益严重。据 WHO《2014 世界癌症报告》预测，全球癌症病例将呈迅猛增长的态势。2012 年全世界新增癌症病例是 1400 万，因癌症死亡 820 万。预计未来 20 年中全球癌症新增病例将上升到每年 2200 万，癌症死亡病例上升到每年 1300 万。而非洲、亚洲、中美洲和南美洲的发展中国家癌症的发病形势更为严峻，这些地区的癌症新病例和死亡病例占全球的 60%～70%。2012 年全球最常见癌症为肺癌（180

万例，占总数的 13.0%）、乳腺癌（170 万，占总数的 11.9%）以及大肠癌（140 万，占总数的 9.7%）。癌症死亡的最常见病因为肺癌（160 万，占总数的 19.4%）、肝癌（80 万，占总数的 9.1%）和胃癌（70 万，占总数的 8.8%）。

在我国，恶性肿瘤位居死因第一位。2012 年我国癌症新增病例和死亡病例人数均居世界第一，其中，我国新增癌症病例 307 万，死亡 220 万人，分别占全球总量的 21.9%和 26.8%。预计 2025 年将有新增癌症病例 660 万，死亡 300 万。据不完全统计，在死亡的老年人中，有 1/10 死于癌症；而中年人中，癌症却占到了 1/5，且死于癌症的病人比正常减寿 12～18 岁。

恶性肿瘤给个人、家庭和社会都造成了巨大的负担。已是全球突出的公共卫生问题。因此，WHO 和各国政府卫生部门都把攻克癌症列为一项首要任务。恶性肿瘤流行病学研究便显得十分重要且任务艰巨。

肿瘤流行病学（cancer epidemiology）是将流行病学原理和方法应用于肿瘤，主要研究恶性肿瘤在人群中的分布及其影响因素，探索肿瘤的病因，制定相应的防治策略和措施，对恶性肿瘤进行预防与控制，并对这些措施加以评价，以降低恶性肿瘤的发病率和死亡率。

一、流行特征及影响因素

（一）恶性肿瘤的流行特征

1. 时间趋势 恶性肿瘤的发病率和死亡率在全球范围内均呈逐年增长趋势。2002 年全球新发恶性肿瘤病例 1090 万例，死亡 670 万例；2012 年新发恶性肿瘤 1410 万例，死亡 820 万例。除宫颈癌和食管癌外，几乎所有恶性肿瘤都呈上升趋势。据 WHO 专家预测，2010 年，发达国家和发展中国家的恶性肿瘤新发病例分别为 531 万和 703 万，死亡病例为 302 万和 468 万；到 2050 年，发达国家和发展中国家的恶性肿瘤新发病例将分别达 679 万和 1704 万，死亡病例分别达 407 万和 1193 万。癌症已成为全球最大的公共卫生问题，将是新世纪人类的第一杀手。世界恶性肿瘤发病和死亡变化趋势预测见表 12-1。

表 12-1 世界恶性肿瘤新发和死亡病例预测（万）

地区	2010 年		2020 年		2050 年	
	发病	死亡	发病	死亡	发病	死亡
世界	1234	770	1535	979	2383	1600
发达国家	531	302	603	350	679	407
发展中国家	703	468	932	629	1704	1193
非洲	79	51	104	67	253	167
亚洲（日本）	61	36	67	40	65	40
亚洲（其他）	517	358	675	479	1074	860
欧洲	306	189	336	213	364	240
南美	110	64	148	87	281	168
北美	165	77	203	97	261	128
大洋洲	13	6	16	8	24	12

各类恶性肿瘤的时间变化趋势有所不同，肺癌的发病率和死亡率在各国多呈增高趋势，年发病达 120 万，死亡 110 万，尤以工业发达国家为甚；近年来，乳腺癌的发病率逐年上升，在世界范围内正以每年 0.2%～8%的速度上升。而宫颈癌和食管癌发病率下降明显。在许多国家，胃癌发病率也呈下降趋势，从 1930～2012 年，美国胃癌死亡率几乎下降了 80%，如图 12-1 所示。全球癌症发病顺位依次为肺癌、乳腺癌、结直肠癌及胃癌。死亡顺位依次为肺癌、肝癌、胃癌

及结直肠癌。

在发达国家，尤以美国的癌症流行趋势令人瞩目，从 20 世纪 90 年代开始，美国恶性肿瘤的发病率和死亡率呈下降趋势。根据美国癌症协会提供的资料：2003 年比 2002 年癌症死亡人数减少 369 例，2004 年又比 2003 年减少 3014 例，降幅提高了 8 倍多。到 2006 年，美国人口寿命延长，肿瘤死亡的绝对数却在下降，美国肺癌的发生率在 1990 年代达到高峰后逐渐下降，出现一个拐点，且前列腺癌、女性乳腺癌等都有下降趋势。在欧洲癌症也是一个严重的威胁，据 WHO 公布的最新数字：欧洲各国 2006 年共有约 320 万名癌症患者，比 2004 年多了约 30 万人，有约 170 万人死于癌症。世界卫生组织（WHO）专家认为：人口老龄化以及吸烟人数众多，是导致欧洲癌症防治形势严峻的主要原因。

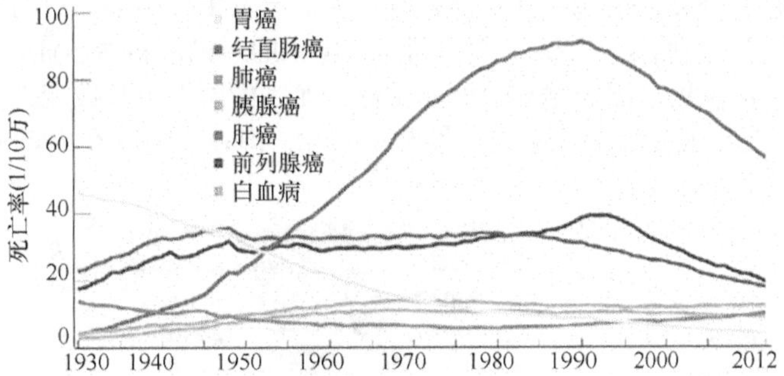

图 12-1　美国男性癌症年龄调整死亡率（1930～2012 年）

我国从上世纪 70 年代以来，癌症发病率及死亡率一直呈上升趋势。肿瘤总死亡率每年以 2.5%的幅度逐步上升，上升的主要恶性肿瘤是肺癌、胃癌、肝癌和白血病，死亡率增幅最大的是肺癌，仅 2003～2012 年十年间增长 56.48%。在过去的 30 年中，恶性肿瘤在我国大部地区已位居全部死因的第一或第二位。据卫生部《2013 中国卫生统计年鉴》资料显示，2012 年，恶性肿瘤在我国城乡居民死因中均排第一。恶性肿瘤的死亡率顺序，城市依次为：肺癌、肝癌、胃癌、结直肠和肛门癌、食道癌、乳腺癌、白血病、膀胱癌、鼻咽癌及宫颈癌；农村依次为：肺癌、肝癌、胃癌、食道癌、结直肠和肛门癌、白血病、乳腺癌、鼻咽癌、膀胱癌及宫颈癌。与 2003 年相比，10 年间城市居民和农村居民恶性肿瘤死亡率分别上升了 32.61%和 18.46%，上升速度非常惊人，癌症有效防控尤为重要。我国主要下降的恶性肿瘤是宫颈癌、鼻咽癌。死亡率降幅最大的是宫颈癌，由 1970 年代的 5.29/10 万下降到 2012 年代的 1.33/10 万，下降了 74.86%。1980 年，宫颈癌曾列世界女性恶性肿瘤死亡率的第一位，自 1985 年后下降为第二位，其主要原因是由于中国宫颈癌发病率下降所致。

发展中国家的肿瘤防制工作面临巨大困难。发达国家高发的乳腺癌、大肠癌的发病率在我国已跃居恶性肿瘤发病前十位；发展中国家高发的肺癌、肝癌、胃癌亦居高不下，且预后欠佳，胰腺癌和肾癌等不常见恶性肿瘤的位次也十分显著，使我国肿瘤发病谱处于发展中国家和发达国家之间，这给防治工作带来较大难度。

恶性肿瘤发病率和死亡率的时间动态变化，提示相应的影响因素的动态变化，这些因素主要包括人口老龄化、人们的生活行为方式以及环境的改变等。

人口老龄化：随着全球经济的发展、医疗卫生条件的改善，居民的营养保健水平得到提高，导致死亡率下降，人均期望寿命延长，加上许多国家还伴随有出生率的下降，使老龄人口构成增加。2000 年全世界 65 岁以上人口为 4.2 亿，预计 2020 年将达 7 亿。恶性肿瘤在高龄组的比例高，因此其发病和死亡的增加与人均寿命延长、人口老龄化密切相关。

生活行为方式的变化：随着社会经济的发展、科学技术的进步以及健康教育的开展，使人们的生活方式、食物结构、饮食习惯和行为习惯都会发生相应的变化，如吸烟、饮酒习惯以及膳食结构改变，体力劳动、活动的减少，焦虑、紧张及对自身健康的关注等。这些变化可造成部分恶性肿瘤发生的危险性增加或降低。

环境的改变：伴随工业化和城市化的过程，空气、水、土壤的污染，自然生态平衡遭破坏，使人群恶性肿瘤发病的危险性增加。

2. 地区分布

（1）恶性肿瘤在世界范围内的分布：恶性肿瘤在世界各地普遍存在，但并非随机分布，不同国家、不同地区、不同人群中各类肿瘤有明显差别，世界男性癌症发病在北美洲、大洋洲、西欧、中亚地区较高，死亡在北亚、东欧、南非地区较高；在北非、西南亚和拉丁美洲等地发病和死亡均较低。女性发病和死亡在北美洲北部均高，而在北非和东南亚则较低。

2012 年，全球新病例有一半发生在亚洲，其中大部分发生在中国，目前发达国家发病率仍高于发展中国家，如图 12-2 所示，北美、欧洲和澳洲国家的居民最易患癌症，平均每 10 万人中就有 242.9 个人患癌。但发展中国家增加速度非常快，尤其中国人口基数庞大，已成为世界上癌症死亡数最高的国家。乳腺癌在大多国家是女性常见肿瘤，但在非洲妇女中宫颈癌更为严重。

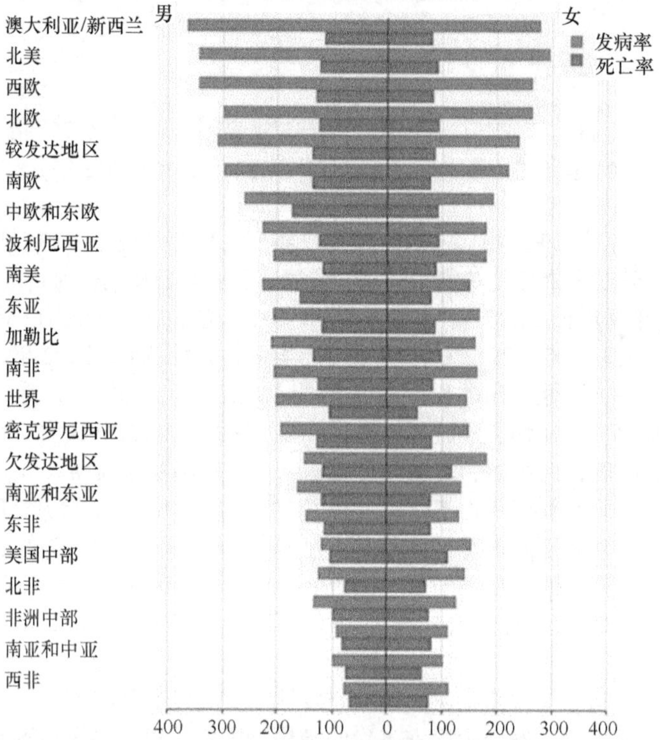

图 12-2　世界部分地区标准化年龄癌症死亡率（1/10 万）

同一种恶性肿瘤在不同地区分布也不同，常有明显的高发区和低发区，大部分癌症在高、低发区的差别可达 10 倍左右，主要恶性肿瘤死亡率高低发区间相差可高达 35 倍以上。肝癌在亚非地区高发，而欧美则较少见。我国则以肺癌、肝癌和胃癌最为高发。地理流行病学研究发现，同一种族的人群，生活在近赤道地区的人的皮肤癌发病率要高于远离赤道者。恶性肿瘤地区分布可能与其病因学特点有关。

（2）恶性肿瘤在同一国家不同地区的分布：恶性肿瘤在同一国家的不同地区的发病率和死亡率也有很大差别。在我国肝癌的分布特点是南方高于北方，东部高于西部，沿海高于内地，尤其以江河三角洲地区和沿海岛屿人群高发，提示这些地区的地理环境及气候条件可能与肝癌发病有关。胃癌在我国甘肃的河西走廊、胶东半岛、江浙沿海的发病率和死亡率均较高，而中南、西南地区较低，如青海胃癌的死亡率是广西的 7.9 倍。食管癌主要分布在河南、河北和山西三省交界的太行山区，尤其是太行山中南段两侧地区，由此向四周递减，呈一个不规则的同心圆分布，其中最高发的林县平均食管癌年死亡率高达 126/10 万。鼻咽癌（俗称“广东癌”）集中发生在我国以广东的四会为中心、覆盖珠江三角洲、西江流域、广西梧州地区的地带以及广西、湖南、福建和江西省，每年新发病例超过 15 000 人。

（3）恶性肿瘤的城乡分布：恶性肿瘤城乡分布的差别非常明显，这与城乡之间卫生经济条件、环境污染和生活行为方式有关。城市恶性肿瘤总死亡率普遍高于农村，2012 年我国城市前 4 位的恶性肿瘤为肺癌、肝癌、胃癌和结肠、直肠和肛门癌；农村则为肺癌、肝癌、胃癌和食管癌。城市肺癌死亡率明显高于农村，而农村的食管癌、肝癌、胃癌等消化系统癌症死亡率高于城市。

恶性肿瘤的地区分布特点常与致癌因素的地区分布相一致，抓住这一特征开展流行病学病因学研究，有利于制定有针对性的防制策略和措施。

3. 人群分布

（1）年龄：任何年龄均可发生恶性肿瘤，但不同的恶性肿瘤各有其相应的高发年龄。一般是随着年龄的增长死亡率呈上升趋势。儿童期以白血病、脑瘤和恶性淋巴瘤的发病和死亡最多；青壮年时以肝癌、白血病和胃癌最常见；中老年期则以肺癌、胃癌、食管癌等发病为多。40～64 岁为癌症高发年龄，严重地影响劳动力人口健康，造成人口寿命减低、社会经济负担过重。

常见的恶性肿瘤年龄别发病率变动类型有：

1）婴儿期高峰型：在婴幼儿时期发病率高，以后明显下降。如肾母细胞瘤。

2）持续升高型：发病率随年龄持续升高，提示致癌因素在人生过程中持续存在。如胃癌、食管癌、膀胱癌。

3）上升后下降型：发病率上升至一定年龄后下降。如肺癌死亡率在 70 岁后有所下降，除受出生队列影响外，提示致癌因素在不同时期的作用强度不同或与老年人的易感性降低有关。又如宫颈癌发病率在更年期前出现高峰，更年期后明显下降，提示可能与机体生理状况的改变有关。

4）双峰型：发病率出现两个年龄高峰。如乳腺癌在青春期和更年期出现两个高峰，提示绝经前后乳腺癌的致癌因素可能不同。

（2）性别：除女性特有的肿瘤外，通常男性高于女性，尤以肺癌、肝癌、胃癌、食管癌为甚，女性比男性高的有胆囊、甲状腺、乳腺的肿瘤；2012 年我国癌症死亡率男女性别比城市约为 1.73∶1，农村约为 1.93∶1。见表 12-2，且随着年龄增长逐渐增高。在恶性肿瘤高低发地区，肿瘤的性别差异大小亦有不同。

表 12-2　我国城市和农村居民恶性肿瘤死亡率（1/10 万）、死因顺位变化情况

年份	合计				男				女			
	粗死亡率		位次		粗死亡率		位次		粗死亡率		位次	
	城市	农村	城市	农村	城市	农村	城市	农村	城市	农村	城市	农村
2005	124.86	105.99	1	3	159.77	130.26	1	1	88.51	76.99	3	3
2010	162.87	144.11	1	2	201.99	187.25	1	1	122.35	99.00	2	3
2012	164.51	151.47	1	1	208.11	198.65	1	1	120.12	102.78	2	3
2014	161.28	152.59	1	1	203.37	196.32	1	1	117.88	106.87	2	3

（3）婚育状况：早婚多育妇女宫颈癌多发，未婚者及犹太妇女中罕见，说明与性行为和性卫生有关。乳腺癌的发生在有无哺乳史的妇女差异较大，有哺乳史明显降低，生育、哺乳等造成的生物学和内分泌变化可能与之有关。宫颈癌低发区宫体癌及乳腺癌发病率较高。

（4）种族：恶性肿瘤的种族差异十分明显，如鼻咽癌在广东人多见；原发性肝癌多见于非洲班图人；印度人中口腔癌发病多；哈萨克人食管癌较常见；白种人易患皮肤癌，皮肤颜色深浅不同可能对紫外线敏感程度不同，美国白人的恶性黑素瘤发病率比黑人高出几十倍。种族分布的差异提示不同种族的生活方式、遗传易感性和环境因素可能与恶性肿瘤发生有关。

（5）职业：经常接触职业性的致癌物而发生的恶性肿瘤称职业性肿瘤。包括阴囊癌在内的皮肤癌是职业肿瘤中发现最早的、也是最常见的一类，多见于煤焦油和石油产品行业。职业性膀胱癌主要发生在橡胶、电缆制造等接触芳香胺类化合物的行业，职业性肺癌以接触石棉、砷、铬、镍及放射性矿开采等行业为多。

（6）移民：移民人群是一类遗传性相对稳定，但成长、生活的环境却与原籍不同的特殊群体，其生活习惯、饮食类型随环境改变而发生变化。通过移民流行病学研究比较移民人群与原籍居民或移民人群与移居地居民的恶性肿瘤发病率或死亡率的差异，来探讨环境因素和遗传因素在恶性肿瘤发生中的作用。

例如日本胃癌死亡率是美国白人的10倍，而美国肠癌死亡率是日本的5倍。移民流行病学研究发现：美籍日本人中胃癌死亡率下降，尤其第二代移民的胃癌死亡率更趋近于美国人。但肠癌却恰恰相反，日本移民肠癌死亡率逐渐上升，高于日本本土居民的肠癌死亡率。提示这两种癌的发生与环境因素关系较遗传因素更为密切。

4. 我国主要肿瘤流行特征 2012年我国城市恶性肿瘤死亡率为164.51/10万，农村为151.47/10万。城市居民前五位恶性肿瘤死因依次为肺癌、肝癌、胃癌、结直肠癌和食管癌，而农村依次为肺癌、肝癌、胃癌、食管癌和结直肠癌。

（1）肺癌：从时间趋势来看，我国的肺癌发病率和死亡率呈明显上升趋势，1970年代，我国肺癌死亡率在恶性肿瘤死亡顺位中排列第五，1980年代后期，肺癌死亡率跃居第三，1991～2000年我国部分地区肺癌死亡在恶性肿瘤死亡顺位中已列首位。全国抽样调查报告：恶性肿瘤死亡率上升幅度最大的是肺癌。2003～2012年数据也显示：我国无论城市和农村、男性和女性肺癌死亡率的增长率均在50%～60%左右，增长幅度最大。肺癌发病的快速、持续上升，已成为我国危害最大的恶性肿瘤。

城市和工业发达地区肺癌发病率一般高于农村，城乡差异明显。2003年我国县以上市肺癌死亡率最高的是鞍山56.1/10万、天津55.2/10万、上海54.0/10万；最低是林州市7.8/10万、阳城县8.7/10万。1990年代我国城市肺癌调整死亡率男女分别为43.42/10万和16.35/10万，由原来的第4位跃居首位；农村为24.30/10万和9.94/10万，居肿瘤死因第4位，城乡死亡率之比调整后约为1.7∶1。值得注意的是肺癌的城乡差别有逐步缩小的趋势。2006年我国城市肺癌死亡率男女分别为54.15/10万和25.12/10万，居肿瘤死因之首；农村为35.81/10万和13.68/10万，城乡比1.5∶1和1.84∶1；到2012年男性肺癌死亡率城市和农村分别为68.11/10万和54.46/10万，女性分别为31.03/10万和22.59/10万，城乡比为1.25∶1和1.37∶1。

肺癌发病率和死亡率随年龄而上升，10岁前很低，40岁左右迅速上升，70岁左右达高峰，随后有所下降，主要死亡年龄为35～69岁。男女年龄别死亡率均随年龄增大逐步上升，男性高于女性，且差异随年龄而增大，男性肺癌死亡率上升早，速度快，幅度大，只有在80岁以后，因男性肺癌死亡率有所下降，男女性肺癌死亡率差异才略有减少。2012年，城市男女肺癌死亡率分别为68.11/10万和31.03/10万，农村分别为54.46/10万和22.59/10万，男女性别比城市为2.19∶1，农村为2.41∶1。

（2）肝癌：我国是肝癌高发的国家，年发病人数40多万，死亡30多万，在我国居恶性肿瘤死亡第2位。死亡人数约占世界的50%左右，肝癌是我国重点防治的恶性肿瘤之一。

从1970年代至1990年代，我国城市肝癌调整死亡率上升了13.43%（男18.33%，女2.69%）；农村肝癌调整死亡率上升了53.71%（男54.10%，女47.80%），上升较快。1990年代至2004年增速变缓，增长率约29%。2004～2012年趋于稳定，城市发病和死亡均保持在22/10万～26/10万之间，农村在23/10万～31/10万之间，城乡死亡率比为在0.73～1.09之间，多在0.9以下。

我国肝癌地区特征明显，主要分布在东南沿海地区，特点为：沿海高于内地，东南和东北高于西北、华北和西南，沿海江河海口或岛屿高于沿海其他地区。我国肝癌高发区共同的气候特点是比较温暖、潮湿、多雨。1998～2002 年我国部分市县恶性肿瘤的发病和死亡分析显示：东南沿海肝癌男性调整死亡率高于 50/10 万的地区有：江苏启东 73.5/10 万、海门 63.5/10 万，广西扶绥 109.6/10 万和四川盐亭县 59.3/10 万等。即使在同一高发区中仍有一些肝癌低发区，肝癌在地理分布上的不均匀性，为肝癌的病因学研究提供了重要线索。

男性肝癌发病率高于女性，男女发病率比约为 2∶1，但高发区要高于 3∶1，低发区为 1～1.5∶1，有些低发区女性肝癌发病率高于男性，如个旧市为 0.8∶1。肝癌高发区 40 岁以下年龄组肝癌发病率较高，而在中、低发区内 60 岁以上年龄组发病率较高。高发区肝癌多发于青壮年，在低发区肝癌多发于中老年，肝癌年龄别死亡率高峰在 40～50 岁，肝癌流行越严重地区肝癌患者的平均发病年龄越低，肝癌死亡率有向小年龄组推移趋势。不随年龄累积上升，提示致癌因素在幼年或青少年期即起作用，不随年龄而累积增加。

（3）胃癌：我国属胃癌高发国家，据调查数据显示：患病率和死亡率超过世界平均水平的两倍。目前在中国每年新发胃癌患者 40 万人，死亡人数 30 万人，而且胃癌还正在逼近年轻人。近年来，虽然城市人口胃癌的患病率有所下降，但农村人口患胃癌的人数大幅增加。在过去十几年里，上升了 25%以上。同时，年轻人患胃癌的比例在升高。

据我国部分省市、自治区 1973～1975 年及 1990～1992 年死因调查结果：胃癌在恶性肿瘤死亡中高居首位。每年死亡约 16 万人，占恶性肿瘤死亡的 23.03%。20 世纪 70 年代至 90 年代，20 年来其死亡率有所增加，但涨幅不大。作为我国三大肿瘤死因之一，2000 年胃癌总死亡率为 48.6/10 万，其中男性 65.4/10 万，女性 32.0/10 万，男女分处肿瘤相关死因的第 3 位和第 2 位。

我国胃癌分布广泛，各地区死亡率差异明显，且有地理相对集中趋势。高发区主要集中在西北如青海、宁夏、甘肃。较高死亡率在东北地区的辽宁、吉林、黑龙江和东南沿海地区的江苏、上海、福建、浙江等。低死亡率地区在四川、云南、贵州、广东及广西等省区。

胃癌发病率和死亡率的城乡间差别无固定规律。2013 年肿瘤登记年报显示，男性胃癌调整死亡率农村 33.7/10 万、城市 21.1/10 万，均为女性的两倍。农村高于城市，男性高于女性。

胃癌发病率及死亡率随年龄增长而升高。据辽宁省九城市（1985～1989 年）胃癌死亡率资料 20 岁前死亡病例很少，40 岁后因胃癌死亡明显增加，以后随年龄增长死亡率亦上升。性别比例 45 岁前差别不大，45 岁后男性明显高于女性，按累积死亡率计算男性为女性的 2.1 倍。2006 年我国城市男女胃癌死亡率分别为 23.78/10 万和 11.62/10 万，农村分别为 33.65/10 万和 16.86/10 万。

我国是一个多民族的国家，各民族间生活习惯、居住环境和劳动条件等差别很大。在同一地区居住的民族间胃癌死亡率的差异亦有显著意义，如吉林省延吉市朝鲜族明显高于汉族。

（二）恶性肿瘤的危险因素

案例 12-2

2014 年 7 月，钟女士和村里的很多妇女一样成了一名寡妇。钟女士所居住的地区，是中国著名的老工业基地—湖南省株洲市清水塘工业区，其中分布着冶炼厂、化工厂、洗煤厂和电厂等数十个重污染型企业，很多和钟女士一样的青霞社区桎木组村民处在这些企业的包围当中。桎木组是个寡妇村，连做人口统计的村民组长都搞不清钟女士是村里第多少个寡妇了。

青霞社区目前共有居民 1580 人，患癌比例超过 10%，远远高于全国肿瘤发病率最高 1%的水平。不仅如此，桎木组近年来患癌人员呈现年轻化趋势，有记录的最年轻癌症患者仅 32 岁。

2013 年，国际癌症研究机构将大气污染物质的致癌风险评估为危险程度最高级别，而清水塘工业区汇集了大量化工企业，空气中重金属粉尘、烟尘含量偏高，这与当地癌症高发有很大的关系。2014 年 3 月 31 日，国家发改委出台了《关于做好城区老工业区搬迁改造试点工作的通知》，正式确定清水塘为试点区。2015 年 1 月 16 日湖南省发改委开始了清水塘老工业区整体搬迁改造工作。

问题：

肿瘤发生的危险因素有哪些？

恶性肿瘤的发生，往往要经历一段较长的潜隐期，是一个多因素、多效应、多步骤的过程。在这个过程中，人类生存的外界环境变化复杂，人们与外界环境的接触方式也十分复杂，但多数肿瘤的发生是由环境因素和遗传因素相互作用的结果，而环境因素多是通过人们不良的生活行为方式进入机体的，因此恶性肿瘤的危险因素包括不良的生活行为方式、环境有害因素和机体因素等。恶性肿瘤的三间分布特点与其危险因素的分布特点和变化有关。

1. 生活行为方式

（1）吸烟和饮酒：吸烟分主动吸烟和被动吸烟，是诱发肿瘤的重要因素。据统计，30%的肿瘤发病都与长期吸烟有关。吸烟是肺癌最重要的危险因素，且与烟草的种类和剂量有关，吸烟年龄越早，吸烟量越大，发生肺癌的危险性也越大。卷烟烟雾中含有 3800 多种已知化学物。包括尼古丁等生物碱，胺、腈、酚、醛、醇类，烷烃，多环芳烃，脂肪烃，杂环族化合物，羟基化合物，氮氧化合物，一氧化碳，重金属元素镍、镉、铬、钋及有机农药等多种有害物质，这些有害物质大多含在烟焦油中。大量研究证实：吸烟还可导致口腔癌、鼻咽癌、喉癌、胰腺癌、肾癌、胃癌、食管癌、膀胱癌、宫颈癌等。

饮酒与口腔癌、咽癌、喉癌、肝癌、食管癌、直肠癌有关。长期饮酒可导致肝硬化，继而可能与肝癌有联系。在乙型肝炎病毒感染的基础上，饮酒者的肝癌发病率比不饮酒者高 2 倍。酒中与癌症相关的主要物质是亚硝胺、乙醛等，还可能存在有其他已知的或潜在的致癌物，如多环芳烃等，酒还可成为其他致癌物的溶剂帮助致癌物作用于人体。饮酒又吸烟者患肿瘤的危险性更高。

（2）饮食：除吸烟外，饮食因素与恶性肿瘤的关系最为密切，估计约 1/3 恶性肿瘤的发生与饮食有关，其原因：一是食物中含有致癌物或被致癌物污染；二是由于膳食的不平衡导致营养失调，从而失去了正常食物营养成分的保护作用。

相关研究表明：经常摄入烟熏、炙烤食品如熏肠、火腿以及腌制食品、咸菜等可使发生胃癌的危险性增加；黄曲霉菌污染米、麦、玉米、花生、大豆等产生黄曲霉毒素，有致癌作用，食用者发生肝癌、食管癌的危险性增加；食品粗糙、长期缺铁、营养不足时如严重缺乏维生素和微量元素（硒、锌、铜、铁等）可增加食管癌和胃癌的危险性；饮食中硒浓度低，血硒水平低易发生恶性肿瘤。食物热能过高、纤维素过少，特别是脂肪总摄入量过高，可使乳腺癌、结肠癌、前列腺癌发病率增加。

饮水条件可能与某些癌症的发生有关。对我国肝癌高发区的研究发现：肝癌高发区沟塘水中藻类毒素含量显著高于井水，而饮沟塘水者肝癌的发病率是饮井、河水者的 3 倍以上。此外，水中天然存在的砷酸盐是已知的致癌物。

（3）不良行为生活方式和习惯：除上述的吸烟、饮酒、不良饮食习惯外，尚有生活不规律，经常熬夜，久坐少动，不良卫生习惯如性紊乱等，可能都和现代肿瘤的增加有关。如宫颈癌发病与早婚多育及性生活紊乱有关，性生活紊乱还可引起外阴癌、阴道癌等肿瘤。

2. 环境理化因素

（1）物理因素：以电离辐射（χ线、γ射线）最受关注，可引起多种恶性肿瘤，如白血病、恶性淋巴瘤、多发性骨髓瘤、骨肉瘤、皮肤癌、肺癌、甲状腺癌、乳腺癌、胃癌、胰腺癌、肝癌、喉癌、脑瘤、神经母细胞瘤、肾脏细胞瘤及鼻咽癌等。日本广岛和长崎原子弹爆炸后的幸存者中，白血病发病率显著增加，且距离爆炸中心越近，接受辐射剂量越大，白血病的发病率也越高。又如 1925～1943 年美国放射科医生的白血病死亡率较一般医生高 10 倍以上。

另外，紫外线、慢性灼伤、机械性与外伤性刺激以及地理环境等物理因素也与某些癌症的发生有关。如已明确太阳光的紫外线照射是引起人类皮肤癌的主要原因，氡及氡子体是肺癌的致病原因等。

（2）化学因素：WHO 指出:人类恶性肿瘤的 80%～90%与环境因素有关，其中最主要的是环境化学因素，环境化学因素可来自烟草、食品、药物、饮用水以及工业、交通和生活污染。目前已证实可对动物致癌的有 100 多种，对人类有致癌作用的达 30 多种。已明确证明对人类有致癌性的致癌物，主要有多环芳烃（PAH），其中苯并（B（a）P）芘致癌活性最强，污染也最普遍，可引起皮肤癌和阴囊癌。砷及砷的化合物、石棉、联苯胺、沥青焦油、氯乙烯和苯等所致肿瘤主要有肺癌、膀胱癌、白血病、皮肤癌和肝血管肉瘤等。可诱发恶性肿瘤的药物有咪唑硫嘌呤、环孢霉素、环磷酰胺、已烯雌酚等。

空气污染、杀虫剂、农药等污染，尤其是汽车尾气排出的苯并（a）芘与肺癌发生有密切关系。苯并芘类的多环芳烃在大气污染和吸烟的烟雾中普遍存在，约有 10%肺癌病例可由大气污染（包括与吸烟有联合作用）所引起。

食物和食品中可能存在和受污染的致癌物如黄曲霉毒素、亚硝胺等。黄曲霉毒素有 12 种，以黄曲霉毒素 B1（AFB_1）致肝癌作用最强。亚硝胺类化合物常见于烟熏和腌制食物中，一定条件下能在体内合成，不同结构的亚硝胺有其特异的器官亲和性，在体内活动范围极广，可致多种肿瘤，如二乙基亚硝胺（DEN）与肝癌、膀胱癌和食管癌，二甲基亚硝胺（DMN）与肝癌等。另外，环境中某些元素的不足或过多，也可能与肿瘤的发生有关，如缺碘与甲状腺肿瘤等。

常见职业化学致癌物有二十多种，我国《职业病范围和职业病患者处理办法的规定》中认定的职业性肿瘤有八种：石棉所致肺癌和间皮瘤、联苯胺所致膀胱癌、苯所致白血病、氯甲醚所致肺癌、砷所致肺癌和皮肤癌、氯乙烯所致肝血管肉瘤、焦炉工肺癌、烙酸盐制造工肺癌。

3. 生物因素　生物性致癌因素有病毒、霉菌、寄生虫等，目前认为与人类肿瘤关系最重要的和研究最深入的是病毒。世界上有 15%～20%的恶性肿瘤与病毒感染有关。

感染因素与恶性肿瘤的关系，已有明确的证据证明：乙型肝炎病毒（HBV）和丙型肝炎病毒（HCV）是原发性肝细胞癌的病因；幽门螺旋杆菌（HP）是胃癌的致病因子；埃及血吸虫感染是膀胱癌的致病因子；人乳头状瘤病毒（HPV16/18）是宫颈癌的致病因子。关系密切的还有 EB 病毒（淋巴瘤、鼻咽癌）、人的 T 细胞淋巴细胞病毒Ⅰ型（白血病）、人免疫缺陷病毒（HIV）（卡波西肉瘤、非霍奇金淋巴瘤）、麝猫后睾吸虫等。

霉菌的种类很多，明确与肿瘤发生有关的有黄曲霉菌，它可产生一系列毒素，其中黄曲霉素 B1 致癌性最强，可引起人和多种动物的肝癌。

4. 机体因素　是指除了外界致癌因素外的一切机体内在因素，诸如遗传、种族、年龄、性别、激素水平、免疫机能和营养代谢等。

（1）遗传因素：在影响肿瘤发生的机体因素中，遗传因素最为重要，具体表现：一是家族聚集性，表现为癌家族和家族癌现象，所谓癌家族是指恶性肿瘤在一个家系中发病率高、发病年龄较早、发生肿瘤的类型也较多，这可能与这个家族有多个基因异常有关，这些基因通常称之为易感基因。而家族癌是指家族中可能多人患同种肿瘤，常与单个或少数几个高外显率的易感基因有关，如家族性乳腺癌、家族性结肠癌；二是种族差异，不同种族许多肿瘤的发病率是不同的，如鼻咽癌遗传倾向十分明显，中国（广东）人患病率高；三是遗传性肿瘤，是由单个基因异常所致，以常染色体显性遗传方式遗传，发病年龄较小，如视网膜母细胞瘤、肾母细胞瘤等。

肿瘤遗传易感性可能与癌基因、抑癌基因、DNA 修复酶基因和代谢酶基因多态性等有关。遗传多态性在个体因素影响致突变中起重要作用，但由于代谢酶基因多态的分布有民族、种族和地域的差异，加上各地环境中肿瘤危险因素不尽相同以及人群接触暴露因素复杂，各地的研究结果存在差异，对基因-环境的交互作用尚需进行深入研究。

遗传易感性与环境暴露交互作用对癌症发病影响的流行病学研究方法有多种，其中最常用的是家系研究和遗传生物标志流行病学研究，具体方法参见遗传流行病学一章。

（2）精神因素：心理、精神因素对恶性肿瘤发生也有很大影响。不良生活事件的发生引致的长期持续紧张、压抑、焦虑、沮丧、苦闷、恐惧、悲哀、绝望等会导致神经内分泌系统紊乱、降低或抑制机体免疫系统的功能，增加了恶性肿瘤发生的几率。因此，那些心情糟糕、情绪紧张、抑郁、悲观的人更易患癌症。

（3）其他：个体的年龄、性别、免疫、内分泌在癌症的发生中都有一定的意义。如随着年龄增长，免疫监测功能降低，致癌因素作用时间延长，恶性肿瘤的发病率也随之增高。

二、恶性肿瘤的预防策略与措施

案例 12-3

唐先生是永川某酒楼经理，每天都必须应酬很多不同的客户，遇到熟悉的客户还必须陪着喝几杯，经常一晚上要转好几台，酒不离嘴。37 岁的唐先生一向身体倍儿棒，一个多月前，唐先生上腹部开始持续疼痛，常吃的那几种胃药也不管用。一周前，唐先生开始出现明显腹胀、呕吐等现象，这才赶紧到医院检查。没想到诊断结果让他大吃一惊：胃癌！

我国胃癌早期症状不明显，确诊为Ⅰ期的仅占 10%左右，近 4 成的患者都属于晚期。手术是早期胃癌的主要治疗手段，再进一步化疗，提高生存率。一旦胃癌到了晚期，治愈的可能性是十分小的，患者只有通过疾病的治疗来控制好疾病的原发病，减轻痛苦，延长生命为治疗目的。

问题：

如何做到肿瘤的早期发现及治疗？

（一）预防策略

1. 全球肿瘤预防策略 恶性肿瘤已成为一个全球性公共健康问题，根据 2002 年 IACR 报告，目前世界发病率最高的是肺癌、乳腺癌和大肠癌；死亡率最高的是肺癌、胃癌和肝癌，WHO 提出了全球抗击癌症的战略。2005 年 WHO 会员国在日内瓦第 58 届世界卫生大会上通过了一项决议（WHA58.22），呼吁 WHO 及会员国采取紧急行动以预防和控制癌症，制订了癌症预防有效规划指南。2007 年 WHO 启动全球抗癌行动计划，促进循证癌症防控策略，从而最大限度地降低、控制癌症死亡率。

预防策略：

（1）预防为主：①改变和避免致癌危险因素；②针对人乳头瘤病毒和乙型肝炎病毒接种疫苗；③控制职业危害；④减少接触阳光照射的非电离辐射（紫外线）；⑤减少接触电离辐射（职业或医学诊断影像）。

（2）早期发现及治疗：在不同国家和地区开展早诊、筛查、充分治疗、关怀和姑息治疗和社会服务。通过实行有效的公共卫生战略，提供以社区和家庭为基础的治疗，使患者能得到有效的救治，缓解癌症引起的症状，减轻患者的痛苦，尽可能延长病人的生存时间，提高生命质量。

（3）国家行动以及国际合作与团结：通过在国家、区域和全球层面开展多部门协作与合作，促进多中心的肿瘤控制合作网络，实行“整个政府采取行动”“全社会努力”和“将卫生纳入所有政策”方针，减少恶性肿瘤导致的可预防和可避免的发病率和死亡率。

2. 我国肿瘤预防与控制总方针及总目标 恶性肿瘤严重危害身体健康影响社会劳动生产力，给家庭和社会带来巨大的负担。第三次全国死因回顾调查表明：中国城乡居民的癌症死亡率在过去30年中增长了八成以上，我国政府已开始逐渐调整卫生策略，将癌症的预防控制作为疾病控制的重要工作内容之一。

国家卫计委等16部门联合制订了《中国癌症防治三年行动计划（2015—2017年）》，提出坚持预防为主、防治结合、中西医并重，加强癌症防治体系建设，提高癌症防治能力，实施癌症综合防治策略和措施。到2017年，达到以下具体目标：

（1）建立国家和省级癌症防治工作领导协调机制，落实部门职责，控制主要可防可控致癌因素增长水平。

（2）完善国家癌症中心机构能力建设并充分发挥其技术指导作用，基本建立以医院、疾控机构为主体和基层医疗机构上下联动的癌症综合防治网络。依托现有资源加快提升区域癌症综合防治服务管理水平。

（3）进一步规范肿瘤登记制度，肿瘤登记覆盖全国30%以上人口，掌握全国和各省（区、市）癌症发病和死亡情况，绘制全国癌症地图。

（4）癌症防治核心知识知晓率达到60%，成人吸烟率下降3%。

（5）以肺癌、肝癌、胃癌、食管癌、大肠癌、乳腺癌、宫颈癌、鼻咽癌为重点，扩大癌症筛查和早诊早治覆盖面，重点地区、重点癌症早诊率达到50%。

（6）完善重点癌症的诊疗规范，推广癌症机会性筛查和规范化诊疗，逐步提高重点癌症5年生存率，降低病死率。

（二）预防措施

WHO认为40%以上的癌症是可以预防的。一些国家和地区，由于坚持控烟，已使肺癌的发生率和死亡率明显下降；乙肝疫苗接种的普及，正在使亚洲部分地区肝癌的发生率和死亡率开始下降。通过实施以证据为基础的癌症病因预防、早诊早治以及改善癌症病人的生命质量和预后管理措施，可使癌症得以减少和控制。

1. 一级预防 即病因预防，根据已知证据，对比较明确的致癌因素采取针对性的预防措施和防癌健康教育。做好人群一级预防，将有效地控制和消除癌症的主要危险因素。

（1）控烟：烟草使用是最重大致癌风险因素，它导致全球约20%的癌症死亡，以及全球约70%的肺癌死亡。2003年第56届世界卫生大会通过了《烟草控制框架公约》（WHA56.1），旨在促进政府围绕MPOWER系列政策烟草控制战略采取行动，以遏制烟草流行，即监测烟草使用与预防政策，保护人们免受烟草烟雾危害，提供戒烟帮助，警示烟草危害，确保禁止烟草广告、促销和赞助，提高烟草税收。我国政府于2005年正式向联合国递交了协约批准书，并承诺采用综合措施开展控烟项目。截止2015年1月，世卫组织烟草控制框架公约缔约方达到180个国家，预期经过长期的控烟项目，这些国家的肿瘤的发病率和死亡率将得以控制。

（2）合理膳食和体力活动：由于膳食与癌症发生关系非常密切，而食物所含成分较复杂，有些进入人体后可转变为致癌物、促癌物或由于保存、运输、加工、制作过程不当产生致癌物，长期使用可增加患癌的危险性。2004年5月第57届世界卫生大会通过了饮食、身体活动与健康全球战略，其目的是通过指导发展个人、社区、国家和全球各级可持续行动的实施环境，促进和保护健康。这些行动联合起来，将导致减少与不健康饮食和缺乏身体活动有关的癌症的发病率和死亡率。目前，日本、美国以及西欧一些国家胃癌死亡率下降，多数人认为与饮食改善、营养摄入量增加及适当的食物保存方法有关。

WHO提出通过合理的生活饮食习惯预防癌症的5条建议是：①避免动物脂肪；②增加粗纤维；③减少肉食；④增加新鲜水果和蔬菜；⑤避免肥胖。

世界癌症研究基金会和美国癌症研究所提出了14条通过膳食预防癌症的建议，并且把保持体重稳定和坚持体力活动放在第2和第3点，说明了它们目前在防癌方面的重要作用。

（3）环境保护：鉴定环境中的致、促癌剂，加强对已明确的致癌剂的检测、控制和消除，制定其环境浓度标准，保护和改善环境，防止环境污染。

（4）职业保护：全球范围，所有癌症中的 19%是由包括工作环境在内的环境因素引起，每年导致 130 万人死亡。世卫组织国际癌症研究机构将 107 种物质、合剂及暴露环境归类为人类致癌物。包括各种形式的石棉以及在环境中发现的多种物质，如苯、水中的砷、镉、环氧乙烷、苯并芘及二氧化硅，氡等电力辐射，人工日光浴设备的紫外线辐射、铝和焦炭生产、钢铁铸造或橡胶生产行业。2005 年，世界卫生大会通过的癌症防控决议（WHA58.22）强调应避免或减少公共场所和工作环境中风险因素的暴露（如烟草使用、不健康饮食、酒精的有害使用、久坐、阳光下过度暴露、传染性物质以及职业性暴露），限定其在工作环境中的浓度，从工艺流程、设备结构和操作规定上限制致癌物外漏，提供良好的保护措施，尽力防止工人接触。加强健康教育，提高自我防护能力。健全医学监护制度，定期进行体检，及时诊治。

（5）控制感染：感染因素与癌症关系密切，如 HBV 感染与原发性肝癌，HPV 感染与宫颈癌，EB 病毒感染与鼻咽癌等。接种疫苗可有效抑制致癌微生物（如 HPV、HBV）的感染，我国于 2002 年将乙肝疫苗免费接种纳入国家基础免疫程序。子宫颈癌疫苗于 2006 年 6 月获得美国食品药物管理局核准使用，WHO 建议 9～13 岁少女接种疫苗，有效预防 HPV16 和 HPV18 型引起的约 70%的子宫颈癌症及由 HPV6 和 HPV11 型引起的 90%生殖器疣病。截至 2012 年底，45 个国家开展了人乳头状瘤病毒免疫接种，其中大部分是发达国家。但是，考虑到宫颈癌全球负担在发展中国家最为沉重，仍然需要更多国家将人乳头状瘤病毒疫苗纳入国家公共卫生战略，包括采取综合方法预防和控制宫颈癌。

（6）化学预防：是采用药理学的方法来控制和逆转癌细胞的演变过程，从而达到控制癌症的目的。这种控制癌症的效果可能不是表现在真正消灭或者根除癌细胞，而更多的是表现在延缓癌症发生。常用的化学防癌剂是一些天然物质或者化学合成的低毒物质，其中包括维生素之类的化合物。如补充叶酸、纤维素和维生素 A、C、E 以及矿物质（钼、硒、钙）、天然品（如胡萝卜素、硫氰酸）和合成物（如维生素 A、D 衍生物）等，用他莫昔芬预防乳腺癌，用阿司匹林预防结肠癌等。

2. 二级预防 也称三早预防，恶性肿瘤的早期发现、早期诊断及早期治疗是降低死亡率及提高生存率的主要策略之一。应用简便可靠的筛检和诊断方法，对高危人群进行预防性筛检，积极治疗癌前病变，阻断癌变发生，做到早发现、早诊断、早治疗。WHO 估计，约有三分之一癌症可因早诊而根治。因此，恶性肿瘤的二级预防也是减轻癌症的社会、家庭及个人疾病负担的重要措施。适合筛检的癌症应是：①发病率、死亡率高，危害严重；②有有效地早期诊断方法；③有有效地手段根治病变于早期阶段，远期预后明显优于中晚期治疗；④符合成本效益原则。几种常见的恶性肿瘤的筛检方法：

（1）宫颈癌：宫颈脱落细胞涂片检查能早期发现宫颈癌，有效降低死亡率。HPV16 和 HPV18 亚型的检测灵敏度和阴性预测值高，已成功地用于筛检。

（2）乳腺癌：乳房自查、临床检查加 X 线摄影检查乳腺癌。

（3）大肠癌：粪便潜血试验简便、敏感，肛门指诊，乙状结肠镜和结肠镜能够早在无症状阶段检出大肠癌。

（4）前列腺癌：前列腺特异性抗原检测前列腺癌。

常见的癌前病变：黏膜白斑、皮肤角化症、皮肤慢性溃疡、瘘管、黑痣等皮肤和黏膜癌前病变；常发于肠、胃、食管、子宫颈等部位的息肉；子宫颈糜烂、外翻；萎缩性胃炎、胃的胼胝体溃疡；肝病如肝硬化等。及时治疗癌前病变对预防癌症的发生具有积极意义。

癌症早期一般没有明显症状，许多患者在出现症状到医院就医时已属中、晚期，故要加强健康教育，使全人群都能注意肿瘤的早期“十大危险信号”：

（1）体表或表浅可触及的肿块逐渐增大。

（2）持续性消化异常，或食后上腹部饱胀感。

（3）吞咽食物时胸骨不适感乃至哽噎感。
（4）持续性咳嗽，痰中带血。
（5）耳鸣、听力减退、鼻衄、鼻咽分泌物带血。
（6）月经期外或绝经期后的不规则阴道出血，特别是接触性出血。
（7）大便潜血、便血、血尿。
（8）久治不愈的溃疡。
（9）黑痣、疣短期内增大、色泽加深、脱毛、痒、破溃等观象。
（10）原因不明的体重减轻。

上述症状一旦出现，应及时就医做进一步检查，以便与其他疾病鉴别，达到早期诊断和早期治疗的目的。

3. 三级预防 也称康复预防。制定和完善癌症诊断、治疗和随访方案，提高诊治水平，为患者提供康复指导，包括生理、心理、营养和锻炼等的指导。应用现代和传统医药及手段进行综合治疗，解除疾病痛苦，减少并发症，防止致残。积极开展癌症病人的社区康复工作，使更多的患者获得康复医疗服务。对晚期病人实施止痛和姑息治疗。注意临终关怀，提高晚期癌症病人的生存质量。

案例 12-1 分析讨论：

（1）我国癌症的发病率和死亡率逐年增高的原因有：①人口老龄化；②工业生产对环境的破坏；③癌症诊断水平和诊断技术的提高。

（2）①科学技术的不断进步，社会经济的健康发展是应对当前问题的关键；②提高人民生活水平，转变人民健康观念，促进人民卫生事业发展是应对当前问题的途径；③改变经济增长模式，严格环境治理，加大卫生事业投资是解决当前问题的手段。

案例 12-2 分析讨论：

肿瘤的发生是环境因素和遗传因素相互作用的结果，而环境因素多是通过人们不良的生活行为方式进入机体的，具体包括：①生活行为方式：吸烟和饮酒、饮食、不良行为生活方式和习惯；②环境理化因素：物理因素，化学因素；③生物因素：病毒、霉菌、寄生虫等；④机体因素：遗传因素、精神因素，其他。

案例 12-3 分析讨论：

开展早诊、筛查、充分治疗、关怀和姑息治疗和社会服务。通过实行有效的公共卫生战略，提供以社区和家庭为基础的治疗，使患者能得到有效的救治，缓解癌症引起的症状，减轻患者的痛苦，尽可能延长病人的生存时间，提高生命质量。

知识点 12-1：肿瘤流行病学的定义、恶性肿瘤的影响因素及预防策略与措施

（1）肿瘤流行病学（cancer epidemiology）是将流行病学原理和方法应用于肿瘤，主要研究恶性肿瘤在人群中的分布及其影响因素，探索肿瘤的病因，制定相应的防治策略和措施，对恶性肿瘤进行预防与控制，并对这些措施加以评价，以降低恶性肿瘤的发病率和死亡率。

（2）影响因素：①生活行为方式；②环境理化因素；③生物因素；④机体因素。

（3）预防策略与措施：

1）预防策略：①预防为主；②早期发现及治疗；③国家行动以及国际合作与团结。

2）预防措施：①一级预防：即病因预防，根据已知证据，对比较明确的致癌因素采取针对性的预防措施和防癌健康教育。做好人群一级预防，将有效地控制和消除癌症的主要危险因素；②二级预防：应用简便可靠的筛检和诊断方法，对高危人群进行预防性筛检，积极治疗癌前病变，阻断癌变发生，做到早发现、早诊断、早治疗；③三级预防：也叫康复预防。制定和完善癌症诊断、治疗和随访方案，提高诊治水平，为患者提供康复指导，包括生理、心理、营养和锻炼等的指导。

（李晓霞）

第二节　心血管疾病流行病学

案例 12-4

20 世纪 40 年代，心血管疾病取代肺炎/流感、结核和腹泻等传染病成为美国的主要死因，几乎占总死亡的一半。每三位美国男性中就有一位在 60 岁之前罹患心血管疾病。然而传统的探索传染病病因的实验研究和临床研究方法无法解释心血管疾病病因和发病机制。并且，由于缺乏有效地治疗和预防方法，人群的预期寿命没有因传染病的有效控制而增加。针对心血管疾病这一类慢性生活方式疾病病因研究需要探索新的研究方法。

有学者提出采用流行病学方法寻找心血管疾病的病因。区别于基础实验和临床对发病机制的研究，流行病学方法更注重探索疾病的表现，并识别可以解释这些表现以及与疾病的发展有关的因素。这正是心血管疾病病因研究的迫切需求—研究者急需弄清楚心血管疾病患者和健康人有哪些因素不同。

1948 年，美国“国立卫生研究院”（National Institutes of Health，NIH）在马萨诸塞州 Framingham 小镇启动了一项心血管病研究，目的是研究在正常人群中冠心病的“表现”及其决定因素。Framingham 临近波士顿的几个医学中心，小镇居民失业率低，人口稳定，当地医生较为配合，这些都是进行长期随访研究的前提条件。Framingham 研究的初始队列由 5209 名 28～62 岁的男女组成，每两年随访一次。1971 年启动 offspring 研究，对象为初始队列的子女和配偶，共计 5124 人，每三年随访一次。1995 年开始 Omni 研究，观察拉丁裔与亚、非、拉美裔人群新发心血管疾病的异同，如图 12-3 所示。

问题：

（1）为探讨心血管疾病的病因，你认为应该采用哪种/些流行病学方法？该种研究方法的特点和应用。

（2）Framingham 心脏研究人群的选择有哪几种？上述研究中的人群属于哪一种？为什么选择这一类人群心血管疾病病因研究？

心血管疾病（cardiovascular disease，CVD）是世界范围内威胁人类健康的主要疾病，已成为中国成人首要的死亡原因，是 21 世纪中国所面临的主要公共卫生问题之一。自从将传染病病因研究的方法运用到心血管疾病的研究中，带动了大量心血管疾病危险因素研究。经过几十年的努力，人们对心血管疾病的主要危险因素认识更加深入。流行病学研究表明：中国人群与白种人群在心血管疾病的发病模式方面存在较大差异。美国和西方发达国家冠心病发病和死亡率均高于脑卒中，而中国人群脑血管疾病的发病率和死亡率明显高于冠心病，排在首位。

心血管疾病是一组心脏和血管的疾病统称，主要包括：急性风湿热、慢性风湿性心脏病、高血压性疾病、缺血性心脏病、肺源性心脏病和肺循环疾病、脑血管疾病等。其中，高血压、脑卒中、冠心病的发病率和死亡率约占 4/5 以上。心血管疾病也是世界上残疾和过早死亡的一个主要原因。急性冠状动脉事件（心脏病发作）和脑血管事件（中风）往往发病突然，在未给予及时治疗之前导致死亡。通过控制危险因素可以显著减少心血管疾病临床事件和过早死亡事件的发生。本章主要介绍高血压、脑卒中、冠心病的流行现状及防制对策。

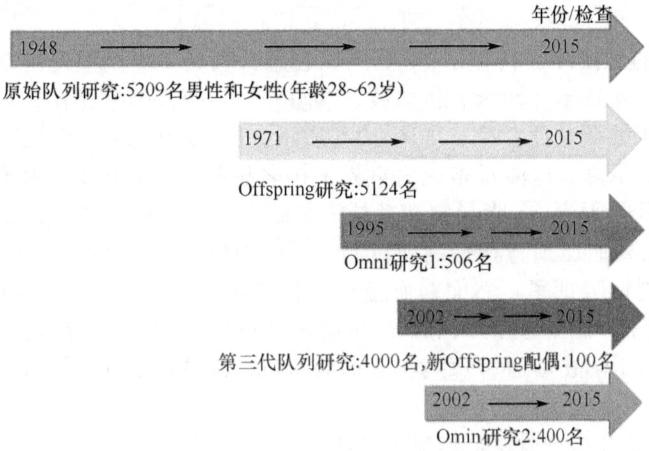

图 12-3　Framingham 心血管病随访研究

一、心血管疾病流行特征及危险因素

心血管疾病的演变历程经历了从低发期到上升期再到高峰期，然后又下降的四个动态变化过程。第一阶段（低发期）：这一时期传染性疾病在全世界范围流行并成为威胁人类健康和生命安全的主要疾病，由于经济水平不发达、医疗水平落后、人群预期寿命不高以及认知不足，心血管疾病的发病率较低，死亡人数也仅占全部死亡人数的 5%～10%；第二阶段（上升期）：随着社会进步发展，抗生素的使用和各种灭菌法的完善以及对传染病认识的深入，传染病得到有效控制；同时，卫生条件改善及生活水平的提高，导致了不良生活方式下的营养过剩，盐摄入增高以及体力活动降低，使慢性非传染性疾病成为危害居民健康与死亡的主要原因。人群心血管疾病发病率亦呈上升趋势，死亡人数占全部死亡人数的 10%～30%；第三阶段（高峰期）：科技和生活水平进一步发展，体力活动进一步减少，高脂肪、高蛋白、高热量的三高饮食逐渐增加。心血管疾病尤其是冠心病和脑卒中的发病率呈大幅上升，发病和死亡均出现年轻化的趋势，死亡人数占全部死亡人数的 35%～65%；第四阶段（下降期）：随着医药科技不断进步发展，人们逐渐认识到心血管疾病的严重后果，各国政府和社会积极采取公共卫生措施以加强干预防制，使心血管疾病的发病率和死亡率均逐年下降，已下降到 50%以下。

（一）全球流行概况

全球大多数国家和地区心血管疾病的流行按上述四个阶段的过程演变，但进入各阶段的年代、持续时间、危害程度以及目前发展所处阶段不同。2002～2012 年全球心血管疾病年龄调整死亡率研究报道：西欧、美洲、澳大利亚、日韩等工业化程度较高的国家和地区已经历高峰期，现正处于死亡率逐步下降的阶段。相反，东欧、俄罗斯、中东国家和部分发展较快的发展中国家，近三十年间心血管疾病的死亡率上升了 50%～100%。亚洲、拉美和非洲的经济不发达地区，心血管疾病流行处于发病和死亡的上升期，如图 12-4 所示。目前，全球超过四分之三的心血管病死亡发生在低收入和中等收入国家。据统计，全球每年约有1600万70岁以下人群死于非传染性疾病，其中82%死亡发生在中低收入国家，37%死于心血管疾病。

相比于高收入国家，中低收入国家的居民往往难以获得有效公平的卫生保健服务，缺乏疾病的早期检测和治疗，使其往往进入疾病晚期才发现，而心血管疾病和其他慢性非传染性疾病发病和死亡的年轻化，给中低收入国家的经济发展也带来了沉重的社会经济负担。

2004年WHO的数据库资料显示：中亚国家心血管疾病年龄调整死亡率最高，其次是西亚、南亚和东南亚国家。除日本、韩国、新加坡、泰国外，与西方国家相比，大多数亚洲国家均有较高的心血管疾病年龄调整死亡率，如图12-5所示。从20世纪60年代到21世纪初，日本心血管疾病死亡率不断下降，这使日本成为世界上排名靠前的长寿国家。高血压、吸烟是中风和冠心病的最重要的危险因素，血脂异常和糖尿病是缺血性心脏病和缺血性脑卒中的危险因素之一。日本全国范围内高血压预防和控制项目的开展使中风死亡率大幅下降，同时在男性中的反吸烟运动也降低了男性吸烟率。然而，血脂异常和糖尿病的患病率在从1980～2000年持续上升。因此，对血脂异常和糖尿病的人群归因危险度也有所上升。日本成功的干预计划可为亚洲其他国家所借鉴。为了防止心血管疾病在亚洲的流行，应继续加强干预计划，并关注新的代谢危险因素。

WHO报告：2012年心血管疾病已成为全球第一大致死性疾病，1750万人死于心血管疾病，占全球死亡人数的31%，即每10名死者中有3名死于心血管疾病。其中，有740万人死于缺血性心脏病，670万人死于卒中。近10多年来，全世界心血管疾病死亡人数还在持续增加，在死因构成中的比例呈明显上升趋势见表12-3，是危害人类健康和生命的头号杀手。

表12-3 2012年全世界十大疾病死亡构成

死因	死亡人数（万）	占死亡总数的百分比（%）
缺血性心脏病	740	48.6
中风	670	11.9
慢性阻塞性肺疾病	310	5.6
下呼吸道感染	310	5.5
气管支气管和肺癌	160	2.9
HIV/AIDS	150	2.7
腹泻病	150	2.7
糖尿病	150	2.7
道路交通损伤	130	2.2
高血压性心脏病	110	2.0

（二）我国心血管病流行情况

中国成人心血管健康状况堪忧，上海交通大学医学院附属瑞金医院与中国疾病预防控制中心慢性病中心于2010年合作开展，收集了全国有代表性的9.6万多名中国成人资料，据美国心脏病学会于2010年提出的心血管健康概念，研究人员将心血管健康分为健康行为和健康因素两个方面，结果显示：吸烟、体力活动、饮食、体质指数、血压、血脂和血糖7个健康指标均达到理想水平者仅为0.2%，其中男性为0.1%，女性为0.4%。男性通常有3～4个指标达到理想水平，女性通常4～5个指标达到理想水平。

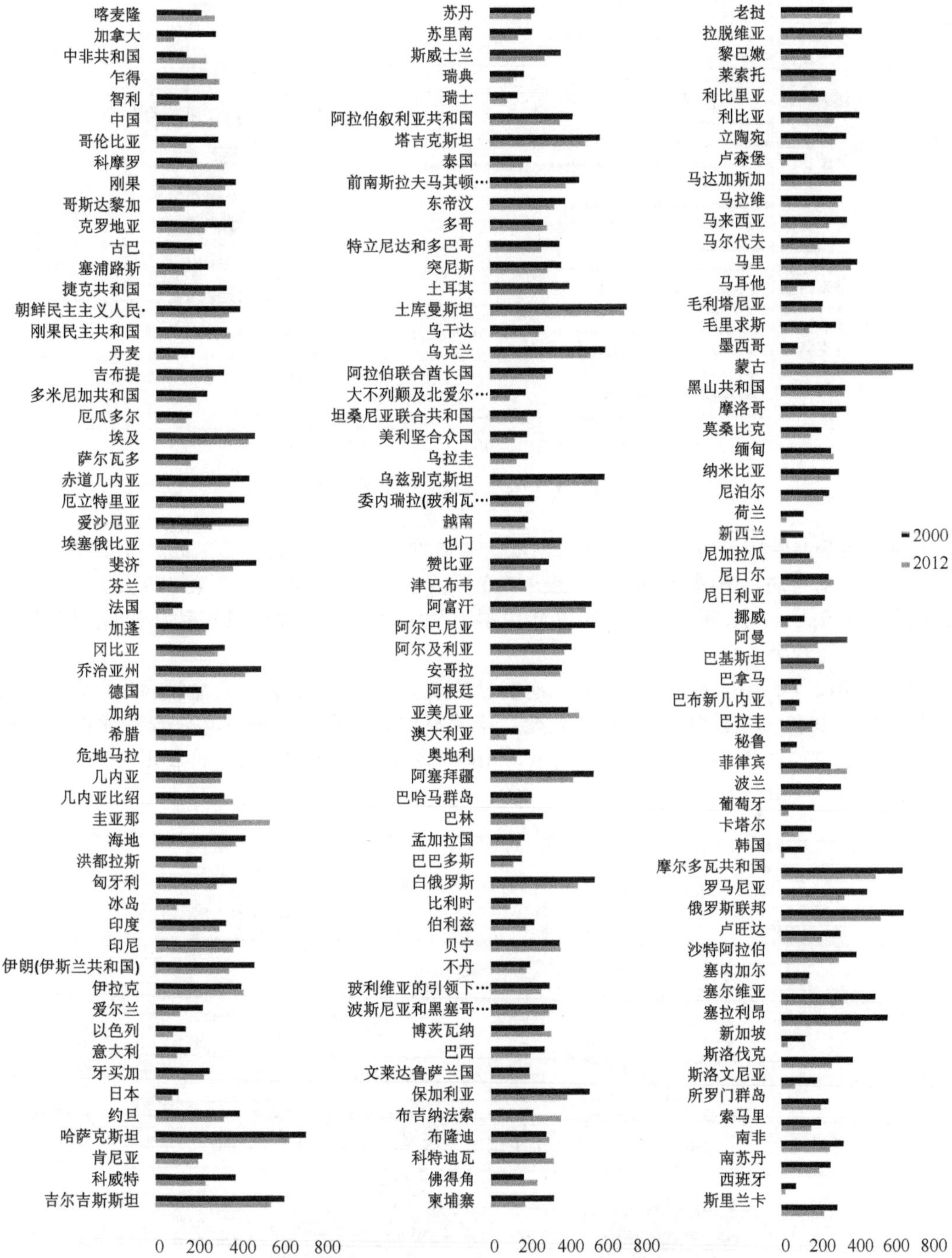

图 12-4 2000～2012 年全球心血管疾病年龄调整死亡率

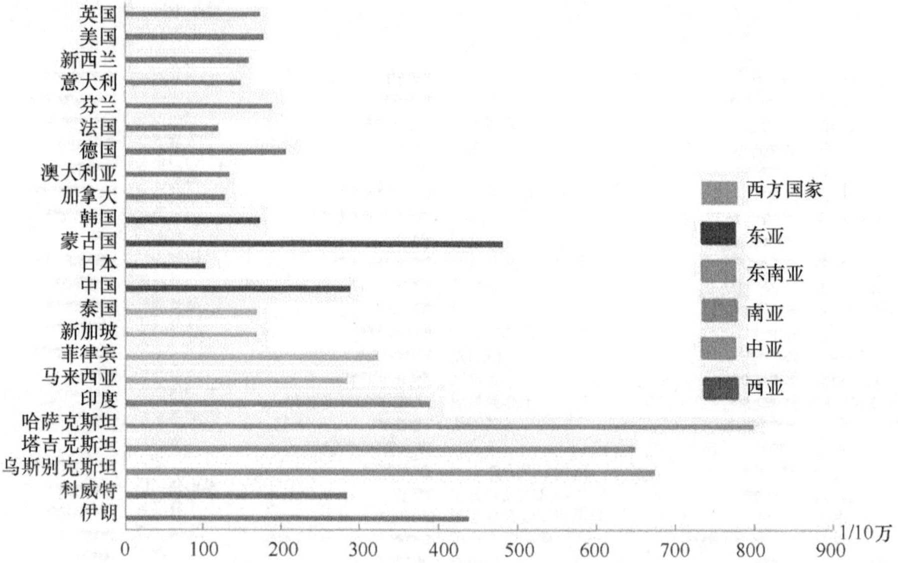

图 12-5　2004 年心血管疾病年龄调整死亡率

目前中国心血管病患病率仍处于上升阶段，心血管病患病人数约为 2.9 亿。每 5 个成年人中有 1 人患有心血管病。中国现患脑卒中至少 700 万，心肌梗死 250 万，心衰 450 万，肺心病 500 万，风心病 250 万，先心病 200 万。2012 年中国 15 岁以上人口高血压患病率为 24%，据此估计，全国现患高血压约为 2.7 亿。

2009～2012 年，中国心血管病死亡率有明显的减缓趋势，而总体上心血管病死亡率仍然是我国首位死因。2013 年农村居民心肌梗死死亡率明显增高，农村、城市心血管病死亡率分别是 293.69/10 万和 259.40/10 万，如图 12-6 所示。2013 年农村、城市居民心血管病死亡分别占死因的 44.8%和 41.9%，如图 12-7 所示。

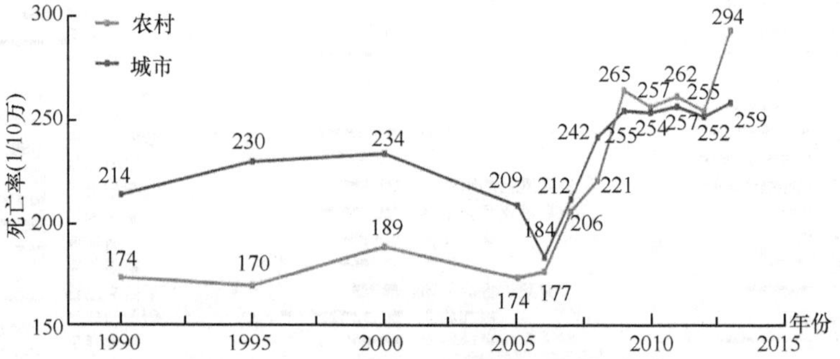

图 12-6　1990～2013 年中国城乡居民心血管病死亡率变化

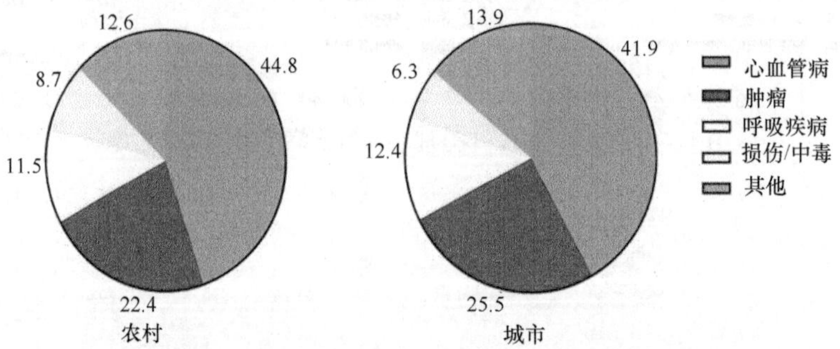

图 12-7　2013 年中国农村及城市居民主要疾病死因构成比（%）

（三）心血管疾病危险因素

不健康的饮食习惯、体力活动缺乏、吸烟和过量饮酒是心脏病和中风重要的行为危险因素。行为危险因素增加高血压、高血糖、高血脂以及肥胖等“中间风险因素”的患病风险，从而增加心血管疾病及其常见并发症的发病风险。研究证实：戒烟、适度饮酒、限盐、增加水果和蔬菜摄入量和有规律的身体活动可以减少心血管疾病的风险。此外，规律用药控制血糖、血压和血脂是降低心血管事件的必要措施。同时，通过制定合理的卫生政策，创造有利公共卫生环境，完善疾病治疗和管理体系，降低人们的疾病负担，激励人们采取健康的生活行为方式是减少心血管疾病的重要措施。全球化、城市化和人口老龄化推动社会、经济和文化的不断发展，是目前心血管病高流行的根本原因。心血管病的其他决定因素还包括贫困、心理压力以及遗传因素。

知识点 12-2：心血管疾病的定义、我国心血管疾病的流行特征

（1）心血管疾病是一组心脏和血管的疾病统称，主要包括：急性风湿热、慢性风湿性心脏病、高血压性疾病、缺血性心脏病、肺源性心脏病和肺循环疾病、脑血管疾病等。

（2）我国心血管疾病的流行特征为：①我国心血管疾病总发病率和死亡率已超过许多发达国家，其中脑卒中死亡率明显高于发达国家，而冠心病死亡率低于多数发达国家；②青壮年人群的发病与患病水平明显升高，发病和死亡年轻化的趋势明显；③农村人群心血管病死亡率和发病率呈明显上升趋势，城乡水平逆转。

二、高　血　压

案例 12-5

李立明等在中国居民 2002 年营养与健康状况调查中报告：我国≥ 18 岁人群高血压患病率为 18.8%，其中男性为 20.2%，女性为 18.0%。估算≥ 15 岁人群的高血压患病率为 17.6%。高血压患病率随年龄增长逐渐升高。青年时，男性高血压患病率高于女性，随着年龄的增长，女性患病率超过男性。中老年人群中，经济发展水平越高的地区，高血压患病率越高，梯度变化较明显；青壮年人群中，四类农村地区的高血压患病率明显低于其他地区。我国≥18 岁人群高血压知晓率、治疗率、治疗者控制率、控制率分别为 30.2%、24.7%、25.0%、6.1%；对应的男女水平依次为 27.2% vs. 33.1%、21.6% vs. 27.7%、26.2% vs. 24.1%、5.6% vs.6.5%。总的说来，知晓率和治疗率是高年龄组高于低年龄组，女性高于男性，城市高于农村（除三类农村）。而治疗者控制率则表现为青壮年高于中老年，性别差异不大，城市高于农村。四类农村地区的青壮年高血压患者治疗控制率明显的高，但由于治疗率很低，所以总的控制率依然很低。

问题：

（1）什么是高血压（诊断标准）？如何测量？

（2）什么是高血压的知晓率、治疗率和控制率？

（3）性别和年龄对血压是否产生影响？

高血压（hypertension）是指以体循环动脉血压（收缩压和/或舒张压）增高为主要特征，可伴有心、脑、肾等器官的功能或器质性损害的临床综合征，一般以收缩压≥140mmHg，舒张压≥90mmHg 定义为高血压。高血压是心脑血管病最主要的危险因素。正常人的血压随内外环境变化在一定范围内波动。在整体人群，血压水平随年龄逐渐升高，以收缩压更为明显，但 50 岁后舒张压呈现下降趋势，脉压也随之加大。近年来，随着人们对心血管病多重危险因素的作用以及心、脑、肾靶器官保护的认识不断深入，高血压的诊断标准也在不断调整。目前认为即使同一血压水平的患者发生心血管病的危险仍不同，因此有了血压分层的概念，即发生心血管病危险度不同的患者，适宜血压水平应有不同。血压值和危险因素评估是诊断和制订高血压治疗方案的主要依据。不同患者高血压管理的目标不同，医生面对患者时在参考标准的基础上，根据其具体情况判断该患者最合适的血压范围，采用针对性的治疗措施。在改善生活方式的基础上，推荐使用 24h 长效降压药物控制血压。除评估诊室血压外，患者还应注意家庭清晨血压的监测和管理，以控制血压，降低心脑血管事件的发生率。

血压从 115/75mmHg 开始，随着血压的增高，心血管病得发生风险也随之增加。全国每年由于血压升高而导致的过早死亡人数达 200 万，每年直接医疗费用达 366 亿元。

（一）高血压流行病学特征

1. 地区分布 不同国家的高血压患病率分布有很大的差异，与工业化程度密切相关，尚未开发的山区岛屿患病率较工业化国家低。根据 WHO MONICA（多国心血管疾病危险因素和发病趋势监测）方案的资料：欧美国家成人高血压患病率一般为 10%～20%，其中美国达到 20%～25%，亚洲国家高血压患病率在 10%～15%，非洲除南非外在 3%～10%。

在我国，各地区高血压患病率差别较大，一般规律北方高于南方，东部高于西部，自东北向西南递减趋势；高纬度（寒冷）地区高于低纬度（温暖）地区；发达地区高于不发达地区；同一地区城市高于农村；高原少数民族的患病率较高。

2. 时间分布 许多发达国家，自 20 世纪 70 年代初，通过全民健康促进和干预控制，高血压患病率呈下降趋势，如美国从 1971 年的 36.3%下降到 1991 年的 20.4%，澳大利亚从 1980 年的 26.7%下降到 1990 年的 18.8%。而在一些东欧国家及一些发展中国家高血压患病率呈上升趋势。

我国五次全国高血压调查的患病率报道发现高血压的患病率呈持续上升的趋势，如图 12-8 所示。2002 年中国居民营养与健康调查结果显示：中国 18 岁以上成年人高血压的患病率为 18.8%，2012 年中国 18 岁及以上居民高血压患病率为 25.2%，其中城市为 26.8%，农村为 23.5%；男性为 26.2%，女性为 24.1%，与 2002 相比，患病率呈明显上升趋势。

3. 人群分布

（1）年龄、性别：血压的变化与年龄、性别有关。一般血压值与年龄呈正比，患病率随着年龄的增加呈上升趋势，45 岁之前，男性患病率高于女性，50 岁以后，女性反超男性。2009～2010 年对全国范围 13 个省市 5 万多名 18 岁以上居民的高血压患病率调查，结果显示高血压标化患病率为 29.6%，男性 31.0%，女性 27.7%，不同年龄不同性别高血压患病率情况，如图 12-9 所示。

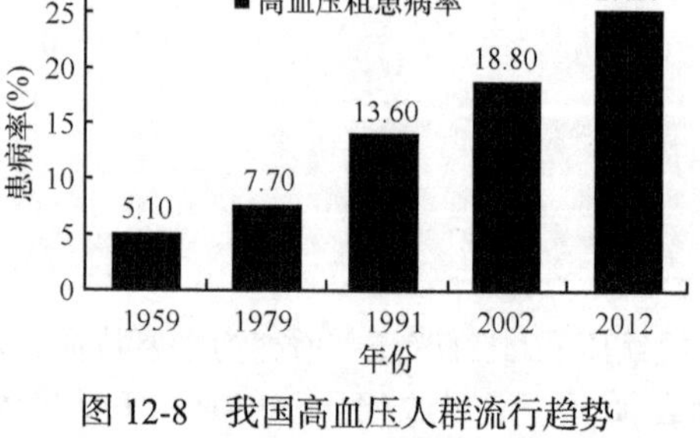

图 12-8 我国高血压人群流行趋势

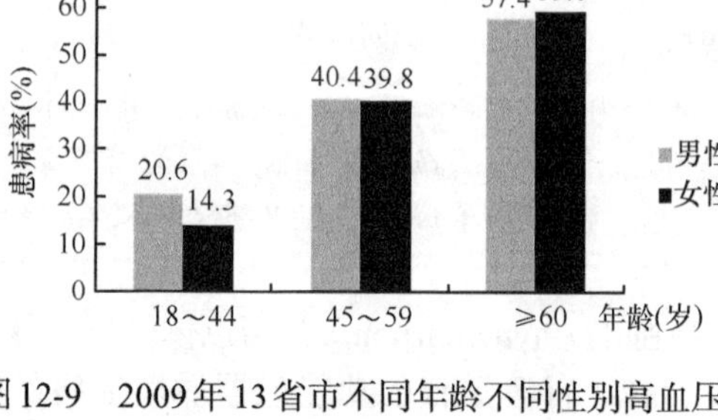

图 12-9 2009 年 13 省市不同年龄不同性别高血压患病率

（2）职业：职业和环境与高血压的发生有一定关系，在不同职业中高血压的患病率有较明显差异。工作繁忙紧张、注意力高度集中，体力活动较少的职业，尤其以脑力劳动为主的人群，如售票员、报务员、会计、教师等患病率高。有资料表明：高血压患病率城市半脑力劳动者＞城市体力劳动者＞农村劳动者。

（3）种族、民族：高血压患病率在不同种族、民族中也有一些差异。在美国 18 岁以上人群中，黑人高血压患病率最高为 32.4%，其次是非西班牙裔白人为 23.3%，而墨西哥裔的美国人为 22.6%。2002 年中国居民营养与健康状况调查中不同民族 15 岁以上居民资料分析显示：藏族患病率最高，为 24.7%；苗族最低，为 7.7%。与 1991 年相比，各民族除蒙古族和苗族外高血压患病率均有所增加，其中满族增长幅度最大，这种差异可能与地理环境、生活方式有关，见表 12-4。

表 12-4　1991 年和 2002 年不同民族高血压标化率的比较（%）

民族	男性		女性		合计	
	1991 年	2002 年	1991 年	2002 年	1991 年	2002 年
汉族	11.6	17.7	10.3	15.3	11.3	16.2
蒙古族	21.1	18.8	15.6	17.2	18.2	17.6
回族	10.4	16.2	9.3	16.2	9.8	16.0
藏族	19.5	25.6	16.4	24.0	17.8	24.7
苗族	8.3	9.2	7.0	6.1	7.7	7.7
壮族	9.4	16.1	7.5	8.3	8.8	11.8
布依族	11.6	13.9	7.8	10.7	9.5	12.4
满族	13.4	23.1	11.1	18.7	12.3	20.5

（4）文化程度：文化程度不同，高血压患病率亦有差异。我国文盲及半文盲和大学以上患病率最高，分别为 22.93%和 16.06%，其他文化程度分别为：小学 14.09%，初中 9.32%，高中 7.64%，中专 11.95%，大专 10.85%。

（二）高血压危险因素

1. 超重与肥胖　超重与肥胖作为高血压的危险因素之一，已被大量的研究结果所证实。中国成人正常体重指数（BMI）为 19～24kg/m^2，体重指数≥24kg/m^2 为超重，≥28kg/m^2 为肥胖。在 1988 年，国际合作研究发表的以 32 个国家 52 个中心 10079 名研究对象的资料表明：如果人群 BMI 中位数从 25 降至 23，则预计人群收缩压可下降 1.6mmHg。我国的 24 万成人数据汇总分析表明：BMI≥24kg/m^2 者患高血压的危险是体重正常者的 3～4 倍，患糖尿病的危险是体重正常者的 2～3 倍，具有两项及两项以上危险因素的高血压及糖尿病危险是体重正常者的 3～4 倍。肥胖者的心率和心输出量增加，心脏肥厚，收缩和舒张功能异常，同时肥胖者内皮功能失调、动脉僵硬，这些都是导致血压升高的重要病理生理学改变。

2. 饮酒　研究表明：长期大量饮酒是高血压的重要危险因素。中美心血管病流行病学合作研究表明男性持续饮酒比不饮酒者 4 年内发生高血压的危险增高 40%。2012 年中国 18 岁居民人均酒精摄入量（折合为纯酒精体积）为 3L，有害饮酒率为 9.3%。资料表明：男性每周饮酒 300～499ml（相当于每日饮 55°白酒 75～125g）者，收缩压和舒张压比不饮酒者高 2.7mmHg 和 1.6mmHg；如每周饮酒超过 500ml，收缩压和舒张压水平比不饮酒高 4.6mmHg 和 3.0mmHg。饮酒有升血压的作用。也有研究报道：饮酒量与血压呈 J 字形关系，即少量饮酒反而有降血压的效应。目前引起血压升高的酒精阈值尚不能确定。

3. 高盐饮食与高血压 人体对钠盐的生理需要量很低，成人摄盐 1～2g/天，足以满足生理需求。高盐饮食已被证实是使血压升高及影响药物降压效果的重要危险因素之一。高钠摄入引起高血压的现象在盐敏感型高血压人群中可能更为突出，其机制与血容量扩张，交感神经活性增强、继发代谢紊乱等有关。在美国阿拉斯加州的居民每日摄盐量仅 4g，极少患高血压。相反，日本北部的居民每日摄盐量高达 28g，该地区有 38%人口患高血压。一些大样本人群限盐试验的效果也证实高盐饮食与高血压的关系，即使是非干预的统计学资料也能发现不同地域间人群血压值与食盐量呈线性正比趋势。

4. 高血压家族史 高血压病人大多有家族史，其直系亲属的血压水平比同龄非直系亲属的高。研究表明：双亲有高血压的子女发生高血压的危险性是双亲正常者的 5 倍；双亲血压都正常的子女，患高血压的概率只有 3%；双亲均为高血压患者，其子女患高血压的概率为 45%；双亲中有一方为高血压，子女患病几率为 28%。一般认为高血压发病遗传因素大约占 40%，环境因素占 60%。

5. 其他危险因素 此外，缺乏体力活动、精神紧张、膳食钙或应激、A 型性格、吸烟等也有报道是高血压的危险因素，但有待进一步的研究。

知识点 12-3：我国高血压的流行特征与危险因素

（1）分布特征：①北方高于南方，东部高于西部，自东北向西南递减趋势；高纬度（寒冷）地区高于低纬度（温暖）地区，发达地区高于不发达地区；同一地区城市高于农村；②血压值与年龄呈正比，患病率随着年龄的增加呈上升趋势，45 岁之前，男性患病率高于女性，50 岁以后，女性反超男性；③工作繁忙紧张、注意力高度集中，体力活动较少的职业，尤其以脑力劳动为主的人群高血压患病率高；④文盲及半文盲和大学以上患病率最高。

（2）危险因素：超重与肥胖、饮酒、高盐饮食、高血压家族史、此外，缺乏体力活动、精神紧张、膳食钙或应激、A 型性格、吸烟等也有报道是高血压的危险因素。

三、脑　卒　中

案例 12-6

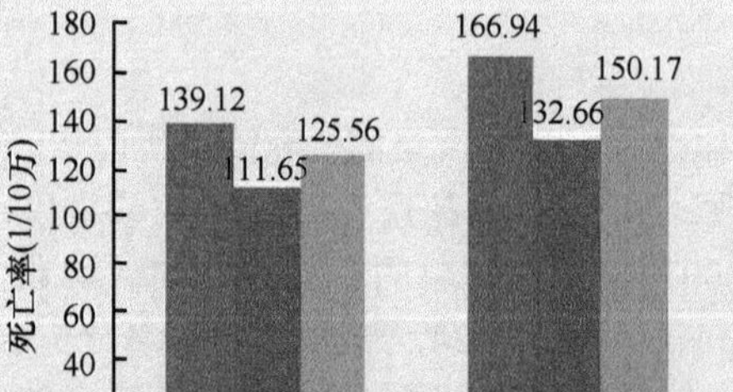

图 12-10　2013 年中国城乡不同性别人群脑血管病死亡率

从 20 世纪 80 年代起，脑卒中在我国一些大城市和北方中等城市的全死因顺位中已位居第 1～3 位。据卫生部 2000 年统计资料，无论在大中城市还是农村，脑卒中的死因顺位均为第二位。根据《中国卫生和计划生育统计年鉴 2014》提供数据：2013 年中国城市居民脑血管病死亡率为 125.56/10 万。农村居民脑血管病死亡率为 150.17/10 万。据此估算，依据第六次人口普查调查，我国 2013 年死于脑血管的城市居民为 83.58 万，农村居民 101.2 万。总体上看农村地区脑血管病死亡率高于城市地区，城市、农村地区男性均高于女性，如图 12-10 所示。

问题：

（1）什么是脑血管病？简述我国脑卒中的流行特点？

（2）脑卒中的危险因素有哪些？

脑卒中是一组急性脑血管病的统称，中医称为“中风”，也称为“脑血管意外”，是指供应脑部血液的血管疾患所致的一种神经系统疾病，临床上可分为缺血性和出血性两种类型，主要包括脑血栓形成、脑梗死、脑栓塞、脑出血、蛛网膜下腔出血等。目前，20%的心脑血管病死亡来自发达国家，其余 80%发生在欠发达或不发达的国家和地区。在所有心脑血管死亡中脑卒中居第二位。脑卒中是多种脑血管疾病的严重表现形式，具有极高的致残率和较高的致死率，是当今世界危害人类生命健康的最主要疾病之一。目前中国现患脑卒中至少 700 万。高血压是脑卒中发病的主要独立危险因素，开展高血压及其并发脑卒中的发病机制研究，对其临床诊治、预后评价及人群防控均有十分重要的意义。

（一）脑卒中流行病学特征

1. 地区分布 世界范围内脑卒中的发病率、患病率、死亡率在不同国家不同地区间存在差异。总体表现为发展中国家高于发达国家，高纬度（寒冷）地区高于低纬度（温暖）地区，高海拔地区高于低海拔地区。从 1984～1993 年 35～64 岁人群 MONICA 的 17 个中心监测结果显示：脑卒中死亡率在前苏联最高，其中男性居前几位的依次为波兰、南斯拉夫、芬兰、中国；女性居前几位的依次为前苏联、中国、南斯拉夫、波兰，见表 12-5。

表 12-5 WHO MONICA 研究 35～64 岁人群脑卒中发病率和死亡率（1/10 万）

国家	人群所在地	监测人数	男		女	
			发病率	死亡率	发病率	死亡率
中国	北京	286006	247	175	66.7	58.0
丹麦	Glostrup	133416	173	92	32.7	20.9
芬兰	Kuopio 省	95812	351	173	64.7	30.2
芬兰	North Karelia	65139	280	123	70.0	30.8
芬兰	Turku/Loimaa	77826	247	105	50.2	24.9
德国	Halle 县	203216	151	86	53.4	31.5
德国	Karl-Marx 县	212565	176	104	54.7	31.5
德国	其他监测区	104407	141	74	41.5	27.4
意大利	Friuli	377048	124	61	41.9	23.6
立陶宛	Kaunas	147671	308	159	80.0	39.3
波兰	Warsaw	196459	184	90	79.4	47.2
苏联	Moscow	87466	257	121	95.8	44.5
苏联	Moscow	229561	241	126	95.5	51.4
苏联	Novosibirsk	50391	388	312	113.0	76.1
瑞典	Gothenburg	152479	137	69	28.6	16.1
瑞典	北部地区	190986	207	111	31.0	22.9
南斯拉夫	Novi Sad	111469	228	107	72.3	47.2

注：发病率、死亡率用世界人口构成标化

从我国 16 省市 1987～1993 年 25～74 岁人群 MONICA 研究结果来看，急性脑卒中发病率、死亡率有明显地理分布差异，呈现北方高于南方的趋势（广东除外）。黑龙江与安徽两个检测地区发病率男性相差10倍，女性相差8倍。不同地区脑卒中亚型分布频率也有差异：在内地和寒冷地区，缺血性卒中比例较高；而沿海地区出血性卒中比例较高；长江以南部分省（广东、四川、湖南）脑出血比例偏高，甚至可达40%～50%，见表12-6。

表12-6 WHO MONICA研究35～64岁人群脑卒中发病率和死亡率（1/10万）

监测区	发病率		死亡率	
	男性	女性	男性	女性
黑龙江	646	368	129	89
吉林	508	256	104	68
广东	330	167	94	44
辽宁	276	137	113	68
北京	274	196	91	72
河南	254	191	140	105
河北	236	166	101	81
内蒙古	217	169	77	58
山东	210	134	65	59
福建	174	71	112	43
新疆	174	198	41	51
上海	150	117	72	53
四川	133	80	72	46
江西	102	74	46	32
江苏	95	55	50	33
安徽	63	45	43	30

2. 时间分布 自20世纪70年代，美国、英国、日本等工业发达国家脑卒中死亡率开始逐步下降，下降速度以美国、日本、加拿大、瑞士最快，65～74岁男女脑卒中死亡率下降超过50%。这些变化主要归结于发达国家对心血管疾病的干预、医疗技术的提高，以及社会经济情况和生活方式的改善。与上述趋势相反，在一些前苏联和东欧国家，如俄罗斯、波兰等脑卒中死亡率近年来明显上升，东欧部分国家近10年来脑卒中死亡率以每年3%～5%速度上升。1987～1993年的中国16省35～64岁人群MONICA检测资料显示：脑卒中发病率在多数城市呈上升趋势，如北京地区平均每年以4.4%的速度增长。

3. 人群分布

（1）年龄、性别：世界各国资料表明：脑卒中发病率与死亡率绝大多数为男性高于女性。国外芬兰的3组研究显示：男女发病率之比为2.0∶1～2.35∶1；瑞典、波兰、立陶宛、意大利、丹麦等都在2∶1左右。1991～2000年我国北京、上海、长沙的资料均显示：男女发病率之比为1.1∶1～1.5∶1，死亡率之比为1.1∶1。目前，随着人口老龄化，女性寿命普遍长于男性，老年期女性发病率增加，发病率有接近男性的倾向。

无论缺血性卒中还是出血性卒中，随着年龄的增长，其发病率和死亡率均呈升高趋势。35岁以上年龄每增加 5 岁，脑卒中发病率、死亡率增加接近 1 倍。一般 40 岁开始发病，60～65 岁以后急剧增加。其中，四分之三脑卒中死亡者年龄在 70 岁以上。

（2）种族：脑卒中的发病和死亡存在种族和民族差异。如美国同一地区的黑人脑卒中患病率高于白人，有的高出两倍。我国汉族脑卒中患病率高于少数民族，而朝鲜族、回族、维吾尔族、蒙古族高于居住在南方的白族、布依族、彝族和壮族。

（3）职业：一些研究结果报道：社会经济地位和职业可能与脑卒中的发生有一定关联。经济收入较高的人群相对经济收入较低的人群发病率低，脑卒中在农村和渔村工作的人、户外重体力劳动者和极低生活标准人群中的发病率较高。

（二）脑卒中危险因素

1. 高血压　高血压是脑卒中的首要危险因素，其在脑卒中发病中的作用已经被国内外大量研究所证实，90%的脑卒中发病归因于高血压，无论是缺血性还是出血性卒中都与高血压密切相关。中东和北非地区的一项人群研究报道 1990～2010 年心血管疾病死亡患者，50%～70%是由于不良的饮食与高收缩压所造成的。美国一项研究表明：收缩压仅仅 5mmHg 的下降都会使脑卒中死亡率下降 14%，而舒张压 2mmHg 下降可以导致脑卒中发病风险降低 15%，然而直到脑卒中发病，15.9%的高血压患者没能及时意识到脑卒中的危害。内蒙古 2002～2012 年的前瞻性队列研究结果发现高血压是缺血性卒中和出血性卒中的预测因素，收缩压、舒张压、脉压和平均动脉压都与卒中风险增高有关。我国 21 省农村及少数民族地区调查显示：有高血压病史者发生脑卒中的危险性比血压正常者增加 13～24 倍。

2. 心脏病　除高血压外，各种原因所致的心脏损害是脑卒中第二位危险因素。研究发现在任何血压水平，有心脏病的人患脑卒中危险都要增加两倍以上。国内外研究证实心脏病也是脑卒中较强的预测因子，脑血管疾病与有症状、无症状的心脏病都有很强的关联。风湿性心脏病、冠状动脉粥样硬化性心脏病、高血压性心脏病以及先天性心脏病，均可增加脑卒中，特别是缺血性脑卒中的危险。日本一项研究发现：心房纤颤合并瓣膜病病人的发病率最高，达到 39.6%。国内 21 省农村研究显示：有心脏病史者患缺血性脑卒中的危险性增加 15.5 倍，有心律不齐及心脏扩大者，其危险性增加 7～8 倍。

3. 糖尿病　糖尿病是缺血性脑卒中的独立危险因素之一。临床上多次发生急性缺血性脑卒中患者中有 10%～30%有糖尿病。脑卒中也是糖尿病最常见的三大并发症（白内障、神经系统病变和脑卒中）之一，这已被临床、病理及有关研究所证实。一般而言，糖尿病患者动脉粥样硬化发生率是非糖尿病患者的 2～3 倍，且发病早，病变进展迅速。在芬兰的一项随访研究显示：男性Ⅱ型糖尿病患者脑卒中危险是非糖尿病患者的 3 倍，而女性是 5 倍。但目前对于出血性脑卒中与糖尿病的关系缺乏有力证据。

4. 短暂性脑缺血　据统计，短暂性脑缺血（TIA，Transient ischemic attack）发作之后较易引发脑梗死，一个月内脑梗死发生率为 4%～8%，1 年内发生率为 12%～13%，5 年间引起脑梗死的可能性为 24%～29%。我国 21 省农村调查显示：脑梗死病例的 11%曾有过 TIA 的发作病史，这个比例与美国的一些研究相一致。

5. 吸烟　美国 Framingham 心脏病研究首次报道了吸烟与脑卒中类型及剂量-反应关系，显示吸烟是各类脑卒中的独立危险因素，尤其是缺血性脑卒中。其危险度随着吸烟量的增加而增加。在我国 10 组人群前瞻性研究表明：在校正其他危险因素之后，吸烟者发生缺血性脑卒中的危险为不吸烟者的两倍，而对出血性脑卒中无显著影响。但在 1998～2012 年，香港从的 18 个老年健康中心的 65 岁以上人群随访显示：多因素调整后，吸烟亦升高出血性脑卒中的风险，包括脑出血和蛛网膜下腔出血。

6. 饮酒 一般认为，无论一次酗酒还是长期酗酒，都会增加出血性脑卒中的危险，但是对于脑梗死则没达成一致。我国内蒙古一项2003～2012年前瞻性随访观察发现：与非高血压不饮酒者相比，非高血压饮酒者、高血压不饮酒者、高血压饮酒者的多变量调整相对危险度分别为1.03、2.64、2.89。提示饮酒增加卒中发生的风险。

7. 血脂代谢异常 近年来，有关血脂代谢异常与脑卒中的关系备受争议。2003年亚太地区队列研究协作项目（APCSC）对来自中国、日本、韩国、新西兰、澳大利亚以及东南亚国家的胆固醇水平与脑卒中发病和死亡关系进行的评估，发现胆固醇水平与缺血性脑卒中呈弱的正相关关系：胆固醇每增加1mmol/L，缺血性卒中的危险性增加25%。而胆固醇水平与出血性脑卒中呈负相关关系：胆固醇每增加1mmol/L，缺血性卒中的危险性减少20%。但也有研究报道，高密度脂蛋白胆固醇（HDL-C）对心脑血管系统特别是对于缺血性卒中有保护作用。

8. 其他危险因素 此外，肥胖或超重、颅内动脉狭窄、遗传因素、口服避孕药、高尿酸血症、血小板聚集性增高、空气污染与脑卒中的关系也有报道。

知识点12-4：我国脑卒中的流行特征与危险因素

（1）分布特征：①发展中国家高于发达国家；高纬度（寒冷）地区高于低纬度（温暖）地区，高海拔地区高于低海拔地区；在内地和寒冷地区，缺血性卒中比例较高；而沿海地区出血性卒中比例较高；②男性高于女性，随着老年期女性发病率增加，有接近男性的倾向；③随年龄增长，发病率和死亡率均呈升高趋势；④汉族脑卒中患病率高于少数民族；⑤经济收入较高的人群相对经济收入较低的人群发病率低。

（2）危险因素：高血压、心脏病、糖尿病、短暂性脑缺血、吸烟、饮酒、血脂代谢异常。此外，肥胖或超重、颅内动脉狭窄、遗传因素、口服避孕药、高尿酸血症、血小板聚集性增高、空气污染与脑卒中的关系也有报道。

四、冠 心 病

案例12-7

在20世纪的40年代，冠心病一直是美国的主要死因之一。冠心病的死亡率在1960年代达到高峰，1968年之后，死亡率持续下降，截止到1993年，年龄调整的冠心病死亡率已经下降到248/10万，与1965年相比，下降了54%。下降原因不完全清楚，但是主要的原因是生活模式中的危险因素的减少，如吸烟、高血压、体育活动少和营养情况差等。在美国，诸如这些可以控制的危险因素，是靠大规模流行病学研究确定的，如Framingham研究等。一项2009年在我国辽宁省的沈阳、鞍山和锦州3个城市35岁以上15376名城市居民冠心病调查研究结果显示：冠心病患病率为2.23%，标化率为2.62%；男、女患病率分别为2.45%和2.03%。随着年龄的增加，冠心病患病率呈增高趋势。多元Logistic逐步回归显示：年龄、性别、肥胖、腰臀比值、高血压、高血脂、高文化水平、不良生活习惯等因素是冠心病的危险因素。与工人阶层相比，知识分子和干部是患冠心病的高危职业。超重肥胖伴有高血压、高血脂者患冠心病的危险性是同龄健康者的7.48倍。我国冠心病发病率、死亡率的升高与危险因素水平增高密不可分，如果不采取有力的措施改变人群中不健康的生活方式和危险因素，在不久的将来中国将承受冠心病给我们带来巨大的经济负担。

问题：

（1）流行病学在控制冠心病死亡率中起到什么作用？

（2）冠心病的危险因素有哪些？

冠心病是冠状动脉粥样硬化性心脏病的简称。它是由于供应心脏营养物质的血管—冠状动脉发生粥样硬化所致的。这种粥样硬化的斑块，堆积在冠状动脉内膜上，久而久之，越积越多，使冠状动脉管腔严重狭窄甚至闭塞，从而导致心肌血流量减少，供氧不足，由此产生一系列缺血性表现，如胸闷、憋气、心绞痛、心肌梗死甚至猝死等。因此，冠心病又称缺血性心脏病。

世界范围内，冠心病是目前最重要的死因和疾病负担之一。到 2020 年，冠心病将成为全世界最首要的死亡原因和最大的疾病负担。我国冠心病的发病率及死亡率均呈迅速上升趋势。2013 年中国城市居民冠心病死亡率为 100.86/10 万，农村居民冠心病死亡率为 98.68/10 万。

（一）冠心病流行病学特征

1. 地区分布　冠心病的发病率和死亡率在地理分布上存在一定的差异，表现为不同国家或同一国家不同地区间存在差异。冠心病的发病率中，芬兰、美国、荷兰等国为冠心病的高发国，日本、希腊为低发国，发病率相差 10 倍左右。我国各地区发病率和死亡率有明显的地区性差别，总趋势北方大于南方，城市大于农村。如青岛男性冠心病发病率是安徽滁县的 17 倍，其发病率各为 146.1/10 万和 8.4/10 万。

2. 时间分布　在大多数国家特别是一些工业发达的国家，从 20 世纪 40 年代开始，冠心病的发病率及死亡率表现出了明显的升高。美国自 20 世纪 50 年代后的 20 年里注意到了这个问题，加强研究，使心脏病的年龄调整死亡率逐年下降，1971～1978 年，平均每年下降 2.5%，至 1981 年死亡率已下降了 31.8%，但每年仍有 55 万人死于冠心病。其次，如澳大利亚、新西兰、加拿大及菲律宾等国，自 20 世纪 50 年代起，也有不同程度的下降。然而部分东欧国家，这一指标同期内却在上升，上升幅度为 49%～90%，以罗马尼亚上升最显著。我国 2013 冠心病死亡率与 2012 年相比有所上升，总体亦呈现上升态势，冠心病死亡率城市高于农村地区，如图 12-11 所示。

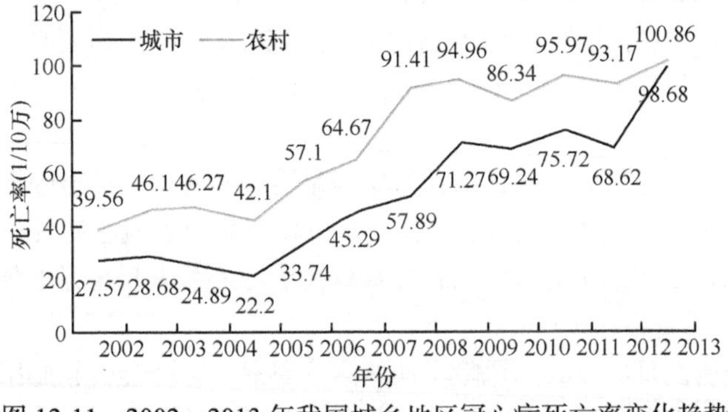

图 12-11　2002～2013 年我国城乡地区冠心病死亡率变化趋势

3. 人群分布

（1）年龄、性别：冠心病为中、老年的主要疾病，在 30～40 岁以前很少发病，此后随年龄增大而增加。有资料报道：40 岁以后每增加 10 岁，患病率增加 1 倍。全世界调查普遍显示男性冠心病无论发病率或死亡率均高于女性，而且女性较男性晚 10 年左右发病，绝经期后，女性患病率明显增加，逐渐接近男性水平。女性发病以心绞痛较多，男性心肌梗死较多。猝死以男性多见。冠心病虽在中年以后发病，但冠状动脉的病变也可起源于童年时代。

（2）种族、民族：不同种族冠心病的发病率和死亡率不同，中国、日本等亚洲黄种人冠心病死亡率远低于欧美国家的白种人。在我国，哈萨克、藏、蒙等民族的患病率较同地区汉族高；贵州苗族、布依族明显低于当地汉族。民族间的差异可能与饮食情况、劳动强度、生活习惯、水质硬度和水中微量元素种类与浓度有关。

（3）职业：国内外研究表明，脑力劳动者冠心病发病的危险性比体力劳动者高。在一项对英国公务员健康状况研究中发现，每天工作 11 个小时乃至更长时间的人，相对于每天只工作七八个小时的人罹患冠心病的风险要高出 67%，长期坐办公室的人患冠心病的危险性是一般人的 1.4～4.4 倍。特别在经常处于精神紧张及注意力高度集中的职业人群中发病更高。脑力劳动者与体力劳动者发病的比例约为 2∶1。

（二）冠心病危险因素

1. 高血压 高血压是发生冠心病的重要因素，无论收缩压或舒张压增高，发生冠心病的危险性都随之增高，血压水平与冠心病发病呈连续、逐步升高、密切的关联。血压越高，动脉粥样硬化（atherosclerosis）程度越严重，发生冠心病或心肌梗死的可能性也明显增高。美国一项研究表明：血压超过 160/90mmHg（21.3/12kPa）者比血压在该水平以下者的冠心病患病率高 2.3 倍；高血压发病年龄越早，以后患冠心病的危险性越大；舒张压超过 94mmHg（12.5kPa）者患冠心病的危险性比正常血压者高 3.6 倍。美国 Framingham 地区对 5209 例 30～60 岁男性的 16 年随访研究，发现心力衰竭、动脉粥样硬化性血栓性脑梗死、冠心病和间歇性跛行 4 种主要心血管疾病的患病率，均随血压升高而增加。我国 10 组人群前瞻性研究表明：收缩压升高 10mmHg，冠心病发病的危险性增加 28%；舒张压升高 5mmHg，冠心病发病的风险性增加 24%。

2. 高血脂和高胆固醇症 血清总胆固醇（TC）和低密度脂蛋白胆固醇（LDL-C）的升高是冠心病的危险因素。多因素干预实验（MRIFT）研究对 356222 名 35～37 岁男性随访多年，结果显示：血浆 TC 水平为 3.9mmol/L、5.2mmol/L、6.5mmol/L、7.8mmol/L 时，冠心病的危险比分别是：0.7、1.1、2.0、4.0。胆固醇在体内与蛋白质结合成脂蛋白，其中 LDL-C 为粥样斑块中胆固醇的主要来源，将胆固醇内留和沉积在动脉壁，是冠心病的危险因素。高密度脂蛋白胆固醇（HDL-C）是冠心病的保护因素，HDL-C 每下降 0.03mmol/L，冠心病的相对危险性增加 2%～3%。故人们很重视 HDL-C 与血清总胆固醇（TC）比值的作用，把 TC/HDL-C 作为冠心病的预报指标，当其比值大于 4.4 时，冠心病发病的危险性明显升高。血清胆固醇水平升高的年龄越早，今后发生冠心病的机会也越多。

3. 糖尿病 国内外大量研究资料证明：糖尿病是冠心病的独立危险因子。长期血糖增高破坏血管内皮细胞引起动脉粥样硬化和微血管病变，所以糖尿病患者冠心病发病率高，且病情重，预后差。美国 Framingham 心脏研究显示：男性糖尿病患者冠心病发病率是非糖尿病患者的 2 倍，女性几乎是 4 倍。

4. 肥胖 肥胖是诱发日后冠心病风险增加的高危因素。肥胖会引起血压和血清胆固醇升高。35～44 岁男性体重增加 10%，冠心病危险性增加 38%，体重增加 20%，冠心病危险性增加 86%。我国 10 组人群前瞻性研究结果显示：基线时体质指数每增高 1kg/m^2，冠心病发病相对风险增加 12%。一般认为，肥胖对冠心病的影响是通过对其他危险因素（如血压、血糖、血脂等）介导或修饰作用而体现。

5. 吸烟 尼古丁可刺激血管收缩，使血管内膜受损，亦可引起冠状动脉痉挛，诱发心绞痛和心肌梗死。一氧化碳造成的缺氧，可损伤动脉内膜，促进动脉粥样硬化的形成。吸烟者冠心病死亡的危险性随着吸烟量的增加而增加，存在剂量-反应关系。Doll 和 Hill 等的研究结果提示：戒烟者较吸烟者冠心病的死亡率低。戒烟时间越长者，冠心病死亡率也越低。美国、英国、加拿大和瑞典研究结果表明：男性吸烟者的总死亡率、心血管病的发病率和死亡率较不吸烟者增加 1.6 倍。我国 10 组队列人群前瞻性研究表明：吸烟者冠心病发病的相对危险度比非吸烟者高约 2 倍。

6. 缺乏体力活动　近年来，体力活动及劳动强度趋向减少及下降，加以生活节奏的加快，在一些脑力和注意力高度集中的人群，冠心病的危险度增加。缺乏体力活动的人患冠心病的相对危险度是正常活动量者的 1.5～2.4 倍。国外对同性别双生子为期 17 年的随访研究结果显示：调整年龄和性别后，经常活动组与无活动组相对，冠心病死亡危险减少 43%。但已患有冠心病者要避免剧烈运动和在寒冷中运动，以免诱发病情加重。

7. 社会心理因素　社会心理因素包括人格类型、抑郁、焦虑。20 世纪 50 年代 Friedman 和 Rosenman 首先提出 A 型性格特征，主要表现是竞争、敌意、爱发脾气、情绪不稳定、强事业心和缺乏耐心等。1977 年的国际心肺和血液病会公认 A 型行为容易发生冠心病，1981 年美国心脏医学会也将 A 型性格列为患心脏病的危险因素之一。美国一项 10 年随访中，A 型行为类型者的冠心病发病危险增加了 2 倍。也有研究指出：A 型性格中的组成部分都是致病性，主要是过度敌意（愤怒），导致心血管高反应性，产生和诱发冠心病。

8. 遗传因素　冠心病作为一种多基因疾病，其发病有明显的家族聚集性。同一家族中有多人患冠心病，尤其在 55 岁之前发病者其近亲发病率显著增高。国外资料表明：双亲中有一人患冠心病者，其子女冠心病的发病率是无冠心病家族史者的 2 倍。双亲均早期患冠心病，其子女冠心病的发病率是无冠心病家族史者的 5 倍。研究表明遗传因素在年轻人中的作用强于老年人，可能随着年龄的增大非遗传作用也随之增大。近年来通过全基因组关联分析（GWAS）首次发现了与中国汉族人群冠心病发病显著相关的易感位点。

9. 其他危险因素　除以上冠心病主要危险因素外，微量元素摄入量、过度饮酒、饮用水质硬度高、胰岛素敏感型肥胖、睡眠持续时间、打鼾习惯与急性心梗、饮食（碳水化合物、精制谷物摄入）、室外空气污染，也与冠心病的发生有一定的关系。

知识点 12-5：我国冠心病的流性特征与危险因素

（1）分布特征：①总趋势北方大于南方，城市大于农村；②男性冠心病无论发病率或死亡率均高于女性，而且女性较男性晚 10 年左右发病，绝经期后，女性患病率明显增加，逐渐接近男性水平；③在 30～40 岁以前很少发病，此后随年龄增大而增加；④中国、日本等亚洲黄种人冠心病死亡率远低于欧美国家的白种人。在我国，哈萨克、藏、蒙等民族的患病率较同地区汉族高；⑤脑力劳动者冠心病发病的危险性比体力劳动者高。

（2）危险因素：高血压、高血脂和高胆固醇症、糖尿病、肥胖、吸烟、缺乏体力活动、社会心理因素、遗传因素。除以上冠心病主要危险因素外，微量元素摄入量、过度饮酒、饮用水质硬度高、胰岛素敏感型肥胖、睡眠持续时间、打鼾习惯与急性心梗、饮食（碳水化合物、精制谷物摄入）、室外空气污染，也与冠心病的发生有一定的关系。

五、心血管疾病预防策略与措施

案例 12-8

1969 年阜外医院在首都钢铁公司建立的中国第一个人群防治基地是中国人群心血管病防治的典范。1997 年起，在北京、上海等地建立了一批以行政地域社区为基础的人群高血压防治基地。

问题：

中国心血管病社区防治工作包括哪些？

案例 12-9

北京房山区是心血管病高发区域，在此开展心血管病综合防制研究并设有平行对照的社区干预试验，基线调查和复查分别于 1991～1992 年度和 1995 年完成，通过 3 年干预，干预区人群知识、态度和行为得分明显高于对照区，干预区人群态度和行为向有利于心血管病防制方向改变。干预区高血压患者血压测量率和管理率分别明显高于对照区。与对照区相比，干预区人群收缩压净下降 1.2mmHg，但体重和体重指数略有升高。干预区脑卒中发病率下降 13.5%；脑卒中死亡率下降了 12.9%。对照区正相反，脑卒中发病率和死亡率均有所上升。

问题：

上述开展心血管病综合防制研究有什么益处？

（一）心血管疾病的预防策略

进入 21 世纪以来，随着经济的发展，人口平均寿命的延长和生活方式的变化，人类面临心血管病的大流行，心血管疾病的发病率和死亡率迅速上升，不仅导致巨额的医疗负担，而且导致大量劳动力的损失，对国家和个人将会带来巨大损失，给家庭和社会带来巨大负担，所以必须制定有关心血管疾病的防制策略和措施来遏制这种严峻的形势。

WHO 认为，卫生服务必须贯彻“社会化”原则。即运用社会医学理论和方法，从社区的角度研究卫生服务和预防疾病的需求，组织和实施是搞好医疗卫生工作的一条切实可行的途径。心血管人群防制模式可以概括为两类：针对社区全人群和针对社区高危个体的干预。前者强调努力改变社区环境、人们的行为和不良生活方式及动员社区全体居民，社会团体、政府部门的参与，以促进全社区人群提高健康意识和保健能力。后者是对社区筛选出高危个体所患疾病进行管理和治疗，重点是预防复发和防止病情发展。

心血管疾病的预防策略是以社区为基础，三级预防相结合，运用健康促进策略，开展综合防制。一级预防的策略包括：面向全人群，控制和降低人群整体心血管病发病危险因素和人群策略；针对高危人群的筛查和干预的高危策略。

1. 全人群策略 全人群策略以全社会人群或全体社区居民为对象，通过健康促进、健康教育、卫生宣传和社区参与等主要方法，针对心血管疾病的危险因素或病因，实施改变不良的生活方式、行为因素及社会、经济和环境因素，以达到普遍降低或控制全人群危险因素水平的目标。全人群策略的制定必须与国家宏观卫生工作方针相一致，必须与当地的社会经济水平发展相一致。全人群策略的实施主体是依靠社区卫生服务中心、村居委、政府职能部门等多方共同参与、共同实施，为健康科普知识走进居民视野、拓宽科普知识宣传形式提供人力、物力和平台支持。

由于地区间经济发展极不平衡，各地区可利用的卫生资源和社会组织支持环境存在巨大差异，以及各地区心血管病发病率、死亡率及主要健康指标差别也较大，所以各地区在制定心血管疾病的防制策略和措施时应根据自己的特点因地制宜。

经济落后地区面临的心血管疾病主要是风心病、肺心病和脑出血，心血管疾病占总死因的构成比较小，心血管疾病的诊治比例也较低，在卫生资源非常有限的条件下，由于感染性疾病的较大压力和期望寿命较短，所以这些贫穷型心血管疾病不易引起重视，因此，其防制重点应放在诊治现患病人的二级预防上。

经济发展中地区，期望寿命逐步提高，主要死因正由传染病转向以心血管疾病和肿瘤疾病为主的类型转化，所面临的心血管疾病主要是高血压和穿支动脉系统脑梗死，皮层动脉系统脑梗死和冠心病开始上升，而风心病、肺心病和脑出血开始下降，由于后两种疾病主要累及老年人，所以下降缓慢。

经济发达地区，期望寿命长，人口逐渐老化，心脑血管疾病、恶性肿瘤、意外伤害和行为引起的疾病在死因中占有特殊地位，这类地区面临的心血管疾病主要是高血压、皮层动脉系统脑梗死和冠心病，这些富裕型心血管病达到发病和死亡高峰，而风心病、肺心病和脑出血等贫穷型心血管疾病已很少见。

根据经济发展中和发达地区的具体情况，其心血管病的防制重点应是在全人群中开展健康教育和健康促进、倡导良好的行为生活习惯、阻止伴随经济发展出现的不利健康的生活方式，在发展经济的同时，减少和消除危险因素的流行，实现一级预防。

2. 高危人群策略　是指对有特殊发病危险因素的群体和社区居民进行预防，高危策略首先需要检出高危险个体，采取有针对性的预防措施，纠正其高危险因素。如对肥胖、血压偏高、血脂代谢紊乱、吸烟、父母有心肌梗死或脑卒中病史、缺少体力活动者进行健康教育和指导，预防心血管疾病的发生。

高危个体的发现，可以由医务人员在日常卫生医疗服务中，通过对保健对象进行询问、体检和实验检查来发现，也可以采取专项调查如定期健康检查来检出高危险者。及时对他们开展有针对性的教育和干预指导，实现高危策略。

（二）心血管疾病的防制措施

1. 一级预防　即病因预防，是从病因上防止影响健康问题的发生，是有效的预防措施。

（1）积极开展健康教育：高血压、脑卒中、冠心病等常见心脑血管疾病，同人们的生活习惯、劳动环境和行为心理等因素密切相关。因此，医护人员应根据人群的不同特点和需要，通过专题讲座、医护人员讲课、发放健康科普知识手册、充分利用宣传栏和宣传架、插放录像、健康咨询等健康教育方式向人们宣传戒烟、合理营养膳食、控制肥胖的方法和积极开展体育锻炼等有关预防疾病，促进健康的信息，以提高人们的自我保健意识和能力，养成良好的生活方式，改善社会心理环境，提高对社会应激的承受能力，从而提高人们的健康水平。

（2）合理膳食：根据《中国居民膳食指南》，教育人们采用平衡膳食。如食物应多样、谷类为主，多吃新鲜蔬菜、水果和薯类，常吃奶类、豆类或其制品，经常吃适量鱼、禽、蛋、瘦肉，少吃肥肉，以保持营养均衡。

（3）限制盐摄入量：让人们知道高盐饮食是引起高血压的原因之一，指导他们按照建议的每人每日 6g 以下摄入量，这样有益于身体健康、预防高血压。

（4）戒烟限酒：向人们大力宣传吸烟的危害性，积极劝导吸烟者戒烟，提供必要的技术指导，同时，让人们知道大量饮酒能使血压升高，还可造成心肌收缩力下降、肝功能障碍等危害。因此，要告诫人们应避免过多吸烟、饮酒。

（5）防止超重和肥胖：让人们了解肥胖对人体的危害，特别对心脑血管的损害为常。

（6）开展适量的运动：向人们宣传长期坚持体育锻炼对控制体重、血糖和血脂水平、增强心脑血管功能具有极大的好处，也有助于改善不良行为心理因素。指导人们每周至少 5 天、每天进行＞30 分钟中等强度的有氧运动（包括快步走、漫跑、游泳、爬山、各种球类运动等）。老年人则根据自己的身体状况，经常参加一些力所能及的体育锻炼，如慢跑、走路、太极拳、门球等活动，以促进血液循环、控制体重。

（7）防止各种感染：不少心血管疾病是由于感染开始的，如先天性心脏病、风心病、心肌炎、肺心病等。因此，日常宣传中要强调卫生保健，注意保暖、防湿，才能有利于预防心血管疾病的发生。

2. 二级预防 主要是针对高危人群预防。高危人群是指已具有心脑血管疾病病因或危险因素的，较一般人群易发生心脑血管疾病的人群。这部分人是重点预防的对象。通过普查或筛查发现心脑血管疾病病例，对就诊病人尽早明确诊断，及时开展规范化治疗。

（1）每年定期进行健康查体：早发现、早诊断、早治疗。特别是对已经出现某些心脑血管疾病高危特征的人。对他们进行随访和查体，以了解他们的血压、血糖、血脂和体重是否正常，再结合家族史、烟酒史等情况判断是否属高危对象，以便及时采取必要措施。

（2）对已经患高血压、糖尿病者应给予积极治疗，防止发展为冠心病、脑卒中等，社区组建随访队伍，积极督促这类人群定时定量服药，并定期随访检测相关指标变化情况。

（3）提倡合理膳食：有高血压、高血脂者应低盐、低脂肪、清淡、易消化高纤维素的饮食，有血糖升高或糖尿病者应给予低糖或糖尿病饮食，除肥胖者外，不要过分限食量，以符合生理需要为度。

（4）开展心理咨询：流行病学研究表明：情绪应激与冠状动脉病变的发生、发展以及心血管事件密切相关。我国一项“初发急性心肌梗死研究”显示：心理压力水平和 6 个月内负性生活事件对急性心肌梗死的人群归因危险度分别为 36.03%和 14.83%，仅次于吸烟，排在第 2 位。研究显示：心理社会因素可预测 28.8%的急胜心肌梗死风险。因此教会患者释放压力的方法，消除心理压力，保持稳定乐观的情绪对于降低心血管危害有积极促进作用。

（5）及时发现和治疗短暂性脑缺血发作（TIA）：TIA 是脑卒中的先兆。因此，老年人应对日常发生的一过性脑缺血症状引起警惕。如突然出现肢体一侧运动障碍、感觉障碍等，应及时去医院诊治。

3. 三级预防 针对心血管疾病患者进行强化治疗与康复工作，提高存活率，预防严重并发症，防止伤残的发生，力争使患者病而不残、残而不废，提高生命与生活质量。心血管疾病的分级预防是基于疾病自然史理论，这种划分是相对的，因此对心血管疾病的防制工作应当是综合与协同的，见表 12-7。

表 12-7 心血管疾病的分级预防措施

心血管疾病	一级预防	二级预防	三级预防
肺心病	改善居住、穿衣条件，防治感冒和慢性支气管炎	及时治疗肺气肿或早期肺心病，强化治疗	改善呼吸和循环功能，提高生活质量
风心病	改善居住、穿衣条件，防治风湿热，避免反复	及时治疗风湿性心脏病或瓣膜病，手术	改善循环功能，提高生活质量
高血压	限盐，控制体重，戒酒，适度体力活动	早期检出和治疗，强化治疗心血管并发症	减少致残和死亡，促进康复，提高生活质量
脑卒中	限盐，控制血压，合理膳食，避免诱因	早期治疗（包括 TIA），强化治疗并发症	康复治疗，防止复发，提高生活质量
冠心病	控制血压，合理膳食，禁烟，适度体力活动	早期治疗，长期服用阿司匹林，强化治疗重症	康复体育治疗，防止复发，提高生活质量

（三）心血管疾病的社区综合防制

中国心血管病社区防制工作持续了 40 多年的探索和实践，社区防制工作由点及面逐步推广实施，从只干预高血压病患者到管理社区全人群（包括一般人群、高危人群、患病人群）

及多种慢性病（糖尿病、高脂血症、冠心病、脑卒中等）。所谓社会综合防制就是以社区为基础，社区人群为目标，动员社区内外各种资源的投入，建立较为完善的组织体系和运行机制，开展心血管疾病的人群防制。对社区内所有人群进行有计划、有组织的系列活动，以创造有利于身心健康的环境，改变人们的行为和生活方式，降低危险因子，从而促进健康，有效的降低社区内心血管疾病的发病率和病死率。干预策略采取全人群策略和高危人群策略相结合的方法。

一个综合的心血管病人群防制计划往往具有以下几个特点：①防制对象为全社区人群；②针对多个危险因素或疾病进行干预；③一级预防与二、三级预防相结合，人群策略与高危策略相结合；④采用综合的干预策略和措施；⑤开展多部门的合作；⑥防制效果的评价依赖疾病监测系统和防制全过程的评价工作。

因此，在组织和实施防制计划时要做到以下几个方面：①建立政府为主导全社会参与的组织体系和运行机制；②重视专业人员培训，建立三级防制网络；③健康教育和健康促进；④建立检测与评价系统。

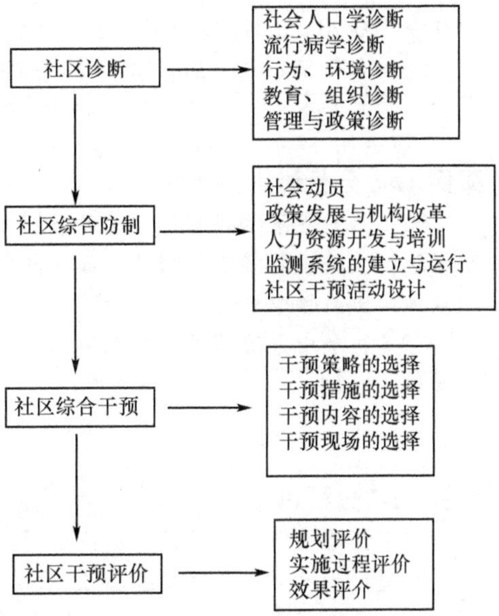

图 12-12　社区综合防制实施步骤和内容示意图

社区综合防制的实施步骤与内容如图 12-12 所示。

知识点 12-6：心血管疾病的防制策略和措施

（1）心血管疾病的防制策略：①全人群策略以全社会人群或全体社区居民为对象，通过健康促进、健康教育、卫生宣传和社区参与等主要方法，针对心血管疾病的危险因素或病因，实施改变不良的生活方式、行为因素及社会、经济和环境因素，以达到普遍降低或控制全人群危险因素水平的目标。②高危人群策略指对有特殊发病危险因素的群体和社区居民进行预防，高危策略首先需要检出高危险个体，采取有针对性的预防措施，纠正其高危险因素。

（2）血管疾病的分级预防措施：①一级预防；②二级预防；③三级预防。

案例 12-4 分析讨论：

（1）队列研究，其特点：属于观察法，设立对照组，由因及果，能确证暴露与结局的因果关系。应用：检验病因假设，评价自发的预防效果，描述疾病自然史。

（2）三代人群，拥有足够人口数量包含了各种社会与种族，且人口相对稳定便于长期随访，当地医疗人员支持及卫生部门的完善。

案例 12-5 分析讨论：

（1）在未服用降压药物情况下，非同日 3 次测量血压，个体收缩压≥140 mmHg（1mmHg=0.133 kPa）或舒张压≥90 mmHg 或近 2 周内服用降压药物，定义为高血压。

（2）高血压知晓率指可被诊断为高血压的调查对象中在本次调查测量血压之前即知道自己

患有高血压者（由专业人员诊断）所占比例。治疗率指可被诊断为高血压的调查对象中近 2 周内服用降压药物者所占比例。高血压控制率是指被诊断为高血压的调查对象中，目前通过治疗血压在 140/90 mm Hg 以下者所占的比例。

（3）血压值与年龄呈正比，45 岁前男性患者高于女性，50 岁以后，女性反超男性。

案例 12-6 分析讨论：

（1）脑血管泛病指脑部血管的各种疾病，包括脑动脉粥样硬化、血栓形成、狭窄、闭塞、脑动脉炎、脑动脉损伤、脑动脉瘤、颅内血管畸形、脑动静脉瘘等，其共同特点是引起脑组织的缺血或出血性意外。

（2）脑卒中危险因素：高血压、心脏病、糖尿病、短暂性脑缺血、吸烟、饮酒、血脂代谢异常等。

案例 12-7 分析讨论：

（1）流行病学调查研究可以找出冠心病的危险因素，制定和评价预防控制该病的策略和措施。如通过生活方式等改变去除或减轻冠心病危险因素，从而降低冠心病死亡率。

（2）危险因素：高血压、高血脂和高胆固醇症、糖尿病、肥胖、吸烟、缺乏体力活动、社会心理因素、遗传因素等。

案例 12-8 分析讨论：

干预高血压患者；管理社区全人群；糖尿病、高脂血症、冠心病、脑卒中等综合管理；知晓率、治疗率、控制率水平。

案例 12-9 分析讨论：

减少心血管疾病的发生，提高居民自我保健意识，使资源利用最优化，效益产出最大化，切实提高社区心血管病的管理水平。目前，我国心血管社区防制逐步由点及面地向规范化、规模化和信息化方向发展。

（沈　冲　姚应水）

第三节　糖尿病流行病学

案例 12-10

资料 a：世界卫生组织（WHO）2012 年报告，全世界有 3.47 亿人患糖尿病。2015 年国际糖尿病联盟（IDF）最新发布世界范围内有 4.15 亿成年人患糖尿病。如果不采取任何措施，到 2040 年，将有 6.42 亿人患糖尿病，每 10 人之中有 1 人患糖尿病。

资料 b：在 IDF 全球糖尿病概览（2015）登记在册的 38 个发达国家中，患病率最低的国家分别为：立陶宛、爱沙尼亚及爱尔兰（约 4%），瑞典、卢森堡、英国及澳大利亚（约 5%）。太平洋岛托克劳和瑙鲁的成人糖尿病患病率最高，分别为 30%和 24%。

资料 c：2 型糖尿病占全部病例的 90%以上，50%的 2 型糖尿病患者至少有 1 种并发症或伴发疾病，其中高血压和血脂异常最为常见。目前，全球每 6s 即有 1 人因糖尿病而死亡，超过了疟疾、肺结核与 HIV 的致死人数总和。

资料 d：约 75%的糖尿病患者生活在发展中国家。中国 2013 年糖尿病的患病人数已居全球首位，目前中国和印度的糖尿病人数最多，分别为 1.1 亿和 6.9 千万。IDF 估计在 2005～2015 年间印度和中国将在防控糖尿病和心血管疾病等慢性疾病的支出将分别达 2366 亿美元和 5577 亿美元。

问题：

请根据以上资料综合分析糖尿病当前的流行态势？

随着全球社会经济发展、都市化进程的加速，人类生活环境、生活方式、饮食结构的改变及人口的老龄化，糖尿病（Diabetes Mellitus，DM）成为继心脑血管疾病、肿瘤之后的又一严重危害人群健康的慢性非传染性疾病（Non-communicable Chronic Disease，NCD）。据国际糖尿病联盟（International Diabetes Federation，IDF）按区域统计，西太平洋地区和东南亚地区的糖尿病患者人数最多，如图 12-13 所示。2015 年全世界共有 4.15 亿成年人患有糖尿病。IDF 预测：如果不采取任何措施，到 2040 年将有 6.42 亿人患有糖尿病；75%的糖尿病患者在中等和低收入国家，并且在这些国家患病率呈快速上升的趋势。目前，糖尿病患者数量居前五位的国家依次为：中国、印度、美国、巴西、俄罗斯。未来新增病例主要集中在中国、印度次大陆及非洲等发展中国家。近三十多年来，我国 6 次大规模的全国糖尿病流行病学调查显示：糖尿病患病率自 1980 年的 0.67% 升至 2010 年的 11.6%。中华医学会糖尿病学分会（Chinese Diabetes Society，CDS）在全国 14 个省市进行的糖尿病流行病学调查显示：2013 年糖尿病的患病人数为 9840 万，已居全球首位；2015 年达 1.1 亿人，预计到 2035 年，中国的糖尿病患病人数将达到 1.43 亿。

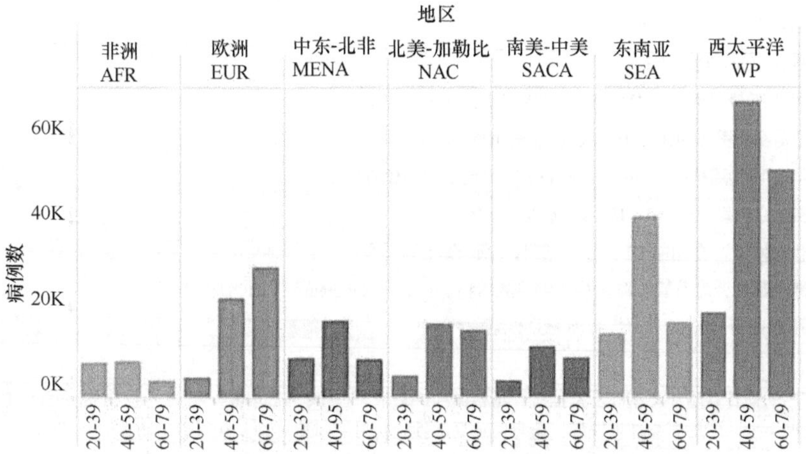

图 12-13　世界糖尿病患者数量分布图

糖尿病的急、慢性并发症可累及多个器官，有很高的致残、致死率，严重影响患者的生命质量。50%的糖尿病患者死于心血管疾病；糖尿病所致的足部神经病与血流量减少增加了患者足部溃疡的机会，最终可能导致截肢；由于视网膜小血管损伤的长期累积，患糖尿病 15 年后，约有 2%的患者失明，10%左右的患者视力严重减退；10%～20%的糖尿病患者死于肾衰竭。糖尿病患者死亡的风险比未患糖尿病的同龄人至少增加一倍。IDF 估计，2015 年有 500 万人因糖尿病而死亡。据 WHO 预测，2005 至 2030 年期间糖尿病死亡数将增加一倍。

治疗糖尿病及其并发症需要的直接和间接费用，给个人、家庭和社会带来沉重的经济负担。据IDF估计，糖尿病导致的费用在许多国家都占到卫生总费用的5%～20%。2015年全球糖尿病医疗保健支出总额为6730亿美元，预计到2040年增长至8020亿美元。我国1994～2007年相关资料显示：糖尿病直接医疗费以年均19.90%的速度增长，超过同期GDP以及全国卫生总费用的增长；并发症为影响糖尿病经济负担的主要因素。WHO估计，在2005～2015年间印度和中国在防控糖尿病和相关心血管疾病的支出分别达2366亿美元和5577亿美元。糖尿病已成为21世纪全球性的重大公共卫生问题，预防和控制糖尿病已成为世界各国、尤其是发展中国家面临的严峻挑战。

（一）糖尿病的定义

1999年WHO专家咨询委员会提出：糖尿病是由多种病因引起的代谢紊乱，其特点是慢性高血糖、伴有胰岛素（insulin）分泌不足和（或）作用障碍，导致碳水化合物、脂肪、蛋白质代谢紊乱，造成多种器官的慢性损伤、功能障碍及衰竭。

（二）糖尿病的分型

糖尿病作为一组病因和临床症状不同的疾病，合理的分型对开展流行病学研究、临床诊治、疾病管理十分必要。1999年WHO咨询报告（WHO/NCD/NCS/99.2）和国际糖尿病联盟西太区委员会（IDFWPR）正式公布了基于病因的分型方案，我国也于同年决定正式采用该分型，将糖尿病分为四型，见表12-8。

表12-8 糖尿病的病因分型

1. 型糖尿病（胰岛β细胞破坏导致胰岛素绝对缺乏）
（1）免疫介导性
（2）特发性
2. 型糖尿病（从主要以胰岛素抵抗为主伴相对胰岛素不足到主要以胰岛素分泌缺陷伴胰岛素抵抗）
3. 其他特殊类型糖尿病
（1）胰岛β细胞功能的遗传缺陷
染色体12 肝细胞核因子-1α（HNF-1α）基因突变，（MODY3）
染色体 7 葡萄糖激酶（GCK）基因突变，（MODY2）
第号染色体20 肝细胞核因子-4α（HNF-4α）基因突变，（MODY1）
染色体13 胰岛素启动因子 1α（IPF-1）基因，（MODY4）
染色体17 肝细胞核因子 1β（HNF-1β）基因，（MODY5）
染色体 2 神经源性分化因子/β细胞E-核转录激活物2（Neuro DI/Beta），（MODY6）
线粒体DNA常见为 $tRNA^{leu(UUR)}$ 基因 nt3243A→G 突变
其他
（2）胰岛素作用的遗传缺陷：A型胰岛素抵抗，小精灵样综合征（Leprechaunism）及Ravson-Mendenhall综合征：胰岛素受体基因的不同类型突变，脂肪萎缩性糖尿病，全身性及局部性脂肪萎缩，遗传性及获得性脂肪萎缩及其他
（3）胰腺外分泌病变：胰腺炎、创伤/胰腺切除术后、胰腺肿瘤、胰腺囊性纤维化、纤维钙化性胰腺病及其他
（4）内分泌腺病：肢端肥大症、Cushing综合征、胰升糖素瘤、嗜铬细胞瘤、甲状腺功能亢进症、生长抑素瘤、醛固酮瘤及其他
（5）药物或化学物诱导：Vacor（N-3吡啶甲基N-P硝基苯尿素）、戊烷咪、烟酸、糖皮质激素、甲状腺激素、二氮嗪、β-肾上腺素受体激动剂、噻嗪类利尿剂、苯妥英钠、α-干扰素及其他
（6）感染：先天性风疹、巨细胞病毒感染及其他
（7）免疫介导的罕见类型：僵人（Stiff-man）综合征、胰岛素自身免疫综合征、胰岛素受体抗体及其他
（8）其他与糖尿病相关的遗传综合征：Down综合征、Klinefelter综合征、Turner综合征、Wolfram综合征、Friedreich共济失调、Huntington舞蹈病、Laurence-Moon-Biedl综合征、强直性肌营养不良、卟啉病、Prader-Willi综合征及其他
4. 妊娠糖尿病（GDM）

（三）糖尿病的诊断标准

1. 糖尿病的诊断标准 中华医学会糖尿病学分会（CDS）建议在我国人群中采用 WHO（1999）糖尿病诊断标准，见表 12-9。有典型糖尿病症状：多尿、多饮和不能解释的体重下降。且任意时间血糖≥11.1mmol/L 或空腹血糖（fast plasma glucose，FPG）≥7.0mmol/L 或糖耐量试验（oral glucose tolerance test，OGTT）中，葡萄糖负荷为 75g 无水葡萄糖 2h 血糖值≥11.1mmol/L（无糖尿病症状者需改日复查），为糖尿病患者。任意时间指 1 天内任何时间（与上次进餐时间及食物摄入量无关）；空腹指至少 8h 内无任何热量摄入；糖耐量试验指在空腹 10～14h 后，在 5min 内喝下含有 75g 葡萄糖 300ml，分别检查之后不同时间的血糖值。糖尿病的临床诊断应依据静脉血浆血糖检测结果。若无特殊提示，文中所提到的血糖均为静脉血浆葡萄糖水平值。

表 12-9 糖尿病诊断标准

诊断标准	静脉血浆葡糖糖水平（mmol/L）
（1）典型糖尿病症状＋任意时间血浆葡萄糖水平	≥11.1
或加上	
（2）空腹血浆葡萄糖	≥7.0
或加上	
（3）糖耐量试验 2h 血糖	≥11.1
无糖尿病症状者，需改日重复检测	

2. IFG 和 IGT 的诊断标准 除了糖尿病病人以外，还有一组个体，在糖代谢状态中他们的血糖水平处于从正常向糖尿病发展的中间阶段，即糖调节受损（impaired glucose regulation，IGR）阶段：包括空腹静脉血糖受损（impaired fasting glucose，IFG）和糖耐量受损（impaired glucose tolerace，IGT）。糖代谢状态分类标准，见表 12-10。糖调节受损也称糖尿病前期。美国糖尿病协会（ADA）《糖尿病标准化诊治指南（Standards of Medical Care in Diabetes）》（2010 版）取消了“糖尿病前期”的名称，以“糖尿病危险增高类型”代之，包括以往的 IFG、FPG 为 5.6～6.9mmol/L 及 IGT、OGTT 试验中 2 小时血糖为 7.8～11.0mmol/L、并相应增加了糖基化血红蛋白（HbAlc）5.7%～6.4%的人群。与“糖尿病前期”相比，“糖尿病危险增高类型”的提法更好地反映了血糖升高的自然病程，即中间高血糖状态并非一定发展为糖尿病，从而加强了临床预防糖尿病的信心。

表 12-10 糖代谢状态分类

糖代谢分类	静脉血浆葡萄糖水平（mmol/L）	
	空腹血糖	糖负荷后 2h 血糖
正常血糖	＜6.1	＜7.8
空腹血糖受损（IFG）	6.1～＜7.0	＜7.8
糖耐量受损（IGT）	＜7.0	7.8～＜11.1
糖尿病	≥7.0	≥11.1

在流行病学调查中，往往采用 FPG≥7.0mmol/L，便于在经费或参加者时间不允许的情况下调查方法的统一和标准化。但要注意，中国的糖尿病高血糖类型中单纯的负荷后（餐后血糖）高血糖的比例高达 50%左右，因此建议已达到糖调节受损的人群，应行 OGTT 检查，以降低糖尿病的漏诊率。

3. 关于用 HbAlc 诊断糖尿病的问题及其他 部分国家将糖基化血红蛋白（HbAlc）作为筛查糖尿病高危人群和诊断糖尿病的一种方法。HbA1c 较 OGTT 试验简便易行，结果稳定，变异性小，且不受进食时间及短期生活方式改变的影响，患者依从性好。2011 年 WHO 也建议在条件具备的国家和地区采用这一切点诊断糖尿病。但鉴于 HbAlc 检测在我国尚不普遍，检测方法的标准化程度不够，测定 HbAlc 的仪器和质量控制尚不能符合目前糖尿病诊断标准的要求。CDS 不推荐在我国采用 HbAlc 诊断糖尿病。但对于采用标准化检测方法，并有严格质量控制，正常参考值在 4.0%～6.0%的医院，HbAlc≥6.5% 可作为诊断糖尿病的参考。此外，急性感染、创伤或其他应激情况下可出现暂时性血糖增高，若没有明确的糖尿病病史，就临床诊断而言不能以此时的血糖值诊断糖尿病，须在应激消除后复查再确定。

知识点 12-7：糖尿病的定义、分类

（1）糖尿病：由多种病因引起的代谢紊乱，其特点是慢性高血糖、伴有胰岛素（insulin）分泌不足和（或）作用障碍，导致碳水化合物、脂肪、蛋白质代谢紊乱，造成多种器官的慢性损伤、功能障碍及衰竭。

（2）糖尿病根据病因分型为四类：1 型糖尿病、2 型糖尿病、妊娠糖尿病、其他特殊类型糖尿病。

一、糖尿病的流行病学特征及危险因素

案例 12-11

资料 a：我国几次全国范围大型流调结果报道：我国 1978 年糖尿病患病率为 0.6%左右，之后的十年一直处于缓慢增长阶段，至 1990 年 1.2%；1996 年 3.21%；2002 年 4.37%；2008 年约为 9.7%，糖尿病前期的比例达 15.5%；2010 年达 11.6%。在 1994 年以前的 15 年间年增长率为 9.86%，1994 年后年增长率达 13.31%。平均每年净增加 150 万以上患者，而患者对糖尿病的知晓率仅为 33.3%～44.0%。

资料 b：在我国糖尿病患病人群中，2 型糖尿病占 90.0% 以上。CDS 发布 2007～2008 年的全国调查结果显示：20～39 岁，40～59 岁和 60 岁以上 3 个组，患病率分别为 3.2%，11.5%和 20.4%。与 1994 年相比，25～34 岁的人群糖尿病患病率增加了 8 倍，而在 55～64 岁的人群增加了 3 倍。在体质指数＜18.5，18.5～24.9，25～29.9 和＞30 kg/m^2 的 4 个组中，糖尿病患病率分别为 4.5%，7.6%，12.8%，和 18.5%。农村和城市的糖尿病患病率分别为 8.2%和 11.4%，而欠发达的农村的患病率只有城市的一半（5.8%），高教育水平的人群糖尿病患病率低；该研究中 60%的糖尿病患者是经过此次调查才被发现的，农村的未诊断率更高、达到 70%。

资料 c：国内某省大规模流调报道：1990 年该省常驻成年居民城、乡患病率分别为 5.29%和 3.80%，城、乡之间差异有统计学意义（$P<0.01$）。2000 年再一次调查显示：城、乡患病率分别为 7.19%和 5.63%，城、乡之间差异有统计学意义（$P<0.01$）。2012 年第三次调查显示：城市、城镇（介于农村与城市之间的城乡结合部）和农村的糖尿病患病率依次为 9.29%、9.15%、8.61%，三者差异没有统计学意义（$P>0.01$）。农村、城镇和城市的 IGT 患病率分别为 10.71%、12.91%、8.97%，三者差异有统计学意义（$P<0.01$）。

资料 d：中国代谢综合征的流调结果显示：中年男性（30～50 岁）糖尿病患病率显著高于同年龄段女性，该年龄段中心性肥胖发生率男性 29.60%、女性 18.69%；高血压患病率男性 24.35%、女性 14.77%；甘油三酯水平：男性 1.87mmol/L、女性 1.31 mmol/L；低密度脂蛋白胆固醇：男性 2.66 mmol/L、女性 2.53 mmol/L；中年男性吸烟和饮酒的比例显著高于女性，中等以上收入的中年男性多于女性，而女性有意识控制饮食的比例高于中年男性。

问题：

以上资料中分别表现出我国人群糖尿病的哪些流行病学特征？可能的原因是什么？

糖尿病广泛分布于世界各地，1 型和 2 型糖尿病占到患者的 95%以上，其他类型的糖尿病较少，因此本节主要介绍这两种类型的流行病学特征。

（一）1 型糖尿病

全世界范围内，1 型糖尿病患者占到糖尿病患者的 5%～10%，在儿童及青少年患者中所占比例为 80%～90%，各地区之间分布特征差异较大，近年来大型的流行病学调查表明：世界范围内该病的发病率约以每 2%～3%的速度在增长，但其增速远不及 2 型糖尿病；部分地区报道有发病低龄化趋势。由于儿童 1 型糖尿病的发病症状一般较为明显，不易漏诊，故多数学者主张用发病率来描述 1 型糖尿病的流行病学特点。

1. 人群分布

（1）性别和年龄：不同于大多数自身免疫性疾病中女性患者多于男性患者的现象，1 型糖尿病的发病率多见男女相近；但在发病率高的北欧地区，男性发病率高于女性。1 型糖尿病可发生于各种年龄、但多发生在儿童和青少年。在全世界小于 20 岁的糖尿病患者中，1 型糖尿病所占的比例大于 85%。成年患者中，男性多于女性，尤其在 25 岁以上的发病人群中更为明显。一般认为，1 型糖尿病有 2 个年龄发病高峰，分别是 5～7 岁和青春发育期的 10～14 岁（国外报道 12～14 岁为高峰年龄，国内多报道为 10～14 岁年龄段），女性发病率高峰比男性早 1～2 岁。近几十年来，所有年龄段发病率都不断上升。欧洲糖尿病及并发症前瞻性研究（European Diabetes Prospective Complications Study，EURODIAB）表明：欧洲范围内<5 岁的儿童是该病发病率增长最快的年龄段。

（2）种族和民族：根据 1990～1994 年全球 50 个国家参加的 WHO Diamond 计划调查结果显示：1 型糖尿病发病率存在明显的国家、地区和种族差异，最高发病率（欧洲国家人群 36.0/10 万）与最低发病率（亚洲国家人群 0.1/10 万）相差 300 多倍。美国白种人的发病率显著高于黑种人；黄种人明显低于其他人种。Diamond 研究显示：我国八个民族的 1 型糖尿病发病率存在 10 倍以上的差距，少数民族中哈萨克族、维吾尔族、回族的发病率较高，

（3）家族史：生态学研究表明一级亲属患病率与 1 型糖尿病的发病存在正关联。1 型糖尿病的单卵双胞胎发病一致率为 50%，兄妹累计发病率可达无家族史者的 20 倍。父亲患 1 型糖尿病对子代的影响大于母亲患 1 型糖尿病对子代的影响。但仍有 85%～90%患者的一级亲属并不同时罹患该病，因此遗传易感性应联合其他指标检测以增加发病预测的准确度。

2. 地区分布

（1）国家间和地区间：1 型糖尿病发病率在世界范围内差异很大（可相差数百倍），由高到低依次为：欧洲、北美、澳洲、南美及美洲中部、非洲、亚洲。即便在欧洲本土，地区间的差异也很大，欧洲北部及西北部的发病率总体上高于其他地区；撒丁王国地处低纬度地区却是疾病高发区、发病率可高达 40/10 万～50/10 万，冰岛地处高纬度地区发病率却相对较低。国外大规模流行病学调查研究表明，1 型糖尿病发病率以芬兰、加拿大、瑞典、挪威等国家高发，分别为 42.9/10 万、35.1/10 万、30.0/10 万、20.8/10 万。一般认为，全球发病从北到南逐渐降低，离赤道越远，发病率越高。上世纪 90 年代末，Diamond 项目对全国 16 个省市和自治区的 2338 万青少年调查结果显示：该时期 1 型糖尿病的总发病率为 0.57/10 万，低于北欧高加索人 365 倍，是世界上已报道的、发病率最低的国家。但我国人口基数大，1 型糖尿病的绝对数相当大，且每年新增加的患儿仅次于美国和挪威。我国的 1 型糖尿病发病以长江为界呈明显的北高南低的特点。

（2）城乡间：我国城市市区儿童的 1 型糖尿病发病率显著高于农村，发病率分别为 1.12/10 万人年和 0.38/10 万人年，相差近 3 倍。城乡间差异可能与市区生活水平较高，或接触环境有害因素的机会较多有关。另一方面，农村医疗条件相对较差，发生漏报或未诊断而昏迷死亡的情况可能较多。

3. 时间分布

（1）季节性：1 型糖尿病的发病具有一定的季节性。一般认为北半球的病例多发生在 12～2 月，而南半球则多发生在6～8月。美国疾病防控中心大规模的青少年糖尿病研究项目(the SEARCH for diabetes in youth，SEARCH）研究发现春季出生的孩子更容易患 1 型糖尿病。然而，目前出现不尽一致的研究结果：美国的 KAHN 等研究纳入了在 1982～2005 年间出生的 9737 例 20 岁以下 1 型糖尿病患者，发现 5 月份出生者发生 1 型糖尿病的风险最高，而 1 月份最低。乌克兰的研究纳入了在 1960～2003 年间出生的 20117 例 30 岁以下 1 型糖尿病患者，发现 4 月份出生者发生 1 型糖尿病的风险显著高于 12 月份出生者。而古巴的研究纳入了 1352 例在 1979～1997 年间出生的 14 岁以下的 1 型糖尿病患者，日本的研究纳入在 1986～1990 年间出生的 1260 例 14 岁以下的 1 型糖尿病患者，均未发现出生月份与 1 型糖尿病发病风险相关。我国广东省 105 家医院自 2000 年 1 月 1 日至 2011 年 3 月 10 日期间就诊的所有 1 型糖尿病患者 2227 例中 6～10 月出生的 1 型糖尿病患者较多，而 12～4 月出生的 1 型糖尿病患者较少；其中又以 8 月份出生的患者数最多，1 月份出生的患者数最少。目前多有学者认为该病的季节性可能与不同季节光照时间不同、母体宫内感染率、母体饮食摄入的营养成分等多种因素有关。

（2）长期趋势：根据 2011 年 IDF 统计，在全球 1.9 亿 0～15 岁的儿童中，1 型糖尿病患者约有 490100 名，每年新诊断约 77800 名，年增加率约为 3.0%。DIAMOND 的研究显示：全球各洲的 1 型糖尿病发病率均呈现出明显增长趋势：亚洲 4%，欧洲 3.2%，北美 5.3%。EURODIAB 研究的数据表明：1989～2003 年间，欧洲发病率的年增长率为 3.9%（3.6%～4.2%），其中克罗地亚 15 年间 0～14 岁儿童发病的增长率达 9%。SEARCH 报道：2001～2009 年美国 20 岁以下青少年 1 型糖尿病患病率增加 23%。我国沈阳市报道：0～14 岁儿童 1 型糖尿病发病率，从 1985 年的 0.30/10 万上升到 2000 年的 2.19/10 万。

4. 1 型糖尿病的危险因素 1 型糖尿病的发生可能与 T 细胞介导的自身免疫导致 β 胰岛细胞的选择性破坏，胰岛素分泌减少和绝对缺乏有关。遗传、环境、免疫调节和化学因子等多种因素都可能促发，也可能保护从而防止糖尿病的发生。1 型糖尿病是一种与环境因素相关的多基因遗传疾病，遗传因素的作用提供了发病的易感性，而环境因素可能具有促发疾病的作用。

（1）遗传因素：1 型糖尿病具有遗传易感性。双生子研究显示：在同卵双生子中发生 1 型糖尿病的一致率为 25%～30%，显著高于异卵双生子（5%～10%）。患者同胞的发病率高出一般人群大约 15 倍。家系调查显示当母亲患有糖尿病时，后代的发病危险为 2%～3%，当父亲患有糖尿病时，后代的发病危险为 5%～6%。移民流行病学的研究发现，移民一代仍保持原有的发病率。

分子生物学研究已初步阐明 1 型糖尿病同人类白细胞抗原（human lymphocyte antigen，HLA）Ⅱ类基因（DQ 和 DR 等位点）、非 HLA 区的 5′胰岛素（INS）基因、T 细胞受体（TCR）编码基因、免疫球蛋白的异型（GM）基因以及分别位于人类第 1、2、4、11、17 号等染色体某些区域的基因有极大的相关性，遗传因素中 60%～70%的遗传易感性是由 HLA 基因编码，另外 30%～40% 是由非 HLA 基因编码。研究者普遍认为：DRB1* 0301、DQA1 * 0501～DQB1 * 0201、DRB1 * 0401，0402，0404，0405 以及 DQA1 * 0301～DQB1 * 0302 是疾病的易感基因，DRB1 * 15，DQB1 * 06 以及 DRB1 *14，DQB1* 05 为疾病的保护基因。1 型糖尿病 HLA 易感基因出现的频率与种族和民族有关，在不同国家、地区间存在差异：欧洲北部人群中 DR4 是主效基因，然而在欧洲南部人群中，DR3 是主效基因；在非洲人群中，则两者均是；日本人群中，DR4（DRB1 *0405 DQB1* 0401）以及 DR9 是主要致病单体型；亚洲其他人群中，DR3 /DR9 及 DR9 /DR9 是高风险致病基因型。目前世界上公认最为常见的易感单倍型是为 DQ2 和 DQ8，尤其是 DQ2/DQ8 杂合子患 1 型糖尿病的危险性最高。儿童期发病者比成年发病者有更强的 HLA 遗传易感性，5 岁前发病是高危险性家族的一个标记。

另外，非 HLA 基因区经全基因组关联分析（genome wide association study，GWAS）已发现一些新的基因位点，如 SH2B3、RGS1、TCPTP、INS、IL2RA、IFIH1 以及 CLTA4 与 1 型糖尿病

有关。参与自身免疫反应的重要因子的编码基因如维生素 D 受体、白细胞介素 6、白细胞介素 12B、PrPN22、SUMO-4 以及 T-bet 等在一些人群研究中发现与 1 型糖尿病相关。

（2）病毒感染：病毒感染是激发 1 型糖尿病的最重要环境因素，且具有明显的短期快速时间波动及时空聚集性等流行病学特征。其中柯萨奇病毒与人类 1 型糖尿病的关系比较肯定，被认为可能诱导免疫反应或加速 β 细胞凋亡。Banatrala 等报道英国、澳大利亚新诊断的 153 例病例中，血清柯萨奇病毒特异性 IgM 阳性率显著增高。子宫内感染而患有先天性风疹的儿童 20%以上发生 1 型糖尿病。病例对照研究结果表明：接种麻疹和腮腺炎疫苗可降低 1 型糖尿病的发病风险。其他病毒如腮腺炎病毒，巨细胞病毒、肠道病毒、流行性感冒病毒等可能也有关。

（3）自身免疫：1 型糖尿病是一种 T 细胞介导的胰岛 β 细胞选择性破坏的自身免疫性疾病。现代研究表明：胰岛内自身抗原、免疫细胞中 CIM 及 CD8T 淋巴细胞、B 淋巴细胞、自然杀伤细胞、树突状细胞等共同参与了胰岛 β 细胞的损伤而致病。自身抗原免疫耐受丧失，免疫调节失衡，胰岛自身抗原反应性 T 细胞克隆活化及 Th1、Th2 细胞及其细胞因子失衡，从而启动、维持和加速自身免疫性胰岛炎，导致糖尿病发生，其中细胞免疫比体液免疫更重要。研究发现 1 型糖尿病患者的 CD3、CD4、CD4/CD8 水平较正常人明显降低，由 Th1 细胞亚群分泌的 IFN-γ、TNF-α 水平显著高于正常人，而 Th2 细胞亚群及其分泌的细胞因子（IL-4、IL-1 等）在 1 型糖尿病的发生中起着保护性免疫反应作用。CD4 T 细胞也辅助 B 淋巴细胞产生自身抗体，进一步促进胰岛 β 细胞的损伤和糖尿病的发生。90%以上的 1 型糖尿病新发病例血浆中能测到包括胰岛细胞质抗体（ICCA）、胰岛细胞表面抗体（KSA）、细胞毒性的胰岛细胞抗体、抗胰岛素 6.4kD 抗体及胰岛素自身抗体（IAA）在内的胰岛细胞自身抗体（ICA）。

（4）其他环境因素：环境因素在 1 型糖尿病的发病中起着很重要的作用，只有不到 10%遗传易感人群最终发展成临床疾病。1 型糖尿病的发病率的逐年上升现象尚不能被遗传因素完全解释；同时考虑到 1 型糖尿病好发于儿童及青少年，因此，胎儿期、新生儿期以及儿童期的环境暴露成为研究的热点。如高出生体重、早期快速生长发育以及早期的喂养模式。多变量分析证实：牛乳喂养开始得越早（尤其是出生后 3 个月）、牛乳饮用量越多、患 1 型糖尿病的危险性越大。饮食中缺少锌、维生素 E、维生素 D，过多饮用咖啡或茶，肉食的增多等也有报道为可能的风险因素。此外，反复接触对胰岛 β 细胞有毒性的化学物质如噻唑利尿酮、四氧嘧啶、链脲霉素等均可损伤 β 细胞。近几年有研究表明：1 型糖尿病患者的增加与儿童、青少年肥胖比例的增加存在相关性、温度及人口密度可能影响 1 型糖尿病的地区分布，然而，这些因素是否也会引起发病率的增加须进一步探讨。

（二）2 型糖尿病

2 型糖尿病是糖尿病人群的主体，占 90%左右。近年来，2 型糖尿病患者数量激增是造成全世界糖尿病患者总数增多的主要原因。各国 2 型糖尿病患病率的变化有以下共同特点：①近 30 年内患病率急剧增加的趋势难以缓解；②患者年龄年轻化；③存在大量糖调节受损者（IGR），预示着糖尿病暴发性流行的趋势还在继续发展；④患者增加最快的是由穷到富急剧变化着的发展中国家。2 型糖尿病症状比较隐蔽，很难在初发时即获确诊，一般用患病率指标对 2 型糖尿病的流行病学特点进行研究。

1. 人群分布

（1）性别和年龄：两性间糖尿病患病率差异的报道结果各异。韩国和日本男性患病率高于女性；西欧女性患病率高男性。美国 40～69 岁人群中，女性患病率是男性的 2 倍。2002 年我国调查显示：男性糖尿病患病率为 2.54%、女性为 2.66%。在 2007～2008 年的调查中，在调整其他危险因素后，我国男性患病风险比女性增加 26%。

目前研究表明：年龄增长是 2 型糖尿病的一个确定的独立危险因素，2 型糖尿病的患病率随年龄增加而上升，40 岁以后急剧上升，每增加 10 岁患病率增加约 1%左右，60 岁以上人群患病率约为全人群的 3～7 倍。目前我国 2 型糖尿病高发年龄为＞50 岁，患病率达 7.00%；＞60 岁达 10.00%，其患病率是 20～40 岁人群的 8～10 倍。在全球范围内，2 型糖尿病发病出现年轻化趋势。过去 20 多年中，欧美各国儿童 2 型糖尿病明显增多，新病例由占糖尿病的 5.7%增加到 16.0%。从 1967～1976 年及 1987～1996 年两个 10 年间，北美 Pima 印第安青少年的 2 型糖尿病患病率增长 4～6 倍。日本的学龄儿童 2 型糖尿病的发病率 20 年内上升了 30 倍。天津市儿童医院统计资料显示：1991 年 2 型糖尿病占糖尿病总数的 2%，到 2001 年达 8.8%，最小的 2 型糖尿病患儿仅 6 岁。

（2）职业：职业的劳动性质和强度与糖尿病的发生关系密切。一般来说，体力劳动者的患病率低于脑力劳动者。但文化水平越高，患病率越低。我国居民中，家庭妇女糖尿病人最多，患病率为 6.77%。其次为行政干部，与同龄非干部人群比较，干部人群患病率和非干部人群的患病率分别为 3.54%和 2.97%，工人、农民患病率在 2.5%左右。《2015 年中国职场糖尿病白皮书》报告：对比不同的行业，政府、公共事业、科研机构以及教育机构都属于糖尿病、糖尿病+并发症的高发行业。

（3）种族和民族：世界上不同种族 2 型糖尿病患病率不同。患病率最高的是美国亚利桑那州的 Pima 印第安人，患病率最低的是阿拉斯加的爱斯基摩人及 Athabansea 印第安人。印度洋次大陆的其他种族、日本、中国和印度尼西亚患病率相对较低。据 2005 年印第安人健康服务中心的数据表明：非裔美国人糖尿病发病率较白种人高出 1.4～2.2 倍；BRANCATI FL 经 9 年的随访发现男性黑人 2 型糖尿病发病的相对危险度是同一环境中白人的 2.4 倍、女性为 1.5 倍。与白人相比较，在调整性别、年龄和 BMI 后，亚裔人糖尿病的风险比为 1.6。不同种族儿童 2 型糖尿病的发病率也相差悬殊，全球儿童 2 型糖尿病患病率最高是北美 Pima 印第安人，非裔、拉美裔以及亚裔儿童特别是伴有肥胖的这些种族的儿童发病率要明显高于白种儿童。我国内蒙古汉族人高于蒙古族人；宁夏回族人高于汉族人；新疆维吾尔族高于汉族和其他民族；即使都是信仰伊斯兰教的民族，如维吾尔族和哈萨克族，其糖尿病患病率在不同地区、不同年代也是不同的，且随着年代而上升的趋势也有所不同。提示民族间的多种因素（如遗传、生活方式等）可能与糖尿病的发生有关。

（4）家族史：2 型糖尿病存在家族聚集性，一级亲属 2 型糖尿病的患病率比无糖尿病家族史者高 3～10 倍。在家系遗传中，母系遗传略高于父系，先证者母亲患糖尿病的几率是父亲的 2 倍。儿童 2 型糖尿病家族遗传倾向更强，74%～100%的患儿有糖尿病家史，并且在多代人中有多人患病，48%～80%患儿至少有一方父母存在糖尿病病史，父母双方都患糖尿病的儿童比只有父母一方患病的儿童有更高的糖尿病患病风险。单卵孪生子女中 76%～87%两者均患糖尿病，双卵孪生子女中均患糖尿病占 43%。

（5）移民研究：英国的巴基斯坦裔、阿拉伯裔、印度裔儿童 2 型糖尿病发生的危险性比本土儿童高。印度人移居新加坡后患病率达 6.1%，移居马来西亚后患病率为 4.2%，移居南非后患病率为 4%～6%，不仅比印度居民（2%）高，比移居的其他民族也高。夏威夷华人患病率 1.8%，马来西亚华人患病率 7.4%，毛里求斯华人患病率高达 16%，均比国内居民高。

（6）社会经济地位和文化程度：在发达国家，2 型糖尿病多见于社会经济地位低的人群，而发展中国家社会经济地位高或生活富裕的阶层更常见。前者可能受到其文化和卫生知识及保健水平方面更多的影响；而后者可能与快速富裕后摄取高能饮食、饮食西化有关。

2. 地区分布

（1）国家间或地区间：不同国家及同一国家不同地区间 2 型糖尿病患病率不同。保持传统生活方式的地区患病率低。东亚和西太平洋地区拥有全球糖尿病总人数的一半以上，而另外不到一半的糖尿病人口分布在美洲、欧洲、非洲和大洋洲。西欧发达国家的患病率彼此之间比较接近，北欧稍高。在生活方式不断西化的发展中国家人群患病率较欧洲人群高；一些新兴的工业化国家或地区的患病率都在比较高的水平。根据2015年IDF糖尿病概览（Diabetes Atlas）（第七版）数据显示：太平洋岛托克劳和瑙鲁的成人糖尿病患病率最高，分别为30%和24%。在美国（11%）之后的其他糖尿病高患病率的发达国家包括新加坡（10.5%）、马耳他（10%）、葡萄牙（10%）、塞浦路斯（9.5%）。该概览登记在册的所有38个发达国家中，糖尿病患病率最低的国家分别为：立陶宛、爱沙尼亚和爱尔兰（4%）、瑞典、卢森堡、英国和澳大利亚（约5%）。而全球糖尿病患病率最低的10个国家都在非洲。

我国地域辽阔、地区经济文化发展不平衡。2型糖尿病患病率基本呈“北高南低、东高西低”的地域分布特征。从南北看，自东北向南部患病率逐渐降低，河北、山东、河南等中原省份基本代表了全国糖尿病患病率的平均水平，中南地区特别是经济不太发达的省份，患病率较低。从东西看，东部沿海地区高于内地。全国或区域性政治经济中心地区患病率明显高于周边一般地区。人口大省，往往也是糖尿病大省，河南、江苏、山东、四川、广东都是糖尿病患者总量超过150万人的省份。

（2）城乡分布：城市和乡村糖尿病患病率有明显差别，尤其在发展中国家。总体上城市要比农村高70%～80%。在发达国家，由于城乡一体化程度高，差别不很明显。中国居民营养健康状况调查显示：2002大城市糖尿病患病率6.25%、中小城市3.74%。国内近几年部分地区如河南省、黑龙江省等也有报道新的状况：城乡之间患病率比较差异无统计学意义。随着农村城镇化的快速发展和农村人群生活水平的快速提高、膳食结构的改变，健康服务的覆盖面增大（诊断和检出的提高），农村居民糖尿病患病率正在迅速增加。

3. 时间分布 随着全球经济发展和社会转型，工业化国家糖尿病患病率居高不下或呈上升趋势，而发展中国家糖尿病患病率逐年上升。美国2002年全人口糖尿病患病率已达6.2%，自1987年以来糖尿病死亡率增长了45%，与20世纪30年代相比增加了6倍。2015年美国20～79岁的成人患病率为11%。2001～2009年间，美国青少年2型糖尿病患者增长了30.5%。新兴工业化国家已经或正在经历糖尿病的急剧增长期。如新加坡华人糖尿病的患病率1975年为1.6%，1985年为4.0%，1992年达到8%，现已超过9%。1994年以来，中国在短短20年间，从低患病率（＜3%）国家迅速跨入世界糖尿病中等患病率（3%～13%）国家的行列。2007～2008年CDS调查显示：在20岁以上的中国人群中，糖尿病患病率为9.7%，糖尿病前期的比例达15.5%。

4. 2型糖尿病的危险因素 2型糖尿病主要是由遗传和环境因素引起外周组织（主要是肌肉和脂肪组织）胰岛素抵抗（insulin resistance，IR）和胰岛素分泌缺陷，导致机体胰岛素相对或绝对不足，使葡萄糖摄取利用减少，从而引发高血糖、导致糖尿病。

（1）遗传因素：2型糖尿病有很强的遗传性。单卵双生子共同患病的几率可达45%～96%，如果患病的同胞寿命足够长，这一几率可达到100%，大部分双胞胎在10年之内先后患病。异卵双生患病一致率明显降低，为3%～37%，提示2型糖尿病的遗传来自双亲提供的两个单倍体，而不仅是一方的单倍体。在家系遗传中，母系遗传略高于父系，先证者母亲患糖尿病的几率是父亲的2倍。中国人2型糖尿病的遗传度为51.2%～73.8%，一般高于60%，而1型糖尿病的遗传度为44.4%～53.7%，低于60%，可见两型的遗传是各自独立的，2型糖尿病的遗传倾向更强。另外，有遗传史者发病时间提前。系谱分析没有发现明显的性染色体连锁现象。随着分子生物学技术和分子流行病学的发展，2型糖尿病的一些遗传基因也相继被确定。关于2型糖尿病易感基因连锁分析有许多报道，这些所报道的2型糖尿病连锁的区域有很大差异，仅部分区域在多项研究中被报道，目前发现至少有30个不同的染色体区域与2型糖尿病的易感性有关，部分国家已报道的结果举例见表12-11。但大量研究筛查不同人群中的这些候选基因发现，多数基因仅在部分人群中与2型糖尿病相关，而不能在其他人群中得到验证，有些基因甚至在同一地区同一种族的人群中也有不同的结果。

表 12-11 已报道的部分国家 2 型糖尿病易感基因连锁分析结果举例

	被研究人群	染色体区域	距短臂末端距离	分子标记
美国土著	Pima 印第安人	1q23.2	171.192	D1S1677-D1S2127
		7q22.2	114	D7S1799
		11q	136-144	D11S4464-D11S912
白种人	美国人	5q13	77	D5S1404
		12q21.32	82	D12S853
		12q15- q21	80.5-83.19	D12S375-D12S1052
亚洲人	中国人	9p21.3-9p21.13	42.7-70.33	D9S171-D9S175
		20q13.3	75	D20S196
		1q21.3-q24	182-197	D1S1589
		6q21-q23.3	124-142	D6S1040，D6S1009
		1p33	73	D1S193
		1q23	190	D1S2851

（2）肥胖（或超重）：肥胖（尤其是腹型肥胖）既是代谢综合征的重要组分之一，也是导致胰岛素抵抗、进而发生 2 型糖尿病的启动因素。2015 年在瑞典召开的第 51 届欧洲糖尿病研究学会（EASD）年会指出：肥胖是 2 型糖尿病最为重要的危险因素，随着体质指数（BMI）增加，糖尿病患病率显著增加。早在 1921 年美国医生 Joslin 就提出肥胖是糖尿病发生的重要危险因素，不同年龄组中，超重者 2 型糖尿病患病率均显著高于非超重者，前者大约是后者的 3～5 倍。大量研究都表明：无论性别和种族，BMI 与 2 型糖尿病的发生均呈正相关。我国 2 型糖尿病患者的平均体质指数（BMI）约为 25kg/m^2，而高加索人糖尿病患者的平均 BMI 多超过 30kg/m^2。奥斯陆的 10 年随访研究发现：随访开始时轻度肥胖者的发病危险性增加 7 倍，重度肥胖者增加 12 倍；在 25 岁时的最大体重比当前体重作为预测糖尿病的指标更佳。全世界肥胖人数正以每 5 年翻一番的速度激增；亚洲地区肥胖的患病率较西方国家低，但倾向于发生腹型肥胖。一些研究发现：腰臀比（腰围/臀围，waist-to-hip ratio WHR）越大者 2 型糖尿病发病率越高，WHR 比 BMI 对 2 型糖尿病的预测更有价值，尤其在亚洲人中。

（3）体力活动不足：规律的体育锻炼能增加胰岛素的敏感性和改善糖耐受，研究发现体力活动不足会增加 2 型糖尿病发病的危险。与每日静态生活时间不足 1h 的人相比，静态生活时间超过 4h 者糖尿病患病率增加 50%；其中看电视时间与这些慢性病的关系最为密切，每天看电视超过 4h 者糖尿病的患病风险比每天看电视不足 1h 者增加 46%。

（4）膳食因素：高能饮食是明确肯定的 2 型糖尿病的重要危险因素。高热量、高动物脂肪、高糖摄入与餐后 2h 血糖呈正相关，而维生素、蔬菜、豆类制品等与血糖呈负相关。中国居民营养调查显示：2002 年城市居民每人每日油脂消费量由 1992 年的 37g 增加到 44g，脂肪供能比达到 35%，超过 WHO 推荐的上限（30%）；城市居民谷类食物供能比仅为 47%，明显低于 55%～65% 的合理范围；蔬菜、水果摄入量略有下降。2015 年中国居民营养与慢性病状况报告显示：当前城乡居民脂肪摄入量过多，平均膳食脂肪供能比仍超过 30%。研究发现：高蛋白和饱和脂肪酸膳食的主要作用是通过引发和加剧胰岛素抵抗而造成葡萄糖耐量下降。高纤维素特别是谷物中的水溶性纤维素可增加机体对胰岛素的敏感性，缓解胰岛素抵抗。此外，膳食营养和体力活动对糖尿病的危险性还存在相互协同的作用。2002 年中国居民营养健康状况调查显示：与业余静态生活时间＜1h 且脂肪供能比＜25%的人相比，业余静态生活时间≥3h 且脂肪供能比≥30%者患糖尿病的相对风险增加 121%，如图 12-14 所示。也有研究发现铁和酒精的过分摄入、铬、锌和维生素 B_6 的缺乏可能与糖尿病的发生有关。

（5）早期营养：母亲营养不良或胎盘功能不良可以阻碍胎儿胰腺 β 细胞的发育。Pttitt 等对 Pima 印第安人的研究发现：在出生低体重和出生高体重均有较高的糖尿病发生率：出生时体重＜25kg 者，有 25%发生糖尿病；出生时体重＞45kg 者，发生率为 18.2%。胎儿及婴儿的正常发育有抵抗 BMI 增加所致的不利作用。成年后 BMI 减少可保护机体免受出生时及婴儿时期发育不良之不利影响。

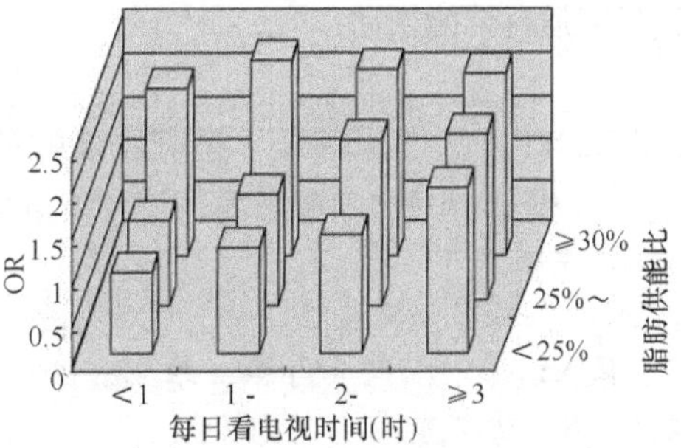

图 12-14　膳食和体力活动对糖尿病的协同作用

（6）糖耐量损害：目前将此期看作任何类型糖尿病均可能经过的由正常人发展至糖尿病者的移行阶段。在 IGT 患病率高的人群，糖尿病患病率一般也高，且前者常高于后者。研究发现：IGT 在诊断后 5～10 年进行复查时，大约有 1/3 的人发展为糖尿病、1/3 转化为血糖正常、1/3 仍维持 IGT 状态。改善膳食结构和增加体力活动有利于降低 IGT 糖尿病的转化率。空腹胰岛素水平高的人更易发展为 IGT 或 2 型糖尿病。

（7）胰岛素抵抗（IR）：IR 指机体对一定量的胰岛素的生物反应低于预期正常水平的一种表现。2 型糖尿病以 IR、胰岛 β 细胞功能进行性减退为特征。糖脂毒性、内质网应激和细胞因子介导了 β 细胞退化。肠道激素、抗炎性反应因子以及胰岛素增敏剂则有助于 β 细胞的新生和保护。临床观察发现：肥胖、2 型糖尿病、高脂血症、高血压、冠心病及脑血管意外等病理过程常合并存在，提示这些疾病可能具有共同的病理生理机制，即 IR。

（8）妊娠：妊娠期间处在 IR 状态、妊娠期间孕妇胰岛素分泌增加是为代偿其下降的胰岛素敏感性。妊娠糖尿病的糖耐量异常是由于胰岛素敏感性下降和胰岛素分泌增加障碍、即 β 细胞功能缺陷共同作用引起的。妊娠期发生糖耐量受损的母亲易患 2 型糖尿病，15 年随访累积发病率为 35%～40%。流行病学研究发现有妊娠糖尿病史的妇女妊娠次数越多患 2 型糖尿病的风险越大。此外，母亲妊娠期糖尿病生的孩子发生 2 型糖尿病的危险性远比父亲患有 2 型糖尿病或母亲虽患有 2 型糖尿病但不发生在孕期的孩子高。这一现象也提示子代 2 型糖尿病的发生可能与母亲子宫内环境有关。

（9）社会经济状况：糖尿病与社会经济状况密切相关。富裕国家的糖尿病患病率比发展中国家高。即使在不发达国家，富裕阶层的患病率明显比贫穷阶层高。瑙鲁 20 世纪 60 年代从英国统治者手中收回储量丰富的磷矿后，一跃成为世界上最富裕的国家之一。人们的生活方式、膳食习惯发生迅速的改变且更趋于西方化，结果造成该国糖尿病的患病率从 20 世纪 60 年代的 2%上升到 20 世纪 70 年代 34%。我国国内研究显示：糖尿病的患病率随收入的增加而增加，而且收入越高、文化程度越低者发生糖尿病的风险越大。

（10）高血压及其他易患因素：美国糖尿病协会（ADA）报告：高血压是 2 型糖尿病的高危因素。许多研究发现高血压患者发展为糖尿病的危险比正常血压者高，这可能与二者有共同的危险因素有关。Philip 等追踪 1471 名研究对象发病情况，发现临界高血压患者 2 型糖尿病和 IGT8 年发病率分别为 8.9%和 25.2%，而血压正常者分别为 4.9%和 10.0%。国内学者研究报道：有高血压史者糖尿病患病率是无高血压史者 1.47～2.50 倍。另外，吸烟、过量饮酒、高盐饮食是包括糖尿病在内诸多慢性病发生、发展的共同危险因素。经济快速发展和社会转型给人们带来的工作及生活压力，对健康造成的影响也不容忽视。因此，文化程度、生活应激事件、社会心理因素等也可能是 2 型糖尿病的危险因素。

总之，糖尿病的发生是遗传与环境因素共同作用所致。遗传因素是糖尿病发生的潜在原因，具有遗传易感性的个体在环境因素如肥胖、体力活动减少、高能膳食、纤维素摄入减少等因素的作用下，更易于发生 2 型糖尿病；在病毒感染时，通过自身免疫而易于发生 1 型糖尿病。今后，基因-基因、基因-环境交互作用以及表观遗传研究的深入将更加准确地揭示糖尿病的危险因素，为防治提供更加科学的依据。

知识点 12-8：1 型糖尿病及 2 型糖尿病的危险因素

（1）1 型糖尿病的危险因素：遗传易感性、病毒感染、自身免疫、环境因素（牛乳喂养、药物及化学物）。

（2）2 型糖尿病的危险因素：遗传易感性、肥胖（或超重）、体力活动不足、膳食因素（高能饮食摄入过多、而膳食纤维、维生素摄入过少）、糖耐量损害、胰岛素抵抗、妊娠、社会经济状况、高血压及其他易患因素。

二、糖尿病的预防策略与措施

案例 12-12

资料 a：与白人相比较，在调整性别、年龄和 BMI 后，亚裔人糖尿病的风险比为 1.6。发达国家和地区的华人糖尿病的患病率和发病率高于白种人，支持中国人是糖尿病易感人群。

资料 b：近年来，随着对糖尿病各种并发症危险因素控制水平的改善以及对并发症治疗水平的提高，糖尿病患者死于并发症的风险明显下降。

资料 c：中国 60 岁以上老年人在全人群中的构成比逐年增加，2000 年为 10%，到 2006 年增加到 13%。2014 年我国 60 岁以上老年人口已经达到 2.12 亿，占总人口的 15.5%。

资料 d：2013 年《中国公众糖尿病防治素养调查》结果显示：我国城乡 18～60 岁居民存在着体育锻炼不足、不注意饮食控制、不注意定期体检等行为，且上述行为率存在着农村高于城市、男性高于女性、高年龄组大于低年龄组、低文化程度者大于高文化程度者的状况。

资料 e：2015 年《中国居民营养与慢性病状况报告》数据显示：2012 年我国 18 岁及以上成年人超重率为 30.1%、肥胖率为 11.9%，与 2002 年相比，增加幅度为 32.0%和 67.6%。

资料 f：中国大庆糖尿病人群随机对照试验研究 23 年长期随访的结果显示：生活方式干预 20 年后对照组中有 93%的受试者发生了糖尿病，尽管干预组 80%最终也发生了糖尿病，但被推迟了 3.6 年。尽早发现糖耐量减低者并在这一阶段给予强化干预具有重要的意义。

问题：

综合分析以上资料并结合案例 12-11 的分析结果，试述我国糖尿病流行受到哪些因素的影响、并进一步阐述我国糖尿病防治的策略。

糖尿病是 21 世纪全球面临的重大公共卫生问题之一。1989 年 WHO 发起国际糖尿病防治行动。1991 年出台《发展国家糖尿病规划指南》，为世界各国制定本国的糖尿病防治规划奠定了基础，并规定每年的 11 月 14 日为“世界糖尿病日（World Diabetes Day，WDD）”。近期 IDF 2011～2021 全球糖尿病计划对于世界各国未来糖尿病管理领域的工作提出了指导性的意见，将改善糖尿病患者的代谢控制，预防 2 型糖尿病和停止对糖尿病患者的不平等待遇设为全球糖尿病计划三个重要的目标。该计划要求各国在联合国和国家政府的强力领导下进行多部门的协调合作，制定国家政策时秉承“健康第一”的原则，从预防角度控制糖尿病的多项危险因素，从而真正预防与管理糖尿病。2012 年 11 月 9 日 WHO 的成员国确定了包括糖尿病、高血压、肥胖、缺乏体力活动等在内的九个自愿性全球 NCD 控制目标和 25 项与 NCD 防治相关的具体指标，将国际社会对 NCD 的严重关注和政治承诺从言论变成了可被测量的具体行动。

我国政府对糖尿病防治给予了高度关注。1985 年成立中华医学会内分泌学分会糖尿病学组，同年以“中华医学会糖尿病学分会”的名义加入国际糖尿病联盟（IDF）。1991 年，中华医学会糖尿病学分会（CDS）宣告成立，标志着我国糖尿病防治工作进入了一个新的阶段。此后糖尿病学分会组织了多次国内、国际学术交流活动。1993 年《中国糖尿病杂志》创刊。1995 年卫生部疾病控制司组织专家制定了《1996～2000 年国家糖尿病防治规划纲要》，成立了卫生部糖尿病防治专家咨询委员会。1997 年糖尿病被列为国家慢性病防治的重点之一，1999 年国内著名糖尿病学者编写了《糖尿病临床指南》发行至全国。2001 年中国糖尿病官方网站（www.cds.org.cn）建立，标志着中国糖尿病防治事业进入了全新的信息时代。2005 年出台了“中国糖尿病防治指南”，2007 年和 2010 年予以更新。糖尿病患者的管理自 2009 年开始作为促进基本公共卫生服务均等化的重要措施，纳入深化医疗卫生体制改革的 3 年实施方案。2012 年 CDS 完成《中国 1 型糖尿病诊治指南》，为规范 1 型糖尿病患者的治疗和管理、提高我国 1 型糖尿病治疗和管理水平起到促进作用。随着更多的临床证据的产生和更新，糖尿病防治方法和治疗管理策略进一步得到更新。针对当前我国糖尿病防治“血糖控制达标率低、代谢紊乱综合控制率低及慢性并发症筛查率低”的现状，CDS 于 2013 年颁布了第四版《中国 2 型糖尿病防治指南》。该指南的指导思想是应对新形势、反映新进展、更关注临床和应用，更体现中国人群特点、更符合中国医改需要、更反映中国糖尿病研究和防治策略进展、更强调标准化路径、更提倡可广泛落实的措施。这部指南根据我国糖尿病流行趋势和循证医学研究、参考了大量国内外流行病学资料、临床试验成果及相关的指导性文件，结合了我国糖尿病防治的经验教训，对我国今后糖尿病防治相关卫生服务政策的制定及相应的防治实践具有重要指导意义。

（一）预防策略

糖尿病防治的总体策略：从预防疾病出发，强调加大社会宣传力度；重点关注糖尿病高危人群的筛查，早期发现和加强生活方式干预、监护；对一般人群、高危人群和患者采取有针对性的措施；制定和完善糖尿病的三级管理，特别是运用健康教育和个体化指导的方式，使患者掌握防治知识和技能，进行自我管理、提高生命质量。最终发展和完善以健康促进为主要手段的社区综合防治。

1. 1 型糖尿病　根据 CDS 发布的《中国 1 型糖尿病诊治指南》（2012 版），1 型糖尿病的三级预防主要根据其自然病程制定：一级预防针对的是一般人群或 1 型糖尿病的一级亲属，目的是防止自身免疫反应的启动；二级预防针对的是已有免疫学指标异常但尚未发病的人群，目的是阻止自身免疫介导的 β 细胞损害并防止临床发病；三级预防针对的是已发病的 1 型糖尿病人群，目的是保护残存的 β 细胞，加强血糖控制并且防止并发症的发生。

2. 2 型糖尿病　CDS 发布的《中国 2 型糖尿病防治指南》（2013 版）强调 2 型糖尿病的防治需符合我国国情和疾病变迁特征，反映了我国糖尿病相关研究和防治策略的进展。以该指南为依据，2 型糖尿病防治的三级预防概念为：一级预防的目标是预防 2 型糖尿病的发生；二级预防的目标是在已诊断的 2 型糖尿病患者中预防糖尿病并发症的发生；三级预防的目标是延缓已发生的糖尿病并发症的进展、降低致残率和病死率，并改善患者的生存质量。

2 型糖尿病防治中一级预防强调：2 型糖尿病发生的风险主要取决于不可改变危险因素和可改变危险因素的数目和严重程度。由于资源的限制，预防 2 型糖尿病应采取分级干预和高危人群优先干预的策略。对高危人群的糖尿病筛查和强化生活方式干预预防；对于普通人群，为了提高糖尿病筛查的有效性，应根据糖尿病风险程度进行有针对性的糖尿病筛查。

（1）2 型糖尿病发生不可改变危险因素和可改变危险因素，见表 12-12。

表 12-12　2 型糖尿病的风险因素

不可改变的因素	可改变的因素
年龄	糖尿病前期（糖耐量异常或合并空腹血糖受损）（最重要的危险因素）
家族史或遗传倾向	代谢综合征

续表

不可改变的因素	可改变的因素
种族	超重、肥胖、抑郁症
妊娠糖尿病史或巨大儿生产史	高热量饮食、体力活动少
多囊卵巢综合征	可增加糖尿病发生风险的药物
宫内发育迟缓或早产	致肥胖或糖尿病的社会环境

（2）成年人中糖尿病高危人群的定义：在成年人（>18 岁）中，具有下列任何一个及以上的糖尿病危险因素者：①年龄≥40 岁；②有糖调节受损史；③超重（BMI≥24kg/m^2）或肥胖（BMI≥28kg/m^2）和（或）中心型肥胖（男性腰围≥90cm，女性腰围≥85cm）；④静坐生活方式；⑤一级亲属中有 2 型糖尿病家族史；⑥有巨大儿（出生体重≥4kg）生产史或妊娠糖尿病史的妇女；⑦高血压[收缩压≥140mmHg 和（或）舒张压≥90mmHg（1mmHg=0.133Pa）]，或正在接受降压治疗；⑧血脂异常[高密度脂蛋白胆固醇（HDL-C）≤0.91mmol/L（≤35mg/dl）、甘油三酯≥2.22mmol/L（≥200mg/dl）]，或正在接受调脂治疗；⑨动脉粥样硬化性心脑血管疾病患者；⑩有一过性类固醇糖尿病病史者；⑪多囊卵巢综合征（PCOS）患者；⑫长期接受抗精神病药物和（或）抗抑郁药物治疗的患者。

在上述各项中，糖调节异常是最重要的 2 型糖尿病高危人群，每年有 1.5%～10.0%的糖耐量减低患者进展为 2 型糖尿病。

（3）用于 2 型糖尿病风险筛查的中国糖尿病风险评分系统，见表 12-13。进行筛查时从每个指标相应的得分中选择一个和筛查对象相符的分值，并计算 6 项总分，得分范围 0～51。判断 2 型糖尿病的最佳切点为 25 分，总分≥25 分者糖尿病风险高，应行 OGTT。该方法简单易行，有助于快速识别 2 型糖尿病高危人群。

表 12-13 中国糖尿病风险评分表

评分指标	分值	评分指标	分值
年龄（岁）		体质指数（kg/m^2）	
20～24	0	<22.0	0
25～34	4	22.0～23.9	1
35～39	8	24.0～29.9	3
40～44	11	≥30	5
45～49	12	腰围（cm）	
50～54	13	男性<75.0，女性< 70.0	0
55～59	15	男性 75.0～79.9	3
60～64	16	女性 70.0～74.9	
65～74	18	男性 80.0～84.9	5
收缩压（mmHg）		女性 75.0～79.9	
<110	0	男性 85.0～89.9	7
110～119	1	女性 80.0～84.9	
120～129	3	男性 90.0～94.9	8
130～139	6	女性 85.0～89.9	
140～149	7	男性≥95.0，女性≥ 90.0	10
150～159	8	糖尿病家族史（父母、同胞、子女）	
≥160	10	无	0
性别		有	6
女性	0		
男性	2		

（二）预防措施

1. 1 型糖尿病　1 型糖尿病一级和二级预防的主要目标是防止高危人群发生糖尿病，目前尚无有效的预防手段。目前高危人群的筛选主要集中在 1 型糖尿病的一级亲属中。一级预防的措施主要针对各种危险因素，如减少婴儿早期的牛乳、谷物摄；避免病毒及细菌感染；适时接受相关的疫苗以减少或缓解环境触发所致的自身免疫反应，代谢性调整，如减肥，坚持体育锻炼等。二级预防的措施是胰岛素合理应用、严密监测血糖等阻滞正在进行的自身免疫进程，防止临床发病。三级预防具体措施主要对象是 1 型糖尿病患者，尤其是新发病的患者，强调糖尿病早期的规范治疗和管理，在严密监护下加强血糖控制，严格控制血糖的同时需要避免低血糖的发生确保血糖控制目标在尽可能安全的情况下接近正常，保护残存的 β 细胞功能，减少 1 型糖尿病并发症的发生，降低致残率和死亡率。

2. 2 型糖尿病

（1）一级预防：针对一般人群：纠正可控制的糖尿病危险因素：①通过健康教育和健康促进手段，提高全社会对糖尿病危害的认识；②提倡健康的生活方式、戒烟限酒、心理平衡、加强体育锻炼和体力活动；③提倡合理饮食、保持膳食平衡、注意蛋白质、脂肪和碳水化合物摄入的比例，防止能量的过度摄入，膳食中特别要注意控制脂肪和食盐的摄入，多吃蔬菜和水果；④预防和控制肥胖、对有高血压 、高血脂的个体，在控制体重的同时，要注意治疗高血压，改善血脂异常；⑤避免服用损伤糖耐量的药物。

针对高危人群：尽早地、多渠道地开展高危人群筛查、强化高危人群的生活方式干预。尤其糖尿病前期患者应通过饮食控制和运动以降低糖尿病的发生风险，并定期随访，给予社会心理支持，以确保患者的良好的生活方式能够长期坚持[定期检查血糖；同时密切关注其他心血管疾病危险因素（如吸烟、高血压、血脂紊乱等）]，并给予适当的干预措施。具体目标是：①使超重或肥胖者 BMI 达到或接近 24kg/m^2，或体重至少减少 5%～10%；②每日饮食总热量至少减少 400～500kcal（1kcal=4.184kJ）；③饱和脂肪酸摄入占总脂肪酸摄人的 30% 以下；④中等强度体力活动，至少保持在 150min/周。

（2）二级预防：针对新诊断和早期 2 型糖尿病患者：严格控制血糖以降低糖尿病并发症的发生风险。在没有明显糖尿病血管并发症但具有心血管疾病危险因素的 2 型糖尿病患者中，采取降糖、降压、调脂（主要是降低 LDL-C）和应用阿司匹林治疗，以预防心血管疾病和糖尿病微血管病变的发生；同时进行心理治疗、饮食治疗、运动治疗以及对患者的健康教育。

（3）三级预防：针对已诊断的糖尿病患者：通过健康教育提高患者对糖尿病的认识，进行血糖的自我监测、采取规范的药物治疗、饮食治疗和体育锻炼、控制血糖和其他危险因素、并应达到相应的标准，见表 12-14。在年龄较大、糖尿病病程较长和已经发生过心血管疾病的患者中，要充分平衡强化血糖控制的利弊，在血糖控制目标的选择上采用个体化的、以患者为中心的糖尿病管理模式。对已发生并发症的患者积极对症治疗、预防病情恶化、防止伤残和加强康复等，以降低糖尿病的致残率及病死率、提高患者的生存质量。

表 12-14　中国 2 型糖尿病综合控制目标

指标	目标值
血糖（mmol/L）[a]	
空腹	4.4～7.0
非空腹	10.0
糖化血红蛋白（%）	＜7.0
血压（mmHg）	＜140/80
总胆固醇（mmol/L）	＜4.5

续表

指标	目标值
高密度脂蛋白胆固醇（mmol/L）	
男	＞1.0
女	＞1.3
甘油三酯（mmol/L）	＜1.7
低密度脂蛋白胆固醇（mmol/L）	
未合并冠心病	＜2.6
合并冠心病	＜1.8
体质指数（kg/m^2）	＜24.0
尿白蛋白/肌酐比值[mg/mmol（mg/g）]	
男性	＜2.5（22.0）
女性	＜3.5（31.0）
尿白蛋白排泄率[μg/min（mg/d）]	＜20.0（30.0）
主动有氧活动（min/周）	≥150.0

注：a 毛细血管血糖

知识点 12-9：2 型糖尿病的三级预防策略

2 型糖尿病的三级预防策略：一级预防策略是预防 2 型糖尿病的发生；二级预防策略是在已诊断的 2 型糖尿病患者中预防糖尿病并发症的发生；三级预防策略是延缓已发生的糖尿病并发症的进展、降低致残率和病死率，并改善患者的生存质量。

案例 12-10 分析讨论：

综合以上资料来看，糖尿病全球性流行，世界范围的糖尿病患者数量正在呈现迅速增长态势，防控形势严峻；不同国家间患病率差异大；患病人群以 2 型糖尿病为主，与常见重大慢性疾病相伴，结合考虑患病率呈增长的趋势，提示糖尿病当前的流行态势与全球社会发展的城市化进程加快、饮食结构及生活方式改变、人口老龄化等因素紧密相关；糖尿病已成为 21 世纪全球性的重大公共卫生问题、带来日益沉重的社会经济及健康压力（疾病负担），尤其在发展中国家。

案例 12-11 分析讨论：

资料 a 解析：自 20 世纪 90 年代以来，我国经济发展进入快速增长时期，糖尿病患病率也开始进入急剧上升阶段，使中国在短短 20 年里，从低患病率国家迅速跨入世界糖尿病中等患病率国家的行列。由于人口基数大，患者的绝对数量庞大，疾病负担巨大。糖尿病患者日益剧增的现况与大众糖尿病知识的普及程度不对等，防治形势严峻。

资料 b 解析：我国糖尿病患病水平处于快速增长期。随着年龄的增加，糖尿病患病率显著增加。糖尿病患病率在青中年人群增长更加迅猛。糖尿病的发生与体重之间存在正相关。城市患病率较农村高；教育水平与糖尿病发生风险呈负相关；城乡患者相当一部分没有被发现和诊断；可能由于卫生资源的缺乏、卫生服务相对低的水平以及农村居民文化程度相对低的水平使农村未诊断情况更为严重。

资料 c 解析：该省农村居民糖尿病患病率较城市居民低，近几十年来城、乡糖尿病患病率均呈现增长的趋势；但农村在社会经济发展及城市化影响下生活水平、生活方式的快速变化使其患病增长的速度可能比城市更加迅猛。从城镇IGT患病率最高来看，糖尿病患者进一步的增长仍很有可能，且未来农村及城乡结合区可能是患病最严重的地区。

资料d解析：中国中年男性（30～50岁）糖尿病患病率显著高于同年龄段女性，可能与比同龄女性有更多糖尿病、（同时也是心血管疾病）危险因素的聚集有关：如中心性肥胖，高血压、血甘油三酯水平高、低密度脂蛋白胆固醇高、收入水平高、吸烟、饮酒的比例显著高；而有意识控制饮食的比例低。

案例12-12分析讨论：

我国糖尿病流行特点是多种因素共同作用、互相博弈的结果。除了受到自然因素遗传易感性影响外，社会因素方面的影响巨大：一方面社会经济高速发展、城市化进程加快带来的人民生活水平快速提高的同时，生活方式变化、高热量饮食摄入过多、体力活动减少、超重/肥胖增多、人口的老龄化等慢性病风险因素涌现，而另一方面公众健康意识和能力明显不足。另外，在短期内我国糖尿病患病率不断增加可能也与医学科技发展使得筛查技术方法及标准的不断改变、诊治效果的改善使得患者生存期的增加以及卫生服务提供更多使得筛查覆盖人群更广有关。

根据以上分析，国家和政府在经济快速发展的同时须密切关注大众健康、加强糖尿病防治卫生资源的投入及配置的合理、公平、高效。我国糖尿病防治应结合实际国情、建立和发展以健康促进为主要手段的社区综合防治策略：从预防疾病出发，强调加大社会宣传力度；重点关注糖尿病高危人群的筛查，早期发现和加强生活方式干预、监护等；对一般人群、高危人群和患者采取有针对性的措施；制定和完善糖尿病的三级管理，特别是运用健康教育和个体化指导的方式，使患者掌握防治知识和技能，进行自我管理、提高生命质量。

（裴泓波）

第四节　慢性非传染病预防与控制

案例12-13

病例摘要：患者，女，65岁。因发现“血糖升高20年，双下肢水肿10年，血压高5年，胸闷、气促2年”由某医学院附属医院门诊以“2型糖尿病”收入院。

患者20年前在某医院检查时发现血糖明显升高（具体情况不详），明确诊断为“糖尿病”。当时无明显口干、多饮、多尿、体重下降等。患者未予正规系统治疗，曾间断服用过多种降糖药（具体情况不详），空腹血糖波动在12～13mmol/L。7年前患者出现双下肢水肿，考虑诊断为“糖尿病肾病”。5年前，患者出现高血压，最高可达200/120mmHg，曾服用洛丁新、康宝得维等药物，血压控制不理想。2年前，患者逐渐出现胸闷气促症状，活动后加重。1个月前患者因胸闷气促症状明显加重，住院治疗，明确诊断为“2型糖尿病并低血糖、冠心病、心力衰竭、高血压、肾病、视网膜病变、白内障”收入院。患者患病以来，精神欠佳，饮食少，小便600～700ml/d，夜尿4～5次，大便无异常。

既往否认肝炎结核病史，2000年3月31日～5月1日在该医院内分泌科住院，其母亲死于心脏病史，其他无特殊。

体格检查：体温 36.5℃，心率 90 次/分，呼吸 21 次/分，血压 140/71mmHg。

发育正常，营养良好，体型肥胖，肾病面容。

问题：

（1）患者所患疾病是否属于慢性病？若是，依据是什么？

（2）患者所患疾病的流行病学特点是什么？

（3）患者所患疾病的危险因素有哪些？

一、慢性非传染性疾病的概念

慢性非传染性疾病（non-communicable diseases，NCDs）简称慢性病，不是特指某种疾病，而是对一类起病隐匿、病程长且病情迁延不愈、缺乏明确的传染性生物病因证据、病因复杂或病因尚未完全确认的疾病概括性总称。例如冠心病、脑卒中、恶性肿瘤、糖尿病及慢性呼吸系统疾病为常见慢性非传染性疾病。

慢性病一般具有以下特点：①患病率高，而知晓率、治疗率、控制率低；②临床治疗效果较差，预后不好，并发症发病率高、致残率高、死亡率高；③病程迁延持久，是终身性疾病，需要长期管理；④病因、病情复杂，具有个体化的特点；⑤诊断治疗的费用较高，对卫生服务利用的需求高。

二、慢性病的流行概况

（一）慢性病在国外的流行概况

目前，慢性病所导致的疾病负担已经超过了传染病，成为全球主要的公共卫生问题。据《全球疾病负担》报告，慢性病引起的死亡、发病和伤残目前约占所有死亡的 60%和全球疾病负担的 47%，预计到 2020 年将分别上升至 73%和 60%。

慢性病不仅是高收入国家所面临的问题，低、中收入国家同样面临慢性病所带来的威胁。WHO 报道，将近 3/4 的非传染性疾病的死亡发生在低收入和中等收入国家，慢性病所致伤残调整生命年（DALY）甚至高于高收入国家（欧洲）。此外，高收入国家人口老龄化日趋严重，慢性病所占疾病负担的比例更高。如若扣除年龄的影响，即计算年龄标准化的 DALY 率，则低、中收入国家慢性病所占比例更高。有证据显示：非传染性疾病导致的所有死亡中，有 1600 万发生在 70 岁之前。这类“过早”死亡情况中，有 82%发生在低收入和中等收入国家。因此，低、中收入国家正面临着传染病和慢性病预防控制的双重挑战。慢性病一方面造成劳动力损失，另一方面增进卫生医疗费用，给个人、家庭和社会带来了沉重的经济负担。对正处于经济发展重要时期的发展中国家来说，慢性病的流行对经济、社会的发展影响更大。据 WHO 估计，2005～2015 年，印度、巴基斯坦、巴西、坦桑尼亚和尼日利亚等国家，仅心脏病、脑卒中和糖尿病所致死亡就可使国内生产总值（GDP）降低约 1%。

（二）慢性病在中国的流行概况

与多数国家相比，中国经历从多种传染性疾病肆虐到慢性病为主要死因这一流行病学转变过程所用的时间较短。2000 年，在 35～64 岁人群中，仅心血管疾病所造成的经济损失高达 300 亿美元，其中，1/4 是直接的医疗费用。据 WHO 报告，2005～2015 年，中国因心脏病、脑卒中和糖尿病所致过早死亡引起的国民收入损失将累计达 5580 亿美元。2012 年中国 18 岁及以上居民的高血压知晓率为 46.5%，患病率为 25.2%；治疗率为 41.1%，控制率为 13.8%；18 岁及以上居民糖尿病患病率为 9.7%；高胆固醇血症患病率为 4.9%；40 岁及以上居民慢性阻塞性肺疾病患病率为 9.9%。2013 年中国居民癌症发病率为 235/10 万；近年来全球不同收入国家慢性病的死因构成均呈下降趋势，但中国却呈现上升趋势。据中国居民营养状况与慢性病状况报告（2015 年），2012 年中国居民慢性病前 10 位死因分别是心脑血管疾病、癌症、慢性呼吸系统疾病、消化系统疾病、内分泌营养代谢疾病、神经系统和精神障碍疾病、泌尿生殖系统疾病、先天异常、肌肉骨骼和结缔组织疾病以及其他肿瘤，如图 12-15 所示。2012 年中国居民慢性病死亡率为 533.0/10 万（约死亡 731 万），占全部死亡的 86.6%，其中，男性为 611.2/10 万（约死亡 428 万）、女性为 452.6/10 万（约死亡 303 万）；城市为 449.4/10 万、农村为 594.5/10 万。心脑血管病、癌症和慢性呼吸系统疾病为主要死因，占总死亡的 79.4%，见表 12-15。

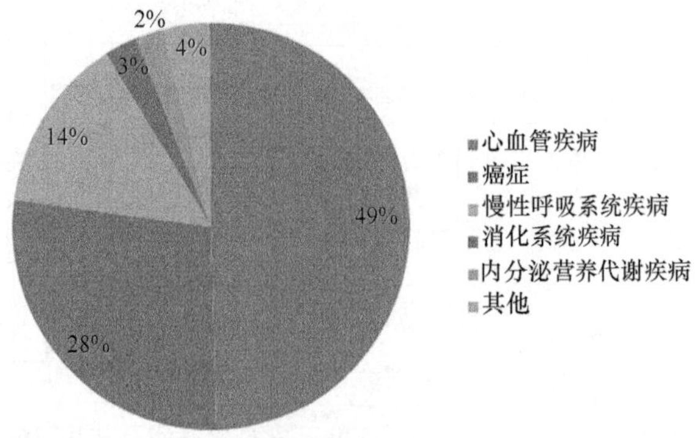

图 12-15　2012 年中国居民慢性病死亡主要死因构成（合计）

表 12-15　2004 年、2008 年中国与不同经济水平国家慢性病死因构成（%）比较

国家	2004 年	2008 年	变化
中国	79.8	82.5	2.7
低收入国家	56.0	49.9	−6.1
中低收入国家	74.7	67.6	−7.0
中高收入国家	77.7	74.7	−3.0
高收入国家	84.5	84.1	−0.4
全球	62.4	65.0	2.6

三、慢性病主要危险因素

慢性病的发生发展与不良生活方式和行为因素等密切相关，这些危险因素包括吸烟、过量饮酒、不合理膳食和身体活动缺乏等，见图 12-16 和表 12-16。随着我国经济的高速发展，国民生活方式也在快速转变，促使各种慢性病危险因素快速增加。2012 年中国居民膳食脂肪提供的能量比例已超过《中国居民膳食指南（2007）》推荐的上限，烹调用盐摄入量依然高。我国现有吸烟人数超过 3 亿，15 岁及以上居民现在吸烟率为 28.1%，男性吸烟率始终保持在较高水平，非吸烟者中暴露于二手烟的比例过高。烟草烟雾中含有 69 种已知的致癌物，吸烟是肺癌、慢性呼吸系统疾病、冠心病、脑卒中等多种疾病发病和死亡的主要危险因素。饮酒者中有害饮酒率近 1/10。根据国家体育总局报道，2013 年 20～69 岁人群体育成人经常锻炼率为 18.7%，处于较低水平。吸烟、过量饮酒、身体活动不足和高盐、高脂等不健康饮食是慢性病发生发展的主要行为危险因素，但这些危险因素尚未得到有效控制。

无论是不健康饮食、缺乏运动、接触烟草烟雾，还是有害使用酒精带来的影响，儿童、成人和老年人都容易受到引起慢性病危险因素的影响。

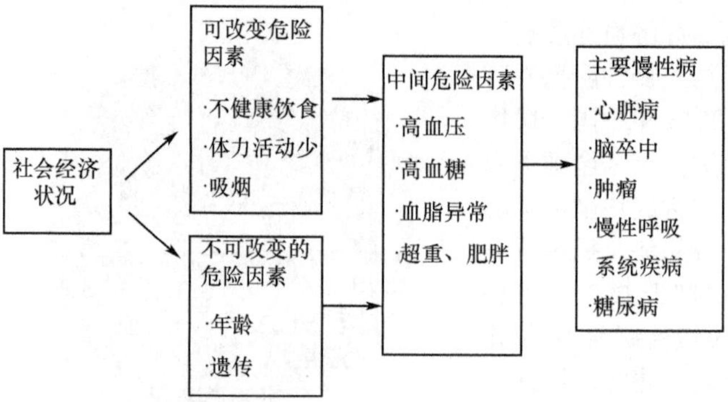

图 12-16 常见慢性病及其共同危险因素之间的内在关系

表 12-16 主要慢性病的共同危险因素

危险因素	慢性病			
	心血管疾病[a]	糖尿病	肿瘤	呼吸道疾病[b]
吸烟	√	√	√	√
饮酒	√	√	√	
营养	√	√	√	√
静坐生活方式	√	√	√	√
肥胖	√	√	√	√
高血压	√	√		
血糖	√	√	√	
血脂	√	√	√	

注：a.包括心脏病、脑卒中和高血压；b.包括慢性阻塞性肺部疾病及哮喘

知识点 12-10：慢性非传染病的定义、特点以及危险因素

（1）慢性非传染性疾病（non-communicable diseases，NCDs）简称慢性病，不是特指某种疾病，而是对一类起病隐匿、病程长且病情迁延不愈、缺乏明确的传染性生物病因证据、病因复杂或病因尚未完全确认的疾病概括性总称。

（2）慢性病特点：①患病率高，而知晓率、治疗率、控制率低；②临床治疗效果较差，预后不好，并发症发病率高、致残率高、死亡率高；③病程迁延持久，是终生性疾病，需要长期管理；④病因、病情复杂，具有个体化的特点；⑤诊断治疗的费用较高，对卫生服务利用的需求高。

（3）慢性病的危险因素：①个体因素：年龄、性别、遗传因素；②家庭因素：家庭倾向；③个人生活方式：不健康饮食、体力活动少、吸烟饮酒等；④环境因素：感染、职业性粉尘和化学物质、空气污染、社会经济地位。

四、慢性病的防治策略与措施

案例 12-14

上世纪 60 年代和 70 年代早期，芬兰的冠心病和心血管病死亡率居高不下，尤其男性死亡率全球最高。研究发现：高胆固醇含量是其主要危险因素，这与芬兰人的饮食习惯紧密相关。North Karelia 省是当时芬兰心血管疾病发病率最高的省份，居民代表请求国家帮助解决此问题，因此它成为干预的试验地区。1972 年，North Karelia 干预项目开始实施。

干预项目的实施以社区为基础，主要围绕创造健康的环境、引导人们建立健康的生活方式和提供优质的卫生服务三个方面进行，逐步开展。1972～1997 年整个项目实施期间，以五年作为一个时间段，各时间段内都有其工作重点，以此保证 North Karelia 项目的顺利实施。各阶段工作重点如下：①1972～1977 年，以社区为基础的心血管疾病预防，媒体宣传，社区组织和卫生服务机构的参与，动员决策者和公众的参与；②1977～1982 年，North Karelia 项目持续进行，社区机构整合，尤其是针对年轻人的新干预方法引进，启动电视节目宣传、卫生政策干预等国家项目；③1982～1987 年，在全国范围内开展针对慢性病的综合预防和健康促进项目；④1987～1992 年，North Karelia 和全国范围内持续进行项目干预，强调改变饮食结构，降低胆固醇水平，以加强对冠心病的预防，加强与食品生产部门的合作；⑤1992～1997 年，North Karelia 和全国范围内项目持续进行，以确保和证明未来的成功。

健康管理项目在芬兰实施后，在源头上创建了降低疾病危险因素的新型慢性病防控模式。该地区膳食行为有效改善，男性吸烟率从 52%下降至 31%，胆固醇平均水平下降约 20%，血压也得到控制。同期，该地区 25～64 岁男性心血管疾病、冠心病和肺癌死亡率分别下降 68%、73%和 71%，女性和男性期望寿命分别增长约 7 年和 6 年。1997 年新型慢性病防控项目推广到芬兰全国，全国的指标也发生了显著变化。1969～2001 年，North Karelia 省和芬兰全国的心血管疾病死亡率从 600/10 万和 450/10 万均下降到 150/10 万，分别下降约 75%和 66%。

问题：

（1）慢性病预防策略及措施是什么？

（2）健康教育、健康促进在慢性病预防中的作用是什么？

（3）芬兰慢性病防控经验对我国慢性病防控的启示及借鉴之处？

随着社会经济的发展，人口平均寿命延长和生活方式的改变，近几十年来，疾病谱发生了显著的变化。慢性病已成为严重威胁人类健康的重要公共卫生问题。不仅会消耗巨额的医疗费用，而且会导致大量劳动力的损失，对国家和个人带来巨大的损失，给家庭和社会带来巨大的负担，慢性病防控形势依然严峻。

（一）制定全人群与高危人群预防策略

1. 全人群策略 慢性病全人群策略是指政府制定相应的卫生政策，以减少发病为目的，以控制主要危险因素为主要内容，通过健康促进、健康教育、社区参与等主要方法，在全人群中控制主要危险因素，预防和减少疾病的发生与流行。这些策略属于一级预防的范畴。

全人群策略是针对人群中危险暴露的决定因素（即远端病因、病因的原因、根本原因）采取措施，实现整个人群暴露分布向着疾病低风险的方向平移。全人群策略可以使大多数人受益，即使每个人因预防而获得的收益微不足道，但给整个人群带来的累计收益非常可观。

通过健康教育，使人们自觉采纳有益于健康的行为和生活方式，是一种比较直接的做法，也是目前应用最广泛的全人群策略方法。比健康教育更深层次的干预主要是借助一些政策、法律、经济、环境手段，从根本上去除阻碍个体采取健康行为的障碍，或控制来自各方的不利压力，为人群创造一个有利于健康的环境。

然而，全人群策略也存在一些局限性：①全人群策略的预防需要全人群的长期坚持与配合，对多数个体而言，短期内预防效益不显著，往往不被人所理解与支持，缺乏行动的动力；②全人群措施给多数个体带来的收益很小，而任何小的风险都很容易抵消收益，所以对全人群预防措施的安全性要求就更加严格。预防措施可分为两种类型。第一种主要是去除或减少某些非自然的暴露，以便恢复生物常态，例如戒烟、减肥、积极运动、减少饮食中的饱和脂肪和食盐的摄入等。第二种措施恰恰相反，不是去除某个假定的病因，而是通过增加某个非自然的因素实现保护，如控制血压或胆固醇的药物。但是要证明这两种类型的措施对人群的预防效果和长期的安全性需要开展大规模的流行病学研究和长期的随访观察，在现实社会中缺乏可行性，实施难度大。除非效益特别显著，如在高危人群中，否则一般不推荐使用。

2. 高危预防策略 该策略主要是对疾病风险高的个体，针对致病危险因素采取干预措施，降低其未来发病风险。高危预防策略具有以下优点：①由于发现了个体存在的某些健康问题，激发了动机，无论是高危个体还是医生都会愿意接受这种解决问题的干预措施；②干预是针对高危个体进行，不会对危险较低的个体造成干扰；③对高危个体实施干预，其收益更大，收益-风险比更高；④医疗资源有效，高危策略对资源的利用可能更经济更有效。

高危策略的实施包括两个部分，即风险评估和后续的高危干预。

（1）风险评估：风险评估的目的是为了发现那些能够从干预实践中获得收益最大的个体。我们要评估的是可逆的风险，而不是疾病的危险因素。这一原则直接影响评估指标的选择。

近些年，国际上一些重要的疾病风险预测方案会选择多个指标，同时考虑到风险评估的操作成本，对发展中国家来说这是个很值得重视的问题。例如 2007 年 WHO/ISH（世界卫生组织和国际高血压学会，World Health Organization and International Society of Hypertension）所发布的心血管风险预测图，包括了地区、性别、年龄、是否吸烟、是否有糖尿病、收缩压、总胆固醇等多个指标，形成了一个简便有效的疾病风险评估工具。

（2）高危干预：有效且可行的后续高危干预对个体危险评估有重要的意义。我国黑龙江省大庆糖尿病预防策略研究发现：长期的生活方式干预可以产生行为记忆，使患者养成健康的生活习惯，即使干预期结束以后，患者仍会坚持运动和控制饮食，并持续从中受益，效果持续达 17 年之久。针对吸烟、膳食、体力活动的干预主要是通过健康教育、咨询服务等措施实现，干预效果较慢，需要环境的支持。药物预防则是一种便捷的预防措施，相对于生活方式的干预。对心血管病高危个体或患者进行抗血小板、降压和降胆固醇的联合药物治疗是有效的药物预防。对于低、中收入国家来说，此项干预措施是可以接受的，但是，这一措施在低、中收入国家覆盖率仍较低。

全人群策略和高危人群策略对慢性病的防治都比较重要。全人群策略覆盖面广，干预成本较低，是实现全人群健康的必经之路；高危人群策略针对性强，效果明确，可操作性强。慢性病的防治应将两者策略并举。北京房山心血管病干预、启东肝癌防控、河南林县营养干预案例均采用高危人群和全人群策略并举，一方面，对患者或癌前病变患者进行分级管理和干预；另一方面，针对全人群进行干预或开展经常性的健康教育和健康促进，都取得了良好的防控干预效果。

（二）坚持政府主导，个体干预与环境支持相结合

个人在发病前采取措施以促进健康，增强机体的生理、心理素质和社会适应能力，形成科学的生活方式，这些有利于降低恶性肿瘤、心血管疾病及其他疾病的发病率。但是人类的健康与所居住的自然、社会环境之间是密切相关的，仅靠个体干预效果是非常有限的。个体的行为是其自身的因素（如知识和态度）及所处的自然社会环境中各种因素相互影响、共同作用的结果。经济发展水平以及文化教育背景的不同，社会群体所处的环境会有一定的差异，因此，他们获得健康生活的机会是不平等的，经济欠发达地区，环境对健康生活的支持作用就相对少，慢性病的发生发展会更加恶化他们所处的环境。

环境因素凭借个体的力量无法改变，需要政府和社会主导的环境支持。政府要将慢性病预防控制融入到政府的公共政策中，进一步强化政府的责任，健全营养改善和慢性病防控相关法律法规，发挥政府主导作用，合理配置各种资源，形成有利于慢性病预防控制的社会支持性环境；积极按照慢性病防治工作规划，将慢性病预防控制融入各项政府规划和健康政策，强化各级政府主导、相关部门密切配合的跨部门慢性病防治协调机制，形成各部门齐抓共管，全社会动员，人人参与的慢性病防控新局面。

（三）加强监测工作，积极推进慢病综合防治措施

疾病的自然发展过程，包括从发生、发展到结局的整个过程，称为疾病的自然史（natural history of disease）。疾病的自然史可分为 3 个阶段，即发病前期、发病期和发病后期。在发病前期，虽未发病，但存在各种潜在的危险因素；发病期一般机体在形态或功能方面已出现不同程度的异常变化；发病后期的结局除痊愈和死亡外，也可能会留下后遗症以及病残等，丧失劳动能力。针对疾病自然史的发病前期、发病期和发病后期 3 个不同阶段采取相应的预防措施防止疾病的发生、阻止或延缓其发展，最大限度地减少疾病造成的危害，称为疾病的三级预防。慢性病的预防可根据疾病自然史的每一个阶段，采取不同的措施防止疾病的发生、发展恶化，如图 12-17 所示。启东肝癌防控：江苏省启东是我国肝癌高发区，早在 1972 年，启东就建立了肝癌“早诊早治示范基地”，建立了癌症登记报告制度，经历了 40 多年的历程，启东肝癌防控的成就不但证实了肝癌早诊早治的重要性，而且证实了针对肝癌主要危险因素进行干预的有效性。

慢性病的防治必须从生命早期开始进行，将三级预防措施贯穿整个生命进程。不断完善慢性病监测网络，拓展监测内容和覆盖范围，提升居民死因监测、肿瘤随访登记、慢性病与营养监测等工作的质量，为掌握我国居民慢性病与营养状况和变化趋势，评价防治效果、制定防治政策提供科学依据。

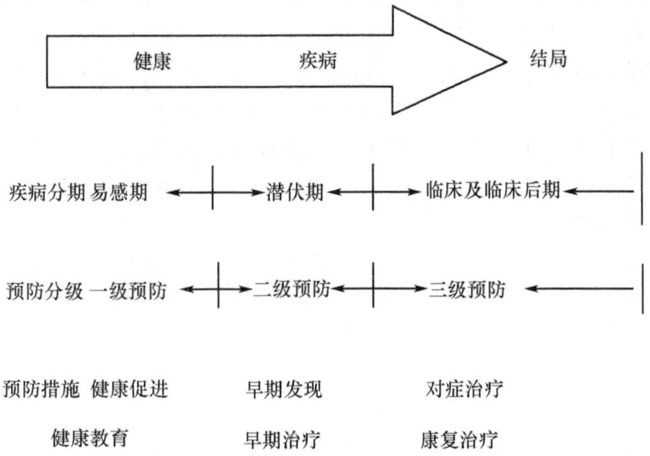

图 12-17　三级预防与疾病自然史的关系

知识点 12-11：慢性病预防对策

慢性病预防对策：①加强领导；②综合卫生的概念；③加强慢性病病因的流行病学调查；④避免不良的生活方式和行为；⑤以健康教育为主导措施，以降低危险因素为目标的干预策略；⑥从儿童抓起，强调对人的一生连续不断的健康管理；⑦依托城乡三级医疗预防保健网；⑧社区预防和高危人群预防策略。

案例 12-13 分析讨论：

（1）属于慢性病。依据：慢性病是对一类起病隐匿、病程长且病情迁延不愈、缺乏明确的传染性生物病因证据、病因复杂或病因尚未完全确认的疾病概括性总称。例如冠心病、脑卒中、恶性肿瘤、糖尿病及慢性呼吸系统疾病为常见慢性非传染性疾病。患者症状符合慢性病特点。

（2）流行病学特点：①患病率高，而知晓率、治疗率、控制率低；②临床治疗效果较差，预后不好，并发症发病率高、致残率高、死亡率高；③病程迁延持久，是终生性疾病，需要长期管理；④病因、病情复杂，具有个体化的特点；⑤诊断治疗的费用较高，对卫生服务利用的需求高。

（3）危险因素：①个体因素：年龄、性别、遗传因素；②家庭因素：家庭倾向；③个人生活方式：不健康饮食、体力活动少、吸烟饮酒等；④环境因素：感染、职业性粉尘和化学物质、空气污染、社会经济地位。

案例 12-14 分析讨论：

（1）慢性病预防策略及措施：①做好疾病的三级预防。一级预防又称病因预防或初级预防是在疾病尚未发生时针对致病因子、可疑致病因子或因素所采取的措施，也是预防疾病的发生和消灭疾病的根本措施；二级预防又称“三早”预防，包括早期发现、早期诊断和早期治疗，是疾病发生后为了防止或减缓疾病的发展而采取的措施；三级预防又称临床预防，是在疾病的发病后期为了减少疾病的危害所采取的措施；②制定全人群与高危人群预防策略。全人群策略是针对人群中危险暴露的决定因素（即远端病因、病因的原因、根本原因）采取措施，实现整个人群暴露分布向着疾病低风险的方向平移；高危人群策略主要是对疾病风险高的个体，针对致病危险因素采取干预措施，降低其未来发病风险；③坚持政府主导，个体干预与环境支持相结合；④加强监测工作，积极推进慢病综合防治措施。

（2）健康促进是为形成健康行为和健康生活条件所采取的健康教育与环境支持相结合的策略。健康促进的目的是创造有利于健康的环境，避免和减少致病因子的暴露，促进积极的健康行为，提高应对环境和心理压力的能力，从而保持健康的平衡，减少疾病的发生。健康促进是适应医学模式转变，使疾病预防从医学预防走向社会预防的重要手段，是实现一级预防的重要途径。健康促进主要包括健康教育、自我保健、环境保护和监测。

（3）启示和借鉴：建立完善的公共卫生体系；注重科学决策与科学预防；动员全社会参与慢性病的预防；加强科学研究。

（沈　冲）

第十三章 医院感染

第一节 概 述

案例 13-1

1998 年，某妇儿医院发生了严重的医院感染暴发事件，手术病人术后切口感染暴发。该院 1998 年 3 月 31 日至 5 月 28 日，共计手术 301 例，发生感染 168 例，切口感染率为 55.81%。

调查发现：①切口分泌物和病灶组织中分离到分枝杆菌和金黄色葡萄球菌、表皮葡萄球菌等，但其他样本未分离到分枝杆菌。经鉴定，该分枝杆菌为龟分枝杆菌脓肿亚种；②在手术室接受手术者有感染，而门诊手术病人、产房分娩侧切患者无感染；③手术有关因素调查结果：缝线、手术包均来自供应室，检测合格；每位医生的手术，均有感染病例，感染率接近；所有医护人员鼻咽拭子培养未发现致病菌；部分医护人员在手术室做的手术有感染，而在产房做的手术无感染；④自第一例切口感染病例发生后，对手术室空气进行强化消毒，仍有感染；⑤手术室的刀片、剪刀用戊二醛消毒，产房和门诊的刀片、剪刀用其他方法消毒；⑥消毒液为制剂室由购置的戊二醛原液自行配置。现场采样戊二醛应用液实际浓度为 0.137%。手术室使用中戊二醛中分离到分枝杆菌，未使用的戊二醛无菌生长。

结论：此次感染是以龟型分枝杆菌为主的混合感染，感染原因是浸泡刀片和剪刀的戊二醛因配制错误，未达到灭菌效果。

分析原因：①有关工作人员严重缺乏对病人负责的精神，戊二醛用于手术器械灭菌浓度应为 2%，浸泡 10h，而该院制剂员将新购进未标明有效浓度的戊二醛（浓度为 1%）当作 20%的稀释 10 倍供有关科室使用，致使浸泡手术器械的戊二醛浓度仅为 0.137%，且长达半年之久未能发现；②医院领导对医院感染管理工作缺乏认识，医院感染管理组织不健全，责任不落实，对有关医院感染管理的各项规定执行不力；③部分医护人员违反消毒隔离技术的基本原则。手术室浸泡手术刀片、剪刀的消毒液近两周尚未更换，明显违背有关规定；④某公司 JL-强化戊二醛的使用说明书未标有效浓度、消毒与灭菌概念不清等问题，也是导致该医院制剂员错配消毒剂引发严重医院感染暴发事件的重要因素。

问题：

（1）此次医院感染暴发的流行病学特征有哪些？

（2）此次医院感染的原因是什么？

（3）该医院在医院感染管理中存在哪些问题？

（4）今后可采取哪些预防控制措施？

随着社会经济的发展，生活水平的提高，人们对健康的关注度也日益提高，因此在享受医疗照顾的同时也更关注医疗安全问题。医院感染是影响医疗安全的一个重要因素。特别是近年来人口老龄化加剧，广谱抗生素、免疫抑制剂、化疗药物的应用以及侵入性操作增多，使医院感染的风险也在增加。医院感染可使患者病情加重，住院时间延长，住院费用增加，甚至导致残疾或死亡。据统计，美国每年约有 200 万例病人发生医院感染，约 8 万人死于医院感染。每年由于医院感染和医源性感染增加的费用，在美国为 45～57 亿美元；在英国为 10 亿英镑；在墨西哥为 15 亿美元；我国每年因医院感染直接造成的经济损失达 100～150 亿人民币，若包括间接经济损失，则无法估量。因此医院感染已是一个不容忽视的公共卫生问题，预防和控制医院感染对于提高医疗服务水平和促进人类健康有着非常重要的意义。

一、医院感染的定义及内涵

（一）医院感染的定义

案例 13-1 中手术病人术后切口感染暴发是典型的医院感染（nosocomial infection，NI 或 hospital infection，HI）。按照 2001 年我国卫生部颁布的《医院感染诊断标准（试行）》中对医院感染的定义是：医院感染又称医院获得性感染（hospital acquired infection，HAI），是指住院病人在医院内获得的感染，包括在住院期间发生的感染和在医院内获得出院后发生的感染，但不包括入院前已开始或者入院时已处于潜伏期的感染。医院工作人员在医院内获得的感染也属医院感染。

（二）医院感染的内涵

1. 获得感染的时间是在住院期间 如何判断获得感染的时间是否是在住院期间，往往需要从感染发生的时间进行推算。一般来说，对于有明确潜伏期的感染，自入院时起超过平均潜伏期后发生的感染为医院感染；无明确潜伏期的感染，规定入院 48 小时后发生的感染为医院感染。

2. 获得感染的地点是在医院 这是医院感染定义中明确规定的。如果获得感染的时间是在医院外时，就算是入院后才出现症状，也不属于医院感染。而如果获得感染的时间是在住院期间，则不论感染的症状发生在医院内，还是出院后才出现症状，都属于医院感染。例如一些在医院内因血液透析获得丙型肝炎感染的病人在出院后才发病，但仍然属于医院感染。

卫生保健相关感染或医疗相关感染（health care-associated infection，HCAI 或 health-care-associated infection，HAI）是指病人的感染发生在任何开展诊疗活动的机构，如各种医疗机构和卫生保健机构。国际上近年已有将医疗相关感染取代医院感染的趋势，因医疗相关感染更能体现医院感染防控的目的和意义，它不仅包括发生在医院的感染，也包括发生在其他医疗机构的感染。

3. 研究对象主要是住院病人和医院工作人员 广义上，医院感染的研究对象应包括所有在医院内的人群，如住院病人、医院工作人员、门诊病人、陪护者和探视者等。但由于后几类人群在医院停留时间短，流动性大，医院感染不易发现和判断，故不作为研究重点。因此，住院病人和医院工作人员是医院感染的主要研究对象。

4. 应视为医院感染的几种情况 ①在原有感染基础上出现其他部位新的感染（除外脓毒血症迁徙灶），或在原感染已知病原体基础上又分离出新的病原体（排除污染和原来的混合感染）的感染；②新生儿在分娩过程中经产道获得的感染和新生儿在产后获得的感染（发生于分娩 48h 后）；③本次感染直接与上次住院有关；④由于诊疗措施激活的潜在性感染，如疱疹病毒、结核杆菌等的感染。

5. 不应视为医院感染的几种情况 ①一般的慢性感染性疾病在医院内急性发作，未发现新的病原体；②由于创伤、物理或化学的非生物性因子刺激而产生的炎症表现；③新生儿经胎盘获得（出生后在 48h 内发病）的感染，如先天性梅毒、风疹、巨细胞病毒、单纯疱疹、弓形虫病、水痘等；④皮肤、黏膜的开放性伤口只有细菌定植，而无炎症表现。

二、医院感染的分类

医院感染可以按感染的部位、感染的微生物种类及病原体来源等分类，如按感染的部位可分为上呼吸道感染、下呼吸道感染、胃肠道感染、手术切口感染、泌尿系统感染等；按感染的微生物种类可分为细菌感染、病毒感染、立克次体感染、真菌感染等。最常见的分类方法是按病原体来源不同，把医院感染分为内源性感染和外源性感染。

（一）内源性感染（endogenous infection）

内源性感染也称为自身感染（self-infection），是指病原体来自于病人自身的感染。在人体皮肤、口腔、泌尿生殖道及肠道等与外界相通的部位定植或寄生着正常菌群和条件致病菌，这些菌群在一般情况下对人体无感染力，并不致病；但是在特定条件下时，它们与人体之间的平衡被打破，而造成各种内源性感染：例如一些手术或检查引起病人局部免疫力下降或细菌异位定植；使用大剂量皮质激素、抗肿瘤药物等导致全身免疫力下降；长期应用广谱抗生素引起菌群失调时，都可导致内源性感染。

内源性感染因为病原体来自自身，常为散发。随着侵入性诊疗技术的发展，化疗、放疗、抗生素的广泛应用，内源性感染的比重也在不断地增加，由于其发生的机制较为复杂，并且病原体常为正常菌群，因此预防较为困难。

（二）外源性感染（exogenous infection）

外源性感染是指病原体来自病人体外的感染，可以来自其他病人、医务人员、陪护人员或医疗外环境。

外源性感染包括：①在医疗和预防过程中由于所用的医疗器械、设备、药物、制剂及卫生材料污染或院内场所消毒不严而造成的医源性感染；②病人入院时已处于另一种传染病的潜伏期，住院后发病而引起其他病人或医院职工感染的带入传染；③病人与病人、病人与医务人员及病人与陪护人员和探视人员之间通过直接或间接接触途径而引起的感染，也叫交叉感染（cross infection）。

外源性感染易发生暴发或流行。通过加强医院消毒、灭菌、隔离等措施及健康教育，可以有效地预防和控制外源性感染。

三、医院感染的常见病原体

可引起医院感染的病原体种类很多，有细菌、病毒、真菌、支原体、衣原体、立克次体、寄生虫等，而能否致病，取决于病原体与宿主之间相互作用和斗争的结果。

（一）常见医院感染病原体的种类及分布

1. 常见细菌

（1）革兰氏阳性球菌：常见的是金黄色葡萄球菌，该菌可存在于人类鼻咽部黏膜和皮肤表面，可引起局部组织、内脏器官或全身性化脓感染，尤其是耐甲氧西林金黄色葡萄球菌感染，是引起住院患者感染和死亡的主要原因之一。其次是A群链球菌，主要引起局部皮肤、皮下组织和其他系统的化脓性感染。还有，肺炎链球菌常寄居于人上呼吸道，是大叶性肺炎、支气管肺炎的病原菌；肠球菌多引起免疫力低下宿主的机会感染，以尿路感染多见。

（2）革兰氏阴性球菌：主要包括淋病奈瑟菌、脑膜炎奈瑟菌和卡他莫拉菌，分别引起淋病、脑膜炎及黏膜卡他性炎症。

（3）革兰氏阳性杆菌：单核细胞增生性李斯特菌可通过眼及破损皮肤、黏膜进入体内而造成感染。感染后病死率较高。分枝杆菌属包括结核分枝杆菌及非结核分枝杆菌等，后者是条件致病菌，是医院感染暴发的常见菌，以龟分枝杆菌、偶发分枝杆菌最为常见。需氧芽孢杆菌属包括炭疽芽孢杆菌（炭疽病原体）、枯草芽孢杆菌（引起败血症及虹膜炎）和蜡样芽胞杆菌（引起食物中毒）。

（4）革兰阴性杆菌：按是否发酵葡萄糖分为发酵菌和非发酵菌两大类。发酵菌以肠杆菌科细菌为主，大多数为条件致病菌，但沙门菌属、志贺菌属、致病性大肠杆菌以及能引起人类传染病的鼠疫耶尔森菌等为致病菌。非发酵菌大多数为机会致病菌，对很多抗生素有天然的抗药性，是近年来医院感染的主要病原体，常见的有铜绿假单胞菌、鲍曼不动杆菌、嗜麦芽窄食单胞菌、洋葱伯克霍尔德菌和粪产碱杆菌等。苛养性细菌是一类需要特殊营养物质的细菌，其分离培养较为困难，包括布鲁菌属、军团菌属、卡氏肺孢子虫、放线菌属、诺卡菌属等，也可引起医院感染。

2. 常见真菌

（1）白念珠菌可引起皮肤真菌病和深部真菌病，是院内真菌感染最常见的病原菌。

（2）丝状真菌又称霉菌，主要包括曲霉和毛霉等条件致病菌。以呼吸道吸入孢子最常见，免疫功能低下人群易感。

（3）新型隐球菌及其变种对人具有致病性，鸽子、鸽粪是临床感染的重要来源，细胞免疫功能低下及免疫缺陷者易感。新型隐球菌脑膜炎预后差，病死率高。

3. 常见病毒

（1）呼吸道病毒：SARS 病毒、禽流感病毒、甲型 H1N1 流感病毒等。

（2）肠道病毒：诺如病毒（引起非细菌性腹泻）、柯萨奇病毒（引起儿童疱疹性咽峡炎、婴幼儿手足口病、幼儿脑膜炎、脑炎等）

（3）其他病毒：肝炎病毒、人类免疫缺陷病毒（human immunodeficiency virus，HIV）、疱疹病毒、乙型脑炎病毒、口蹄疫病毒、轮状病毒（引起新生儿和婴幼儿腹泻）等。

4. 其他重要微生物

（1）支原体：对人致病的主要有肺炎支原体、人型支原体、生殖道支原体和解脲支原体。支原体不侵入机体组织与血液，而是在呼吸道或泌尿生殖道上皮细胞黏附并定居后，造成细胞或黏膜的损伤。

（2）衣原体：对人类致病的主要有肺炎衣原体和沙眼衣原体。肺炎衣原体引起人类慢性呼吸道感染，泌尿生殖道沙眼衣原体感染是最普遍的性传播疾病。

（3）立克次体：立克次体病主要临床特点是发热、头痛和皮疹，呈急性表现。病后可获持久免疫力。

（4）螺旋体：致病性螺旋体主要有伯氏疏螺旋体、回归热螺旋体、梅毒螺旋体和钩端螺旋体，分别引起莱姆病、回归热、梅毒和钩体病。

（二）医院感染病原体的变迁及耐药性

20 世纪 30 年代，医院感染病原体主要为革兰阳性球菌如 B 群溶血链球菌，葡萄球菌等；50 年代后，革兰阳性球菌耐药性增加，特别是耐甲氧西林金黄色葡萄球菌流行；60 年代后，革兰阳性球菌比例下降，革兰阴性杆菌和真菌比例上升；90 年代后，病原体种类多样化，耐药和多重耐药菌增多，出现新病原体如 SARS 等，而且条件致病菌如铜绿假单胞菌、大肠埃希菌、肺炎克雷伯菌、鲍曼不动杆菌等的比例增加。

根据美国国家医疗安全网络（National Healthcare Safety Network，NHSN）报道的数据：在 2009～2010 年美国的医院感染，大约 40%是由革兰氏阴性细菌引起的，包括肺炎克雷伯菌、鲍曼不动杆菌、铜绿假单胞菌和肠杆菌属。对 1999 年 1 月～2007 年 12 月我国医院感染监控网络监测医院报告的病原体及 2010 年、2012 年、2014 年我国医院感染横断面调查感染病例病原分布进行统计分析见表 13-1 和表 13-2，发现近年来医院感染病原体以革兰阴性菌为主，其次为革兰阳性菌和真菌，在病原体构成中革兰阴性菌呈上升趋势，革兰阳性菌和真菌呈下降趋势，提示医院感染病原体高度集中，非发酵菌所占比例明显增高。

表 13-1 1999～2014 年医院感染病原体变化趋势及分布构成比（%）

病原菌	1999～2001 年	2002～2004 年	2005～2007 年	2010 年	2012 年	2014 年
革兰阳性菌	26.83	27.90	23.70	20.69	21.05	20.47
革兰阴性菌	47.21	46.72	53.20	66.03	67.50	71.42
真菌	25.13	24.86	22.36	10.62	8.90	7.16

表 13-2　1999～2014 年医院感染占前五位的病原体及分布构成比（%）

位次	1999～2001 年	2002～2004 年	2005～2007 年	2010 年	2012 年	2014 年
1	大肠埃希菌（9.33）	金黄色葡萄球菌（9.56）	大肠埃希菌（11.72）	铜绿假单胞菌（17.17）	铜绿假单胞菌（14.62）	铜绿假单胞菌（15.52）
2	铜绿假单胞菌（9.33）	大肠埃希菌（9.27）	铜绿假单胞菌（10.00）	大肠埃希菌（13.51）	大肠埃希菌（14.02）	大肠埃希菌（15.42）
3	金黄色葡萄球菌（8.82）	铜绿假单胞菌（9.08）	金黄色葡萄球菌（8.57）	鲍曼不动杆菌（11.01）	肺炎克雷伯菌（11.52）	肺炎克雷伯菌（13.52）
4	肺炎克雷伯菌（5.75）	肺炎克雷伯菌（6.49）	肺炎克雷伯菌（8.14）	肺炎克雷伯菌（10.73）	鲍曼不动杆菌（10.59）	鲍曼不动杆菌（12.15）
5	鲍曼不动杆菌（3.89）	鲍曼不动杆菌（5.10）	鲍曼不动杆菌（7.26）	金黄色葡萄球菌（8.83）	金黄色葡萄球菌（8.91）	金黄色葡萄球菌（8.38）

由于医院内病原体种类多，来源广，且在医院内流行菌株多为耐药甚至多重耐药菌株，一旦感染，临床治疗非常困难，加上医院内易感人群集中，抵抗力差，感染后病死率高，因此亟须加强对医院感染的预防和控制。

知识点 13-1：医院感染的定义和分类

（1）医院感染的定义：医院感染又称医院获得性感染，是指住院病人在医院内获得的感染，包括在住院期间发生的感染和在医院内获得出院后发生的感染，但不包括入院前已开始或者入院时已处于潜伏期的感染。医院工作人员在医院内获得的感染也属医院感染。

（2）医院感染的分类：按病原体来源不同，可以把医院感染分为内源性感染和外源性感染。内源性感染也称为自身感染，是指病原体来自于病人自身的感染。人体定植或寄生着正常菌群和条件致病菌，在特定条件下时，它们与人体之间的平衡被打破，而造成各种内源性感染。外源性感染是指病原体来自病人体外的感染，可以来自其他病人、医务人员、陪护人员或医疗外环境。包括在医疗和预防过程中由于所用的医疗器械、设备、药物、制剂及卫生材料的污染或院内场所消毒不严而造成的感染；病人的带入传染；病人与病人、病人与医务人员及病人与陪护人员和探视人员之间通过直接或间接接触途径而引起的交叉感染。

第二节　医院感染的流行过程

一、医院感染的流行环节

如前所述，按病原体的来源不同，医院感染可分为内源性感染和外源性感染。外源性医院感染的流行环节可以用传染病流行过程的三环节即传染源、传播途径和易感人群来描述，这三个环节也是预防和控制外源性医院感染的三个切入点。但内源性感染则与之不同，它的传播过程是传染源（病人自身）、病原体易位途径和易感生态环境，需从微生态角度进行描述。在此仅探讨外源性医院感染的流行环节。

（一）传染源

1. 病人　医院是病人集中的地方，病人是医院感染的重要传染源。病人体内有病原体生长繁殖，并且其症状、体征（如咳嗽、腹泻等）常有利于病原体从感染部位排出。从病人体内排出的病原体通常致病力较强，往往对临床常用抗菌药物具有耐药性，较易感染其他易感宿主。

2. 病原携带者　包括处于潜伏期、恢复期或健康病原携带者，其体内有病原体生长繁殖，并能向外界排出病原体，但由于无明显的症状和体征，在临床上往往较容易被忽视，因此病原携带者也是医院感染的重要传染源。临床上，病原携带者引起医院感染的事件时有发生。

引起内源性感染的大多是正常菌群，它们可在正常人的肠道、呼吸道、皮肤、泌尿生殖道、口腔黏膜等部位寄居，并不引起临床症状，也多无血清免疫学反应检出。因此，内源性感染中多数传染源为病原携带者，当条件合适时，可引起内源性感染而成为传染源。

3. 动物传染源 在动物传染源中，以鼠类的意义最大。鼠类粪便污染食品、器械等导致伤寒、鼠疫、流行性出血热等医院感染的发生已有很多报道。

此外，还有一类感染来源称为环境贮源，即一些环境病原体能在脱离宿主的情况下存活生长，医院的特殊环境如某些湿的环境或液体（例如气体过滤瓶、空调器等）常成为这些病原微生物繁殖和栖息的场所，而这些被污染的环境称为环境贮源。在环境贮源中居留较久的细菌，易发展成为多重耐药菌株，而且其毒力和侵袭性增强，可成为医院感染的共同来源或长期持续存在的流行菌株。如嗜肺军团菌常在空调冷却水中存在，引起军团病。

（二）传播途径

1. 接触传播 接触传播是医院感染最常见的传播方式之一。根据病原体从传染源排出到侵入易感者之前是否在外界停留，可分为直接接触传播和间接接触传播。

（1）直接接触传播：病原体通过传染源直接与易感者接触而传播，不需外界环境中传播因素（如医疗器械、生活用品等）的参与。病人与病人之间、病人与医务人员之间以及医务人员与医务人员之间，都可通过直接接触而传播病原体。如淋球菌、沙眼衣原体等都可以通过直接接触传播。

内源性感染也可认为是内源性直接接触传播，如病原体从已感染的切口传递至身体其他部位，粪便中的革兰阴性杆菌传递到鼻咽部等。

（2）间接接触传播：指通过接触被病原体污染的物品等而造成的传播，如通过医护人员的手、医疗仪器设备、病室内的物品等传播给易感者。间接接触是日常生活常见的接触途径，不易引起重视，因此在医院感染的预防控制中具有重要的意义。其中医务人员的手在间接接触传播中起到重要的媒介作用。医务人员的手经常接触各种病人和污染物，如不注意及时洗手、消毒，则很容易将病原体传播给其他病人或医务人员或污染医疗器械，造成间接接触传播。

2. 空气传播 空气传播也是医院感染常见的传播方式之一。可通过飞沫、飞沫核和尘埃三种形式传播。医院的空气和扬起的尘埃中含有各种病原体，可被易感者吸入引起呼吸道感染或者落在皮肤、伤口表面而引起感染。病人咳嗽、吐痰、打喷嚏或大笑时，都可喷出很多飞沫并带出病原体，医务人员在进行诊疗操作如气管切开或吸痰操作时也能产生许多飞沫，可以传播给周围的密切接触者。例如 SARS 病毒就可以通过飞沫传播，在 2003 年 SARS 流行期间，由于缺乏有效的防护措施，使很多医护人员受到感染，感染率达到 18.38%。

3. 医源性传播 指在医疗、预防工作中，未严格执行规章制度和操作规程，人为地造成某些传染病的传播。常见以下几种途径传播：

（1）经医疗器械和设备传播：医疗器械和设备的消毒不严格或被病原体污染是引起医院感染的一个常见原因。常见有因导尿管、血液透析装置、呼吸治疗设备、各种静脉导管、纤维内窥镜等引起的医院感染。因为有的设备结构复杂或管道细长、不耐热力、管道内的污染物不易清除，而使常规化学方法达不到灭菌要求；有的器械在使用过程中，被各种溶液污染引起医院感染。例如近年来由于血液透析器消毒不严格导致的丙型肝炎医院感染时有报道。案例 13-1 中手术切口感染就是由于消毒液配制错误导致手术器械未到达灭菌效果而导致的大规模同源感染。2005 年宿州市立医院由于手术器械消毒不严格，导致 10 例白内障手术患者眼球医源性感染，其中 9 名患者单眼被摘除。

（2）经血液及血制品传播：血液或血液制品如果被病原体污染易引起医院感染的暴发和流行。常见的输血或使用血液制品引起的医院感染有乙型肝炎、丙型肝炎、艾滋病、巨细胞病毒感染等。例如 1996 年日本的医药公司进口和销售针对血友病治疗所用的非加热型浓缩血液制品，导致共计 1434 名血友病患者感染艾滋病。原因是该事件中所涉及的浓缩血液制品是由包括吸毒人员和同性恋在内的卖血者的血液被收集在同一容器内加工而成的。

（3）经药品及药液传播：药品和药液在生产、使用过程中常会受到病原微生物的污染，可导致医院感染的发生。医院中各种口服液及外用药液中常可检出铜绿假单胞菌、肺炎克雷伯菌、大肠杆菌等。曾有报道：因泌尿科洗必泰冲洗液中有假单胞菌污染，导致病人发生尿道感染；静脉高能营养液因白色念珠菌污染而使使用者发生致命性感染。还有报道消毒剂污染引发铜绿假单胞菌感染。

4. 水和食物传播　医院中的水源，有可能受粪便及污水的污染，如未经严格消毒即供饮用，或用来洗涤食具等，常可引起医院感染的暴发。有报道医院内经水传播的伤寒、细菌性痢疾及病毒性腹泻暴发。医院内食物的原料、加工、储运等任何环节受污染，也可引起医院感染的暴发。常见的有医院内细菌性食物中毒、菌痢、沙门菌病和病毒性肝炎等。

5. 生物媒介传播　此途径在医院感染中不是主要的传播途径。但在虫媒传染病流行区内，医院若无有效的灭虫、灭鼠等措施时，则相应疾病也可经媒介生物在病房中传播。如蚊子可传播流行性乙型脑炎、疟疾等，蝇及蟑螂在病房中可传播肠道传染病。

（三）易感人群

不同的病人，由于其年龄、性别、免疫力、健康状况、接受的治疗措施不同，对医院感染的易感性也不同。医院感染常见的易感者有：

1. 机体免疫功能严重受损者　包括患有恶性肿瘤、造血系统疾病、糖尿病、慢性肾病等疾病的人群，接受抗癌药物、皮质激素等各种免疫抑制剂治疗者以及接受放疗者，这些人群细胞及体液免疫反应功能低下，易发生医院感染。

2. 婴幼儿、老年人及营养不良者　由于婴幼儿免疫功能不成熟，老年人免疫力减退，营养不良者机体免疫力下降，都可使发生医院感染的危险性增加。

3. 长期使用广谱抗菌药物者　长期使用广谱抗菌药物，可使机体产生菌群失调和细菌产生耐药性，从而对病原微生物易感。

4. 接受各种侵入性操作的病人　侵入性操作可直破坏伤机体皮肤与黏膜的屏障作用，给病原微生物的侵袭提供了有利的途径。通常有导管、引流管、呼吸机、腹膜或血液透析、穿刺等的病人更易发生院内感染。

5. 住院时间长者　住院时间越长，病原微生物在病人体内定植的机会就越大，病人发生医院感染的危险性也就越大。

6. 手术时间长者　随着手术时间延长，手术切口部位组织受损加重，局部及全身抵抗力下降、切口中污染的微生物数量增加，这些均可使手术部位感染的危险性升高。

二、医院感染的分布特征

（一）人群分布

1. 年龄分布　大量调查表明：医院感染的发生与年龄有关，婴幼儿和老年人感染率高，这主要与这两种人群的免疫力低有关。

2. 性别分布　多数调查发现医院感染的发生与性别无关，但某些部位的感染存在性别差异，如泌尿道感染女性病例较男性多。

3. 患不同基础疾病的病人医院感染发病率不同　其中以恶性肿瘤病人医院感染发病率最高，其次为造血系统疾病病人及内分泌、营养代谢、免疫疾病病人，以良性肿瘤、妊娠及产褥期并发症病人、未定性肿瘤及精神病的发病率较低。

4. 有无危险因素的病人医院感染发病率不同　有危险因素的病人医院感染发病率较无危险因素者高，如心脏外科手术后行气管插管病人，插管时间>4 日者为<4 日者的 20 倍；行中心静脉插管、泌尿道插管的患者，其医院感染的发病率均较无这些高危险因素的患者高出数倍。

（二）地区分布

1. 国家间分布 不同国家医院感染的患病率不同，根据近年来报道的数据：欧洲约为7.1%，美国佛罗里达州约为6.0%，英国约为6.4%，伊朗约为9.4%，加拿大约为8.7%，越南约为7.8%。我国2012年及2014年全国医院感染监控网横断面调查显示医院感染现患率分别为3.22%和2.67%，与国外相比，我国处于相对较低的水平，提示我国医院感染管理取得一定成效，但也可能与监测、调查和诊断方法存在一定差异以及漏报有关。

2. 不同等级医院的分布 医院感染现患率与医院规模大小以及是否为教学医院有关。一般来说教学医院高于非教学医院，规模越大的医院感染现患率越高，这与大型综合性医院及教学医院的危重病人和疑难病人较多，病人接受侵入性操作和手术的比例较大有关。根据2014年全国医院感染现患率调查结果显示：900张以上床位、600～899张床位、300～599张床位及300张以下床位医院的医院感染现患率分别为3.36%，2.89%，2.10%和1.61%。

3. 科室分布 同一医院不同科室的医院感染患病率也不相同。2014年全国不同规模医院医院感染现患情况分析发现：各科室中综合重症监护病房（ICU）的医院感染现患率最高，达26.25%。根据2012年全国医院感染横断面调查结果分析：医院感染现患率较高的五个科室分别是综合ICU（27.76%）、血液科（10.13%）、烧伤科（9.64%）、神经外科（9.00%）和儿科新生儿组（5.34%）。从疾病谱和患者病情来看，这五个科室是医院里危重病人最多和自身免疫力低下患者最集中的部门，同时也是侵袭性操作最多、耐药菌感染患者集中的科室，因此医院感染的患病率最高。

4. 感染部位的分布 2014年全国医院感染调查数据显示：医院感染部位以下呼吸道为主，占47.53%，其次为泌尿道占11.56%、手术部位占10.41%、上呼吸道占9.75%和消化系统占6.46%。但不同科别间医院感染部位构成存在差异，如内科、儿科的下呼吸道构成比较其他科室高。而美国2007～2010年医院感染的部位从高到低的顺序为菌血症、泌尿道感染、手术部位感染和机械通气相关肺炎。

（三）时间分布

1. 季节性分布 医院感染发病率的季节变化不明显，有调查报道下呼吸道感染在冬春季发病率较高，手术切口部位感染在夏季发病率较高。

2. 长期趋势 医院感染现患率在不同地区随时间发展也在发生。我国医院感染监控网数据显示：2001年、2003年、2005年、2010年、2012年和2014年医院感染现患率分别为5.22%、4.81%、4.77%、3.60%、3.22%和2.67%，提示我国医院感染现患率呈下降趋势。此外，医院感染的病原菌构成比例长期以来也发生了演变（参见本章第一节）。

三、医院感染的危险因素

医院感染危险因素主要有以下几个方面：

1. 侵入性操作 气管切开、使用呼吸机、泌尿道插管、动静脉插管等各种侵入性操作都会造成局部皮肤、黏膜的屏障破坏，为病原体的侵入创造了条件。

2. 原发病、基础病 如病人本身患有恶性肿瘤、尿毒症、糖尿病、肝硬化、血液病或处于昏迷状态等导致免疫力低下，易发生医院感染。

3. 免疫抑制治疗 患者接受了免疫抑制治疗如抗肿瘤化疗、放射治疗、皮质激素类治疗等，免疫系统功能下降，易导致医院感染的发生。

4. 接受广谱抗菌药物治疗 例如长期使用广谱抗生素、无适应证的预防用药、用药时间过长，剂量过大及联合用药过多，可造成体内微生态失衡，引起菌群失调和二重感染，成为医院感染的危险因素。

5. 其他 患者年龄超过65岁或不到3岁；手术时间过长；住院时间长（>4周）也是医院感

染的危险因素。

知识点 13-2：医院感染的流行过程

（1）传染源：①病人；②病原携带者；③动物；④环境贮源。

（2）传播途径：①接触传播；②空气传播；③医源性传播；④水或食物传播；⑤生物媒介传播。

（3）易感人群：①机体免疫功能严重受损者；②婴幼儿、老年人及营养不良者；③长期使用广谱抗菌药物者；④接受各种侵入性操作的病人；⑤住院时间长者；⑥手术时间长者。

第三节 医院感染的预防控制与管理

医院感染不可能被消灭，但通过采取预防和控制措施，能够降低医院感染发生的风险。美国医院感染控制效果研究（SENIC）表明：1/3 的医院感染是可以预防的。为加强医院感染管理，有效预防和控制医院感染，提高医疗质量，保证医疗安全，根据《传染病防治法》、《医疗机构管理条例》和《突发公共卫生事件应急条例》等法律、行政法规的规定，中华人民共和国卫生部制定并于 2006 年 9 月 1 日发布实施《医院感染管理办法》。

一、医院感染的管理

医院感染管理是各级卫生行政部门、医疗机构及医务人员针对诊疗活动中存在的医院感染、医源性感染及相关的危险因素进行的预防、诊断和控制活动。

（一）建立健全医院感染管理的组织机构

《医院感染管理办法》规定：住院床位总数在 100 张以上的医院应当设立医院感染管理委员会和独立的医院感染管理部门。住院床位总数在 100 张以下的医院应当指定分管医院感染管理工作的部门。其他医疗机构应当有医院感染管理专（兼）职人员。

医院感染管理委员会由医院感染管理部门、医务部门、护理部门、临床科室、消毒供应室、手术室、临床检验部门、药事管理部门、设备管理部门、后勤管理部门及其他有关部门的主要负责人组成，主任委员由医院院长或者主管医疗工作的副院长担任。

医院感染管理部门、分管部门及医院感染管理专（兼）职人员具体负责医院感染预防与控制方面的管理和业务工作。

（二）明确医院管理各机构、部门、人员的职责

1. 医院感染管理委员会的职责

（1）认真贯彻医院感染管理方面的法律法规及技术规范、标准，制定本医院预防和控制医院感染的规章制度、医院感染诊断标准并监督实施；

（2）根据预防医院感染和卫生学要求，对本医院的建筑设计、重点科室建设的基本标准、基本设施和工作流程进行审查并提出意见；

（3）研究并确定本医院的医院感染管理工作计划，并对计划的实施进行考核和评价；

（4）研究并确定本医院的医院感染重点部门、重点环节、重点流程、危险因素以及采取的干预措施，明确各有关部门、人员在预防和控制医院感染工作中的责任；

（5）研究并制定本医院发生医院感染暴发及出现不明原因传染性疾病或者特殊病原体感染病例等事件时的控制预案；

（6）建立会议制度，定期研究、协调和解决有关医院感染管理方面的问题；

（7）根据本医院病原体特点和耐药现状，配合药事管理委员会提出合理使用抗菌药物的指导意见；

（8）其他有关医院感染管理的重要事宜。

2. 医院感染管理部门、分管部门及医院感染管理专（兼）职人员主要职责

（1）对有关预防和控制医院感染管理规章制度的落实情况进行检查和指导；

（2）对医院感染及其相关危险因素进行监测、分析和反馈，针对问题提出控制措施并指导实施；

（3）对医院感染发生状况进行调查、统计分析，并向医院感染管理委员会或者医疗机构负责人报告；

（4）对医院的清洁、消毒灭菌与隔离、无菌操作技术、医疗废物管理等工作提供指导；

（5）对传染病的医院感染控制工作提供指导；

（6）对医务人员有关预防医院感染的职业卫生安全防护工作提供指导；

（7）对医院感染暴发事件进行报告和调查分析，提出控制措施并协调、组织有关部门进行处理；

（8）对医务人员进行预防和控制医院感染的培训工作；

（9）参与抗菌药物临床应用的管理工作；

（10）对消毒药械和一次性使用医疗器械、器具的相关证明进行审核；

（11）组织开展医院感染预防与控制方面的科研工作；

（12）完成医院感染管理委员会或者医疗机构负责人交办的其他工作。

（三）卫生行政部门应加强对医疗机构医院感染管理的监督与指导

1. 卫计委成立医院感染预防与控制专家组 成员由医院感染管理、疾病控制、传染病学、临床检验、流行病学、消毒学、临床药学、护理学等专业的专家组成。主要职责是：

（1）研究起草有关医院感染预防与控制、医院感染诊断的技术性标准和规范；

（2）对全国医院感染预防与控制工作进行业务指导；

（3）对全国医院感染发生状况及危险因素进行调查、分析；

（4）对全国重大医院感染事件进行调查和业务指导；

（5）完成卫计委交办的其他工作。

2. 省级人民政府卫生行政部门成立医院感染预防与控制专家组 负责指导本地区医院感染预防与控制的技术性工作。

二、医院感染的预防与控制措施

预防和控制医院感染是涉及多学科及全体医务人员的系统工程。医疗机构应当按照有关医院感染管理的规章制度和技术规范，加强医院感染的预防与控制工作；应当制定具体措施，保证医务人员的手卫生、诊疗环境条件、无菌操作技术和职业卫生防护工作符合规定要求，对医院感染的危险因素进行控制。WHO 推荐预防医院感染的五类措施为：消毒、隔离、无菌操作、合理使用抗菌药物、监测。此外，还需做好医院感染上报、医院感染暴发的处理、医务人员职业卫生防护等工作。

（一）消毒

医疗机构应当按照《消毒管理办法》，严格执行医疗器械、器具的消毒工作技术规范，并达到以下要求：

1. 进入人体组织、无菌器官的医疗器械、器具和物品必须达到灭菌水平；
2. 接触皮肤、黏膜的医疗器械、器具和物品必须达到消毒水平；
3. 各种用于注射、穿刺、采血等有创操作的医疗器具必须一用一灭菌。

医疗机构使用的消毒药械、一次性医疗器械和器具应当符合国家有关规定。一次性使用的医疗器械、器具不得重复使用。

（二）隔离

隔离是采用各种方法、技术，防止感染因子从患者及携带者传播给其他人的一种措施。医疗机构应当严格执行隔离技术规范，根据病原体传播途径，采取相应的隔离措施。

1. 隔离病区的设置 根据病人获得感染危险性的程度，将医院分为低、中、高、极高危险区域 4 个区域；明确服务流程，保证洁、污分开，防止因人员流程、物品流程交叉导致污染；同一等级分区的科室相对集中，高危险区的科室宜相对独立，宜与普通病区和生活区分开。

2. 工作区域的划分及隔离要求

（1）清洁区：凡未和病人直接接触、未被病原微生物污染的区域为清洁区。隔离要求：病人及病人接触过的物品不得进入清洁区；工作人员接触病人后需消毒手、脱去隔离衣及鞋后可进入清洁区。

（2）半污染区：凡有可能被病原微生物污染的区域为半污染区，如病区的走廊和化验室。隔离要求：病人或穿了隔离衣的工作人员通过走廊时，不得接触墙壁、家具等；各类检验标本有一定的存放盘和架，检验完的标本及容器等应严格按要求分别处理，病人不准随便进入半污染区。

（3）污染区：凡和病人接触、被病原微生物污染的地方为污染区，如病室、浴室、厕所。隔离要求：污染区的物品未经消毒处理，不得带到其他区域；工作人员进入污染区时，必须穿隔离衣、戴口罩、帽子，必要时换隔离鞋，离开前脱隔离衣、鞋，并消毒双手。

（4）两通道：指在进行呼吸道传染病诊治的病区中医务人员通道和病人通道。医务人员通道、出入口设在清洁区一端，病人通道、出入口设在污染区一端。

（5）缓冲间：指进行呼吸道传染病诊治的病区中，清洁区与潜在污染区之间、潜在污染区与污染区之间设立的两侧均有门的小室。为医务人员的准备间。

3. 隔离的类型

（1）传染病隔离：是将传染病传播者在传染病期间，安置在指定的地方，暂时避免与周围人群接触，以防止传染病病原体向外传播；并对其分泌物、排泄物等随时予以消毒。

（2）普遍预防：普遍预防所采取的措施主要是在医院内防止非胃肠道、黏膜和非完整性皮肤暴露于经血传播的病原体的扩散。在确定感染或疑似感染者之前，即开始预防。

（3）标准预防：针对医院所有患者医务人员和进入医院的人员采用的一种预防措施。主要包括：遵循《医务人员手卫生规范》；正确、适时戴、脱手套；正确使用口罩，防护眼镜和面罩；适时、正确穿、脱隔离衣或防护服、鞋套；正确处理使用后的医疗器械、器具和物品；急救场所需要进行复苏操作时，应用简易呼吸囊（复苏袋）或其他通气装置代替口对口人工呼吸方法；应按照《医疗废物管理条例》及其相关法规进行医疗废物的处理；物体表面、环境、衣物与餐饮具的消毒。

（4）基于传播途径的预防：针对那些已经明确诊断或怀疑患有高传播性病原体的病患需要有高于标准防护来阻断其传播。

医疗机构应根据微生物的传播途径（接触传播包括直接接触传播和间接接触传播、飞沫传播、空气传播和其他途径传播），结合本院实际情况，制定相应的隔离与预防措施。

（5）基于保护易感人群的隔离预防：保护性隔离适用于抵抗力低或极易感染的病人，如严重烧伤、早产儿、白血病、脏器移植及免疫缺陷病人等。

此外，医疗机构应当制定医务人员职业卫生防护工作的具体措施，提供必要的防护物品，保障医务人员的职业健康。

（三）无菌操作

无菌操作的基本原则：

1. 环境要整洁，进行无菌技术操作前半小时，须停止清扫地面等工作，同时避免不必要的人员流动，以免尘埃飞扬。治疗室应每日用紫外线消毒一次。

2. 进行无菌操作时，衣帽穿戴要整洁，帽子要把头部头发遮盖住，口罩须遮住口鼻，并修剪指甲，洗手。

3. 无菌物品和非无菌物品应分别放置；无菌物品不可暴露在空气中，必须存放于无菌包或无菌容器内；无菌物品一经使用后，必须再经灭菌处理后方可使用；从无菌容器内取出的物品，虽未使用，不可再放回无菌容器内。

4. 无菌包外应注明物品名称，消毒灭菌日期，并按日期先后顺序排列，放在固定的地方。无菌包在未污染情况下，可保存 7 至 14 天，过期应重新灭菌。

5. 取无菌物品时，必须使用无菌持物钳，未经消毒的用物不可触及无菌物品或跨越无菌区。

6. 进行无菌操作时，如对器械、用物疑有污染或被污染，即不可使用，应予更换或重新消毒。

7. 一套无菌物品，只能供一个患者使用。

（四）合理使用抗菌药物

合理应用抗菌药物是提高疗效、降低不良反应发生率以及减少或延缓细菌耐药发生的关键，也是预防和控制医院感染的重要措施。医疗机构应当严格按照《抗菌药物临床应用指导原则》（2015 版），加强抗菌药物临床使用和耐药菌监测管理。

抗菌药物临床应用是否合理，基于以下两方面：有无抗菌药物应用指征；选用的品种及给药方案是否适宜。

抗菌药物治疗性应用的基本原则：诊断为细菌性感染者，方有指征应用抗菌药物；尽早查明感染病原，根据病原种类及药物敏感试验结果选用抗菌药物；按照药物的抗菌作用及其体内过程特点选择用药；综合患者病情、病原菌种类及抗菌药物特点制订抗菌治疗方案。

（五）监测

医院感染监测是流行病学方法在医院感染研究中的具体体现和应用，也是医院感染预防和控制的基础。医院感染监测是指系统地连续地观察在医院人群中医院感染发生的频率和分布以及影响感染的有关因素。通过监测可提供医院感染的本底率，及时发现和鉴别医院感染暴发，发现医院感染的危险因素并采取措施，还可评价感染控制措施的效果。

医院感染监测大致分为两类，即全面综合性监测（comprehensive surveillance）和目标性监测（targeted surveillance）。

全面综合性监测是指对全院所有人群所有方面的医院感染及其有关影响因素进行监测。其优点在于：能提供全面的资料，建立本底数据和流行基线，并及时发现医院感染的暴发流行。其缺点在于：收集的数据量大，费时费力，因此信息采集的准确性和可信度也相对差；无确定的管理目标，难以进行干预研究。

目标性监测是在全面综合性监测的基础上，对重点部门、高危人群、易感部位、特殊病原体等进行专题监测研究。其优点在于：省时、省力，信息的准确性和可信度较好；监测程序灵活性大，便于优化。其缺点在于：由于收集资料仅限于目标人群或危险因素，得不到全人群的基础感染率，因此不能比较不同机构和地区的感染率，也不能及时发现非监测部门、非监测人群和非监测时段医院感染的聚集性。

医院感染监测的指标主要有发生率（发病率）、发病密度、患病率、续发率和漏报率等。

（六）医院感染的报告及暴发的处理

1. 医院感染的报告 医疗机构应当及时发现医院感染病例和医院感染的暴发，分析感染源、感染途径，采取有效的处理和控制措施，积极救治患者。

（1）医疗机构经调查证实发生以下情形时，应当于 12h 内向所在地的县级地方人民政府卫生行政部门报告，并同时向所在地疾病预防控制机构报告。所在地的县级地方人民政府卫生行政部门确认后，应当于 24h 内逐级上报至省级人民政府卫生行政部门。省级人民政府卫生行政部门审核后，应当在 24h 内上报至卫计委：① 5 例以上医院感染暴发；②由于医院感染暴发直接导致患者死亡；③由于医院感染暴发导致 3 人以上人身损害后果。

（2）医疗机构发生以下情形时，应当按照《国家突发公共卫生事件相关信息报告管理工作规范（试行）》的要求进行报告：① 10 例以上的医院感染暴发事件；②发生特殊病原体或者新发病原体的医院感染；③可能造成重大公共影响或者严重后果的医院感染。

（3）医疗机构发生的医院感染属于法定传染病的，应当按照《中华人民共和国传染病防治法》和《国家突发公共卫生事件应急预案》的规定进行报告和处理。

2. 医院感染暴发的处理 医疗机构发生医院感染暴发时，所在地的疾病预防控制机构应当及时进行流行病学调查，查找感染源、感染途径、感染因素，采取控制措施，防止感染源的传播和感染范围的扩大。（具体调查处理方法可参见本书暴发调查部分）

卫生行政部门接到报告，应当根据情况指导医疗机构进行医院感染的调查和控制工作，并可以组织提供相应的技术支持。

知识点 13-3：医院感染的预防控制与管理

（1）医院感染的管理：①建立健全医院感染管理的组织机构；②明确医院管理各机构、部门、人员的职责；③卫生行政部门应加强对医疗机构医院感染管理的监督与指导。

（2）医院感染的预防与控制措施：①消毒；②隔离；③无菌操作；④合理使用抗菌药物；⑤监测；⑥医院感染上报及医院感染暴发的处理。

案例 13-1 分析讨论：

（1）168 例感染病人中，年龄 8 月～83 岁，23～40 岁者约占 85 %。妇女约占 85 %。以剖宫产为主，有少量疝气和包皮环切术，不同手术者之间无差异。感染病人分布于全院各科。168 例感染病人手术地点均在手术室。具有早期手术的病人潜伏期长，后期手术的病人潜伏期短的特点。手术后切口感染率 3 月份为 11.11 %（1/9）、4 月份为 49.72 %（89/179）、5 月份为 69.03 %（78/113），手术后切口感染率逐月升高。

（2）引起本次暴发切口感染的病原体为龟分枝杆菌污染切口所致，0.137 %戊二醛浸泡的手术器械受到龟分枝杆菌污染导致大规模切口感染。

（3）一是有关工作人员严重缺乏对病人负责的精神，该院制剂员将新购进未标明有效浓度的戊二醛（浓度为 1%）当作 20%的稀释 10 倍供有关科室使用，致使浸泡手术器械的戊二醛浓度仅为 0.137%；二是医院领导对医院感染管理工作缺乏认识，医院感染管理组织不健全，责任不落实，对有关医院感染管理的各项规定执行不力；三是部分医护人员违反消毒隔离技术的基本原则。手术室浸泡手术刀片、剪刀的消毒液近两周尚未更换，明显违背有关规定。

（4）重视和加强医院感染管理，建立并遵守消毒剂购进、使用和管理的规章制度，消毒剂从进货到使用均应进行监测。手术室医护人员应加强对非典型分枝杆菌的监测，控制医源性感染，以减少甚至杜绝大规模切口感染事故。

（高玉敏）

第十四章 突发公共卫生事件流行病学

第一节 概　　述

案例 14-1

2013 年 3 月底在上海和安徽两地率先发现 H7N9 型禽流感。在随后的几个月里，疫情迅速蔓延。中国的其他地区也相继报告发现禽流感病例。2013 年 4 月经调查：H7N9 禽流感病毒基因来自于东亚地区野鸟和中国上海、浙江、江苏鸡群的基因重配。截至 2016 年 1 月 10 日，全国已确诊 134 人，37 人死亡，76 人痊愈。病例波及中国的 11 个省市，其中 80%发生在上海，江苏和浙江，对社会公众的健康和社会经济造成了严重的影响。

问题：

（1）根据案例内容，是否可以界定为突发公共卫生事件？

（2）该案例具备了突发公共卫生事件的哪些基本特征？

（3）案例所介绍的是一次传染病疫情引发的突发事件，还有哪些情况会引起突发公共卫生事件？

随着我国社会进步和经济发展，近年来我国各类突发公共卫生事件引发的公共卫生问题屡屡发生，对人民生命财产安全、社会经济发展和国家安全构成了的威胁，甚至在一定程度上引起了社会的恐慌，成为大家关注的焦点。探索突发公共卫生事件的发生、发展规律，以及制定预防事件发生、控制事件发展、消除事件危害的策略和措施是突发公共卫生事件流行病学的主要任务。

一、突发公共卫生事件的定义及特征

突发公共卫生事件（emergency public health events）是指突然发生，造成或者可能造成社会公众健康严重损害的重大传染病疫情、群体不明原因疾病、重大食物和职业中毒以及其他严重影响公众健康的事件。

（一）突发公共卫生事件的特征

1. 突发性　突发公共卫生事件是否发生，于什么时间、什么地点、什么人群，以及什么样的方式爆发，以及发生的程度等都是始料未及的，难以准确把握。其起因、规模、事态的变化、发展趋势以及影响程度等，也不能事先描述和确定，是难以预测的。人们对突发公共卫生事件的突发性感知来源于三个方面：第一，由人们难以控制的客观因素而引发，如地震、洪水、海啸等自然灾害的突然爆发；第二，爆发于人们的知觉盲区，如食物被人为投毒、误把亚硝酸钠当作食盐而造成食物中毒；第三，来源于日常工作中的安全隐患，如 2015 年下半年造成重大人员伤亡的天津港爆炸事件是因为危险化学物品存放不当而引起。

2. 紧迫性　突发公共卫生事件发生突然、情况紧急、危害严重，如不采取迅速处置可能发展为更大级别的事件。对突发公共卫生事件要在尽可能短的时间内做出决策，采取针对性措施，并

将其落到实处，最终将事件危害控制在最低限度。

3. 群体性　突发公共卫生事件针对的不是特定的人，而是不特定的社会群体，往往同时波及更多人群。有的突发事件虽然不一定直接涉及公众领域，但是却可能因事件迅速传播而引起公众的关注，成为公共热点并造成心理恐慌和社会秩序混乱。同时，随着国际交流人员往来频繁，一些突发公共卫生事件波及的范围越来越广，往往跨多个国家和地区，如2015年的中东呼吸综合征疫情就波及多个国家。

4. 危害严重　突发公共卫生事件在短时间内发生突然、累及数众、损失巨大，造成人员伤亡，往往引起社会不安，给公共卫生和医疗资源带来巨大压力，对公众健康造成严重影响。

5. 综合性治理　由于突发公共卫生事件发生突然，其现场抢救、原因调查和善后处理等常波及到多系统、多部门，必须在政府领导下综合协调处理。另外，在解决治理突发公共卫生事件时，还要注意解决一些深层次的问题，比如社会机制问题、工作效能问题以及人群素质的问题等，要通过综合性的治理来解决突发公共卫生事件。

6. 新发事件不断　近年来，随着城市化、现代化、全球一体化进程的不断加快，全球各类突发公共卫生事件频繁发生。2001年，美国遭受“9.11”恐怖袭击后，美国国内出现“炭疽”生物恐怖事件；2004年，全球出现人感染高致病性禽流感疫情；2006年，科特迪瓦发生大规模倾倒有毒化学废物事件；2009年，全球发生甲型H1N1流感大流行；2014年，西非多国暴发埃博拉出血热疫情；2015年，韩国暴发中东呼吸综合征疫情。这些突发公共卫生事件对社会经济发展和大众健康造成了严重的影响。因此，做好突发公共卫生事件应对工作，提升各国政府应急管理水平和能力已成为国际社会日益关注的重大课题。

（二）突发公共卫生事件的分期

1. 间期　突发公共卫生事件发生前的平常期。这是突发公共卫生事件的预防与应急准备的关键时期，此期应积极制定预案，建立健全各种突发公共卫生事件的预防策略和措施，防止可避免的事件发生；建立与维护预警系统和紧急处理系统，训练救援人员，为应对突发公共卫生事件做好充分的准备。

2. 前期　事件的酝酿期和前兆期。此期应立刻采取紧急应变措施，将可能受到影响的居民疏散到安全地方，保护即将受波及的设施，动员紧急救援人员待命，并实时发布预警消息，协助群众做好应对准备。

3. 打击期　事件的作用和危害期。不同性质的突发公共卫生事件，其打击期长短不一，如地震和建筑物爆炸可能只有数秒，旋风和球场暴乱最长会持续几个小时，而传染病暴发和洪涝灾害则能连续达数月之久。

4. 处理期　灾害救援或暴发控制期。依据突发公共卫生事件不同的性质采取不同的处理措施，自然灾害的主要处理措施有：救治伤病人员，展开紧急公共卫生监测，预防或处理次生灾害。疾病暴发的主要处理工作包括：隔离病人，宰杀病畜，封锁疫源地，取消公共活动，对可能被污染的物品和场所进行消毒，封闭被污染的饮用水源，禁止销售受污染的食物，紧急开展疫苗接种和个人防护。发生人为事故时要：调查事故原因，终止危害的扩大，清除环境中残存的隐患，稳定社会情绪等。

5. 恢复期　这个时期的工作重点是尽快让事发或受灾地区恢复正常秩序，包括搞好受害人群躯体伤害的康复工作，评估受害人群的心理健康状况；针对可能产生的“创伤后应激障碍”进行预防和处理；修建和复原卫生设施，提供正常的卫生医疗服务。

（三）突发公共卫生事件的分级

突发公共卫生事件的分级见表14-1。

表 14-1 突发公共卫生事件分级标准

分级	分级标准
特别重大突发公共卫生事件（Ⅰ级）	（1）肺鼠疫、肺炭疽在大、中城市发生并有扩散趋势，或肺鼠疫、肺炭疽疫情波及 2 个以上的省份，并有进一步扩散趋势 （2）发生传染性非典型肺炎、人感染高致病性禽流感病例，并有扩散趋势 （3）涉及多个省份的群体性不明原因疾病，并有扩散趋势 （4）发生新传染病或我国尚未发现的传染病发生或传入，并有扩散趋势，或发现我国已消灭的传染病重新流行 （5）发生烈性病菌株、毒株、致病因子等丢失事件 （6）周边以及与我国通航的国家和地区发生特大传染病疫情，并出现输入性病例，严重危及我国公共卫生安全的事件 （7）国务院卫生行政部门认定的其他特别重大突发公共卫生事件
重大突发公共卫生事件（Ⅱ级）	（1）在一个县（市）行政区域内，一个平均潜伏期内（6 天）发生 5 例以上肺鼠疫、肺炭疽病例，或者相关联的疫情波及 2 个以上的县（市） （2）发生传染性非典型肺炎、人感染高致病性禽流感疑似病例 （3）腺鼠疫发生流行，在一个市（地）行政区域内，一个平均潜伏期内多点连续发病 20 例以上，或流行范围波及 2 个以上市（地） （4）霍乱在一个市（地）行政区域内流行，1 周内发病 30 例以上，或波及 2 个以上市（地），有扩散趋势 （5）乙类、丙类传染病波及 2 个以上县（市），1 周内发病水平超过前 5 年同期平均发病水平 2 倍以上 （6）我国尚未发现的传染病发生或传入，尚未造成扩散 （7）发生群体性不明原因疾病，扩散到县（市）以外的地区 （8）发生重大医源性感染事件 （9）预防接种或群体预防性服药出现人员死亡 （10）一次食物中毒人数超过 100 人并出现死亡病例，或出现 10 例以上死亡病例 （11）一次发生急性职业中毒 50 人以上，或死亡 5 人以上 （12）境内外隐匿运输、邮寄烈性生物病原体、生物毒素造成我境内人员感染或死亡的 （13）省级以上人民政府卫生行政部门认定的其他重大突发公共卫生事件
较大突发公共卫生事件（Ⅲ级）	（1）发生肺鼠疫、肺炭疽病例，一个平均潜伏期内病例数未超过 5 例，流行范围在一个县（市）行政区域以内 （2）腺鼠疫发生流行，在一个县（市）行政区域内，一个平均潜伏期内连续发病 10 例以上，或波及 2 个以上县（市） （3）霍乱在一个县（市）行政区域内发生，1 周内发病 10～29 例，或波及 2 个以上县（市），或市（地）级以上城市的市区首次发生 （4）一周内在一个县（市）行政区域内，乙、丙类传染病发病水平超过前 5 年同期平均发病水平 1 倍以上 （5）在一个县（市）行政区域内发现群体性不明原因疾病 （6）一次食物中毒人数超过 100 人，或出现死亡病例 （7）预防接种或群体预防性服药出现群体心因性反应或不良反应 （8）一次发生急性职业中毒 10～49 人，或死亡 4 人以下 （9）市（地）级以上人民政府卫生行政部门认定的其他较大突发公共卫生事件
一般突发公共卫生事件（Ⅳ级）	（1）腺鼠疫在一个县（市）行政区域内发生，一个平均潜伏期内病例数未超过 10 例 （2）霍乱在一个县（市）行政区域内发生，1 周内发病 9 例以下 （3）一次食物中毒人数 30～99 人，未出现死亡病例 （4）一次发生急性职业中毒 9 人以下，未出现死亡病例 （5）县级以上人民政府卫生行政部门认定的其他一般突发公共卫生事件

二、突发公共卫生事件的类别

突发公共卫生事件分类是一个比较复杂的问题，尚无一个公认的分类。根据事件的成因和性质，将其分为四类：重大传染病疫情、群体不明原因疾病、重大食物和职业中毒以及其他严重影响公众健康的事件。

1. 重大传染病疫情　某种传染病在短时间内发生、波及范围广泛，出现大量的病人或死亡病例，其发病率远远超过常年的发病率水平。比如 1988 年在上海发生的甲型肝炎暴发，2004 年青海鼠疫疫情，2014 年西非埃博拉病毒疫情等。

2. 群体不明原因疾病　在短时间内，某个相对集中的区域内，同时或者相继出现有共同临床表现的病人，且病例不断增加，范围不断扩大，又暂时不能明确诊断的疾病。如传染性非典型肺炎疫情发生之初，虽然了解到是一组同一症状的疾病，但对其病原体、发病机制、诊断标准、流行途径等认识不清，是群体性不明原因疾病的典型案例。

3. 重大食物和职业中毒事件　由于食品污染和职业危害的原因，而造成的人数众多或者伤亡较重的中毒事件。如 2002 年 9 月 14 日，南京市汤山镇发生一起特大投毒案，造成 395 人因食用有毒食品而中毒，其中死亡 42 人。2002 年初，保定市白沟镇苯中毒事件，箱包生产企业数名外地务工人员中，陆续出现中毒症状，并有 6 名工人死亡。

4. 其他严重影响公众健康事件　具有突发公共卫生事件的特征，针对不特定社会群体，造成或可能造成社会公众健康严重损害，但又不能归到前面三类中的事件。

（1）新发传染性疾病：狭义是指全球首次发现的传染病，广义是指一个国家或地区新发生的、新变异的或新传入的传染病。世界上新发现的新传染病中，有半数左右已经在我国出现，新出现的肠道传染病和不明原因疾病对人类健康构成的潜在危险十分严重，处理的难度也较大。

（2）群体性预防接种反应和群体性药物反应：是指在实施疾病预防措施时，出现免疫接种人群或预防性服药人群的异常反应。这类反应原因较为复杂，可以是心因性的、也可以是其他异常反应。

（3）重大环境污染事故：是指在化学品的生产、运输、储存、使用和废弃处置过程中，由于各种原因引起化学品从其包装容器、运送管道、生产和使用环节中泄漏，造成空气、水源和土壤等周围环境的污染，严重危害或影响公众健康的事件。如 2004 年 4 月，发生在重庆江北区某企业的氯气储气罐泄漏事件，造成 7 人死亡，15 万人疏散的严重后果。

（4）核事故和放射事故：是指由于放射性物质或其他放射源造成或可能造成公众健康严重影响或严重损害的突发事件。如 2011 年日本福岛第一核电站发生事故后，福岛县未成年人甲状腺癌发病率显著高于日本全国平均水平。

（5）生物、化学、核辐射恐怖事件：是指恐怖组织或恐怖分子为了达到其政治、经济、宗教、民族等目的，通过实际使用或威胁使用放射性物质、化学毒剂或生物制剂，或通过袭击或威胁袭击化工（核）设施（包括化工厂、核设施、化学品仓库、实验室、运输槽车等）引起有毒有害物质或致病性微生物释放，导致人员伤亡，或造成公众心理恐慌，从而破坏国家和谐安定，妨碍经济发展的事件。如 1995 年，发生在日本东京地铁的沙林毒气事件，造成 5510 人中毒，12 人死亡。

（6）自然灾害：是指自然力引起的设施破坏、经济严重损失、人员伤亡、人的健康状况及社会卫生服务条件恶化超过了所发生地区的所能承受能力的状况。主要有水灾、旱灾、地震、火灾等。如 2008 年，汶川地震造成约 7 万人死亡。

三、突发公共卫生事件流行病学调查的意义和重要性

（1）有助于全面了解各类突发公共卫生事件的基线资料，评价我国突发事件的流行趋势，深入认识突发事件的危害性。

（2）有助于从宏观的角度来把握突发事件在我国的流行特征，为突发事件的预防和应对提供科学依据。

（3）有助于各地区根据自身特点和实际情况，选择合适的预防策略、援救措施和应对预案，提高我国突发事件的预防和处理能力。

（4）有助于动态观察各个地区突发事件的发生频率和处理情况，评价各个地区突发事件的防治水平，进一步调整全国突发事件的应急工作。

知识点 14-1：突发公共卫生事件的定义、特点、分期、分级和类别

（1）突发公共卫生事件（emergency public health events）是指突然发生，造成或者可能造成社会公众健康严重损害的重大传染病疫情、群体不明原因疾病、重大食物和职业中毒以及其他严重影响公众健康的事件。

（2）突发公共卫生事件的特征：①突发性；②紧迫性；③群体性；④危害严重；⑤综合性治理；⑥新发事件不断。

（3）突发公共卫生事件的分期：①间期；②前期；③打击期；④处理期；⑤恢复期。

（4）突发公共卫生事件的分级：①特别重大突发公共卫生事件（Ⅰ级）；②重大突发公共卫生事件（Ⅱ级）；③较大突发公共卫生事件（Ⅲ级）；④一般突发公共卫生事件（Ⅳ级）。

（5）突发公共卫生事件的类别：①重大传染病疫情；②群体不明原因疾病；③重大食物和职业中毒事件；④其他严重影响公众健康事件。

第二节　突发公共卫生事件的评估

近年来，公共卫生事件、自然灾害、事故灾难、社会安全事件等各类突发事件频发，对公共卫生安全构成严重威胁，卫生应急管理和决策的复杂性和难度日益增加。风险评估是卫生应急管理的重要环节。及早发现、识别和评估突发事件公共卫生风险，对有效防范和应对突发公共卫生事件具有重要意义。

为了贯彻落实《中华人民共和国突发事件应对法》中建立重大突发事件风险评估体系的要求，2012 年 2 月卫生部印发《突发事件公共卫生风险评估管理办法》并提及建立统一的风险评估体系，并首次对突发公共卫生事件风险评估的方法作出指导性建议，该办法体现突发公共事件管理中的预防控制意识，更具科学性。四种风险评估方法分别是专家会商法、德尔菲法、风险矩阵法和分析流程图法。

一、突发公共卫生事件风险评估的种类

目前，国内外突发公共卫生事件风险评估主要包括重大传染病、急性物理化学性暴露、食源性疾病和大型活动风险评估。

1. 重大传染病　此类风险评估趋向于涵盖生物学、社会学和经济学的综合评价，已有研究多在历史数据和实地调查基础上，通过德尔菲法、头脑风暴法、专家评分法等建立风险评估指标体系，确定指标权重，采用综合评分法或层次分析法建立疾病发生风险综合评价模型。

2. 急性物理、化学性暴露　本类研究涉及危险品的种类、理化性质及其存在形态、暴露时间和暴露浓度，多采用定性与定量分析相结合方式进行风险评估。如黄德寅等建立了有毒物质职业

暴露健康风险评估半定量风险矩阵分析法，对有毒物质职业暴露危险等级及暴露等级进行评价，计算其风险水平。也有研究采用数学模型建立有毒物质扩散、传播和消减的风险模型，如高斯模型、半球扩散模型、重气云扩散模型。此外，还有学者采用数据挖掘技术、区域环境风险评估和模糊神经网络开展急性物理、化学性暴露的风险评估研究。

3. 食源性疾病　此类风险评估多通过流行病学研究、毒理学研究、体外实验等收集充足信息，建立暴露剂量与不良反应的模型，对暴露于某特定风险源的人群可能出现的不良影响进行估算，提出相应风险应对策略。定量微生物风险评估是食源性疾病风险评估的主要方法，其主要是模拟食物链中因食品消费引起致病菌感染的可能性，确定食物链中可采取的应对措施，并对各种措施效果进行评估。

4. 大型活动　此类风险评估主要是识别一定时期、一定区域内可能存在的所有风险及其特征。此类研究多采用风险矩阵法，如杨军对青岛奥帆赛期间病媒生物危害与相关疾病发生风险的预测研究，聂燕敏对北京奥运会期间突发化学中毒事件风险评估的研究，卢慧敏对上海市卢湾区世博会期间公共卫生风险的预测分析。

二、突发公共卫生事件风险评估的过程

在国家标准化管理委员会发布的风险管理标准中，风险评估包括风险识别、风险分析和风险评价 3 个步骤。

1. 风险识别　风险识别是发现、列举和描述风险要素的过程，其要素包括来源或危险源、事件、后果和概率。风险识别是风险分析的前提，主要涉及历史数据、技术分析、专家意见和利益相关者的需要。风险识别的过程包括筛选、监测和诊断 3 个环节。常用的风险识别方法包括风险损失清单法、现场调查法、流程图法、因果图法、事故树法和幕景分析法。此外，还可以用头脑风暴法和德尔菲法开展风险识别工作。

2. 风险分析　风险分析是认识风险属性并确定风险水平的过程，即通过分析比较用于确定风险的发生可能性、后果严重性和脆弱性的相关资料，得出风险要素的风险水平。风险分析也是在风险识别的基础上，对损失概率和损失程度进行量化分析的过程。按风险分析的目的和数据类型，分析可被分为：定性分析、半定量分析、定量分析或以上方法的组合。通常情况下，首先采用定性分析初步了解风险等级，识别主要风险，然后再开展半定量、定量或组合分析。对于定性风险资料，可采用权重对其进行量化，权重系数可依据专家意见确定。对于定量风险资料，主要是采用概率论与数理统计知识，研究风险事件的发生概率和所致损失。

3. 风险评价　风险评价是在风险识别和风险分析的基础上，将风险与给定的风险准则比较，以确定风险的严重程度并做出决策。在此过程中，需要回答“怎样才算安全”、“什么样的风险可以接受”、“什么样的风险必须采取措施”等关键问题。常用的风险评价方法包括：

（1）风险度评价：对风险事故造成损失的概率或者损害的严重程度进行综合评价；

（2）核查表评价：将评价对象按重要性打分，同时按照评价对象实际情况打分，综合两次得分评估风险因素的风险度和风险等级；

（3）优良可劣评价：根据以往风险管理经验和风险状况对风险因素列出全部检查项目，并将每个检查项目分成优良可劣若干等级，由风险管理人员和操作人员共同确定检查单位的风险状况；

（4）单项评价：风险管理单位列举各个项目可能造成风险的判断标准，凡有对象符合其中 1 项或 1 项以上的标准，就列为风险管理的工作重点；

（5）直方图评价：采用直方图直观反映数据分布情况，通过观察直方图形状判断风险单位是否存在异常状态，并通过直方图取值范围与参考标准作比较，判断风险因素是否存在风险隐患；

（6）风险矩阵法：由有经验的专家对确定的风险因素的发生可能性和后果的严重性，采用定量与定性相结合的分析方法，进行量化评分，用矩阵中的行表示风险发生可能性，用列表示风险

危害性，将评分结果列入二维矩阵表中进行计算，最终得出风险发生的可能性、后果的严重性，并最终确定风险等级，等级越高表明风险影响越大。

知识点 14-2：突发公共卫生事件风险评估的过程、常用的风险评价方法

（1）突发公共卫生事件风险评估的过程：①风险识别；②风险分析；③风险评价。

（2）常用的风险评价方法：①风险度评价；②核查表评价；③优良可劣评价；④单项评价；⑤直方图评价；⑥风险矩阵法。

第三节　突发公共卫生事件的处理

案例 14-2

2015 年 5 月 16 日下午，西安 28 名儿童先后出现疑似食物中毒症状，后得知孩子们都食用了一家被称作“鲜奶吧”制作的冰淇淋。多名家长反映孩子吃了同一家“鲜奶吧”的冰淇淋后出现呕吐、腹泻、高烧等症状，这些孩子都是铁五小的学生，有不同年级和不同班级的。随后，家长向辖区派出所、食药监局及卫生部门举报。随后几天，不断有家长反映类似的情况。

问题：

（1）上述案例可以认定是食物中毒的暴发吗?

（2）食物中毒的暴发调查应该包括哪些方面的工作?

近年来突发公共卫生事件发生的频率和危害程度的增加，使得政府意识到加快建设和完善突发公共卫生事件应急反应机制的重要意义。为有效预防、及时控制和消除突发公共卫生事件对公众健康造成的危害，保障公众身心健康与生命安全，国家制定了突发公共卫生事件应急预案的四条工作原则：一、预防为主，常备不懈。提高全社会对突发公共卫生事件的防范意识，落实各项防范措施，做好人员、技术、物资和设备的应急储备工作。对各类可能引发突发公共卫生事件的情况要及时进行分析、预警，做到早发现、早报告、早处理。二、统一领导，分级负责。根据突发公共卫生事件的范围、性质和危害程度，对突发公共卫生事件实行分级管理。各级人民政府负责突发公共卫生事件应急处理的统一领导和指挥，各有关部门按照预案规定，在各自的职责范围内做好突发公共卫生事件应急处理的有关工作。三、依法规范，措施果断。地方各级人民政府和卫生行政部门要按照相关法律、法规和规章的规定，完善突发公共卫生事件应急体系，建立健全系统、规范的突发公共卫生事件应急处理工作制度，对突发公共卫生事件和可能发生的公共卫生事件做出快速反应，及时、有效开展监测、报告和处理工作。四、依靠科学，加强合作。突发公共卫生事件应急工作要充分尊重和依靠科学，要重视开展防范和处理突发公共卫生事件的科研和培训，为突发公共卫生事件应急处理提供科技保障。各有关部门和单位要通力合作、资源共享，有效应对突发公共卫生事件。要广泛组织、动员公众参与突发公共卫生事件的应急处理。

一、突发公共卫生事件的现场调查

（一）暴发调查

突发公共卫生事件常以疾病暴发或聚集性疫情的形式出现。暴发不仅见于传染病，也常见于非传染性疾病，如农药中毒、维生素缺乏病等。疾病暴发是指在某局部地区或集体单位中，短时间内突然出现异常增多、性质相同的病例，在采取有效控制措施后，病例迅速减少。

暴发调查（outbreak investigation）是指对局部地区或集体单位，在短时间内突然发生较多同类的事件所进行的调查。暴发调查是突发公共卫生事件流行病学研究的起点，也是处理好某一具体突发事件的关键一步，决定着后继工作的成败与否。突发事件的性质不同调查方法不同，调查的手段、内容和侧重点也均存在差异。

1. 疾病暴发调查的步骤　疾病暴发通常起初原因不明且发展迅速，欲对其进行有效的控制需要获得及时、真实和足够的信息。全面、深入的暴发调查是整个工作的关键。暴发调查是突发公共卫生事件调查研究的基本形式之一，其一般程序如下：

（1）确定暴发的存在：疾病暴发的信息最初可能来自基层医疗单位、流行病学监测点、防疫机构常规和紧急报告；或来源于实验室、药房、兽医站；还有可能首先被教师、居委会主任等人员发现。防疫工作者接到暴发信息后，必须仔细核查信息的真实性，排除疫情被人为地夸大或缩小。此时可从3个方面入手：

1）尽快从多个渠道收集信息，将不同来源的信息进行比较。

2）及时向发病单位的领导、医生和卫生员等详细了解有关情况。

3）派遣经验丰富的公共卫生医师进行快速的现场访问，根据临床特征，结合实验室检查判断暴发信息确凿性。

如果经确认暴发信息不真实，应立即向公众澄清事实，以免引起不必要的恐慌。一旦认定暴发属实，接下来就要初步分析暴发的总体形势，分析疾病的性质和严重程度，分析暴发影响的范围、发病人数、受暴发威胁的人数。根据对形势的初步推断，紧急做好暴发控制准备和组织工作。

（2）准备和组织：周密的准备和组织对突发公共卫生事件发生原因的调查和暴发的控制起很重要的作用。

1）人员组织：立即成立现场调查组赶赴现场，调查组人员由相应的各专业人员参加，一般包括流行病学、微生物学、环境卫生学以及其他相关专业工作者。现场调查组应有负责人，组织和协调整个现场的调查工作。

2）物资筹备与后勤供应：必须在较短时间内准备现场应用的必需资料和物品，一般包括调查器材、采样设备、检测试剂、现场通讯器材、个人防护用品和宣传手册等。

（3）现场调查：现场调查是暴发调查的核心，其主要内容步骤如下：

1）安全预防：调查者在检查传染性强的病例、尸体解剖和个案调查时，首先应做好充分的安全防护工作，采取适宜的防护措施，但是不必要的防护措施将减慢调查进程，而且使花费大大增加。

2）发现病例：在发现病例的过程中，诊断标准十分重要，必须准确，只有诊断标准确立之后才能决定什么样的个体可纳入病例范畴。病例的发现可以从医疗单位报告、各监测点报告、电话调查、逐户问卷、学校和工厂缺勤调查、访问医院等途径查出，病例和疑似病例发现后，应积极进行救治和隔离，并追踪、保护和密切观察与患者有密切接触者。

3）采集标本：血清学检测和病原体的分离、鉴定对于探明暴发的原因有重要意义，病原体的查明有助于找到针对性的防治和控制措施，因此现场调查常常需要采集标本。视疾病性质，可选择患者的各种分泌物、血液、体液和组织为标本。标本的抽样应具有代表性，以便于进行有意义的统计学比较。若怀疑为同源感染，除从人群中抽取样本外，还应从节肢动物、脊椎动物、水、食物和环境等可疑来源中采样。标本获得后必须储存在低温、密闭、吸水性能好的特定工具盒内，装有传染性物质的包裹应用特殊标签表明，标本运输应严格执行法定程序。

4）个案（例）调查：对单个疫源地或单个病例的调查，目的是调查暴发的“来龙去脉”，了解病例是怎样被传染的，是否为输入性病例。调查患者的活动、饮水、饮食、动物接触和各种危险因素暴露史，有利于发现可疑线索，提出最初的病因假设。

5）探索传染源和传播途径：通过法定程序的卫生学调查，可以逐步探明此次暴发的传染源和传播途径。如了解疾病的三间分布，计算疾病的潜伏期，检测水源、食物和饮料污染情况，监测环境卫生状况，分析气候条件，观察媒介动物和宿主动物的种群、密度和带菌率变化，对比各种试验性控制措施的效果，进行动物实验等。

6）在调查的同时，应根据调查结果及时地修订或补充措施。

（4）资料整理：在进行调查的过程中，应及时整理和分析最新收到的临床、现场和实验室检查资料。通过描述性分析，有利于阐明突发公共卫生事件的分布特征，了解突发公共卫生事件的有关因素，为病因的假说提供依据。综合分析调查结果，结合既有的知识和经验，查明暴发的病原体、传染源和传播途径。据此采取综合的防治措施，则能尽快将疫情扑灭。

（5）形成事件原因的假设：通过疾病的发病和流行过程，疾病的三间分布、暴露日期的推定及实验室资料的综合分析结果，并结合既有的知识和经验，常能查明突发的原因、传染源和传播途径，据此提出有关病因或引起疾病突发和流行的假设。在形成初步假设的基础上，进一步深入现场做调查研究，检验初步假设的正确与否。

（6）提出预防和控制措施：突发公共卫生事件的调查应自始至终同步进行控制和处理突发事件。随着调查的不断深入，应及时调整控制措施，直至事件的平息。在实施预防和控制措施时，要严格遵守《突发公共卫生事件应急条例》的有关规定和要求。

（7）确认暴发终止：如何确定暴发的终止，不同类型疾病的判断方法有所不同：

1）人与人直接传播的疾病：病原携带者全部治愈，渡过一个最长潜伏期后，没有新病例发生，就可以宣告暴发终止。

2）同源性疾病：污染源得到有效控制，病例不再增多，则认为暴发终止。

3）节肢动物传播的疾病：经过昆虫媒介的最长潜伏期和人类最长潜伏期总和后，没有新病例发生，表明暴发终止。

（8）总结报告：调查结束后，调查者应尽快将调查过程整理成书面材料，记录好暴发经过、调查步骤和采取的控制措施及其效果，并分析此次调查的得失。总结报告要认真、全面、准确、实事求是，成功的经验及值得借鉴之处，应及时上报并力争发表，使得所有公共卫生人员都能受益。

2. 暴发调查应注意的几个问题

（1）暴发调查自始至终必须同步进行暴发控制，暴发控制才是现场行动的真正目的。

（2）暴发调查既应运用法律武器，获得法律支持，又应接受法律的制约和限制。法律赋予了流行病工作者调查疾病暴发的权利和公众合作的义务。

（3）暴发调查应讲究工作方法，争取各个部门的协作，获得群众的支持，消除有关人员的顾虑，稳定公众的情绪，方能保证调查工作顺利进行。

（4）在暴发调查进行过程中，还应不断向上级卫生行政和业务部门汇报疫情。

（5）不时地解答群众的疑虑，消除群众的误解。

（二）灾害和事故调查方法

灾害调查是指针对以自然因素或人为因素造成的灾害而引发的突发公共卫生事件的调查。以灾害和事故为主的突发事件的调查方法与暴发调查有相似之处，但也略有不同，灾害的原因相对比较明确，因此调查的重点是发现受害者，估计危害程度，预测卫生需求。灾害调查的步骤如下：

1. 核实信息 一般情况下，灾害的信息是比较准确的，但有时可能存在夸大或掩盖的现象，作为负责流行病学现场调查的人员在接到有关信息后，应立即派出工作人员对灾害现场进行快速侦察，一方面确认灾害是否导致了突发公共卫生事件发生，另一方面对事件的性质、程度及事发地区的基本特征进行初步了解。

2. 工作准备 灾害调查的特点是现场比较混乱，参与的部门和人员较多，而且各种基础设施也可能受到破坏，因此充分的组织和物质准备非常必要，调查组何时进入现场需要得到指挥中心的通知和许可，调查计划和组织形式需要向指挥中心报告，灾害发生后现场仍有可能存在危险因素，应做好个人防护。

3. 现场调查

（1）病例调查：对已经发现的病例实施边救治边调查，调查的内容主要是临床表现和个人基本特征，区分直接伤害和间接伤害，为进一步发现病例，以及伤害的救治和预防提供科学依据。如果灾害造成的伤病不具有传染性，病例调查可以采用抽样的方法对部分病例进行调查。

（2）基础信息调查：主要包括灾害影响的区域范围、人口数量、地理位置、基础设施、交通、通信、气候特点、自然环境、生活习惯、卫生状况、主要经济活动和水平等。

（3）事件信息调查：主要包括伤亡人数、失踪人数、需要救护人数、需要提供卫生服务的人数、当地居民生活保障（清洁饮水、食物、住所、衣物等）及环境卫生状况（垃圾、污染物、人及动物尸体的处理）、社会反应及公众情绪、人口流动及转移的数量与方向、继发伤害及传染病流行的危险性等。

（4）医疗救护信息调查：当地医疗卫生设施的基本情况、灾害中受损情况、能够提供卫生服务的能力（医务人员、医疗设施、药品器械）、医疗救护措施、预防继发灾害及传染病流行的措施、有关措施的效果及存在的问题、需要紧急援助与支持的内容等。

（5）资料分析：资料分析的主要内容有评估事件造成的危害和影响、估计需要提供的卫生服务内容和需求量、评价目前当地能够提供卫生服务的能力和需要提供的援助、考核采取的对策与措施的效果、预测灾害发展的趋势及传染病流行的危险性。

（6）总结报告：与暴发调查类似，当事件宣布终止，参与调查的工作人员应当做好总结，完成工作报告和技术报告，为今后类似事件的处理积累宝贵的经验。

二、突发公共卫生事件现场处理

1. 医疗救护　严重的突发公共卫生事件会造成大量传染病患者或伤员，因此在突发公共卫生事件发生的最初，最紧迫的任务就是进行及时的诊断和救治。突发公共卫生事件的伤亡处理主要包括3个阶段，即现场急救、医院接收治疗和必要时将患者转送其他医院。

如果是传染性疾病暴发，应组织专门的救护力量，设置定点医院对病人进行隔离治疗。根据临床表现一般将病人分为确诊病例和疑似病例两类，分别采取不同的治疗和管理措施。值得一提的是，在处理病因未明疾病暴发时，要充分注意对医护人员的安全防护。必要的情况下，需要对与患者有密切接触的医护人员进行隔离，对收治患者的定点医院进行封锁。

2. 公共卫生管理　在救治病员的同时，搞好紧急情况下的公共卫生管理，有助于防止疫情的蔓延或发生。常规的公共卫生管理工作包括保证供水安全，增加余氯量和水压，当水源可能被污染时，应积极寻找备用水源检测餐具、厨具，监督食品加工者的个人卫生，搞好食品原料的防鼠、防虫和防霉变工作，使用杀虫剂消灭蚊、虫等传媒介质，对公共场所进行消毒，修建临时厕所、提供洗手、沐浴等基本卫生设备，设立临时垃圾处理场，清理废品、垃圾和各种散落在环境中的有毒物质，焚烧或掩埋动物尸体加强疫苗接种，保护体弱多病者。如果出现重大传染病疫情，应采取一些特殊措施来切断传播途径，防止传染源扩散和保护高危人群。突发公共卫生事件应急处理指挥部有权采取以下特殊措施：临时放假，关闭公共场所，暂停或延迟公共活动，控制人员流动，加强出入境检疫，封锁疫区，发放预防药物、防护设备，以及执行隔离、观察制度等。

3. 稳定群众情绪　突发公共卫生事件发生后，尤其是病死率较高的疾病暴发会造成群众心理恐慌。因此，要防止谣言，正确引导舆论，及时发布疫情信息，同时解释群众疑问，指导群众做好个体防范，以稳定群众情绪，为救援或防制工作创造良好氛围。

4. 寻求合作和援助　所有地区和国家发生突发公共卫生事件时必须尽量依靠自己的力量来完成救援工作，但当本地力量和技术有限时，积极争取周边地区和国家的援助十分有必要。若国内外同时出现重大疫情时，及时取得WHO和其他各国的合作，不仅有利于沟通信息，协调国与国之间的防治工作，而且有利于吸取他国经验，利用他国研究成果，以提高本国工作效率。

5. 善后处理 一次突发公共卫生事件过后，医疗物资的耗费，金融贸易的停滞，社会秩序的混乱，工厂的减产，家庭结构的破坏，均会引起巨大的直接和间接损失。因此，必须认识恢复和重建工作的极端重要性。事件平息后，卫生部门所要做的工作是迅速恢复和重建遭受破坏的卫生设施，提供正常的卫生医疗服务；搞好受害人群躯体伤害的康复工作，预防和处理受害人群的心理疾患，并对突发公共卫生事件的处理情况进行评估，对参加应急处理做出贡献的先进集体和个人进行联合表彰，对在突发公共卫生事件的预防、报告、调查、控制和处理过程中，有玩忽职守、失职、渎职等行为的，依法追究当事人的责任，同时对因参与应急处理工作致病、致残、死亡的人员给予相应的补助和抚恤。

知识点 14-3：暴发调查的定义、疾病暴发调查的步骤、突发公共卫生事件的现场处理

（1）暴发调查（outbreak investigation）是指对局部地区或集体单位，在短时间内突然发生较多同类的事件所进行的调查。

（2）疾病暴发调查的步骤：①确定暴发的存在；②准备和组织；③现场调查；④资料整理；⑤形成事件原因的假设；⑥提出预防和控制措施；⑦确认暴发终止；⑧总结报告。

（3）突发公共卫生事件的现场处理：①医疗救护；②公共卫生管理；③稳定群众情绪；④寻求合作和援助；⑤善后处理。

第四节 突发公共卫生事件的预防

案例 14-3

2015年1月16日傍晚5点多钟，江苏省高邮市某小区有20多名群众吃了路边摊上的烧饼后，陆续出现呕吐、腹泻等不同程度中毒现象。中毒的市民大都是在附近工厂上班的工人，由于晚上要加班，不少工人吃点烧饼充饥，最小中毒者仅8个月大。事发后，120急救中心将这些疑似中毒病人送往市区医院抢救。经卫生部门检验和医院诊治，这些患者初步被认定为亚硝酸盐中毒。

问题：

（1）为了减少此类食物中毒事件的发生，政府管理部门应该采取怎样的预防措施？

（2）突发公共卫生事件的应急准备应该包括哪些内容？

（3）举例说明我国应对突发公共卫生事件制定的政策有哪些？

一、突发公共卫生事件的监测、预警与报告

突发公共卫生事件具有高度不确定性，包括发生时间、范围、强度等不可完全预测，因此，要在规范的日常基本卫生信息监测中加以预警；事件一旦发生，其演变迅速，不仅对人们健康、精神造成极大的危害，还可能给经济、政治方面带来影响，因此，需要对事件处置和演变的全过程加以监测，以及时提供准确的决策信息。监测贯穿着突发公共卫生事件应急管理的全过程。预警是监测的目的之一，只有科学、有效的对“苗头”突发公共卫生事件做出预警，才能及时、有效地应对，把突发公共卫生事件控制在萌芽状态，或不致造成危机，或最大限度地降低危机的危害程度。

（一）突发公共卫生事件监测

连续、系统地收集、分析和解释突发事件有关的公共卫生信息，包括突发公共卫生事件本身，并对突发公共卫生事件提出预警预报，使处在决策和应急岗位的人员及时掌握信息；突发公共卫

生事件发生期间，系统地收集、分析和解释对人们健康危害、其他负面影响情况，以及干预措施效果等信息，并及时地把分析和解释信息分发给应该知道的人，包括社区；突发公共卫生事件结束后，继续系统地收集与事件有关的信息，以总结经验教训，评价干预措施效果，为调整公共卫生政策和策略，增进人们健康行为服务。

目前我国建立了统一的突发公共卫生事件监测、预警与报告网络体系。各级医疗、疾病预防控制、卫生监督和出入境检疫机构负责开展突发公共卫生事件的日常监测工作。省级人民政府卫生行政部门要按照国家统一规定和要求，结合实际，组织开展重点传染病和突发公共卫生事件的主动监测。国务院卫生行政部门和地方各级人民政府卫生行政部门要加强对监测工作的管理和监督，保证监测质量。

（二）突发公共卫生事件预警

预警是指根据收集、整理的突发公共卫生事件相关信息资料，分析和评估事件发展趋势与危害程度，在事件发生之前或早期发出警报，以便相关责任部门及事件影响目标人群及时作出反应，预防或减少事件的危害。预警给人们提供事件可能发生的有效信息，指导有关部门和社会公众及时采取相应的防范措施，从而达到预防控制突发公共卫生事件的作用。

各级人民政府卫生行政部门根据医疗机构、疾病预防控制机构、卫生监督机构提供的监测信息，按照公共卫生事件的发生、发展规律和特点，及时分析其对公众身心健康的危害程度、可能的发展趋势，及时做出预警。

（三）突发公共卫生事件报告

任何单位和个人都有权向国务院卫生行政部门和地方各级人民政府及其有关部门报告突发公共卫生事件及其隐患，也有权向上级政府部门举报不履行或者不按照规定履行突发公共卫生事件应急处理职责的部门、单位及个人。

突发公共卫生事件责任报告单位要按照有关规定及时、准确地报告突发公共卫生事件及其处置情况。县级以上各级人民政府卫生行政部门指定的突发公共卫生事件监测机构、各级各类医疗卫生机构、卫生行政部门、县级以上地方人民政府和检验检疫机构、食品药品监督管理机构、环境保护监测机构、教育机构等有关单位为突发公共卫生事件的责任报告单位。执行职务的各级各类医疗卫生机构的医疗卫生人员、个体开业医生为突发公共卫生事件的责任报告人。

二、突发公共卫生事件的应急准备

突发公共卫生事件应急准备是一个长期发展的计划，其目的是增强国家和地区的抵抗力、接受力和恢复能力，用以有效地预防、处理各种突发公共卫生事件，便于受害地区从突发公共卫生事件中得到有序地过渡，恢复到持续发展。

突发公共卫生事件应急准备是一项经常性、涉及多部门的工作，是制定突发公共卫生事件管理计划，开展应对突发公共卫生事件项目（预防、缓解、准备、紧急处理、恢复和重建）的国家体系的一个组成部分。

（一）制定政策和法律，严格执行卫生法规

国家对突发公共卫生事件的重视最终必然体现在制定政策上，尤其是要通过立法，科学地构建应对和处理突发公共卫生事件的法律、法规体系，以规定处理突发公共卫生事件的组织领导、遵循原则和各项制度、措施，确认各级政府及有关部门、社会组织、团体和公民在应对突发公共卫生事件工作中承担的责任和义务。严格执行《中华人民共和国职业病防治法》、《中华人民共和国食品卫生法》、《中华人民共和国传染病防治法》、《突发公共卫生事件应急条例》等相关法律法规，切实履行职责，落实责任制。对工作不力、措施失当、造成损失的，依法追究有关当事人的责任。

（二）建立良好的卫生信息监测系统

发生突发公共卫生事件时，应及时收集事件相关信息，信息渠道不畅和信息报告不及时、不准确严重影响突发公共卫生事件的处理效率，为防范可能的突发事件，要进行日常性的监测，以利于及时发现事件产生的苗头及其发展趋势。鉴于信息监测系统对突发事件处理的重要作用，我们必须进一步明确突发事件的应急报告和信息公布制度，要把单纯的疾病监测信息服务发展到公共卫生监测信息服务。要建立相关技术支持平台，信息传递及反馈要高效、快捷，应急指挥信息系统要做到资源共享、运转正常、指挥有力。

2005 年 5 月 27 日，卫生部制定了《国家突发公共卫生事件相关信息报告管理工作规范（试行）》，进一步规范了突发公共卫生事件报告工作，2006 年 9 月 7 日卫生部修订了《突发公共卫生事件与传染病疫情监测信息报告管理法》。突发公共卫生事件信息系统建立的主要工作包括：设立监测点和建成监测点计算机网络；建立分类事件数据库和专家数据库；开发突发公共卫生事件信息处理和查询软件；制作门户网站；规范信息收集、整理和发布；强化各级人民政府、卫生部门、医疗机构、相关单位和个人的信息报告责任。突发公共卫生事件信息系统的建立应抓住国家卫生信息网建设的契机，充分运用互联网、地球地理信息技术、卫星遥感技术和全球定位系统等高科技手段。突发公共卫生事件网络直报系统，将会极大地提高疫情的及时性、敏感性和准确性。当前中国疾病预防控制中心正在努力推进我国突发公共卫生事件网络信息直报系统的建设、不断完善传染病疫情报告体制，以促进国家对传染性疾病暴发的统一预防和处理。

除进行日常监测、科学分析、综合评价监测数据外，还要监测一些重大传染病的动态演化趋势和社会公共卫生的总体状态变化。开展对突发事件的主动监测并及时预警，及时发现突发事件苗头及其发展趋势，以便在早期及时发现隐患、早期确定突发事件的性质和程度，在突发事件来临时为人们赢得一定的时机，及时制定、采取应对措施，减少突发事件带来的危害。对于突发事件的信息公布制度，要求政府公布信息要遵循及时主动、准确把握、实事求是、注重效果的原则，必须做到及时、准确、全面，让公众随时了解突发事件的发展动态，这样可以避免民众情绪失控，促进民众沟通。

（三）切实建立预警系统和机制

预警体系的建立就是要适时有效地捕捉异常的苗头事件，给人们提供事件可能发生的有效信息，指导有关部门和社会公众及时采取相应的防范措施。一些部门和地方的突发公共卫生事件预警能力不足是造成突发公共卫生事件得不到及时、有效处理的主要原因。因此，要求县级以上地方人民政府积极建立和完善预警系统，并确保其保持正常运行状态，对早期发现的潜在隐患、可能发生的突发公共卫生事件，应当及时报告。完备的预警系统集监测、预报、警报于一体，要求监测全面、预报准确、警报及时。2003 年北京市启用了新型公共卫生应急体系，在一个超大电子屏幕上，清晰地显现着北京地区各区域分布，若发生突发公共卫生事件，电子地图即迅速锁定事发地点，闪烁报警。

美国早期突发公共卫生预警系统的构思也可以作为我们的借鉴。在美国，公共卫生事件的监测预警系统按信息来源的不同可以分为两大类：一类以快速综合征验证计划（Rapid Syndrome Validation project，RSVP）系统为代表，主要收集临床医务工作者对病人症状的判断信息；另一类主要以疾病流行早期报告电子监测系统（the electronic surveillance system for the early notification of community based epidemics，Essence Ⅱ）为代表，收集病人寻求医疗过程中产生的一些数据和病人医学相关行为学的一些信息。

（四）危险评估

卫生部门必须对本国或本地区可能遭受的突发公共卫生事件的危险情况有一个清楚的了解。

该任务可由政府牵头，多部门参与，多学科合作，通过收集有关住房、生活条件、居住拥挤程度、基本卫生情况及地方病、自然疫源性疾病的信息或历史等，分析和预测发生灾害、事故和疾病暴发的可能性和危险性。同时卫生部门还应通过各专业机构所提供的资料评估基础设施（医院、卫生中心和行政管理用房等）受损的危险性及评价保证这些机构正常工作的命脉系统，诸如供水、供电、通讯运输等体系的应急处理能力与措施，并充分估计组织方面和物质方面尚存的薄弱环节。

（五）加强物资储备，保障应急体系的有效运行

突发公共卫生事件发生前做好物资特别是医疗器械、特效药物和疫苗的储备，才能保证在发生大规模食物中毒、疾病暴发或生物恐怖袭击时不出现慌乱。目前，我国已建立了包括 8 个中央级物资储备库的救灾物资储备网络，存储了大量应急物资，民政部还计划进一步扩充中央库数量，并适当增加储备物资总量和品种。

（六）教育培训

教育培训包括两个方面：一是培训专职人员，加强应急医疗卫生救治队伍和培训基地建设，不断提高应急救治能力；二是教育群众，强化群众对突发公共卫生事件的预防和规避意识。突发公共卫生事件处理失败在很大程度上是由于不同部门之间的不协调以及卫生保健和公共卫生人员缺乏专门训练所造成，要按照国务院有关部门制定的应急医疗卫生救治管理规范，加强技术培训和应急演练，培养医护人员全心全意为患者服务的理念。专职人员的训练有利于提高对突发公共卫生事件的反应速度，提高紧急救援的工作水平有利于队员明确总任务和任务的分派，从而相互配合，提高对应急预案的执行水平。培训的内容有急救、搜索营救的专门技术和现场的公共卫生处理等。培训的途径有坚持制度化的连续培训、本科及研究生阶段或通过继续教育由多种机构组织的学术培训，多机构参与的模拟演习。公众教育的目的是通过充分利用电视、广播、报纸、互联网等多种形式对社会公众广泛开展突发公共卫生事件应急知识的宣传，指导群众以科学的态度对待突发公共卫生事件，消除恐慌心理，提高遵守有关法律法规的意识和自我防范的能力，以利于组织和动员社会公众广泛参与，有效应对突发公共卫生事件。

（七）组织体系建设

突发公共卫生事件的有效处置需要各政府部门与卫生应急机构之间有良好的协作。通过转换政府职能，建立合理的公共财政体系，建立以社区为主的社会基层结构，以及各级政府设立公共卫生应急机构来完善组织体系建设。只有事先建立健全的突发公共卫生事件处理组织体系才能对突发事件迅速反应。2006 年 2 月 26 日，我国发布了《国家突发公共卫生事件应急预案》，从制度上加强了机构建设的保证。该预案中明确了突发公共卫生应急处理的组织体系。从中央到地方都要设立直属政府领导的公共卫生应急办公室，在突发事件应急机制建设的系统工程尚未基本建成之前，针对所需，负责某些优先事项和全局事项。在突发事件到来之际，迅速转成突发公共卫生事件应急指挥中心。

我国政府设立由国务院和军队有关部门组成的全国突发公共卫生事件应急处理指挥部，总指挥由国务院主管领导人担任，负责对全国突发公共卫生事件应急处理的统一领导、统一指挥。国务院卫生行政主管部门和其他有关部门，在各自的职责范围内做好突发公共卫生事件应急处理的有关工作。全国突发公共卫生事件应急处理指挥部对地方突发公共卫生事件应急处理工作进行督察和指导，省、自治区、直辖市突发公共卫生事件应急处理指挥部对本行政区域内突发公共卫生事件应急处理工作进行督察和指导；同时在国务院卫生行政部门设立卫生应急办公室（突发公共卫生事件应急指挥中心），负责全国突发公共卫生事件应急处理的日常管理工作；根据应急工作需要，成立专家咨询委员会以及应急处理专业技术机构。

（八）制订应急计划（预案）

突发公共卫生事件应急预案是指面对可能发生的突发事件，如自然灾害、重特大事故、环境公害及人为破坏，而事先拟定的应急管理、指挥、救援和干预计划。制定突发公共卫生事件应急预案，对于有序处理突发公共卫生事件至关重要。要制定切实可行的应急预案，当突发事件发生时能及时启动预案，实施应对措施，减少突发事件造成的危害，并对突发事件进行跟踪监测，掌握其变化情况，对可能出现的问题及趋势及时发布预警。完善的应急预案是突发应急处置工作顺利开展的依据。

我国《国家突发公共卫生事件应急预案》中对突发公共卫生事件的分级、应急组织体系及职责、突发公共卫生事件的应急反应和终止等原则已有规定，因此，基层组织拟定突发公共卫生事件应急预案时应与《国家突发公共卫生事件应急预案》的总框架衔接，同时要符合各地可能发生的突发公共卫生事件的特点。应该把重点放在对突发事件的应急处理的准备和响应方面。

应急准备包括：机构与职责；应急设备设施与物质；应急人员培训；预案演练；公众教育等。

应急响应原则包括：现场指挥与控制；警报与发布（应急救援迅速启动的关键）；应急救援的事态监测对风险的全面评估，以便升高或降低应急警报级别及采取相应对策评估；应急救援的人员疏散与安置；警戒与治安，保障现场秩序；应急救援中的医疗与卫生服务，及时提供应急需要的医疗设备和急救药品；应急救援行动的原则应是优先确保公众和应急救援人员的安全，严禁冒险指挥，防止造成次生灾害；在重大事故中应明确应急过程中的媒体及公众发言人，其责任是负责与公众和新闻媒体的沟通，向公众和社会发布准确的事件信息、澄清事件传言，以及公布政府已采取的措施。

2003 年 4 月国家出台了《应急反应机制规划》，作为我国应对诸如疾病暴发等突发公共卫生事件的总预案。该规划的目标是构建国家应急反应机制，建立起组织协调有力、决策科学有效、能集中领导与动员社会各方力量共同参与的精干高效的突发公共卫生事件指挥体系，形成一个能够贯通国家、省、地（市）、县（区）、乡（镇）的监测信息平台，及时预报、预测、预警突发公共卫生事件，建立一支反应迅速、机动灵活、装备精良、业务过硬的应急反应队伍；加强并完善突发公共卫生事件应急反应的技术支撑体系，全面提升国家应对突发公共卫生事件的快速反应和应急处理能力。

（九）科学研究

全面提高突发公共卫生事件的预防和处理水平，还有赖于加强突发公共卫生事件相关学科建设，如加强预测和预报研究，加强各种伤病的治疗研究，尤其是要加强突发公共卫生事件的流行病学研究，摸清事件发生发展的规律，为有针对性地进行预防和处理提供科学依据。充分有效利用各种卫生资源，整合科研力量，实行联合科技攻关，加强对突发公共卫生事件的发生规律、 监测预警、 预防控制等方面的研究，为突发公共卫生事件应急处理提供技术支持。

国家应有计划地开展应对突发公共卫生事件相关的防治科学研究，包括现场流行病学调查方法、实验室病因检测技术、药物治疗、疫苗和应急反应装备、中医药及中西医结合防治等，尤其是开展新发、罕见传染病快速诊断方法、诊断试剂以及相关的疫苗研究，做到技术上有所储备。同时，开展应对突发公共卫生事件应急处理技术的国际交流与合作，引进国外的先进技术、装备和方法，提高我国应对突发公共卫生事件的整体水平。

（十）监督评价

监督和评价是为了判断应急准备计划的制订和执行的好坏，以及提出有待改进的地方。监督和评价内容包括评价突发公共卫生事件准备工作、督察对缓解措施的落实情况、监督培训和教育项目的开展。

知识点 14-4：突发公共卫生事件应急准备的内容

突发公共卫生事件的应急准备：①制定政策和法律，严格执行卫生法规；②建立良好的卫生信息监测系统；③切实建立预警系统和机制；④危险评估；⑤加强物资储备，保障应急体系的有效运行；⑥教育培训；⑦组织体系建设；⑧制订应急计划（预案）；⑨科学研究；⑩监督评价。

案例 14-1 分析讨论：

（1）可以。该案例描述的 H7N9 流行情况，具有发生时间短、蔓延速度快、波及人群多、危害重大等表现，符合突发公共卫生事件的特点。

（2）该案例具备了突发性、紧迫性、群体性、危害严重等突发公共卫生事件的基本特征。

（3）除了传染病疫情引发的突发事件，其他如重大食物和职业中毒，新发传染性疾病，群体性预防接种反应和药物反应，重大环境污染事故，核事故和放射事故，生物、化学、核辐射恐怖事件，重大自然灾害以及群体性不明原因的疾病，均会引起突发公共卫生事件。

案例 14-2 分析讨论：

（1）可以。该案例描述的是在同一单位、较短时间内、发生了多例症状相识的病例，且有共同的暴露因素，可以认定为食物中毒的暴发。

（2）食物中毒的调查对象应包括病人、与病人共同进餐而没有发病的人、与病人有密切接触的人（如病人家属、同事、同学等）、与可疑食物生产、加工、制作相关的人等。

调查工作包括：①调查前准备工作；②人群的流行病学调查；③食品的卫生学调查；④食物中毒样本的采集；⑤实验室检测；⑥资料分析和调查结论等。

案例 14-3 分析讨论：

（1）预防措施：①树立危机意识，加强日常应急管理，做好应急法制、预案等方面的建设；②把应急预案列入日常工作，采取有力措施，推动预案的实施；③建立和完善应急管理机构；④加强卫生应急检测预警；⑤开展卫生应急知识宣传教育，由政府应急向全民应急转变。

（2）突发公共卫生事件的应急准备包括以下几个方面：①制定政策和法律；②建立信息系统；③建立预警系统；④危险评估；⑤物资储备；⑥教育培训；⑦机构建设；⑧制定预案；⑨科学研究；⑩监督评价。

（3）《中华人民共和国职业病防治法》、《中华人民共和国食品卫生法》、《中华人民共和国传染病防治法》、《突发公共卫生事件应急条例》、《国家突发公共卫生事件相关信息报告管理工作规范（试行）》、《突发公共卫生事件与传染病疫情监测信息报告管理法》。

（庄　勋）

第十五章　伤害流行病学

案例 15-1

世界卫生组织（WHO）统计：伤害每年导致全球 500 多万人死亡和更多人的残疾，为大多数国家居民的前 5 位死亡原因之一，而青少年约占半数，是 1～14 岁儿童的首位死因。其中道路交通伤害是一个重要而不容忽视的问题，根据 75 个国家向 WHO 提交的死亡统计数据：全球每年大约有 120 万人死于道路交通事故，每天有 3242 人死亡，而受到交通事故伤害的人数高达 5000 万，相当于全球 5 个最大城市人口的总和，主要影响包括穷人在内的道路安全弱势群体。半数以上的道路交通事故罹难者是 15～44 岁的青壮年，而他们正是家庭经济的重要支柱。中低收入国家道路交通伤害的经济成本达到其国民生产总值的 1%～2%，已远远超过这些国家所接受的国外援助总和。如果不加以控制，WHO 根据全球疾病流行趋势预测：到 2020 年道路交通伤害预计将成为全球疾病与伤害负担的第三位原因。伤害导致的伤残调整寿命年（DALY）损失占各类疾病总损失的 12.4%（在各种伤害中，道路交通意外、跌落、自杀或自伤等所造成的 DALY 损失最多）。我国每年约有 70 万～80 万人死于各种伤害，占死亡总数的 11%，居死因顺位第 5 位。而且，每年需急诊和住院治疗的伤害患者估计可能超过 2000 万人。

问题：

（1）何谓伤害？如何分类？

（2）如何预防控制伤害的发生？

伤害是一个全球性公共卫生问题，是威胁人类健康的主要问题之一。据世界卫生组织（WHO）估计，从 1990～2020 年，全世界由伤害造成的死亡将会增加 65%，达到 840 万。伤害由于其高发生率和高致残率消耗着大量的卫生资源，给社会经济、家庭和个人都造成了不可估量的损失，并且伤害与传染性疾病、慢性非传染性疾病一起构成了危害人类健康的三大疾病负担，其预防和控制越来越受到世界各国的重视。

伤害流行病学（injury epidemiology）是运用流行病学原理和方法描述伤害的发生频率及其分布，分析伤害发生的原因及危险因素，提出干预和防制措施，并对措施效果做出评价的一门流行病学分支学科。伤害流行病学研究的主要目的是确定伤害的重点种类，阐明分布，探讨因果关系，制定防制策略，并评价其效果。

第一节　概　　述

一、伤害的定义

（一）伤害“直观”的定义

伤害的英文 injury 来自拉丁语 in juris，本意为“不正确（not right）”，其含义为损伤、伤害或丧失，可以理解为“造成了人体的损伤或功能丧失”。伤害“直观”的定义：损伤、损害或丧失之意。即造成了人体的损伤或功能丧失。

（二）伤害“物理学”的定义

所有的伤害都是以能量的异常转移为特征的；在某些情况下，正常的能量转移被干扰时也可能引发伤害（如溺水或冻伤等）。美国疾病预防控制中心（CDC）给伤害“物理学”的定义为：由于运动、热量、化学、电或放射线的能量交换，在机体组织无法耐受的水平上，所造成的组织损伤或由于窒息而引起的缺氧称为伤害。该定义是以躯体组织损伤和机能障碍为标准进行界定的，它为世界各国的伤害研究提供了一个相对固定的标准定义，使得不同地区和人群的伤害研究可以进行比较，因此应用较为广泛。

（三）伤害“较完整”的定义

随着伤害研究的逐步深入，渐渐发现伤害不仅可以造成躯体损伤和功能障碍，也可以造成精神创伤和心理障碍。上述美国 CDC 的伤害定义无法反应伤害造成的精神损伤。因此“较完整”的伤害定义应为：由于运动、热量、化学、电或放射线的能量交换超过机体组织的耐受水平而造成的组织损伤和由于窒息而引起的缺氧，以及由此引起的心理损伤统称为伤害。

（四）伤害“可操作性”的定义

在实际的伤害研究过程中，需要根据伤害的定义和研究的实际情况来制定操作性强的伤害诊断标准（或称之为操作性定义）。1986 年，美国国家统计中心提出的伤害的操作性定义为：伤害必须是到医疗机构诊治或活动受限一天的情况。1998 年，国内学者王声湧教授建议我国伤害的“可操作性”定义为：凡具有下列情况之一者：①到医疗机构诊治，诊断为某一种伤害；②由家人、老师或其他人做紧急处置或看护；③因伤请假半天以上。

知识点 15-1：伤害的标准

2010 年中华预防医学会伤害预防与控制分会一届五次常委会通过了关于伤害界定标准的决议。根据这一决议，“经医疗单位诊断为某一类损伤或因损伤请假（休工、休学、休息）一日以上”为伤害的标准。

二、伤害的分类

伤害的分类对于伤害的监测、资料分析、流行病学研究和防制措施的制定都是非常重要的。目前国内外对伤害的分类方法较复杂，尚无统一的分类标准。根据研究目的的不同，其分类方法主要有以下几种。

（一）按照造成伤害的意图分类

1. 意外伤害（unintentional injury） 是指无目的性、无意识地伤害，主要包括车祸、溺水、烧烫伤、跌落、切割伤、动物叮咬、中毒、医疗事故等。

2. 自杀（suicide）与自伤（self-inflicted injury） 是指由个体对自己的有意识的伤害，包括自杀、自虐、自残等。

3. 暴力（violence）与他杀（homicide injury） 是指由他人有意识地加害而造成的伤害，包括家庭暴力、他杀、强奸、虐待儿童、斗殴等。

使用这种分类方法时应注意对造成伤害的意图做仔细分析。同一种伤害可能是由不同的意图所致。例如中毒，如果是无意识地误服了某毒物造成的应归为意外伤害，如果是自己有意服用某毒物以期结束自己的生命则应归为自杀，如果是他人有意投毒则应归为他杀。

（二）按照伤害发生的地点分类

1. 道路伤害 是指在道路、铁路、航空和水运所发生的交通伤害。其中由行驶中的机动车造成的伤害是最常见的伤害种类，约占全部伤害死亡的25%以上。

2. 劳动场所伤害 职业性伤害主要出现在工作地点，或由于工作环境中某事件所造成。

3. 家庭伤害 跌落是家庭伤害中最常见的死因。

4. 公共场所伤害 凡是发生在公共场所的伤害，其中包括娱乐场所及自然灾害情况下所发生的伤害均属此类伤害。

（三）按照伤害的性质分类

1. 国际疾病分类 WHO第十次修订了《国际疾病分类》（ICD-10，1993年）标准，中华人民共和国卫生部定于2002年开始在全国县以上医院和死因调查点正式推广ICD-10。根据ICD-10确定伤害的分类是目前国际上比较公认和客观的伤害分类方法。

在ICD-10中对伤害的分类有两种体系：一种是根据伤害发生的部位进行分类（S00-T97，见表15-1），在公共卫生领域中较为常用；另一种是根据伤害发生的外部原因或性质进行分类（V01-Y98，见表15-2），在临床上则常用。

表15-1 ICD-10伤害发生部位分类表

伤害发生部位	ICD-10编码
所有部位伤害	S00-T97
头部损伤	S00-S09
颈部、喉部及气管损伤	S10-S19
胸部损伤	S20-S29
腹部、会阴、背及臀部损伤	S30-S39
肩及上肢损伤	S40-S69
下肢损伤	S70-S99
多部位损伤	T00-T07
脊柱、皮肤、血管损伤及异物进入	T08-T19
烧伤、灼伤及冻伤	T20-T35
各类中毒、药物反应及过敏反应等	T36-T65、T88
自然和环境引起的伤害	T66-T78
伤害并发症、医疗意外及并发症	T79-T87
陈旧性骨折及损伤	T90-T96
中毒后遗症	T97

表15-2 ICD-10伤害发生的外部原因分类表

损伤与中毒的外部原因分类	ICD-10编码
损伤与中毒的全部原因	V01-Y98
交通事故	V01-V99
跌倒	W00-W19
砸伤、压伤、玻璃和刀刺割伤、机器事故	W20-W31、W77
火器伤及爆炸伤	W32-W40
异物进入眼或其他腔口、切割和穿刺器械损伤	W41-W49
体育运动中的拳击伤及敲击伤	W50-W52
动物咬伤或动、植物中毒	W53-W59、X20-X29
潜水或跳水意外、溺水	W65-W74

续表

损伤与中毒的外部原因分类	ICD-10 编码
窒息	W75-W84
暴露于电流、辐射和极度环境气温及气压	W85-W99
火灾与烫伤	X00-X19
暴露于自然力量下（中暑、冻伤、雷击等）	X30-X39
有毒物质的意外中毒	X40-X49
过度劳累、旅行及贫困	X50-X57
暴露于其他和未特指的因素	X58-X59
自杀及自残	X60-X84
他人加害	X85-Y09
意图不确定的事件	Y10-Y34
刑罚与战争	Y35-Y36
药物反应、医疗意外、手术及医疗并发症	Y40-Y84
意外损伤后遗症及晚期效应	Y85-Y89
其他补充因素	Y90-Y98

2. 中国疾病分类　中国疾病分类（Chinese Classification of Diseases，CCD）所确定的损伤与中毒的外因分类是我国卫生部于 1987 年参照 ICD-9 分类的标准，并结合我国实际情况制定的，见表 15-3。

表 15-3　中国 CCD 损伤和中毒外部原因分类表

内容	CCD-87 编码
损伤和中毒全部原因	E1
机动车交通事故	E2
机动车以外交通事故	E3
意外中毒	E4
意外跌落	E5
火灾	E6
由自然与环境因素所致的意外事故	E7
溺水	E8
意外的机械性窒息	E9
砸死	E10
由机器切割和穿刺工具所致的意外事件	E11
触电	E12
其他意外效应和有害效应	E13
自杀	E14
他杀	E15

三、伤害的危害和流行病学研究的重要性

世界上大多数国家已经意识到伤害是一个非常紧迫的问题，因为伤害不仅给个人和家庭带来痛苦和不幸，而且给社会和政府造成巨大的负担和损失。

（一）伤害的危害

伤害的危害主要体现在以下几个方面：

1. 伤害是全球重大公共卫生问题和主要死亡原因之一 全世界每年有500多万人死于伤害，发达国家由伤害导致的死亡占全部年龄调整死亡的7.6%，在发展中国家为10.7%，伤害已经成为发达国家和发展中国家的第4位或第5位死亡原因，是1～44岁人群的头号杀手，在5～44岁年龄段的前15种死亡原因中，伤害占了6种（道路交通伤害、暴力、自杀、战争、溺水和烧伤）。我国的伤害死亡率为65.24/10万，每年大约有70万人死于各类伤害，伤害死亡占全部死亡的11%。

2. 伤害是威胁劳动力人口健康和生命的主要原因 据美国国家卫生统计局报告：1996年美国伤害虽然在死因构成中居第4位，但是潜在减寿年数（PYLL）和经济损失却远远大于肿瘤、心脏病和其他慢性病位居首位。我国1990～1995年的疾病监测资料显示：35岁以下人口中，51%的死亡为伤害死亡；伤害的PYLL占全部PYLL的24%。在美国和中国，PYLL死因顺位的首位都是伤害。

3. 伤害造成巨大的经济损失和经济负担 伤害不仅通过劳动力人口健康的丧失而影响社会经济发展。同时，伤害本身也会造成巨大的社会经济负担。在美国，1998年伤害所造成的经济损失为2600亿美元，伤害的医疗支付占医疗总支出的12%，等于恶性肿瘤和心脏病两项的经济损失（1154亿美元和1449亿美元）。我国疾病监测和伤害流行病学调查的结果预测：估计全国每年约有4000万中小学生遭受各种伤害，其中需要门诊或急诊治疗1360万人，住院335万人，120万人正常功能受损，40万人因伤害造成残疾，估算经济损失30亿元，缺课2.6亿日。

4. 伤害具有常见性、多发性、高死亡率、高致残率的特点 由于伤害的发生十分普遍，而且三分之一的伤害无生命危险，所以往往不受人们重视。其实伤害导致的死亡只占伤害发生总数的极小部分，只是"冰山一角"，由伤害导致的伤残、住院、就诊极其惊人。

5. 伤害造成极大的社会负担 每年因各类伤害卧床休息1亿6000万日，伤害的医疗支付占医疗总支出的12%。每年有8万人因头部受伤而造成终生残疾，有6000人因脊柱受伤而截瘫或四肢瘫。因此，美国把伤害作为一项"持续性公共卫生问题（injury as a continuing public health problem）"。在我国，肢体残疾中有26.14%是由意外伤害所致的。自杀作为一种伤害对社会的危害也很大，1996年，全世界53个自杀资料完整的国家数据显示：自杀的标化死亡率为15.1/10万，每年由自杀导致的死亡约占全部伤害死亡的16%。大约每年42%的自杀死亡发生在占世界人口25%的中国人口中，居世界第1位。据WHO统计：2000年全球约有100万人自杀，而自杀未遂者约为自杀人数的20倍。在很多国家，自杀是前10位死因之一，是伤害的第一位或第二位死因。

知识点15-2：伤害的危害

伤害的危害：①伤害是全球重大公共卫生问题和主要死亡原因之一；②伤害是威胁劳动力人口健康和生命的主要原因；③伤害造成巨大的经济损失和经济负担；④伤害具有常见性、多发性、高死亡率、高致残率的特点；⑤伤害造成极大的社会负担。

（二）伤害流行病学研究的重要性

（1）摸清我国伤害发生的种类、频率和分布，为探索我国伤害发生、发展的规律和寻找伤害原因和危险因素提供科学依据和线索。

（2）收集、整理和分析我国伤害的发生率、死亡率、PYLL和动态变化资料，建立全国或地区性伤害监测系统，为伤害防制策略、措施的制定及其效果评价提供科学依据。

（3）进行伤害原因或影响因素的研究，寻找各类伤害的主要危险因素。进而有针对性地开展伤害的防制工作。

（4）利用伤害流行病学研究成果，开展相应的伤害干预研究，为降低伤害发生率、致残率和死亡率，保护劳动力人口健康，提高人群健康素质做出贡献。

（5）减少伤害造成的直接和间接社会经济负担，为我国经济发展和社会进步保驾护航。

四、伤害流行病学研究的特征

1. 伤害流行病学的研究范围不断扩大 伤害流行病学研究由个别发达国家扩展到世界各国，由最初个别高校和科研机构的研究向各地区、各部门扩散和辐射。另外，各国的政府部门也积极参与，伤害预防与控制正在由专家行为向政府行为转变。

2. 伤害流行病学的研究方法日益丰富 伤害流行病学研究从一般描述性研究扩展到各类伤害的分析性研究。近年来，有关伤害的研究已从最初的交通事故描述拓展到火灾与烧伤、青少年伤害、老人跌倒、溺水、自杀、眼外伤、运动伤害、旅行伤害等。除了采用描述性研究外，还应用分析性研究的方法（如病例对照研究、队列研究、病例交叉研究等），并将多因素分析方法广泛地应用于伤害危险因素的探索。

3. 建立学科间和地区间的合作 开展有严谨设计的多中心研究，可以获得价值较高的决策依据。将基础医学、临床医学、预防医学、心理学、康复医学、工程学、行为科学、工效学、社会经济学、法学、伦理学、医学管理学等多学科应用于伤害的研究和干预。只有地区间的合作和学科间的配合，才能使我国的伤害预防与控制的研究工作具有广阔前景。

4. 开展社区伤害研究，建立各类各级伤害监测系统 社区伤害是目前我国研究的重点方向，创建安全社区是控制伤害的关键。社区伤害干预研究是安全社区项目中一个中心工作，以社区为基础开展伤害干预活动，在预防和控制伤害方面起到了巨大的作用。只有在了解伤害发生的真实情况的前提下，才能有的放矢制定出社区预防与控制伤害的策略与措施。因此，以医院伤害监测资料来进行比较分析，不能获得确切可靠的结果，必须通过社区的基线调查，才能全面了解社区伤害发生的真实情况，为社区伤害干预项目提供基本数据和科学依据。WHO 安全社区的标准是：有多部门参与的、合作的、负责本社区安全促进工作的组织机构；有长期、持续能覆盖不同性别、年龄的人员和环境的伤害预防项目；有针对高危人群、高危环境和弱势群体的伤害预防项目；有记录伤害发生频率的监测和伤害发生原因的分析系统；有对伤害预防项目的实施及其效果进行测量和评价的方法；积极参与国家、国际安全社区工作网络的相关工作与交流活动。

第二节 伤害的分布特征及影响因素

一、伤害的分布特征

（一）全球流行特征

据 WHO 估计，每年全球伤害造成的死亡约 500 万人，1500 万人遗留不同程度的功能障碍，800 万人终生残疾。2008 年的资料显示：全球伤害总死亡率约为 76.1/10 万。

1. 地区分布 总体上来说，发展中国家的伤害死亡率高于发达国家。表 15-4 和表 15-5 中分别列出了 2008 年世界各地区不同种类伤害的估计死亡人数以及部分国家的伤害标化死亡率。

表 15-4 2008 年世界各地不同人群伤害的估计死亡人数

死因	世界	非洲地区	地中海地区	美洲地区	欧洲地区	东南亚地区	西太平洋地区
伤害	5 129 000	687 000	594 000	445 000	664 000	1 552 000	1 187 000
意外伤害	3 619 000	445 000	355 000	293 000	487 000	1 132 000	908 000

续表

死因	世界	非洲地区	地中海地区	美洲地区	欧洲地区	东南亚地区	西太平洋地区
交通伤害	1 209 000	168 000	148 000	124 000	108 000	309 000	351 000
中毒	252 000	39 000	35 000	15 000	84 000	31 000	48 000
跌倒	510 000	19 000	48 000	24 000	66 000	211 000	142 000
火灾	195 000	39 000	8 000	28 000	20 000	84 000	16 000
淹死	306 000	42 000	20 000	22 000	27 000	96 000	98 000
其他	1 146 000	136 000	96 000	79 000	181 000	401 000	252 000
故意伤害	1 510 000	242 000	239 000	152 000	177 000	420 000	280 000
自伤	782 000	51 000	72 000	32 000	126 000	274 000	226 000
暴力	535 000	162 000	157 000	22 000	46 000	102 000	47 000
战争与冲突	182 000	29 000	8 000	96 000	5 000	40 000	3 000

表 15-5　2008 年部分国家伤害标化死亡率（1/10 万）

国家	伤害总死亡率	交通事故	跌倒	淹死	中毒	火灾	自伤
阿富汗	148.5	25.1	4.9	7.5	3.6	4.0	4.1
阿塞拜疆	36.3	8.5	2.1	4.1	2.6	2.8	5.1
澳大利亚	30.0	6.8	3.1	0.9	3.0	0.3	7.8
奥地利	33.6	6.9	5.3	0.8	0.2	0.3	11.8
白俄罗斯	124.8	17.2	9.1	9.5	28.2	5.5	22.9
巴西	76.1	22.1	6.7	3.5	0.4	0.6	5.8
比利时	41.6	10.0	5.1	0.6	1.5	0.4	15.7
丹麦	33.1	5.4	2.8	0.8	3.8	0.9	10.1
德国	25.2	5.7	4.6	0.5	0.9	0.3	9.1
厄瓜多尔	81.4	20.4	3.9	4.0	2.4	1.1	8.2
刚果	140.3	42.4	5.7	5.0	11.9	5.7	15.1
哥伦比亚	97.2	18.0	3.6	2.5	0.4	0.5	6.0
哈萨克斯坦	155.4	21.6	3.4	8.9	20.9	3.2	31.1
荷兰	22.1	4.0	4.0	0.4	0.9	0.3	7.4
加拿大	32.1	7.8	3.7	0.8	2.1	0.6	9.9
柬埔寨	65.2	16.7	5.2	7.4	0.8	0.7	4.6
喀麦隆	110.6	32.6	4.7	4.3	6.4	5.8	9.0
肯尼亚	116.4	28.2	4.7	4.1	4.4	4.2	10.1
立陶宛	119.7	15.5	11.9	9.4	20.0	2.8	31.2
马尔代夫	22.2	2.4	1.8	7.3	0.2	0.8	1.1
墨西哥	56.6	13.1	2.6	2.3	1.2	0.7	4.5
纳米比亚	160.3	53.4	10.2	5.1	2.4	8.2	22.3
南非	72.1	20.2	2.0	1.2	0.6	4.8	7.4
日本	24.6	8.4	2.2	0.6	0.7	0.2	4.5
瑞士	30.5	3.8	7.5	0.6	1.9	7.5	12.6
意大利	24.6	8.4	2.2	0.6	0.7	0.2	4.5
伊朗	89.7	43.8	3.3	1.3	2.9	3.5	3.7
印度	99.1	18.7	23.5	5.9	1.4	5.1	19.1
智利	45.5	12.4	4.3	2.5	1.4	2.0	10.7

2. 人群分布　总体上来说，伤害的发生有年龄依赖性，表现为0～14岁伤害发生率较低，15岁以后伤害死亡率上升，并维持在一个较高的水平，65岁以后伤害死亡率则再次上升。其中0～14岁的儿童期，伤害死亡率变化规律呈现反向变化趋势，即0～1岁最高，伤害死亡率随年龄的增加而下降。图15-1为2003年美国分年龄性别伤害死亡率（1/10万），表15-6列举了2008年世界部分国家分性别年龄伤害死亡人数。

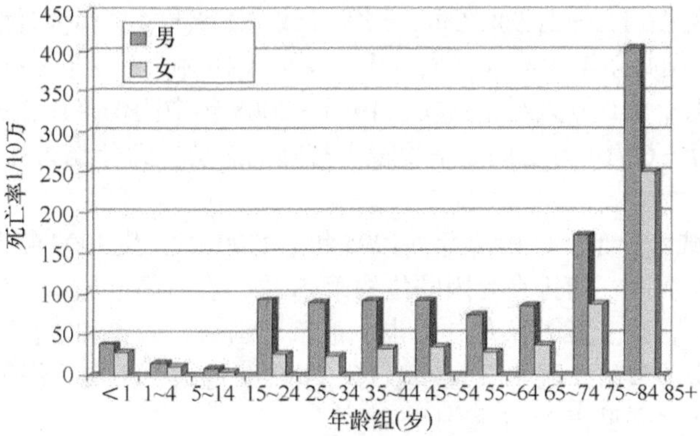

图15-1　2003年美国年龄性别伤害死亡率（1/10万）

表15-6　2008年世界部分国家性别年龄伤害死亡人数

国家	男性			女性		
	0～14岁	15～59岁	≥60岁	0～14岁	15～59岁	≥60岁
阿富汗	7 200	16 400	1 200	6 500	4 000	800
阿塞拜疆	200	1 800	300	100	500	200
澳大利亚	100	3 400	1700	100	1 000	1 600
奥地利	0	1 400	1 300	0	400	1 100
白俄罗斯	100	8 900	2 200	100	1 800	1 200
巴西	5000	99 100	14 700	2 900	14 900	8 900
比利时	100	2200	1 500	0	700	1 600
丹麦	0	800	700	0	300	800
德国	300	10 000	9 300	200	3 000	9 200
厄瓜多尔	600	6 600	1 200	400	1 000	400
刚果	400	2 000	400	300	800	200
哥伦比亚	1 700	32 000	3 100	1 000	4 000	1 000
哈萨克斯坦	900	17 000	1 500	500	3 800	1 000
加拿大	200	5 600	2 900	100	1 900	3 000
喀麦隆	2 400	6 800	1 300	2 000	4 600	900
肯尼亚	4 500	20 100	2 700	2 900	1 900	1 600
南非	1 900	18 000	3100	1 500	5 000	2 200
日本	500	21 400	25 300	300	7 200	18 900
瑞士	0	1 000	1 200	0	300	1 100
意大利	200	6 900	7 400	100	1 500	8 400
印度	70 400	427 300	131 000	56 900	175 300	119 400
智利	200	4 600	1 500	100	800	700

3. 时间分布 由于危险职业从业人员的减少和自动化程度的提高，以及交通工具和道路交通等安全性能的提高等，发达国家的职业性伤害和道路交通伤害的发生有逐步下降的趋势。据统计，从 1951～1998 年期间，意大利的职业性伤害死亡率每年平均下降 4.42%。

（二）我国的流行特征

中国并没有全国性的伤害发生的监测数据，但从多个省份的流行病学调查结果看，中国社区人群伤害的年发生率在 16.1%～21.9%之间。伤害导致 2.17%～4.51%暂时性失能和 0.13%～1.1%残疾。也就意味着，中国每年至少有 3 亿人发生一次以上伤害，不少于 8500 万人因伤害急诊或就医，1800 万人入院治疗，110 万人终生残疾。1995～2008 年中国伤害死亡的检测结果显示：伤害死亡率徘徊在 52/10 万～60/10 万之间，呈现稳中有降的态势，每年伤害死亡数相对稳定在 70 万人左右。

1. 地区分布 在城乡分布上，1990 年、1995 年、2000 年以及 2009 年四年中国卫生统计年鉴显示：城市与农村的伤害死亡均排在死因顺位的第 5 位，农村高于城市。城市人群伤害死亡的原因依次为：交通事故、自杀、意外坠落、中毒、他杀、溺水、火灾和烧伤；农村人群伤害死亡的原因依次为：自杀、交通事故、溺水、意外坠落、中毒、他杀、火灾和烧伤。2005 年城市和农村人群伤害的主要死因和水平见表 15-7 和表 15-8。

表 15-7 2005 年中国城市不同性别、年龄人群伤害死亡率（1/10 万）

死因	<1 岁		1～4 岁		5～14 岁		15～24 岁		25～59 岁		≥60 岁		合计	
	男	女	男	女	男	女	男	女	男	女	男	女	男	女
交通事故	6.81	0.00	2.89	3.09	3.31	1.50	8.77	3.63	22.50	7.60	32.57	18.84	18.66	7.29
意外中毒	1.22	0.00	0.72	0.33	0.36	0.52	0.89	1.34	3.31	1.73	4.09	3.89	2.18	1.37
触电	0.00	0.00	0.11	0.00	0.06	0.07	0.97	0.00	1.32	0.13	0.97	0.36	1.08	0.15
意外跌落	5.37	1.86	0.36	0.68	1.02	0.46	1.69	0.82	6.75	1.26	33.09	37.63	7.37	4.98
火灾	0.00	1.07	0.21	0.00	0.12	0.07	0.04	0.04	0.44	0.07	2.92	1.91	0.58	0.37
淹死	0.24	0.54	13.86	8.79	8.84	1.70	3.38	1.17	2.51	1.09	5.06	4.73	5.46	2.70
自杀	0.98	0.00	0.00	0.00	0.66	0.20	3.54	3.59	8.92	8.28	34.77	30.51	10.65	11.13
他杀	0.24	0.00	0.92	0.45	0.36	0.26	2.09	0.22	2.60	1.11	1.49	0.84	1.75	0.74
合计	33.41		18.99		10.43		17.96		39.77		120.76		45.28	

表 15-8 2005 年中国农村不同性别、年龄人群伤害死亡率（1/10 万）

死因	<1 岁		1～4 岁		5～14 岁		15～24 岁		25～59 岁		≥60 岁		合计	
	男	女	男	女	男	女	男	女	男	女	男	女	男	女
交通事故	3.73	7.33	5.45	3.21	3.15	1.11	17.20	4.22	24.09	7.24	25.74	14.40	19.02	6.50
意外中毒	1.86	0.00	0.42	0.00	0.56	0.69	0.84	1.41	4.35	1.75	7.81	4.86	3.42	1.80
触电	0.00	0.00	0.00	0.00	0.56	0.14	0.72	0.28	1.72	0.43	1.49	0.37	1.30	0.34
意外跌落	0.00	0.00	2.52	0.54	1.01	0.69	2.28	1.55	7.50	2.14	24.91	20.01	7.29	3.76
火灾	0.00	2.44	1.26	2.14	0.00	0.41	0.00	0.14	0.32	0.04	2.82	3.18	0.53	0.57
淹死	3.73	2.44	25.58	18.20	14.16	5.95	5.29	2.39	3.64	2.57	10.30	12.90	7.15	4.82
自杀	0.00	0.00	0.00	0.00	1.57	0.69	2.77	4.22	7.95	9.73	44.18	41.33	11.62	12.6
他杀	0.00	0.00	0.00	0.54	0.45	0.55	1.56	0.28	1.66	0.58	2.66	1.12	1.47	0.5
合计	40.17		32.46		17.61		24.31		44.10		118.83		44.71	

2. 人群分布 1990 年、1995 年、2000 年以及 2009 年四年中国卫生统计年鉴结果显示：男性

伤害死亡率在 44.33/10 万～49.11/10 万之间波动，而女性则在 25.51/10 万～33.42/10 万徘徊，中国疾病预防控制中心疾病监测数据也显示了类似的结果，见表 15-7 和表 15-8。除自杀外，其余死因均是男性高于女性。以交通事故致死的差别最大，农村和城市男女性别比分别为 2.93：1 和 2.56：1。女性的伤害死亡率以自杀为首位，农村和城市分别达 12.64/10 万和 11.13/10 万。不同年龄阶段，主要的伤害致死原因各异。0～14 岁年龄段，溺水是该年龄段死亡的首因。15～59 岁劳动力人口是伤害死亡的高发人群，交通事故死亡在该年龄组男性的总死亡中占 1/3。而自杀则是 15～34 岁女性的首位伤害死因，约占该年龄段死亡的 40.17%。60 岁及以上的老年人无论男女均有三大伤害致死原因，为自杀、意外跌落和交通事故。

3. 时间分布　图 15-2 显示：1995～2008 年中国伤害死亡率总体上呈下降趋势，从 1995 年的 60. 89/10 万下降至 2008 年的 54. 89/10 万。其中，以自杀率的下降比例最高，将近一半（从 18.2/10 万降至 9.49/10 万）。自杀一直是第 1 位伤害死因，道路交通伤害居第 2 位。1995 年以后自杀死亡率逐年下降，道路交通伤害在 2003 年跃升为第 1 位伤害死因，自杀则跌为第 2 位。此后，中国前 5 位伤害死因排序为道路交通伤害、自杀、跌落、溺水和意外中毒。1995 年以来各类伤害死亡率均有下降趋势，唯跌倒死亡率呈犬牙交错之状，见表 15-9。

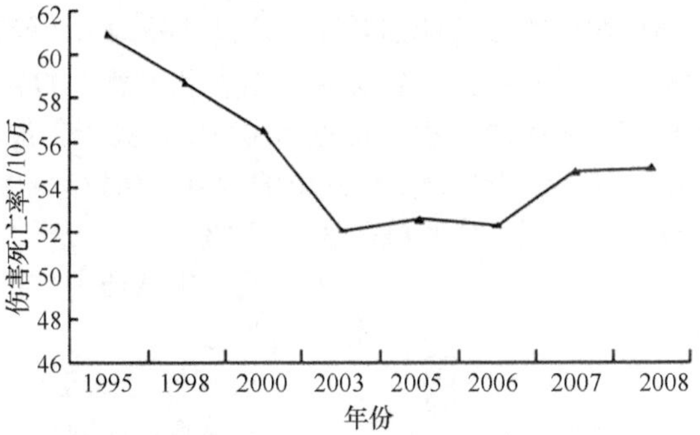

图 15-2　1995～2008 年中国伤害死亡率

表 15-9　1995～2008 年中国主要伤害类型的死亡率（1/10 万）

类别	1995 年	1998 年	2000 年	2003 年	2005 年	2006 年	2007 年	2008 年
全死因合计	623.84	618.96	604.04	604.45	603.20	525.75	561.03	574.45
伤害合计	60.89	58.77	56.53	52.08	52.55	52.27	54.72	54.89
道路交通伤害	15.20	16.91	16.30	16.10	14.75	12.56	14.53	14.01
自杀	18.27	17.31	16.50	14.13	13.88	10.11	10.07	9.49
意外跌落	7.99	6.07	6.55	6.30	6.42	7.44	7.42	7.41
溺水	5.55	5.20	5.02	4.88	6.66	4.51	4.36	4.36
意外中毒	2.80	3.87	3.11	2.42	2.82	2.81	2.68	2.98
被杀	2.30	1.90	1.90	1.06	1.36	1.21	1.23	0.98

二、伤害发生的原因及影响因素

尽管伤害有不同类别，而且不同类别伤害其有效的预防与控制措施也不同，但所有伤害都享有一个共同致病机制—伤害的能量交换模型。从病因论的观点来看，伤害发生的原因包括：致病因子、宿主和环境三个方面。

（一）致病因子

引起伤害的致病因子是能量（energy），能量的异常交换或在短时间内暴露于大剂量的能量都会导致伤害的发生。通常，容易引起伤害的能量有以下几种：

1. 动能 这是伤害中最常见的病因。如汽车相撞所产生的能量传递，跌落所产生的能量传递等均属此类。

2. 热能 各类烧伤均属于过度的热能暴露所致，而热能的过度缺乏则会导致冻伤。

3. 电能 是导致触电或电烧伤的重要原因。

4. 辐射能 大剂量的放射线暴露会产生烧伤。

5. 化学能 通过干扰机体的能量代谢，而造成伤害。

（二）宿主

所谓宿主，就是受伤害的个体，也是伤害流行病学的主要研究对象。在伤害流行病学研究中，应从宿主的人口学特征和心理行为方式两个方面予以关注。

1. 人口学特征

（1）年龄：不同的年龄发生不同的伤害而产生的危险性不同。儿童易发生溺水，青壮年易发生交通事故，老年人易发生跌落。因此，年龄是伤害研究中必须单独予以分析和考虑的因素。通常在计算伤害发生率、死亡率时，多采用年龄别的发生率和死亡率。

（2）性别：伤害发生中存在着明显的性别差异，除自杀外均为男性高于女性。

（3）种族：伤害的种族差异是存在的。在美国，白人和土著人的自杀率很高，而亚裔美国人的自杀率就明显低于其他种族。在中国，蒙古族的肢残率明显高于其他民族。

（4）职业：职业因素是伤害的一个十分重要的影响因素。在我国东风汽车公司1983～1997年的工伤流行病学研究中发现：冲压工工伤率最高达22.38%，其次为机加工、特种工等。在工伤种类中，又以机械伤害、物体打击、起重伤害、坠落和车祸为主。

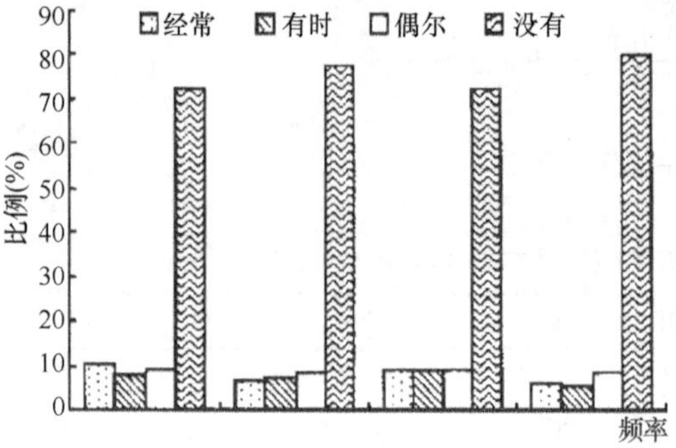

图15-3 2002年中国不同人群佩戴安全带的情况

2. 心理行为特征

（1）饮酒：饮酒是影响司机判断力的重要原因之一。我国车祸原因的64%为驾驶员责任，而其中3%为饮酒过量。在美国，车祸司机中有一半以上血中酒精含量超过规定含量。同时，由于酒后自控力和综合定向能力的下降，也易造成意外跌落、烧伤等其他伤害。

（2）安全带：驾驶员系安全带是有明文规定的，但许多驾驶员因感到不舒适，尤其是夏天，不愿意系安全带。在中国，不同人群佩戴安全带的情况见图15-3所示。2001年重庆部分地区不同交通事故类型安全带使用情况见表15-10。

表15-10 2001年重庆部分地区不同交通事故类型安全带使用情况

事故类型	使用		未使用	
	死亡	受伤	死亡	受伤
正面碰撞	1	1	28	50
侧面碰撞	1	0	17	30
角碰	1	1	11	73
追尾	6	3	10	48
合计	9	5	66	201
百分率（%）	3.2	1.8	23.5	71.5

（3）心理因素：心理素质是导致各类伤害的重要原因之一。由于女性和老年人心理脆弱，容易产生自杀倾向。A 型性格的个体由于在生活中容易争强好胜，所以，多发生车祸、溺水和坠落等伤害，有学者将此称为事故倾向（accident-prone）。我国部分城市也已开始对司机进行心理素质的测试。

3. 其他　如疲劳、疾病等。

（三）环境

影响伤害发生的环境因素是十分复杂的，主要应包括社会环境、自然环境、生产环境和生活环境。

1. 社会环境　这里主要强调的是社会支持环境，即一个国家和地区是否有相应的伤害预防的法律、法规及其执行的程度。如驾驶员开车时必须系安全带；摩托车驾驶员必须戴头盔；建筑工人进入工地必须戴安全帽等。

2. 自然环境　在自然环境中，气象条件是伤害发生的重要影响因素。雨雪天是交通事故的多发时间；浓雾或雨雾天极易造成撞车事故；天气长期干燥，易发生火灾等。

3. 生产环境　在生产环境中，安全防护设施、生产管理水平、劳动时间、强度及操作规范都是影响伤害发生的因素。

4. 生活环境　生活环境最容易被忽视，但对伤害的发生却有重要影响。如居室装修时未采用防滑地面易导致跌落。

第三节　伤害流行病学研究方法

一、资料收集

（一）死亡资料

我国伤害死亡资料的收集主要来源于中国卫生统计年报资料、中国疾病预防控制中心有关疾病监测及死因分类资料，医院住院病人疾病分类统计资料，交通事故报表统计资料以及国家公安系统、劳动部门有关犯罪、自杀、职业伤害和交通事故等死亡资料。

美国伤害死亡资料由国家卫生统计中心（National Center for Health Statistics，NCHS）提供。美国机动车交通事故死亡资料由死亡事故报告系统（Fatal Accident Reporting System，FARS）提供。工伤事故死亡信息来源包括劳动统计局开展的致死性职业伤害调查（Census of Fatal Occupational Injury，CFOI）、国家职业安全与健康研究所及国家安全委员会均提供有关工伤死亡的信息。他杀死亡信息由联邦调查局犯罪报告系统提供。

（二）发病资料

目前我国伤害监测系统不够完善，报告登记系统分散，存在缺失现象，给深入研究我国伤害的发生情况和严重程度造成一定困难。医院伤害监测系统比较完善的国家，如美国、新西兰和澳大利亚等，可以通过其国内的全国健康电话调查、危险行为因素监测系统、健康信息系统（health information system，HIS）或者国家伤害监测系统等获得伤害的发病资料。

二、测量指标

（一）伤害发生频率的测量指标

1. 伤害发生率　指单位时间内（通常是年）伤害发生的人数与同期人口数之比，是进行伤害研究与监测常用的指标。

$$伤害发生率 = \frac{某人群发生伤害的人数（或人次数）}{同期该人群的平均人口数} \times 1000‰ \quad (15\text{-}1)$$

在计算伤害发生率时会出现很多种情况。以机动车伤害发生率为例，可以有机动车驾驶员伤害发生率，也可以有一般人群的机动车伤害发生率，在国外研究机动车伤害发生率时，有时应用车辆数或车辆-公里数作分母。

2. 伤害死亡率 指因伤害致死的频率。可以计算伤害的总死亡率，也可以按照伤害的种类计算分年龄别、性别等人群特征的死亡率。

$$伤害死亡率 = \frac{某人群因伤害死亡的人数}{同期该人群的平均人口数} \times 100000/10万 \quad (15\text{-}2)$$

（二）伤害造成的损失程度的测量指标

1. 潜在减寿年数（potential years of life lost，PYLL） 对不同地区的PYLL进行比较时可用潜在减寿年数率（PYLLR），即每1000人口的PYLL；两个地区的人口构成不同，比较前需做率的标化，计算标化PYLLR（SPYLLR）。计算平均每例死亡的PYLL可看出某一死亡原因对居民危害的严重程度。

某人群的潜在寿命损失年数及标化潜在减寿年数率：

$$PYLL = \sum PYLL_i = \sum a_i \times d_i \quad (15\text{-}3)$$

$$PYLLR = (PYLL/N) \times 1000‰ \quad (15\text{-}4)$$

$$SPYLLR = (SPYLL_i/N) \times 1000 = \sum (PYLL_i \times 校正系数)/N \times 1000‰ \quad (15\text{-}5)$$

式中，a_i：期望寿命与某年龄组组中值之差；d_i：某年龄组死亡人数。

标化潜在寿命损失年数：

$$SPYLL_i = PYLL_i \times 校正系数 \quad (15\text{-}6)$$

$$校正系数 = (P_{ir}/N_r) \div (P_i/N) \quad (15\text{-}7)$$

式中，P_{ir}/N_r：标准人口的年龄组人口构成；P_i/N：观察人群各年龄组人口构成；N：某人群总人口数。

PYLL 的应用使人们在评价疾病的危害性时，不仅注意到疾病导致死亡的数量，而且也注意到疾病死亡对特定人群所带来的总体生存年数的影响。因此，PYLL 能够直观地表示出不同年龄段的死亡所造成的寿命损失，用人年为单位来进行评价。

表15-11为1999年美国65岁以下人群主要死因的PYLL。从中可以看出意外伤害、自杀和他杀分列PYLL的第1、5和6位，三者的总和占全人群PYLL的28.6%。

表15-11 1999年美国65岁以下人群主要死因的PYLL

顺位	死亡原因	PYLL	百分比（%）
1	意外伤害	1 999 783	17.9
2	恶性肿瘤	1 856 186	16.7
3	心脏疾病	1 390 740	12.5
4	围产期疾病	924 834	8.3
5	自杀	631 456	5.7
6	他杀	558 769	5.0
7	先天异常	477 663	4.3
8	HIV	336 865	3.0
9	脑血管疾病	236 814	2.1
10	肝脏疾病	225 817	2.0
11	其他	2 506 929	22.5
合计	全部死亡原因	11 145 856	100.0

2. 伤残调整寿命年（disability-adjusted life years，DALY）　指从发病（发生伤害）到死亡（或康复）所损失的全部健康生命年。包括因早死所致的潜在寿命损失年（PYLL）和疾病所致的伤残引起的健康生命损失年（years of life lived with disability，YLLD）两部分（DALY=PYLL+YLLD）。疾病为人类健康带来的危害表现在两个方面，致死性疾病所致的早死和（或）非致死性疾病所致的失能，DALY 全面地反映了这两方面的危害。表 15-12 列出了 2004 年世界不同种类伤害的男、女 DALY。

表 15-12　2004 年世界不同种类伤害的男女 DALY

死亡原因	DALY	
	男	女
意外伤害	87 129 839	51 434 205
交通事故	29 239 935	11 983 061
中毒	4 892 784	2 553 742
跌落	10 446 967	6 710 171
火灾	4 533 690	6 737 726
淹死	7 353 637	3 373 921
其他	30 662 826	20 075 584
故意伤害	36 235 790	12 814 602
自伤	11 686 260	7 879 677
暴力	17 981 802	3 809 627
战争与冲突	6 319 629	1 063 442
其他	338 099	61 856

知识点 15-3：伤害的测量指标

（1）伤害发生频率的测量指标：伤害发生率和伤害死亡率。

（2）伤害造成的损失程度的测量指标：潜在减寿年数和伤残调整寿命年。

三、研 究 方 法

在伤害的危险因素研究中，最常用的仍然是经典的流行病学方法，比如现况研究、病例对照研究、队列研究、社区干预研究及类实验研究等。随着方法学的发展，近年来一些新的流行病学研究方法开始被用于伤害研究领域。

1. 病例交叉设计　评价在伤害发生以前异常而又短暂的暴露对伤害发生的作用。该方法用受伤害的人作为自身对照，避免了不同人群因性别、职业、年龄、驾驶技术等方面的不同而引入的混杂。近来，病例交叉设计被用于车祸发生与镇静剂使用、饮酒的关系、移动电话使用与机动车交通事故的关系、城市交通环境与步行儿童发生伤害的关系等研究。

研究的假设为暴露在伤害发生前的出现频率要高于通常的情况。例如体力劳动和精神压力可能会引起心源性猝死。如果假设成立，心源性猝死在重体力劳动或生活压力增加后发生的频率增高。又如饮酒和伤害，酒精的作用是瞬时的，而饮酒与伤害的发生通常相关，饮酒之后伤害发生的危险增加。

2. Meta 分析　20 世纪 80 年代末，Meta 分析开始被用于有关伤害的危险因素探索、治疗、康复等。

3. 巢式病例对照研究　该研究方法在登记系统健全的人群中易于实施，被用于工伤事故的危险因素研究、镇静剂使用与机动车交通事故研究等。

4. 捕捉-标记-再捕捉法（capture-mark-recapture，CMR） 是一种估计某地有某病或某种特征人数多少的快速流行病学调查方法。该方法要开展两次或两次以上的调查，对第一次调查患某病或具有某种特征的人予以登记，在以后调查中再查出其中登记在案的人，通过统计分析，估计患病人数及可信区间。

四、伤 害 监 测

（一）伤害监测

伤害监测是指长期不间断地收集不同人群伤害的发生、死亡、伤残和经济损失等资料，其主要目的是阐明伤害类型–人群–时间分布的特点和趋势，掌握何人、何时、何地和如何发生伤害等详细资料，旨在用于寻找与环境、人群和成本–效益相关的伤害预防与控制方法，确定与特定地点、特定人群相关的伤害发生类型，并结合 Haddon 模型对伤害控制进行系统评价，从根本上减少伤害的发生。

（二）伤害监测系统

伤害监测系统不同于伤害监测，它应具备将资料收集、分析和反馈同公共卫生项目连接起来的功能，即在国家统一领导下，分别在全国各省、市、区或县的医院、职业病防治部门、交通部门、公安部门、社区、保险业、学校、厂矿、中毒防治部门、医疗事故管理部门等多个部门中建立伤害监测点，在监测点内建立起综合收集各种来源资料的各类伤害基本数据的网络组织，以便可以进行长期连续的收集、计算机录入、分析、结果解释、反馈并对干预效果评价的系统，见表 15-13。

表 15-13　全国伤害资料来源

1.全国死亡登记（生命统计资料）
2.医院及其他医疗机构
–医疗记录
–急诊室记录
–入院或出院（分开）的统计资料
–法医和医疗检查员的报告
–中毒控制中心记录
3.公安局
–机动车事故
–故意伤害：他伤、攻击、强奸、虐待、自杀
4.特定监测系统
5.保险公司
6.政府部门（卫生、工业、公安、矿务、农业等）
–工人的补偿要求
–年度报告
–社会服务系统对儿童虐待事件、残疾人的报告
–专门调查（如全国家庭调查）
7.工业与商业，包括运输公司
8.司法系统（如法院工作记录）
9.学校（如学生健康档案、学术因伤病缺勤记录）

伤害监测系统的目的：①提供伤害的描述性流行病学资料，同时提供病因分析的资料；②随时间和地理分布的改变，伤害发生呈暴发或聚集发生的趋势；③提供干预成功的资料；④确认伤害发生最危险度的人群；⑤对伤害发生严重的地区和今后趋于严重的地区进行预防活动的指导。

世界上很多国家都已经建立了专门的伤害监测系统，如美国、英国、加拿大等，一些国家在开展了区域性的伤害监测或者伤害监测计划，而中国尚未建立专门的伤害监测系统，目前正在进行伤害监测试点的研究。

第四节 伤害的预防与控制

通过对伤害流行特征的认识和危险因素的分析，人们逐渐认识到伤害是能够预防的。伤害研究的主要目的是预防伤害的发生并减低伤害的严重程度。预防伤害是为了减低伤害谱中所有类型伤害的严重性、预测伤害的发生以及对所有危险因素的积极控制。与许多慢性疾病不同，伤害因子通常是可知且可被测量的，能量由环境到宿主的转换机制可被描述。除了某些中毒和烧伤，伤害经常在暴露之后突然发生，很少有较长的潜伏期。因此，伤害控制的主要步骤是明确促使伤害发生的能量形式和人类的暴露机制，在伤害的自然史中详细定位干预措施，并对干预措施的效果进行评价。

一、伤害的预防控制策略

（一）三级预防

1. 一级预防 其目标是通过减少能量传递或暴露的机制来预防导致伤害发生的事件。交通安全法律，游泳池周围的栅栏，有毒物品的安全盖，枪支的保险装置都属于一级预防措施。一级预防通过如下策略实现：

（1）全人群策略：针对全人群（如社区居民、工厂职工、学校师生等），开展伤害预防的健康教育。以提高全民对伤害的重要性、危害性的认识，进而提高每个人的伤害预防意识，加强自我保护。

（2）高危人群策略：针对伤害发生的高危险人群，有针对性地开展伤害预防教育与培训（如驾驶员的安全培训）。在美国，酒精教育已列入驾驶员职业教育的内容。对学校学生进行防火、交通安全、防电和防溺水的专题教育，可以降低这些伤害的易发人群的暴露危险。

（3）健康促进策略：该策略是20世纪80年代由澳大利亚学者提出的环境与健康的整合策略。如针对工作场所的伤害现象，可以采取工作场所健康促进项目。即通过：①把伤害预防纳人企业政策；②由雇员与雇主共同讨论建立一个安全的工作环境；③通过岗位培训和职业教育加强工人的伤害预防能力；④通过投资改善不合理的生产环境；⑤明确雇主和雇员在职业伤害预防中的责任；⑥共同参与伤害预防活动等，使工作场所的伤害得到了有效地控制。

2. 二级预防 其目标是降低伤害的发生率及其严重程度。摩托车头盔、安全带、救生衣和防弹衣都是二级预防的典范。

3. 三级预防 指伤害已经发生后，控制伤害的结果。现场急救、心肺复苏、康复等均属三级预防。

（二）主动干预与被动干预

伤害预防策略依据宿主的行为可分为两类：主动干预和被动干预。主动干预要求宿主采取措施使干预奏效，它要求人们改变某种行为、并且必须记住在每次暴露于危险行为时要实施安全行为，如安全带、头盔、救生衣、防弹衣的应用即为主动干预的范例。被动干预不需要宿主的行动，一般通过改善因子、媒介或环境来实现，是自动发生作用的措施。在车辆设计中改善刹车、安装安全气囊等为被动干预措施。被动干预相比主动干预，更具成效，因为后者需要宿主采取行动、且花费时间，例如戴头盔（主动干预）对预防严重的摩托车伤害是有效的，但在实施过程中首先要教育车手戴头盔的重要性，然后在每次骑车时都必须记住戴上头盔。在预防儿童误服药物导致中毒方面，使用安全药盖（被动干预）比教育儿童不要乱服药或提醒父母把药物锁到安全的地方（主动干预）更有效。在实践中，将两种策略有效地结合可以更好地控制伤害的发生。

（三）Haddon 伤害预防的十大策略

国际著名的美国交通安全专家 William Haddon 在伤害的预防与控制方面做了大量的研究。他提出的预防与控制伤害发生和减少死亡的十大策略，在国际上被广泛接受。

1. 预防危险因素的形成 如禁止生产有毒、致癌杀虫剂，宣布禁止进口或销售潜在有害物质等。

2. 减少危险因素的含量 如为了预防车祸，限制车速；禁止私人藏有武器；限制城市游泳池跳台的高度。

3. 预防已有危险因素的释放或减少其释放的可能性 如将儿童药物放在安全容器中，防止儿童误食药引起中毒；浴盆不要太滑，以免跌倒。

4. 改变危险因素的释放率及其空间分布 如机动车司机及前排乘客应使用安全带及自动气囊；儿童不穿易燃衣料的睡衣，以防火灾烧伤。

5. 将危险因素从时间、空间上与被保护者分开 如行人走人行道、戴安全帽、穿防护服、穿防护背心等。

6. 用屏障将危险因素与受保护者分开 如用绝缘物把电缆与行人分开。

7. 改变危险因素的基本性质 如加固油箱防止撞车时油箱破裂；机动车车内突出的尖锐器件应改成钝角或软体等。

8. 增加人体对危险因素的抵抗力 如人体对机械能量缺乏自然抵抗力，特别是血友病、骨质疏松症患者。但若反复暴露于机械能时，会使皮肤增厚、骨骼肌肉耐力增强。甚至慢性暴露于缺氧状态，日久天长亦可逐渐适应高原缺氧环境。

9. 对已造成的损伤提出有针对性的预防与控制措施 如加强现代化通讯设施，开设绿色通道，实施抢救措施，减少残疾率和死亡率。

10. 使伤害患者保持稳定，采取有效的治疗及康复措施 如在伤害事件中往往由于急救中心缺乏设备、技术水平低下，责任心不强，而延误抢救时机，造成死亡。在农村基层，因交通不便、条件欠佳，这种情况更易发生，应重点预防。

（四）“五 E”伤害预防综合策略

“五 E”伤害预防综合策略是目前国际公认的伤害预防综合策略，该策略的有效性在很多国家的应用实践中均得到证实，在减少与控制伤害发生与死亡方面均发挥了重要的作用。

1. 教育预防策略（education strategy） 包括一般人群中开展改变态度、信念和行为的项目，同时还针对引起或受到伤害的高危个体。

2. 环境改善策略（environmental modification strategy） 通过减少环境危险因素降低个体受伤害的可能性。

3. 工程策略（engineering strategy） 包括制造对人们更安全的产品。

4. 强化执行策略（enforcement strategy） 通过法律和公安部门的措施确保在人群中维持某些行为和规范的实施。涵盖了强制实施法律以创造安全环境，还包括确保安全产品生产和销售的法律和规范。

5. 评估策略（evaluation strategy） 涉及判断哪些干预措施、项目和政策对预防伤害最有效。通过评估者和政策制定者知道什么是预防和控制伤害的最佳方法。

知识点 15-4：“五 E”伤害预防综合策略

“五 E”伤害预防综合策略是目前国际公认的伤害预防综合策略，包括教育预防策略（education strategy）、环境改善策略（environmental modification strategy）、工程策略（engineering strategy）、强化执行策略（enforcement strategy）和评估策略（evaluation strategy）。

二、伤害的预防措施

（一）四步骤公共卫生方法

2007 年 WHO 提出伤害预防四步骤公共卫生方法，该方法提供了伤害的干预流程和工作模式，用于预防工作的设计、评估和监控。其具体步骤如图 15-4 所示。

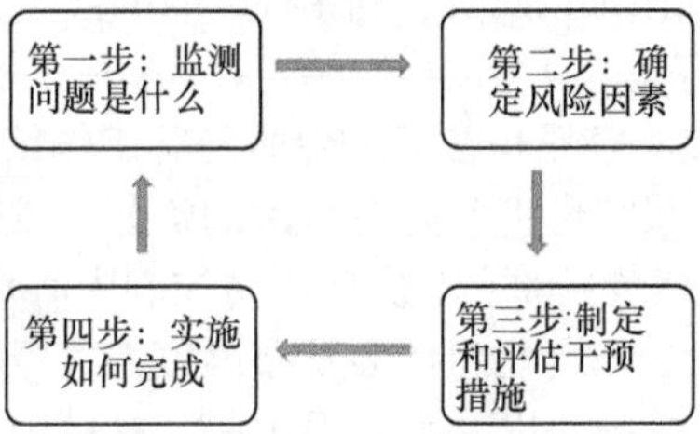

图 15-4　四步骤公共卫生方法示意图（WHO，2007 年）

（二）Haddon 模型

Haddon 根据伤害发生的阶段和条件，按伤害发生前、发生中和发生之后三个阶段提出有针对性的预防措施，见表 15-14。

表 15-14　Haddon 伤害预防模型

伤害发生时间阶段	伤害发生条件	伤害预防措施
发生之前	宿主	遴选合格汽车司机
	致病因子	上路前车辆安全检查（特别是车闸、轮胎、灯光）
	环境	公路的状况及维修
发生之中	宿主	司机的应变能力和乘客的自我保护意识
	致病因子	车辆内部装备性能（尤其是轮胎）
	环境	路面状况与路边障碍物
发生之后	宿主	防止失血过多，妥善处理骨折
	致病因子	油箱质地的改善与防止漏油
	环境	车祸急救、消防、应急系统与措施
结局	宿主	伤害严重程度判定及预防死亡
	致病因子	车辆损坏度评价及修复
	环境	公路整治与社会、家庭经济负担

（三）伤害预防控制具体措施

1. 认真贯彻预防为主的方针，从公共卫生的角度积极预防伤害的发生　应加快规划国家预防伤害体系的进程，制订配套的伤害预防政策，明确重点领域，并确定主要责任部门。明确优先领域和重点策略，制定相应的行动计划，例如预防道路交通伤害；工作环境重点预防建筑工地、矿场、涉电工作环境的伤害发生；学校重点在青少年中传授预防伤害的知识；家庭、社区和儿童活动场所以预防溺水、烧伤、跌落等导致的伤害；公共设施与产品、食品餐饮、日常用品导致的伤害；而且，应该包括伤害控制的具体目标，例如包括在一定时期内努力使学校伤害、工作场所伤害、家庭及社区伤害以及道路交通等伤害的发生降低一定幅度的相关指标。

2. 进一步加强对伤害预防控制工作的组织领导与协调　建立国家级的伤害预防协调机制，成立相应伤害预防和安全促进领导小组，同时咨询多领域、多学科的决策咨询体系，相关的计划与策略明确各部门的职责和关系以及部门间的协调和合作机制，在此基础上，建立安全保障体系和安全责任工作制以及事故责任追究制，健全安全预警机制，制定突发事件应急预案，完善事故预防措施，及时排除安全隐患，不断提高安全管理水平，逐步建立各种伤害责任部门为主、全民关心和参与的伤害预防控制机制。

3. 加强伤害预防有关的社会动员，提高全社会预防伤害的意识 伤害是一个严重的公共卫生问题，也是一个重要的社会安全问题，需要全社会的广泛关注和参与。伤害预防的综合性和广泛性，要求建立一个综合的系统防范体系，结合创建健康城市、安全社区、平安工程等，把有效的伤害防治策略和具体措施落实在社区的层面来加以解决，利用社区的平台，发挥政府、企事业单位、社会团体和居民的积极性，加强伤害预防有关的社会动员，结合社区实际落实各项伤害预防措施。

4. 伤害预防必须与医疗急救、康复和社区卫生服务等工作结合起来，形成伤害防治网络 卫生行政部门应该进一步整合卫生系统伤害预防与救治的资源，发挥伤害预防和救治的核心作用。例如作为伤害预防控制的主要技术支持部门，疾病预防控制中心负责伤害预防与控制方案的实施、技术培训、安全促进及信息收集等；定期向社会发布国家伤害资料信息，让群众知情、关心、参与伤害的控制与救治；医院、急救中心以及乡镇卫生院、社区卫生服务中心在完成救治伤员任务的同时，联合疾病预防控制机构对社区开展相关预防知识和紧急情况下自救技巧的培训等。

知识点 15-5：伤害预防控制具体措施

（1）认真贯彻预防为主的方针，从公共卫生的角度积极预防伤害的发生。

（2）进一步加强对伤害预防控制工作的组织领导与协调。

（3）加强伤害预防有关的社会动员，提高全社会预防伤害的意识。

（4）伤害预防必须与医疗急救、康复和社区卫生服务等工作结合起来，形成伤害防治网络。

（四）我国主要伤害类型的干预措施

1. 机动车伤害的干预措施

（1）建立健全的交通安全法规，加强交通管理。

（2）加强机构管理，提高管理人员的基本素质。

（3）广泛开展道路交通安全的健康教育工作，人人遵守交通规则。

（4）确认并治疗有酗酒相关问题的驾驶者，确认不使用安全带的人。

（5）加强道路工程建设，优化路面状况。

（6）提高交通工具的安全性能（如提高轮胎性能、改善油箱质地防止漏油、安装空气袋等）。

（7）建立健全急救机构。

（8）加强机动车伤害的监测。

2. 跌伤的干预措施

（1）停止使用诱发跌倒的药品。

（2）消除或改善室内易引起跌倒的因素（如防滑地板）。

（3）加强体育锻炼。

（4）进行必要的步态训练。

（5）戴护膝、穿有护垫的内衣或能减少跌倒的服装。

（6）加强对老人的照顾和心理关怀。

3. 溺水的干预措施

（1）尽量不要让儿童到河边、井边玩耍。

（2）加强游泳池的安全保护措施，严禁酒后游泳。

（3）在大人的看护下开展儿童的游泳训练和娱乐。

（4）加强儿童的安全教育和安全技能培训。

（5）必须穿救生衣开展水上娱乐活动。
（6）水上交通工具应预备充足的救生设备。

4. 自杀的干预措施

（1）加强全球各国多部门合作，提高公众自杀预防的意识。
（2）加强自杀预防的政策和规划研究，对高危人群进行疏导治疗。
（3）减少自杀工具的可及性。
（4）培训社区初级卫生保健人员。
（5）建立社区自杀预防工作网络。
（6）在自杀高发地区进行自杀预防控制专项研究。
（7）积极开展社区精神卫生和心理咨询服务。
（8）加强社区健康教育和健康促进。

案例 15-1 分析讨论：

（1）由于运动、热量、化学、电或放射线的能量交换超过机体组织的耐受水平而造成的组织损伤和由于窒息而引起的缺氧，以及由此引起的心理损伤统称为伤害。伤害的分类：按照造成伤害的意图分类包括意外伤害（unintentional injury）、自杀（suicide）与自伤（self-inflicted injury）和暴力（violence）与他杀（homicide injury）；按照伤害发生的地点分类包括道路伤害、劳动场所伤害、家庭伤害和公共场所伤害。

（2）伤害的预防控制：

伤害的预防控制策略：

1）三级预防

a. 一级预防：其目标是通过减少能量传递或暴露的机制来预防导致伤害发生的事件。一级预防通过可全人群策略、高危人群策略和健康促进策略来实现；

b. 二级预防：其目标是降低伤害的发生率及其严重程度。摩托车头盔、安全带、救生衣和防弹衣都是二级预防的典范；

c. 三级预防；伤害已经发生后，控制伤害的结果。现场急救、心肺复苏、康复等均属三级预防。

2）主动干预和被动干预。

3）Haddon 伤害预防的十大策略。

4）“五 E”伤害预防综合策略，包括教育预防策略（education strategy）、环境改善策略（environmental modification strategy）、工程策略（engineering strategy）、强化执行策略（enforcement strategy）和评估策略（evaluation strategy）。

伤害的预防控制措施：

1）认真贯彻预防为主的方针，从公共卫生的角度积极预防伤害的发生。

2）进一步加强对伤害预防控制工作的组织领导与协调。

3）加强伤害预防有关的社会动员，提高全社会预防伤害的意识。

4）伤害预防必须与医疗急救、康复和社区卫生服务等工作结合起来，形成伤害防治网络。

（姚应水）

第十六章　药物流行病学

案例 16-1

2009 年 6 月 25 日，世界著名歌手迈克尔·杰克逊被发现死于家中，享年 50 岁。据报道杰克逊长期患有失眠，服用了大量的处方药，包括止痛药，抗抑郁症的药及其他精神类的药物。尸检初步结论是杰克逊死于使用致命剂量异丙酚。据警方调查，私人医生穆雷为饱受失眠之苦的杰克逊治疗失眠症大约有六周时间，他每天晚上为杰克逊静脉注射 50mg 的镇静剂异丙酚。当天上午，在服用普通安眠药无效的情况下，穆雷又为杰克逊注射了 25mg 的异丙酚，最终导致了不幸的发生。异丙酚是一种强力镇静剂，常用于全身麻醉的诱导和维持，有成瘾性，不当使用异丙酚会引起呼吸不顺畅，甚至呼吸骤停，有些病人可能发生低血压和心率失常等，使用过量会致死。

问题：

（1）迈克尔·杰克逊的死亡原因是什么？

（2）如何预防与控制此类药品不良事件的发生？

第一节　概　　述

药品在诊断、治疗和预防疾病或调解生理功能过程中虽然给人们带来了巨大的益处，但也可能带来危害，即药源性损害，包括用药错误、不合理用药和药品不良反应（adverse drug reaction，ADR）。伴随着医药事业突飞猛进的发展，药品安全性日趋成为威胁人类生命和健康的严重公共卫生问题。据世界卫生组织（WHO）统计，在全球死亡的病人中，约有 1/3 死于用药不当。即使是合格的药品在正常用法用量下使用，也可能给人造成一些不良反应。统计数据表明：美国每年有 220 万住院病人发生严重 ADR，10.6 万人因此死亡，居住院病人死因的第 4～6 位，而实际上其中 20%～70%的 ADR 是可以预防的。我国缺乏全国性的调查数据，据估计每年因 ADR 而住院的病人达 250 万，19.2 万人因此死亡。因此，预防和控制药源性损害刻不容缓。

一、相关基本概念

（一）药品

药品指用于预防、治疗、诊断疾病，有目的地调解生理功能并规定有适应证、用法和用量的物质，包括中药材、中药饮片、化学原料药及其制剂、抗生素、生化药品、放射性药品、血清、疫苗、血液制品和诊断药品。

（二）不良反应与不良事件

药物不良反应（adverse drug reaction，ADR）是指合格药品在正常用法用量下出现的与用药目的无关的或意外的有害反应。药物不良反应定义排除了意向性和意外性过量用药与用药不当所致的不良反应。

药品不良事件（adverse drug events，ADE）是与药品不良反应的含义有所不同。药品不良事件是指在药物治疗过程中出现的不利的临床事件，但该事件未必与药物有因果关系。不良事件也可理解为临床新出现的偶然事件及不良反应，例如在使用某种药物期间出现的病情恶化、并发症、化验结果异常、各种原因死亡、各种事故等，以及可疑的药品不良反应等。

（三）药物流行病学

药物流行病学（pharmacoepidemiology）是应用流行病学的原理和方法，研究人群中药物的利用及其效应，通过发展和评估风险管理策略，优化药品、疫苗、医疗器械的效益风险比，达到提高医疗保健质量的目的。药物流行病学是近些年来临床药理学与流行病学两个学科相互渗透、延伸而发展起来的新的医学研究领域，也是流行病学的一个新分支。

药物流行病学最初主要关注 ADR，但近些年来研究领域不断扩大，从不良反应监测扩大到不良事件监测；从强调药物利用扩大到研究有益的药物效应，以及药物疗效的卫生经济学评价、生命质量评价和 Meta 分析等。

二、药物不良反应的分类

根据药品不良反应与药理作用的关系将其分为三类：A 型反应、B 型反应和 C 型反应。

（一）A 型不良反应

A 型不良反应（type A adverse drug reactions）是由于药品的药理作用增强所致。其特点为：①一般发生率高、病死率低；②可以预测，并与常规的药理作用有关；③反应的发生与剂量相关，停药或减量后症状减轻或消失。A 型不良反应的表现通常包括过度作用、副作用、毒性反应、继发反应、后遗效应、首剂效应和撤药反应。

1. 过度作用（over effect）　指使用推荐剂量时出现的过强的药理作用。如使用降压药引起的血压过低、镇静药引起的嗜睡、降血糖药引起的低血糖等。过度作用可能和机体对药物的敏感性高有关。

2. 副作用（side effect）　指在药物正常治疗剂量内伴随治疗作用同时出现的与治疗目的无关的不适反应。某些药物因为作用的选择性低以及作用范围广，所以在治疗时利用其中的一个作用，则其他作用就成了副作用。如阿托品在作为解痉药服用时，抑制腺体分泌引起的口干、眼压升高等为副作用；当阿托品用于治疗流涎症或严重盗汗时，其抑制腺体分泌的作用就成了治疗作用，而松弛胃肠平滑肌作用引起的便秘则成了副作用。

3. 毒性作用（toxic reaction）　指可造成人体某种功能或器质性损害的反应。如氨基糖苷类所致耳毒性、氯霉素引起的骨髓抑制等。一般毒性反应多在剂量过大或用药时间过长，使体内药物蓄积过多时才出现。但对于老人、儿童以及肝、肾功能受损的人，在常规治疗剂量范围内就可以出现毒性反应。

4. 继发反应（secondary reaction）　又称治疗矛盾，指反应不是药物本身的药理作用，而是由于药物的治疗作用所引起的不良后果。如服用广谱抗生素，使体内对抗生素敏感的细菌被杀死，而一些不敏感的细菌大量繁殖所引起的二重感染。

5. 后遗效应（after effect）　指在停药后血药浓度已降至最低有效浓度以下时，仍残留的药理效应。如长期服用肾上腺皮质激素后引起的肾上腺皮质萎缩。

6. 首剂效应（first-dose response）　又称不耐受性，特指只发生在用药最初阶段，多为一过性的。如应用哌唑嗪开始治疗时，常可发生血压骤降。首剂效应是由于开始服用药物时，机体对药物的作用尚未适应所引起的反应。

7. 撤药反应（withdrawal syndrome）　又称停药综合征，指由于骤然停药而引起的，与原来药物本身作用相反的效应。如长期应用皮质激素类药物，当突然停药时，可发生急性肾上腺皮质功能不全综合征。

（二）B型不良反应

B型不良反应（type B adverse drug reactions）指与药品本身药理作用完全无关的一种异常反应，其特点是一般难以预测，发生率低，但病死率高。B型不良反应可分为特异质反应和变态反应两种。

1. 特异质反应（idiosyncratic reaction） 一般是由于生化过程异常所导致的，往往与遗传因素有关。如乙酰化酶缺乏患者服用肼苯哒嗪时，易引起红斑狼疮样反应；伯氨喹、氯喹引起的溶血性贫血易在葡萄糖-6-磷酸脱氢酶缺陷者中发生。

2. 变态反应（allergic reaction） 又称过敏反应，是指机体对某种药物的病理性的免疫反应。变态反应常见于过敏体质者。如青霉素引起的过敏反应。

（三）C型不良反应

C型不良反应（type C adverse drug reactions）是指与药品本身药理作用无关的异常反应，一般在长期用药后发生。其特点是发生率高，药物和不良反应之间没有明确的时间关系，用药史复杂、潜伏期较长、难以预测。如长期服用某种药物所致的人类某种疾病患病率的增加。有些C型不良反应发生的机理尚不清楚，有待于进一步研究和探讨。

三、药物流行病学发展概况

流行病学是研究疾病和健康在人群中的分布及影响因素的一门科学，药物则是影响疾病和健康分布的重要因素之一，如疫苗的问世导致许多传染病流行谱的改变，抗生素的应用使传染病的死亡率大幅度下降。随着新药不断问世，药品不良反应也相继的改变，尤其是20世纪60年代发生的震惊世界的“反应停事件”，更是促进了人们对药物上市后的安全、有效性的关注。1968年WHO制订了一项由10个国家参加的国际药品不良反应监测试验计划，并于1970年正式成立WHO药品不良反应监测中心。由于研究的视角从临床拓展到广大的用药人群，药物流行病学这门应用学科于20世纪80年代应运而生。国际药物流行病学学会于1989年正式成立，我国也于1995年成立了中国药学会药物流行病学分会。

知识点16-1：药物不良反应的概念及分类

（1）药物不良反应是指合格药品在正常用法用量下出现的与用药目的无关的或意外的有害反应。药物不良反应定义排除了意向性和意外性过量用药与用药不当所致的不良反应。

（2）药物不良反应分为A、B、C三种类型。其中A型不良反应的表现通常包括过度作用、副作用、毒性反应、继发反应、后遗效应、首剂效应和撤药反应；B型不良反应可分为特异质反应和变态反应两种。

第二节　药物不良反应的流行特征及影响因素

一、药物不良反应的三间分布

（一）地区分布

药物不良反应的发生率存在明显的地区差异。据WHO统计，在全球范围内有10%～20%的住院病人会发生药物不良反应，其中5%的患者甚至死于严重的药物不良反应。在英国的两个大医院进行的一项前瞻性研究得出：有6.5%的患者是由于发生了药物不良反应而住院的。而在我国，每年住院的5000多万人次中，发生药物不良反应的至少有500万～1000万人次，而且每年约有20万人次因药物不良反应而死亡。

我国各地区药物不良反应的发生率也不尽相同。根据中国食品药品监督管理年鉴（2008）报道，2008 年药品不良反应及事件报告数为 546925 例，其中死亡 622 例，按照各省药品不良反应病例报告数量排序，前 5 位的省份依次是山东省（84638 例）、安徽省（70661 例）、江苏省（51567 例）、河南省（49936 例）、湖南省（41470 例），后两位的省份分别是青海（261 例）和西藏（73 例）。即使在同一省内不同地区间也存在着差异。2009 年江苏省地区药物不良反应报表统计结果显示：报表数量最多的是南通市，其次是盐城市，最少的是镇江市和泰州市，见表 16-1。

表 16-1　2009 年江苏省药物不良反应报表地区分布

所在地市	报表总数	新的、严重的报表数量	新的、严重的报表所占比例（%）
南通	7782	505	6.49
盐城	6814	1979	29.04
苏州	5468	494	9.03
无锡	5420	651	12.01
南京	4892	758	15.49
连云港	4133	1366	33.05
徐州	3669	402	10.96
扬州	3199	557	17.41
淮安	3079	607	19.71
常州	2747	469	17.07
宿迁	2735	774	28.30
镇江	2627	632	24.06
泰州	2419	465	19.22
合计	54984	9659	17.57

（二）时间分布

随着药物的广泛应用、药品种类的日益增多、联合用药组合和疗程的不断改变，药物不良反应发生率和死亡率呈上升趋势。美国食品药品管理局对 1990～2001 年药物不良反应报告数量进行了统计，结果表明：在 1990 年药物不良反应报告数为 83310 例，1995 年为 154558 例，2000 年为 245650 例，到 2001 年为 286755 例，1990～2001 年的平均增长速度为 11.9%。2003 年英国报告，在过去的 10 年里，由于药物不良反应引起的死亡人数增加了 5 倍多，仅 2000 年就死亡了 1100 多人。据我国药物不良反应报表数量统计结果显示：1989～1999 年间报表总数为 4027 例，2003 年为 36852 例，到 2008 年，仅一年为 546925 例，呈迅速增长趋势。

（三）人群分布

药物不良反应易发生的人群为老年人、孕妇、儿童以及有肝脏、肾脏等方面疾病的人。据北京地区 1993～1999 年 ADR 报表分析结果显示：药物不良反应的年龄分布共有 3 个高峰。第 1 个高峰出现在 1 岁以下的新生儿中，到 40 岁左右出现第 2 个高峰，40～60 岁发病率略有下降，到 60 岁以上出现第 3 个高峰，此高峰持续 10 年左右。

二、影响药物不良反应发生的因素

（一）药物因素

1. 药物的理化性质和化学结构　药物的理化性质是影响药物不良反应发生的重要因素。如阿司匹林对胃黏膜具有刺激作用。口服药的脂溶性越强，在消化道越易吸收，进而越易出现不良反应。有些药物在化学结构上非常相似，故可表现出类似的不良反应。但也有一些药物，它们的化学结构只发生了轻微的改变，不良反应的发生率却会发生较大变化。如酮洛芬和氟比洛芬的化学结构只差一个酮基和氟离子，酮洛芬的不良反应发生率为16.2%，而后者可达52.5%。

2. 药理作用 具有相同治疗效果的药物，由于药理作用的不同，可表现出不同的不良反应。如运用利尿剂降压，可出现低血钾等不良反应；若服用直接作用于血管平滑肌的降压药物，由于扩张血管作用，可产生头痛、血压过度下降等不良反应。

3. 药物的杂质 药物的杂质包括：①药物在生产过程中加入的稳定剂、防腐剂、着色剂、抗氧化剂、赋形剂及调味剂等；②在贮存和运输过程中混进的杂质；③药物本身发生氧化、还原、分解和聚合等反应而产生的杂质。药物的杂质可能会成为药物发生不良反应的原因。如青霉素发生过敏反应就是由在生产发酵过程中产生的青霉噻唑酸以及在酸性环境中分解而产生的青霉烯酸所致。

4. 药物的质量 同一种药物因生产企业不同，采用了不同的生产工艺和技术，故药物可存在不同的溶出速度和生物利用度，从而影响药物的疗效以及可成为导致不良反应发生的因素。例如不同厂家生产的氯丙嗪其疗效和不良反应均有明显的差异。

（二）机体因素

1. 种族 不同种族的人因有不同的遗传和新陈代谢特征，体内各种酶的构成和比例也不同，对同一种药物可表现出不同的不良反应。如药物在体内需要经过乙酰化过程才被代谢，而乙酰化过程有快型和慢型两种。爱斯基摩人及日本人多为快乙酰化型，欧美白种人多为慢乙酰化型。因此，服用异烟肼时白种人更易发生神经炎。

2. 性别 男性和女性对药物表现出的敏感性是不同的。一般情况下，女性对药物更敏感。如保泰松所致的粒细胞缺乏症，男女发生率之比为1∶4。但也存在相反的情况，如男女药物性皮炎的发生比例约为3∶2。

3. 年龄 由于儿童的器官及生理功能尚未成熟，肝脏体积小，对药物的代谢解毒能力弱，使儿童比成人更易发生药物不良反应。新生儿服用氯霉素时，由于体内缺乏葡萄糖醛酶，易发生中毒，表现为心血管功能衰竭、青紫甚至死亡（灰婴综合征）。老年人由于各器官功能及代偿功能的衰退，机体耐受性降低，对药物的敏感性增高，药物不良反应发生率也随之增高。如老年人使用大剂量青霉素类药物时，更易发生神经毒性反应。据报道，60岁以下的人用庆大霉素或卡那霉素不良反应发生率为4.8%和2.5%，而60岁以上老年人使用时，不良反应发生率则均上升为12.5%。

4. 病理状态 服药者的病理状态可影响药物不良反应的发生。如氨苄西林在一般人群中，皮疹的发生率仅为3.1%～3.8%，但对于患有单核细胞增多症的病人，皮疹的发生率可达42%～100%。

5. 营养状态及饮食习惯 当营养不良时，表现为对药物较敏感，较易出现药物不良反应。如维生素B6缺乏时，可加重异烟肼对神经系统的损害。长期饮酒可通过损害肝功能，影响肝脏对药物的代谢，从而使药物的不良反应发生率增加。

（三）其他因素

1. 药物的剂量、剂型和给药途径 药物的剂量掌握不当常常是不良反应发生的原因。据美国食品药品监督管理局（FDA）关于药物不良反应的信息，每日服用吲达帕胺2.5mg及5.0mg的患者，出现不良反应的种类和频数明显高于每日服用1.25mg者。即使是同种药物也可因剂型的不同，存在着不同的不良反应发生率，如沙丁胺醇气雾剂较片剂副作用小。不同的给药途径可影响药物在体内的吸收、分布以及作用的快慢、强弱和持续时间等，从而产生不同的疗效及不良反应。研究人员对1998～2005年国内发行的主要医药期刊上关于氟喹诺酮类药物的不良反应进行分析，结果表明局部用药，如滴鼻、滴眼，以及口服用药所致不良反应发生率明显低于肌肉注射和静脉注射。

2. 给药时间和间隔时间　给药时间可影响到某些药物的疗效和不良反应的发生。如皮质激素类药物长期在夜间服用，会出现肾上腺功能不足，甚至会危及到生命。给药间隔时间过短，可使药物在体内蓄积，易发生蓄积中毒。

3. 持续用药的时间　长时间持续用某种（些）药物易发生不良反应。如服用安体舒通 1～8 周时未出现男性乳房增大现象，但是在连续服用 24 周后，男性乳房增大的发生率明显增加，可达 66%。

4. 药物的相互作用　当同时或相隔一段时间服用两种及两种以上药物时，某种（些）药物通过影响另一种（些）药物的吸收、分布、代谢、排泄或与血浆蛋白的结合，可影响药物疗效或产生毒性上的协同、相加和拮抗作用。如庆大霉素与红霉素配伍可增加耳神经毒性。据统计，合用 5 种药物的不良反应发生率为 4.2%，6～10 种合用时为 7.4%，合用 11～15 种时为 24.2%，16～20 种时为 40.0%，合用 21 种及以上时为 45.0%。

第三节　药物不良反应的报告和监测

案例 16-2

1956～1961 年，联邦德国格仑南苏药厂生产反应停（沙利度胺），用于治疗妊娠期呕吐，当时在 17 个国家应用，但短短的几年时间后，即发生了严重的畸胎事件，一些服用了该药的孕妇，所生婴儿四肢短小，形似海豹，被称之为“海豹婴儿”，当时受害婴儿达 1 万多人，死亡 5000 多人。大量的流行病学调查和动物实验对此展开了研究。此外，反应停从 1959 年开始销售，1960 年销售量迅速上升，在经过母亲怀孕期 3 个季度后的 1960 年底和 1961 年初短肢畸形病例亦随之上升；1961 年 12 月反应停从市场撤销，而 1962 年下半年以后出生的儿童也很少发生短肢畸形。

问题：

（1）如何判断反应停与海豹畸形之间存在因果关系？

（2）反应停事件对药物安全性监测的影响？

一、药物不良反应报告和监测管理相关法律法规

2004 年 3 月 4 日，中华人民共和国卫生部、国家食品药品监督管理局审议通过了《药品不良反应报告和监测管理办法》。依据该办法：

报告原则：第十二条规定：药品不良反应实行逐级、定期报告制度，必要时可以越级报告。

实施报告的主体：第二条中规定：国家实行药品不良反应报告制度。药品生产企业、药品经营企业、医疗卫生机构应按规定报告所发现的药品不良反应。同时，在第五条中规定：国家鼓励有关单位和个人报告药品不良反应。

报告范围：第十五条规定：新药监测期内的药品应报告该药品发生的所有不良反应；新药监测期已满的药品，报告该药品引起的新的和严重的不良反应。第十六条规定：进口药品自首次获准进口之日起 5 年内，报告该进口药品发生的所有不良反应；满 5 年的，报告该进口药品发生的新的和严重的不良反应。

知识点 16-2：药物不良反应的报告范围

新药监测期内的药品应报告该药品发生的所有不良反应；新药监测期已满的药品，报告该药品引起的新的和严重的不良反应。进口药品自首次获准进口之日起 5 年内，报告该进口药品发生的所有不良反应；满 5 年的，报告该进口药品发生的新的和严重的不良反应。

报告时限：第十三条规定：药品生产、经营企业和医疗卫生机构必须指定专（兼）职人员负责本单位生产、经营、使用药品的不良反应报告和监测工作，发现可能与用药有关的不良反应应详细记录、调查、分析、评价、处理，并填写《药品不良反应/事件报告表》，每季度集中向所在地的省、自治区、直辖市药品不良反应监测中心报告，其中新的或严重的药品不良反应应于发现之日起 15 日内报告，死亡病例须及时报告。

报告程序：药品不良反应报告程序如图 16-1 所示。

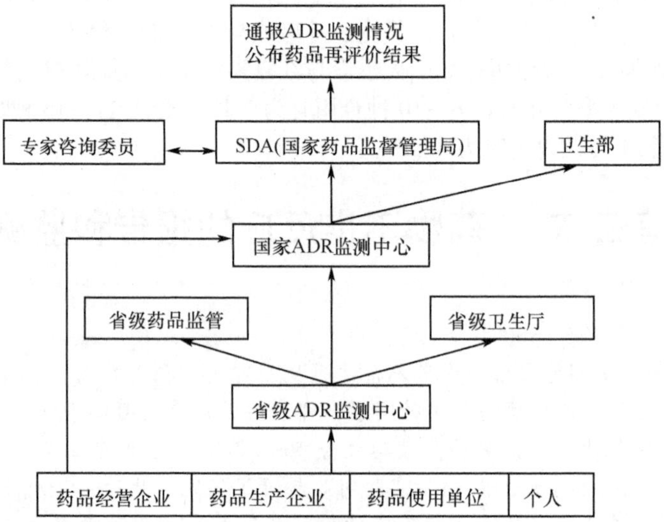

图 16-1 药品不良反应报告程序

二、药物不良反应报告的分析与评价

药物不良反应报告资料的分析、评价工作是 ADR 监测工作中的重要组成部分。

（一）药物不良反应分析的五条标准

（1）用药与可疑不良反应的出现有无合理的时间关系？

（2）反应是否符合该药已知的不良反应类型？

（3）停药或减量后，可疑不良反应是否消失或减轻？

（4）再次使用可疑药品后是否再次出现同样反应？

（5）可疑的反应是否可用合并用药的作用、患者病情的进展、其他治疗的影响来解释？

（二）药物不良反应关联性评价

药物不良反应关联性评价是在参考文献和分析报告相关资料的前提下，依据上述标准做出的综合性评价。依据《药品不良反应报告和监测管理办法》将药物不良反应评价结果分为 6 级，具体如下：

1. 肯定 用药及反应发生时间顺序合理；停药以后反应停止，或迅速减轻或好转（根据机体免疫状态某些 ADR 反应可出现在停药数天以后）；再次使用，反应再现，并可能明显加重；同时有文献资料佐证；并已排除原患疾病等其他混杂因素的影响。

2. 很可能 无重复用药史，余同"肯定"，或虽然有合并用药，但基本可排除合并用药导致反应发生的可能性。

3. 可能 用药与反应发生时间关系密切，同时有文献资料佐证；但引发 ADR 的药品不止一种，或原患疾病病情进展因素不能除外。

4. 可能无关 ADR 与用药时间相关性不密切，反应表现与已知该药 ADR 不相吻合，原患疾病发展同样可能有类似的临床表现。

5. 待评价 报告内容填写不齐全，等待补充后再评价，或因果关系难以定论，缺乏文献资料佐证。

6. 无法评价 报告缺项太多，因果关系难以定论，资料又无法补充。

（三）药物不良反应监测的意义

对药物不良反应的监测是国家加强药品管理的一项重要措施。因为药物批准上市前经过药物质量检查、动物及临床试验，已经证明药物的安全性、有效性，可以用于临床，并取得了批准文号。但是由于药物上市前的研究工作可能会受到一些因素的影响，如：①动物与人在许多方面都存在着较大的种属差异，使得一些 ADR 很难在动物中被发现；②药物在上市前的研究时间比较有限，只有数月时间，而某些药物则需要较长时间的应用或需经较长的潜伏期后，才能出现 ADR，因此，ADR 难于在药物上市前和上市后的短期内被发现；③临床试验中由于病例较少，使发生概率低的不良反应很难被发现；④临床试验中用药单一，通常在研究某一种药物的疗效时，尽量避免病人患有其他疾病而合并用药，但是上市后的药物在临床应用中不可能仅限于此种情况；⑤临床试验中的病例经过了严格的筛选，一般不包括老人、幼儿、孕妇、哺乳期妇女等，然而实际应用中并不排除这些人群。由于存在上述种种原因，因此不可避免地在用药过程中会发生 ADR。所以，开展 ADR 监测工作，及时发现药物在法定用量下所发生的药物不良反应，及时采取适当的措施，避免 ADR 在其他病人身上重复发生，对提高合理用药、安全用药的水平具有重要意义。

因此，包括我国在内的许多国家都明确规定，监测药物疗效并及时向药品监督管理部门报告药物不良反应是所有医疗卫生工作者的责任。近年来的研究表明：遗传基因和环境因素也与某些药物不良反应甚至严重的不良事件有关。预计，不久的将来可能实现通过对遗传基因和环境因素的全面监测，进一步改善药物治疗的安全性。

三、国内外药物不良反应监测的现状

1970 年 WHO 在日内瓦设立了 WHO 药物监测中心，1978 年迁至瑞典的乌普沙拉称为 WHO 国际药物监测中心，到 1997 年更名为乌普沙拉监测中心（简称 UMC），作为具体执行 WHO 药品不良反应监测合作计划的常设机构。截止到 2003 年，全世界有 84 个国家参加了 WHO 国际药物监测合作计划。

我国于 1998 年正式加入了 WHO 国际药品监测合作中心，成为第 68 个成员国。早在 1988 年，我国卫生部药政局组织部分省市的若干医疗单位开展了药物不良反应报告的试点工作。1989 年卫生部成立了药品不良反应监察中心。1999 年又将药品不良反应监察中心改名为国家药品不良反应监测中心，设在国家药品监督管理局药品评价中心。目前我国大部分地区均已建立起药品不良反应监测中心。2002 年年底，我国 31 个省、自治区、直辖市已全部成立了药品不良反应监测中心，到 2003 年年底，全国 21 个省级中心建立了下一级药品不良反应监测机构。

四、药物不良反应监测方法

（一）自发呈报系统（spontaneous reporting system）

自发呈报是指医务人员在医疗实践中，对某种药物所引起的药物不良反应通过医学、药学期刊进行报道，或直接呈报给药品不良反应监测专业机构和制药厂商等。自发呈报是药物上市后 ADR 监测的最简单及最常用的形式。该系统也是发现罕见药物不良反应的唯一方式，同时也是最经济的方式。其优点是监测范围广，即包括上市后的所有药物，参与人员多，不受时间和空间的限制；缺点是存在漏报现象，不能计算 ADR 的发生率。另外，由于报告本身的随意性，报告信息不够完善，会导致报告偏倚，从而影响因果关系的确定。主要表现为归因过度，即过高地估计了药物与不良反应之间的关联性，以及归因不足即过低地估计了药物与不良反应之间的关联性。

（二）医院集中监测（hospital intensive monitoring）

医院集中监测是指在一定的时间（数月、数年）、一定的范围内对某一医院或某一地区内所发生的 ADR 及药物利用情况进行详细记录，以探讨 ADR 的发生规律。包括药物源性、病人源性和专科性的集中监测，可以计算相应的 ADR 发生率并探讨其危险因素。优点是资料详尽，数据准确可靠。由于医院集中监测是在一定的时间、一定的范围内进行的，所以具有得出的数据代表性较差，缺乏连续性，应用受到一定限制，且费用较高等缺点。

（三）处方事件监测（prescription-event monitoring，PEM）

处方事件监测最初是在反应停事件后，由英国统计学家 David Finney 首先提出并正式开始在英国实施的。实施步骤为：①选定可疑药物的品种；②列出开此品种处方的医生名单；③向名单中的医生发出调查表；④回收填写完整的调查表；⑤分析相关资料并形成研究结果。其优点是：①迅速从所有开过监测药物的医生处获得报告；②可探测潜伏期较长的不良反应；③基于人群资料，不存在选择偏倚；④相对于前瞻性队列研究费用较少。缺点是处方事件监测研究的可信性取决于医生所填调查表的回收率。

（四）分析性流行病学研究

在药物不良反应监测中，通过运用病例对照研究和队列研究，可以判断出药物与不良反应之间是否存在关联性及其强度，且可以开展重点药物监测。实践显示：运用分析性流行病学研究方法开展重点药物监测是深层次进行药物不良反应监测的有效方法，同时也是必须要采取的措施。

1. 病例对照研究 根据描述性研究所得出的病因假说，选择已发生某种药物不良反应的人作为病例组，不具有该不良反应的人作为对照组，调查其在发生药物不良反应前服用某种（些）药物的情况，比较两组服药率的差异，以研究该不良反应与药物的关系。

以服用抗甲状腺药物和粒细胞缺乏症关系的病例对照研究为例，见表 16-2。

表 16-2 服用抗甲状腺药物和粒细胞缺乏症关系的病例对照研究

抗甲状腺药物	粒细胞缺乏症		
	有	无	合计
用	45	5	50
未用	217	1766	1983
合计	262	1771	2033

计算 *OR* 值，*OR*=ad/bc=45×1766/5×217=73.24。提示：服用抗甲状腺药物与粒细胞缺乏症有关。

2. 队列研究 将特定人群按是否服用某种药物分为服药组和未服药组，追踪观察一定时间后，比较两组某种药物不良反应的发生情况，以检验该药物与不良反应之间是否存在关联性。

1980 年，Strom 和 Carson 用回顾性队列研究方法研究了非甾类抗炎药物（NSAID）和上消化道（UGZ）出血的关系，见表 16-3。该研究结果发现：在 47136 例服药者中有 155 例出现了上消化道出血，而在 44634 例未服药者中只有 96 例出现了上消化道出血，相对危险度为 1.5。说明服用非甾类抗炎药者发生上消化道出血的危险性是未服用者的 1.5 倍，提示服用非甾类抗炎药有导致上消化道出血的危险性。

表 16-3　服用非甾类抗炎药与上消化道出血的关系

	分组	上消化道出血例数	未出血例数	发病率/万
抗炎药	服用	155	46981	33
	未用	96	44538	22

$\chi^2=10.85$，$P<0.001$

（五）自动记录数据库

由于潜在发生率较低的 ADR 很难从小样本人群中观察到，所以若想验证药物与 ADR 的因果假设，常常需要依靠大型的记录数据库。借助相关记录数据库记录联结（recorded linkage）技术将病人分散的诊断、用药及其剂量、不良反应、实验室检查、收费记录以及其他信息如性别、年龄、民族等，通过病人唯一的确认号码联结起来，从而进行各种形式的流行病学研究，以发现药物不良反应。其优点是：①代表了高效率进行药物流行病研究的方向；②充分利用计算机技术和现有的医疗信息资源，高效率地获取 ADR 监测所需的数据，缩短了研究周期；③不干扰正常的医疗活动，能进行大样本、长时间、各种设计类型的研究。缺点是受医疗计算机化程度等诸多因素的限制，且前期工作量大、需要多部门协作、组织实施较复杂。

知识点 16-3：药物不良反应监测方法的优缺点比较

（1）自发呈报系统：优点是监测范围广，参与人员多，不受时间、空间限制，是 ADR 的主要信息源；缺点是存在漏报，不能计算 ADR 的发生率，报告的随意性易导致资料偏差如：过度归因与低归因。

（2）医院集中监测：优点是可计算 ADR 的发生率并探讨其危险因素，资料详尽，数据准确可靠；缺点是数据代表性较差，缺乏连续性，费用较高，应用受到一定限制。

（3）处方事件监测：其优点是迅速从所有开过监测药物的医生处获得报告，可探测潜伏期较长的不良反应，因基于人群资料不存在选择偏倚，相对于前瞻性队列研究费用较少；缺点是处方事件监测研究的可信性取决于医生所填调查表的回收率。

（4）记录联结：优点是代表了高效率进行药物流行病学研究的发展方向，充分利用现有医疗信息资源、缩短研究周期，能进行大样本、长时程、各种设计类型的研究；缺点是受医疗数据电子化程度等诸多因素限制，前期工作量大，需多部门协作，组织实施复杂。

第四节　药物不良反应的预防与控制

一、合 理 用 药

临床医生应根据病人的机体状态特点选择不同的药物，并严格遵守用药原则，可预防或减少药物不良反应的发生。

对儿童患者：①应选择适合患儿服用的剂型，严格计算给药剂量及间隔时间；②需要联合用药时，应考虑药物间的相互作用，了解复方制剂的组成，避免重复用药造成超剂量；③不宜长时间服用同种药物，应定期更换用药。

对老年人患者：①开始用药应从小剂量开始，如以推荐成人剂量的 1/2～1/3 为起始剂量，并逐渐增加剂量；②应尽量减少用药种类，需要联合用药时，以不超过 4 种为宜；③选用适合老年人服用方便的药物剂型；　④长期服用药物的老年人应定期检查肝肾功能，以便及时减量或停用药物。

对孕妇患者：妊娠期用药应特别慎重，尽量不用药，但确实需要使用时应选择已证明对人类或灵长目动物无害的药物，以及对药物的分布和代谢已很清楚的药物。

对有肝病、肾病的患者：选用对肝肾功能无不良影响的药物，并适当减少用药剂量。

二、加强药物不良反应的报告和监测

药物不良反应的监测包括新药研究阶段的监测和临床阶段的监测两种，后者尤为重要。新药在上市前的研究阶段虽然已经过动物实验和临床试验，但这些试验不足以保证药物在临床使用阶段的安全性。因此，加强药物上市后临床阶段的安全性监测，不仅是减少药物不良发生的重要手段，对防止严重药物不良反应再次发生、促进临床合理用药、保障公众用药安全、促进新药的研发也具有重要意义。

三、加强宣传教育

通过健康教育的形式，如集体教育、个体指导、新闻媒体宣传等，在人群中开展宣传教育，全面普及药物不良反应相关知识、常用药物的不良反应，并提高全社会对药物不良反应危害的认识。提倡在用药前应仔细阅读用药禁忌及注意事项。提倡不服用过期药物。医生应尽量简化治疗方案，并通过耐心向患者解释用药的目的、用法、剂量及疗程，提高患者用药的依从性。

案例 16-1 分析讨论：

（1）异丙酚主要用于全身麻醉的诱导和维持，将其用于治疗失眠属于不合理用药，迈克尔·杰克逊的死亡主要是由于药物的不合理使用。

（2）药物的使用要严格遵循药物的适应证，明确药物不良反应及注意事项，处方类药物要在专业医师的指导下使用，异丙酚主要适用于全身麻醉的诱导及维持，常与脊髓麻醉和硬脊膜外麻醉同时应用，并且有较强的镇静作用。使用异丙酚可能会发生低血压和短暂性呼吸暂停等副作用，这可能与注药速度，药量，联合用药以及病人病情有关。使用异丙酚应注意必须监测血压，心电图，脉搏血氧饱和度，同时备好人工通气装置。一旦出现呼吸抑制，应立即进行人工通气进行辅助；如患者出现循环抑制，应将病人头部放低，必要时应给予血浆增溶剂和血管活性药物。因此，异丙酚此类麻醉药物的应用，应该由受过训练的麻醉医师完成或加强监护病房的医生来使用。

案例 16-2 分析讨论：

（1）研究人员通过一项病例对照研究发现：在排除了放射线、避孕药、堕胎药、去污剂等因素影响后发现，病例组和对照组在反应停服用方面有显著性差异。加之，反应停的销售量和短肢畸形儿的时间分布上也表现出密切的关联性。

（2）反应停事件后，1968 年世界卫生组织（WHO）制定了国际药物不良反应监察合作计划。1970 年正式成立了 WHO 国际药物监察合作中心，1997 年更名为乌普沙拉监测中心。我国于 1998 年成为该计划的正式成员国，至 2009 年 6 月，全世界共 95 个国家先后正式加入了 WHO 国际药物监测合作计划，另外尚有准成员国 28 个。乌普沙拉监测中心已收到来自成员国的可疑药物不良反应报告 460 余万份。这些病例报告已成为了解和评价药物安全性的重要依据之一。

（陈　欣）

第十七章 分子流行病学

案例 17-1

施凯舜等选取2001年1月至2010年6月浙江中医药大学附属二院产科门诊产检并住院分娩的191例HBsAg阳性同时HBV-DNA阳性，其余标志物均为阴性的孕妇为研究对象，从产前检查、住院观察至分娩后24h，收集产前、产中及产后孕产妇、新生儿的一系列临床资料，包括丈夫HBsAg阳性情况、孕产妇临床生化指标检测、新生儿产后24h内静脉血等。

为探讨孕妇HBV宫内感染的危险因素做如下操作：①用ELISA法检测试剂盒检测孕妇、新生儿血清 HBsAg及抗HBV-IgM等HBV 生物标志；②荧光定量PCR 扩增检测血清和PBMC中HBV-DNA。

问题：

（1）本研究关注的可疑危险因素与传统流行病学研究的危险因素有何不同？

（2）研究过程中采用ELISA、PCR等检测技术，目的是什么？

（3）与传统流行病学相比，该研究方法有何不同？

第一节 概　　述

近二三十年来，生物学技术尤其是分子生物学技术发展迅速，取得了突破性进展，并逐渐渗透到多个学科，形成许多交叉学科以及新的学科分支。分子流行病学（molecular epidemiology）就是分子生物学的理论和技术与传统流行病学研究方法渗透融合产生的一门边缘学科。

当前，分子流行病学已广泛用于人群疾病和健康问题的研究，成为现代流行病学的一个重要分支。由于分子流行病学的变化日新月异，目前很难明确界定其内涵和外延。因而有学者认为分子流行病学只是流行病学的一个研究领域，并非一个分支学科。但可以确定的是，分子流行病学代表着流行病学发展的一个重要方向，其原理和方法不仅丰富和完善了流行病学研究的内涵和外延，而且更重要的是能够解决传统流行病学所不能解决的问题。

一、分子流行病学定义

分子流行病学是一门以流行病学现场研究为基础，应用分子生物学的基本理论和技术，通过相关生物标志的测量，从分子乃至基因水平揭示疾病或健康的影响因素、分布和流行规律，并研究如何防制疾病、促进健康的策略与措施的科学。

所谓生物标志（biological makers 或 biomarkers，M 或 BM）是指从暴露到疾病各个连续过程中可测量的、能代表结构和功能改变的可识别物质。生物标志的范围非常广泛，包括细胞的、生物化学的、免疫的、遗传的或分子的物质。当前分子流行病学中应用的生物标志多是分子生物标志（molecular biomarker），如基因、细胞因子、受体等。

由定义可以看出分子流行病学研究中，人群现场研究是基础，微观的个体生物学标志的研究是核心，宏观与微观研究相结合是解决问题的关键。

二、分子流行病学的发展

近二三十年来，生物技术的发展日新月异，已经成为生命科学中的核心学科，其理论和技术已经渗透到生命科学的各个领域，如分子病理学、分子遗传学、分子免疫学、分子微生物学等。流行病学作为预防医学中一门重要的核心学科，研究领域和范围在不断扩大，其研究方法和技术需要不断丰富与完善。传统流行病学在解释暴露如何成为疾病病因的过程中缺乏足够的说服力或者相关的证据，而分子生物学的发展特别是应用于流行病学研究后，可以使传统流行病学难以解决的问题逐步得到解决。

最早使用"分子流行病学"术语的是美国学者 Kilboure 博士。1972 年他在美国第 10 次传染病学会上作了题为" 流感的分子流行病学" 的报告，报告中首次使用该术语，但并未解释其含义。法国学者 Higginson 于 1977 年又提及此术语，并作了一些解释：分子流行病学是应用精细技术进行生物材料的流行病学研究。之后"分子流行病学"术语不断被学者引用，与其相关的解释可见诸于一些杂志。1993 年，美国学者 Schulte 出版了第一部分子流行病学专著，将分子流行病学定义为："在流行病学研究中应用生物学标志包括生化的、分子的、 生理的、免疫学的、遗传学的等信号代表致病因子与疾病之间连续过程中一个个相关的环节。"

20 世纪 90 年代初期我国开始引入分子流行病学。1997 年俞顺章教授在" 发展中的分子流行病学" 述评一文中指出："近年来发展起来的分子流行病学是将传统流行病学的原理和方法与现代分子生物学技术相结合的一门科学"。1998 年，第四军医大学徐德忠教授主编了国内首版《分子流行病学》专著。当前，国内供预防医学专业本科生使用的《流行病学》统编教材都已引入分子流行病学章节。

分子流行病学作为一门新兴边缘学科，具有极强的生命力，有关分子流行病学的研究论文每年呈指数增长。经过 40 多年的发展，分子流行病学已具有了比较完善的理论体系和技术方法。

三、分子流行病学与传统流行病学的关系

传统流行病学在研究暴露与疾病关系时，多使用"黑匣子"理论，即只研究暴露与疾病或健康之间是否存在关联以及关联强度的大小，不考虑疾病发展过程的中间环节，由于"黑匣子"的存在，使得传统流行病学难以得到暴露与疾病之间关系的直接证据。Schulte 在其所著的《分子流行病学》一书中对传统流行病学与分子流行病学的关系进行了描述，如图 17-1 所示。

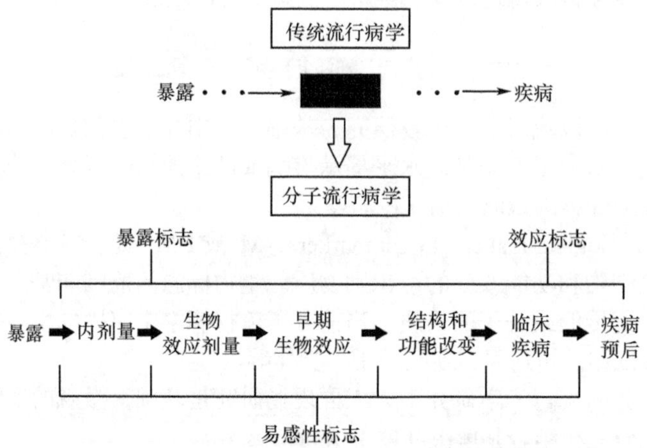

图 17-1 传统流行病学与分子流行病学的关系

从图 17-1 中可看出：分子流行病学与传统流行病学在研究暴露与疾病关系中是一个整体，分子流行病学是通过对疾病不同阶段的暴露标志、效应标志和易感性标志的测量及影响因素的研究，能够较全面地阐述疾病自然史，从而揭示传统流行病学难以解决的“黑匣子”中的秘密，为制定更有效的防制疾病、促进健康的策略和措施提供最直接、最有效的证据并能更好地评价其防制效果。

知识点 17-1：分子流行病学的定义、生物标志的定义、分子流行病学与传统流行病学的关系

（1）分子流行病学（molecular epidemiology）是一门以流行病学现场研究为基础，应用分子生物学的基本理论和技术，通过相关生物标志的测量，从分子乃至基因水平揭示疾病或健康的影响因素、分布和流行规律，并研究如何防制疾病、促进健康的策略与措施的科学

（2）生物标志（biological makers 或 biomark-ers，M 或 BM）是指从暴露到疾病各个连续过程中可测量的、能代表结构和功能改变的可识别物质。

（3）分子流行病学与传统流行病学在研究暴露与疾病关系中是一个整体，但传统流行病学在研究暴露与疾病关系时，只研究暴露与疾病或健康之间是否存在关联以及关联强度的大小，不考虑疾病发展过程的中间环节，难以得到暴露与疾病之间关系的直接证据；分子流行病学则是通过对疾病不同阶段的暴露标志、效应标志和易感性标志的测量及影响因素的研究，能够较全面地阐述疾病自然史，为制定更有效的防制疾病、促进健康的策略和措施提供最直接、最有效的证据并能更好地评价其防制效果。

第二节　分子流行病学的研究内容

案例 17-2

恙虫病（Tsutsugamushi disease）近年来在亚太地区流行广泛，再度发病，一些高发地区在没有应用抗生素的情况下其病死率可高达 50%，目前已成为世界性关注的疾病。

一直以来，依赖于血清学和传统流行病学调查研究，并不能很好的掌握恙虫病在云南等我国边陲地区的流行现状，亚红祥等为此于 2010～2013 年对云南地区鼠类和人自然感染恙虫病东方体（Orientia tsutsugamushi，Ot）新型株的状况进行分子流行病学调查，采集了人类血液、血清、鼠类脾脏组织标本共 508 份。

提取血清、组织 DNA 后，采用巢式聚合酶链反应（nPCR）检测 Ot 株 56kDa 蛋白基因（sta56）的表达并结合分子生物学数据库进行基因序列分析与同源性比对。经与 GenBank 中已知的参考菌株序列进行同源性比较及系统进化树分析，本次研究通对 Ot 基因 sta56 检测及同源性分析发现鼠源标本所获基因片段 DLRX9 与人源标本检测所获基因片段 HHSP65 株的同源性为 64.8%，进化树分析显示两者亲缘遗传进化关系较远，提示两者为 2 种不同的基因型别 Ot 株，表明云南省 Ot 抗原型别可能呈现多样化。序列分析显示 DLRX9 与 Karp 基因型、泰国 PG9 和 Li3b、中国浙江 Jin/2012 等 Ot 株的同源性最高均为 98.4%，与 Karp 株的同源性为 81. 9%，进化树分析显示 DLRX9 与 PG9、Li3b、Jin /2012 株在同一分支上，表明本次检测到的 DLRX9 株的基因型为 Karp 型。HHSP65 与中国台湾 TT0711a 株的同源性最高为 89.6%，与中国台湾 Hualien-1 和 NT0711a 株的同源性均为 86.3%，与日本 Kawasaki 株的同源性为 79.7%，进化树分析显示 HHSP65 与 TT0711a 株不在同一分支上，表明本次检测到的 HHS65 株为 Ot 新型株，并可能与日本 Kawasaki 株密切相关。本次研究首次从病原学方面证实了云南地区不仅存在 Karp 基因型 Ot，而且还存在新型 Ot，该新型 Ot 可能为日本 Kawasaki 类似株。从而首次证实云南

省可能存在日本 Kawasaki 类似株，为进一步研究或自然疫源地调查提供了一定的病原学证据或研究线索。

问题：

（1）鼠源 Ot 基因片段与人源 Ot 基因片段序列不相同说明什么？

（2）病原 Ot 株 sta56 序列分析比对与已知的参考菌株序列同源性不一致，进化分析不同支，说明什么？

（3）该研究对恙虫病的传染源及传播途径的研究有何意义？

一、生物标志探讨

分子流行病学研究的生物标志种类繁多，总体上可以分为暴露标志（exposure biomarker，ME）、效应标志（Effective biomarker，MEF）和易感性标志（susceptibility biomarker，MS）三大类。

（一）暴露标志

暴露标志是指与疾病或健康状态有关的生物标志，包括外暴露、内暴露和有效暴露三种标志。

1. 外暴露标志 指暴露因素进入机体之前的标志称为外暴露标志，如病毒、细菌、支原体、衣原体、真菌等微生物以及毒素、烟雾、粉尘、化学致癌物等。

2. 内暴露标志 指暴露因素进入机体之后的标志。其实质为宿主吸收的外源性物质，因此亦称为体内剂量（internal dose）。内暴露标志是外源性物质进入机体的可靠证据。在体内可测量的内暴露可以是性质未改变的外暴露标志本身，如尿汞；或其代谢分解产物，如烟草中尼古丁的代谢产物可丁宁（cotinie）。

3. 有效暴露标志 指已与靶组织细胞内 DNA 或蛋白质相互作用的外源性物质或其反应产物的含量标志，又称为分子剂量（moleculardose）。如病毒感染宿主机体后与宿主基因整合形成病毒整合基因。显然，有效暴露标志是比外暴露标志和内暴露标志更具说服力的剂量标志。

（二）效应标志

效应标志指宿主暴露后产生功能性或结构性变化的生物标志，包括早期效应标志和疾病标志。

1. 早期效应标志 由于结合到靶组织或细胞的外源性物质的持续作用，引起组织或细胞的生物学以及生物化学的变化，这些变化往往引起机体某些不可逆转的生物学效应，从而产生疾病前期的生物学标志，早期效应标志既可作为暴露后的生物效应结局，也可成为下一级生物效应结局的影响因素。如亚硝胺暴露后与食管上皮细胞内 DNA 形成加合物，引起抑癌基因突变失活或原癌基因激活，后者又促使细胞癌变转化直至肿瘤形成。

2. 疾病标志 是从暴露到发病整个过程中最终的效应标志，是组织结构或功能改变的结果。它们代表了疾病的亚临床阶段或者其本身就是疾病的表现，因而这些标志往往也成为疾病筛检和诊断的标志。

（三）易感性标志

易感性标志是指宿主体内在暴露之前存在的对疾病发生、发展易感程度的生物标志。易感性与暴露至疾病发生的整个过程中的每一环节均有关系，是决定暴露至发病进程的重要因素。研究发现不仅许多慢性非传染性疾病存在易感基因，许多传染性疾病也存在易感基因。如研究证实人类免疫缺陷病毒 HIV-1 在感染机体淋巴细胞时，需要协同受体 CCR5、CXCR4 的辅助，因此可以推断表达 CCR5 和 CXCR4 的基因便成为 HIV 感染的易感基因。

二、暴 露 测 量

（一）传染病

1. 生物性病原因子的检测 准确查明病原体是传染病防制的首要任务之一，因此病原生物的分型分类以及检测是传染病分子流行病学的重要使命。如2003年传染性非典型肺炎流行期间，为有效预防和控制该传染病，急需在人群中应用传染病分子流行病学确定该病病原体。在各国医学研究机构的合作下，通过采集样本、病毒分离与鉴定、基因扩增、基因测序等技术，最终检测出该病的病原体是变异的冠状病毒，命名为 SARS-COV。再比如乙型肝炎病毒已鉴定的有A-H八种基因型，各基因型与临床预后之间有何不同，需要将病人以不同的临床预后进行分组，然后应用分子流行病学手段测量各组病人对不同基因型病毒的暴露情况，才能回答上述假设。

2. 病原生物变异规律的研究 近30年来，人类已发现30余种新的传染病，如艾滋病、SARS、禽流感、O_{139}霍乱等。针对新的传染病，目前无有效的治疗手段，其慢性化的结局对人类的健康和生命构成的危害更加严重。而且一些老的传染病死灰复燃又逐渐成为重要的公共卫生问题，如结核、性病等。究其原因：一是生物都处在不断进化变异中，而人类生产活动对环境的破坏又加速了生物体的进化变异；二是相对于人类而言，非病原生物是相对的，在一定条件下病原生物与非病原生物是可以相互转化的。在新的世纪，人类与传染病以及寄生虫病的斗争还将持续下去，因此，研究病原生物群体的遗传及进化变异规律已成为分子流行病学的重要内容。如流感病毒变异规律的研究对阐明流感流行规律、预测流行趋势及防制策略与措施的制定都是非常重要的。

3. 传播源的追踪 1992年美国某地发现一例艾滋病患者，初步调查没有发现明确的艾滋病病人接触史，也不具有HIV感染的危险因素。但研究者进一步调查发现：这名患者曾接受一名牙医的治疗，检查发现该牙医为HIV感染者，后来又发现有6名经该牙医治疗的病人也都感染了HIV。对这7名病人和牙医的HIV与35株从当地其他人分离的HIV进行PCR扩增及核酸序列分析，结果表明牙医与其中5名病人的HIV株具有克隆关系，从而判定该牙医是其中5名患者HIV感染的传染源。

4. 传播途径的确定 如1982年Taylor等对 Salmonella muechen菌感染的暴发进行了一次分子流行病学调查，发现绝大部分病人有大麻暴露史，并从病人家里的大麻分离到了病原菌。从表型上看这些病原菌与其他来源的菌株很难区分，既往也无大麻作为传播途径的报道。通过质粒图谱分析，所有与暴露大麻有关的菌株都具有两个小分子的质粒，而对照组菌株中未发现这两个质粒，证明大麻是这次暴发的传播途径。

（二）慢性非传染病

1. 内暴露水平 传统流行病学在研究暴露与慢性病关系时，主要是对外暴露进行测量，由于个体之间的差异以及暴露物质的特性、接触途径不同，测定宿主体外暴露水平通常不能确切评价其在疾病中的意义。检测体内暴露水平，如细胞、组织、血液等生物标本内的含量，可为进一步的生物效应剂量和早期生物效应的研究提供直接有力的证据。

2. 生物作用水平 研究暴露因子作用于生物靶体如DNA、蛋白质等的剂量有利于阐明暴露–早期生物效应关系，如胃癌与饮水、食物中硝酸盐、亚硝酸盐、胺类化合物摄入量有关，它们在体内形成亚硝基化合物，这些化合物与DNA形成加合物，继而引起一系列癌发效应。因此，DNA加合物水平可视为亚硝基化合物的生物作用剂量，为进一步研究其影响因素及与早期生物效应或发病的关系提供了基础。

三、易感性测量

（一）遗传性疾病

研究表明：目前全世界大约有4000余种遗传病，人群中有25%～30%的人受到各种遗传病的危害。除少数原因已查明外，大多数遗传病病因不明。因此，研究遗传病易感（致病）基因、分布规律、影响因素和防制方法是一项长期而艰巨的任务。如Huntington病（HD）是一种慢性遗传性舞蹈病，中年发病，而后逐渐加重，因无法治疗10～20年后死亡；人群患病率约为5/10万，但在某些家族危害甚大；20世纪80年代以前临床、病理、生化等多年研究没有突破性进展；20世纪80年代初应用分子流行病学方法对不同家族群体进行研究，很快确定了HD基因紧密连锁遗传位点D4S10及其DNA标志，为该病的早期诊断和防制提供了可靠指标。此后经过十余年深入探索，终于克隆了该病易感（致病）基因。其次，发展灵敏度和特异度高、快速方便的基因诊断方法用于遗传病基因分布研究、高危人群筛检等也是分子流行病学的重要研究内容。这对提高全民族人口素质，搞好计划生育具有深远意义。人类基因组计划、后基因组计划、疾病基因组计划等的实施对揭示疾病遗传易感性提供了科学依据

（二）慢性非传染病

虽然生活方式以及环境因素在慢性非传染病发病中具有重要作用，但易感因素也是不容忽视的，分子流行病学研究表明心脑血管病、恶性肿瘤、糖尿病等慢性非传染病都有易感性相关基因标志存在。如Ⅲ型高脂蛋白血症是动脉粥样硬化冠心病的重要原因，而载脂蛋白E（apoE）与Ⅲ型高脂蛋白血症有密切关系，apoE表型决定于apoE的三个等位基因ε_4、ε_3、ε_2，人群中频率分别为74%～78%、14%～15%、8%～12%，其产生的蛋白质分别为E_4、E_3、E_2. 人群中基因型表现为三个纯合子和三个杂合子，即$E_{4/4}$、$E_{3/3}$、$E_{2/2}$、$E_{4/3}$、$E_{4/2}$、$E_{3/2}$. 研究表明：在Ⅲ型高脂症患者中90%是$E_{2/2}$型，而在正常人群中$E_{2/2}$型仅为1%，充分说明apoE不同基因型在动脉粥样硬化和冠心病发病中的易感性是不同的。

（三）传染病

人群对传染病和寄生虫病的易感性水平低可以从两个方面衡量：一是特异性免疫力水平；二是对该病原体致病的遗传易感。第一方面，常用血清学生物标志进行评判，如血清中特异性抗体的有无与水平。第二方面，可用基因标志进行评判，如非洲疟疾流行很严重，每年造成千百万人患病，数万人死亡。分子流行病学研究发现：西部非洲人群HLA特定抗原基因的分布与疟疾发病的严重程度有密切关系。

四、效应测量

（一）传染病

1. 免疫效应　病原生物感染后，可以引起机体特异和非特异的免疫反应，如抗体产生等。对人群中某病原体的特异性抗体水平及其影响因素的研究对阐明传染病和寄生虫病的流行规律、制定防制策略和措施、评价防治效果等都具有重大意义。

2. 病理性效应　病原生物感染机体后可以引起一定的病理损害。如肝炎病毒感染引起的肝细胞损害、痢疾杆菌感染引起的肠道损伤等。测量机体损害性的生物标志不仅可以了解感染状况及其影响因素，而且对研究病原体特征及预后都具有非常重要的意义。

（二）慢性非传染病

宿主暴露于病因之后，首先发生生物效应的就是生物大分子，尤其是基因和蛋白质结构和功能改变等。因此，发现和研究暴露后不同阶段的早期生物效应分子，对病因研究、发病机制、早期诊断、高危人群筛检和疾病防制都很有价值。在慢性非传染病的效应标志研究中，主要有两类：结构异常标志和功能异常标志，但由于慢性非传染病的病程长，病因复杂，涉及基因多等特点。其生物标志也非常繁多而复杂。

1. 基因表达异常和代谢异常　在暴露早期或轻度暴露的情况下，宿主虽不一定产生基因突变、组织损伤等明显病理性改变，但可以发生基因表达异常或代谢异常。早期生物效应常常是暴露因素直接作用的结果，所以把早期基因表达或代谢异常作为生物标志，可以更好地研究不同暴露因素的作用强度和作用机制。

2. 基因突变或染色体畸变　当暴露累积到一定程度，机体就会出现结构异常的生物标志。如在一些恶性肿瘤发病中，机体暴露之后导致抑癌基因 *p*53、*p*16、*rb* 等突变失活，或原癌基因 *ras*、*fos*、*jun*、*bcl*-2 等突变激活、P_{450} 细胞色素酶基因改变等。继而发生一系列癌发反应。早期生物效应分子既可作为暴露后的生物效应结局，也可以作为下一级生物效应结局的影响因素。如亚硝胺暴露能与食管癌上皮细胞内 DNA 形成加合物，继之引起抑癌基因突变失活或原癌基因激活。后者又使细胞癌变转化直至肿瘤形成。因此，亚硝胺-DNA 加合物、抑癌基因突变失活等不仅可以作为早期效应的结局标志进行研究，也可作为下一步的暴露标志进行研究。

（三）健康状态

21 世纪的医学不仅关注疾病，更要关注健康，应用分子流行病学，通过对人群中健康状态相关生物标志分布及其影响因素的研究。如生长、发育和衰老等，阐明健康分布规律、为促进健康的策略和措施的制定提供科学依据。

五、疾病防制效果评价

（一）传染病防制效果评价

分子流行病学对传染病预防控制措施效果的评价主要体现在以下两个方面：

1. 预防接种效果评价　在传染病的预防效果评价中，如疫苗接种，可以检测体内免疫抗体产生情况判断免疫效果，也可以对不同人群采取措施与否的感染情况进行分析。分子流行病学在预防措施效果评价中显得尤为重要。

2. 预防接种相关疾病研究　预防接种过程中，有时会发生疫苗相关病例或逃逸病例。前者是指疫苗接种以后在该病的最短至最长潜伏期内发生的病例，并且从病人分离出该病的菌株或毒株；后者是指疫苗接种以后在有效保护期内发生了该病的病例。第一种情况可能是疫（菌）苗株发生突变而具有致病性或是偶合的野生株感染；第二种情况可能是野生株或疫苗株发生了突变，使疫苗株的预防接种不能保护野生株的感染。此时，只有应用分子流行病学方法对病人分离菌株或病毒株与疫苗株和野生株进行研究，如应用核酸序列分析等，方可得出明确结论。

（二）慢性非传染病防制效果评价

传统流行病学在对慢性非传染病的预防控制效果进行评价时，常会遇到一些难题，原因在于：一是这类疾病的潜伏期长。如果以疾病率的变化为指标则周期长，效果不显著，给评价工作带来很大困难；二是慢性非传染病发病因素较多，在采取多种措施后测量其疾病率的变化，无法准确判断不同干预措施在疾病防制中的效应。分子流行病学采用早期的生物效应标志为结局进行测量，大大缩短了效果评价的时间，也使不同措施的效果评价更加客观和准确。如在食管癌防制研究中，通过降低亚硝胺摄入量或应用亚硝胺阻断剂，进而研究人群中亚硝胺 DNA 加合物的水平或细胞癌基因激活、抑癌基因突变等指标，可极大提高预防措施效果评价工作的效能。

知识点 17-2：分子流行病学的研究内容、生物标志的分类及各自含义

（1）分子流行病学的研究内容包括生物标志、暴露测量、易感性测量、效应测量、疾病防制效果评价。

（2）生物标志总体上可以分为暴露标志、效应标志和易感性标志三大类。①暴露标志是指与疾病或健康状态有关的生物标志，包括外暴露、内暴露和有效暴露三种标志；②效应标志指宿主暴露后产生功能性或结构性变化的生物标志，包括早期效应标志和疾病标志；③易感性标志是指宿主体内在暴露之前存在的对疾病发生、发展易感程度的生物标志。

第三节 分子流行病学的研究方法

案例 17-3

研究者以新生儿出生 24h 内血清 HBsAg、HBV DNA 以及外周血单核细胞(Peripheral Blood mononuclear Cell，PBMC）中 HBVD DNA 任一项阳性者作为宫内感染的判定标准，将观察期内发生 HBV 宫内感染的新生儿为病例组，未发生宫内感染的新生儿为对照组，分析各因素与宫内感染的关系均衡性检验发现 孕妇的年龄、职业等一般情况在病例组与对照组之间差异均无统计学意义（$P > 0.05$）。将 151 例孕妇的 HBV 感染状况、HBV 感染家族史、乙型肝炎免疫球蛋白（Hepatitis B hyper-immune globulin，HBIG）注射史、先兆早产史等 73 项因素进行单因素 x^2分析，筛选出有意义的因素 3 个。将单因素分析有意义的因素以及可能与 HBV 宫内感染有关的因素共 24 项进行多元 Logistic 回归分析，结果孕妇血清 HBV DNA 阳性、孕妇 PBMC HBV DNA 阳性、胎盘 HBV 感染被引入模型，其 OR 及 OR95%CI 分别为 2.25（1.08～4.72）、2.69（1.26～5.73）和 4.63（1.70～12.62）。（引自中华妇产科杂志 2005 年 40 卷第 10 期）

问题：

（1）该研究属于流行病学研究方法中的哪种类型?

（2）资料的整理与分析与传统的流行病学是否不同?

（3）根据上述分析本次研究的结论是什么?

一、 生物标志的确定与标本采集

（一）生物标志的确定

分子流行病学确定的三种生物标志只是笼统的指标，具体到某一疾病或健康状况时，应根据研究内容与目的具体确定，不同生物标志选择时应遵循一般原则：

（1）选择暴露标志进行测量时应选择那些最具代表暴露剂量而又十分客观、稳定、灵敏、特异的标志。

（2）选择效应标志时同样选择那些最能代表生物效应实际情况的标志，且具有特异、敏感、简便等特点。

（3）选择易感标志时，通常对免疫学指标和易感基因进行测量。

（二）标本的采集

生物标本的采集、运送和储存是分子流行病学研究成功与否的关键一步。标本的采集应遵循下列步骤：

1. 采集　一般根据现有流行病学资料和疾病的临床表现进行分析，初步推断可能是哪类疾病，再根据发病规律和病程决定采集标本的时间。为做到有的放矢，可以从以下几个方面考虑取材部位：①病原体入侵部位；②病原体感染的靶器官；③病原体的排泄途径；④直接采集病原标本；⑤慢性病中的受损组织。

通常采集的标本包括：病原体标本（如细菌、病毒等）、体液标本（如血液、尿液、精液等）、组织标本（如毛发、指甲等）。

2. 运送　标本采集后应放入适当的容器，防止损坏、污染和泄漏，然后尽快送往实验室。根据情况可采取冷冻、冷藏等方法运输保持生物标本的活性。如果运送的是烈性病原体标本，应参照卫生部50号令《病原微生物实验室生物安全管理条例》要求加金属套罐，并派专人专车运送。

3. 储存　运送到实验室的生物标本应该马上检测，否则应根据所采标本的性质选择保存温度置于冰箱中储存。温度选择的一般原则是：不怕冷冻的标本储存的温度越低越好，而冷冻后影响检测的标本则应保存于4℃。所有的标本都应有详细的记录和标签。

二、现场调查研究

分子流行病学研究的基础是流行病学现场，现场调查应用的描述性、分析性、干预性研究方法都适用于分子流行病学。在现场流行病学调查的基础上，结合相应生物标志的检测，从分子水平乃至更深层次揭示病因联系或致病机制，是目前常用的分子流行病学研究模式。由于分子流行病学对暴露能做到较准确的测量，减少了错分偏倚和诊断怀疑偏倚，只需要较小的样本含量，从而提高了研究效率；但因受到实验室检测条件的限制，分子流行病学不宜开展大规模的现场调查。因此，分子流行病学现场研究方法中的横断面研究多是小样本抽样调查；分析性研究多为病例对照研究或者队列与病例对照结合的新的研究类型；干预性研究也多应用小样本随机对照试验。下面介绍三种分子流行病学常用的现场流行病学研究方法。

（一）巢式病例对照研究（nested case - control study）

研究是先按照队列研究设计进行，资料收集和生物标本的采集均在发病之前，以生物标志作为观察指标。随访期内发病者作为病例，未发病者为对照，资料的整理与分析采用传统的病例对照研究。这种研究方法兼顾了病例对照与队列研究的优点，资料可靠、论证强度高、省钱省力省时。同时检测的是生物标志又保证了暴露与疾病之间因果关系的清晰。巢式病例对照研究的特点是：生物标本采集和暴露的测量是前瞻性的，偏倚小，论证强度高；所需检测的样本较少，节约大量的人力、物力和财力，最终由队列研究得到的生物标本库可供多项研究之用。

（二）病例-病例研究（case-case study）

这种类型的基本特征是研究对象仅用病例而不用对照。 在分子流行病学研究中，病例-病例研究主要用于测定基因与环境的交互作用，为多因素综合作用所致疾病的病因探讨提供科学依据。临床上有些疾病可分为不同的亚型，如冠心病有心梗型、无心梗型，脑卒中有出血型和缺血型；或者某些生物标志的分布是不均一的，即部分病例有某种生物标志，而其余的则没有。可以把不同临床类型或把具有标志的病例与无标志的病例，按病例对照研究的方式进行资料整理和分析，这比普通病例对照研究节省样本含量，降低费用并能得到更多的信息与线索。 例如在食管癌患者中，以*p53*基因是否突变分为阳性组和阴性组，应用病例-病例研究分析食管癌的其他危险因素如吸烟、食管癌家族史等与*p53*基因是否存在交互作用。

应用这种方法，避免了病例对照研究中对照选择的偏倚，也避免了病例与对照间可能存在的不均衡现象，更避免了采集生物标本时给对照带来损伤而引起的医学伦理上的争议。

（三）病例-队列研究（case-cohort study）

该方法由 Prentice 于 1986 年提出。他认为分子流行病学研究中在建立一个队列和生物标本库后，如进行多项巢式病例对照研究，每一项研究都要按配对条件选择一组对照，操作起来麻烦，也不经济。他建议在研究起始时在此研究队列中随机选出一个具有代表性的样本作为对照组，然后随访观察队列中几种疾病的发病情况。不同疾病的病例组共用前面已经选择的对照组。这种设计，特别是需要对病例组进行连续动态观察时，效率较高。但分子流行病学研究中，如果每项研究所观察的生物标志不同，考虑到病例组与对照组的可比性，仍需对每一项研究的对照或公共对照进行检测。因此，病例—队列研究除省去每次选择对照的麻烦外，其他意义不大。

三、实验室检测技术

（一）分子生物学技术

1. 生物标本中核酸的提取 核酸作为生物体细胞的重要组成成分，携带着生物体的遗传信息。分子流行病学在进行基因分型、多态性分析、基因序列分析等技术时，首先要提取和纯化核酸。

（1）DNA 的提取：通过物理化学手段破坏细胞质和细胞膜，再去除蛋白质后便可获得基因组 DNA。其基本过程是在乙二胺四乙酸（EDTA）和变性剂存在下加入蛋白酶 K 消化除去蛋白质，用 RNA 酶除去 RNA，用酚和氯仿抽提 DNA，再用乙醇和异丙醇将 DNA 从溶液中沉淀离心出来。

（2）RNA 的提取：提取的基本过程是裂解细胞、去除蛋白质、提取核酸混合物、将 RNA 与 DNA 分离。

2. DNA 的凝胶电泳 电泳是分子流行病学中常用的一种实验技术，常用琼脂糖凝胶电泳和聚丙烯酰胺凝胶电泳（Polyacryl amide gel electrophoresis，PAGE）具有简便、快速、分辨率高等特点，并可将电泳带从凝胶中回收用于 DNA 重组或克隆。

（1）琼脂糖凝胶电泳：将琼脂糖加热到 90℃～100℃熔化成透明液体，浇到电泳槽内，冷却后即形成凝胶，常用 TAE 作为缓冲液进行电泳，根据 DNA 片段大小来确定凝胶浓度，一般凝胶的浓度为 0.8%～1.0% 。

（2）PAGE：有两种类型，一是非变性 PAGE：用于分离纯化双链 DNA 片断，由于非变性 PAGE 的迁移率不受碱基组成和序列的影响，故该方法的缺点是不能测定 DNA 的大小。二是变性 PAGE：用于分离纯化单链 DNA 片断，其迁移率受碱基组成和序列的影响，可用于 DNA 序列分析、分离同位素标记的探针等。

3. 核酸杂交（nucleic acid hybridization） 核酸杂交是根据 DNA 双链分子变性和复性两大特征而发展起来的，将一条已知序列的特定 DNA 片段标记为基因探针（gene probe），检测被测标本中是否具有基因探针的互补序列。核酸杂交技术具有高度特异性，广泛用于对目的 DNA 或 RNA 定性和半定量分析。

基因探针的类型根据研究目的而定，分子流行病学常用的探针包括：基因组 DNA 探针、cDNA 探针、cRNA 探针及人工合成的寡核苷酸探针等。标记探针的标记物一般可分为放射性标记和非放射性标记，常用的放射性标记物有 ^{3}H、^{14}C、^{32}P、^{35}S、^{125}I、^{131}I 等；非放射性标记物有生物素（biotin）、地高辛（digo x igenin）、荧光素（fluo rescein）等；每种标记物各有优缺点，放射性标记灵敏度和特异度高，但应用不当时，放射性物质易造成环境污染和人体损害，同时费用较高。近年来，非放射性标记方法越来越多 而且在不断完善。

核酸杂交方法很多，如原位杂交（in situ hybridization）、斑点杂交（dot hybridization）、Southern 杂交（Southern hybridization）和 Northern 杂交（Northern hybridization）等。

4. 聚合酶链反应（polymerase chain reaction，PCR） PCR 技术在分子流行病学中具有非常

重要的地位，是近年来分子生物学领域发展最快、应用最广泛的技术之一，已被广泛应用于基因体外扩增、基因诊断、基因克隆、基因序列分析、 基因定点突变分析等。优点是简便、快速、灵敏；缺点是实验过程中易受污染，特异性差。

PCR 的基本原理：根据待测基因两端设计一对引物，即上游引物和下游引物，反应体系中在模板 DNA 存在的条件下，耐热 DNA 聚合酶利用四种 dNTP 使引物沿着模板延伸。整个过程可分为三个步骤：①变性：94～97℃，30～50 s；②退火：25～65℃，60～90 s；③延伸：70～74℃，60～120 s 。一般需要重复 25～30 个循环。扩增产物先进行琼脂糖凝胶电泳，然后用 PCR-SSCP 杂交、序列分析等再对其进行分析。

目前 PCR 技术仍在不断发展和完善，产生了一些改进的方法，如定量 PCR、原位 PCR、免疫 PCR、荧光 PCR、随机引物 PCR（RAPD）、单链构象多态性 PCR（SSCP-PCR）、 逆转录 PCR（RT- PCR）等。

5. DNA 序列分析　各种病原体及人体的遗传信息、基因型别变异等均可通过 DNA 序列分析来鉴定。常用的序列测定分析方法有 Sanger 等提出的双脱氧末端终止法以及 Maxam 和 Gilbert 提出的化学降解法。目前测序分析工作已与计算机分析软件相结合，趋于自动化，因此高通量测序分析仪应运而生，并被广泛应用。

（二）免疫学技术

分子流行病学中常用的有酶联免疫吸附实验（ELISA）、单克隆抗体技术、免疫细胞的增生和杀伤细胞实验、免疫细胞表面标记及检测技术等。例如 ELISA 是将抗原、抗体的特异性反应与酶对底物的高效催化作用相结合起来的一种敏感性较高、特异性与稳定性较好的实验技术。具体应用时通过不同的设计可用于检测抗体、抗原及小分子抗原或半抗原。应用以上这些免疫学方法可以检测相应的生物标志物，确定病原体的特点、基因表达、免疫细胞亚群及型别等，探讨致病因子的生物学效应、致病机制以及机体易感性。

（三）组织细胞学技术

1. 免疫组织化学（immunohistochemistry）　利用特异性免疫反应来检测组织中某种可能与病原体、癌基因等有关的抗原和/或抗体成分及其分布的技术。主要有免疫酶细胞化学技术、免疫荧光细胞化学技术、亲和免疫细胞化学技术及多重免疫标记检测技术等。

2. 细胞培养（cell culture）　将所取的活组织通过机械或消化的方法分散成单个细胞悬液，然后进行培养。作为分子流行病学中致病机理研究的辅助手段。例如有研究者将慢性乙型肝炎患者 PBMC 于体外进行培养。检测其某些细胞因子的产生情况，探讨 PBMC 在乙肝慢性化中的作用。

（四）生物芯片技术

生物芯片（biochip）技术的基本原理是分子杂交，在分子流行病学用来检测核酸、蛋白质等生物大分子，测定核酸的芯片有时也称为基因芯片。生物芯片技术的优点：一是快速，最短的几十分钟就可以获得结果；二是检测量大，一块芯片一次可以检测数百上千、甚至数万个生物标志。缺点是特异性尚需提高，操作复杂，集成化程度不高。

生物芯片技术的一般过程是：① 芯片制备；②样品制备；③杂交反应；④信号检测与分析。

（五）其他技术

分子流行病学应用的实验室技术很多，除上述介绍的以外，还有基因克隆（gene cloning）、基因定点突变（site-directed mutagenesis）、蛋白转印杂交（Western blot）、多位点酶电泳（multilocus enzyme electrophoresis，MEE）、高效液相色谱技术（HPLC）、液相蛋白色谱技术（FPLC）、毛细管电泳技术等。

知识点 17-3：确定生物标志应遵循的一般原则、分子流行病学中常用的现场流行病学研究方法、分子流行病学常用的实验室检测技术

（1）生物标志选择时应遵循的一般原则：选择暴露标志进行测量时应选择那些最具代表暴露剂量又十分客观、稳定、灵敏、特异的标志；选择效应标志时同样选择那些最能代表生物效应实际情况的标志，且具有特异、敏感、简便等特点；选择易感标志时，通常对免疫学指标和易感基因进行测量。

（2）分子流行病学常用的现场流行病学研究方法有巢式病例对照研究、病例-病例研究、病例-队列研究。

（3）分子流行病学常用的实验室检测技术有分子生物学技术，免疫学技术、组织细胞学技术、生物芯片技术以及基因克隆等其他技术。

第四节 分子流行病学的应用

分子流行病学是一门新兴的边缘学科，它将传统流行病学与分子生物学理论技术结合起来深入阐明疾病的病因、发病机制和流行规律，为疾病防制措施的制定提供科学依据，具有强大的生命力和广阔的应用前景。目前分子流行病学主要应用在传染病和非传染病的预防与控制领域。

一、传染病的预防与控制

传染性疾病的分子流行病学研究主要指对某一种传染病的病原体在基因水平上分析其特征，以便更准确地解决传染病相关的传染源、传播途径等流行病学问题。其应用主要表现在以下几个方面：

（1）研究已知或新发传染病的病原体和流行特点。
（2）病原学诊断（基因诊断）、基因分型。
（3）研究分布特点、追踪传染源和确定传播途径。
（4）观察病原体在体内持续时间和消长规律。
（5）研究疫苗及免疫预防制剂。
（6）传染病防治措施及评价其效果。

二、慢性非传染性疾病的预防与控制

目前，随着人们生活水平的提高以及传染病防控体系的日益完善，传染性疾病的发病率和死亡率逐渐下降，而心脑血管疾病（高血压、冠心病、脑卒中等）、恶心肿瘤、糖尿病、慢性阻塞性肺部疾病（慢性气管炎、肺气肿）等为代表的慢性非传染性疾病的发病率和死亡率不断攀升，它们具有病程长、病因复杂、健康损害和社会危害严重等特点，已成为威胁人类健康的主要疾病。分子流行病学的迅猛发展使得它在慢性非传染性疾病的预防与控制方面同样起到积极作用，主要表现在以下几个方面：

（1）在基因水平及分子水平上探索疾病的发病机制。
（2）高危人群的筛检和早期诊断。
（3）制定慢性非传染性疾病的预防措施并评价其防治效果。
（4）为病人提供更具有针对性和个性化的诊疗方案。

案例 17-1 分析讨论：

（1）传统流行病学在研究暴露与疾病关系时，通常从宏观出发观察人群是否暴露于可疑危险因素，因此传统流行病学研究的危险因素通常为宏观因素，如吸烟与肺癌的关系研究中，吸烟为危险因素；而分子流行病学则应用分子生物学技术从分子和基因水平阐明生物标志在人群中的分布及其与疾病/健康的关系和影响因素，本研究通过检测 HBV 的抗原分子和相应抗体，以及 HBV-DNA 等分子标记，进而分析这些分子标志与临床病理特征及疾病特点的相关性。

（2）研究过程中采用 ELISA、PCR 等检测技术，主要目的是用于检测疾病相关分子标志物，比如 HBV 的抗原、抗体以及核酸分子 DNA 等，从而在检测水平和追踪观察的层次上进一步细化、个体化、分子化，进而更为精确和可靠。

（3）分子流行病学与传统流行病学在研究暴露与疾病关系中虽是一个整体，但传统流行病学在研究暴露与疾病关系时，多使用“黑匣子”理论，即只研究暴露与疾病或健康之间是否存在关联以及关联强度的大小，不考虑疾病发展过程的中间环节，由于“黑匣子”的存在，使得传统流行病学难以得到暴露与疾病之间关系的直接证据，因此远远不能适应现代疾病预防及控制的需要。而分子流行病学则应用分子生物学技术从分子和基因水平阐明生物标志在人群中的分布及其与疾病/健康的关系和影响因素，可以全面阐明疾病自然史，打开传统流行病学中的“黑匣子”，为病因学研究和预防措施评价开辟新的途径。

案例 17-2 分析讨论：

（1）鼠源 Ot 基因片段与人源 Ot 基因片段序列不相同说明两者遗传背景不一致，提示两者为 2 种不同的基因型别 Ot 株，来源不一。

（2）病原 Ot 株 sta56 序列分析比对与已知的参考菌株序列同源性不一致，进化分析不同支说明分离所获得的菌株来源于自然疫源地，从而为病原学调查和流行病学防控奠定基础。

（3）该研究对恙虫病的传染源及传播途径的研究可帮助追踪到恙虫病的传染源鼠及其自然疫源地，为有效的控制传染源和切断传播途径提供了依据，从根本上防控疾病的发生和传播。

案例 17-3 分析讨论：

（1）该研究采用了经典的流行病学研究方法病例对照研究。

（2）研究中资料的整理和分析不仅采用了传统流行病学常用分析指标，如 OR 及 OR95% CI 等，还采用了针对诸如孕妇血清、胎盘组织及新生儿血清和外周血 PBMC 中 HBV-DNA 检测的定量 PCR 技术及序列分析等分子生物学检测技术。

（3）孕妇血清 HBV DNA 阳性、孕妇 PBMC HBV DNA 阳性、胎盘 HBV 感染被引入模型，其 OR 均大于 1，且 OR95%CI 均不包括 1.0，说明孕妇血清 HBV DNA 阳性、孕妇 PBMC HBV DNA 阳性、胎盘 HBV 感染是宫内感染的危险因素，与宫内感染的发生成“正相关”。

（孔丹莉　于海兵）

第十八章 精神疾病流行病学

案例 18-1

2014 年 8 月 11 日，奥斯卡最佳男配角得主、好莱坞喜剧明星罗宾·威廉斯被发现在美国加州北部家中窒息身亡，终年 63 岁。威廉斯的发言人声称，这位笑星去世前一直在与抑郁症做斗争。近些年，因抑郁症自杀身亡者比比皆是，香港艺人张国荣、台湾作家三毛、台湾艺人欢欢、韩国艺人崔真实等都因此英年早逝。据韩国相关统计显示：40%的韩国艺人患有抑郁症，30%的人甚至表示曾想过自杀。饱受折磨，痛苦不堪……甚至自杀，这样的例子并不少见，使抑郁症得到了公众的广泛关注。WHO 公布：五种主要精神疾病为抑郁症、强迫症、焦虑症、精神分裂症、自闭症。其中抑郁症居首位。

随着科学发展和社会进步，人们的物质生活得到了很大的提高，不再为基本物质生活而发愁，而开始关注更高层次即精神上的需求，然而伴随生活质量的改善精神世界却变得越来越脆弱。现代社会，竞争日渐剧烈，利益冲突增多，超负荷工作压力，急功近利心理倾向等因素导致各种精神疾病层出不穷。众多专家认为，精神疾病时代悄然来临，人类已由躯体疾病时代进入精神病时代——“精神疾病将是 21 世纪的流行病”。

问题：

（1）影响精神疾病高发的因素有哪些？

（2）现代社会如何预防精神疾病？

（3）对于众多专家观点“精神疾病将是 21 世纪的流行病”，您如何理解？

精神疾病流行病学（psychiatric epidemiology）是由传统流行病学、精神病学、行为科学、社会学、心理学等多学科交叉融合而成，是近年发展起来的现代流行病学的一个重要分支学科。精神疾病流行病学是将流行病学的基本原理、基本方法应用于精神卫生领域，研究人群中精神疾病及与精神健康有关状态的分布及其影响因素，并研究如何制定及评价预防控制精神疾病、促进精神健康的策略和措施的科学。

第一节 概 述

由于经济社会的高速发展，带来高强度、高压力的社会工作节奏，现代人的精神压力也越来越大，逐渐出现各种各样的精神心理问题。据世界卫生组织发布的《2014 年精神卫生地图集》显示：全世界每 10 人中约有 1 人存在精神卫生障碍，全球抑郁症发病率约 11%，有 3.4 亿抑郁症患者，已成为世界第四大疾病，而预计到 2020 年，抑郁症可能成为仅次于心脏病的第二大疾患。近年来，中国抑郁症等心理疾病持续高发，成年人精神疾病患病率达 17.5%，约有 1.73 亿人患有不同程度精神障碍，神经精神疾病负担在我国疾病总负担中已经排名首位，约占疾病总负担的 20%。据推算，到 2020 年，中国神经精神疾病负担将上升至疾病总负担的 1/4。国内外研究显示：精神疾病患病率较 10 年前明显提高，严重的威胁人民健康，给患者本人及家属带来极大的精神痛苦和经济负担。精神疾病不仅是一个重大公共卫生问题，而且已成为现阶段较为严重的社会问题。

一、基本概念

1. 精神疾病（精神障碍） 精神疾病（mental illness）从严格意义上讲是由于大脑功能失常引起的疾病。是指在各种生物、心理以及社会环境因素影响下，大脑功能失调，导致认知、情感、意志和行为等精神活动出现不同程度障碍为临床表现的疾病。如精神分裂症、抑郁症、情感性精神障碍、器质性精神障碍等。

2. 精神病学（精神医学） 精神病学（psychiatry）是现代医学科学的一个重要组成分支，是研究人类各种心理障碍、精神疾病的病因、发病机理、临床表现、发展规律、预防以及治疗康复的一门学科。现代精神病学不仅涉及各种精神病、神经症、心身疾病或伴随躯体疾病的精神障碍的诊治，还涉及适应障碍、人格障碍、性心理偏异，以及诸多类别的儿童智力、能力或品德上发育障碍的防止、矫正和处置问题。在理论上涉及自然科学、心理科学和社会科学的若干分支，在实践上已发展到与社会心理卫生相结合的阶段。

3. 精神卫生 精神卫生（mental health）又称心理卫生或心理健康、精神健康。精神卫生的定义和内容大致分为狭义和广义两种。狭义精神卫生是指研究精神疾病的预防、医疗和康复。即预防精神疾病的发生；早期发现、早期治疗；促使慢性精神病者的康复，重归社会。广义精神卫生是指研究健康者增进和提高精神健康、精神医学的咨询，不仅是研究各类精神疾病的防治，同时还研究避免和预防各种心理和行为问题发生，保障人群心理健康的一门科学。

二、精神卫生发展概况

1. 国外精神卫生发展概况 现代精神卫生运动兴起于 1908 年的美国，1908 年 5 月 6 日，C.W.Beers 等人在美国康涅狄格州建立了世界上第一个精神卫生组织-康涅狄格州精神卫生协会，并在宣言书中明确提出："本协会的主要目的是为维护人类的精神健康而努力，即旨在防治神经精神障碍和精神缺陷，提高对此类障碍和缺陷者的保护水平，普及相关知识"。第二年，在 Meyer、James、Welch 等的支持下建立了全国精神卫生协会，Beers 担任该协会的顾问。与此同时，协会创办了《精神卫生》刊物。

此后，1918 年，加拿大渥太华成立精神卫生协会。1923 年，法国及其他欧洲各国也相继建立起类似组织。1928 年，美国建立了精神卫生基金会。1930 年，第一次国际精神卫生大会在华盛顿召开。1937 年，第二次大会在巴黎召开。1948 年，第三次大会在伦敦召开，该国际组织改组为世界精神卫生协会（World Federation of Mental Health，WFMH），与 WFMH 并列的有世界卫生组织精神卫生处，共同推动世界精神卫生运动。1951 年，第四次国际会议在墨西哥城召开，共有 36 个国家 70 个团体参加。1960 年被定为世界精神卫生年。1992 年，WHO 将每年的 10 月 10 日定为"世界精神卫生日"。在这一天，世界各国政府和卫生部门向大众宣传精神卫生科普知识，促进人们积极地追求精神健康，并向精神疾病患者伸出关爱和援助之手，极大地推动了世界各国精神卫生运动的发展。

美国社会精神病学家 Dohrenwend 等人根据不同的研究方法，将精神疾病流行病学分为三个阶段。第一阶段是从 20 世纪初到第二次世界大战，该阶段仅利用病历资料和重要知情人来确定精神疾病病例；第二阶段是从第二次世界大战后到 70 年代末，该阶段通过对社区样本的全部对象直接交谈来确定精神疾病病例；第三阶段是从 20 世纪 80 年代初开始至今，在精神病理学、流行病学、医学统计学等发展的影响下，通过使用统一的分类和诊断标准，改进抽样方法等，方法学日趋完善，精神疾病流行病学有了飞速的发展。

2. 国内精神卫生发展概况 新中国成立前，全国精神科病床仅千余张，神经精神科专科医生不足百人。新中国成立以来，精神卫生事业才得以迅速发展。1958 年 6 月，卫生部在南京召开第一次全国精神病防治工作会议，会议提出精神病防治方针：中西医结合，药物治疗和精神治疗、工娱治疗相结合。并制定了精神病分类草案与精神病疗效四级评价意见。1980 年我国在北京建立了第一所精神卫生研究机构，即北京医学院精神卫生研究所。1982年该所又被首批确认为WHO卫生研究和培训协作中心。1985年中国心理卫生协会重建，1987年协会会刊《中国心理卫生杂志》开始在国内外发行。1986年10月由卫生部、民政部和公安部联合召开了全国第二次精神卫生工作会议。在会议上，上海、沈阳等省市介绍了具有地区特色的精神卫生机构的模式，促进了精神卫生工作在全国范围内进一步发展。1991年开始由中残联、卫生部和民政部等部委协作在全国60个市、县有计划推广社区开放性精神病防治康复机构，1996年开始进一步扩大到全国200个市和县，推广社区精神病治疗和康复规划。2004年，国家启动严重精神障碍管理治疗项目。2009年，将重性精神疾病社区随访管理纳入国家基本公共卫生服务项目。截至2014年年底，全国已有2727个县的5.7万用户使用国家严重精神障碍管理信息系统进行患者信息录入和随访管理。全国登记在册患者429.7万例，患者管理率达到73.2%，其中96.9%患者病情稳定或基本稳定。2013年5月1日，《精神卫生法》颁布实施。2015年4月，国家卫生计生委联合中央综治办、公安部、民政部、人力资源社会保障部、中国残联印发《开展全国精神卫生综合管理试点工作的通知》，要求加强精神卫生综合管理，创新工作模式。2015年6月，国务院办公厅转发卫生计生委、中央综治办、发展改革委、教育部、公安部、民政部、司法部、财政部、人力资源社会保障部、中国残联等部门制订《全国精神卫生工作规划（2015～2020年）》，提出普遍形成精神卫生综合管理协调机制、完善精神卫生服务体系、健全精神障碍患者救治救助保障制度、促进公众心理健康四个方面的总体目标。

近年来，全国精神卫生服务体系逐步完善，专业机构和专业人员数量不断增加。据统计，全国现有精神卫生专业机构1650家，精神科床位22.8万张，平均1.71张/万人口，精神科医师2万多名，平均1.49名/10万人口。

三、精神疾病的分类

近20年来，精神疾病分类与诊断标准的制定，是精神病学领域中重大进展之一，它极大促进了学派间相互沟通，对诊断治疗、防治、教科研等具有重要意义。目前多数国家采用WHO公布的《国际疾病分类》第10版（简称ICD-10）、美国精神病学会的《精神障碍诊断和统计手册》第4版（简称DSM-IV）。中国按照简明、易于操作原则，保持传统优点，并注意与国际接轨及邻近医学分科的衔接，制定了具有中国特色、符合中国国情的《中国精神障碍分类与诊断标准》（CCMD系统），目前采用的是第3版，简称CCMD-3。其主要分类如下：

1. 器质性精神障碍 是一组由脑部疾病或躯体疾病导致的精神障碍。由脑部疾病导致的精神障碍，包括脑变性疾病、脑血管病、颅内感染、脑外伤、脑瘤等所致精神障碍。躯体疾病导致的精神障碍只是原发躯体疾病症状的组成部分，也可与感染、中毒性精神障碍统称为症状性精神障碍。

2. 精神活性物质与非成瘾物质所致精神障碍 精神活性物质是指来自体外，可影响精神活动，并可导致成瘾的物质。常见的有酒类、阿片类、大麻、兴奋剂和烟草所致精神障碍。非成瘾物质所致精神障碍如一氧化碳、有机化合物、重金属等所致精神障碍。

3. 精神分裂症和其他精神病性障碍 精神分裂症是一组病因未明的精神病，如偏执型、青春型（瓦解型）、紧张型、单纯型分裂症等。其他精神病性障碍是指符合分裂症诊断标准，不符合上述各型的诊断标准。

4. 心境障碍（情感性精神障碍） 以明显而持久的心境高涨或低落为主的一组精神障碍，并有相应的思维和行为改变。如躁狂发作、抑郁发作、持续性心境障碍等。

5. 癔症、严重应激障碍和适应障碍、神经症 如癔症性精神障碍、癔症性躯体障碍、急性应激障碍、急性应激性精神病、创伤后应激障碍、恐惧症、强迫症、焦虑症等。

6. 心理因素相关的生理障碍 指一组与心理社会因素有关的以进食、睡眠及性行为异常为主的精神障碍。如进食障碍（神经性厌食、神经性贪食、神经性呕吐）、非器质性睡眠障碍（失眠症、嗜睡症、梦魇等）。

7. 人格障碍、习惯和冲动控制障碍、性心理障碍　如偏执性人格障碍、分裂样人格障碍、强迫性人格障碍、病理性纵火、拔毛症、性身份障碍、摩擦症、性施虐与性受虐症、同性恋等。

8. 精神发育迟滞与童年和少年期心理发育障碍　如精神发育迟滞（轻度、中度、重度等）、言语和语言发育障碍（特定言语构音障碍、表达性语言障碍等）、特定学校技能发育障碍（特定阅读、特定拼写、特定计算技能等）、特定运动技能发育障碍、儿童孤独症等。

9. 童年和少年期多动障碍、品行障碍、情绪障碍　如儿童多动症、儿童恐惧症、儿童社交性焦虑障碍、儿童广泛焦虑症、儿童选择性缄默症、儿童反应性依恋障碍等。

10. 其他精神障碍及心理卫生情况　如诈病、自伤、自杀、病理性激情、病理性半醒状态等。

知识点 18-1：精神疾病流行病学、精神卫生的定义

（1）精神疾病流行病学（psychiatric epidemiology）是将流行病学的基本原理、基本方法应用于精神卫生领域，研究人群中精神疾病及与精神健康有关状态的分布及其影响因素，并研究如何制定及评价预防控制精神疾病、促进精神健康的策略和措施的科学。

（2）精神卫生（mental health）又称心理卫生或心理健康、精神健康。狭义精神卫生是指研究精神疾病的预防、医疗和康复。广义精神卫生是指研究健康者增进和提高精神健康、精神医学的咨询，不仅是研究各类精神疾病的防治，同时还研究避免和预防各种心理和行为问题发生，保障人群心理健康的一门科学。

第二节　精神疾病的流行特征及影响因素

一、精神疾病的流行状况

（一）国外精神疾病的流行状况

近年来世界各国相继开展了精神疾病流行病学调查，研究结果因采用诊断标准、种族间差异、环境和生活习惯等因素而存在差异。2002～2003 年世界精神卫生联盟在全世界范围内组织 14 个国家进行了精神障碍患病率和严重程度调查，结果显示最常见的障碍为焦虑障碍（5.8%～8.8%）、心境障碍（3.6%～6.8%）和物质使用障碍（0.8%～2.6%）。对丹麦抑郁发生纵向历史研究上发现：2000 年男性和女性重性抑郁症的流行率为 2%，在 2006 年，分别上升到 4.3%和 5.4%。2010 年美国一项研究报告显示：18～25 岁年轻人存在精神疾病的比例高达 30%，约 4500 万人患有某种形式的精神疾病，约占美国成年人口的 20%，患有严重精神疾病者达到 1100 万。2011 年欧洲一项涉及 30 个国家的调查发现：欧洲约 1.65 亿人患有精神疾病，占 30 国总人口的 38%，病症表现主要为抑郁、焦虑、失眠和痴呆。

在各类精神疾病中，关于精神分裂症、抑郁症研究报道相对较多。国内外研究发现：人群中精神分裂症等严重精神障碍患病率相对稳定，与地域、种族、经济发展水平等关系不大。精神分裂症发病高峰主要集中在青壮年，且发病存在性别差异，男性平均发病年龄比女性早 5 年左右。图 18-1 显示丹麦 1970～1982 年间不同性别和不同年龄的发病率变化情况，男女发病高峰均在 15～24 岁，45 岁以前男性发病率高于女性，45 岁以后，女性发病出现第二个高峰，发病率高于男性，但从总体上看，男性精神分裂症终身患病风险高于女性。研究表明精神分裂症发病与出生季节有关，南半球出生在冬季月份患精神分裂症的风险增加；巴西出生在最长雨季的人患精神分裂症的风险较高，晚春和夏季出生的人也易患精神分裂症；在非洲秋季和冬季出生的精神分裂症患者更易意志贫乏和情感淡漠。

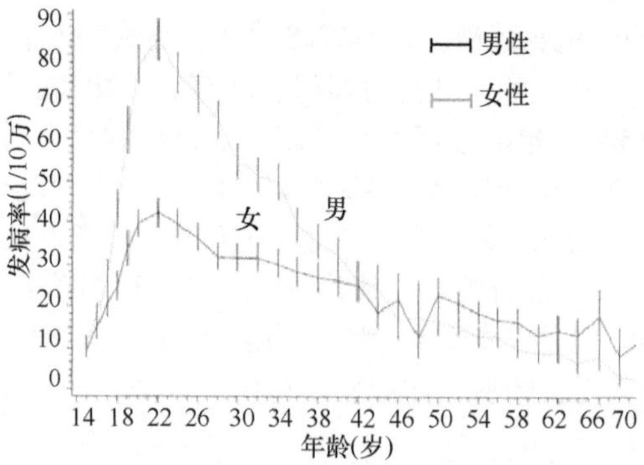

图 18-1 丹麦 1970～1982 年间不同性别和不同年龄人群精神分裂症发病率

目前全球有 3.4 亿人罹患抑郁症，在每年 1000 万～2000 万人有自杀企图的行为者中大约 70%患有抑郁症，各国抑郁症的患病率不尽相同。1999 年，欧洲一项跨国调查发现抑郁障碍时点患病率高达 17%，其中 41%为重症抑郁，11%为轻度抑郁，有抑郁症状的高达 48%；2001～2002 年美国研究发现重性抑郁症 12 个月流行率为 6.6%，终生患病率为 16.2%。从年龄分布来看，抑郁症几乎贯穿人的一生。流行病学调查发现：抑郁症的发生与性别、年龄和婚姻状况相关；女性的发病率是男性的两倍；离婚人士发病率高于婚姻人士；随着年龄的增长，抑郁症发病率随之下降。

（二）国内精神疾病的流行状况

1. 全国总体流行状况 1982 年，在世界卫生组织的支持下，卫生部组织了全国第一次 12 个地区的精神疾病流行病学协作调查。结果显示：≥15 岁人口中各类精神疾病的时点患病率为 10.54‰，终生患病率为 12.69‰。精神分裂症患病率居首位，时点患病率为 4.75‰，终身患病率为 5.69‰，发病率城市高于农村，症状多出现在青春期后期和成年初期，发病年龄集中于 16～30 岁，20～25 岁年龄段，男性发病率高于女性，二者发病比率为 1.4∶1；男性平均发病年龄为 20 岁，女性平均发病年龄为 25 岁。

1993 年，在第一次调查抽样框架区域中的 7 个地区进行了第二次全国精神疾病流行病学调查。结果显示：各类精神障碍（不含神经症）的终生患病率 13.47‰，时点患病率为 11.18‰，结果见表 18-1。两次调查的终生患病率经标化后比较差异无统计学意义。在两次调查中发现，几种主要精神障碍患病率高低分别排序，前三位的病种相同，均为精神分裂症，精神发育迟滞和情感障碍。结果见表 18-2。

表 18-1 1982 年、1993 年全国部分地区精神疾病总患病率（≥15 岁人口）

患病率（‰）	1982 年（N=38 136）			1993 年（N=19 223）		
	城市	农村	合计	城市	农村	合计
时点患病率	11.19	9.88	10.54	10.68	11.61	11.18
终生患病率	13.18	12.19	12.69	12.96	13.91	13.74

表 18-2 1982 年、1993 年全国部分地区几种主要精神疾病患病率排序

序位	1982 年		1993 年	
	精神疾病	终生患病率（‰）	精神疾病	终生患病率（‰）
1	精神分裂症	5.69	精神分裂症	6.55
2	精神发育迟滞	2.88	精神发育迟滞	2.71
3	情感性障碍	0.76	情感性障碍	0.83
4	反应性精神障碍	0.68	情感性障碍	0.68
5	脑血管致精神障碍	0.50	药物依赖	0.52

2005～2012 年中国精神疾病死亡率流行病学分析结果显示：城市、农村居民精神疾病死亡率总体呈下降趋势，2007 年、2009 年城市居民精神疾病死亡率形成 2 个高峰，2012 年城市、农村居民精神疾病死亡率趋于一致，如图 18-2 所示。

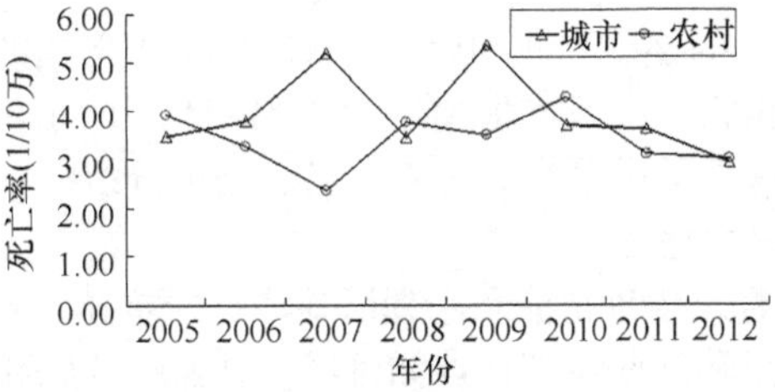

图 18-2　2005～2012 年中国城市、农村居民精神疾病死亡率

目前，中国约有 1.73 亿人患有不同程度精神障碍，抑郁症患病率达 3%～5%，患者超过 3000 万人，失眠等精神疾病患者超过 5000 万人，而以抑郁症为主的情感障碍人数已将近 9000 万。

2. 全国部分地区流行状况　2004 年 9 月～2006 年 3 月，河北省对 4 个市 2.4 万 18 岁以上人群进行调查。结果显示：全省各类精神疾病的患病率 140.47‰；女性明显高于男性、农村明显高于城市；抑郁障碍患病率 27.01‰，是患病率最高的精神疾病，其终生患病率为 47.5‰，与国际普遍调查的患病率 49‰相近；伴随着年龄增长，患病率不断增加，50 岁以上人群痴呆患病率随着年龄的增加更为突出，70 岁以上痴呆患病率 135.14‰，除痴呆患者外，各种精神疾病患病率以 50～69 岁患病率最高。2007 年 7～12 月广西对 6 个地级市和 10 个县 21 290 名≥15 岁的城乡居民进行调查，总时点患病率和总终生患病率分别为 2.16%和 2.54%，按终生患病率高低排列，广西前 3 位特定精神疾病是精神分裂症（0.98%）、重性抑郁（0.53%）和酒精依赖（0.45%）。总终生患病率城市（2.31%）低于农村（2.68%），但差异无统计学意义。2009 年 10 月～2010 年 1 月广州市六个区/市 16～84 岁城乡居民进行调查，各类精神疾病的 4 周（时点）、12 个月和终生标化患病率分别为 1.69%，3.89%和 7.61%。在标化时点患病率中，排在前五位的是特殊恐怖症（0.54%）、间歇爆发性障碍（0.29%）、重性抑郁障碍（0.23%）、酒精使用障碍（0.16%）、强迫症（0.14%）；在标化终生患病率中，排在前五位的是重性抑郁障碍（2.25%）、特殊恐怖症（0.95%）、间歇爆发性障碍（0.93%）、酒精使用障碍（0.9%）、未特定抑郁障碍（0.62%）。据 2010 年北京的一项调查显示：北京市 18 岁以上居民各类精神疾病总患病率情况：终生患病率为 12.91%，时点患病率为 8.08%。其中心境障碍终生患病率为 5.36%，时点患病率为 2.08%；焦虑障碍终生患病率为 4.34%，时点患病率为 3.19%；精神分裂症终生患病率为 0.72%，时点患病率为 0.66%。

随着我国经济高速发展，生活环境、工作方式、心理调节能力等都发生了巨大的变化，人们的竞争压力及精神心理压力也越来越大，逐渐出现各种各样的精神心理问题，精神疾病的发病率明显增高，已经成为突出的公共卫生问题。

二、精神疾病的影响因素

现代科学证据认为，精神疾病的发生和发展不是由单一因素所致，而是多种因素共同作用形成的，是遗传和环境复合作用的结果，即生物和心理社会环境因素交互作用的结果。

（一）生物学因素

1. 遗传因素　遗传因素决定个体生物学的特征，精神疾病的患病大多数有遗传倾向。通过大量家系调查、双生子与寄养子研究发现，遗传因素是精神疾病的重要发病原因之一。流行病学调查结果表明：精神分裂症发病率大约为 1%。患者亲属患病率是一般居民的 6.2 倍，与患者亲缘关系越近其发病概率也越高。患者一级亲属的患病率是 4%～14%，为正常人群 10 倍。如双亲均患病，其后代患病风险为40%～68%。与正常人群相比，患者二级亲属患病的风险高出3倍。Onstad等研究发现单卵双生子精神分裂症的同病率为48%，而双卵双生子的同病率为4%。Moldin等开展双生子研究显示发病风险关系为：同卵双生子（48%）>一级亲属（11%）>二级亲属（4.25%）>三级亲属（2%）。

2. 性格因素 性格是先天的禀赋素质和后天的环境影响下形成的心理特点。研究表明：个性特征与精神疾病的发生密切相关，且不同性格特征的个体易患不同的精神病。如表现孤僻、冷漠、不爱交往、过分敏感、兴趣缺乏等分裂样人格者，易患精神分裂症；而自我中心、暗示性强、好表现自己、易激动等人格者易患癔症。

3. 性别 由于机体的发育，生理机能和心理活动特点的差异，精神疾病在很多维度上存在性别差异。女性由于性腺内分泌和某些生理特点如月经、妊娠、分娩和产褥的影响，常可出现情感多变、冲动或抑郁、焦虑等。同时女性富于情感、易脆弱、敏感等。往往由于心理的应激可引起脑机能障碍。可表现出各种神经症和某些精神病。男性常因饮酒、吸毒、外伤、性病、感染等机会较多，因而易患酒依赖，脑动脉硬化性精神障碍，颅脑损伤性精神障碍和神经衰弱等。

4. 发病年龄 不同年龄可发生不同的精神疾病。儿童期，由于精神发育和心理活动还未达到成熟阶段，处于幼稚情感和原始行为时期，偶可出现儿童期特有的症状或疾病。如行为障碍、神经症或精神分裂症等。青春期，由于分泌系统改变和植物神经机能不稳定，易患神经症或精神分裂症、躁狂抑郁症。中年期，正处于脑力和体力最充沛最活跃时期，思维和情感的变化复杂，易发生妄想状态或抑郁状态等。老年前期或老年期，由于脑和躯体生理机能处于高龄衰老时期，如内分泌系统，神经系统、心脑血管和心理活动等机能出现衰退或老化，易患焦虑、抑郁或偏执状态、阿尔茨海默病、脑动脉硬化性精神障碍等。

5. 躯体因素

（1）感染：包括急、慢性躯体感染和颅内感染。由于细菌、病毒、原虫、螺旋体的感染导致脑功能或器质性病变引起精神障碍。Buka等人的巢式病例对照研究发现：母亲在怀孕期间感染Ⅱ型单纯疱疹病毒，其子女患有各种精神疾病的比例明显高于对照组。

（2）躯体疾病：是指脑以外的各种躯体疾病，如内脏器官疾病、内分泌障碍、营养代谢疾病等，导致脑缺氧、脑血流量减少、电解质平衡失调、神经递质改变等引起精神障碍。

（3）中毒：即精神活性物质所致的精神障碍。较为常见的有工业中毒、农药中毒、医用药物（催眠药、阿片类药等）中毒、嗜好物中毒以及食物中毒等引起的精神障碍。

（4）颅脑外伤：是指颅脑受到外力直接或间接作用导致颅内血液循环障碍、脑脊液动力失去平衡、脑内小出血点、脑水肿等引起短暂的、持续的精神障碍。

（二）心理、社会因素

1. 生活事件 研究表明生活事件可诱发精神疾病。生活事件（Life Event）是人们在家庭、工作学习和社会支持系统中出现的各种刺激的总和，也就是我们平时所说的精神刺激。如离婚、丧偶、家庭纠纷、经济问题、自然灾害等，由此导致急剧的精神创伤和持久的精神紧张均可诱发短暂或持久的精神疾病。

2. 环境因素 是指社会上和环境上心理因素的影响。如空气污染、居房拥挤、交通乱杂、环境卫生不良、人际关系等增加了心理和躯体应激，对精神卫生产生不良影响，长期处于厌烦、紧张状态之中，易患心身疾病、神经症和某些精神病。

此外，精神疾病的发生与文化环境存在一定的相关，由于文化、民族、社会风气、宗教信仰等不同出现特有的精神疾病。

知识点 18-2：精神疾病的影响因素

（1）生物学因素：遗传因素、性格因素、性别、发病年龄、躯体因素；（2）心理、社会因素：生活事件、环境因素；此外，精神疾病的发生与文化环境存在一定的相关。

第三节　精神疾病的预防与控制

一、精神疾病的预防措施

精神疾病是危害人们健康，造成人民生命财产损失最大的疾病，必须采取积极的预防和控制，才有可能防病于未然。目前我国对精神疾病采取三级预防措施，主要内容如下：

1. 一级预防　一级预防即病因预防，通过消除或减少病因或致病因素来防止或减少精神疾病的发生，属于最积极、最主动的预防措施。主要是增强精神疾病的保护因素、减少危险因素，可采取的措施包括：开展健康教育，及时提供正确的心理咨询服务；加强遗传咨询，防止近亲结婚；开展重点人群心理行为干预；改善营养状况；培养稳定良好的家庭氛围；加强社区支持网络；减少成瘾物质的危害等。

2. 二级预防　二级预防即"三早预防"，通过早发现、早诊断、早治疗，降低精神疾病的危害。由于许多精神疾病具有慢性或亚急性起病、症状隐匿、临床表现缺乏明确特征性等特点，往往失去及时干预的机会。可见，二级预防是精神疾病防治工作中极为重要的环节，主要措施包括：有计划向群众宣传普及精神疾病防治知识，提高公众早期识别精神疾病的能力；改变对精神疾病患者所持的偏见，及时就医；对确认或可疑的精神障碍者，要及时就诊，接受合理、系统的药物和心理社会治疗；在综合医院设立精神科和心理咨询科，做好联合会诊和咨询工作；建立长期随访制度，做好出院病人的定期随访工作等。

3. 三级预防　三级预防是对精神疾病患者进行生活自理能力、社会适应能力和职业技能等方面的训练，以减少残疾和社会功能损害、促进康复、防止疾病复发，提高患者的生活质量。主要措施包括：设立专门机构，对于通过规范化治疗，病情趋于稳定的患者，进行多种形式的心理治疗和康复训练；督促患者按时按量服药，防止疾病复发与恶化；做好出院患者的定期随访工作；进行家庭教育，帮助家属增强精神卫生知识；建立家庭和社会的支持系统等。

二、精神疾病防控策略

近些年来，精神卫生工作越来越引起社会关注，群众对心理健康和精神卫生服务需求不断增加。精神卫生既是重大的公共卫生问题，更是重要的民生问题，现阶段还是较为严重的社会问题。党和政府历来高度重视精神卫生工作，尤其是近年来出台了一系列政策措施，有力地推动了精神卫生事业发展。

1. 深入贯彻落实《精神卫生法》　2013 年 5 月 1 日，《精神卫生法》颁布实施。为深入贯彻实施《精神卫生法》，要求加强政府组织领导、落实部门职责，按照法律要求规范开展精神卫生服务，在全国推开主动发现、及时诊疗、社区管理、防治结合的严重精神障碍防治工作模式。各级政府将精神卫生工作经费列入本级财政预算，保证精神卫生工作所需经费。对制约精神卫生工作发展的关键技术问题，开展基础和临床应用型研究，加快科研成果转化与推广应用，推动精神卫生事业全面发展。

2. 各部门尽责履职，齐抓共管、各负其责　国家卫生计生委牵头，与综治、公安、民政、人力资源社会保障、残联等部门共同研究、解决精神卫生工作问题。中央综治办在近两年对各级地方政府综合治理考评中，加大对严重精神障碍患者救治救助工作的考核力度，传导压力，落实责任。民政部积极兴建精神卫生福利机构，并完善此类机构服务功能。民政、残联部门大力开展精神残疾社区康复服务，帮助患者回归社会。多部门协同工作的局面由上至下，逐步深入。

3. 完善精神卫生服务体系 加大国家和地方政府对精神卫生服务能力建设的支持力度，完善全国精神卫生服务体系，不断增加专业机构和专业人员数量，提升服务能力，改善患者就医环境。各地依法推动综合医院尤其是县医院设立精神科或心理门诊，方便患者就近就医。实现精神卫生服务网络全覆盖。

4. 大力开展精神卫生社会宣传 各级卫生计生部门会同教育、宣传等部门，以"世界精神卫生日"为契机，开展多种形式的健康教育活动，增进公众对精神健康及精神卫生服务的了解，推动形成理解、接纳、关爱精神障碍患者的社会氛围。

知识点 18-3：精神疾病的预防措施

目前我国对精神疾病采取三级预防措施。①一级预防：即病因预防，通过消除或减少病因或致病因素来防止或减少精神疾病的发生，属于最积极、最主动的预防措施；②二级预防：即"三早预防"，通过早发现、早诊断、早治疗，降低精神疾病的危害；③三级预防：是对精神疾病患者进行生活自理能力、社会适应能力和职业技能等方面的训练，以减少残疾和社会功能损害、促进康复、防止疾病复发，提高患者的生活质量。

案例 18-1 分析讨论：

（1）影响精神疾病高发因素有生物学因素；心理、社会因素；文化环境。

（2）采取三级预防措施。

（3）现代社会竞争日渐剧烈，利益冲突增多，超负荷工作压力，急功近利心理倾向等因素导致各种精神疾病层出不穷。儿童的行为问题，大中学生的心理卫生问题，老年期精神障碍，酒精与麻醉品滥用以及自杀等问题明显增多。或轻或重，精神病患的增加几乎遍及所有人群，儿童、青年、老年。

（李兴洲）

第十九章　社会心理与行为流行病学

案例 19-1

良好的行为生活方式有利于健康

行为、生活方式与健康的关系近年来引起了人们的重视，主要是我国也出现了美国在 20 世纪 50～60 年代出现的大量“生活方式病”。当时有关的研究影响了美国的公共卫生政策。我们从加州伯克利人类人口实验室的这项生活方式与健康关系的研究中能得到一定的启示。

很长时间以来，民间的健康格言和公共卫生权威就指出：某些日常活动（如吸烟、喝酒和运动）与各种病，尤其是慢性病的发生和发展有关。为了科学地论证这些问题，于 1965 年在加州的伯克利成立了人类人口实验室，它接受国家卫生研究所资助的基金。在以后的 9 年中，流行病学专家们调查了 4700 名阿拉梅达县的居民（因此，通常称“阿拉梅达县”调查），探寻他们的健康和生活方式。这项调查结果对于制定全国的公共卫生计划很有影响。阿拉梅达县调查的一个重要发现就是在 30～65 岁成人中某些健康习惯非常明显地与死亡危险因素有关，某些居民具有的 5 个良好卫生习惯是预期寿命的一个良好指标，这 5 个习惯是从不吸烟、经常运动、一次喝酒少于 5 口、相对于身高是中等体重和每天睡 7～8h。给每个良好习惯打 1 分，就制定出了一个图表。从表中可以看出：健康习惯与几种疾病的死亡率，如心脏病、脑血管病和癌症的死亡率密切相关，如表 19-1 所示。

表 19-1　1965～1974 年阿拉梅达县 30～69 岁男女拥有的良好卫生习惯数目与调整年龄的特异病因死亡率（100%）

死亡原因	拥有良好卫生习惯的数目		
	0～2 个	3 个	4～5 个
男性（人数）	（404）	（748）	（1077）
缺血性心脏病	5.2	4.4	2.2
脑血管或循环系统疾病	2.2	1.5	0.5
癌症	2.6	1.9	1.5
其他疾病	5.7	3.1	1.6
所有死亡原因	16.0	10.9	5.8
女性（人数）	（426）	（809）	（1261）
缺血性心脏病	4.2	1.4	0.7
脑血管或循环系统疾病	1.4	1.1	0.6
癌症	2.6	2.0	1.4
其他疾病	3.8	2.6	1.1
所有死亡原因	11.9	7.1	3.9

好习惯多的人，其死亡率较低；相反，良好习惯少（无，有 1 个或 2 个）的人，他们的死亡率是良好习惯最多（4～5 个）的人的 3 倍，对妇女亦如此。而且，在对干扰因子，如感觉到

的健康状况、社会经济状况和心理特征进行了数据调整之后，这些明显的差别仍然存在。调查表明：由社会力量造就出的良好生活方式对于我们的生存、死亡及预期寿命有至关重要的作用。国家的预测表明：如果广泛地接受和采纳这些和其他有益于健康的习惯，那么每年就可节省上亿美元的卫生保健费用。

问题：

1. 从以上案例能够获得什么样的结论？
2. 通过这个案例你从中受到哪些启示？

医学模式的转变促使流行病学专家对社会、心理及行为因素与人群健康或疾病的关系产生了浓厚的兴趣，一门新兴的流行病学分支—社会心理与行为流行病学（Psychosocial and behavioral epidemiology）逐渐形成。社会心理与行为问题的发生和维持并不是孤立的，它是在一定的环境和社会背景下在与个体的相互作用中进行的，仅仅强调个体的生理和心理过程，难以全面阐明其基本规律，仅仅针对个体的预防措施及效果也是极为有限的。公共卫生研究奉行的是社会生态理论（social ecological theory），将研究的重点置于人与环境的关系。应用社会群体的理论和方法设计人群心理与行为问题干预的策略与措施。通过组织和政策支持等举措对群体的干预可以减少环境中的危险因素，使居民建立健康的生活方式。

第一节 概 述

心理是指人内在符号活动疏理过程和结果，行为是心理的外在表现，而生活方式则是连续性的行为。社会心理和行为问题的发生和维持并不是孤立的，它们在一定的环境和社会背景下在与个体相互作用中进行的，仅仅强调个体的生理和心理过程难以全面阐明其基本规律，仅仅针对个体的干预措施及效果也是极为有限的。可见，运用社会群体的理论和方法可以更有效地设计群体的社会心理与行为问题的干预策略与措施。通过组织和政策的支持等举措针对群体的干预，可降低环境中的危险因素，促进居民健康生活方式意识的提高和行为的养成。

一、社会心理

社会心理（Social Psychology）是指在一段特定的时期内弥漫在社会及其群体中的整个社会心理状态，是整个社会的情绪基调、共识和价值取向的总和。

人们对社会现象的普遍感受和理解，是社会意识的一种形式。表现于人们普遍的生活情绪、态度、言论和习惯之中。社会心理是自发的、零乱的，是对社会生活初级的多含直觉成分的反映。人们的社会心理状况最终取决于社会生活实际，直接形成于种种现实生活迹象对人们的刺激和人们的理解与感受，社会心理促成一定的社会风气。由于社会意识主体的不同，社会心理区分为个体心理和群体心理。

1. 个体心理（Individual Psychology） 是指个体在特定的社会组织中所表现的心理现象和行为规律，个人所具备的心理现象，概括起来可以分成认知，情绪、情感与动机，能力与人格等三个方面。

（1）认知（cognition）：人们获得知识或应用知识的过程，或信息加工的过程。习惯上将认知与情感、意志相对应。这是人最基本的心理过程。它包括感觉、知觉、记忆、想象、思维和语言等。人脑接受外界输入的信息，经过头脑的加工处理，转换成内在的心理活动，再进而支配人的行为，这个过程就是信息加工的过程，也就是认知过程。

（2）情绪、情感与动机（emotion，affection and motivation）：情绪是人各种的感觉、思想和行为的一种综合的心理和生理状态，是对外界刺激所产生的心理反应，以及附带的生理反应，如喜、怒、哀、乐等。情绪是个人的主观体验和感受，常跟心情、气质、性格和性情有关。情绪更倾向于个体基本需求欲望上的态度体验。情感则更倾向于社会需求欲望上的态度体验。情感包括道德感和价值感两个方面，具体表现为爱情、幸福、仇恨、厌恶、美感等。真挚的情感来源于对人、对事真切、深刻的了解。情感会对认知产生巨大的影响，成为调节和控制认知活动的一种内在因素。动机在心理学上一般被认为涉及行为的发端、方向、强度和持续性，推动人从事某种事情的念头或愿望。动机的基础来源于人的各种需求，即个体在心理和生理上的某种不平衡状态。动机有强度和性质的区别。动机不同，人对理想、现实的态度以及相应的行为方式也会不同。

（3）能力与人格（ability and personality）：是指顺利完成某一活动所必需的主观条件。能力是直接影响活动效率，并使活动顺利完成的个性心理特征。能力总是和人完成一定的活动相联系在一起的，离开了具体活动既不能表现人的能力，也不能发展人的能力。人格是一种具有自我意识和自我控制能力，具有感觉、情感、意志等机能的主体。（如同电脑的软件）它可以离开人的肉体，离开人所处的物质生活条件。而独立存在人类的精神文化维度里。人格主要是指人所具有的与他人相区别的独特而稳定的思维方式和行为风格。

2. 群体心理（Group Effect）　是指群体成员之间相互作用、相互影响下形成的心理活动。所有复杂的管理活动都涉及群体，没有群体成员的协同努力，组织的目标就难以实现。群体心理的显著特征是共有性、界限性和动态性。群体心理的群体成员共有的价值、态度和行为方式的总和；群体心理具有群体性、界限性；群体心理形成于群体的群体活动中。

群体心理分为小群体心理和大众心理。作为社会的人，彼此之间必然要发生一定的关系，进行社会交往，从而产生交往心理。交往心理既存在于个人与他人之间，也存在于群体之间，群体心理包括三大类型，即交往心理、小群体心理、大众心理。群体心理主要是心理学中的一个重要的分支学科即社会心理学的研究对象，其他心理学分支学科（如管理心理学）也研究群体心理。

社会心理的作用包括：①它具有广泛性，群众性，能够产生广泛的社会影响；②它以感情、情绪、习惯、风俗，传统的形式存在，有一定的相对独立性，稳定性，并有广泛的群众基础，不易改变；③社会心理反映一定的社会风貌，表现一定的人心向背，对于政治、经济、文化发展具有一定影响力；④社会心理学有助于解决各种社会问题，为增进人民的健康和幸福服务。

二、行　　为

行为（behavior）从社会学上，行为是指在一定的社会环境中，在人的意识支配下，按照一定的规范进行并取得一定结果的活动即为行为。从心理学上，内在生理、心态和心理变化的外在反应即为行为。构成人的行为基本要素：①行为的主体是人；②行为有一定的目的性、方向性和预见性；③行为作用于一定的对象（人或物）；④行为总要产生一定的结果。

行为是人类所特有的，由一定原因所引起，为了实现一定目的所进行的活动。行为是由满足某种需要的动机引起的，又是达到一定目标时需要得到满足的手段和过程。行为既是某种需要和动机的结果，又是这种需要和动机的反映。行为可以概括为人类在内外因素的共同作用下产生的外部活动；而生活方式是日常生活中由各种行为构成的图景。

健康相关行为（health related behavior）是指个体或群体与健康和疾病有关的行为。按照行为者对自身和他人健康状况的影响，健康相关行为可分为促进健康的行为（health promoted behavior）和危害健康的行为（health risky behavior）。严格上说，健康行为（health behavior）是一个学科的概念，即健康行为学。健康行为是指人们为了增强体质和维持身心健康而进行的各种活动。如充足的睡眠、均衡的营养、适度的运动等。健康行为不仅在于能不断增强体质，维持良好的身心健康和预防各种行为、心理因素引起的疾病，而且也在于它能帮助人们养成健康习惯。因为多发病、常见病的发生多与行为和心理因素有关，而且各种疾病的发生、发展、转归最终都可找到行为、心理因素的相关性，通过改变人的不良行为、不良生活习惯，养成健康习惯来预防疾病的发生。可见，健康行为是保证身心健康、预防疾病的关键所在。

第二节　常见社会心理与行为问题及影响因素

一、常见社会心理与行为问题

近年来，社会心理与行为医学的研究正在发展，发现许多不良行为对人体的危害。一些疾病在不良行为人群中的发病率或死亡率均高。据 WHO 报告，在发达国家和部分发展中国家，危害人类健康和生命的主要原因，是恶性肿瘤、冠心病、脑卒中、高血压、糖尿病等慢性非传染性疾病，而这些疾病的发生与发展，60%～70%是由社会心理因素和不健康的生活方式与不良行为习惯造成的。我国流行病学调查资料显示：15 岁以上人口中各种心理疾患的总患病率高达 15%，约 3000 万儿童和青少年受到情绪障碍和心理行为问题（其中抑郁、焦虑和失眠位居前 3 位）的困扰。常见社会心理与行为问题介绍如下：

（一）常见的社会心理问题

1. 抑郁（depression）　抑郁是一种心理行为，通常表现为抑郁症，是精神科自杀率最高的疾病。在现有的抑郁症患者中，只有不到 10%的人接受了相关的药物治疗。WHO 最新调查统计分析：全球抑郁症的发生率约为 3.1%，而在发达国家接近 6%左右，2002 年全球重症抑郁病患者已有 8900 多万人，而全球的抑郁症患者已达 3.4 亿。在年满 20 岁的成年人口中，抑郁症患者正以每年 11.3%的速率增加。2005 年结果显示：抑郁症发病率在发达国家将上升到 8%～10%；到 2020 年重性抑郁所致功能残疾将升至疾病总类的第 2 位，仅次于缺血性心脏病。抑郁症在我国的情况也不容乐观，目前抑郁症在我国的发病率大约为 4%。

根据 WHO 推算，中国神经精神疾病负担到 2020 年将上升至疾病总负担的 1/4。有资料显示：我国 70%的人处于亚健康状态，与心理应激相关的疾病患者约占人群的 5%～10%，身心疾病、心理障碍已成为多发病、常见病。

2. 焦虑（anxiety）　焦虑是由紧张、焦急、忧虑、担心和恐惧等感受交织而成的一种复杂的情绪反应。流行病学证据表明：焦虑会增加高血压、糖尿病、心脑血管疾病及恶性肿瘤等疾病的发病风险。国外报告一般人口中发病率为 4%左右，占精神科门诊的 6%～27%。美国估计正常人群中终身患病概率为 5%，我国发病率较低，平均为 7‰。常见于青年期起病，男女之比为 2∶3。

相关研究报道：焦虑症人均直接经济负担 256～8829 美元/年，人均间接经济负担 328～8655 美元/年，不同国家差异性比较大。合并其他疾病的焦虑症比单纯的焦虑症的经济负担高。2009 年据美国估计，焦虑症的国家经济负担结果是 717 亿美元/年。2013 年英国剑桥大学等机构研究人员对英国 2010 年公布的最新流行病学数据和官方统计资料进行研究发现：焦虑症每年给英国带来的直接医疗开支和劳动力减少等间接损失总计达 98 亿英镑。

3. 失眠（insomnia）　失眠是由于入睡困难或睡眠维持障碍，导致睡眠时间不足或睡眠质量差，不能满足个体生理需要，而明显影响患者白天活动的一种睡眠障碍综合征。流行病学证据表明：失眠不仅是众多意外事故的促发因素，也是人类高发病率疾病如糖尿病、高血压、恶性肿瘤等疾病的促发因素，同时还是焦虑症、抑郁症、精神分裂症、自杀等精神障碍的早期临床症状。2012 年国外流行病学调查结果显示：一般人群中约 30%有失眠症状，约 25%的人对睡眠不满意，10%～15%的人会因慢性失眠导致明显的白天劳累，6%～10%的人符合失眠症的国际诊断标准。2012 年我国香港地区对成年人进行为期 5 年的队列研究结果表明：一般人群中失眠的发病率为 5.9%（失眠定义为过去 1 年存在失眠症状），失眠并伴日间残留效应者的发病率为 3.6%。失眠同题的人数明显上升，2014 年我国调查结果显示：22%的中国人存在严重的睡眠问题，而 2015 年其比例上升为 31.2%。

失眠降低个人生活质量并损害其社会功能，增加社会交通事故发生率，消耗大量医疗资源。2012 年据美国统计，每年用于治疗失眠的直接费用大约为 140 亿美亿，间接费用是指如失去工作、由于事故造成的财产损失和用于失眠就医的交通费用等，估计为 280 亿美元；2012 年据英国统计，直接和间接经济损失每年也要超过 300 亿～350 亿美元。中国尚无这方面的资料，估计情况会更严重。

（二）常见的不良行为问题

1. 吸烟行为 吸烟（smoking）是世界上造成人类死亡的第二大原因。目前全世界约有 11 亿吸烟者，其中 70%以上的烟民分布在发展中国家。全球约有 47%的男性和 12%的女性吸烟，到 2025 年，全球吸烟人数将达到 16 亿。目前中国吸烟者人数超过 3 亿，并且男性的吸烟率居于世界的前列，另还有约 7 亿非吸烟者暴露于二手烟的危害之中。全球每年因吸烟死亡的人数已经突破 600 万，预测 2030 年吸烟死亡人数将达 1000 万。

吸烟危害健康已是众所周知的事实。烟草中有 4000 多种化学成分，其中约有 250 种有毒或致癌物（40 种化学致癌物）。香烟燃烧时，有 3000 多种化合物在烟雾中缭绕。最熟悉的烟草燃烧产物是尼古丁（即烟碱）、烟焦油、一氧化碳、氢氰酸、氨、丙酮、丁烷、砷、镉、甲苯及芳香化合物等一系列有害物质。

癌症是吸烟导致的最大危害，肺癌尤为严重。许多国家已报道，80%的肺癌患者与吸烟有关，死于肺癌的人群中，吸烟者是非吸烟者的 8～14 倍。吸烟人群中可使喉癌的危险性提高 7～8 倍；食管癌、胃癌和膀胱癌发病率明显增高。吸烟者患高血压的可能性相当于非吸烟者的 2 倍，出现心肌缺血的概率相当于非吸烟者的 3 倍。慢性支气管炎与肺气肿的发病率更是大幅增加。吸烟还会引起消化功能减退，发生慢性胃炎的可能性增高 1 倍，十二指肠溃疡发病增加 12 倍等。

吸烟作为多种慢性病的主要危险因素之一，据预测，到 2020 年，它将造成近 9%的全球疾病负担，所以控烟已成为慢性病预防和控制的主要干预措施之一。相关资料显示：中国 2013 年吸烟引起的死亡人数是 52.02 万人，减寿年数合计为 767.46 万人年，对应的吸烟人群的疾病间接经济负担合计为 2 893.19 亿元，占国内生产总值（GDP）的 0.51%，人均疾病间接经济负担为 1 472.81 元。

2. 酗酒行为 医学界将酗酒（excessive drinking）定义为：一次喝 5 瓶或 5 瓶以上啤酒，或者血液中的酒精含量达到或高于 0.08g/dL。酗酒者严重影响自己的身心健康。酗酒是一种原发性的慢性疾病，遗传、心理和社会环境都会影响其发展和表现。酗酒是引起、诱发、恶化氧化应激类疾病如 2 型糖尿病、高血压、血脂异常（如甘油三酯高等）、痛风等疾病的元凶。酗酒者其病态行为还会影响社会治安、诱发家庭暴力、出现违法乱纪、导致交通事故等。

2002 年 WHO 报告显示：在低死亡率的发展中国家，由酗酒所致的疾病负担位列各种主要危险因素之首，占总疾病的 4%～7.9%。全球每年 3.4%的人因酒精危害致死。WHO 发布《2014 年酒精与健康全球状况报告》称：2012 年全世界因有害使用酒精造成 330 万例死亡。酒精消费不仅能够导致依赖，还可增加人们罹患 200 多种疾病的危险，包括肝硬化、结核病和某些癌症。

相关资料还显示：酒精是全球疾病负担的第三大风险因素，是西太平洋区和美洲区的最大风险因素，欧洲区的第二大风险因素。在全世界 15～29 岁年轻人中，有 32 万人死于酒精相关原因，占该年龄组死亡总数的 9%。许多国家已经开始采取提高酒精税，通过提高年龄限度来限制酒精可得性，以及对酒精饮料的销售实施管制等措施，减轻酒精对健康和社会造成的负担。

3. 不良饮食行为 在现代社会，随着社会经济的发展，生活条件的改善，人们的膳食结构发生了重大的变化（从植物性膳食结构过渡到高热量、高脂肪、高蛋白质膳食结构）；再者随着机械化、电气化、自动化技术的发展，人们的体力活动越来越少，身体的能量消耗也越来越少，从而导致超重或肥胖，进而带来高血糖、高血压和高血脂等代谢综合征，慢慢发展为心脑血管疾病、糖尿病、高血压及恶性肿瘤等慢性疾病。

4. 缺乏运动 生命在于运动，运动不但可以提高身体素质，还可以提高反应能力。最近，由美国运动医学科学院以及国际运动科学和体育理事会联合组织的一项全球调研显示：现在的美国人比1965年的美国人运动量减少了32%，预计到2030年将减少46%。而在中国，和1991年相比较，发现人们的运动量减少了45%，预计到2030年将减少51%。所以，缺乏运动已经是一个社会性的问题。最直接的影响是，缺乏运动会导致体质下降。该研究称，中国每年有530万人死于与缺乏运动有关的疾病，其中，因高血压死亡的人数为115万；中国已超过印度成为全球糖尿病人最多的国家，全国约四分之一的成年人患糖尿病或前期糖尿病；3000万名17岁以下的中国青少年心理亚健康。这些疾病都和缺乏运动直接相关。缺乏运动影响国民体质，大量增加医疗支出，进而影响国家经济。全球最主要的5种非传染性疾病（癌症、糖尿病、精神科疾病、心脏病、呼吸道疾病）被公认与缺乏运动有关。2010年全球在这5类疾病上的医疗支出为6.2万亿美元，几乎等于当年中国的GDP。

慢性疾病已经给我国带来巨大的经济负担，卫生部门数据显示：我国慢性非传染性疾病在中国所有疾病负担中所占比重约为69%，已远远超过传染病和其他伤害所造成的疾病负担。2012年WHO报告结果显示：慢性病防治占中国医疗费用的80%，在未来十年，中国因心脏病、心脑血管疾病和糖尿病等疾病导致的过早死亡将产生5580亿美元的经济损失。

二、社会心理与行为问题的影响因素

1. 遗传因素 遗传因素与人类心理与行为的形成和发展具有密切的联系。基因不仅影响其心理，还决定人的一系列行为性状和趋势。基因的传递，使人类在长期进化中获得的部分行为得以继承，而基因的复杂性导致人类心理与行为的多样性。

行为遗传学已经成为当代生命科学交叉研究的前沿热点学科。遗传和基因组方法从根本上挑战传统的神经生物学、医学、行为学和心理学研究的方向。现代分子生物学研究，如人类基因组计划、蛋白质组计划及细胞研究等所取得的成就，为人类疾病的诊断、相关药物的研发、个体行为的优化设计、个性化社会保障的建立等提供了科学基础。将被正式写入我国中长期科学与发展规划。

心理障碍、不良行为（如自伤、物质滥用等）的高发性是当前我国处于转型时期社会面临的突出问题，这些问题的解决需要遗传学家、心理学家、神经生物学家、生理学家和药理学家等的紧密合作。因此行为遗传学研究正是这样一个既符合我国战略需求，又充满科学创新契机的领域。

2. 社会因素 人生活在现实的社会环境中，在一定的社会环境影响下成长和发展。一定社会的文化背景、社区环境、社会风气和学习生活环境等因素都对个体的心理健康产生影响。

（1）社会环境：一定的社会文化背景，如风俗习惯、道德观等，以一种无形力量影响着人们的观念，反映在人们的价值观、信念、世界观、动机、需要、兴趣和态度等心理品质上。不同文化对人的心理健康有不同的影响，其中有些是健康的，有些则是不健康的。社会风气通过家庭、同伴、传媒等途径影响着个体的心理与行为。社会上一些不良风气，如“走后门”、“一切向钱看”，都会对学生心理产生不良影响，影响他们形成正确的价值观、人生观、世界观。因此，学校、家庭和社会要共同抵制不良社会风气，为个体的心理健康发展提供一个健康向上的社会气氛。

（2）学习工作环境：个体所处的学习工作环境不同，其心理健康状况也会有所不同。研究发现：城乡差异、人口密度、环境污染、噪音、高负荷等对人的心理状况都存在明显影响。如医院工作的护士，由于经常上夜班，白天需要休息导致较少参加社会活动，影响其娱乐休闲、体育锻炼和自主安排活动的时间，同时与家人相处的时间有限，从而使其充当适应社会要求的角色能力下降，同邻居、朋友的交往明显减少，这种状况不利于她们的社会化，容易形成孤僻的性格。医院嘈杂、拥挤的环境，上夜班护理工作任务重，又担心医疗差错的发生，使人的心理严重超负荷，人与人之间更容易产生矛盾、争吵，生活在其中的个体容易产生职业紧张，出现心理健康问题，见表19-2。

表 19-2　1144 名不同每月夜班次数护士职业紧张状况比较分析（ $\bar{x}\pm s$ ）

问卷/子项	2 次及以下（n=356）	3～6 次（n=386）	7 次及以上（n=402）	F	P
职业任务问卷（ORQ）	149.54±21.89[a]	152.18±21.20[ab]	154.40±21.81[b]	4.749	0.009
任务过重（RO）	26.97±5.18[a]	26.70±4.76[b]	27.22±5.12[b]	1.075	0.342
任务不适（RI）	27.49±4.58	29.36±4.99	29.53±5.17	19.329	0.000
任务模糊（RA）	20.01±5.54	20.81±5.56	20.88±5.31	2.871	0.057
任务冲突（RB）	24.28±4.71	24.62±4.77	25.01±4.83	2.221	0.109
责任感（R）	25.12±5.86[a]	23.94±5.14[b]	24.24±4.73[b]	5.051	0.007
工作环境（PE）	25.67±6.69[a]	26.75±6.22[b]	27.52±6.33[b]	7.903	0.000
个体紧张反应问卷（PSQ）	89.56±19.55[a]	95.77±20.20[b]	98.22±21.37[b]	17.753	0.000
业务紧张反应（VS）	19.52±5.31[a]	21.18±5.32[b]	21.04±5.23[b]	11.228	0.000
心理紧张反应（PSY）	25.44±7.12[a]	27.21±6.94[b]	28.11±7.71[b]	13.025	0.000
人际关系紧张反应（IS）	22.30±4.75[a]	23.06±5.01[b]	23.65±5.10[b]	7.014	0.001
躯体紧张反应（PHS）	22.31±6.08[a]	24.31±6.47[b]	25.42±6.98[c]	21.746	0.000
个体应对资源问卷（PRQ）	123.95±14.62[a]	122.05±14.83[a]	119.37±14.89[b]	9.238	0.000
娱乐休闲（RE）	25.20±5.81[a]	25.02±5.73[a]	23.98±5.49[b]	5.210	0.006
自我保健（SC）	30.60±3.27	30.66±3.23	30.53±3.17	0.139	0.870
社会支持（SS）	36.51±6.50	36.03±6.12	35.72±6.18	1.510	0.221
理性处事（RC）	31.64±6.37[a]	30.35±6.19[b]	29.13±6.64[c]	14.461	0.000

注：1. 两组间字母不同表示 $P<0.05$，字母相同表示 $P>0.05$。

2. 职业任务和个体紧张反应得分越高，说明紧张程度越高，个体应对资源得分越高，说明个体对紧张的应变能力越强

（3）社区环境：社区是指由若干群众或社会组织（机关、团体）聚集在某一地域内形成一个生活上相互关联的大集体，如街道、住宅小区、村庄等。社区对生活在其中的个体心理健康的影响主要是通过社区文化、社区环境产生的。如组织个体观看健康的、符合其年龄特点的影视片；参观各种有益于身心发展的展览；组织个体参加社区的各种公益活动，如绿地领养、照顾孤寡老人等。

3. 家庭因素

（1）家庭结构：是指家庭中的人员组成。由于家庭规模和组成家庭的成员不尽相同，家庭又可分为不同的类型，多数研究发现，家庭结构完整且气氛和谐的家庭，有利于儿童心理健康的成长，而破裂家庭或父母不和谐，经常争吵，以及单亲家庭，对儿童身心健康成长明显有不利的影响，容易使儿童产生躯体疾病，同时心理障碍的发生率也较高。

（2）父母教养方式：对个体的心理发育、人格的形成、归因方式及心理防御能力等都有着极其重要的影响。已有研究表明：父母不良的教养方式对青少年心理与行为健康水平有显著的消极影响。父母的教养方式是影响儿童心理健康发展的重要因素，有关调查表明，父母在教育中表现出态度不一致、压力过大、歧视、打骂或者冷漠等特点时，儿童常常会表现出更多的心理与行为方面的健康问题。

（3）家庭环境：指家庭的物质生活条件、社会地位、家庭成员之间的关系及家庭成员的语言、行为和感情的总和。家庭环境包括实物环境、语言环境、心理环境和人际环境。实物环境是指家庭中实物的摆设；语言环境是指家庭中人与人的语言是否文明有礼，民主平等，商量谅解；人际环境是指尊老爱幼、各尽其责等；心理环境是指父母与子女之间的态度及情感交流的状态。家庭环境对儿童青少年心理与行为健康的影响举足轻重。在现实生活中，家庭环境中的一些不利因素对儿童青少年心理与行为健康也会带来不良的影响。如大量相关调查结果表明：父母对儿童的教育不当、溺爱、或家长

本身的不良言行举止及不良的生活习惯等，都会导致儿童出现心理行为过激问题等。

4. 学校因素

（1）学校的管理和教学：教育体制、学校的教育指导思想和管理制度等会对学生身心健康产生影响。它们往往决定了一所学校的校风，决定了教师教学和学生学习的状况。目前，我国相当一部分中、小学仍片面追求升学率的教育指导思想，无形中给教师和学生都造成了很大的影响。学生在巨大的升学压力下而导致心理障碍的事情屡屡发生。对自己学业成绩不满，来自教师、家长以及个体自尊心方面的压力，往往使个体长期处于一种智力超负荷的紧张状态，容易出现厌学、神经衰弱、失眠、注意力减退等心理与行为问题。在这种教学模式下，学生的学习兴趣、学习主动性、创造性被扼杀，这严重影响了他们身心的健康发展。

（2）学校环境：首先，从学校的物理环境来说，宽敞明亮、优美整洁的教学环境对学生的心理具有熏陶的作用，使学生心灵得到净化，从而促进学生心理健康发展。校园的一草一木，每个角落都应给人以美的感受，使学生从中得到教育和心灵的净化。其次，良好的校风、班风能够感染学生，促使学生积极向上，团结互助，人际关系和谐。这样的学校育人环境有利于学生心理健康状况的改善和提高。而消极的校风、班风则会使学生情绪低落、压抑，纪律涣散，师生关系紧张，教师的教育态度和水平也必然降低。这对学生心理健康会带来极坏的影响。再次，人际关系和谐是心理健康的一个重要标志，也是对身心健康的一种强有力促进。学生能否在学校里和老师、同学建立起和谐的人际关系，对他们身心健康发展有着极为深远的影响。

（3）教师因素：师生之间的关系及相互影响是在师生活动过程中形成和发展起来的，在这一过程中，教师的认知和行为对学生的发展有着至关重要的作用。可以说，教师的一举一动、一言一行对学生都会有影响。因此，教师对学生身心健康的影响，目前正越来越受到研究者们的关注。

5. 个体因素　除了上述原因之外，个体某些方面的因素如外貌、能力、习惯等也会影响个体的心理健康状况。外貌较好、能力较强的个体，往往在生活中会更多地获得别人的喜爱，会感到更多的满意、愉快，这有助于其心理健康；反之，外貌较差的很多个体，特别是当处于青春期的时候，往往容易感到自卑、焦虑、挫折，从而导致出现心理问题。因此，对这些群体更应当关注他们的心理健康，注意疏导和调节。人格特征是与心理健康密切相关的品质，同样一种生活挫折，对不同个性的人，其影响程度完全不同。有的人可能无法承受，或消极应付，从此自暴自弃；有的人则可能接受现实，正视挫折，加倍努力，奋发图强。研究表明：特殊人格特征往往是导致相应精神疾病，特别是神经官能症的发病基础，因此，培养健全人格是保持身心健康的关键因素之一。

知识点 19-1：社会心理与行为问题的主要影响因素

1. 遗传因素：遗传因素与人类心理与行为的形成和发展具有密切的联系。基因不仅影响其心理，还决定人的一系列行为性状和趋势。

2. 社会因素：人生活在现实的社会环境中，在一定的社会环境影响下成长和发展。包括社会环境、学习工作环境和社区环境等。

3. 家庭因素：家庭结构、父母教养方式和家庭环境等。

4. 学校因素：学校的管理和教学、学校环境和教师因素等。

5. 个体因素：除了上述原因之外，个体某些方面的因素如外貌、能力、习惯等也会影响个体的心理健康状况。

第三节　社会心理与行为调查常用工具及评价

社会心理与行为的评估是不容忽视的一个重要环节。社会心理与行为的评估是由专业人员运用心理学原理和方法，对人们心理状态和行为特点的变化进行量的描述，以此来比较、鉴别和评估不同个体之间心理上的差异，或同一个体在不同时期、不同条件、不同场合的心理状态和行为反应。除了有针对性地对个体认知行为进行评估，为临床诊断提供依据外，社会心理与行为评估同时也应用于科研、司法、教育等领域，为社会选拔、行业特定目标社会心理与行为评估提供参考标准。常用的社会心理与行为评估量表包括生活事件量表、90项症状自评量表、抑郁自评量表、焦虑自评量表、领悟社会支持量表、特质应对方式量表、明尼苏达多相人格量表、艾森克人格量表和卡特尔16项人格因素量表等。

1. 生活事件量表　生活事件量表（life event scale，LES）是由我国较常见的48条生活事件组成的，包括三个方面的问题。家庭生活方面（28条），工作学习方面（13条），社交及其他方面（7条），另外有2条空白项目，供填写被试已经经历而表中并未列出的某些事件。

LES是自评量表，由被试自己填写。填写者须仔细阅读和领会指导语，然后逐条一一过目。根据调查者的要求，将某一时间范围内（通常为一年内）的事件进行记录。对于表上已列出但并未经历的事件应一一注明“未经历”，不留空白，以防遗漏。然后，由填写者根据自身的实际感受而不是按常理或伦理观念去判断哪些经历过的事件对本人来说是好事或是坏事？影响程度如何？影响持续的时间有多久？影响程度分5级，从毫无影响到影响极重分别记0、1、2、3、4分。影响持续时间分3个月内、半年内、一年内和一年以上4个等级，分别记1、2、3、4分。

统计指标为生活事件刺激量，计算方法如下：

某项事件刺激量=该事件影响程度分×该事件持续时间分×该事件发生次数；

正性事件刺激量=全部好事刺激量之和；

负性事件刺激量=全部坏事刺激量之和；

生活事件总刺激量=正性事件刺激量+负性事件刺激量；

生活事件刺激量越高反映个体承受的精神压力越大，95%的正常人一年内的总分不超过20分，99%的不超过32分。负性事件刺激量的分值越高对心身健康的影响越大；正性事件的意义尚待进一步的研究。

生活事件量表主要用于特定时间内生活事件的定量，以便进一步研究生活事件在疾病的发生、发展、预后和转归中所起的作用等。适用于16岁以上的正常人，神经症、心身疾病、各种躯体疾病病人以及恢复自制力的重症精神病人。

2. 90项症状自评量表（SCL-90）　90项症状自评量表（symptom checklist 90，SCL-90）因包含90个项目而得名，在国外应用甚广，1975年由L.R.Derogatis编制而成，20世纪80年代引入我国。该量表包含较广泛的精神症状学内容，涉及感觉、情绪、思维、意识、行为及生活习惯、人际关系、饮食睡眠等多个方面。能较准确的评估病人的自觉症状，较准确地反映病人的病情及其严重程度，所以可以广泛应用于精神科和心理咨询门诊，作为评估来访者心理问题的一种手段。也可以应用于综合性医院，以了解躯体疾病病人的精神症状。

SCL-90的项目均采取5级评分制，分别为：①无：自觉没有该项症状；②轻度：自觉有该项症状，但对被试无实际的影响或影响轻微；③中度：自觉有该项症状，对被试有一定的影响；④相当重：自觉经常有该项症状，对被试有相当程度的影响；⑤严重：自觉该症状的频率和强度都十分严重，对被试影响严重。由被试根据自己最近的情况和体会对各项目选择恰当的评分。量表包括10个因子，因子的项目数及其含义如下：

（1）躯体化：12项，主要反映主观的身体不舒适感，包括心血管、消化、呼吸系统的主诉不适，以及头痛、背痛、肌肉酸痛等其他躯体症状。

（2）强迫症状：10项，主要反映那些明知没有必要，但又无法摆脱的无意义的思想、冲动、行为等表现，还有一些比较一般的认知障碍的行为表现等。

（3）人际关系敏感：9项，主要反映个人的不自在感和自卑感，尤其在与其他人相处时更为突出。

（4）抑郁：13项，主要反映与临床上抑郁症状群相联系的广泛的概念。忧郁苦闷的情感和心境是代表症状，对生活的兴趣减退、缺乏动力、丧失活力也是其特征。还反映失望、悲观以及与抑郁相联系的认知和躯体方面的感受。还包括有关死亡的思想和自杀的观念。

（5）焦虑：10 项，主要反映在临床上明显与焦虑症状相联系的症状和体验。一般指烦躁、坐立不安、神经过敏、紧张以及由此产生的躯体症状，如震颤等。

（6）敌对：6 项，主要从思想、感情和行为三个方面反映敌对的表现，包括厌烦摔物、争论以及不可抑制的冲动暴发等各方面。

（7）恐怖：7 项，主要反映传统的恐怖状态或广场恐怖症，恐怖的对象包括出门旅游、空旷场地、人群或公共场合和交通工具，还反映社交恐怖。

（8）偏执：6 项，主要是围绕偏执性思维的基本特征而制订的，包括投射性思维、敌对、猜疑、关系妄想、妄想、被动体验和夸大等精神症状。

（9）精神病性：10 项，主要反映幻听、思维播散、被控制感等精神分裂症症状。

（10）附加项：7 项，主要反映睡眠和饮食情况。

SCL-90 有多个统计指标，最常用的是总分和因子分。总分是 90 个项目得分总和，阳性项目数是大于或等于 2（或 1）的项目数，因子分是各因子的项目评分相加的因子粗分除以因子项目数。根据总分、阳性项目数、因子分等评分结果情况，判定是否有阳性症状、心理障碍，或是否需要进一步检查。因子分越高，反映症状越多，障碍越明显。

3. 抑郁自评量表 抑郁自评量表（self-rating depression scale，SDS）是美国 Zung 于 1965 年编制而成的。量表操作方便，易于掌握，能有效地反映有无抑郁症状及其严重程度和治疗中的变化，特别适用于综合性医院以发现抑郁症病人，也可用于流行病学调查。

抑郁自评量表共有 20 个项目，每个项目后有 1～4 四级评分选择：①很少有该项症状；②有时有该项症状；③大部分时间有该项症状；④绝大部分时间有该项症状。评定时间为最近一周内，由被试按照量表说明进行自我评定，依次回答每个题目。

自评结束后将所有项目得分相加，即得到总分。总分超过 41 分可考虑筛查阳性，即可能有抑郁情绪存在，需要进一步检查。抑郁严重指数=总分/80，指数范围为 0.25～1.0，指数越高，反映抑郁程度越重。

4. 焦虑自评量表 焦虑自评量表（self-rating anxiety scale，SAS）是美国 Zung 于 1971 年编制而成的。用于评定有无焦虑症状及其严重程度，能较准确地反映有焦虑倾向的精神病人的主观感受。适用于有焦虑症状的成人，已经作为心理咨询门诊了解来访者焦虑症状的常用自评工具，也可用于流行病学调查。

焦虑自评量表也有 20 个项目，每个项目后 1～4 四级评分选择：①很少有该项症状；②有时有该项症状；③大部分时间有该项症状；④绝大部分时间有该项症状。评定时间为最近一周内，由被试按照量表说明进行自我评定，依次回答每个题目。

自评结束后将所有项目得分相加，即得到总分。总分超过 40 分可考虑筛查阳性，即可能有焦虑存在，需要进一步检查。分数越高，反映焦虑程度越重。

5. 领悟社会支持量表（perceived social support scale，PSSS） 社会支持被看作是决定心理应激与健康关系的重要中介因素之一。领悟社会支持量表是众多社会支持量表之一，具有简单易用的特点。

领悟社会支持量表是自评量表，由 12 条反映个体对社会支持感受的条目组成。测定个体领悟到的来自各种社会支持源如家庭、朋友和其他人的支持程度，并以总分反映个体感受到的社会支持总程度。

被试根据自己的感受填写。每个项目采用 1～7 七级计分法：1=极不同意，2=很不同意，3=稍不同意，4=中立，5=稍同意，6=很同意，7=极同意。

将所有条目评分相加即得社会支持总分，分数越高，反映被试拥有或感受到的社会支持越多。

6. 特质应对方式问卷（trait coping style questionnaire，TCSQ） 应对（coping）是心理应激过程的重要中介因素，与应激事件性质以及应激结果均有关系。近年来应对方式受到广泛的重视，出现许多应对方式量表，特质应对方式问卷是其中之一。

特质应对方式问卷是自评量表，由20条反映应对特点的项目组成，包括两个方面的：积极应对与消极应对（各含10个条目）。用于反映被试面对困难挫折时的积极与消极的态度和行为特征。被试根据自己大多数情况时的表现逐项填写。各项目答案从“肯定是”到“肯定不是”，采用5、4、3、2、1五级评分。

积极应对分：一般人群的平均分为30.22±8.72，分数高，反映积极应对特征明显。

消极应对分：一般人群的平均分为23.58±8.41，分数高，反映消极应对特征明显。

在实际应用中，消极应对特征的病因学意义大于积极应对。

7. 明尼苏达多相人格调查表 明尼苏达多相人格调查表（Minnesota Multiphasic Personality Inventory，MMPI）是由美国明尼苏达大学S.R.Hathaway和J.C.McKingley等于1940年编制而成的。最初是想编制一套对精神病有鉴别作用的辅助调查表，后来发展为人格测验。该量表问世以来，应用非常广泛。MMPI适用于16岁以上至少有6年以上教育年限者，既可以个别施测，也可以团体测查。

MMPI共有566个自我陈述形式的题目，被试根据自己的实际情况对每个题目作出“是”或“否”的回答，若确定不能判定则不作答。根据病人的回答情况进行量化分析，也可以作出人格剖面图。除了手工分析方法，现在还出现多种计算机辅助分析和解释系统。在临床工作中，MMPI共有4个效度量表和10个临床量表。

效度量表

（1）疑问分数：被试不能回答的题目数，如果超过30个以上，说明测验结果不可靠。

（2）掩饰分数：测量被试对该调查的态度。高分反映防御、天真、思想单纯等。

（3）效度分数：测量任意回答倾向。高分表示任意回答、诈病或确系偏执。

（4）校正分数：测量过分防御或不现实倾向。高分表示被试对测验持防卫态度或总是企图伪装成“好人”；低分表示过分坦率或自我批评或故意伪装成“坏人”。

临床量表

（1）疑病量表：测量被试疑病倾向及对身体健康的不正常关心。高分表示被试有许多身体上的不适、不愉快、自我中心、敌意、需求、寻求注意等。

（2）抑郁量表：测量情绪低落、焦虑问题。高分表示情绪低落，缺乏自信，有自杀观念，有轻度焦虑和激动。

（3）癔病量表：测量被试对心身症状的关注和敏感，自我中心等特点。高分反映被试自我中心、自大、自私、期待别人给予更多的注意和爱抚，对人的关系是肤浅、幼稚的。

（4）精神性病态性偏倚量表 测量被试的社会行为偏离特点。高分反映被试脱离一般社会道德规范，无视社会习俗，社会适应差，冲动敌意，具有攻击性倾向。

（5）男性化或女性化量表：测量男子女性化、女子男性化倾向。男性高分反映敏感、爱美、被动等女性倾向；女性高分反映粗鲁、好攻击、自信、缺乏情感、不敏感等男性化倾向。

（6）妄想量表：测量被试是否具有病理思维。高分提示被试常表现多疑、过分敏感，甚至有妄想存在。平时的思维方式是容易指责别人而很少内疚，有时可表现强词夺理、敌意、愤怒、甚至侵犯他人。

（7）精神衰弱量表：测量精神衰弱、强迫、恐怖、或焦虑等神经症特点。高分提示有强迫观念、严重焦虑、高度紧张、恐怖等反应。

（8）精神分裂症量表：测量思维异常和古怪行为等精神分裂症的一些临床特点。高分提示被试行为退缩，思维古怪，可能存在幻觉妄想，情感不稳。

（9）躁狂症量表：测量情绪紧张、过度兴奋、夸大、易激惹等轻躁狂症的特点。高分反映被试联想过多过快，夸大而情绪高昂，易激惹，活动过多，精力过分充沛、乐观、无拘束等特点。

（10）社会内向量表：测量社会化倾向。高分提示被试性格内向，胆小退缩，不善于社交活动，过分自我控制等；低分反映被试性格外向。

MMPI 的各个分量表数都要转换成以 50 为平均数，10 为标准差的标准 T 分数，并绘制在人格剖析图上。解释可以直接按照得分进行，也可以与常模比较。一般 T 分数超过 70 说明存在严重的心理问题,所以解释时要注意超过 70 分的分量表。但对 MMPI 的解释并不是一个一个量表进行，而是用一组量表分数进行诊断和人格分析。

MMPI 广泛用于多个领域，主要用于病理心理的研究。在在精神医学方面主要用于协助临床诊断；在心身医学方面用于多种心身疾病如冠心病、癌症等病人的人格特征研究；在行为医学方面用于行为障碍的人格特征研究；在心理咨询和心理治疗方面也采用 MMPI 评估来访者的人格特点及评价心理治疗效果等，现在还用于司法鉴定领域。

8. 艾森克人格问卷 艾森克人格问卷（Eysenck personality questionnaire，EPQ）是由英国心理学家艾森克（H.J.Eysenck）根据其人格三个维度的理论编制而成，目前在国际上应用十分广泛。我国有成人（适用于 16 岁以上）和青少年（适用于 7～15 岁）两种形式的修订本。EPQ 中包含的三个人格维度分别为：内—外向（E）维度、精神质（P）维度、神经质（N）维度，分别用 E、P、N 三个分量表测量，这三个基本因素构成了人格的三个维度，个体在这三个维度上的不同表现程度，构成了各自不同的人格特征。第 4 个分量表为效度量表（L），测量说谎或掩饰，但也代表一种人格特征，反映被试的朴实、遵从社会习俗及道德规范等特征。内外倾向和情绪稳定性维度是正态分布，而精神质维度得分为极端偏态分布，绝大多数人处于稳定的一端。EPQ 共有 90 余个题目，各个分量表的意义如下：

（1）E 量表（内外向维度）：高分表示人格外向，可能喜好交际、渴望刺激和冒险，情感易于冲动；低分表示人格内向，可能喜好安静，内省，除了亲密好友外，对一般人冷淡，不喜欢刺激，喜欢有秩序的生活。

（2）N 量表（神经质维度）：又称情绪性，反映的是正常行为。高分可能情绪不稳定，焦虑，担忧，常常闷闷不乐，忧心忡忡，有强烈的情绪反应，甚至出现不够理智的行为；低分则情绪稳定，情绪反映缓慢而轻微，容易恢复平静，性情温和，善于自我控制，不易焦虑。

（3）P 量表（精神质维度）：并非指精神病，它在所有人身上都存在，只是程度不同而已。高分可能孤独，不关心他人，难以适应外部环境，缺乏同情心，感觉迟钝，与他人关系不佳，喜欢寻衅闹事。若为儿童，常对人仇视、缺乏是非感、无社会化概念，多恶作剧，是一种麻烦的儿童。

（4）掩饰（L）量表：这是一个效度量表。高分表示掩饰、隐瞒。

EPQ 问卷前有答卷指导语。被试按照每个项目的陈述，根据自己的实际情况答“是”或“否”，把答案划在答卷纸上。收卷后算出 4 个量表的原始分数，再对照常模，将原始分数换算成以 50 为平均数，10 为标准差的标准 T 分数，制成剖析图，就可以对被试的人格进行分析了。

EPQ 为自陈量表，实施方便，人格维度概念清楚，有时也可以作团体测验，在我国临床应用最为广泛的人格测验。

9. 卡特尔 16 项人格因素问卷 卡特尔（R.B.Cattell）是主张特质论的人格心理学家，他认为人格的基本结构是特质，表现为特征化的相当持久的行为特征。他用因素分析的方法找出 16 种根源特质，形成了 16 项人格因素问卷（16 personality factor questionnaire，16-PF），具有良好的信度和效度，是目前在全世界运用很广泛的一种人格测验工具。16-PF 的主要目的是确定和测量正常人的基本人格特征，并进一步评估某些次级人格因素。各因素及其意义如下：

因素 A：乐群性，高分外向、热情、乐群；低分缄默、孤独、冷漠。

因素 B：聪慧性，高分聪明、富于才识、善于抽象思维；低分思想迟钝、学识浅薄、抽象思维能力弱。

因素 C：稳定性，高分情绪稳定而成熟，能面对现实；低分情绪激动，易烦恼。

因素 E：恃强性，高分好强、固执、独立、积极；低分谦逊、顺从、通融、恭顺。

因素 F：兴奋性，高分轻松兴奋、随遇而安；低分严肃、审慎、冷静、寡言。

因素 G：有恒性，高分有恒负责、做事尽责；低分苟且敷衍、缺乏奉公守法的精神。

因素 H：敢为性，高分冒险敢为、少有顾虑；低分畏怯退缩、缺乏自信心。

因素 I：敏感性，高分敏感、感情用事；低分理智、看重现实、自食其力。

因素 L：怀疑性，高分怀疑、刚愎、固执己见；低分信赖随和、易与人相处。

因素 M：幻想性，高分幻想、狂妄任性；低分现实、合乎常规、力求妥善合理。

因素 N：世故性，高分精明能干、世故；低分坦白、直率、天真。

因素 O：忧虑性，高分忧虑抑郁、烦恼自扰；低分安详、沉着、通常有自信心。

因素 Q1：实验性，高分自由、激进、不拘泥于现实；低分保守，尊重传统观念和行为标准。

因素 Q2：独立性，高分自立自强、当机立断；低分依赖、随群附和。

因素 Q3：自律性，高分知己知彼、自律严谨；低分矛盾冲突、不顾大体。

因素 Q4：紧张性，高分紧张困扰、激动挣扎；低分心平气和、闲散宁静。

在对 16 种人格因素的分数进行解释时，不能孤立解释单个的因素，因为每个因素得分的意义及重要性有赖于其他因素的得分及全体因素的组合方式。因此，要根据个体的人格剖析图进行解释。个体在每个因素量表上所得的原始分转换成标准分数后，在人格剖析图上标出相应的点，然后将各个点连成曲线，就得到被试的人格剖析图。

16-PF 可以团体测试，也可以个体测试。对心理咨询、人才选拔和职业咨询等具有一定的参考价值。16-PF 的结果采用标准分，通常认为＜4 分为低分（1～3 分），＞7 分为高分（8～10 分）。高、低分结果均有相应的人格特征说明。

社会心理与行为评估的对象是人，包括了病人和健康的人，故评估的范围既涉及了疾病，又涉及了健康，而且更重视健康的评估。心理卫生强调生物心理社会医学模式，评估的内容必须涉及这三个方面及相互间影响。当然在某项具体临床工作或研究中，常常需有所侧重，但在分析结果时应全面考虑其他方面的影响，具体而言，社会心理与行为评估任务包括如下方面：

（1）描述个体或人群有关疾病的特征，主要是从疾病的行为表现或精神病理学水平进行评估，协助临床诊断分类，作为科研病人人组标准，寻找各类疾病的特征性表现。

（2）描述个体或人群的健康状况，全面地从生理、心理、社会等方面对构成健康的诸要素进行评估，为研究增进各种人群的健康机制和方法提供依据。

（3）评估日常健康行为习惯和日常功能有效水平。

（4）评估疾病发展中的心理过程，包括认知、行为、社会、情感等诸心理过程。

（5）评估心理社会因素在疾病自然愈合过程中的作用。

（6）评估个体对不同应激刺激的反应，主要指在实验室控制条件下，观察个体对各种应激事件的心身反应性质和程度。

（7）评估疾病康复过程中的各种治疗方法的效果及其与心理社会影响因素的相互作用。

（8）评估生活方式对防治疾病和增进健康的影响。

（9）评估个体或人群的社会经济状况对健康的影响。

（10）评估各种生态学有害因素对健康的影响，既包括像噪声、环境污染、建筑风格等 自然环境因素，也包括人际关系、群体气氛、家庭结构和关系、人口流动、城市化等社会环境因素。

（11）评估卫生保健的有效性，主要是指各种卫生保健设施和方法对提高人群健康的作用。

（12）评估医嘱依从性对疾病和健康的影响。

第四节　社会心理与行为问题的预防与控制

越来越多的研究结果证实，影响人类疾病与健康的因素多种多样，而且互相关联。例如人类某种疾病既可以在分子生物学水平上找到结构缺陷，也可在反应器官功能的生理生化指标出现异常，还可以追溯到患者家庭和人际关系方面出现的障碍。社会因素在疾病发生和发展过程中的重要作用更不能忽视。这些生物、心理和社会因素常常互为因果、综合作用，引起疾病发生、发展的多样性和复杂性。传统的公共卫生观点主张干预研究针对危险因素进行，但鉴于社会心理与行为因素和健康关系的复杂性，仅由相关研究所获得的危险因素往往是不可靠的。因此，应重视以理论为依据的干预的实施。

一、社会工程干预

社会工程干预是指通过某些社会性的措施来改变现状。包括社会工程设施干预、政策干预和组织干预。

1. 社会工程设施干预 社会工程设施干预是通过改善某种社会工程设施的方法来取得事半功倍的干预效果。如在超级市场中安装电子营养信息系统，让顾客了解有关各种食物的营养信息，相关研究表明：这样可使居民明显地减少高脂肪食品的购买量，同时也增加了富含纤维素食品的购买量；为了避免儿童的意外伤害的发生，可以对他们的父母进行安全教育和行为干预，也可从社会工程设施方面着手，如用防火性较好的材料给儿童做衣服、将桌椅的棱角打磨成钝角、使用安全的器皿或容器来盛放危险的物品等。行为相关物的可得性或可及性是行为得以实施的前提条件。相关研究表明：社区有无活动场地及场地与居民的距离的远近，与居民的锻炼行为、肥胖、高血压、冠心病和糖尿病等密切相关。

2. 政策干预 在所有的干预策略措施中，政策干预普遍被认为是效益较高的手段。如在控烟上，世界许多国家的经验均证实：增加烟税和提高烟草的价格可大大降低或约束居民的吸烟行为。视觉健康问题上，相关报道：2012 年我国 5 岁以上总人口中，近视和远视的患病人数大约 5 亿，其中近视的总患病人数在 4.5 亿左右。若无有效政策干预，到 2020 年，我国 5 岁以上人口的近视患病率将增长到 51%左右，患病人口达 7 亿。为此将减少青少年近视率作为“十三五”发展的重点项目，鼓励青少年参加体育活动、加强健康教育，保障青少年视觉健康。其次，将视觉健康纳入国家健康保障计划。通过基本公共卫生项目、重大公共卫生项目以及医保资金等保障计划为视觉健康提供保障。

政府是政策制定的主体。通过政策倡导促动的途径来推动政府采纳和实施有利于人民健康的政策。如基础设施和交通运输方面，优化道路、交通与住房规划，降低交通伤害的发生、减少环境污染物的排放等；财政方面，提高烟草、酒类等产品的价格，补贴健康食品的生产；社会保障方面，扩大初级卫生保健层面的慢性病防治服务的覆盖等。

3. 组织干预 组织干预是通过对不合理的组织结构和行为进行改变，从而达到干预的目的。在现代社会，人类所面临的工作压力，在一定程度上与组织管理结构和行为有密切的关系。组织压力管理主要是调整与优化工作压力结构的系统，包括压力生成系统的控制管理/压力承受系统的改进管理、人力资源的各种管理机制的建立与完善等。提高组织构建和运作的科学性、程序性和合理性，是进行压力管理的制度保障。组织分阶段改变理论（stage theory of organization change）是关于组织变化要经过一系列的阶段，在不通过的变化阶段匹配不同的改变策略的理论。最简单的实施过程分为四个阶段：问题界定、行动启动、实施和定型化。以政府或企业工作场所开展禁烟问题为例：①问题界定：管理部门首先建立一个由吸烟者和不吸烟者组成的代表委员会，对工作场所的吸烟情况、工作人员的需求和可以实施的控烟方案进行分析；②行动启动：决策者在此基础上提出优化的禁烟方案，包括限制吸烟的举措；③实施：随后禁烟方案和举措在工作场所的贯彻落实；④定型化：实施一段时间后进行归纳总结，政府或企业领导制定出长效的禁烟政策。

4. 大众媒体干预 在现代社会，媒体深刻影响着大众和决策者的知识、观点、行为和态度。干预方式包括大众文化、报纸、广播、电视、互联网、手机播屏、户外宣传或广告牌和电影等。大众媒体可影响到千千万万的人，符合公共卫生干预的原则。大众媒体的介入对政策倡导促动来说是一个有力的“推动器”。即使做不到持续的大众媒体干预，短期干预也能影响到人们的行为意向。如大众媒体是控烟话语建构的重要主体、渠道和平台，也是控烟头号武器。吸烟仍然是全球“可预防死亡”的首要原因。据 WHO 调查，各国已证明有 6 类主要的控烟政策（监测烟草的使用情况、保护人们免受烟草烟雾危害、为戒烟提供帮助、警示吸烟的危害、确保禁止烟草广告和促销、提高烟税）取得了巨大的成功，现今覆盖 92 个国家 23 亿人口。其中“大众媒体控烟宣传”是最重要的一项，可覆盖全球 54%的人口。以美国为例，成人每人每年消费的卷烟量，从 1963 年的 4345 支的最高水平，下降到 2006 年的 1654 支，伴随这一过程的是从 1964 年即开始的大规模媒体运动，直到今天这场运动仍在继续。越来越多的实地研究证据也表明：旨在减少烟草使用的媒体宣传报道能改变青少年对烟草使用的态度，降低开始吸烟率，并鼓励成年人戒烟。

二、个体干预

个体预防是针对个体知识、态度、信念、动机、技巧和经历等方面进行的行为和心理干预行为。现代心理学研究表明：人的大多数行为并不是天生的，是后天学习的结果。人们通过良好的学习学会了说话、写字等，获得了各种知识技能，形成了良好的品行。但人也在不利条件下进行了不正当学习，形成了不良的行为方式。行为矫正技术的功能是帮助这些建立良好的行为模式，改变不良的行为方式。行为矫正技术主要是依据条件反射学说和社会学习理论来处理行为的问题。一般说来，行为的改变有两种情况：一种是从无到有，指某些良好行为的建立与塑造；一种是不良行为的矫正，即将个体行为从不良改变为良好。

行为矫正常用的两个基本技术有消除强化和刺激控制。

1. 消除强化　消除强化对某些强化不良行为的因素予以消除，以达到减少不良行为的发生。当父母发现儿童脾气暴躁时，要多和幼儿园的老师沟通，找出叛逆举动的原因，尽早消除。如是为了受到老师的关注而发脾气，那么就请老师在儿童发脾气时故意不理他，让儿童知道自己的这种错误行为并不能达到目的。

2. 刺激控制　刺激控制是从操作条件反射研究中派生出来的一种行为治疗方法，它通过系统地操纵起控制作用的环境刺激的方法来矫正人的不健康的行为。如矫正爱吃零食的不良行为习惯，就有必要系统地操纵或改变环境控制刺激物。第一，应尽可能地减少存放在食品柜中的食物；第二，要消除对获取零食起奖励作用的强化刺激物，包括社会性的赞许和关注、或看电视的乐趣等；第三，重新安排居室的环境条件；第四，限制吃食物的时间与场合等。

三、各种场所干预

1. 家庭干预　家庭的作用是不容忽视的。它是建立家庭成员（尤其儿童、青少年）交往动机、诱发其沟通意识的源泉，它将会为训练者此后的学习与工作打下根本的基础。家庭干预是帮助家庭成员解决问题的过程中，鼓励家庭成员积极参与问题的解决过程，增强家庭成员自身的能力，提高他们的自信力和独立能力。

（1）家庭行为学习治疗：对家庭中的子女在成长过程中遇到的行为问题进行干预的服务。

（2）家庭照顾技巧训练：针对家庭中的父母亲，尤其那些在与孩子沟通交流中感到困难的家长。

（3）家庭心理健康教育：是将家庭教育、技能训练和社会支持等方式综合为一体的服务活动，要求健康教育工作者为家庭提供专门的训练，让其掌握必要的知识，改善沟通交流。

“家庭系统排列”是心理咨询与心理治疗领域中的一个新的家庭治疗理念。由德国心理治疗大师伯特·海宁格（Bert Hellinger）经过 25 年的研究发展起来的，现已成为临床心理学一个热门的课题。里面所运用的概念技巧在古今中外的文化里均可找到，但鲜为人知，亦包括一些传统及近代心理治疗学派的东西，如精神分析（Psycho-Analysis）、身心语法程式学（Grammar of body and mind）、催眠治疗（Hypnotherapy）、交叉分析治疗（Transactions）等。海宁格认为：人类的家族就如同天上的星系，有其运作的规则与次序，称之为“爱的序位”。当家族的每份子都能够遵循这些法则，家庭成员就能够和谐相处；当家族有人违反这些法则，对于整个家庭将会造成破坏性的影响。“家庭系统排列疗法”即是通过排列家族成员代表的位置，找出家族中隐藏的动力，并移动家族成员的代表回归正确的序位，让爱恢复流动，借此解决生命中的困扰，不影响无辜的下一代。

2. 学校干预 学校是理想的干预场所。学生在学校期间处于各方面成长和成形的阶段，是效果最佳的干预时期。

学校干预以培养青少年的健康意识，提高学生的健康素质作为根本的出发点，注重实用性和实效性。坚持健康知识传授与健康技能传授并重原则；健康知识和技能传授呈螺旋式递进原则；健康知识传授、健康意识与健康行为形成相统一原则；健康教育理论知识和学生生活实际相结合原则。做到突出重点、循序渐进，不断强化和促进健康知识的掌握、健康技能的提高、健康意识的形成、健康行为和生活方式的建立。如学会判断安全行为与不安全行为，拒绝不安全行为的技巧；学会如何寻求帮助的途径和方法；了解不良情绪对健康的影响，掌握调控情绪的基本方法；学会如何建立自我认同，客观认识和对待自己等。

3. 工作场所干预 工作场所干预是绝大多数成年人心理和行为干预的合适场所。工作场所干预侧重于个人与社会的参与意识和参与水平，所以场所干预不仅包括了危险因素干预的内容，同时更侧重于进一步促进行为改变以及维持已改变的行为的组织支持、政策支持、经济支持等环境改变的各项政策，使个体的行为转化为增进健康和提高生活质量。其中，环境的支持对维持行为改变的持久性将产生极其重要的影响。场所干预的特点是：①把所有利于发展和促进人群健康的诸多因素组织和联系起来；②需要多个部门的参与（建立广泛的伙伴关系）；③并非针对某个特定的场所，而是促进人们健康的动态行为群，可以说场所干预已不再仅仅是卫生部门的工作职责，而是要求全社会参与并采取多部门合作的社会工程。它将为减少疾病增进健康产生巨大的社会效益和经济效益。

创建健康促进学校和健康促进医院是场所干预中的重要任务，按照澳大利亚模式，健康促进学校应具备 3 点，即：①学校课程；②学校的组织和环境；③社区参与（学校/家庭/社区）。其干预的指标具体而统一，以学校物资环境为例，就要求学校要达到增设茶炉、电开水器、水净化器；平整操场，硬化操场；改进厕所（在改进厕所的干预指标甚至具体到男、女学生厕所的蹲位比例分别要达到 1∶40 和 1∶25 的精确程度等）；更换或整修课桌椅；粉刷教学楼，改进危旧校舍；改进食堂等。

4. 社区干预 社区干预是有组织有计划地开展一系列活动，以创造有利于健康的环境，改变人们的行为和生活方式，降低危险因子水平，预防疾病，促进健康，提高生活质量。人们已经普遍意识到，对于很多疾病采取社区预防、控制、教育和咨询是经济而有效的，但需要充分的社区动员。社区动员是把满足社区居民需求的社会目标转化成社区成员广泛参与的社区行动的过程。健康教育工作者应该意识到，社区存在的健康问题最终需依靠工作者与社区居民共同的努力才能得以解决。社区居民可通过参与健康计划的制订、实施、效果评价等一系列活动，不但可改善社区居民的健康问题，还可提高个人意识及解决自身健康问题的能力。对于心理、行为问题的社区干预的尝试已取得了初步成功。如以社区为基础的心脑血管疾病、糖尿病、高血压等慢性病的预防研究，通过健康促进改善居民的行为习惯（建立医院 35 岁以上首诊病人测血压制度、通过宣传教育提高人群的慢性病的预防意识等），从而降低心脑血管疾病、糖尿病、高血压等慢性病的发病率和死亡率。

知识点 19-2：社会心理与行为问题的预防与控制

（1）社会工程干预：社会工程设施干预、政策干预、组织干预、大众媒体干预。

（2）个体干预：个体预防是针对个体知识、态度、信念、动机、技巧和经历等方面进行的行为和心理干预行为。

（3）各种场所干预：家庭干预、学校干预、工作场所干预和社区干预。

案例 19-1 分析讨论：

（1）从本案例看，首先，得出了一个重要的结论：健康生活方式对人们的健康具有促进作用，而不良生活方式对健康有损害作用。其次，其实要获得健康也很简单。如本研究针对某些居民具有的 5 个良好卫生习惯是从不吸烟、经常运动、一次喝酒少于 5 口、相对于身高是中等体重和每天睡 7～8h。而这些都与个人的生活方式有关，说明每个人的健康掌握在自己手里。再次，不良的生活方式会造成预期寿命的降低，死亡率的增加。

（2）如果广泛地接受和采纳这些和其他有益于健康的习惯，那么每年就可节省上亿美元的卫生保健费用。非常遗憾的是：我们却未能从这些研究中汲取经验，而是一味地投资于医疗设备，重治轻防，使得群众医疗负担加重。这有观念方面的原因，没有充分认识卫生的公共性，只强调卫生的市场性，政府对卫生的投入与监管弱化。另一个重要原因就是医疗制度方面的缺陷，在制度安排上，没有以预防为导向，形成了激励过度医疗的制度和机制。看来回归到从改变不良生活方式来提高人群健康水平势在必行。

（金岳龙　余结根）

第二十章 病毒性肝炎

案例 20-1

在一次服兵役的体检中，某青年因体检诊断为肝炎，无法实现自己的愿望，很烦恼，又不理解平时自己身体很棒，怎么会因为肝炎当不了兵。而前几年有过肝炎病史，平时看起来又比自己身体弱小的同村小伙体检合格，他们找到体检医生想弄明白是否搞错了。医生对该青年及其家人同时再次进行血清学检查，结果发现该青年家庭成员7人中有4人乙肝病毒表面抗原呈阳性。在本案例中，参加服兵役体检的青年看起来很健壮，但化验结果显示该青年乙型肝炎表面抗原阳性，核心抗原和抗体也是阳性，血清转氨酶高于正常，B超显示肝脏有慢性炎症表现，复查结果显示明显的家庭聚集性。而以前患过急性黄疸性肝炎的青年，但这次体检一切正常，体检医生解释说他有可能以前患的是急性甲型肝炎，现已痊愈。

问题：

（1）我国病毒性肝炎的流行病特点？

（2）该患者可能患何型肝炎？

20 世纪 70 年代，美国医生们发现许多输血后肝炎既不是已知的甲型肝炎病毒也不是乙型肝炎病毒所致，直到 20 世纪 80 年代末，此类肝炎病原体才被发现和认识，并命名为丙型肝炎（hepatitis C）。据统计，全世界每年大约有 300 万～400 万人通过血液途径感染肝炎病毒，造成慢性感染甚至肝癌。我国病毒性肝炎流行广泛，发病率高。据卫生部《2010 年全国法定传染病报告发病死亡统计表》显示，2010 年我国病毒性肝炎报告发病 1317982 例，死亡 884 例，位居全国甲乙类传染病报告发病数之首，占 41.4%。病毒性肝炎中约 80.0%为乙肝。2006 年全国人群乙肝血清学调查结果显示：一般人群乙肝表面抗原（HBsAg）流行率为 7.18%，据此推算，全国约有 9300 万 HBV 感染者，其中慢性乙肝患者约 2000 万例。此外，我国报告的丙肝发病及病死例数急剧上升，2010 年我国丙肝报告发病人数约 15 余万例，是 2003 年的 7 倍多，比 2009 年增长 15%。成人感染 HCV 后转化为慢性肝炎的比率远高于乙肝，可达 75%～85%，HCV 感染者更易发展成肝硬化和肝癌。乙肝和丙肝是我国当前和今后相当长时期内危害人民健康、阻碍社会经济发展、影响社会和谐和稳定的重要因素。

病毒性肝炎是指由肝炎病毒感染引起，以肝脏炎症和功能损害为主要特征的一组可传播性疾病。人类对病毒性肝炎的认识经历了近 50 年的历史，最初认为它是胆管的卡他性炎症，故称为卡他性黄疸，以后认识到其为全身性疾病又称为包特金氏病。因其具有传染性，1942 年又将其称为传染性肝炎。自 1955 年开始将血清酶学检测方法应用于肝炎病毒感染的研究后，才真正揭开了病毒性肝炎病原学研究的新篇章。

根据病毒类型不同，目前将病毒性肝炎分为 5 型：甲型、乙型、丙型、丁型和戊型。自从建立甲、乙、丙、丁、戊 5 种肝炎的实验诊断后，但临床发现仍有 3%～5%的肝炎病人无法进行病原学分类，有人将此类病毒性肝炎称为非甲-非戊型病毒性肝炎。而一些学者则认为可能有新的肝炎病毒存在，20 世纪 90 年代后，国内外学者曾报道过庚型肝炎病毒（HGV）、TT 病毒（Transfusion transmitted virus，TTV）和 SEN 病毒（SEN virus，SENV）等新型病毒，但其对人类肝脏的致病作用尚未明确。

根据流行病学角度将甲型-戊型 5 种病毒性肝炎分为两类：一类包括甲型和戊型肝炎，主要经消化道（粪-口）途径传播，流行特点表现为季节性，极易造成局部地区的暴发流行，但不转为慢性。另一类包括乙型、丙型和丁型，主要经血液途径传播，流行特点表现为无季节性，多为散发，很多病人无自觉症状或轻微临床症状，约 1/4 感染者可能转成慢性肝病，少数病例甚至转化成肝硬化和原发性肝癌。总体来说，病毒性肝炎传染性强，传播途径复杂，具有明显的区域分布异质性。虽呈世界性分布，但其流行强度与各国社会经济、卫生水平和文化素质等密切相关。在中国和其他经济欠发达国家和地区已成为主要的公共健康问题。我国属于甲、乙、丙、戊型肝炎的高流行区，虽然在过去的 10 几年内通过大规模甲、乙肝疫苗的接种，我国病毒性肝炎的发病率呈下降趋势，但甲、乙型病毒性肝炎仍是我国比较严重的公共卫生问题。

知识点 20-1：5 型病毒性肝炎从流行病学角度分类及流行特点

一类包括甲型和戊型肝炎，主要经消化道（粪-口）途径传播，流行特点表现为季节性，极易造成局部地区的暴发流行，但不转为慢性。

另一类包括乙型、丙型和丁型，主要经血液途径传播，流行特点表现为无季节性，多为散发，很多病人无自觉症状或轻微临床症状，约 1/4 感染者可能转成慢性肝病，少数病例甚至转化成肝硬化和原发性肝癌。

第一节 甲 型 肝 炎

案例 20-2

2008 年 4 月 22 日，贵阳市政府召开新闻通气会，市卫生局局长井绪西就甲肝疫情的处置现状进行了通报：截至 4 月 22 日 16 时，全市共报告甲肝病人 351 例，确诊 330 例，疑似 21 例。目前全部病人病情稳定，处于康复之中，无重症病人和二代病例发生，已出院 46 人，其余病人将陆续痊愈出院。

经卫生部委派的联合调查组进行深入、细致、科学的流行病学调查工作后，确认本次贵阳甲型病毒型肝炎暴发是由于饮用“竹源牌”桶装水污染所致。按照要求，贵阳市继续对全市聚集性病例周围的学校和高危人群进行主动搜索，及时发现病人，确保病人得到及时有效治疗，避免传染易感人群；进一步加强对生活饮用水、食品等行业和学校、托幼机构等重点场所的卫生监督检查；持续开展健康知识宣传教育工作，对患者家庭或相对隔离病人区域进行消毒指导，进行甲肝防治知识宣传。并对相关事件责任人进行立案调查。

问题：

（1）试述 2008 年贵阳甲肝暴发的流行过程？

（2）预防和控制甲肝暴发流行的关键是什么？

（3）以 2008 年贵阳甲肝暴发为例，如何处理突发公共卫生事件？

甲型肝炎（Hepatitis A，HA，简称甲肝）是由甲型肝炎病毒（Hepatitis A virus，HAV）感染造成以肝损害为主要表现的肠道传染病。病原体经粪-口途径传播，与病人的日常生活接触是重要的传播途径。本病的发病率高，感染对象主要是少年儿童，病人多为轻型，且常呈隐性感染。而在大龄病人中该病病情较重，且持续时间长，常呈季节性及周期性流行。本病发生遍及世界各地，但流行强度高低不一。在发达国家，HAV 感染率和甲肝的发病率均很低，并呈逐渐减少的趋势。而在亚洲、非洲等发展中国家，HAV 感染率和甲肝的发病率均很高。在我国甲型肝炎发病和感染占病毒性肝炎的首位。

甲肝的主要防治策略是甲肝疫苗接种，提高机体免疫力，养成良好卫生习惯，切断粪-口传播途径，控制暴发和流行，降低发病率。

一、甲型肝炎病毒特性

甲型肝炎病毒（Hepatitis A virus，HAV）最初被归为微小 RNA 病毒科的肠道病毒属，但近年发现其基因结构的独特性，故建议将其命名为肝病毒属，或肝 RNA 病毒属。HAV 是一种正二十面立体对称颗粒，直径 27～32nm，为单股正链 RNA，病毒表面有 32 个亚单位结构（称壳粒），每个亚单位具有 4 个多肽，分别为病毒蛋白 VP1、VP2、VP3 和 VP4，其中 VP1 主要为病毒核壳蛋白，含有产生中和抗体的抗原决定簇。甲肝病毒可在自然界诱发或人工诱导产生突变株，经过细胞培养连续传代后，获得适于细胞培养的减毒株，可用于制 HAV 减毒活疫苗或灭活疫苗。此外，通过特异性免疫诱导也可以获得 HAV 突变株。HAV 可在多种细胞中生长繁殖，包括人、某些灵长类动物的原代细胞株或传代细胞系和半传代细胞株。实验证明：黑猩猩、绒猴和恒河猴对 HAV 易感。与一般肠道病毒相比，甲肝病毒具有更强的抵抗力，特别是对热有较强的耐受能力。粪便、血清中的 HAV 在 56℃，60min 后仍有感染性，对酸、碱、乙醚、氯仿等也有较强的耐受性。它能在−20℃低温条件下存活多年并保持其传染性，4℃放置一年仍保持抗原性及组织培养活性。但不能耐受冷冻干燥，对紫外线敏感，对化学消毒剂的抵抗能力与一般的肠道病毒相似。1∶4000 甲醛溶液 37℃作用 72h、1ppm 游离氯 30min、紫外线照射或经 100℃加热处理 5min 可杀灭其感染活性。

二、传　染　源

甲肝的平均潜伏期为 30 天，常见为 15～50 天，其传染源主要是急性期病人和亚临床感染者。其病程呈自限性而无慢性感染，至今尚无充分证据证明甲肝有慢性病原携带者。

1. 急性期病人

（1）急性黄疸型病人：人感染 HAV 后约 2～4 周粪便和血液便有传染性，并持续约 3 周左右，排毒高峰在潜伏期末、临床症状初期及黄疸出现后的最初 1～2 天。北京医科大学检测 62 名甲肝病人潜伏期和急性期粪便标本，共 82 份，发现发病前 1～15 天 HAV 检出率为 87.5%，出现症状后 1～7 天为 42.9%，发病后第二周为 13.3%，第三周后未检出。急性黄疸型病人的传染性最强，特别是在其传染性最强的黄疸前期一般不易确诊，因而不被隔离，而成为最重要的传染源。当病人出现黄疸时，已基本摆脱了传染状态。因此对甲肝病人采取早期诊断、早期隔离措施，对控制甲肝的传播和流行具有较大的意义。

（2）急性无黄疸型病人：该型病人的数量要比黄疸型多 4～10 倍，约占病例总数的 50%～90%，尤其以儿童为多，可达 90%。由于缺乏典型的症状，常被误诊，使得此类患者极易与周围的人接触，从而增加传播机会。因此，该型病人作为传染源的流行病学意义更大。

（3）重症肝炎病人：约占全部肝炎病例的 0.2%～0.4%，由于这类病人症状典型，易早期诊断、早期隔离和早期治疗，故作为传染源的意义相对较小。

2. 亚临床型感染者　亚临床感染是指受 HAV 感染后既无临床症状亦无肝功能损害者。此型感染者也可随粪便排出高滴度的 HAV。亚临床感染者在甲肝流行时人数众多，据李笠等报道，14 岁以下患者中甲肝临床型与亚临床型之比为 1∶1.56，成人为 1∶2.36。因此亚临床感染者在甲肝的传播中具有重要的流行病学意义，不仅可以作为暴发的传染源，而且在散发病例的传播中也起重要作用。机体感染甲肝病毒后 3～7 天，无论临床型或亚临床型感染者均可检测到抗-HAV IgM 和抗-HAV IgG。抗-HAV IgM 出现最早，一般在发病 1～3 周内达高峰，1～2 个月内迅速下降，3 个月后基本消失。因此，常把抗-HAV IgM 作为急性甲肝早期诊断的指标。抗-HAV IgG 是一种保护性抗体，一般在感染后 3～12 周出现，至 6 个月时达高峰，然后逐渐下降，但持续时间长，绝大多数 HAV 感染者可终生存在。因此，抗-HAV IgG 阳性的人证明既往感染过 HAV 或以往注射过甲肝疫苗，是获得免疫力的标志，可防止再次感染。

3. 感染的动物　黑猩猩、狨猴、残尾猴、短尾猴、恒河猴是 HAV 易感的动物。HAV 感染动物后，病毒或病毒抗原通常可在血清、肝组织、胆汁和粪便中查到。工作中密切接触非灵长类动物者 HAV 感染率较高。

三、传播途径

甲肝属于肠道传染病，主要通过粪-口途径传播。常见的传播途径有以下几种：

1. 经被污染的食物传播　最常见的是水产品类，如蛤类、牡蛎、泥蚶、蟹等，在甲肝传播中起重要作用。毛蚶等贝壳类动物可以将污染水中的 HAV 浓缩达 5～15 倍。并且可长期生存和储存于此类动物中。生吃或食用开水冲烫过的此类食品，不能杀死 HAV，很易发生甲肝病毒的感染。1978 年宁波市发生一起食用泥蚶所致的甲肝暴发，35 天内至少发病 1265 例。1983 年上海发生一起由贝类水产品引起的甲肝的大流行，发病人数达 2 万多人。1988 年上海发生第二次甲肝暴发，病例数达 30 万人，其中死亡 47 人。通过病原学、血清学、流行病学的调查，证明这两起甲肝大流行均由于生食被污染的毛蚶所引起。经食物传播的另一种形式是食物可能在采集和制作的过程中被感染的炊事员制作生吃食物时污染所致。

2. 经水传播　该类传播主要是由粪便污染水源引起。在发展中国家，经水传播是甲肝呈地方性流行的重要原因。这种传播多发于雨季或暴雨后，粪便污染饮用水源所致。国内曾有多次甲肝水源性暴发流行，如 1986 年济南郊区某镇发生的甲肝流行，罹患率达 2129/10 万，其中 0～9 岁儿童达 10.8%。国外也有因自来水、井水或其他水源被污染而引起甲肝暴发的报道。经水传播的流行特点是：发病者多饮用同一水源的水，病例分布与供水范围一致，暴雨及水源污染与发病高峰相隔大约是一个平均潜伏期。

3. 日常生活接触传播　此种传播途径经常发生于卫生条件差、居住拥挤的地方，特别是在农村，当粪便管理不当时更易通过此种途径传播。日常生活接触主要通过污染的手、用具、食品、玩具、床上用品、衣物等直接或间接经口传入。经过日常生活接触的感染多为散发，也可以引起局部流行，此类传播往往不易查到传染源。

4. 其他途径　HAV 主要经粪-口途径传播，但也有经肠道外途径传播的报道，包括血液和血制品传播。已经证明甲肝可通过输血与注射传播，但因甲肝病毒血症持续时间短，一般为 7～10 天，故不是甲肝的主要传播途径。但血液制品传播甲肝的作用不容忽视，欧洲一些国家已发生多起由凝血因子引起的甲肝的暴发。此外，在苏丹曾有报道苍蝇可传播甲肝病毒，也有关于 HAV 母婴传播的报道，但此传播途径均需进一步探讨和证实。

四、人群易感性

人群对甲肝普遍易感，感染后可获得持久的免疫力，再次感染极为少见。新生儿从母体经胎盘接受抗-HAV。但在两年内基本消失，因而幼儿时甲肝的易感性高。1992 年调查我国正常人群抗-HAV 阳性率为 80.5%，男性 80.7%，女性 80.4%。不论城乡抗-HAV 阳性率均随年龄增长而增加，3 周半儿童感染率开始上升，至 25 岁接近感染高峰。城乡间 5～25 岁间抗-HAV 的阳性率差异明显，农村远高于城市。随着年龄的增长，大多数儿童通过亚临床感染而获得免疫。但不同国家人群抗-HAV 阳性率类型有所不同。在发达国家，抗-HAV 阳性率随年龄的增加而升高，而在发展中国家，于幼年时即获得抗-HAV，说明早年已获得了甲肝的感染，且终生保持较高抗体水平。在一个封闭人群中，一旦 HAV 传入，即可发生甲肝暴发，直至全部易感人群均感染了甲肝病毒为止，然后消失。

五、甲肝的流行特征

1. 地区分布　甲肝广泛分布于世界各地，但各国的流行情况不同。西欧、北美和北欧等发达国家为低度流行地区；东欧、前苏联和日本等国为中度流行地区；东南亚、印度次大陆、非洲、南美洲各国和中国为高度流行地区。甲肝感染在我国非常普遍，表现为北高南低，西高东低，东、中、西部省区的抗-HAV 阳性率各为 79.8%、82.2%和 86.7%。阳性率与经济、卫生条件密切相关。不同年代、不同地区城乡甲肝发病率不尽一致，但无论城市或农村 HAV 感染都严重存在。我国农村高于城市，前者为 84.1%，后者为 72.8%。在一些大城市，如北京、上海等地人群抗-HAV 阳性率相对较低。近年来随着物质生活水平提高和城市卫生设施改善，城市人群对甲肝的免疫屏障下降，造成成人甲肝暴发时有发生。

2. 周期性和季节性 甲肝的发病率有周期性起伏。不同国家和同一国家的不同地区周期性升高的时间、间隔不一致，如东欧地区每 3～4 年发病率有明显的上升现象，美国大约 6～7 年出现一次发病高峰，我国北京市每 6～7 年、河南省 8～9 年出现一次高峰。这种周期性现象，一般认为与易感者的积累有关。但北欧一些国家则无周期性现象，表现出发病率的持续下降，这主要归功于卫生条件的改善、甲肝疫苗的大规模应用。

甲肝有明显的季节高峰，秋冬季为甲型肝炎感染和发病的高峰季节，在非流行年季节高峰明显，流行年时季节高峰则不明显。近些年来，发达国家甲肝发病率已无明显的季节性升高，我国部分地区也有相同表现，但在温带地区的一些发展中国家仍有这种季节性升高的现象，这主要受甲肝疫苗应用程度的影响。

3. 年龄、性别分布 任何年龄均可感染，以往以学龄及学龄前儿童为主，3 岁儿童感染率开始上升，5～14 岁发病率最高，占发病数的 60%左右，14 岁以上随年龄的增长发病率反而下降。但随着生活水平、卫生条件、疫苗接种措施的改善，我国甲肝发病年龄后移，5～20 岁年龄段感染率与 1981 年相比已有下降。男女对 HAV 的易感性无差别，发病率一般男性稍高于女性，但差别不显著。近几年，随着甲肝疫苗在人群中的广泛应用，使甲肝的流行特征已发生了一些改变。据报道，沈阳市 1994～1996 年几乎看不出甲肝发生的季节性高峰，在病例的职业分布中，小学生和儿童所占比例已明显下降。接种甲肝疫苗产生的效果对该病流行特征的影响今后将更加明显。

六、甲肝的预防

1. 特异性预防

（1）减毒活疫苗：1979 年 Provost 等成功地进行了甲肝病毒的体外培养，我国 20 世纪 80 年代已研制成功 H2 株和 LA-1 株甲肝减毒活疫苗，1995 年被正式批准生产。这些减毒株制成的减毒活疫苗可使人和黑猩猩不致病而又保存 HAV 的免疫原性。此类疫苗已经过大量人体实验观察，证明有高度的人体安全性和较好的抗体反应。近期的研究报道，人体免疫后 3～8 周抗体阳转率为 84%～100%。该种抗体至少可维持 5 年以上。接种该种疫苗后产生的抗体为中和抗体，因而有保护作用。在杭州两所小学，未接种的 573 名学生中发生 17 例甲肝（3%），接种的 249 名学生中无 1 例甲肝发生。

（2）灭活疫苗：美国、比利时等国家现已研制成功了甲肝灭活疫苗，“志愿者”接种后可产生抗-HAV，并无明显的副作用。经过两次接种后，该疫苗最低保护率为 94%，抗体阳转率达 100%。该抗体可持续多年（20 年），但成本较为昂贵，不宜大面积推广应用。我国于 1985 年成功分离甲肝病毒 TZ84 株，并在此基础上研制出甲肝灭活疫苗（命名为“孩尔来福”），于 2002 年正式生产上市，成为我国第一个拥有自主知识产权的甲肝灭活疫苗。随着对甲肝病毒免疫生物学和分子生物学的研究的深入，基因工程疫苗、合成肽疫苗等其他疫苗也在研制中。

（3）被动免疫：应用含有甲肝特异性抗体的免疫球蛋白，可预防或减少甲肝临床病例的发生，也能预防大部分亚临床感染，阻断甲肝传播。免疫球蛋白注射的时间越早越好，最迟不宜超过接触感染后的 7～10 天，保护效果视注射剂量和浓度而定，一般可维持 35 天。

2. 非特异性预防

（1）传染源管理：对病人要做到早发现、早隔离，急性肝炎的隔离期，从发病之日起为 3 周，对疑似、确诊病例要及时报告，对疫源地要进行消毒，对接触者进行医学观察 45 天，尽早发现新病例，重点是托幼机构。对饮食行业和保育人员患甲肝者，必须痊愈后才可恢复工作。

（2）切断传播途径：开展大众卫生宣传教育，强调饭前便后要洗手，严禁粪便及污水污染水源，做好粪便的无害化处理。餐具要消毒，加强对生食食品尤其是贝类食品如毛蚶等的生产、运输及加工和销售的卫生监督，以防发生污染。

知识点 20-2：甲肝的传染源

（1）急性期病人：①急性黄疸型病人；②急性无黄疸型病人；③重型肝炎病人。

（2）亚临床型感染者。

（3）感染的动物：某些动物如长臂猿、黑猩猩等曾分离到 HAV，但作为传染源意义不大。

第二节　乙型肝炎

乙型肝炎（Hepatitis B，HB，简称乙肝）是由乙型肝炎病毒（Hepatitis B virus，HBV）感染所致，在 5 型病毒性肝炎中，乙肝对人类的健康危害最为严重。据报道，在急性病毒性肝炎中，乙肝占 25%左右，但在慢性肝炎患者中，乙肝占 80%。该病是一种世界性的传染性疾病，我国是乙型肝炎病毒感染的高发区。2006 年全国人群乙肝血清学调查结果显示：一般人群乙肝表面抗原（HBsAg）流行率为 7.18%，这些携带者中将有 25%左右的人会发展为慢性活动性肝炎和肝硬化，并有少数人会转化为肝癌。更为严重的是，约有 40%携带 HBsAg 的母亲可将病毒传染给婴儿。因此 HBV 感染在我国仍是一个严重的公共卫生问题。目前虽已有乙肝疫苗用于预防 HBV 感染，但即使普及乙肝疫苗接种，现有的乙肝患者及 HBsAg 携带者的防治在今后的几十年内仍将是一个严重问题。

一、乙肝病毒形态与基因结构

乙肝病毒抗原阳性血清用电镜观察可发现有三种不同形态的颗粒：

1. 小球型颗粒　直径约 22nm，在血清中此种颗粒数量最多，该颗粒无感染性，但有抗原性，刺激机体产生的抗体具有中和病毒的作用。过去应用的乙肝血源疫苗即由此种颗粒组成。

2. 管状颗粒　直径约 22nm，长度为 30～70nm，其性能、作用同小球型颗粒。

3. 大球型颗粒（Dane 颗粒）　直径约 42nm，有较完整的病毒样结构，内核直径约 28nm，为病毒的核心。外壳厚约 8nm 为病毒的包膜，此颗粒即为 HBsAg。1970 年英国 Dane 首先描述了该颗粒，故又称 Dane 颗粒（图 20-1）。

4. 基因结构　乙肝病毒基因组为双股环状 DNA，由长短两条链绞扎而成。长链由 3200 个左右的核甘酸组成，短链为长链的 1/2～3/4。长链含有 4 个主要的开放读码框架，分别命名为 S、C、P 和 X 基因区，4 个基因区互有重叠现象，如图 20-2 所示。

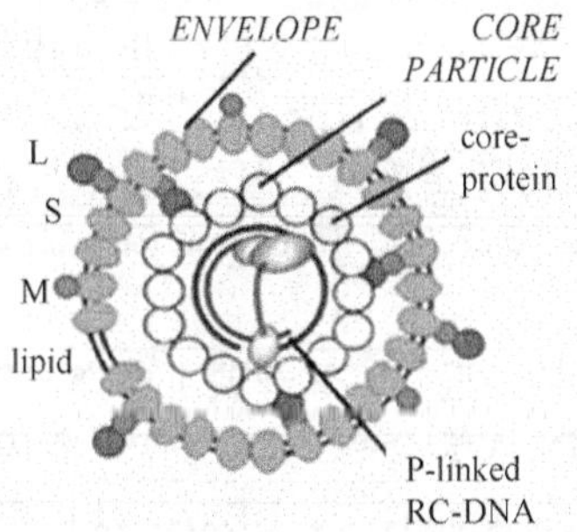

图 20-1　HBV 病毒结构（Dane 颗粒）

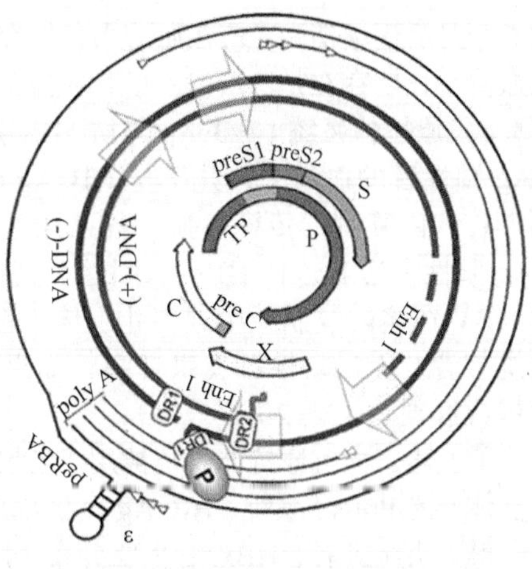

图 20-2　HBV 基因构成

（1）S 区：又称表面抗原编码区，由 S、前 S1 和前 S2 基因组成。该区编码病毒外壳蛋白，其中 S 基因编码 HBsAg，其上游的前 S1 和前 S2 编码前 S 蛋白。

（2）C 区：又称核心抗原编码区，由 C 区和前 C 区组成。C 区编码核心抗原，前 C 区编码 e 抗原（HBeAg）。

（3）P 区：又称多聚酶编码区。编码 DNA 聚合酶（Polymerase），故称 P 区。

（4）X 区：编码 X 蛋白，但对其编码的蛋白质的性质尚不了解，因此称 X 区。

乙肝病毒在外界环境中具有较强的抵抗力，–20℃贮存 20 年以上仍具有抗原性和传染性。能耐受 60℃加热 1h，乙醚或 pH2～4 处理 6h，仍不能完全灭活。在 100℃煮沸 2min 后感染性消失，但仍有抗原性。0.1%高锰酸钾 2～5min、1：4000 甲醛溶液 37℃ 72h、2%戊二醛溶液 10min、5%苯酚溶液和来苏儿 15min 均可使病毒灭活。

二、乙肝病毒抗原抗体系统

1. 表面抗原抗体系统（HBsAg 与抗-HBs） 1963 年，澳大利亚学者 Blumberg 首先发现了乙肝病毒表面抗原（HBsAg），因而 HBsAg 也被称为澳大利亚抗原，简称澳抗。当时由于认识到这种“澳抗”阳性的肝炎主要通过血液传播，因而最早将乙肝称之为血清性肝炎。HBsAg 是机体感染乙肝病毒后最先出现的血清学指标，但不是乙肝诊断的唯一依据，应结合临床症状、肝功能的改变情况及乙肝病毒的其他血清标志物的状况而定。现认为，HBsAg 阴性也并不能完全排除乙肝病毒的感染。HBsAg 存在于小球型、管型和大球型颗粒的外壳上，一般于感染 HBV 后的 4～7 周出现，在症状期及转氨酶异常期达到高峰，一般维持 1～6 周，但在成人中约 5%～10%可变成慢性 HBsAg 携带者，而新生儿高达 90%以上。HBsAg 按其抗原性分为 8 个亚型和 5 个混合型，常见亚型有 adw、adr、ayw、ayr。世界各地亚型分布明显不同，我国汉族以 adr 为主，adw 次之；少数民族以 ayw 居多；长江以南以 adw 为主；长江以北以 adr 多见。亚型的研究有助于追踪传染源、了解亚型的地理分布及为疫苗研制奠定基础。抗-HBs 是 HBsAg 刺激机体产生的特异性抗体，一般在感染后 4～5 个月出现，可持续数年甚至终身，是乙肝唯一的一种保护性抗体。该抗体阳性说明对乙肝病毒感染有免疫力，血清中抗-HBs 滴度越高，保护力越强，持续时间也越长。

2. 核心抗原抗体系统（HBcAg 与抗-HBC） 核心抗原（HBcAg）主要在肝细胞核内合成。HBcAg 阳性常表示 Dane 颗粒的存在，具有传染性。外周血中没有游离的 HBcAg，因此一般在血清中不能直接检查 HBcAg，抗-HBc 是乙肝病毒核心抗原的总抗体，无保护作用。抗-HBc 分为抗-HBcIgM 和抗-HBcIgG 两种。抗-HBcIgM 通常出现较早，是乙肝病毒急性或近期感染的标志。持续约 6 个月后逐渐消失。若在血清中长期存在，表示体内病毒复制活跃，易转为慢性。抗-HBcIgG 可在血清中长期存在是乙肝病毒既往感染的指标。

3. e 抗原抗体系统（HBeAg 与抗-HBe） e 抗原（HBeAg）存在于 HBV 的核心部位，多见于 HBsAg 阳性者的血清中，几乎与 HBsAg 同时出现，但较 HBsAg 消失早。HBeAg 阳性表示乙肝病毒在体内复制，传染性强，若急性乙肝病人 HBeAg 阳性，则预后不良，并易转为慢性。HBsAg 阳性携带者若伴 HBeAg 阳性，则极易转为慢性。抗-HBe 在 HBeAg 消失后出现，此时表示 HBV 在体内复制减少或终止，传染性减弱或消失，病情开始恢复。但抗-HBe 可存在于无症状携带者及无活动性肝炎患者中，如果抗-HBe 存在于慢性活动性肝炎患者中，则有可能继续发展成肝硬化（表 20-1）。

除了上述三大抗原抗体系统被用于乙肝的流行病学研究外，近几年又开展了前 S（Pre-s）和前 S 抗体（抗-Pre-s）系统、HBxAg 及抗-HBx、HBV DNA、DNA 聚合酶（DNAP）系统等的研究。并已取得了明显进展。HBxAg 主要分布于肝细胞浆内，与病毒复制有关，HBxAg 及抗-HBx 可作为病毒感染和抗病毒治疗的最重要预后指标。

表 20-1　HBV 血清学标志的常见模式及意义

模式	HBsAg	抗-HBs	HBeAg	抗-HBe	抗-HBc IgG	抗-HBc IgM	临床及流行病学意义
1	+	–	+/–	–	–	–	急性乙肝潜伏期末期
2	+	–	+	–	+	+	急性乙肝，病毒长期携带
3	–	–	–	–	+	–	HBV 感染恢复较长时间，抗-HBs 已消失
4	+	–	–	+	+	+/–	HBeAg 阴性慢性乙肝或非活动性携带状态
5	+	–	+	–	+	+/–	慢性乙肝，病毒携带
6	–	+	–	+	+	+/–	HBV 近期感染，恢复期
7	–	+/–	–	–	+/–	–	HBV 既往感染，已恢复
8	–	+	–	–	–	–	乙肝疫苗接种，暴露后感染已恢复

三、传　染　源

乙肝的传染源主要是急性和慢性乙肝病人及病毒携带者，其中以慢性乙肝病人和病毒携带者最为重要。

1. 病人　乙肝病人的潜伏期一般为 60～120 天，最短的为 20 多天，最长的则近 9 个月，往往与病毒的感染途径有关。一般来说，经血感染的潜伏期短一些。HBV 感染后可表现为临床型和亚临床型，临床型包括急性黄疸型、急性无黄疸型以及慢性乙肝。据报道，易感者感染 HBV 后，60%～70%为无症状或无黄疸型，20%～30%为黄疸型。由于无黄疸型的比例远多于黄疸型，而且不易发现，常被误诊，因此作为传染源的意义要比黄疸型大。慢性病人由于往往不被重视，加之长时间排毒，故也是重要的传染源。

2. 病毒携带者　病毒携带者是指 HBsAg 阳性，但无肝炎症状和体征，肝功能检查正常，经半年观察无变化者。乙肝病毒携带者传染性大小除与自身滴度的高低有关外，还要看 HBeAg、HBV DNA、HBV DNA 多聚酶等指标是否也为阳性。若这些指标也是阳性，说明有较大的传染性。

估计全世界乙肝病毒携带者约有 3.5 亿在中国，男性高于女性。一般婴幼儿时期感染后易发展成为慢性携带状态，因此，幼儿及儿童乙肝病毒携带者作为传染源的意义要比成人携带者大。与乙肝临床病例相比，乙肝病毒携带者的数量大、隐蔽性强、活动不受限是乙肝最主要的传染源。

四、传 播 途 径

乙肝的传播途径主要为经血液和血液制品、性接触和母婴垂直传播。

1. 经血液和血液制品传播　主要指经输血（包括血清、血浆、全血及其他血液制品）后引起的肝炎为输血后肝炎。

（1）医源性传播：医源性传播是乙型肝炎的重要传播途径之一。它主要是通过输血及血液制品，或被患者的血液、体液污染的医疗器械及其他物品，或意外地接触污染的血液和体液等，使乙肝病毒经皮肤或黏膜进入人体而感染。流行病学发现：给受血者输入乙肝病毒阳性者的血液，约 50%的人会发生输血后肝炎。虽然近些年改进了血液的检测方法，严格筛选献血员，使得输血后肝炎有所下降，但在发展中国家仍不容忽视。此外，输入被污染的血小板、因子Ⅶ等血凝抑制剂，或注射人免疫球蛋白等血液制品也会引起乙肝的传播，血液透析工作人员的乙肝病毒携带率和感染率显著高于对照人群。

（2）经被污染的医疗器械传播：由于使用被乙肝病人的血液或体液污染的医疗器械及物品是乙肝医源性传播的主要方式。有人对医院中 12 项医疗器械及物品的乙肝病毒污染状况进行了调查，结果全部不同程度受到污染。因此，在化验采血、注射、预防接种、针刺时，如消毒不严，共用针头或针筒，均可引起乙肝传播。此外，直接接触乙肝阳性的血液或间接接触被污染的医疗器械，均可造成感染。

（3）公用注射器等所致的传播：静脉吸毒人群因为共用污染的注射器引起 HBV、HCV 和 HIV 的单一感染、双重感染或多重感染。

2. 性接触传播 乙肝或乙肝病毒携带者的唾液、精液和阴道分泌物中都可检测到乙肝病毒，在家庭中 HBsAg 阳性者的配偶较其他成员更易感染 HBV。据国外报道，性工作者和同性恋人感染率也较高，性乱人群 HBsAg 阳性率比普通人群高 13 倍。美国 CDC 资料表明：在有明确传染源的乙肝患者中，1/3 是男同性恋患者，1/4 是由于与异性性接触传染的，因而美国成年人中约 50%以上的乙肝病例与性接触有关。因此，目前也将乙肝归为性传播疾病加以预防和控制，这对乙肝的预防是有积极意义的。还有人提出乙肝感染与某些脊椎动物肝炎有关，因而主张列入人兽共患疾病加以预防，目前虽然对动物传播乙肝还没有最后明确的结论，但如此多的乙肝患者从未接受过血液治疗，也没有明确的家族史，其感染途径很不明确这一事实足以引起我们对乙肝自然传播途径的深入考虑。

3. 日常生活接触传播 已证明通过日常生活接触也可以传播乙肝。因为有较大比例的乙肝患者并无注射史及输血史，并且乙肝有较明显的家庭聚集现象。但这种传播不是经口传播而是通过破损的皮肤黏膜传播。有人对 542 户城乡居民 HBsAg 在家庭中分布情况进行了调查，发现 HBsAg 在家庭中有明显的聚集现象，而农村的家庭聚集现象比城市更明显。结合 HBsAg 阳性家庭成员中肝炎现患率明显高于 HBsAg 阴性家庭成员这一现象，说明在家庭中造成 HBV 传播的条件确实存在。

4. 母婴传播 母婴传播又称垂直传播，其途径有以下几种：一是产前或宫内感染，约占 5%；二是分娩的过程中通过产道被感染，约占 90%；三是产后密切接触感染。其中以分娩过程中母血渗入胎儿体内，或婴儿皮肤黏膜破损造成的传播占的比例最大，一般认为人群中 HBsAg 携带者中至少有 40%来源于母婴传播，而经此传播的婴儿至少可携带 HBsAg10 年以上。

此外，其他的传播途径如吸血昆虫传播尚未被证实，水和衣物不是乙肝的传播媒介，空气飞沫传播认为在人群中不起作用，但在疫苗生产车间传播的作用还需给予足够的重视。

五、人群易感性

人对 HBV 普遍易感，感染后可获得一定程度的免疫力。乙肝的不同血清型间有交叉免疫，免疫后各亚型间能交叉保护，但与甲、丙、丁、戊型肝炎间无交叉免疫。人感染 HBV 后，机体可产生原发抗体反应和继发性抗体反应两种类型。前者是指初次感染 HBV 产生抗-HBs，并持续一定的时间；后者是指既往曾感染过 HBV，且体内已存在抗-HBs，再次感染后使抗-HBs 迅速升高，但不发病。

六、乙肝流行特征

1. 地区分布 乙肝在世界各地均有流行，但流行强度各地差异较大。1982 年 WHO 按人群 HBsAg 携带率和抗-HBs 阳性率高低，将世界各地划分为低、中、高三种流行区。2006 年全国人群乙肝血清学调查结果显示：一般人群乙肝表面抗原（HBsAg）流行率为 7.18%，我国为乙肝中流行地区。

2. 性别和年龄分布 乙肝发病率和 HBsAg 流行率均男性高于女性，我国 HBsAg 阳性率男性为 11.33%，女性为 8.23%。抗-HBs 的阳性率女性为 28.88%，男性为 27.48%，慢性乙肝和肝癌的发病率男性高于女性。在乙肝高流行区，儿童是乙肝的主要感染者；在乙肝低流行区，成人是乙肝的主要感染者；中流行区，也以成人感染为主。我国乙肝的发病率、现患率和 HBsAg 阳性率的年龄分布呈两个高峰，第一高峰在 10 岁以前，第二高峰在 30～35 岁组，以后随年龄增长发病率降低。

3. 职业及特殊人群分布 根据国外资料，除医务人员外，其他如托幼机构儿童、性工作者、静脉内滥用毒品者和同性恋男人等 HBV 感染率较高。有报道，血液透析单位和口腔科工作人员 HBsAg 携带率和乙肝发病率比普通人群高数倍。性工作者、暗娼、犯人中 HBV 标志阳性率在我国高达 85%以上。我国 1992 年调查：HBsAg 流行率在农民、工人、干部中以农民最高，工人最低，抗-HBs则以干部最高，农民最低。

4. 家庭聚集性　乙肝病人、HBsAg和HBeAg携带者呈明显的家庭聚集性现象，在乙肝高流行区尤为明显。在我国调查的19420个家庭中，HBsAg阳性者分布在5305户中，占被调查总户数的27.32%，表现出明显的聚集现象。阳性HBsAg携带者家庭聚集主要与HBsAg阳性，特别是与HBeAg阳性母亲有关。家庭聚集性高可能是长期密切接触所致，也可能与遗传因素有关，但也可能与垂直传播有关。

七、乙肝预防

1. 主动免疫　乙肝疫苗是预防乙肝的有效手段和根本途径，我国第一代乙肝疫苗是血源疫苗，由于生产成本高、原料有限、灭活技术高等原因已停止生产和使用。自1996年开始，我国使用的乙肝疫苗主要是重组酵母疫苗和重组中国地鼠卵巢细胞疫苗。经人群评价实验，已取得良好的效果，实验表明：按接种后，国产疫苗对母婴传播阻断的保护率可达66.7%～92.1%。疫苗的抗体阳转率在90%以上，免疫持久性在15年以上，且无明显不良反应。与血源疫苗相比，基因工程疫苗更安全可靠，所用的剂量低，免疫程序、途径与血源疫苗一致。自2002年起，我国已将乙肝疫苗纳入计划免疫，对全体新生儿实施乙肝疫苗接种。免疫程序按0、1、6个月的时间间隔接种，接种部位为上臂三角肌，基因工程疫苗在未来的乙肝预防方面将会起更大的作用。

2. 被动免疫　主要用于母婴传播的阻断和意外针刺者的暴露后预防，因为乙肝免疫球蛋白（HBIG）只能在体液中而不能进入肝细胞，因此，它只能在病毒进入肝细胞前与病毒中和发挥作用。所以，注射HBIG的时间越早越好，双阳性母亲的新生儿应在生后6h内注射，针刺和有损伤者应在暴露后24h和一个月后各注射一次。

3. 管理传染源

（1）乙肝病人管理：经确诊为乙肝病人后，应立即报告并采取隔离措施，病情稳定后即可出院。对其污染的物品要做好消毒工作。对饮食行业或保育工作人员患者，应调离岗位，疑似肝炎病例在未确诊之前也应停止工作，待观察至无明显临床症状时为止。

（2）HBsAg携带者管理：这类人除不能作为献血员和担任炊事员、保育员外，可照常参加其他工作和学习，但要加强随访。要求携带者应注意个人卫生、防止自身的血液、分泌物和所用物品污染环境。

（3）献血人员管理：对义务献血员应严格进行献血前体检，检查肝功和HBsAg（RIA或ELISA法）凡肝功异常和HBsAg阳性者不得作为义务献血人员。

4. 切断传播途径

（1）防止医源性传播：各级医疗单位应加强消毒等防护措施，预防注射应实行一人一针一管制。各种医疗器械用具应实行一人一用一消毒，严格对血污染物品的处理及血液透析病房的管理，要加强血液制品的管理，对要使用的制品应采用灵敏的方法检测HBsAg，阳性物品不得出售使用，禁止输入国外血液制品。

（2）阻断母婴传播：应将HBsAg和HBeAg作为产前的常规检查项目，对双阳性的孕妇应住院分娩，并设专床，产房所用器械应严格消毒，在分娩过程中应注意胎儿的损伤，以防母血传染。并要在出生后6h内注射乙肝免疫球蛋白（HBIG）和接种乙肝疫苗，坚持0、1、6个月三针程序。

知识点20-3：乙肝的预防接种

（1）乙肝疫苗主动免疫：乙肝疫苗免疫接种是预防和控制HBV感染的最有效的措施。免疫程序按0、1、6个月的时间间隔接种，接种部位为上臂三角肌。

（2）乙肝免疫球蛋白被动免疫：乙肝免疫球蛋白可用于应急预防HBV感染或预防HBV性接触传播。对母亲HBsAg（尤其是HBeAg）阳性的婴儿，应使用乙肝疫苗和HBIG联合免疫。双阳性母亲的新生儿应在生后6h内注射，针刺和有损伤者应在暴露后24h和一个月后各注射一次。

第三节 丙 型 肝 炎

案例 20-3

张某，65 岁，2007 年 11 月 1 日，因突然出现双下肢无力到某市医院就诊，入院诊断为冠心病、胃炎、出血性贫血。医院给予对症治疗，并于 2007 年 11 月 3 日为张某输血 400ml，输血前血液化验 HCV（丙肝病毒抗体）阴性，说明输血前张某没有感染丙肝病毒。这期间，张某分别于 2008 年 9 月、2008 年 11 月、2009 年 1 月因上感和上消化道出血等入住该院进行治疗。2009 年 3 月再次因上消化道出血到该院住院治疗，因病情需要输血 800ml。在输血前进行血液常规化验，护士告诉张某家属 HCV 阳性，说张某患有丙肝，家属这才知道张某感染了丙肝病毒。而实际上，张某 2008 年 9 月 26 日，在该院住院治疗期间，血中就检测出 HCV，结合张某的临床表现、输血史、家族史和流行病学资料，完全可以确诊张某因输血感染上丙肝，医院为隐瞒病情，逃避责任，既没有及时向张某或家属告知病情，也没有采取积极有效的措施进行治疗，而是按照上感、胃溃疡等进行治疗。致使张某丧失早期治疗的良机，张某丙肝病情逐渐加重，分别于 2008 年 11 月、2009 年 1 月、2009 年 3 月到该院住院治疗，而医院继续隐瞒病情，放任张某遭受病毒的侵害于不顾，没有尽到医院救死扶伤的法定职责，使张某的身体健康遭受更大的不可逆转的损害。

问题：

（1）丙型肝炎的主要传播途径有哪些？

（2）预防丙型肝炎的关键是什么，为什么？

丙型肝炎（Hepatitis C，HC，简称丙肝）是指经血或肠道外由丙型肝炎病毒（Hepatitis C virus，HCV）引起的一种病毒性传染病，过去称为肠道外传播的非甲、非乙型肝炎，1989 年正式命名为丙型肝炎。

一、病 原 体

HCV 为单股正链 RNA 病毒，归类属于黄病毒属。完整的病毒颗粒直径为 30～60nm，外型为含脂质外壳的球型颗粒，具有囊膜和刺突结构。HCV 抵抗力较强，耐热，对氯仿敏感，1∶4000 甲醛溶液 37℃处理 96h，100℃加热 5min，60℃加热 10min，或 10%～20%氯仿均可使病毒灭活。

二、传染源与传播途径

丙肝的传染源类似于乙肝，主要是病人和 HCV 无症状携带者，携带 HCV 的供血人员作为传染源意义更大。本病潜伏期为 2～26 周，平均为 6～9 周。人感染 HCV 后可表现为急性、慢性和无症状携带者。一般患者发病前 12 天其血液即有传染性，直至整个临床期和慢性期，有的可持续携带病毒 12 年以上。约有 60%～85%的病例发展为持续慢性、并转为肝硬化或原发性肝癌。HCV 刺激机体产生抗-HCV，可在血中查见。抗-HCV 并非中和抗体，阳性时仅提示受 HCV 感染，若急性病人抗-HCV 持续呈阳性，则易转为慢性。

丙型肝炎以医源性传播为主，主要是输血与血液制品传播，国外输血后肝炎中丙肝占 90%以上，输血后丙肝的发病率为 2%～20%。我国输血后肝炎中，丙肝占 60%～80%，而输血后丙肝的发病率为 2%～3.4%。输血及血制品引起的丙肝与输血次数和量成正比。血液透析和肾移植患者 HCV 感染率也高，单采血浆回输血细胞也可传播 HCV，消毒不彻底的注射，不坚持“一人一针一管”制度，也可引起丙肝的传播。另外，已有性接触传播、日常生活接触、母婴垂直传播的报道，但仍有待进一步证实。

三、流行特征及预防

人群对 HCV 有普遍的易感性，感染后 9～21 周产生抗-HCV，可维持 1～10 年以上，另有一部分感染后不产生抗体。感染 HCV 者约 1/4 有症状，1/3 为黄疸型，约有半数以上可以发展为慢性，并与原发性肝癌明显相关。

丙肝呈世界性分布，但不均衡。发达国家输血后肝炎中丙肝占 90%以上，散发性肝炎中丙型肝炎也占 20%～40%。抗-HCV 携带率为 0.24%～0.3%。美国报道人群中携带率为 0.2%～0.6%，献血员中为 1.4%。我国的 HCV 流行率为 3.2%，抗-HCV 阳性率高峰区集中在 15 岁以上年龄段。从地区分布来看、北方高于南方，中部高于东西部，农村、城市各为 3.2%和 3.3%。丙肝的流行危险因素中以医源性传播最明显，有家庭聚集现象。另有报道，献血及献血浆的人员抗-HCV 阳性率常高于其他职业人群，尤其是献单血浆人员的抗-HCV 阳性率接近 40%，血液透析病人抗-HCV 的阳性率更高，可近 70%，静脉注射吸毒者抗-HCV 的阳性率可近 53%。丙肝发病无明显的季节性。

总的来说丙肝预防原则同乙肝，本病目前尚无疫苗，故防治措施应以切断传播途径为主，对献血员必须进行抗-HCV 的检测筛选，杜绝 HCV 阳性者的献血行为。

知识点 20-4：丙肝的高危人群

多次输血或血液制品、血液透析者、肾移植者、牙病患者、血友病患者、医务人员、静脉吸毒者和性滥交者皆属于丙肝高危人群。

第四节　丁 型 肝 炎

丁型肝炎（Hepatitis D，HD，简称丁肝）是由 δ 型病毒属的丁型肝炎病毒（Hepatitis D virus，HDV）引起，过去称为 δ 肝炎，1984 年被命名为丁型肝炎。丁型肝炎总是与乙肝同时发生或重叠发生，发病后肝细胞损害严重，患者易发生慢性化或重型肝炎。

一、丁型肝炎病原体

HDV 为一种单股 RNA 病毒，呈球形颗粒，直径为 35～37nm，内部由 HDV 抗原（HDV-Ag）和一个低分子量 HDV 基因组组成，外壳为 HBsAg。HDV 本身属于有缺陷病毒，它自身不能复制，必须由乙肝病毒或其他病毒提供外壳，并在其内完成病毒颗粒的装配。因此 HDV 只能感染 HBsAg 阳性者或与 HBV 同时感染。目前已知 HDV 只有一个血清型。

二、传　染　源

本病的主要传染源是丁型肝炎的急、慢性病人和携带者，动物作为传染源的意义不大。丁肝的潜伏期为 4～20 周，人感染 HDV 后，可表现为两种临床感染类型，即 HBV/ HDV 联合感染或重叠感染，前者为以往尚未感染过 HBV 而同时感染 HBV 和 HDV，HBV/HDV 联合感染临床表现类似单纯 HBV 感染所致的急性肝炎，但有一个明显特点是血清转氨酶有两次升高，即分别代表 HBV 感染和 HDV 感染。该型患者很少转为慢性，但有时可表现为重症或暴发性肝炎。HBV/ HDV 重叠感染为既往已感染过 HBV，现仍为 HBV 携带者，又感染了 HDV。重叠感染多发生于慢性 HBV 感染者，致使慢性肝炎病情加重，也可形成暴发性肝炎，加速发展成肝硬化，有少数表现为急性自限性肝炎，重叠感染者发展为慢性肝炎占 80%～90%。HDV 传播途径类似 HBV，以肠道外传播为主。

1. 经血或血制品传播　这是 HDV 传播的主要途径。通过输入带有 HDV 的血液和血液制品、使用污染 HDV 的注射器和针头、采血用具、手术刀、静脉内注射毒品而感染和传播 HDV。

2. 日常生活接触　含有 HDV 的体液或分泌物可以通过皮肤及黏膜伤口、性交等方式传播。HDV 还可在家庭内水平传播，呈现家庭聚集现象。

3. 围产期传播　HBsAg 阳性和感染 HDV 的母亲可在围产期将 HDV 传给新生儿，其中 HBeAg 阳性的母亲危险性最大，多数学者认为 HDV 发生围产期传播的概率并不高。

三、流行特征

人群对HDV普遍易感，丁肝分布与乙肝的流行区基本一致。1992年我国对30个省市疾病监测点的乙肝表面抗原阳性血清进行了抗-HDV检测，证明我国虽然是乙肝高流行区，但并不是HDV感染高发区。其中平均抗-HDV的阳性率为1.15%，城市高于农村。在30个省市中只有16个省市的血清标本被查出抗-HDV。其中东部10省市中均未查到抗-HDV，西部地区抗-HDV阳性率为1.78%，中部为1.57%。抗-HDV阳性率无性别及年龄差异。在各型肝炎中，慢性活动性肝炎和重症肝炎HDV感染明显高于无症状携带者。

四、预防措施

防治措施同乙型肝炎，主要是对易感者接种乙肝疫苗，消灭HBsAg携带者，从根本上消除HDV感染所必须的条件。另外，应加强献血员的筛选工作，从源头上切断HDV的传播途径。

知识点20-5：缺陷病毒

缺陷病毒是一种缺失必需遗传信息以致自身不能增殖的病毒。这些病毒仅能在有辅助病毒提供缺失蛋白并共同感染同一宿主细胞时才能在宿主细胞内增殖。

HDV本身属于有缺陷病毒，它自身不能复制，必须由乙肝病毒或其他病毒提供外壳，并在其内完成病毒颗粒的装配，因此HDV只能感染HBsAg阳性者或与HBV同时感染。

第五节 戊型肝炎

戊型肝炎（Hepatitis E，HE，简称戊肝）是由戊肝病毒（Hepatitis E virus，HEV）引起，过去称为肠道传播的非甲非乙型肝炎，1989年命名为戊型肝炎。本病的临床和流行病学特点类似甲肝，经粪-口途经传播，常因饮水受到污染而造成暴发或流行。与甲肝不同的是潜伏期长，发病年龄大，病死率为0.5%～3.0%。HEV颗粒呈球形，直径为27～38nm，平均为32～34nm，无包膜，病毒表面有锯齿状缺刻和突起。HEV为单股正链RNA病毒，HEV对高盐、氯化铯、氯仿敏感，在水、碱性环境中较稳定，在镁和锰离子存在条件下可保持病毒的完整性。可能存在不同的亚型，但目前认为只有一个血清型。

一、传染源

戊肝的传染源主要为潜伏期末和急性期病人。该病潜伏期约为10～75天，平均40天左右。戊肝感染者在潜伏期和急性早期传染性最强，隐性和亚临床型HEV感染者也是重要的传染源。到目前为止，尚未证实有慢性戊型肝炎病人。

二、传播途径

本病与甲肝一样主要经消化道（粪-口）途径传播，常见下列传播渠道：

1. 经水传播 是最多见的传播途径。至今报道的绝大多数戊型肝炎流行多为水型传播，主要由于水被粪便污染所致。本病水型传播主要有两种类型，一是暴发型流行又称短期流行，是由水源被一次性污染所致，可持续几周。如印度新德里从1955年年底由于水源污染所致的戊型肝炎的暴发流行，当时误认为是甲肝，发病约97000例，病例几乎遍及新德里全城。我国辽宁、河北、山东等省也相继出现过由于粪便污染饮水而引起的戊肝暴发流行。戊肝经水污染传播的另一型是持续流行型，主要是由于水源被持续污染引起，可持续几个月，如在新疆天山以南地区的流行。

2. 经食物传播 戊肝也可以经病人的粪便污染食物或外环境而造成传播，发病以暴发为主。

在我国，本病出自食物引起的报道已有数起，其中两次与聚餐明显有关，可能是由于食物被某戊肝感染潜伏期的炊事员粪便污染所致。

3. 日常生活接触传播　戊肝可以通过日常生活接触传播。据调查，戊肝有家庭聚集现象，有肝炎接触史者发生本病的危险性比无接触史者要高十几倍。此外，已明确戊肝可以经血传播，但关于母婴垂直传播还需要更多的证据支持。人群对戊型肝炎病毒普遍易感，感染 HEV 后可产生抗-HEV，抗体一般可持续 1～2 年，该抗体具有中和病毒的作用，故病后有一定的免疫力，但 2 年后仍可重复感染。在地方性流行区发现幼年时感染过 HEV，青壮年时又感染发病的情况。

三、戊肝流行特征

戊肝呈世界性分布，但主要流行区是亚洲和非洲的发展中国家。我国许多省市已报告戊型肝炎的存在，其中以 1986～1988 年新疆流行的 HEV 最为严重，历时 20 个月，共计发病 10 万多人，死亡 700 余人。戊肝流行有较明显的季节性，多见于雨季及洪水期，戊肝有无周期性，仍需进一步的观察。戊肝可以在任何年龄发生，但青壮年高发，儿童和老年人发病较少，年龄越小发病率越低，哺乳期婴儿几乎不发病。男性高于女性，男女之比为 3∶1～3∶1.3。散发性戊肝男性与女性之比为 32∶1。孕产妇的发病率、病死率约为 20%。据 1992 年调查资料，我国抗-HEV 的流行率为 17.2%，有随年龄不断升高趋势。抗- HEV 在各地分布不均，北方高于南方，乡村高于城市，东部沿海高于西部边疆地区。

四、戊肝临床特点

临床型主要分三类：急性黄疸、急性无黄疸和暴发型肝炎。黄疸型占全部临床型的 80%以上，黄疸与无黄疸型之比可达 6.4∶1 的比例。此外，戊肝还存在亚临床型和隐性感染，常可作为传染源但难以被发现。戊肝一般具有自限性，多数病人预后良好，未见转为慢性戊肝的报道，但如与其他肝炎重叠感染，则可导致病情加重。多数病人病程持续 4～6 周，病死率为 0.5%～3.0%。

五、预 防 措 施

戊肝以暴发或流行为主，多见于经济文化水平低、卫生设施落后、居住拥挤、自我保健意识差的地区。因此，搞好宣传教育，发动群众搞爱国卫生运动，管好水源，不喝生水，搞好饮食卫生、环境卫生及个人卫生，采取以切断传播途径为主的综合预防措施是预防和控制戊型肝炎的主要有效手段。

目前对戊肝仍无特异性的免疫预防方法，普通免疫球蛋白对本病无预防作用，用本病恢复期病人的血清制备的免疫球蛋白进行预防，效果还不清楚。戊肝疫苗仍在研究中，估计不久会有安全有效的疫苗问世。

知识点 20-6：戊肝的流行病学特点

（1）暴发流行常见于粪便污染水源所致。散发多由于不洁食物或饮品所引起。

（2）隐性感染多见，显性感染主要发生于成年。

（3）原有慢性 HBV 感染者或晚期孕妇感染 HEV 后病死率高。

（4）有春、冬季高峰。

（5）抗 HEV 多在短期内消失，少数可持续 1 年以上。

我国病毒性肝炎流行病学特点的比较，见表 20-2，

表 20-2　我国病毒性肝炎流行病学特点的比较

比较项目		甲肝	乙肝	丙肝	丁肝	戊肝
病原学	病毒核酸	单股正链 RNA	双股环状 DNA	单股正链 RNA	单股负链 RNA，为缺陷病毒	单股正链 RNA
	抵抗力	较一般肠道病毒强	强	较强	弱	弱

续表

比较项目		甲肝	乙肝	丙肝	丁肝	戊肝
流行过程						
	传染源	急性期病人和亚临床感染者	病人和病毒携带者	病人	病人和病毒携带者	急性期病人和亚临床感染者、猪及其他动物
	主要传播途径	粪-口途径	经血传播、母婴传播、性接触传播等	经血传播、母婴传播、性接触传播等	经血传播，与乙肝同	粪-口途径
	人群易感性	普遍易感，免疫力持久	普遍易感，康复后有免疫力	普遍易感，免疫力低，可发生再感染	普遍易感，康复后有免疫力	普遍易感，免疫力持续时间短
我国流行特征	地区性	高度流行区	高、中度流行区	中度流行区	低度流行区	高度流行区
	城乡差异	农村明显高于城市	农村高于城市	无差别	城市高于农村	农村高于城市
	季节性	明显	无	无	无	有
	高发年龄	5～9岁	青少年和30～40岁的成人	＞15岁人群，青壮年	无差异	15～35岁人群，孕产妇
	性别	无明显差异	男高于女	无明显差异	无明显差异	男高于女
	家庭聚集性	存在	明显	存在	无	存在
预防策略与措施	原则	切断传播途径为主的综合措施	免疫预防为主、防治兼顾的综合措施	切断传播途径为主的综合措施	通过防制乙肝实现	切断传播途径为主的综合措施
	主动免疫	甲肝疫苗	乙肝疫苗	无	乙肝疫苗	已批准，有望用于预防
	被动免疫	人血免疫球蛋白	HBIG	无	无	无

案例 20-1 和案例 20-2 分析讨论：

本病例主要要求区分肝炎病毒的类型、传播途径及其流行病学特征。

本病例说明：①肝炎病毒是一种以侵犯肝细胞作为宿主细胞并引起系列临床症状和体征的病原体；②现已确认的肝炎病毒有 HAV、HBV、HCV、HDV、HEV、HGV。不同的肝炎病毒其病毒学特征、流行病学特征差异很大，不能通过一次的患病经历来表述身体是否患病，必须结合血清学甚至分子生物学来确定是否感染及是否患病。③案例 20-1 和 20-2 显示：HAV 临床流行病学特征是以急性发病或隐性感染为主，消化道传播，隐性感染或急性患病后，病毒即被机体免疫系统清除，一般不存在慢性携带或感染。因此，案例中以前患过甲型肝炎后的青年体检正常。④HBV 存在于血液和体液中。各型急性、慢性乙肝患者和 HBsAg 携带者均可作为传染源，通过血液及其血制品、母婴传播、性接触传播、日常生活接触传播等，流行病学特征中，男性高于女性，季节特征不明显，并呈现一定地区特征和民族种群特征。因此，案例中体检不正常的青年 HBsAg、HBcAg、HBcAb 阳性，血清转氨酶升高，B 超有肝脏的慢性炎症表现，都说明该青年已经可以诊断是乙型肝炎患者，其血液和体液都有传染性，呈现出 HBV 感染的家庭集聚现象，必须隔离治疗，不能应征入伍。

案例 20-3 分析讨论：

丙型病毒性肝炎是由丙型病毒性肝炎病毒（HCV）所引起的。是通过输血或血制品、血透析、单采血浆还输血球、肾移植、静脉注射毒品、性传播及母婴传播等传染引起。丙肝分布较广，更容易演变为慢性丙肝、肝硬化和肝癌。本病例是张某因病入院后，在医院输血治疗在 2008 年 9 月 26 日，在该院住院治疗期间，血中就检测出 HCV，结合张某的临床表现、输血史、家族史和流行病学资料，可以诊断为输血后肝炎（丙肝），主要是事前对献血员的筛查和事后对张某未采取积极有效的抗病毒治疗，导致其慢性化并加重，血站和医院都有责任。

（申元英）

第二十一章 性传播疾病

第一节 概 述

案例 21-1

李某是一家外贸公司职员，主管市场销售，在一次出差中，与客户朋友酒后去KTV唱歌，趁着酒意与一位女性性工作者发生了性关系。几天后，他感觉阴茎头部灼热疼痛，发现包皮龟头部红肿并出现了渗液，排尿时疼痛明显，尿道口也有少量稀薄分泌物。此时的他意识到自己可能染上了性病，于是前往医院就诊。

问题：

（1）什么是性病？

（2）有哪些疾病可以通过性行为接触传播？

（3）感染性病的高危人群有哪些？

世界卫生组织（World Health Organization，WHO）将性传播疾病（Sexually Transmitted Disease，STD）定义为一组由性行为接触或类似性行为接触为主要传播途径的、可引起泌尿生殖器官及附属淋巴系统病变的疾病，也可引起全身主要器官病变。STD是人类最常见的传染病之一，近半个多世纪以来，随着社会经济与交通运输的发展、性观念和性行为的改变，STD的发病人数不断增加，流行范围不断扩大，不仅在发展中国家，同时也在发达国家中迅速传播、蔓延，现已成为全球性的重大公共卫生问题与社会问题。

随着分子生物学技术与疾病诊断技术的发展，人们逐渐认识到有相当比例的STD感染者没有临床症状（如20%的单纯疱疹病毒感染者没有症状，70%以上的女性感染沙眼衣原体后没有症状），而且无症状的STD感染者还是一类容易被忽视的传染源，导致STD更广泛的传播和流行，对社会造成更大的危害。为此，WHO在2003年完成的《性传播感染管理准则》中推荐以性传播感染（Sexually Transmitted Infection，STI）代替STD，表示所有与性行为或性活动相关的感染，包括有临床症状的疾病和无症状感染。然而，由于无症状感染难于识别，有症状感染管理仍然是最经济有效的STI基础管理模式，同时，以传统传染病监测报告体系为依托的STD病例报告也是目前估计STI发病率的主要资料来源，因此，除特别注明，本章仍沿用STD这一说法。

一、病 原 学

迄今已发现超过30种包括细菌、病毒与寄生虫在内的病原体可以引起STD。目前，国内较常见的细菌性STD包括由梅毒螺旋体引起的梅毒、淋病奈瑟菌引起的淋病、沙眼衣原体引起的沙眼衣原体感染，较常见的病毒性STD包括由人类免疫缺陷病毒引起的艾滋病、人类乳头瘤病毒引起的尖锐湿疣、单纯疱疹病毒引起的生殖器疱疹。根据《中华人民共和国传染病防治法》和新修订并于2013年开始实施的《性病防治管理办法》，我国将艾滋病、梅毒与淋病纳入法定传染病管理，梅毒、淋病、生殖道沙眼衣原体感染、尖锐湿疣与生殖器疱疹作为我国STD监测与管理的重点病种。

二、流行过程

（一）传染源

STD患者及其病原携带者是STD的主要传染源。STD患者具有典型的临床症状与体征，但是能够得以及时发现的STD感染者只是少数，主要是由于STD具有与其他传染病不同的传播方式以及社会大众对STD患者的歧视态度，使得STD传染源更为隐匿。由于大多数病人未就诊或仅接受非规范化诊治，很容易造成STD的传染源漏诊、漏报、误诊、误治。实际上，能够被发现和管理的STD感染者仅仅是冰山一角。因此了解高危人群对STD的预防和控制具有积极意义。STD的高危人群主要包括：

（1）女性性工作者（Female Sex Worker，FSW）：FSW既是感染STD的高危人群又是STD从高危人群向一般人群传播的桥梁人群。现有资料显示：我国FSW（中位数）梅毒感染率为6.3%，淋病感染率约为8%～40%，沙眼衣原体感染率约为10.8%～58.6%，单纯疱疹病毒Ⅱ型血清阳性率约为30%～70%。总体来说，低档场所FSW的STD流行状况较中、高档场所严重。在我国，FSW是非法职业，流窜性大，其传播STD的危险应引起足够重视。

（2）男男性行为者（Men Who Have Sex With Men，MSM）：MSM是当今STD尤其是艾滋病传播蔓延的一个重要因素。近年来，国内外MSM占每年新发HIV感染者的比例逐年增加。在我国的新发HIV感染者中，由MSM传播所占的比例由2007年的12.2%上升至2011年的29.4%。此外，MSM人群中的除艾滋病以外的其他STD流行情况亦不容忽视，一项对中国12个城市MSM梅毒感染率的meta分析表明其合并梅毒感染率为9.1%（7.6%～10.8%）。此外，现有资料显示MSM单纯疱疹病毒Ⅱ型血清阳性率约为8%～30%。

（3）性病门诊就诊者：性病门诊就诊者因为发生不安全行为疑似感染STD或因泌尿生殖系统出现病变而前往性病门诊就诊，其中大部分为男性嫖客与MSM，是感染STD的高危人群。

（4）流动人口：随着我国社会经济的迅速发展和城市化进程的加快，流动人口的规模日趋庞大，2014年底我国流动人口达2.53亿。在这些流动人口中以青壮年为主，处于性活跃期，而且文化水平及STD防治知识水平较低，是感染STD的脆弱人群。最近，一项meta分析表明国内城乡流动人口的合并HIV、梅毒、淋病感染率分别为0.23%（0.20%～0.27%），0.69%（0.57%～0.84%），2.18%（1.30%～3.64%），是一般人群的4.0倍、1.9倍与13.6倍。

（5）吸毒者：有相当比例的吸毒者为了筹集毒资提供有偿性服务，而且在多数情况下为不安全性行为，因而导致其感染STD的风险较高。国内一项研究以武汉市198名女性吸毒者为研究对象，分析结果表明感染梅毒、生殖道衣原体、淋病和尖锐湿疣的比例分别为22.22%、4.08%、3.06%和1.01%，HIV抗体阳性率为7.41%。

（6）非法供血者：有些STD感染者或隐性携带者可能在非法采血点进行非法采血和供血活动。这种行为不仅可通过血源将病原体传给受血者，同时也可能由于在采血过程中消毒不严，使用被病原体污染的采血器械将病原体回传给其他供血者。

（7）医护人员：由于医护人员接触STD感染者或隐性携带者的几率高于其他人群，医护人员暴露于STD病原体的机会也高于其他职业者。医务工作者也属于STD高危人群。医护人员在诊疗过程中由于防护不当导致感染。在医护人员中因职业造成的乙肝感染时有发生，但其他STD感染风险还有待进一步关注。

（二）传播途径

（1）性行为接触传播：性行为或类似性行为的直接接触是STD的主要传播途径。

（2）非性行为的直接接触传播：当皮肤或黏膜有破损时，可通过直接接触STD患者的病变部位或者含有病原体的分泌物造成感染。

（3）日常生活接触传播：STD患者生殖器病变或分泌物会污染衣物、被褥、毛巾、浴盆、便器等日常生活用品，因而易感者可能通过接触被污染的上述日常生活用品造成感染。

（4）医源性传播：易感者在接受检查或治疗时由污染的医疗器械所造成的传播。造成医源性传播的原因包括医疗操作不规范或使用消毒不严格的医疗器械所致。

（5）血源性传播：因使用被 STD 病原体污染的血液制品、静脉吸毒者共用被污染的针头以及非法采供血时使用被污染的采血器械等均可造成 STD 的血源性传播。

（6）垂直传播：又称母婴传播，感染 STD 的孕产妇可在妊娠或分娩过程中将 STD 相关病原体由母代传给子代。梅毒、淋病、艾滋病、衣原体感染等多种 STD 可以经垂直传播造成胎儿或新生儿先天性感染 STD。

（三）易感人群

人群对 STD 相关病原体普遍易感，几乎没有年龄、性别的差异，既无先天性免疫力也无稳固的后天获得性免疫力，因此可以反复感染，迁延不愈，反复发作。

三、特殊的 STD-艾滋病

案例 21-2

小王是某高校在校大学生，大二时因发生意外交通事故需要做手术，然而就在这次医院术前检查时被发现感染人类免疫缺陷病毒（Human Immunodeficiency Virus，HIV），当医生告知他 HIV 检测结果阳性时，他竟一点儿也不惊讶，好像这个结果在他意料之中。当医生询问他是否有过不安全性行为时，他的回答让医生惊愕不已，原来小王是一名男男同性恋者，在校期间他通过网络结识了很多同性性伴，而且在和他们发生性行为时，多数情况下均为无保护性行为。最后，医生建议小王将自己的 HIV 检测结果告知曾经与他有过不安全性行为的性伴，建议他们尽早去做 HIV 检测，以便及早发现、及时接受抗病毒治疗。

问题：

（1）何为艾滋病？

（2）艾滋病有哪些传播途径？

（3）如何预防艾滋病？

艾滋病全称是获得性免疫缺陷综合征（Acquired Immunodeficiency Syndrome，AIDS），是由 HIV 感染所引起的一种传染性疾病，主要通过性接触、血液和母婴垂直传播三种途径传播。HIV 感染本身并不会引起疾病，但是 HIV 通过破坏获得性免疫系统中的 CD_4^+T 细胞，导致机体免疫功能缺失，使得 HIV 感染者容易发生感染与恶性肿瘤等多种疾病。自 1981 年美国报告首例 AIDS 病人以来，AIDS 在全球范围内迅速传播，对人类生存和社会发展构成了极大威胁，是当前全球面临的一个重大公共卫生问题和社会问题。

1983 年法国巴斯德研究所从一名男性同性恋者身上分离到一株新的逆转录病毒，并命名为淋巴腺病相关病毒（Lymphadenopathy Associated Virus，LAV）。1984 年美国国立癌症研究所从一名艾滋病病人身上分离到逆转录病毒，并命名为嗜人 T 淋巴细胞Ⅲ型病毒（Human T-cell Lymphotropic Virus Type 3，HTLV-Ⅲ），同年美国加州大学也分离到同类病毒并命名为艾滋相关Ⅲ型病毒（AIDS Related Virus Type 3，HTLV-Ⅲ）。1986 年国际微生物学会及病毒分类学会将这些病毒统一命名为 HIV。

HIV 是一种逆转录病毒，直径约 120nm，近似球形，外膜是类脂包膜，基因组为两条相同的正链 RNA，现已发现 HIV-1 和 HIV-2 两个类型。目前世界流行的主要是 HIV-1 型，HIV-2 型虽然首见于西非，但是在欧美和印度等国也有检出。在我国主要为 HIV-1 型，但 HIV-2 在新疆、上海也有发现。HIV 在体外的生存能力极差，不耐高温，抵抗力较差，离开人体不易生存。常温下，在体外的血液中只可存活数小时。对热敏感，在 56℃条件下 30min 即失去活性，而且 HIV 在离开体外的瞬间失去传染性，因而日常生活接触中不会传播 HIV。

AIDS 呈全球流行，近年来 HIV 新发感染人数逐年下降，AIDS 相关死亡逐年递减，现存活的 HIV 感染者/AIDS 病人逐年递增。2014 年全球新发 HIV 感染者 200 万，AIDS 相关死亡 120 万，现存活 HIV 感染者 3690 万。截止 2015 年 6 月，全球共有 1580 万例现存活 HIV 感染者/AIDS 病人接受抗病毒治疗。撒哈拉南部非洲依然是全球 AIDS 疫情最为严重的地区，2014 年该地区新发 HIV 感染者 140 万，AIDS 相关死亡 79 万，现存活 HIV 感染者/AIDS 病人 2580 万。

（一）我国 AIDS 流行概况及特点

自 1985 年 6 月发现首例 AIDS 病人以来，AIDS 在我国迅速蔓延，尽管总体来看我国属于 AIDS 低流行区，但是我国人口基数大，HIV 感染者/AIDS 病人的绝对数大， AIDS 防治形势依然严峻。我国的 AIDS 流行大体上经历了输入散发期、局部流行期与广泛流行期三个阶段：

第一阶段（输入散发期，1985～1988 年）：以病例高度分散为特点，除 4 例因使用进口血制品而被感染外，其余均为境外输入性病例；

第二阶段（局部流行期，1989～1994 年）：以在云南德宏州个别地区发现静脉注射吸毒者中 HIV 感染呈聚集性流行为标志；

第三阶段（广泛流行期，1995 年至今）：静脉注射吸毒人群中 HIV 流行在云南、广西、新疆、四川等更多地区出现，中部某些省份非法不安全采供血人群中有 HIV 感染，东南沿海地区和部分中心城市的性滥人群中 HIV 感染率越来越高，但该阶段一般人群的 HIV 感染率依然低。

根据 2015 年中国 AIDS 防治进展报告：截止 2014 年年底，我国报告的现存活 HIV 感染者/AIDS 病人 50.1 万，其中 HIV 感染者 29.6 万，AIDS 病人 20.5 万，AIDS 相关死亡 15.9 万。我国的 AIDS 流行有以下四个特点：

1. 全国 AIDS 依然低流行，但是在局部地区与特定人群中高流行 截止 2014 年年底，现存活的 HIV 感染者/AIDS 病人占全国总人口的 0.037%。在全国范围内，31 个省/自治区/直辖市均有 HIV 感染者/AIDS 病人报告，但是地区间差异较大。截止 2014 年年底，有 12 个省/自治区/直辖市（云南、四川、广西、河南、广东、新疆、重庆、贵州、湖南、浙江、江苏和北京）报告现存活 HIV 感染者/AIDS 病人超过 1 万，占全国总报告人数的 83.5%。2014 年哨点监测结果表明一般人群的 HIV 感染率低，但是高危人群 HIV 感染率较高，静脉注射吸毒者与 MSM 的 HIV 感染率分别为 6.0%与 7.7%。

2. 现存活 HIV 感染者/AIDS 病人报告人数持续增加，但是不同高危人群的流行趋势存在显著差异 从 2010 年至 2014 年，报告的现存活 HIV 感染者/AIDS 病人人数分别为 30.7 万、35.2 万、38.6 万、43.7 万和 50.1 万。哨点监测结果表明 MSM 的 HIV 感染率有上升趋势而吸毒人群的 HIV 感染率有下降趋势，其他高危人群的 HIV 感染率相对稳定。

3. 现存活 AIDS 病人人数显著增加，AIDS 相关死亡相对稳定 从 2010 年至 2014 年，报告的现存活 AIDS 病人数从 2010 年的 9.6 万增加到 2011 年的 12.1 万、2012 年的 14.6 万、2013 年的 17.4 万和 2014 年的 20.5 万。而 AIDS 相关死亡人数从 2010 年至 2014 年分别为 1.6 万、1.9 万、2.2 万、2.2 万和 2.1 万。

4. 性传播是主要传播途径且由男男同性性行为传播所占比例显著增加 性传播占每年新报告感染者的比例由 2006 年的 33.1%上升至 2014 年的 92.2%，成为我国 AIDS 流行的主要传播途径。此外，由男男同性性行为传播所占的比例由 2006 年的 2.5%上升至 2014 年的 25.8%。

（二）我国青年学生 AIDS 防控刻不容缓

近年来我国青年学生尤其是在校大学生感染 HIV 的报告例数逐年递增。截止 2014 年底，全国报告现存活的青年学生 HIV 感染者/AIDS 病人超过 7200 例，占全国现存活 HIV 感染者/AIDS 病人总数的 1.4%。我国 AIDS 疫情监测结果表明：自 2008 年以来，在每年报告的学生病例数中，小于 15 岁的学生感染人数大体稳定在 210～250 例，且绝大多数为垂直传播感染，而 15 岁及以上的学生 HIV 感染者人数逐年稳步快速增加，从 2008 年的 527 例，上升到 2014 年的 2695 例。2014 年在全国 31 个省/自治区/直辖市中，有 13 个省份的新报告学生 HIV 感染者人数超过 100 例。近年来，青年学生群体中的 AIDS 疫情上升主要是由男男同性性行为引起的，青年学生 AIDS 相关知识缺乏、性观念及性行为的变化是造成学生艾滋病疫情上升的主要原因。从上述数字不难看出，我国青年学生 AIDS 防控刻不容缓。

知识点 21-1：STD 的概念、流行过程

（1）性传播疾病（Sexually Transmitted Disease，STD）是一组由性行为接触或类似性行为接触为主要传播途径的、可引起泌尿生殖器官及附属淋巴系统病变的疾病，也可引起全身主要器官病变。

（2）STD 的流行过程：①传染源：STD 患者与病原携带者；②传播途径：性行为接触传播；非性行为的直接接触传播；日常生活接触传播；医源性传播、血源性传播与垂直传播；③易感人群：人群对性传播病原体普遍易感，几乎没有年龄、性别差异。

第二节　性传播疾病的流行特征及影响因素

一、流 行 概 况

虽然 STD 疫情十分严重，但是不论在国内还是国外，由于漏报严重，STD 的真正发病率一直是很难确定的，因此 STD 发病率只能用其来描述流行的趋势，而不能准确说明流行的严重程度。WHO 估计：2008 年全球 15～49 岁人群中新发四种可治愈 STD 病例 4.989 亿，这一数字较 2005 年增长了 11%，其中沙眼衣原体感染 1.3 亿，淋病 0.84 亿，梅毒 0.06 亿，阴道毛滴虫 1.43 亿。此外，病毒性 STD 负担同样严重，2008 年估计现存活单纯疱疹病毒 2 型感染者 5.36 亿，在 2008 年的任一时间点上有 2.91 亿女性感染人乳头瘤病毒。

根据我国不同时期的 STD 流行情况，我国的 STD 防治管理做了相应调整。20 世纪 70 年代，我国的性病防治主要是针对四种经典性病（梅毒、淋病、软下疳和性病性淋巴肉芽肿），1991 年公布的《性病防治管理办法》规定要求监测和报告 8 种 STD（包括艾滋病、梅毒、淋病、软下疳、性病性淋巴肉芽肿、非淋菌性尿道炎、尖锐湿疣和生殖器疱疹）。新修订并于 2013 年起实施的《性病防治管理办法》将梅毒、淋病、生殖道沙眼衣原体感染、尖锐湿疣和生殖器疱疹列为重点监测和防治的 STD 病种。我国 STD 在建国前流行猖獗，以梅毒和淋病为主。1949 年后，估计全国性病病人 1000 万左右。新中国成立后，党和政府十分重视性病的防治工作，采取了一系列措施，性病发病率迅速下降，1964 年我国正式宣布基本消灭了性病。20 世纪 70 年代末，STD 在我国大陆呈现死灰复燃。1977 年再次报告新发 STD 病例，截止 2000 年底，全国 STD 疫情一直呈上升趋势。从 2001 年开始，我国 STD 疫情出现了下降趋势。2001 年全国累计报告 8 种 STD 病例 795 612 例，较 2000 年（859 040 例）下降了 7.38%，全国 STD 总报告发病率为 62.89/10 万。2002 年全国累计报告 7 种 STD（艾滋病除外）病例 744848 例，较 2001 年下降了 6.17%，全国 STD 总报告发病率为 58.15/10 万。2003 年全国累计报告 7 种 STD（艾滋病除外）730 450 例，较 2002 年下降了 1.93 %，报告发病率为 56.66/10 万。2005 年 STD 疫情继续下降，累计报告 7 种 STD（艾滋病除外）703001 例，较 2004 年下降了 13.16%，全国总报告发病率为 53.87/10 万。近年来，我国 STD 流行呈现梅毒报告病例数快速上升而淋病报告病例数快速下降的趋势，梅毒和淋病报告病例数分别自 2009 年、2010 年以来稳居我国甲乙类法定报告传染病报告病例数的第三位、第五位。就 STD 病种而言，上世纪 90 年代中期以前，以淋病与尖锐湿疣为主，上世纪 90 年代后期至 2005 年，以非淋菌性尿道炎为主，淋病、尖锐湿疣和梅毒并重流行，2006 年以后，以梅毒为主，衣原体感染、尖锐湿疣与淋病并重流行。

二、流行特征

（一）地区分布

STD的病例分布及发病率存在显著的地区差异，根据2008年WHO 对全球15～49岁人群中新发四种可治愈STD的估计结果来看，新发病例主要集中在西太平洋（1.282亿）与美洲地区（1.257亿），但是从发病率来看，美洲与非洲是STD流行最为严重的地区，其次为撒哈拉以南非洲地区，美洲地区15～49岁人口数约为4.769亿，4种STD新发病例数合计约为1.257亿，非洲地区15～49岁人口数约为3.844亿，4种可治愈STD新发病例数合计约为9260万。

2003年我国STD疫情监测结果表明，报告病例数位于前5位的省份为：浙江（102055）、广东（85405）、江苏（58302）、广西（46624）和上海（39978），合计报告病例数为332364，占全国的45.50％。报告发病率超过100/10万的省份有上海（234.83/10万）、浙江（214.01/10万）、广西（102.36/10万）。上述数据表明我国STD高发区主要在长江三角洲（上海、浙江和江苏）、珠江三角洲（广东）和广西。

（二）人群分布

1. 性别 大多数STD的发病率均是男性高于女性。在WHO估计的2008年全球15～49岁人群中新发四种可治愈STD病例中，男性人群新发病例为2.661亿，占53%。2003年全国STD疫情监测结果表明男性报告病例数为429970例，占58.86％，女性300480例，占41.14％，男女病例数之比为1.43∶1。不同STD的性别差异也有所不同。美国2014年STD监测结果显示女性衣原体感染率（627.2/10万）高于男性（278.4/10万），而男性淋病感染率（120.1/10万）高于女性（101.3/10万）。我国2003年STD疫情监测结果表明女性非淋菌性尿道炎、梅毒与尖锐湿疣的报告发病率高于男性，而男性的淋病、软下疳、性病性淋巴肉芽肿和生殖器疱疹的报告发病率高于女性。

2. 年龄 STD主要发生于性活跃时期。2014年美国STD疫情监测结果表明新报告衣原体感染以15～24岁人群最多，新报告梅毒病例以20～29岁人群为主，新报告淋病病例在女性中以15～24岁人群最多而在男性中以20～29岁人群最多。2003年全国STD疫情分析结果表明20～39岁性活跃人群的STD报告病例数最多，占全部报告病例总数的73.49%。

三、影响因素

（一）生物学因素

1. 引起STD的病原体种类繁多 目前，已发现包括细菌、病毒与寄生虫在内的30多种病原体可以引起STD。而且，有些病原体有多个型别，如人乳头瘤病毒有100多个型别，超过40个型别可以感染生殖器区域；单纯疱疹病毒有两个血清型（Ⅰ型与Ⅱ型），这两个型别均可以引起生殖器疱疹，但是大多数复发性生殖器疱疹由单纯疱疹病毒Ⅱ型引起。

2. 淋球菌耐药形势不容乐观 美国淋球菌分离监测项目发现：2006～2014年头孢曲松最小抑制浓度升高的淋球菌株比例为0.1%～0.4%，2010～2013年阿奇霉素低敏率为0.3%～0.6%，而2014年为2.5%。2014年我国淋球菌耐药监测结果表明治疗淋病的一线药物头孢曲松的低敏率为12.3%，青霉素及阿奇霉素的耐药率分别为80.9%和16.0%。

3. 病原体合并感染 感染STD者往往不止感染一种病原体，而是合并感染多种病原体，合并感染者更容易传播STD。此外，STD也是传播HIV的协同因素，患有STD的HIV感染者更容易传播HIV。

（二）社会因素

1. 人口流动 随着我国社会经济的迅速发展和城市化进程的加快，我国流动人口规模越来越大。流动人口由于社会支持少且社会约束力弱，容易发生不安全性行为，是感染STD的脆弱人群。

2. 嫖娼、卖淫　STD 患者中多数为 FSW 与嫖客，在这些人群中 STD 的高危因素广泛存在，而且感染 STD 的无症状 FSW 与嫖客是 STD 从高危人群向一般人群传播的桥梁人群。

3. 淫秽作品　随着互联网发展，信息资讯的获取越来越便捷，然而互联网上也充斥着各种淫秽作品，如电影、小说和淫秽电子游戏等，过度地沉溺其中会影响性健康与性行为的改变，导致不安全性行为的发生。

4. 健康教育不充分　由于性与生殖健康教育不够充分，导致不安全性行为发生的比例较高，为 STD 的传播蔓延埋下伏笔。

5. 性病诊治不规范　在我国，STD 患者会受到家庭、社会的谴责与鄙视，因而有相当比例的 STD 患者会选择自行购药或前往非正规诊所诊治，从而导致病情不能获得有效控制并引起 STD 的进一步传播。

知识点 21-2：我国 STD 的流行特征与影响因素

（1）我国 STD 的流行特征：多数 STD 男性多于女性，STD 高发区主要在长江三角洲、珠江三角洲与广西。

（2）STD 的影响因素：生物学因素与社会因素。

第三节　性传播疾病的预防与控制

一、预防与控制策略

鉴于性传播感染作为一个全球性的重要公共卫生问题所引起的巨大健康与经济损失，WHO 发布了《预防与控制性传播感染全球战略：2006～2015 年》，该战略包括技术战略与宣传策略两个部分，为指导加快全球应对性传播感染提供框架。

我国的 STD 防治坚持预防为主、防治结合的方针，遵循依法防治、科学管理、分级负责、专业指导、部门合作、社会参与的原则。当前我国 STD 的防控策略包括：

1. 积极推进 STD 防控工作法制化，使得 STD 防控工作有法可依。2004 年修订的《中华人民共和国传染病防治法》、2006 年国务院颁发的《艾滋病防治条例》以及新修订并于 2013 年开始实施的《性病防治管理办法》为我国 STD 防控工作提供了法律依据，明确了 STD 防控相关工作机构与人员的职责。2010 年印发的《中国预防与控制梅毒规划（2010～2020 年）》、2012 年印发的《中国遏制与防治艾滋病“十二五”行动计划》以及 2015 年卫计委印发的《预防艾滋病、梅毒和乙肝母婴传播工作实施方案（2015 年版）》等为我国 STD 防控工作提出了明确目标并为开展相关工作提供了操作方案。

2. 加强 STD 疫情监测，了解 STD 的流行特征、趋势、行为危险因素与疾病负担，有助于科学评价 STD 防控效果，为制定 STD 防控策略与措施提供科学依据。

3. 开展 STD 健康教育，提高 STD 相关知识知晓率，促进安全性行为，树立健康性观念。

4. 加强高危人群管理，依托 STD 诊疗机构开展干预，及时发现感染者、提供规范化诊治与随访。

二、预防与控制措施

1. 加强疫情监测　STD 疫情监测的目的是为了及时掌握 STD 的流行动态，了解其传染的来源，调查各方面的影响因素，考核防治效果，为制定防治措施提供依据。根据《中华人民共和国传染病防治法》、《性病防治管理办法》、《传染病信息报告管理规范》和《全国性病监测方案（试行）》，我国的 STD 监测包括法定传染病报告系统和五种 STD（梅毒、淋病、生殖道沙眼衣原体感染、尖锐湿疣和生殖器疱疹）哨点监测系统和淋球菌耐药性监测网。对于法定报告传染病中的梅毒与淋病，各级各类医疗机构均为性病疫情责任报告单位，其执行职务的医生均为责任疫情报告人，必须按照规定进行性病疫情报告，履行法律规定的义务与职责。对于五种 STD 哨点监测，根据不同地区 STD 流行状况和资源条件、地理分布及代表性设置监测点，包括性病监测点和淋球菌耐药监测点。监测点所在县（区）所有提供性病医疗服务的机构均为纳入监测性病的疫情责任报告单位。性病监测工作应遵循伦理学原则，做好信息保密，保护个人隐私。

2. 针对传染源的措施 及时发现STD患者，提供规范化诊治与随访，消除或减少传染源的传播作用。为高危人群提供STD咨询与检测服务，依托STD诊疗机构开展干预与随访，将STD防治与妇幼卫生、计划生育与社区卫生服务工作进行有机结合。

3. 针对传播途径的措施 促进安全性行为，推广安全套使用；通过开展健康教育，避免易感染者接触被病原体污染的日常生活用品；强化医疗操作规范，加强医疗器械消毒，严格血液制品和生物制品的检验；为孕产妇提供STD咨询与检测服务，对感染STD的孕产妇及其所生婴儿提供规范化诊疗服务。

4. 针对易感人群的措施

（1）疫苗预防：STD疫苗研究一直是STD预防研究的热点与难点。近年来，在预防人类乳头瘤病毒感染的疫苗研究方面取得了显著突破，已有人乳头瘤病毒感染预防性疫苗（二价疫苗与四价疫苗）在国外上市，并被证实可以有效地预防宫颈癌。然而，在HIV疫苗研制方面困难重重，迄今尚未成功研发可有效预防HIV感染的疫苗。其他STD相关疫苗研究仍处于探索阶段。

（2）药物预防：近年来HIV感染的暴露前预防研究取得了显著进展，已有多项随机对照试验和前瞻性队列研究表明暴露前服用抗病毒药物可以显著地降低HIV感染风险，但是通过暴露前药物预防存在依从性差且易导致耐药等问题。

（3）加强个人防护：通过多种渠道开展多种形式的健康教育，促进安全性行为，树立健康的性观念，洁身自好。

知识点 21-3：STD的防控措施

STD作为一类传染性疾病，其流行有赖于传染源、传播途径与易感人群这三个环节的连接与延续。因而，对STD的防控主要着眼于以上三个环节。此外，通过加强STD的疫情监测，了解STD的流行特征、趋势、行为危险因素与疾病负担，有助于科学评价STD防控效果，为制定STD防控策略与措施提供科学依据。

案例 21-1 分析讨论：

（1）性病是一组由性行为接触或类似性行为接触为主要传播途径的、可引起泌尿生殖器官及附属淋巴系统病变的疾病，也可引起全身主要器官病变。

（2）艾滋病、乙肝、梅毒、淋病、尖锐湿疣、生殖器疱疹等。

（3）FSW；MSM；流动人口；性病门诊就诊者；吸毒者；非法采供血者；医护人员。

案例 21-2 分析讨论

（1）艾滋病，全称是获得性免疫缺陷综合征（Acquired Immunodeficiency Syndrome，AIDS），是由HIV感染所引起的一种传染性疾病，主要通过性接触、血液和母婴垂直传播三种途径传播。

（2）性接触、血液与垂直传播。

（3）一级预防：树立健康性观念，洁身自好，避免发生不安全性行为。与非固定性伴发生性行为时，使用安全套；二级预防：如果既往有不安全性行为，尽快前往自愿咨询与检测点做HIV检测，做到早发现、早诊断与早治疗；三级预防：已经明确感染HIV者，积极地接受抗逆转录病毒药物治疗。在治疗过程中积极地配合随访，防止发生并发症。HIV感染者家庭与社会大众向HIV感染者提供家庭与社会支持，提高HIV感染者的生活质量。

（岑　晗　张莉娜）

第二十二章 结 核 病

案例 22-1

某男，47 岁，山区农村农民，反复咳嗽、咳痰近一年，今日伴咯血 2 周入院，X 线检查报告：两肺布满粟粒状阴影并空洞形成，痰涂片检查：抗酸结核菌阳性，病史记录显示：家庭经济状况差，居住条件拥挤，吸烟 10 余年，无卡介苗接种史，其父 1 年前死于肺结核，医院诊断为活动型肺结核。

问题：

（1）结核病的易感人群有何特点?

（2）我国结核病疫情特点是什么，为什么会出现加重趋势?

（3）结核病的防治策略是什么?为什么要采取这种策略?

第一节 概 述

结核病（tuberculosis，TB）是由结核杆菌引起的以呼吸道传播为主的慢性传染病，也是一种最古老、分布最广的传染病，至今已有几千年的历史。考古学家从新石器时代人类的骨化石和埃及 4500 年前的木乃伊上，就发现了脊柱结核。我国最早的医书《黄帝内经素问》（公元前 403～公元前 211 年）上就有类似肺结核病症状的记载；希腊人希波格拉底（公元前 460～377 年）总结了埃及以往的医学和自己的丰富经验，第一次详细记载了肺结核，而且认为结核病是传染性疾病。结核病又称为“消耗病”或“痨病”，我国中医内经所载“虚痨”即指慢性肺结核病。1882 年 Robert Koch 发现并证明结核病是由结核杆菌引起的，明确了结核病的病原体。1921 年 Calmette 和 Guerin 培育出的减毒结核菌“卡介苗”，开始在人群中实施结核病的特异性免疫预防，1944 年链霉素的出现，开创了结核病化学治疗时期，随后利福平、异烟肼等高效抗结核药物的问世，结核病化疗方案也从单一药物的长期化疗，发展为多种药物的联合短程化疗。目前，全球大多数结核病高负担国家和地区已采用了由 WHO 和国际防痨与肺部疾病联盟共同倡导的督导短程化疗（directly observed treatment short course，DOTS），全球结核病控制工作取得了显著成绩，但近三十年来，由于不少国家降低了对结核病危害的认识，对结核防治工作减少了财政投入，再加上人口的增长和流动速度加快、艾滋病毒感染、化疗不当等原因，结核病疫情在有些国家和地区有死灰复燃的迹象，耐药结核菌感染率呈明显上升趋势，使结核病再次成为主要的公共卫生问题而引起流行病学界的关注。

一、病原学特点

结核病的病原体为结核杆菌，可分为人型、牛型、鼠型和非洲型等，其中人型和牛型为人类结核病的主要病原体，人型结核杆菌的感染率约占全部结核感染的 90%，牛型约占 5%。

结核杆菌为细长略带弯曲的杆菌，大小 1～4×0.4μm，牛分枝杆菌则比较粗短。结核杆菌革兰氏染色阳性，但一般不易着色，涂片染色具有抗酸性，亦称抗酸杆菌。结核杆菌无芽孢，无鞭毛，有荚膜，荚膜对结核分枝杆菌有一定的保护作用。

结核杆菌为需氧菌，在 35～40℃范围内均可生长，最适温度 37℃，低于 30℃不生长。结核杆菌生长缓慢，在改良罗氏培养基上 4～6 周才能繁殖成明显的菌落。结核杆菌在外界环境因素影响下，易发生毒力、菌落、耐药性变异，毒力变异的典型例子为卡介苗（BCG），耐药性变异的典型例子是耐药结核杆菌感染引起的结核病。结核杆菌可因染色体随机突变而产生耐药性变异，成为对异烟肼、利福平等一线抗结核药物不敏感的耐药结核杆菌，耐药结核杆菌产生的主要原因是化疗不合理及病人自身等诸多因素，耐药结核菌对一线抗结核药物不敏感时，就需用价格昂贵的二线抗结核药物，如卡那霉素、氧氟沙星、利福布汀等进行治疗，不仅增加了治疗成本，而且治疗时间可能需要更长。

二、结核病临床表现

结核杆菌侵入不同的部位可有不同的临床表现。结核杆菌可通过呼吸道、消化道或皮肤损伤侵入易感机体，引起多种组织器官的结核病，其中以通过呼吸道引起肺结核为最多。早期结核病无自觉症状，可在健康检查时发现，结核病常见症状主要有呼吸系统症状和全身中毒症状，呼吸系统症状有咳嗽、咯血、胸痛、呼吸困难，全身中毒症状包括发热、乏力、盗汗、食欲减退、消瘦，妇女有月经不调或闭经等。

按照2001年结核病分类标准（中华人民共和国卫生行业标准），结核病分为以下五类：

1. 原发型肺结核（Ⅰ型） 为原发结核感染所致的临床病症。肺内渗出病变、淋巴管炎和肺门淋巴结肿大的哑铃状改变的原发综合征，儿童多见，或仅表现为肺门和纵隔淋巴结肿大。

2. 血型播散型肺结核（Ⅱ型） 包括急性血行播散型肺结核（急性粟粒型肺结核）和慢性或亚急性血行播散型肺结核两型。①急性粟粒型肺结核：多见于婴幼儿和青少年，多同时伴有原发型肺结核；成人也可发生，可由病变中和淋巴结内的结核分枝杆菌侵入血管所致。起病急，持续高热，中毒症状严重，可合并结核性脑膜炎。X线表现为两肺散在的粟粒大小的阴影，大小一致密度相等，分布均匀的粟粒状阴影，随病期进展，可互相融合；②慢性或亚急性血行播散型肺结核：起病缓慢，症状较轻，X线表现为两肺出现大小不一、新旧病变不同，分布不均匀，边缘模糊或锐利的结节和索条阴影。

3. 继发型肺结核（Ⅲ型） 多发生在成人，病程长，易反复，是肺结核中的一个主要类型，包括以增殖病变为主、浸润病变为主、干酪病变为主或空洞为主的多种改变。①浸润型肺结核：X线常为云絮状或小片状浸润阴影，边缘模糊（渗出性）或结节、索条状（增殖性）病变，大片实变或球形病变（干酪性-可见空洞）或钙化；②慢性纤维空洞型肺结核：多在两肺上部，亦为单侧，大量纤维增生，其中空洞形成，呈破棉絮状，肺组织收缩，肺门上提，肺门影呈“垂柳样”改变，胸膜肥厚，胸廓塌陷，局部代偿性肺气肿。

4. 结核性胸膜炎（Ⅳ型） 临床上已排除其他原因引起的胸膜炎。包括结核性干性胸膜炎、结核性渗出性胸膜炎、结核性脓胸。X线表现为病侧胸腔积液，小量为肋膈角变浅，中等量以上积液为致密阴影，上缘呈弧形。

5. 肺外结核（Ⅴ型） 按部位及脏器命名，如淋巴结核、骨关节结核、结核性脑膜炎、结核性腹膜炎、肾结核、肠结核等。

三、结核病临床诊断

肺结核诊断方法依据：①病史和症状体征：症状体征对肺结核的诊断没有特异性，而有关与肺结核患者的接触史，尤其是接触时间、接触密切程度等对诊断有一定的意义；②影像学检查：胸部X线检查不仅可以早期发现结核病，还可以确定病灶的部位、性质、范围，了解发病情况及用于治疗效果的判断。胸部CT比普通胸片更早显示微小的粟粒结节，更清晰显示各型肺结核病变特点和性质，更准确显示纵隔淋巴结有无肿大；③痰结核菌检查：包括痰涂片检查、痰结核菌培养。简便易行，准确性较高，痰中培养出结核杆菌是结核病诊断的金标准，一般初次就诊要查3个痰标本，即夜间痰、清晨痰、即时痰；④纤维支气管镜检查：镜下可见黏膜充血、溃疡、糜烂和支气管狭窄；⑤广泛应用于结核分枝杆菌感染的检测，对儿童、少年和青年的结核病诊断有参考意义。

按照新修订的肺结核诊断标准（WS288—2008），肺结核分确诊病例、临床诊断病例和疑似病例。

1. 确诊病例　包括涂阳肺结核、仅培阳肺结核和肺部病变标本病理学诊断为结核病变者三类。

（1）涂阳肺结核：凡符合下列三项之一者：

①初诊肺结核病人，直接涂片镜检 2 次痰阳性；

②1 次涂片阳性和 1 次培养阳性；

③虽一次涂片阳性，但肺部影像学检查符合活动性肺结核影像学表现。

（2）仅培阳肺结核：同时符合下列两项者为仅培阳肺结核病例。

①痰涂片阴性；

②1 次培养阳性加肺部影像学检查符合活动性肺结核影像学表现。

（3）肺部病变标本病理学诊断为结核病变者。

2. 临床诊断病例　凡符合下列条件之一者为临床诊断病例（涂阴肺结核）。

（1）3 次涂片阴性，胸部影像学检查显示与活动性肺结核相符的病变且伴有咳嗽、咳痰、咯血等肺结核可疑症状。

（2）3 次涂片阴性，胸部影像学检查显示与活动性肺结核相符的病变且结核菌素试验强阳性。

（3）3 次涂片阴性，胸部影像学检查显示与活动性肺结核相符的病变且抗结核抗体检查阳性。

（4）3 次涂片阴性，胸部影像学检查显示与活动性肺结核相符的病变且肺外组织病理检查证实为结核病变者。

（5）3 次涂片阴性的疑似肺结核病例经诊断性治疗或随访观察可排除其他肺部疾病者。

胸部影像学检查显示与活动性肺结核相符的病变指：与原发性肺结核、血行播散性肺结核、继发性肺结核、结核性胸膜炎任意一种肺结核病变影像学表现相符。其中，符合临床诊断病例的标准，但确因无痰而未做痰菌检查的未痰检肺结核按涂阴肺结核的治疗管理方式采取治疗和管理。

3. 疑似病例　凡符合下列条件之一者为疑似病例。

（1）5 岁以下儿童：有肺结核可疑症状同时有与涂阳肺结核患者密切接触史，或结核菌素试验强阳性。

（2）仅胸部影像学检查显示与活动性肺结核相符的病变。

四、结核易感基因

流行病学调查显示：不到 10%的结核分枝杆菌感染者会发展成为活动性结核病，而大多数的感染者却能控制或者清除结核分枝杆菌。感染结核分枝杆菌能否发展成为临床症状的结核病与机体免疫状态相关，而机体的免疫状态很大程度上是由宿主基因决定的，一系列的研究已经证明宿主的遗传因素在结核病发展过程中发挥着重要的作用。

结核病易感基因的筛选主要有两种方法，即相关分析和连锁分析。以病例对照为研究为基础的相关分析是建立在候选基因筛选的基础上，由于资料容易收集，效能较高，能发现较小的影响因素，是目前研究结核病易感基因的主要方法。现在确定的结核病易感性候选基因主要包括参与抗原递呈的人类白细胞分化抗原（HLA）基因、参与炎症反应和调节机体免疫应答的细胞因子和趋化因子类基因、调节巨噬细胞微环境的自然抗性相关巨噬细胞蛋白 1（NRAMP1）基因、参与巨噬细胞凋亡或者 T 细胞下调作用的核体蛋白 110（SP110）基因、直接杀伤病原的一氧化氮合酶（NOS2A）基因，参与炎症反应和巨噬细胞吞噬作用的甘露糖凝集素（MBL）基因、参与维生素 D 代谢的维生素 D 受体（VDR）基因、识别病原体的 Toll 样受体（TLR）基因以及细胞因子和趋化因子。虽然以上基因与结核病易感性的研究在不同的人群中进行了研究，但是由于人群遗传多样性和疾病复杂性，只有部分基因能在不同的人群中得到一致性的结果，而大部分基因只在部分人群中存在关联。

连锁分析以家系为基础，系统而全面，可以研究所有的主要基因。到目前为止，结核病全基因组连锁分析研究在不同的人群中已经完成，不同人群所确定的结核病易感基因区域很少或者几乎没有重叠。Bellamy 等首次在冈比亚和南非孪生胞胎人群中完成了连锁分析，发现南非人群中 15q11～13 和冈比亚人群 Xq 包含可能的结核病易感基因。Miller 等在巴西人群中的研究发现：10q26.13、11q12.3 和 20p12.1 可能包括结核病易感基因；Baghdadi 等在摩洛哥人群中发现，8q12～q13 包含一个主要结核病易感基因，但是至今未在其他人群得到验证。Cooke 等在南非和马拉维人群研究发现：6p21～q23 和 20q13.31～33 可能包含结核病易感基因；Mahasirimongkol 等在泰国人群的研究发现：5q23.2～q31.3 区段包含大量结核病易感基因，如 IL-3、IL-4、IL-5 和 IL-13 等。

近年来，全基因组关联研究（GWAS）已成为一种新的寻找疾病致病基因的重要手段而应用于复杂疾病的研究。2010 年英国牛津大学威康信托基金会病例控制协会（WTCCC）研究中心和德国汉堡伯恩哈德-诺赫特热带医学研究所合作，首次对结核病例进行 GWAS，利用 3699 例肺结核病例和 7726 例对照人群，发现位于 18 号染色体上的 rs4331426 位点与肺结核易感性相关。然而，由于 rs4331426 位点位于“基因沙漠”上（一个大多数情况下沉默的区域，通常称之为“垃圾 DNA”），表明该变异本身并不是一个基因，但是可能参与基因调控。

从目前的研究结果来看，人类结核病易感性与基因多态性有一定的关联性，但这种关联在不同种族间存在差异。何种基因与结核病易感性相关还需要进一步在不同的人群中进行验证。

五、耐药结核病

结核耐药问题日趋严重，已成为结核病防治工作的一大难题，严重阻碍了结核病的控制过程。据 WHO 报告，2014 年，全球约有 3.3%的新发结核患者和 20%的复治结核患者感染耐多药结核（Multidrug resistant TB，MDR-TB），约有 190 000 人死于 MDR-TB；大约 9.7%的 MDR-TB 患者同时是广泛耐药结核（Extensively drug-resistant TB，XDR-TB）患者。

我国是耐药结核高负担国家之一，据 WHO 估计，约有 1/4-1/5 MDR-TB 患者在中国。2007～2008 年开展的全国结核病耐药性基线调查结果显示：我国肺结核患者中耐多药率为 8.3%，据此估算，我国每年新发耐多药患者 12 万例，占全球每年新发总数的 24.0%，位列全球第二位。

（一）分类

根据耐药种类分为以下四种：

1. 单耐药（mono-resistance） 结核杆菌体外对一种一线药物抗结核药物耐药。

2. 多耐药（poly-resistance） 结核杆菌对不同时包括异烟肼、利福平在内的一种以上的一线抗结核药物耐药。

3. 耐多药（MDR-TB） 结核杆菌至少对异烟肼、利福平耐药。

4. 广泛耐多药（XDR-TB） 结核杆菌除了至少对两种主要一线抗结核药物异烟肼、利福平耐药外，还对任何氟喹诺酮类药物（如氧氟沙星）产生耐药，以及三种二线抗结核注射药物（如卷曲霉素、卡那霉素、丁胺卡那霉素等）中的至少一种耐药。

（二）原因

结核耐药产生的主要影响因素包括：遗传因素和环境因素以及两者交互作用。

1. 遗传因素 遗传因素主要包括两种类型：①耐药因子（质粒或转座子）介导的药物失活型。耐药基因存在于染色体外的质粒或转座子中，其编码合成各种抗生素的灭活酶，将抗生素灭活而失效。通过耐药因子的传递，使敏感菌株转变为耐药菌株，最终导致耐药性产生；②药物靶位改变型。细菌染色体的环形 DNA 上有控制药物敏感性的遗传基因。由于自然突变，可能使药物敏感性的遗传基因编码的蛋白质出现异常，这些蛋白质往往是药物作用的靶位，导致原来对药物敏感的细菌变成耐药。

2. 环境因素

（1）治疗方案不合理：包括：①药物联合的不合理、不恰当；②用药剂量不足，服药方法不当；③疗程不足或间断用药；④对失败和复发的病例处理不当。

（2）结核病控制措施的薄弱和不足是耐药结核病发生的重要因素。

（3）二线抗结核药物的使用不当以及不能很好地实施严格监测和督导是耐药结核病尤其是 MDR-TB 和 XDR-TB 形成的重要原因。

（4）HIV 感染以及艾滋病的流行与传播是耐药结核病产生与传播的加速剂。

（5）新的抗结核药物开发和研制的严重滞后也是耐药结核病形成的一个原因。

（6）其他原因：经济困难或药物不良反应造成间断、不规则用药，药物吸收差（胃肠功能差），药物不能充分进入病灶组织等。

此外，药物外排泵介导的耐药机制也是结核耐药的一个重要因素。然而，结核产生耐药性的机制非常复杂，当前部分结核耐药性尚不能通过已知的部分环境和遗传因素得到合理解释，探索结核耐药的产生机制仍然任重而道远，有必要拓展当前对结核耐药发生的遗传机制的认识，进一步深入研究结核耐药机制。

六、肺结核疫情报告

1. 报告依据 依照《中华人民共和国传染病防治法》乙类传染病报告的要求，对肺结核病例限时进行报告。

2. 报告时限 凡肺结核或疑似肺结核病例诊断后，实行网络直报的责任报告单位应于 24h 内进行网络报告；未实行网络直报的责任报告单位应于 24h 内寄送出“中华人民共和国传染病报告卡”（简称“传染病报告卡”）给属地疾病预防控制机构。县（区）级疾病预防控制机构收到无网络直报条件责任报告单位报送的传染病报告卡后，应于 2h 内通过网络直报进行报告。

3. 责任报告单位及报告人 各级疾病预防控制机构（结防机构）、各类医疗卫生机构和采供血机构均为责任报告单位；其执行职务的人员、乡村医生和个体开业医生均为责任疫情报告人。

4. 报告对象 凡在各级各类医疗卫生机构诊断的肺结核患者（包括确诊病例、临床诊断病例）和疑似肺结核患者均为病例报告对象，分为涂阳、仅培阳、菌阴和未痰检 4 类。

知识点 22-1：结核分枝杆菌的独特生物特性

结核分枝杆菌因具备以下几种特性，使之成为人类健康面临的威胁。

（1）顽固性：结核杆菌体内含有大量类脂质，占结核菌干重的 40%，细胞壁内含量最多，因其富脂外壁的疏水性之故，一般的消毒剂难以渗入，对外界条件有异常大的抵抗力，通常的灭菌方法对其无效。15%硫酸或 15%氢氧化钠溶液处理 30min，可杀死一般的病原菌，但不能杀死结核杆菌。在阴暗潮湿的地方可生存数月，在阳光暴晒下能生存数小时，在-7℃以下可生存 4～5 年。但在沸水中（100℃）数分钟可死亡，因此，煮沸消毒是最有效最经济的方法。醇脂性溶剂—酒精能渗入其酯层而发挥奇效，用 75%酒精 2min 便可将它杀死。

（2）条件性：结核菌在含氧 40%~50%、5%~10%CO_2、温度为 36℃±5℃，PH 值为 6.8~7.2 的条件下生长旺盛，并且在一般的培养基上结核杆菌是不生长的，它必须在含有血清、卵黄、马铃薯、甘油以及某些无机盐类的特殊培养基上才能生长。所以结核菌最易侵犯氧气充足、血流、营养丰富的肺脏以及骨骼的两端。结核杆菌无论在什么环境中的存在，都已显示出，它是细菌家族中最优秀的菌种之一。

（3）懒惰性：结核杆菌生长缓慢，无运动能力，性情懒惰，其最快分裂增殖速度为18h一代，而大多数细菌都是几分钟或几十分钟便繁殖一代，如大肠杆菌约需20min便可繁殖一代，10h后，一个大肠杆菌繁殖10亿个以上，可是一个结核杆菌18个小时才繁殖2个。可别小看或轻视结核杆菌带有这种欺骗性形似疲惫的懒惰行为，大量科学家在实验室或医务人员在临床与它进行长期斗争的实践一再证明，我们与它斗争的手段还没有提高到一个高水平上来。

第二节　结核病流行特征

一、结核病的流行过程

1. 传染源　结核病的主要传染源为痰涂片阳性的肺结核病人，儿童肺结核以原发为主，大部分涂片阴性，传染性小，成年肺结核以继发性为主，其传染性大小取决于排菌量，可通过痰涂片检查来定量判断。活动性肺结核病人排菌状态不稳定，可出现间歇性排菌现象，原来无排菌的病人，可因结核病灶恶化，肺组织被破坏、穿破支气管与外界相通后便可处于排菌状态，有空洞形成的病人，其痰中含有大量的结核杆菌，是重要的传染源。经化疗治疗后的病人，2～3周后痰菌量可明显减少，痰菌开始阴转，并且病人咳嗽症状迅速消失，排菌状态明显改变，这说明化疗开始后排菌病人的传染性迅速下降或消失，不再造成新的传播，化疗不仅可以治愈病人，减少传染源，而且能缩短其传染期。

2. 传播途径　结核杆菌主要通过呼吸道传播，肺结核病人在谈话和咳嗽时从呼吸道排出含有结核菌的飞沫，大飞沫迅速落下，小飞沫与空气接触后水分急剧蒸发形成飞沫核（微滴核），小于5μm的含菌微滴核可进入易感者肺泡造成感染，微滴核弥散的距离与传染性有关，即距离传染源越近受感染的可能性越大，与排菌病人同居一室的儿童或少年，最易受感染，由于主要是空气传播，约95%以上的结核菌感染原发于肺部，其余5%可发生在骨、腹膜、肠等其他器官，机体感染结核杆菌后是否发病取决于该菌的毒力、侵入机体的菌数以及机体的免疫力，当机体抵抗力低下时，体内处于休眠状态的结核杆菌可滋生繁殖，并引起明显的血行播散，严重时形成全身主要脏器的感染（粟粒样结核），人类也可通过饮用未经严格消毒的病牛牛奶而感染牛型结核杆菌，但目前我国居民很少饮用生牛奶，故牛型结核在人类感染的比例较小。

3. 人群易感性　人群普遍易感，人群中易感者的比例是结核病流行的重要影响因素，影响易感性的因素很多，主要有免疫功能紊乱或缺陷（如HIV感染）、营养不良、糖尿病、重度吸烟、过度劳累、居住条件、职业、年龄等，与结核病人接触的医务人员可成为结核病的高危人群，自然感染后可获得特异性免疫。

二、结核病流行状况

（一）全球结核病流行状况

据WHO报告，2014年，全球有新发结核患者960万（其中540万为男性，320万为女性，100万为儿童），150万人因此死亡。同时，据WHO统计估计，目前全球大约有1/3的人感染过结核杆菌，95%的结核病人及98%的结核病死亡发生在发展中国家，自20世纪初以来，随着卡介苗的问世，经济的发展，医疗卫生服务的改善，结核病发病率在西方发达国家快速下降。20世纪50年代链霉素等有效抗结核化疗药物的出现，使得结核病在发达国家的流行得到了有效控制，但是，20世纪80年代中期以来，结核病疫情在发达国家有回升趋势，与此同时，结核病仍在贫穷落后的不发达国家肆虐，结核病、艾滋病和疟疾已成为世界三大传染病死因，对人群健康构成了严重威胁。

结核病流行有明显的地区差异，结核病涂阳发病率最高的地区分布在非洲撒哈拉以南地区，如津巴布韦、乌干达、南非、肯尼亚、民主刚果等国家或地区，发病率低于10/10万的国家主要是澳大利亚、日本、英国、瑞士等发达国家；疾病病例负担最大的国家分别是印度、印度尼西亚和中国，占全球结核病例的43.02%，全球22个结核病高负担国家中，拥有结核病人数占全球结核病总人数的80%以上，这些国家抗结核工作的成败将直接关系到全球结核病疫情的走势，见表22-1。

表22-1 2014年22个高负担国家和全球估计的结核病负担

国家	人口数（千）	发病数（千）	患病数（千）	死亡数（千）	累计发病百分比（%）
印度	1 295 292	2 200	2 500	220	22.92
印度尼西亚	254 455	1 000	1 600	100	33.33
中国	1 369 436	930	1 200	38	43.02
孟加拉国	159 078	360	640	81	46.77
巴基斯坦	185 044	500	630	48	51.98
尼日利亚	177 476	570	590	170	57.92
菲律宾	99 139	290	410	10	60.94
民主刚果	74 877	240	400	52	63.44
南非	53 969	450	380	24	68.13
坦桑尼亚	51 823	170	270	30	69.90
缅甸	53 437	200	240	28	71.98
埃塞俄比亚	96 959	200	190	32	74.06
越南	92 423	130	180	17	75.42
俄罗斯联邦	143 429	120	160	16	76.67
泰国	67 726	120	160	7.4	77.92
莫桑比克	27 216	150	150	18	79.48
肯尼亚	44 864	110	120	9.4	80.63
巴西	206 078	90	110	5.3	81.56
阿富汗	31 628	60	110	14	82.19
柬埔寨	15 328	60	100	8.9	82.81
乌干达	37 783	61	60	4.5	83.45
津巴布韦	15 246	42	44	2.3	83.89
高负担国家小计	4 552 704	8 000	10 000	940	83.89
全球	7 239 269	9 600	13 000	1 100	100.00

结核病在发达国家和发展中国家的发病年龄亦有差异，在发达国家中，大部分感染者在50岁以上，以老年人口发病多见。但在发展中国家中，结核杆菌感染者以15～49岁年龄的青壮年为多，结核病发病的男女性别比约为 2：1，贫困人口是结核病的主要高危人群。结核病

可以合并 HIV 感染，HIV 感染者又是结核病的高危人群。由 HIV 引起的结核病患者和死亡人数也日益增加，见表 22-2。

表 22-2 全球结核病与 HIV 并发情况

类别	1990 年	1995 年	2000 年	2010 年	2014 年
患病					
结核病人数	7 537 000	8 768 000	10 222 000	8 800 000	9 600 000
HIV 阳性者中结核病人数	317 000	738 000	1 410 000	1 100 000	1 200 000
HIV 合并结核病占总结核病人数百分比	4.2%	8.4%	13.8%	12.5%	12.5%
死亡					
结核病死亡人数	2 530 000	2 977 000	3 509 000	1 450 000	1 200 000
HIV 阳性者中结核病人数	116 000	266 000	500 000	350 000	400 000
HIV 合并结核病占总结核病人数百分比	4.6%	8.9%	14.2%	24.1%	33.33%

总之，在世界范围内结核病疫情都有加重的趋势，耐药结核病的流行使结核病的防控面临更严峻的挑战。据 WHO 估计，2014 年全球 3.3%的新发结核患者和 20%的复治结核患者患有 MDR-TB。在那些报告的肺结核患者中，约有 300 000 人患 MDR-TB，一半以上在印度、中国和俄罗斯联邦，见表 22-3。

表 22-3 2014 年 27 个 MDR-TB 高负担国家和全球估计的 MDR-TB 负担

国家	新发结核患者中 MDR-TB（%）	复治结核患者中 MDR-TB（%）	2014 年基于报告的患者估算的 MDR-TB 例数
亚美尼亚	9.4	43	160
阿塞拜疆	13	28	1 300
孟加拉国	1.4	29	4 800
白俄罗斯	34	69	1 700
保加利亚	2.3	23	72
中国	5.7	26	52 000
民主刚果	2.2	11	2 800
爱沙尼亚	19	62	62
埃塞俄比亚	1.6	12	1 300
格鲁吉亚	12	39	640
印度	2.2	15	71 000
印度尼西亚	1.9	12	6 800
哈萨克斯坦	26	58	4 900
吉尔吉斯斯坦	26	55	2 000
拉脱维亚	8.2	30	84
立陶宛	14	49	300

续表

国家	新发结核患者中 MDR-TB（%）	复治结核患者中 MDR-TB（%）	2014 年基于报告的患者估算的 MDR-TB 例数
缅甸	5.0	27	9 000
尼日利亚	2.9	14	3 300
巴基斯坦	3.7	18	12 000
菲律宾	2.0	21	11 000
摩尔多瓦共和国	24	62	1 500
俄罗斯联邦	19	49	39 000
南非	1.8	6.7	6 200
塔吉克斯坦	8.1	52	880
乌克兰	22	56	13 000
乌兹别克斯坦	23	62	7 000
越南	4.0	23	5 100
高负担国家小计	3.8	22	260 000
全球	3.3	20	300 000

（二）我国结核病流行状况

中国是世界上结核病病例负担第二的国家，仅次于印度，每年死于结核病的病例数占传染病死亡的 50%，居传染病死因第一位或第二位。迄今为止，我国已开展了五次全国性的结核病流行病学抽样调查，据 2010 年第五次全国结核病流行病学抽样调查结果显示：2010 年≥15 岁人群活动性肺结核的患病率为 459/10 万，涂阳肺结核患病率为 66/10 万，菌阳肺结核患病率为 119/10 万，估算全国现有活动性肺结核病人数 499 万，其中涂阳肺结核病人 72 万，菌阳肺结核病人 129 万。肺结核病人对检测的 4 种一线抗结核药品的耐药率为 36.8%，耐多药率为 6.8%，与 2000 年 10.7%的耐多药率相比有所下降；对检测的 7 种二线抗结核药品的耐药率为 24.6%，广泛耐药率为 2.1%；估算全国现有≥15 岁耐多药肺结核患者为 33.9 万，广泛耐药患者为 10.5 万。

我国的结核病也有明显的地区差异。①农村患病率明显高于城镇：活动性肺结核患病率农村为 569/10 万，城镇为 307/10 万；涂阳患病率农村为 78/10 万，城镇为 49/10 万；菌阳患病率农村为 153/10 万，城镇为 73/10 万。活动性、涂阳和菌阳肺结核患病率均呈现出农村高于城镇的特点，且高出近 1 倍，如图 22-1a 所示；②西部地区患病率高于东、中部地区：西部地区活动性、涂阳和菌阳肺结核患病率分别为 695/10 万、105/10 万和 198/10 万，而东部地区的活动性、涂阳和菌阳肺结核患病率分别为 291/10 万、44/10 万和 65/10 万，中部地区的活动性、涂阳和菌阳肺结核患病率分别为 463/10 万、60/10 万和 118/10 万，西部地区高于东部地区 1 倍多，高于中部地区近 1 倍，如图 22-1b 所示。

在我国，80%的结核病人分布在农村，贫困人口仍是结核病的高危人群，农村地区结核病的死亡率是经济发达城市的 3 倍之多。肺结核患病率均为男性高于女性，且随着年龄增加逐步增高，75～79 岁组达到高峰，如图 22-2 所示。

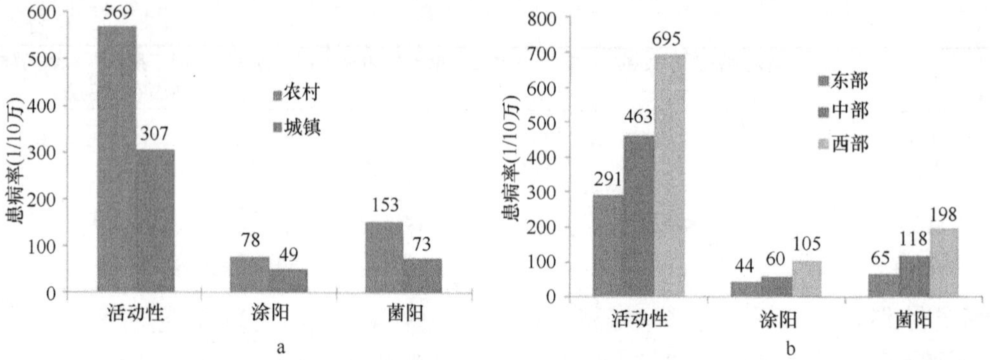

图 22-1　中国城镇、农村以及不同地域不同类型结核患病率差异比较

a. 全国城镇和乡村不同类型肺结核患病率；b. 全国东、中和西部地区不同类型肺结核患病率

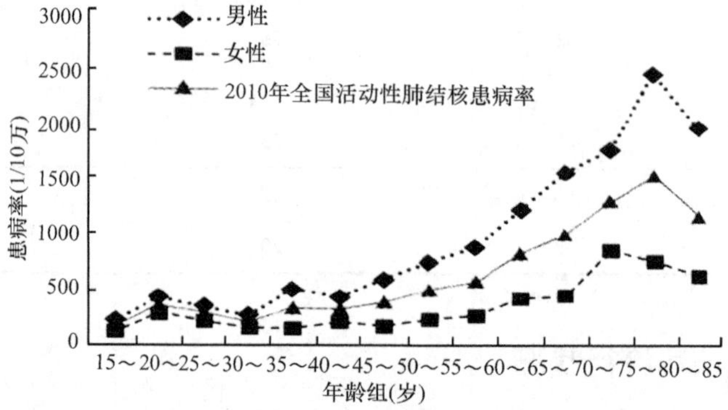

图 22-2　2010 年全国不同性别、年龄组活动性肺结核患病率

不同民族的患病水平有一定差异，其中维吾尔族发病率最高，1979 年和 1990 年两次流行病学调查结果显示分别为 184/10 万和 274/10 万。

总之，我国结核病流行现状为：结核病感染率高、患病率高、耐药率高、死亡率高、地区分布不平衡，现状不容乐观，结核病的防控面临更严峻的挑战。

三、全球结核病流行的原因

结核病疫情的恶化可能与下述原因直接有关：

1. HIV 和 AIDS 的蔓延和流行　HIV 感染降低了人体对结核菌的免疫力，使人体内处于休眠状态的结核杆菌迅速被激活，并快速生长和繁殖，致使 HIV 感染合并结核菌感染的人迅速发生结核病，此外，也可能受外来结核菌的侵入而致病，造成结核杆菌和 HIV 双重感染，使本来可以治疗的结核病人，却因感染 HIV 致使机体免疫力缺损，加速了结核病的恶化，同时，结核病的发生发展又造成了全球约 1/3 的 HIV 感染者死于结核病，WHO 关于全球 AIDS 和结核病并发情况的报告表明：HIV 感染流行是全球结核病控制遇到的最严重挑战，是结核病疫情恶化的原因之一。

2. 发展中国家人口的迅速增长和加速流动　发展中国家的人口快速增长，人口的城市化流动和国际间流动加速了结核病传播范围的扩大，流动人口构成中以青壮年为主，他们是结核病发病和死亡的高发人群，发展中国家流动人口中有相当部分人是贫困人群，居住条件差、卫生状况恶劣，成为结核病的重要传染源或高危人群，因此，流动人口中新发生的结核病人数将会大幅度上升，从而加重结核病负担。

3. 耐药结核菌的蔓延　有效的抗结核化疗方案包括长程化疗和短程化疗，化疗应遵循“早期、联合、适量、规律和全程”的用药原则，不完善的结核病治疗和管理是导致耐药结核菌产生的主要原因，结核病是一种贫困性疾病，若没有面向贫困人群的结核病防治策略，或没有实施规范的督导短程化疗（DOTS）策略，许多结核病人会因贫困等原因在接受短时间的治疗后，因症状缓解或消失，自己认为痊愈而终止治疗，这类未彻底治愈的病人，仍具有很强传染性，传播的多是耐药菌株（drug resistance strain），耐药结核病的不断传播，造成许多耐药和难治结核病人，增加了结核病的控制难度，尤其是目前死灰复燃的结核杆菌主要是这种多种药物耐受的菌株（multi-drug resistance）。

4. 控制结核病在全球公共卫生政策中被忽视 近30年来WHO和各国政府忽视了对结核病防治工作的领导，削弱了结核病防治结构的能力建设和财政投入，使结核病再次成为主要的公共卫生问题和社会问题，WHO于1993年宣布“全球结核病紧急状态”，并将3月24日定为“世界防治结核病日”，号召全球关注这一古老的疾病，重视加强对该病的研究、预防和控制。

知识点 22-2：VNTR 与结核分枝杆菌

可变数目串联重复序列（VNTR），是一种重复DNA小序列，为10到几百核苷酸，拷贝数10~1000bp不等，其典型表现形式为一段固定的序列（重复单元）在基因上反复出现，且首尾相连。结核分枝杆菌散在重复单位（MIRU）拷贝数在结核杆菌不同家族、种型、属水平上存在差异，通过分析VNTR的重复拷贝数可对结核分枝杆菌进行基因分型。目前15/24位点VNTR（VNTR-15/24）是目前应用最多的方案。该基因分型方法已广泛应用于结核流行病学研究，通过菌株的型别可以绘制结核病例之间的传播路线图，从而达到追踪菌株的感染源及判断是否为同源暴发等。

第三节 结核病的预防与控制

一、控制结核病的基本策略

结核病是一种可治愈可预防的疾病，卡介苗预防接种与化疗是预防与控制结核病的最有效方法，因而WHO提出控制结核病的基本策略是：发现和治疗病人、新生儿卡介苗接种。

（一）新生儿卡介苗接种

1. 卡介苗简介 卡介苗（bacille calmette guerin，BCG）是法国巴斯基研究所医学家Calmette（卡氏）和兽医学家Guerin（介氏）于1907～1920年间培育出来的，他们将一株强毒的牛型结核杆菌培养在5%甘油胆汁马铃薯培养基上，每隔2～3周传种一次，当传种30代后该株细菌对小牛不再具有致病性，到1919年传种230代后，该株细菌对多种动物的毒力消失，但可以诱导机体建立针对结核病的特异性免疫力，1921年首次以口服法接种于新生儿，获得良好免疫效果，1928年该株细菌被卡、介氏命名为卡介菌（BCG），以其制备的活的无毒力牛型结核菌疫苗称为卡介苗，1929年瑞典医生Mantous提出皮内注射法接种，沿用至今。

2. 接种对象与方法

（1）接种对象：卡介苗是活的无毒力牛型结核菌疫苗，接种卡介苗可使人体产生对结核菌的获得性免疫力，接种对象主要是未受感染的新生儿、婴儿、儿童和青少年，结核不存在母传被动免疫，应尽早对新生儿接种，最迟在1岁内。

（2）接种方法：常用接种方法为皮内注射法，将卡介苗0.1ml注射于左上臂三角肌外缘下端的皮内，接种后2～3月，再做结核菌素试验，反应阳性者，表示接种成功，否则，表示不成功，需重新接种，卡介苗是全球使用最广泛的疫苗之一，但针对成年人的预防效果尚无定论，大样本非随机化研究（病例对照和队列研究）提示卡介苗能够保护婴儿免于结核病的严重类型（如粟粒性结核和结核性脑膜炎），但对成年人的预防作用不确定，如果已经存在大量的感染者，则卡介苗接种的预防效果就不好，对于每年新感染率超过1%的流行区婴儿和儿童人群，或者暴露于传染源的儿童，如果结核菌素试验阴性，仍推荐接种卡介苗，这对减少儿童结核病的发病（尤其严重类型）和死亡，仍具有重要意义。

（二）病例发现和督导短程化疗

卡介苗的主要作用是减少原发结核病例，对痰涂阳性病例（传染源）控制的首要策略是病例发现和督导短程化疗。

1. 病例发现 发现和治愈肺结核患者是当前控制结核病疫情的最有效措施。

病例发现的途径：考虑到结核病控制的成本效益，WHO建议结核病发现遵循因症就诊的被动发现原则。70%～80%的涂阳肺结核患者可能出现肺结核可疑症状，因症就诊、转诊和因症推荐是实施DOTS策略地区发现肺结核患者的主要方式。因症就诊是指患者出现肺结核可疑症状后主动到结防机构就诊；因症推荐是指医务人员或有关人员将发现的肺结核可疑症状者推荐并督促其到结防机构接受检查；转诊是指患者出现肺结核可疑症状后到医疗卫生机构（不包括结防机构）就诊，经胸部X线或痰菌检查等诊断为肺结核或疑似肺结核患者后，患者携带医生填写的转诊单到结防机构就诊。其他方式还有追踪、接触者检查、健康检查。

此外，开展健康体检的机构在进行健康体检时，要关注结核病高发人群和重点行业的人群，以便及时发现和转诊肺结核患者。

肺结核患者的发现方法有：

（1）痰结核菌检查：痰中找到结核菌是确诊肺结核的金标准，主要有痰涂片、痰培养、痰集菌等检查方法，凡痰结核菌阳性，不论肺部X线如何，均可确诊为活动性肺结核，直接涂片镜检的阳性率受痰液中菌量的影响，而痰培养比涂片镜检更敏感，但痰培养需要4～8周时间。

（2）胸部X线检查：是早期发现肺结核的主要方法之一，常用X线检查方法包括透视、间接摄影和X线胸片，此外，发现结核病例的方法还有结核菌素（Purified protein derivative of tuberculin，PPD）试验、血液检查、纤维支气管镜检查、结核菌的基因诊断等。

2. 病人的治疗 肺结核患者一经确诊，就要及时给予治疗。合理的化学疗法是消除传染性、阻断传播和治愈患者的关键措施。用化学和生物制剂的抗结核药物治疗即称化学疗法，简称化疗。结核病化疗原则是：早期、联合、适量、规律和全程用药。

督导短程化疗指在短期内（6～9个月）实施化疗，必须在医务人员的直接面视下进行（送药到手、看药入口），督导病人服下每剂抗结核病药物，服药方法是隔日服药。督导短程化疗分为两个阶段：强化期和继续期。强化期为杀菌阶段，即在治疗开始时的2～3个月，联合应用4～5种抗结核药，以便在短时间内尽快杀灭大量繁殖活跃的敏感菌，减少耐药菌的产生；继续期为巩固治疗阶段，即在强化期之后的4～6个月内，继续消灭残留的结核菌，并减少和避免复发机会。在链霉素等高效抗结核病药物出现以前，传染性结核病人中60%以上在5年内死亡（1年内死亡占其中的40%），约20%病人“自愈”，剩下约20%的病人成为慢性传染源，在链霉素问世以后，在没有督导的情况下，实际治疗成功率只有40%～65%，病死率约10%，剩下30%～40%的病人成为慢性传染源，这意味着较自然转归，没有督导的化疗有更多的慢性传染源存在，有督导的化疗可治愈90%以上的传染源，只剩下约低于5%的病人成为慢性传染源。因此WHO提出各国政府制定和推行国家结核病控制规划（National Tuberculosis Control Program，NTP），特别强调控制措施的核心是推行督导短程化疗（DOTS），以控制传染源。我国目前采用的是直接观察下的督导短程化疗（DOTS），广泛应用的抗结核药物有异烟肼（H）、利福平（R）、吡嗪酰胺（Z）、乙胺丁醇（E）和链霉素（S），在强化期几乎全部被采用，而在继续期则选择其中的2～3种药物，治疗过程中的服药方法都采用隔日服药，以便于督导化疗的实施，使病人能全程，不间断地服药，以提高治愈率。

3. 药物预防性治疗与切断传播途径 预防性治疗是指感染后发病前的治疗，其目的主要是预防潜伏感染进展到临床疾病或出现严重并发症以及预防感染的激活和既往结核病的复发，治疗对象主要针对有发病危险因素的感染者，主要包括排菌病人的密切接触者、结核菌素试验新近转为阳性的儿童以及 HIV 感染者和胸片有既往结核征象者，治疗方案包括通常方案和督导短程方案，主要用异烟肼治疗。目前，药物预防性治疗仅在少数发达国家应用，发展中国家应用很少，若治疗资源不足，药物预防性治疗可优先考虑儿童对象。

加强对痰菌阳性结核病人的健康教育、隔离治疗与管理是切断结核病传播的重要措施。教育病人咳嗽、喷嚏或大笑时手帕捂口鼻，与健康人谈话时应戴口罩，阻止或减少传染性病人排菌污染空气，同时良好的通风、紫外线照射是高效杀灭空气飞沫核中的结核杆菌、减少空气中结核菌的有效方法。

二、结核病预防与控制面临的问题

我国结核病防治工作还面临着诸多问题，如结核病复发、结核病诊断和治疗延误、耐多药肺结核（MDR-TB）和结核菌/艾滋病病毒（TB/HIV）双重感染等。

（一）结核病复发

结核复发（Recurrence）是一项长期困扰结核病防治工作的重点和难点，是结核病难以根本控制的原因之一。复发是指过去有明确的结核病史，完成规定的化疗疗程后医生认为已治愈，现在痰涂片又出现阳性的肺结核患者。研究表明：复治（包括复发）结核易对一线抗结核药物（如异烟肼）产生耐药，复治结核患者比初治结核患者患 MDR-TB 的风险增加了 5～7 倍。

结核病的复发有两方面的原因：一是陈旧的原发灶内结核杆菌又重新活动，引起病灶复燃，称内源性复燃（Relapse）；二是原发感染已治愈后再次由外界感染结核杆菌而发病，称外源性再感染（Reinfection）。中国上海的一项研究表明，该地 1999～2004 年的结核复发 61.5%是由外源性再感染引起的。一般通过鉴别结核复发与初次感染的结核分枝杆菌菌株基因型来确定复发的原因，常用的方法有 IS6110 限制性片段长度多态性（IS6110-RFLP）分型技术、间隔区寡核苷酸分型（Spoligotyping）和结核分枝杆菌散在分布重复单位及多位点串联重复序列（MIRU-VNTR）分型法。其中，MIRU-VNTR 分型法具有简单快速，可操作性强，分辨率较高等特点，已成为美国疾病预防控制中心首选的结核分枝杆菌基因型分型法。

影响结核病复发的因素有很多：营养不良、不良的生活习惯（如吸烟、饮酒等）、结核耐药、有结核治疗史、生活在结核高发地区、合并其他疾病（如糖尿病、HIV 感染等）、人口流动等。

研究结核复发是以外源性再感染为主，还是以内源性复燃为主，对结核病防治具有重要的指导意义。如果某一地区的结核复发患者主要是由内源性复燃所致，说明原先感染的菌株未被彻底清除，因而防治的重点应放在采取更为合理有效的化疗方案、改进现行的管理措施、提高患者的服药依从性等方面，以彻底治愈患者。如果结核复发患者主要是由外源性再感染所致，则说明该地区传染源未得到有效控制，结核病近期传播较为严重，控制策略的重点应放在传染源的早期发现和控制上。

（二）结核病诊断和治疗延误

早期诊断和及时治疗是控制结核的关键，然而，延误在诊断和治疗过程中是难以避免的。结核诊断和治疗延误不仅增加了结核患者传播结核的危险性，还会导致更严重的并发症和更高的死亡率，甚至会增加发展为耐药结核的风险。

根据结核患者就医过程中的关键节点（患者出现症状、首次就诊、确诊结核病、开始治疗）定义了与延误相关的不同指标如图 22-3 所示。①总延误（Total delay）：为患者出现任何结核病主要症状（如咳嗽、咳痰、体重减轻、盗汗等）之日起至开始抗结核治疗的时间间隔；②就诊延误

（Health seeking delay）：为患者出现任何结核病主要症状之日起至任何医疗机构就诊的时间间隔；③诊断延误（Diagnostic delay）：为患者因任何结核病主要症状至任何医疗机构就诊之日起至确诊为肺结核患者的时间间隔；④治疗延误（Treatment delay）：为患者被确诊为肺结核患者之日起至开始抗结核治疗的时间间隔；⑤医疗机构延误（Health system delay）：包括诊断延误和治疗延误，即患者因任何结核病主要症状至任何医疗机构就诊之日起至开始抗结核治疗的时间间隔。一般以中位数和四分位数间距（IQR）或范围表示。

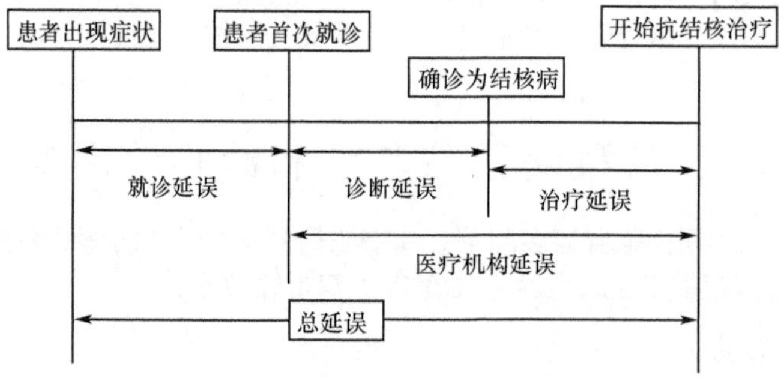

图 22-3 延误的类型

国内一项回顾性队列研究发现：新发活动性结核患者就诊延误时间是 5.4（IQR 2.7～26）周，医疗机构延误时间是 0（IQR 0～1.6）周，结核症状出现到第一次结核诊断时间间隔是 9.9（IQR 3.1～28.1）周。不同国家和地区延误的情况也不同，在深圳市，结核患者就诊延误为 10（范围 0～2350）天，诊断延误为 2（范围 0～2193）天，治疗延误为 0（范围 0～73）天。在巴西，新发结核患者就诊延误时间是 30（IQR 7～60）天，医疗机构延误时间是 18（IQR 9～39.5）天，总延误时间为 60（IQR 30～90.5）天。在莫桑比克，新发结核患者就诊延误时间是 61（IQR 28～113）天，医疗机构延误时间是 62（IQR 37～120）天，总延误时间为 150（IQR 91～240）天。

影响结核患者各类延误的因素是多方面的，不同国家和地区的相关因素也是不同的。在中国，延误的主要个人层面决定因素包括社会人口和经济因素，主要是贫穷、农村居民、缺乏医疗保险、教育程度低、感到耻辱和结核知识差；卫生系统方面的决定因素包括：进行及时诊断的资源的有限可及性、缺少合格的医务工作者和地理障碍。生活在农村地区、女性和教育程度低（小学及以下）是就诊延误的危险因素，生活在农村地区、首先找中医治疗是诊断延误的危险因素。而在国外，男性、失业、低收入、咯血、痰涂片阳性和到卫生机构的时间和距离长与就诊延误相关；男性、到卫生机构的时间和距离长以及到公立医院咨询与医疗机构延误有关。

预防措施如下：

（1）加强对群众的防痨健康教育：有针对性地向群众宣传结核病可疑症状、国家免费政策、结核病的危害等知识，提高群众对结核病的认知水平，减少社会歧视，当出现结核病可疑症状后自觉及时就诊，缩短就诊延迟时间，最终提高结核患者的发现率。

（2）加强对医务人员的业务培训：加强对各级医疗机构医务人员结核病有关知识的分类培训，提高其对结核病的警觉性和识别能力；最大限度地缩短延误时间，最终提高结核病患者的发现率。

（3）加大对医疗机构的管理力度：加大对各级医疗机构的管理力度，强化结核病患者转诊及归口管理；并进一步做好机构之间的协调，以便做到早期诊断、早期治疗，从而减少医源性延误诊断。

（4）加大对脆弱人群的关注程度：对女性、老年人等脆弱人群应给予特殊关注，在今后的结核病控制规划中，可以考虑对他们适当倾斜政策。

（三）耐多药结核病

我国是全球 27 个耐多药结核病（MDR-TB）高负担国家之一。耐多药结核病患者预防和诊治及管理是我国结核病控制的关键环节。

耐多药肺结核是指肺结核患者感染的结核分枝杆菌至少同时对异烟肼和利福平耐药。耐多药肺结核患者的发现主要采取对耐多药肺结核可疑者进行筛查的方式。筛查的方法是对痰培养阳性患者的培养物进行菌种鉴定和结核分枝杆菌药物敏感试验。

大部分耐药性结核是可以预防的。预防的关键是早期发现病人，并给予规范化治疗，使病人彻底失去传染性。采用标准的化疗方案和积极推行督导短程化疗（DOTS）是预防耐多药结核病的有效措施。

由于耐药结核病特别是耐多药结核病对治疗结核病的主要药物产生耐药性，从而给治疗带来困难，如果再以异烟肼和利福平组成化疗方案治疗已无效果或效果明显降低。治疗耐多药结核病主要根据结核杆菌敏感试验结果来确定化疗方案，应选择 3 种以上敏感药物联合化疗，疗程至少 2 年。耐多药结核病治疗较复杂，药物副反应发生率高，应在专科医生密切指导、观察下进行。

（四）结核菌/艾滋病病毒双重感染防治

结核菌/艾滋病病毒（TB/HIV）双重感染有两个方面的含义：一是艾滋病病毒感染者同时感染了结核菌，但尚未发展成为活动性结核病患者，称为“结核菌/艾滋病病毒双重感染”；二是当艾滋病病毒感染者或艾滋病患者同时患有活动性结核病时，就成为“艾滋病合并结核病患者”。

从理论上讲，未感染艾滋病病毒的人感染结核杆菌后，其一生中患结核病的概率为 10%；但一旦感染了艾滋病病毒后，结核病的发生概率将上升到 50%左右。在艾滋病高流行地区，艾滋病病毒感染者和艾滋病患者中结核病患者的大量增加，给结核病控制工作带来了新的困难；同时，结核病是艾滋病患者最常见的机会性感染疾病，已成为艾滋病患者人群死亡的主要原因，约占全球艾滋病死亡的三分之一。因此，TB/HIV 双重感染防治工作非常重要，特别是对控制结核病疫情，降低艾滋病合并结核病患者疾病负担和减少死亡，意义重大。TB/HIV 双重感染预防措施如下：

（1）采取有效的干预措施，防止结核病患者感染艾滋病病毒。

（2）采取有效的结核病感染控制措施，防止艾滋病病毒感染者和艾滋病患者感染结核菌。

（3）对已感染了结核菌但尚未患活动性结核病的艾滋病病毒感染者或艾滋病患者，在有条件的地区，应开展结核病预防性治疗，以降低其发展成为活动性结核病患者的风险。

知识点 22-3：结核潜隐性感染

结核潜隐性感染是指感染了结核分枝杆菌但没有表现出结核病症状，仅在结核皮试和血液检测表现为阳性。因此处于潜隐感染状态的人不具备传染性，不会把结核传播给其他人。但是，如果不通过治疗，大约有 5%～10%的人在未来会发展为结核病，其中大约有一半的人会在感染后的头两年内发展为结核病人。对于免疫系统较弱的人，尤其是那些有感染艾滋病毒的人，患结核病的风险大大高于正常免疫系统的人。特别值得关注的是广泛耐药结核的潜隐感染将来会发展为 XDR 结核。结核潜隐性感染的特点：

（1）通常有一个皮肤测试或血液测试结果表明结核病感染；

（2）胸部 X 线检查正常和痰试验阴性；

（3）体内有结核分枝杆菌，但不活跃；

（4）没有不舒服感；

（5）不能将结核病细菌传播给他人；

（6）需要潜伏结核感染预防结核病治疗；然而如果暴露于多重耐药结核或广泛耐药结核病，预防性治疗可能不是一个好的选择。

案例 22-1 分析讨论：

（1）人群对结核分枝杆菌普遍易感，尤其是有免疫功能紊乱或缺陷（如 HIV 感染）、营养不良、糖尿病等人群，这些人群共同特点是免疫力较低级，是结核病的高危人群。同时重度吸烟、过度劳累、居住条件差、与结核分枝杆菌有较密切的职业接触以及高龄也是影响人群对结核的易感性。

（2）中国是世界上结核病病例负担第二的国家，尽管结核病疫情呈明显下降趋势，但 2010 年第五次全国结核病流行病学抽样调查结果显示结核病流行的特点是：≥15 岁人群活动性肺结核的患病率为 459/10 万，涂阳肺结核患病率为 66/10 万，菌阳肺结核患病率为 119/10 万，估算全国现有活动性肺结核病人数 499 万。肺结核病人对检测的 4 种一线抗结核药品的耐药率为 36.8%，耐多药率为 6.8%，估算全国现有≥15 岁耐多药肺结核患者为 33.9 万，广泛耐药患者为 10.5 万。我国的结核病也有明显的地区差异，农村患病率明显高于城镇，西部地区患病率高于东、中部地区。在我国，80%的结核病人分布在农村，贫困人口仍是结核病的高危人群，农村地区结核病的死亡率是经济发达城市的 3 倍之多。肺结核患病率均为男性高于女性，且随着年龄增加逐步增高，75～79 岁组达到高峰。

总之，我国结核病流行现状为：结核病感染率高、患病率高、耐药率高、死亡率高、地区分布不平衡，现状不容乐观，结核病的防控面临更严峻的挑战。

（3）结核病是一种可治愈、可预防的疾病，卡介苗预防接种与化疗是预防与控制结核病的最有效方法，因而 WHO 提出控制结核病的基本策略是：发现和治疗病人、新生儿卡介苗接种。卡介苗的主要作用是减少原发结核病例，对痰涂阳性病例（传染源）控制的首要策略是病例发现和督导短程化疗，其中发现和治愈肺结核患者是当前控制结核病疫情的最有效措施。具体策略如下：

1）尽早发现病人：实行 DOTS 是目前结核病防治的最重要的措施，因为它能直接控制结核病的传染源。这个措施成功的关键是：有结核病症状的人尽快到当地结核病防治机构就诊，及早进行确诊；一旦确诊为活动性肺结核就要按照医生的治疗方案进行治疗，治疗成功的关键是完成全疗程，不要中途停药，中途停药不仅会导致治疗失败还会产生结核耐药，造成更大危害。

2）接种卡介苗：通过人工接种卡介苗，使未受感染的人产生一次轻微的感染，既没有发病的危险，又可以产生抵抗结核病的能力，从而减少结核病的发生。在结核病发病较高的地区，接种卡介苗在预防结核病，特别是可能危及儿童生命的严重类型结核病，如结核性脑膜炎、粟粒性结核病等方面具有明显的作用。卡介苗接种的主要对象是新生儿、婴幼儿。卡介苗接种被称为“出生第一针”，在产院、产科出生的新生儿一出生就应接种。如果出生时没有及时接种，在 1 岁以内一定要到当地结核病防治机构或其他卡介苗接种站去补种。

3）已感染者的预防治疗：对已经感染结核菌的人，用抗结核药物预防结核病的发生是非常有效的。在我国高感染率的情况下，应对以下特殊人群或重点对象进行药物预防，以减少结核病的发生。

①人类免疫缺陷病毒（HIV）感染者。

②与新诊断传染性肺结核病人有密切接触的结核菌素阳性幼儿和青少年。

③未接种卡介苗、5 岁以下结核菌素试验阳性的儿童。

④结核菌素试验阳性的糖尿病病人、矽肺病人、长期使用肾上腺皮质类固醇激素治疗者、接受免疫抑制疗法者。

⑤X 线胸片有非活动性结核病变而又没有接受过抗结核治疗的人。

⑥结核菌素试验强阳性者。

（文育锋）

第二十三章　感染性腹泻

案例 23-1

感染性腹泻是急性传染病中发病数多、流行面广、影响人们生活最为普遍的一类疾病，是当今全球性重要的公共卫生问题，也是5岁以下儿童的三大致死病因之一，受到世界卫生组织（WHO）和各国政府的高度重视，我国也将其列入重大疾病预防控制规划。感染性腹泻可由病毒、细菌、真菌、原虫等多种病原体引起，其临床特点为起病急、恶心、呕吐、腹痛、腹泻，排水样便或稀便，治疗不及时或不合理可致死亡。

李某在某餐厅设宴招待宾客后，63例就餐人员中有7人出现重症急性腹泻症状（每24 h 3次或3次以上水样便）。某疾控中心接到疫情报告后，采用食源性疾病调查表对所有进餐人员进行个案调查，并按照WS289-2008霍乱诊断标准对63名参加宴请人员的2份以上腹泻便或肛拭子标本进行O139霍乱弧菌检验，并用O139多价抗血清作血清型鉴定。结果在7例患者中，有5例患者的标本检出O139霍乱弧菌，另外有15例参加就餐的人员的粪便标本呈现O139霍乱弧菌阳性（携带者）。进一步分析发现，在当天的食谱中，煮萝卜与本次感染性腹泻的发病显著相关（OR=3.709，95% CI：1.105～12.449，P＜0.05）。相关部门根据调查结果，及时采取针对性措施，有效地控制了疫情的传播和发展，实现了本次疫情未发生死亡病例、未发生二代病例、未出现疫情扩散的目标。

问题：

（1）什么是感染性腹泻？预防的关键是什么？

（2）本案例中引起感染性腹泻暴发的病原体是什么？是通过何种途径传播的？

感染性腹泻（infectious diarrhea）是指由病毒、细菌、真菌等多种病原体及其产物或寄生虫引起的、以腹泻为主要临床症状的一组肠道传染病。所谓腹泻是指每日排未成形大便3次或3次以上，或每天排出未成形粪便的总量超过250克，粪便的性状可为稀便、水样便、黏液便、脓血便或血样便，同时可伴有腹痛、恶心、呕吐、腹胀、食欲不振、发热及全身不适等。根据实际情况和治疗的需要，感染性腹泻可划分为三类：①急性腹泻：指急性起病，病程在2周以内者；②迁延性腹泻：病程超过2周但未超过2个月的患者；③慢性腹泻：指反复发作，病程持续2个月以上、甚至迁延数月或数年的患者。

感染性腹泻是严重危害人类安全和健康的重要传染病之一。发展中国家因腹泻病所致的医疗负担和经济负担严重，故仍然是值得关注的全球性公共卫生问题。世界卫生组织（World Health Organization，WHO）估计，全球每天有数千万人罹患腹泻病，每年发生腹泻病达17亿例次，其中有220万例患者因严重腹泻而死亡。

第一节　病原学特征

一、病原体的种类

感染性腹泻病原体种类繁多，引起感染性腹泻的病原体主要分为三大类：细菌、病毒、寄生虫。细菌是感染性腹泻病原体中最大的一个家族，也是最早被确认的感染性腹泻病原体，如霍乱弧菌、伤寒杆菌和痢疾杆菌等。引起感染性腹泻的病毒主要有轮状病毒、肠腺病毒和诺如病毒等，随着免疫电镜、PCR 等技术的发展，近年来人类致泻性病毒正受到越来越多的重视；原虫是引起感染性腹泻的主要人体寄生虫，有溶组织阿米巴、蓝氏贾第鞭毛虫、隐孢子虫等几十种。主要的病原体及其引起的疾病见表 23-1。

表 23-1　感染性腹泻的主要病原体

种类	主要病原体	所致疾病
细菌	**弧菌属**	
	O1 群和 O139 群霍乱弧菌	
	其他致泻性弧菌（如非 O1 群和非 O139 群霍乱弧菌，副溶血性弧菌，拟态弧菌，河弧菌，霍利斯弧菌，弗尼斯弧菌等）	霍乱弧菌性肠炎
	志贺菌属	
	痢疾志贺菌，福氏志贺菌，鲍氏志贺菌，宋内志贺菌	细菌性痢疾
	沙门菌属	
	鼠伤寒沙门菌，肠炎沙门菌，猪霍乱沙门菌等	沙门菌肠炎
	埃希菌属	
	肠产毒性大肠杆菌（ETEC）	旅行者腹泻、婴幼儿腹泻
	肠侵袭性大肠杆菌（EIEC）	痢疾样腹泻
	肠致病性大肠杆菌（EPEC）	婴儿腹泻
	肠出血性大肠杆菌（EHEC）	出血性腹泻
	弯曲菌属	
	空肠弯曲菌，结肠弯曲菌等	弯曲菌肠炎
	葡萄球菌属	
	金黄色葡萄球菌等	急性胃肠炎、假膜性肠炎
	厌氧芽孢梭菌属	
	产气荚膜梭菌，艰难梭菌等	腹泻、伪膜性肠炎等
	耶尔森菌属	
	小肠结肠炎耶氏杆菌等	小肠结肠炎
	芽孢杆菌属	
	蜡样芽孢杆菌等	急性胃肠炎
	其他菌属	
	变形杆菌，土拉弗菌，亲水气单胞菌，类志贺毗邻单胞菌等	感染性腹泻
病毒	轮状病毒，杯状病毒（诺如病毒和扎如病毒），星状病毒，肠腺病毒，冠状病毒，诺如病毒等	急性胃肠炎
寄生虫	溶组织阿米巴原虫	阿米巴痢疾
	隐孢子虫，蓝氏贾第鞭毛虫，类圆线虫，结肠小袋虫等	感染性腹泻

二、主要病原体特征

（一）霍乱弧菌

霍乱弧菌（V.cholerae）是引起霍乱的病原菌，包括 2 个生物型：古典生物型（classical biotype）和埃尔托生物型（EL-Tor biotype）。1961 年之前，以古典生物型霍乱流行为主，目前流行的霍乱均为埃尔托生物型霍乱。该菌通过生物化学试验和菌体 O 抗原的血清学多样性可分为两百多个血清群，其中 O1 群和 O139 群霍乱弧菌是霍乱的病原菌，其他群统称为非 O1 群霍乱弧菌，为一般感染性腹泻的病原菌型。根据噬菌体-生物分型方法，O1 群霍乱弧菌可进一步分为 32 个噬菌体型和 12 个（a～e）生物型；其中 1～5 噬菌体型且为 a～f 生物型的菌株称为流行株，具有引起霍乱流行或大流行的能力，其他称为非流行株。

霍乱弧菌革兰染色阴性、无芽孢和荚膜。菌体长 1.5～2.0μm，宽 0.3～0.4μm。由于其形态呈弧形或逗点状，所以也称其为“逗点弧菌”。霍乱弧菌属兼性厌氧菌，对营养要求较低，在 16～44℃（最适温度为 37℃）和 pH 为 6.0～9.2（适宜 pH 为 7.2～7.4）环境条件下均可繁殖。加热是杀死霍乱弧菌最好的方法，水中弧菌经 100℃沸腾 1-2min 即可被杀死。

（二）沙门菌

沙门菌属（Salmonella）细菌（简称沙门菌）是寄生于人类和动物肠道中、生化反应和抗原构造相似的革兰阴性杆菌。主要致病菌包括伤寒沙门菌（S.typhi）、副伤寒沙门菌（S.paratyphi）、乙型伤寒沙门菌等。在沙门菌中，除伤寒沙门菌和副伤寒沙门菌分别引起伤寒和副伤寒，为全身系统性疾病，其他的沙门菌一般常会引起感染性腹泻，其中以鼠伤寒沙门菌（S.typhimurium）最常见。目前世界上已发现的沙门菌属细菌的血清型在 2500 种以上，但仅少数对人致病。我国已发现 37 个 O 群、285 个血清型的沙门菌。

沙门氏菌为革兰氏阴性杆菌，无芽孢，除少数菌外，都具有周身鞭毛，能运动，在 10～42℃均可生长，以 37℃最为适宜。沙门菌在水中生存能力较强，在污水中最长可存活 9 个月。60℃ 30min 即可杀死，对苯酚等消毒剂敏感。

（三）志贺菌

志贺菌属（Shigellae）细菌（简称志贺菌）也称痢疾杆菌（dysentery bacteria），是人类及灵长类动物菌痢的病原体。志贺菌有 O 和 K 两种抗原，其中 O 抗原是分类的依据，分为群特异性抗原和型特异性抗原。根据生化反应和抗原结构，志贺菌可分为 4 个群 47 个血清型：A 群痢疾志贺菌（S.dysenteriae），含 12 个血清型；B 群福氏志贺菌（S.flexneri）有 6 个血清型和 2 个变种，共计 16 个血清型（亚型）；C 群鲍氏志贺菌（S.boydii），有 18 个血清型；D 群宋内志贺菌（S.sonnei）有 1 个血清型。近年来对 A 群痢疾志贺菌的分型研究又增加了 3 个血清型，即 A 群痢疾志贺菌含有 15 个血清型。

志贺菌为无芽孢、无荚膜、无鞭毛、有菌毛的革兰阴性菌。该细菌在水中的生存能力比沙门菌弱，感染剂量小，10 个活菌即可引起临床症状。60℃ 10min 即可灭活，对 1%苯酚，能耐受 30min。

（四）埃希菌

埃希菌属（Escherichia）包括 7 个种，其中大肠埃希菌（E.coli），又称大肠杆菌，为革兰氏阴性杆菌。大肠杆菌属人类和动物肠道中的正常菌群，仅有少数菌株能直接引起肠道感染，这些菌株又称致泻性大肠埃希菌，主要包括：①肠产毒性大肠杆菌（enterotoxigenic E.coli，ETEC），能分泌耐热肠毒素（stable toxin，ST）、不耐热肠毒素（labile toxin，LT），具有与致病相关的菌毛，是婴幼儿和旅游者腹泻的重要病原菌，可产生类霍乱样腹泻；②肠侵袭性大肠杆菌（enteroinvasive E.coli，EIEC），较少见，在毒力和致病机制上与志贺菌一致；③肠致病性大肠杆菌（enteropathogenic E.coli，EPEC），具有质粒编码的 BFP 菌毛，噬菌体编码的志贺样毒素（shiga like toxin，SLT）和染色体编码的 eae 基因，具有侵袭上皮细胞的能力；④肠出血性大肠杆菌（enterohemorrhagic E.coli，EHEC），以大肠杆菌 O157：H7 血清型菌株为主，可引起人出血性结肠炎、尿毒综合征等；⑤肠集聚性大肠杆菌（EAggEC），可在黏附于肠黏膜时呈聚合状，释放耐热、不耐热肠毒素和 Vero 毒素，是儿童持续性腹泻的重要病原。

（五）弯曲菌

弯曲菌属（Campylobacter）为革兰氏阴性、微需氧、形态弯曲、营养要求高、氧化酶阳性的细菌。引起人类感染性腹泻的主要有空肠弯曲菌（C.jejuni）和结肠弯曲菌（C.coli）。空肠弯曲菌近年来在有的国家已经成为重要的水传疾病的病原菌，主要引起婴幼儿急性肠炎，可造成暴发、流行或集体食物中毒。在国内许多地区，空肠弯曲菌的感染率仅次于志贺菌和致泻性大肠杆菌。

（六）轮状病毒

人类轮状病毒（human rotavirus，HRV）为呼肠病毒科轮状病毒属，是大小约 60～80nm，表面光滑，无囊膜的球形并具有多层衣壳的双链 RNA 病毒。根据基因组及抗原性特征，轮状病毒可分为 A～G7 个组，其中 A～C 组可感染人和动物，而 D～G 组仅感染动物。A 组轮状病毒是引起婴幼儿急性肠胃炎的主要病原体，也称婴儿腹泻轮状病毒，是发展中国家导致婴幼儿死亡的主要死因之一。B 组轮状病毒也称成人轮状病毒（adult diarrhea rotavirus，ADRV），是引起成人腹泻暴发或流行的主要病原体之一。C 组引起的腹泻仅有个别报道。

（七）诺如病毒

诺如病毒（Norovirus）是属杯状病毒科，是无包膜、单股正链 RNA 病毒。其原型株诺瓦克病毒于 1968 年在美国诺瓦克市被分离发现，2002 年国际病毒命名委员会将其正式命名为诺如病毒。诺如病毒基因组全长约 7.7kb，包含 3 个开放阅读框（Open reading frames，ORFs）。ORF1 编码非结构蛋白，包括 RNA 聚合酶（RNA-dependent RNA polymerase，RdRp）；ORF2 和 ORF3 分别编码主要（VP1）和次要（VP2）衣壳蛋白。根据 VP1 序列的同源性，诺如病毒可分为 GI～GV 五个基因组（Genogroup），其中引起人类感染的主要是 GI、GII 和 GIV 组，但以 GII 组为主。每个基因组可进一步分为不同的基因型（Genotype）。自 1995～1996 年诺如病毒首次导致世界性大流行以来，GII 群中的第 4 基因型 GII.4 一直在世界范围内的流行中占据主导地位，且几乎每隔两、三年，GII.4 便会引发一次大范围流行，并出现新的变异株。

知识点 23-1：感染性腹泻的概念

感染性腹泻是指由病毒、细菌、真菌等多种病原体及其产物或寄生虫引起的、以腹泻为主要临床症状的一组肠道传染病。腹泻是指每日排未成形大便 3 次或 3 次以上，或每天排出未成形粪便的总量超过 250 克，粪便的性状可为稀便、水样便、黏液便、脓血便或血样便，同时可伴有腹痛、恶心、呕吐、腹胀、食欲不振、发热及全身不适等。

感染性腹泻可划分为三类：

（1）急性腹泻：指急性起病，病程在 2 周以内者；

（2）迁延性腹泻：病程超过 2 周但未超过 2 个月的患者；

（3）慢性腹泻：指反复发作，病程持续 2 个月以上、甚至迁延数月或数年的患者。

第二节 流行过程

一、传染源

1. 患者和病原携带者 感染性腹泻患者和病原携带者是重要的传染源。患者的排泄物尤其是发病初期的排泄物中会含有大量病原体，且由于排放量较大、次数频繁，因此极易污染环境中的水体和食品，或通过日常生活的接触造成疾病的传播。此外，虽然病原携带者排出病原体的量较少，频率较低，但由于慢性携带者可长期（数月甚至多年）带菌、排菌，因此作为传染源的流行病意义不容忽视。所以，注意病人的隔离、治疗和卫生处理是感染性腹泻防治的重要措施。

2. 受感染动物　患病和被感染的动物都可能成为感染性腹泻的传染源（包括家畜、家禽及一些野生动物）。例如由于猫、狗、家禽和爬行类动物的沙门菌感染率高，因此宠物引起的人类沙门菌传染已成为一个受关注的问题。其他常见的动物传染源的感染性腹泻有弯曲菌肠炎、沙门菌肠炎及某些细菌性食物中毒等。

二、传播途径

粪-口-粪途径是导致感染性腹泻传播和流行的主要方式，主要包括水、食物以及接触染菌昆虫等单一或交错地进行。

1. 水传播　经水传播是造成感染性腹泻暴发或大范围流行的常见原因之一。例如 20 世纪 70 年代、80 年代大连市细菌性痢疾的暴发全部为经水传播；再如 2007 年 5 月 13 日至 6 月 2 日间，广西柳州市某村出现 100 多例细菌性痢疾的暴发，也是由于水体污染所致。因此，加强水源管理、搞好饮水卫生是控制感染性腹泻的重要手段。

2. 食物传播　生吃被病人粪便污染的瓜果、蔬菜，或炊事员是患者或病原体携带者，均可造成食物传播。经食物传播引起的感染性腹泻多为暴发，其特点是在潜伏期内发生大量患者，发病与否和是否在一个地点用餐或同吃一种食物有关，病原为一个共同菌型。常见的有沙门菌肠炎、痢疾等。我国关于经食物传播引起的感染性腹泻暴发时有报道。例如 2004～2010 年凉山州累计报告细菌性痢疾暴发疫情四起，均为群体性聚餐引起。

3. 接触传播　沙门菌、志贺菌和诺如病毒等可通过与病人直接接触或通过污染的用具传播。在卫生习惯较差的人群尤其是儿童中，手被污染后的传播作用尤其突出。经接触传播通常表现为感染性腹泻散发。但是在人口密度大、卫生状况差、卫生制度不健全的集体单位，接触传播也可以引起感染性腹泻暴发。

4. 苍蝇等媒介传播　苍蝇、蟑螂等动物体内外均可带菌，在流行季节很容易造成食物的污染而引起感染性腹泻发生和流行。例如志贺菌属细菌可在苍蝇体表和肠内存活数小时至数天，而且由于苍蝇的远距离传播作用，因此苍蝇作为传播媒介在感染性腹泻控制中不可忽视。

三、人群易感性

人群对感染性腹泻病原体普遍易感，感染后可存有一定程度的免疫和型特异性保护。但对于不同的病原体，人体获得的免疫力持续时间从几个月到数年不等，因此，许多病原体可引起重复感染。病原体毒力、菌量、机体状态等与发病易感性有一定关系，如古典型霍乱弧菌一般导致显性重型病例，而埃尔托型霍乱弧菌则多引起隐性感染和轻型病例。此外，对于某种特定的感染性腹泻地方性疫区而言，人群的易感水平随年龄的上升而有所下降，其机制可能与生活在疫区的健康人群少量多次的隐性感染有关。

知识点 23-2：感染性腹泻的传染源和主要传播途径

（1）感染性腹泻患者、病原携带者、患病和被感染的动物是感染性腹泻重要的传染源。

（2）粪-口-粪途径是导致感染性腹泻传播和流行的主要方式，主要包括水、食物以及接触、蝇虫等媒介传播等，单一或交错进行。

第三节　流行特征

感染性腹泻可以呈现为散发、暴发或流行，甚至大流行等形式。经水和食物传播的感染性腹泻一般以暴发和流行为主，如 60 年代的东南亚地区、70 年代的非洲和拉丁美洲均出现过严重的霍乱暴发流行。我国非常重视感染性腹泻的研究和防治工作，在消灭古典生物型霍乱流行、控制痢疾等重要感染性腹泻的大流行取得了历史性成就。然而由于经济文化、卫生习惯和医疗水平等方面的原因，感染性腹泻在我国的危害依然比较严重。

一、地 区 分 布

感染性腹泻分布广泛，在全球各地均有发生。在发展中国家以水型和食物型暴发或流行常见，而发达国家以食物型暴发和旅游者散发多见。尽管从总体来看，发展中国家感染性腹泻的流行比发达国家更为严重，但是不同的疾病也有比较显著的地区分布特点。例如在发展中国家，霍乱、痢疾和轮状病毒感染性腹泻等发病率较高，而在欧美等发达国家，空肠弯曲菌、沙门菌、大肠杆菌、葡萄球菌、耶氏菌以及病毒和寄生虫等引起的感染性腹泻非常严重。

由于所处地理位置的不同，同样会导致感染性腹泻的流行在不同的国家或地区之间存在显著差异。例如世界各地均有菌痢发生，但是在亚热带地区发病较多。从全球来看，菌痢主要分布于南北半球温带或亚热带国家，寒带与赤道附近的热带国家则较少。

二、时 间 分 布

感染性腹泻一年四季都可发生，但具有明显的季节分布。霍乱、细菌性痢疾、沙门菌肠炎等细菌性腹泻的发病在我国主要集中在夏秋季节（5～10 月），4 月开始发病明显上升，6～8 月为发病高峰。而诺如病毒、轮状病毒等导致的腹泻以秋冬季节发病较多。值得注意的是，感染性腹泻发病高峰季节常随地区和病原体的不同有一些变化。例如细菌性痢疾在我国南方的发病高峰月是 6、7 月份，而在北方的发病高峰月为 7、8 月。

三、人 群 分 布

从出生后到 65 岁以上老人均可发生感染性腹泻,但总体来说以婴幼儿和青壮年发病率较高，并随着年龄的增加而下降。据 WHO 不完全统计，在每年 30 亿至 50 亿的感染性腹泻病例中，5 岁以下儿童每年发生感染性腹泻达 18 亿人次，其中 300 多万死亡。腹泻病原体不同，其高发年龄也有明显差异。美国 1981～1984 年沙门菌发病年龄以 0～4 岁最多，其次为 65 岁以上老人，再次为 30～39 岁和 20～24 岁年龄组。但是对于新病原体引起的感染性腹泻，各年龄组发病差异不大。

感染性腹泻的发病率与性别、文化、卫生、职业背景也存在明显的关联，原因可能与感染机会、行为特点、卫生条件以及机体免疫状态等有关。2007～2009 年重庆市的一次调查发现，在 162 例沙门菌病病例中，男女比为 0.82∶1，发病数最多的是农民，其次为工人、学生、干部职员和退休职工。此外，随着近年来经济的发展和外出旅游人数的急剧增加，旅游者中感染性腹泻的流行也受到越来越多的关注。

四、流行影响因素

自然因素是影响感染性腹泻流行的首要因素。不同的病原体生长和繁殖所需的环境特征各有差异。例如气温较高利于病原体尤其是细菌类病原体如霍乱弧菌、志贺氏菌、沙门菌的存活和繁殖，从而增加这一类感染性腹泻传播和流行的风险。再如降雨容易导致水源污染，造成较大范围的感染性腹泻流行，尤其是经水或食物传播的感染性腹泻，更与水源污染密切相关。

社会因素对感染性腹泻的影响非常大。一般来说，家庭卫生、文化程度、经济收入、母亲个人卫生（饭前便后是否洗手）、儿童个人卫生是影响感染性腹泻发病强度的重要因素。近年来，由于国内外交通运输的快速发展，使病原体远距离传播得以快速实现，因此也促进了感染性腹泻的流行或大流行。尤其是食源性传播或水源性传播，如 2011 年德国因芽苗菜等污染引起的 O104：H4 大肠杆菌肠炎流行，疫情波及欧美十余个国家。

随着分子生物学、生物信息学等相关学科的快速发展，许多新的病原体不断被发现，人们逐渐认识到病原体特征是影响感染性腹泻流行的重要因素。近年来一些新病原体（包括细菌、病毒、寄生虫等）如 O157：H7 大肠杆菌、O104：H4 大肠杆菌、O139 霍乱弧菌、轮状病毒等正受到越来越多的关注。再者，由于受环境的变化、人类活动空间的加大、物质流动的加快、抗生素的大量使用等因素的影响，病原体的变异速率似有加快的征象。一些新变异株如抗原变异株、耐药株等的出现，也能给感染性腹泻的防治带来困难。

知识点 23-3：感染性腹泻的流行特征和影响因素

（1）感染性腹泻可以呈现为散发、暴发或流行和大流行等形式。

（2）感染性腹泻分布广泛，在全球各地均有发生。从总体来看，发展中国家感染性腹泻的流行比发达国家更为严重。

（3）感染性腹泻一年四季都可发生，但具有明显的季节分布。

（4）婴幼儿和青壮年感染性腹泻发病率较高，并随着年龄的增加而下降。

（5）自然因素是影响感染性腹泻流行的首要因素，同时，社会因素对感染性腹泻的影响也非常大。此外，病原体变异如抗原变异株、耐药株等也是目前影响感染性腹泻流行的重要因素。

第四节　预 防 控 制

世界各国采用多种方法预防和控制感染性腹泻。WHO 制定并在全球实施腹泻病控制（control of diarrheal diseases，CDD）规划，该规划的核心主要包含两方面内容。一方面是为降低感染性腹泻死亡率，要求各国落实感染性腹泻家庭治疗三原则，即以口服补液盐（ORS）为核心的口服补液疗法（ORT）治疗和 ORS 生产及供应；另一方面，要求各个国家和地区普及母乳喂养、合理添加辅食、喝开水及使用清洁水、洗手、使用厕所和正确处理粪便等 7 项预防措施，降低感染性腹泻发病率。

我国采取以切断传播途径为主导、群体和个体预防相结合、医学和社会预防相结合的策略，通过建立“国家疾病监测报告信息管理系统”进行科学监测，在感染性腹泻的预防和控制方面获得了满意的效果。

一、控制传染源、加强传染源管理

及时发现并早期隔离传染源是感染性腹泻防治的重点之一。首先，各级医院和乡卫生院都应常年或在流行季节设立腹泻病门诊；其次，医生在发现病人后按传染病防治法规定及时上报，做到“五早一就”（即早发现、早诊断、早报告、早隔离、早治疗和就地卫生处理）；最后，相关卫生机构要按规定严格进行疫情监测。一方面在流行季节对部分人群检查或普查，开展主动人群监测，另一方面在流行季节前或流行时，对有关环境如水体、水产品、食物等进行病原体监测。

二、切断传播途径

切断传播途径是预防感染性腹泻的关键措施，通过开展广泛的卫生宣传教育，养成良好的个人卫生习惯和饮食卫生习惯，做到饭前便后洗手，提倡喝开水和使用清洁水。同时，坚持搞好“三管一灭”（即管理水源、粪便、饮食和消灭苍蝇），动员全社会参与和提高个体自我保护能力，降低感染性腹泻发病率。

三、保护易感人群

在流行地区或流行季节进行疫苗接种是保护易感人群的有效手段。一些腹泻病疫苗如轮状病毒疫苗、伤寒/副伤寒甲、乙三联苗已获准上市，可根据条件选用。一些新型的疫苗如志贺菌疫苗、沙门菌疫苗以及新一代多价基因工程疫苗等正在研制之中，尚未投入使用。此外，由于多种感染性腹泻属人畜共患病，因此动物免疫预防接种也是控制疾病传播和流行的重要手段，可以有效地降低人群中的发病率。

目前原则上不提倡使用药物预防，但在疫情流行特别严重的地区，可对病例密切接触者或某些职业人员小范围内采用预防性服药，从而有效地控制流行局势，防止疫情扩散。

四、其他防控策略

感染性腹泻的病原体种类繁多，发病形式各异，传统的病原体检测方法不能对腹泻病人作出快速、准确的诊断，难以满足疾病诊断、治疗和预防控制的要求。近年来，应用分子生物学技术如生物芯片技术、PCR 技术，研制新的敏感性好、特异性强的高通量实验室诊断方法受到广泛的关注。这些方法不仅在病原体的快速鉴定以及新病原体或新变异株的发现中发挥着重要的作用，而且在多病原体筛查诊断中也体现出重要的应用价值。

五、感染性腹泻的治疗

1. 饮食治疗 感染性腹泻患者一般不需要禁食（有较严重呕吐的患者除外）。腹泻尤其是水样泻患者的理想饮食以含盐的淀粉类熟食为主，补充能量和电解质。饼干、酸奶、汤、熟制蔬菜也是较好的选择。部分患者因腹泻可能发生一过性乳糖酶缺乏，最好避免牛奶摄入。对于儿童除母乳喂养外，可以添加辅助流质（如米汤等），也可加适量盐和糖。对于成人要鼓励进食营养丰富、且易消化的食物，尽可能增加热量摄入，同时应避免进食高渗性液体，以防腹泻加重。

2. 补液治疗 口服补液盐（oral rehydration salts，ORS）疗法是预防腹泻脱水、减少死亡的有效措施。口服补液盐应间断、少量、多次，不宜短时内大量饮用。对于成人急性感染性腹泻病患者，应尽可能鼓励其接受 ORS 疗法。对于不能进食、高热、严重脱水以及脱水引起的休克等重症腹泻患者，应采取静脉补液治疗。补液应遵循“先快后慢、先盐后糖、先晶体后胶体、见尿补钾”的原则。

3. 止泻治疗 在临床工作中常采用蒙脱石、果胶和活性炭等肠黏膜保护剂和吸附剂，或次水杨酸铋等肠道分泌抑制剂，或苯乙哌啶等肠道动力抑制剂，通过减少肠道水和电解质的过度分泌，减弱肠道蠕动和延长食物通过时间，保护肠道黏膜，减轻感染性腹泻病的症状，缩短病程。此外，近年来越来越多的证据表明：由肠道益生菌组成的特殊活性微生物制剂，不仅对人体健康有益，还可以用于治疗腹泻病，相关研究正在进行之中。

4. 抗感染治疗 轻、中度感染性腹泻患者一般不主张使用抗生素。病毒性或产肠毒素性细菌感染患者，也不建议常规使用抗菌药物进行治疗。对于重度腹泻的患者或免疫功能低下的特殊患者，可根据患者病情、药物敏感试验结果选用合适的抗感染药物。

采用中医药制剂治疗急性腹泻在我国有着悠久的历史并被广泛地应用，如大量的证据表明：盐酸小檗碱（盐酸黄连素）对改善感染性腹泻的临床症状和缓解病情具有一定的效果。

知识点 23-4：感染性腹泻的预防和控制

（1）WHO 制定并在全球实施 CDD 规划的核心内容是为降低感染性腹泻死亡率，要求各国落实感染性腹泻家庭治疗三原则。同时，要求各个国家和地区普及母乳喂养、合理添加辅食、喝开水及使用清洁水、洗手、使用厕所和正确处理粪便等 7 项预防措施。

（2）及时发现并早期隔离传染源是感染性腹泻防治的重点之一，做到“五早一就”（即早发现、早诊断、早报告、早隔离、早治疗和就地卫生处理）。

（3）切断传播途径是预防感染性腹泻的关键措施，坚持搞好“三管一灭”（即管理水源、粪便、饮食和消灭苍蝇）。

第五节　几种重要的感染性腹泻

感染性腹泻的预防和控制与公共卫生事业的发展、社会经济的发展和环境卫生的改善密切相关。我国感染性腹泻的预防控制虽然取得了巨大成就，但如霍乱、痢疾和伤寒等一些传统的腹泻疾病发病率仍然较高，而诸如病毒、轮状病毒等导致的病毒性腹泻在 5 岁以下儿童中的流行依然持续发生。因此，感染性腹泻的发病威胁仍然非常严峻。现对几种重要的感染性腹泻简介如下。

一、霍　　乱

（一）流行概况

霍乱（cholera）是由霍乱弧菌（O1 群和 O139 群）引起的急性肠道传染病，主要有暴发型和慢性迁延型两种流行方式。暴发型流行来势凶猛，短期内出现高度集中的大量患者，发病曲线升降明显，病死率较高。在 60 年代的东南亚地区、70 年代的非洲和拉丁美洲均出现过严重的暴发型流行。慢性迁延性流行则表现为在一个相当长的时间内，每周仅有少数或个别病例出现，发病曲线呈锯齿状并持续很久。不同的流行形式常与病原体的类型、当地人群的免疫力以及所采取的措施密切相关。

霍乱至今已发生 7 次世界大流行，前 6 次都是由古典型霍乱弧菌引起的，我国从 1820 年第一次霍乱世界大流行以来，每次世界大流行都受到波及。近年来我国的霍乱疫情依然时有发生，并且有时非常严重。1993 年，我国首次发生了 O139 霍乱的局部暴发，因此对霍乱防治必须认真对待。

（二）诊断标准

患者具有如下的流行病学史：①生活在霍乱流行区、或 5 天内到过霍乱流行区、或发病前 5 天内有饮用生水或进食海（水）产品或其他不洁食物和饮料等饮食史；②与霍乱患者或带菌者有密切接触史或共同暴露史。

1. 疑似霍乱诊断标准　具有下述之一者可诊断为疑似霍乱：①具有典型临床症状，如剧烈腹泻、水样便（黄水样、清水样、米泔样或血水样），伴有呕吐，迅速出现严重脱水、循环衰竭及肌肉痉挛（特别是腓肠肌）的首发病例，但病原学检查尚未肯定者；②霍乱流行期间与霍乱患者或带菌者有明确接触史（如同餐、同住或护理者等），并发生泻吐症状，且无其他原因可查者。

2. 确定诊断标准　符合下列标准者可诊断为确诊病例：①凡有腹泻症状，粪便培养 O1 群或 O139 群霍乱弧菌阳性；②霍乱流行期间的疫区内，凡有霍乱典型症状、粪便培养 O1 群或 O139 群霍乱弧菌阴性，而无其他原因可查者；③在流行期间的疫区内有腹泻症状，作双份血清抗体效价测定，如血清凝集实验呈 4 倍以上或杀弧菌抗体测定呈 8 倍以上增长者；④在疫源检查中，首次粪便培养检出 O1 群或 O139 群霍乱弧菌前后各 5 天内有腹泻症状者。

3. 临床诊断标准　在当地已有病原学确诊的首批霍乱病例定性后，对报告的病例除依据病原学确诊外，有以下情况之一者，可作为临床诊断病例并正式上报疫情：①在流行期间，疫点（区）内凡有典型的霍乱症状，即使粪便培养阴性者，也应临床诊断为霍乱病例；②同确诊的霍乱病人有明确的接触史（同餐、同住或护理等）并发生吐泻症状，而无其他原因可查者；③在发生霍乱同源性暴发时，对首例或一些相关病例已经作出病原学确诊后，与暴发有关的其余病例可根据临床表现和流行病学史作出临床诊断并进行疫情报告；④在疫情检索中，首次粪便培养阳性前后各5天内有腹泻症状者，可诊断为轻型病例，并作疫情报告，腹泻无症状者按带菌者报告。

（三）治疗要点

轻、中度脱水病人可使用ORS治疗，鼓励继续进食，对重度脱水病人需静脉补液。重度病人在治疗过程中，可加用敏感的抗生素，以减少腹泻量、缩短腹泻持续时间。

（四）防制要点

在预防方面应采取以切断传播途径为主导的综合措施。对患者包括亚临床患者和带菌者遵循“五早一就”原则，即早发现、早诊断、早报告、早隔离、早治疗和就地卫生处理；对环境做到“三管一灭”，尤其注意加强水源的管理和消毒，提高个体卫生意识和防护能力（饭前便后洗手、不饮生水等）；对疫点的处理要坚持“早、小、严、实”的原则，即时间要早，范围要小，措施要严，落在实处。对于流行形势严重、疫区面积较大的地区，依照有关法律法规及时采取应急措施。

二、细菌性和阿米巴性痢疾

（一）流行概况

痢疾（dysentery）是由志贺菌和溶组织内阿米巴引起的肠道传染病，在世界范围内引起的发病率和死亡率居感染性腹泻之首位，在发展中国家尤为严重，其中主要是细菌性痢疾。我国20世纪90年代的发病率在200/10万～300/10万之间。细菌性痢疾在不同国家和地区、不同人群中菌群分布差别很大，如在美国等发达国家以D群志贺菌为主，我国则以B群志贺菌为主，部分地区D群志贺菌占较大比例，同时还存在有A群升高的趋势。研究发现对多种抗生素同时耐药的志贺菌的分离比例近年来持续升高，已成为临床治疗和疾病控制面临的重要难题。

（二）诊断标准

1. 细菌性痢疾 患者有不洁饮食和（或）与菌痢患者接触史。临床表现为起病急、畏寒、寒战伴高热，继以腹痛、腹泻和里急后重，重症患者可出现休克、呼吸衰竭等严重症状。根据病情严重程度的不同，可分为急性轻型（非典型）、急性普通型（典型）和急性中毒型。有些急性细菌性痢疾患者病情反复发作或迁延不愈，病程超过2个月以上者可诊断为慢性细菌性痢疾。

粪便常规检查白细胞或脓细胞≥15/HPF（400倍），红细胞和吞噬细胞阳性，而且粪便培养志贺菌阳性，可作为临床确诊病例的实验室依据。

2. 阿米巴痢疾 患者有进食不洁食物史和阿米巴痢疾的临床表现。阿米巴痢疾起病一般缓慢，少有毒血症症状，里急后重感较轻，大便次数亦较少，腹痛多在右侧，典型者粪便呈果酱样，有腐臭。镜检仅见少许白细胞、红细胞凝集成团，常有夏科-雷登氏结晶体，可找到阿米巴滋养体和（或）包囊。乙状结肠镜检查，见黏膜大多正常，有散在溃疡。本病易并发肝脓肿。

（三）治疗要点

对细菌性痢疾患者一般采用口服补液疗法加抗菌素治疗，病情严重、呕吐、腹泻剧烈的患者可进行静脉输液。治疗要及时、彻底，防止形成慢性痢疾或带菌者。对于阿米巴痢疾要做抗阿米巴治疗。

（四）防制要点

对患者采取“五早一就”，隔离期限视粪检志贺菌结果而定。严格执行“三管一灭”，尤其要注意饮食管理和监督检测；提高个体卫生防护水平。由于猪、狗、猴等动物可作为阿米巴原虫的动物宿主，在制定防制策略时需加以考虑。

三、诺如病毒感染性腹泻

案例 23-2

冬季是诺如病毒疫情高发季节，2014 年 11～12 月全国累计报告诺如病毒暴发疫情比 2013 年同期明显增加。主要集中在广东、江苏和浙江等地区。

2014 年 12 月 24 日，安徽某大学校医院报告该校发生多名学生呕吐、腹泻事件，经调查和实验室检测确认为一起诺如病毒导致的感染性腹泻病暴发疫情，此次事件累计报告病例 53 例，其中学生 52 名、教师 1 名。发病日期集中在 23～24 日，均为轻症病例，经对症治疗后痊愈。

2014 年 3 月 20 日，北京市某幼儿园内，多名孩子突然出现呕吐、腹泻症状，园方负责人称，幼儿园共有 20 个孩子患病，主要集中在小班和中班。经疾控中心对其中两名患病孩子的诊断，确认受诺如病毒感染，经治疗后，所有患者基本好转，学校展开大量消毒工作，相关地点消毒隔离。

问题：

哪些季节是诺如病毒的好发季节？其主要的传播途径有哪些？

（一）流行概况

诺如病毒感染性腹泻是由诺如病毒属病毒引起的腹泻，具有发病急、传播速度快、涉及范围广等特点，是引起非细菌性腹泻暴发的主要病因。诺如病毒感染性腹泻在全世界范围内均有流行，全年均可发生感染，主要好发于冬季。美国和欧洲 50%以上的急性胃肠炎暴发由诺如病毒所致（范围：36%～59%）。1995 年我国首次报道了诺如病毒感染，之后在全国各地区均相继发生多起诺如病毒感染引起的腹泻暴发，较大的暴发有上百人发病。2012 年以来，诺如病毒已成为我国其他感染性腹泻病暴发的优势病原体（60%～96%），尤其自 2014 年冬季起，诺如病毒感染暴发疫情大幅增加，2015 年 1 月 1 日～11 月 15 日通过突发公共卫生事件管理系统已报告 88 起，显著高于历年水平。诺如病毒感染性强，以肠道传播为主，感染对象主要是成人和学龄儿童，可通过污染的水源、食物、物品、空气等传播，常在社区、学校、餐馆、医院、托儿所、孤老院及军队等处引起暴发疫情。

（二）诊断标准

1. 临床诊断病例 主要依据流行季节、地区、发病年龄等流行病学资料、临床表现以及实验室常规检测结果进行诊断。在一次腹泻流行中符合以下标准者，可初步诊断为诺如病毒感染：①潜伏期 24～48h；②50%以上发生呕吐；③病程 12～60h；④粪便、血常规检查无特殊发现；⑤排除常见细菌、寄生虫及其他病原感染。

2. 确诊病例 除符合临床诊断病例条件外，在粪便标本或呕吐物中检测出诺如病毒。

（三）治疗与防制措施

诺如病毒感染性腹泻预后良好，脱水是造成患者死亡的主要原因。目前尚无特效的抗病毒药物，临床工作中以对症或支持治疗为主，一般不主张使用抗菌素。对严重病例，尤其是幼儿及体弱有慢性病的老年患者，应及时输液或口服补液，纠止脱水、酸中毒和电解质紊乱。

目前，尚无针对诺如病毒特异的疫苗。其预防控制主要采用非药物性预防措施，包括病例管理、环境消毒、食品和水安全管理。培养良好的个人卫生习惯，不吃生和半生的食物，尤其禁止生食贝类等水产品，生吃瓜果要洗净。每次进食、准备和加工食物前，用肥皂和清水认真洗手。

这些措施既适用于聚集性和暴发疫情的处置，也适用于散发病例的预防控制。

知识点 23-5：霍乱、痢疾和诺如病毒感染等感染性腹泻的特点及预防控制

（1）霍乱是由霍乱弧菌（O1 群和 O139 群）引起的急性肠道传染病。患者一般有生活在霍乱流行区或与霍乱患者或带菌者有密切接触史或共同暴露史。在预防方面应采取以切断传播途径为主导的综合措施。

（2）痢疾是由志贺菌和溶组织内阿米巴引起的肠道传染病。在欧美等发达国家以 D 群志贺菌为主，我国则以 B 群志贺菌为主。在治疗上要及时、彻底，防止形成慢性痢疾或带菌者，对于阿米巴痢疾要做抗阿米巴治疗。在预防上严格执行“五早一就”和“三管一灭”等原则。

（3）诺如病毒感染性腹泻是由诺如病毒引起的腹泻，主要好发于冬季，具有发病急、传播速度快、涉及范围广等特点，是引起非细菌性腹泻暴发的主要病因。预防控制主要采用非药物性预防措施，包括病例管理、环境消毒、食品和水安全管理。

案例 23-1 分析讨论：

（1）感染性腹泻（infectious diarrhea）是指由病毒、细菌、真菌等多种病原体及其产物或寄生虫引起的、以腹泻为主要临床症状的一组肠道传染病。

预防和控制感染性腹泻的主要措施有：①控制传染源，加强传染源管理：及时发现并早期隔离传染源是感染性腹泻防治的重点之一。做到“五早一就”（即早发现、早诊断、早报告、早隔离、早治疗和就地卫生处理）；②切断传播途径：切断传播途径是预防感染性腹泻的关键措施，坚持搞好“三管一灭”（即管理水源、粪便、饮食和消灭苍蝇）；③保护易感人群：在流行地区或流行季节进行疫苗接种是保护易感人群的有效手段,可以有效地降低人群中的发病率。④ 其他预防策略：如采用新型快速敏感的诊断方法，对腹泻病人作出快速、准确的诊断，有助于制定更加科学、精准的预防控制措施。

（2）本案例中引起感染性腹泻暴发的病原体是 O139 霍乱弧菌，是通过食物传播。

案例 23-2 分析讨论：

诺如病毒感染性腹泻是由诺如病毒属病毒引起的腹泻，具有发病急、传播速度快、涉及范围广等特点，是引起非细菌性腹泻暴发的主要病因。诺如病毒感染性腹泻在全世界范围内均有流行，全年均可发生感染，主要好发于冬季。诺如病毒感染性强，以肠道传播为主，感染对象主要是成人和学龄儿童，可通过污染的水源、食物、物品等途径传播。

（董　晨）

第二十四章　地方病流行病学

地方病（endemic diseases）也称地方性疾病，是指局限于某些特定地区发生或流行的疾病，或是在某些特定地区经常发生并长期相对稳定存在的疾病。

第一节　概　　述

从总体来讲，地方病是全球性的，但主要分布在经济欠发达地区，不同国家有不同的地方病及其相关问题。世界范围内，主要地方病包括碘缺乏病、地方性氟中毒、地方性砷中毒等，除了上述几种主要地方病之外，还有地中海贫血、棘球蚴病（包虫病）、蜱媒传染性疾病、布加综合征等。比如碘缺乏病，世界上大多数国家都有不同程度的流行，流行较重的地区包括亚洲的喜马拉雅山区、欧洲的阿尔卑斯山区、非洲的刚果河流域、大洋洲的巴布亚新几内亚、北美洲的五大湖盆地等。

中国曾是世界上地方病病情最严重的国家之一，地方病在我国大陆各省（自治区、直辖市）均有一种及以上不同程度的流行。20 世纪 50 年代新中国成立之初，以血吸虫、鼠疫、克山病为代表的地方病曾严重危害病区人民健康，夺去很多生命，成为当时我国重大公共卫生问题。目前，纳入我国政府重点防治管理的地方病有碘缺乏病、地方性氟中毒、地方性砷中毒、大骨节病和克山病 5 种，而血吸虫病、鼠疫、布鲁杆菌病已从地方病管理转到寄生虫病和传染病管理。近些年，我国地方病病情总体呈下降趋势，但地方病仍在不同程度地威胁病区居民的健康。

一、地方病的分类

地方病按其病因可分为如下 4 类：地球化学性地方病、自然疫源性地方病、与特定生产生活方式有关地方病、病因未明地方病。

1. 地球化学性地方病　地壳化学结构、水文地质、火山爆发等原因使土壤、地表或地下水中某些元素缺乏或过多引起的疾病，如碘缺乏病、饮水型地方性氟中毒、砷中毒等。

2. 自然疫源性地方病　指某些地区自然界存在某疾病病原体与贮存宿主，在自然条件下该病在野生动物或禽畜间流行，人因生产、生活与动物传染源接触而感染发病，如血吸虫病、鼠疫、布鲁氏菌病等。

3. 与特定生产生活方式有关的地方病　如燃煤污染型氟中毒是病区居民在室内敞烧高氟煤，煤中的氟污染了空气和粮食、蔬菜，居民长期摄入污染了氟的食物和氟超标的空气而致病。饮茶型氟中毒主要是我国西部地区少数民族长期大量饮用含氟量高至数百毫克左右的砖茶，高者达到上千毫克而致病。

4. 病因未明地方病　致病原因尚不明确，主要包括克山病、大骨节病等。

二、我国主要地方病流行现状

1. 地方性碘缺乏病　我国分别于 1995、1997、1999、2002 和 2005 年进行了 5 次全国碘缺乏病病情监测，结果表明：①碘盐覆盖率和合格碘盐食用率逐年升高，碘盐覆盖率由 1995 年的 80.2%升高到 2005 年的 94.9%，合格碘盐食用率由 1995 年的 39.9%升高到 2005 年的 90.2%；②儿童甲状腺肿大率逐年下降，8～10 岁儿童触诊法甲肿率由 1995 年的 20.4%下降到 2005 年的 5.0%，B

超法甲肿率由 1997 年的 9.6%下降到 2005 年的 4.0%；③从儿童尿碘检测结果看，自 2002 年起，人群碘营养状况处于适宜水平，2002 年、2005 年 8～10 岁儿童尿碘中位数分别为 241.2μg/L、246.3ug/L，但仍有个别省份，如新疆、西藏、海南和青海等省及部分地区处于较严重的缺碘状态。西部地区仍是今后我国碘缺乏病防治工作的重点。

2. 地方性氟中毒 地方性氟中毒在我国病区类型复杂，有饮水型、燃煤污染型、饮茶型等。病区分布面广，除上海和海南外，其他各省、区均有分布。到 2002 年统计全国有病区县 1318 个，占全国总县数的 46.97%。东北三省、天津、河北、河南、山东、山西、江苏、内蒙古、青海、陕西、甘肃、新疆等均属我国目前饮水型病情较重的省份；西部的贵州、云南、四川、重庆，及邻近的湖北、湖南均属我国燃煤污染型病情较重的省份，西部地区燃煤污染型氟中毒较饮水型的危害更加严重。饮茶型氟中毒主要分布在西藏、四川、内蒙古、青海和甘肃等有饮砖茶习惯的少数民族居住的地区。

3. 地方性砷中毒 2003 年我国大陆已发现有地方性砷中毒病区的省（区）有：新疆、内蒙古、山西、宁夏、吉林、贵州、陕西，其中贵州、陕西为燃煤污染型砷中毒，其余为饮水型砷中毒，改饮低砷水是预防饮水型砷中毒的主要措施。2009 年我国大陆发现 10 个省（自治区）有饮水型地方性砷中毒病区的存在，分别为新疆、山西、内蒙古、宁夏、吉林、青海、四川、安徽、甘肃和湖北。

4. 大骨节病 据 2002 年统计，我国大骨节病病区包括 14 个省、市、自治区，共 300 多个县。全国大骨节病病区分为东西两大部分，东部病区病情平稳下降，西部病区（6 个省区）则严重而活跃，主要包括西藏、青海、陕西、甘肃和内蒙古等地区。2011 年有关研究数据显示：我国已有 99.46%的大骨节病病区村儿童 X 线阳性检出率低于 10%，东、中部省份的病区 7～12 岁儿童 X 线阳性平均检出率持续控制在 2.5%以下低位波动，西部病区尽管儿童平均 X 线阳性检出率高于东、中部，但也呈逐年下降趋势，从 2005 年的 7.50%下降到 2010 年的 2.36%。

5. 克山病 据 2002 年统计，我国克山病病区包括 16 个省（区、市）的 319 个县，病区乡人口为 5333 万人，潜在型病人 304 万人，慢型病人 1.11 万人，亚急型 2 人，死亡 261 人。经多年综合预防措施的实施及强化硒预防，我国克山病病情得到了基本控制，除四川、云南部分重病区有少数发病外，其他病区以潜在型、慢型病例检出为主。1990～2007 年全国克山病重点监测表明：慢型克山病检出率波动范围 0.6%～1.0%、潜在型克山病检出率波动范围 2.2%～4.7%。

知识点 24-1：地方病的定义、分类，我国主要的地方病

（1）地方病（endemic diseases）也称地方性疾病，是指局限于某些特定地区发生或流行的疾病，或是在某些特定地区经常发生并长期相对稳定存在的疾病。

（2）地方病的分类：①地球化学性地方病；②自然疫源性地方病；③与特定生产、生活方式有关的地方病；④病因未明地方病。

（3）我国主要的地方病：①地方性碘缺乏病；②地方性氟中毒；③地方性砷中毒；④大骨节病；⑤克山病。

三、预防与控制

（一）预防策略与措施

全国地方病防治“十二五”规划的总目标：建立与我国经济社会发展相适应的地方病防治长效工作机制，全面落实防治措施，基本消除重点地方病危害。具体目标：①持续消除碘缺乏危害：海南、西藏、青海和新疆 4 省（区）90%以上的县（市、区）达到消除碘缺乏病目标，其他省（区、市）95%以上的县（市、区）保持消除碘缺乏病状态，防止出现地方性克汀病新发病例，人群碘营养水平总体保持适宜状态；②基本消除燃煤型氟中毒、砷中毒的危害：在燃煤型氟中毒病区，95%以上的家庭落实以改炉改灶为主的综合防治措施，强化燃煤型氟中毒、砷中毒防治工作的后期管理，使病区家庭炉灶完好率和正确使用率均达到 95%以上；③有效控制饮水型氟中毒、砷中毒及水源性高碘甲状腺肿危害：基本查明饮水型氟中毒、砷中毒病区的饮水安全工程和改水工程建设，确保 90%以上的改水工程保持良好运行状态，水质符合国家和行业相应卫生标准，有效落实水源性高碘病区和地区的防治措施；④有效控制饮茶型地方性氟中毒（饮茶型氟中毒）危害，降低人群摄氟水平；⑤基本消除大骨节病，使消除大骨节病的病区村达到 90%以上，其中东、中部地区达到 95%以上，西部地区达到 85%以上；⑥基本消除克山病，使消除克山病的病区县达到 90%以上。

由于自然或生态环境的复杂性，人们无法将其从根本上改变，所以有些地方病只能控制，不能永远消灭，尤其是自然疫源性疾病和地球化学性疾病。为此，必须建立地方病可持续控制机制，一要坚持“预防为主”的技术策略；二要遵循“政府领导、部门配合、群众参与”的工作原则。为实现我国地方病的可持续控制目标，需要不断调整我国地方病的各项标准，目前我国地方病领域的标准涉及碘缺乏病、地方性氟中毒、地方性砷中毒、大骨节病和克山病 5 种地方病，涵盖了地方病的诊断标准、地方病的病区判定及病区划分、地方病的治疗原则与疗效判定、地方病的防治措施实施标准、地方病的控制与消除标准、地方病相关检验标准和地方病考核评估 7 大方面。

（二）地方病监测与信息系统

地方病监测是掌握流行态势的必要手段，我国自 1990 年开始开展克山病、大骨节病、地方性氟中毒哨点监测；除此之外，针对碘缺乏病，定期在全国范围内进行抽样调查。地方病监测的内容主要有三个方面：①病区地方病发病、患病情况：如儿童大骨节病 X 线检出率、氟斑牙检出率、甲状腺肿大率等，克山病还包括对新发病例的个案调查；②病区外环境状况：如水中氟、砷、碘含量；③防治措施落实情况：如碘盐覆盖率、改水率、改炉改灶率等。

迄今，我国已建立了相对完善的地方病防治监测体系，获得了大量宝贵的科学数据。围绕着能够将碘缺乏病、地方性氟中毒、地方性砷中毒、大骨节病和克山病等病种监测产生的数据信息，及时、准确地收集与管理，并进行可视化的统计分析与展现，形成各种技术结果与管理报告。同时，还要建成全国地方病患者电子病历数据库，为地方病预防和治疗提供科学的数据支撑。

（三）地方病亟待解决的问题与控制前景

目前我国重点地方病防治工作仍然面临挑战，亟待解决的问题包括以下几点：①部分省份和病种距规划目标存在较大差距：个别西部省份的碘缺乏病、大骨节病的防治成果还比较脆弱，防治措施落实尚未形成稳固的状态；②地方病防控长效机制有待完善；③部分省份地方财政对地方病防治经费投入不足、重视不够；④基层人员防控能力有待提高，各级防治机构能力建设还需加强；⑤地方病监测有待进一步完善；⑥健康教育有待加强。

随着我国“健康中国 2020”战略规划的制定，对地方病而言，其防治前景或目标也越来越明确。到 2020 年，全国 97%的缺碘县、市、区达到消除碘缺乏病的标准，其中中东部地区省份 99%的缺碘县、市、区达到消除碘缺乏病的标准，西部地区省份 94%的缺碘县、市、区达到消除碘缺乏病的标准；到 2020 年，在全国各种类型地方性氟中毒病区全部落实防治措施，无中度以上氟骨症发生，病情达到非病区水平；到 2020 年，在全国各种类型地方性砷中毒病区全部落实防治措施，没有重度砷中毒病例发生，病情达到控制水平；到 2020 年，全国大骨节病病区范围内，儿童病情达到消除标准；到 2020 年，全国克山病病区范围内，病情达到消除标准。

第二节 地方性碘缺乏病

案例 24-1

新疆是我国碘缺乏病流行最为严重的省区之一。分析新疆 1995～2011 年 6 次碘缺乏病防治监测资料发现：8～10 岁儿童甲状腺肿大率在 1995 年、1997 年、1999 年、2002 年、2005 年和 2011 年分别为 43.3%（523/1208）、13.5%（162 /1202）、23.8%（291/1221）、14.7%（177/1202）、13.3%（159/1200）和 2.4%（29/1211）。碘盐覆盖率分别为 63.0%（736/1168）、87.7%（986/1124）、78.7%（918/1166）、78.0%（2665/ 3417）、77.1%（925/1200）和 99.6%（1195/1200）；合格碘盐食用率分别为 41.9%（489 /1168）、77.7%（873/1124）、69.2%（807/1166）、72.3%（2470/ 3417）、68.8%（826 /1200）和 97.5%（1170/1200）。尿碘中位数分别为 116.1、188.2、202.8、194.7、150.8 和 185.6ug/L；尿碘＜50ug/L 的比例分别为 6.3%（23/365）、4.9%（17/349）、11.9%（43/360）、10.0%（36/360）、29.2%（105/360）和 3.0%（11/364）。长期以来采用以普及碘盐为主的综合防治措施，使病情得到一定缓解。多年的碘盐干预、口服碘油胶丸等措施对控制碘缺乏病、改善人群碘营养状况起了一定的作用。

问题：

（1）碘缺乏病的概念是什么？

（2）碘缺乏病的主要病因有哪些？

（3）我国对碘缺乏病进行的预防策略及措施有哪些？

碘是人体必需的微量元素之一，碘摄入量不足可对机体健康造成不良影响，甚至引起碘缺乏病。碘缺乏病（Iodine Deficiency Disorders，IDD）是指环境中缺碘造成机体碘营养不良所表现的一组疾病的总称。主要包括地方性甲状腺肿和地方性克汀病，此外，还包括由于缺碘引起的胎儿早产、死产、先天性畸形、单纯聋哑、智力低下以及体格发育不良等。

世界上大多数国家都有不同程度的 IDD 流行，是全世界尤其是发展中国家的一个严重的公共卫生问题。IDD 被国际组织列为定期消除的三大营养素（即铁、维生素 A、碘）缺乏病之一。

正常成人体内碘绝大部分储存在甲状腺内（5～10mg），可供 2～3 个月内合成甲状腺激素所用。其余分布于血液、肾、肌肉、肝脏等。短期内摄入大量的碘即不会被利用也不会被过量储存，只能由尿、汗液、乳汁和粪便等排除。因此，在缺碘的地区需长期持续补充碘，终止补碘半年 IDD 即可再度流行。

一、病 因 学

（一）发病原因

为了满足人体需要，每天从周围环境中摄入足量的碘，这些碘主要来自食物及水。若周围环境中缺碘，导致人体碘摄入量不足，从而引起 IDD 的发生。

（二）碘缺乏病的影响因素

除碘缺乏外，还有诸多因素对 IDD 的发生发展有影响。

1. 致甲状腺肿物质 是指能够作用于甲状腺，阻断甲状腺激素的合成或者增加肾脏对碘化物的排除而引起甲状腺肿的物质。通常摄入致甲状腺肿物质的剂量远不能达到引起甲状腺肿的水平，只有在碘缺乏的情况下，作用才会显示出来，甚至也有可能会成为导致 IDD 流行的主要原因。

致甲状腺肿的物质主要来自于食物、饮水以及药物三方面。食物主要有木薯、甘薯、玉米、小米、卷心菜、洋葱、大蒜、豆类等。饮水主要是含硫的有机物、污染水的微生物和水中的化学元素如钙、氟、锂等。有研究报道，在喜马拉雅山区及美国曾发现地表饮用水被细菌（人、畜粪便细菌）严重污染后导致该地区甲状腺肿发病率增高。有研究者认为其原因可能是大量细菌会消耗饮水和食物中的碘，还会阻碍肠道吸收碘或抑制甲状腺利用碘的功能。药物主要分治疗甲状腺疾病的药物和治疗其他疾病的药物，前者有硫脲类药物、甲巯咪唑以及过氯酸盐，后者有氨基苯乙哌啶酮和钴等。

2. 营养因素　与IDD的流行相关的营养因素主要有蛋白质，维生素A、C、B_1、B_2、B_{12}和微量元素锌、硒等。当体内蛋白质摄入不足，可导致体内酪氨酸减少，使甲状腺激素合成减少；当球蛋白较少时，可导致血液中甲状腺结合球蛋白减少，使体内甲状腺激素的合成受阻。研究发现：体内维生素A缺乏可以加重IDD的流行，若给甲状腺肿患者补充维生素A可以降低其患病率。在经济落后的一些贫困地区，居民的饮食结构较为单调，副食品较少，从而造成能量、蛋白质、维生素以及一些微量元素的摄入不足，引起机体营养不良，加重IDD的发生和发展。

3. 环境污染　环境中的一些重金属，如铅、汞、铬、锰、氟、铀等可影响甲状腺的功能。这些重金属进入机体后，在甲状腺中蓄积，使甲状腺增大，影响其正常的功能。有机氯农药主要是六六六和DDT，若长期接触这类农药，可以使甲状腺激素的运输过程出现障碍，引起甲状腺肿大。有研究表明：一些IDD病区中地方性甲状腺肿的流行与该地区饮水中硝酸盐含量的增大有关，认为硝酸盐是致甲状腺肿物质。在低碘的条件下，其致甲状腺肿的作用更为明显。除此之外，许多环境污染物的环境类激素样作用，对甲状腺激素的干扰作用开始引起人们的注意。

4. 遗传因素　多基因遗传可能对地甲病的发病起一定作用。不过其作用与致甲状腺肿物质、营养因素等一样，起一些辅助作用。

二、主要流行特征

（一）地区分布

IDD是世界上流行最广泛，受威胁人数最多的一种疾病，是全世界尤其是发展中国家的一个严重的公共卫生问题。其病区分布与地理位置和地形、地貌的关系较为密切。山区、半山区、河谷地带，山越高、沟越深、地势越陡的地区，以及河流冲刷、地形倾斜、降雨集中、有水土流失的地区缺碘较为严重。全世界公认的IDD流行严重的地区主要有以下六个：欧洲的阿尔卑斯山、亚洲喜马拉雅山南麓、南美洲的安第斯山，以及美国圣劳伦斯河、太平洋西北岸和大湖区、前苏联奥伦堡地区等缺碘地区常广袤数千里。喜马拉雅山南麓为当前世界上最严重的病区，巴基斯坦、印度、尼泊尔、不丹流行均严重。不丹的部分地区地方性克汀病患病率高达30%以上。印度也是全世界IDD流行最严重的国家之一，印度政府承认到目前还有1.5亿甲状腺肿大患者需要进行治疗。我国受IDD威胁的人口占世界受威胁人口的46%，31个省、自治区、直辖市均不同程度的受其危害，分布于全国1792个县，26 854个乡。

根据学龄儿童甲状腺肿的发生率（thyroid goiter rate，TGR）的高低，可以将IDD的地理分布状况分为四类：IDD已消灭（TGR＜5%）、轻度IDD（TGR 5%～19.9%）、中度IDD（TGR 20%～29.9%）和重度IDD（TGR＞30%）。按照这一划分，我国属于轻度IDD地区，但由于我国人口较多，国土面积大，流行状况存在明显的地域性，山区多于平原，内陆多于沿海，乡村多于城市。

我国自实施食盐加碘措施之后，很多地区的碘缺乏状况有所好转，但在西部一些较为偏远的地区流行还是较为严重。比如新疆、西藏、青海等省份的一些较偏远地区碘缺乏情况比较突出。根据2011年对新疆8～10岁儿童甲状腺肿大率进行的调查结果显示：有四个县和十一个乡都超过5%，其中英阿瓦提乡高达36.25%。

（二）时间分布

解放初期全国地方性甲状腺肿患者人数可达2000万人。1959～1977年，28个省、市、区的2600万余人口中，地方性甲状腺肿的患病率为8.3%，患者高达3500万人，地方性克汀病患者有25万人；1983年26个省、市、区调查显示：其患病率为12.85%，地方性克汀病患病率为0.66%。由于母亲缺碘，每年至少有3万胎儿流产或死产，约有12万新生儿出生时即发生不同程度的智能和体能损害。

自1994年开始我国开始实行“食盐加碘消除碘缺乏病危害管理条例”，至1995年全国基本普及了加碘盐，并且于1995年、1997年、1999年、2002年、2005年及2011年开展了六次大规模的IDD流行状况调查工作。其中8～10岁儿童触诊法甲肿率分别为20.4%、10.9%、8.8%、5.8%、5.0%和2.4%。到2005年已达到了“儿童甲肿率低于5%”的消除标准。而在2011年的调查工作中，重庆儿童甲肿率为5.5%，其余省份（兵团）均小于5%。与2005年监测结果相比，有些省份儿童甲肿率降低比较明显，新疆、甘肃降低了约11个百分点（13.3%比2.2%、14.2%比2.8%）；西藏、黑龙江、云南降低了约8个百分点（8.7%比1.0%、9.2%比1.4%、10.2%比1.7%）；海南降低了约5个百分点（5.9%比0.2%）。重庆显示出碘盐覆盖率高、儿童甲肿率高、人群尿碘水平高的“三高”特征，其可能的原因有：①重庆属于多山地区，地貌多以丘陵、山地为主，其外环境严重缺碘；②重庆是IDD历史重病区，早在1994年儿童触诊甲肿率高达41.5%，在随后的六次大规模调查中，儿童甲肿率在全国各省份排名中均在前5名以内；③重庆虽然是直辖市，但一些区县经济水平较低。以上众多原因导致重庆甲肿率持续偏高。2011年、2005年、2002年全国碘盐覆盖率分别为98.0%、94.9%、95.2%；全国合格碘盐食用率分别为95.3%、90.2%、88.8%。

据2011年的调查结果，我国目前的IDD病情是全国范围内总体下降，但局部地区仍需核查；部分省份尿碘偏高，故碘含量应适当下调；孕妇尿碘需提高。截至2014年，全国已有98%的县实现碘缺乏病消除目标，全国碘盐覆盖率为98.62%，合格碘盐食用率（除西藏外）为95.61%。

（三）人群分布

IDD累及全人口，其中处于生长发育加速期儿童和特殊生理阶段妇女较一般人群患病率高，即育龄妇女、孕妇、哺乳期妇女和0～2岁婴幼儿、学龄前及学龄儿童是IDD的高危人群。女性最高患病率在12～18岁之间，男性在9～15岁之间。在IDD流行区，任何年龄阶段均可发生地方性甲状腺肿，但一般是在青春期开始发病，并随着年龄的增长其患病率逐渐增长，到中年以后逐渐减少。流行严重区发病年龄可提前。孕妇具有特殊的生理特点，对碘的需要量约增加50%，需要220～250ug/L。因为在孕早期孕妇的甲状腺素浓度增加，除了要满足自身的甲状腺素的合成外，还需将额外的甲状腺素供给胎儿所需；在妊娠末期同样需将碘输送给胎儿；另外，孕妇通过尿液排出体外的碘也会增加。作为IDD防治的重点人群，其碘营养水平应需得到足够的重视。若孕妇缺碘，可直接导致胎儿碘营养不足，从而影响其神经系统及生长发育、甲状腺功能等，导致人口质量下降，给家庭和社会带来极大的负担。WHO推荐孕妇尿碘中位数≥150ug/L，适宜范围为150～200ug/L。WHO和中国营养学会均推荐孕妇的碘摄入量为200ug/d，而成人为150ug/d。

碘缺乏对人类大脑的损伤主要发生在脑发育的两个关键期，即胚胎期第12～18周和妊娠中期至出生后第6个月，对生长发育的影响主要是在儿童、少年及青春前期。我国的调查证实：在碘缺乏地区人群的平均智商降低10～11个百分点。

三、地方性甲状腺肿的分度、分型及诊断标准

（一）甲状腺肿的分度

1. 0 度　头颈部保持正常位置（垂直位置）时，甲状腺看不见、不易摸得着；即使摸得着但不超过受检者的拇指末节。特点是“甲状腺看不见、不易摸得着”。

2. Ⅰ度　当颈部处于正常位置时，可触及肿大的甲状腺，但看不到肿大。当受检者进行吞咽动作时，肿块可以在颈部上、下移动。在甲状腺尚未见肿大的情况下，可触及结节时也属于Ⅰ度。特点是“甲状腺看不见、容易摸得着”。

3. Ⅱ度　当颈部处于正常位置时，颈部可见明显的肿大，其大小超过受检者的拇指末节，并在触诊时，可触及明显肿大的甲状腺。特点是“甲状腺看得见，摸得着”。

（二）甲状腺肿分型

1. 弥漫型　甲状腺均匀肿大，触诊或 B 超检查未查出结节。这是由于甲状腺细胞增生、肥大以及血管增生、充血所致。属于早期的甲状腺肿，多见于儿童和青少年。易于继续发展，也易于恢复；在轻度缺碘地区基本上都是弥漫型甲状腺肿。

2. 结节型　在甲状腺上查到一个或多个结节。一般多见于中、老年人（尤其妇女），也可见于青春期，在严重缺碘地区甚至在儿童中也能查到结节型甲状腺肿。其发生率增高可以反映该地区碘缺乏的严重程度及持续时间。

3. 混合型　在弥漫肿大的甲状腺上可查到一个或多个结节。

（三）甲状腺肿的诊断

我国现行的地方性甲状腺肿诊断标准包括：①居住在碘缺乏区（水碘低于 10ug/L，尿碘低于 100ug/L）；高碘地区（水碘高于 300ug/L，尿碘高于 800ug/L）；或存在致甲状腺肿物质之地区；②甲状腺明显增大，当超过受检查拇指末节或小于拇指末节而有结节并排除甲状腺功能亢进、甲状腺炎和甲状腺癌等疾病后，即可诊断为甲状腺肿；③在上述地区内，采用 PPS 抽样方法，8～10 岁学生的甲状腺肿大率大于 5%就诊断为地方性甲状腺肿。

四、碘缺乏病的预防与控制

碘缺乏病的防治，应尽可能做到“因地制宜、因人而异、科学补碘”。1994 年起，卫生部、中国轻工总会、国家工商行政管理局、国内贸易部、国家技术监督局等五部委将每年的 5 月 5 日确定为“防治碘缺乏病日”（2000 年起改为 5 月 15 日），借以加大力宣传，提高人们对防治碘缺乏病的认识。2015 年 5 月 15 日是全国第 22 个防治 IDD 日，宣传主题是：科学补碘，重在生命最初 1000 天。

（一）预防策略及措施

全力保证合格碘盐的普及供应，是消除碘缺乏病的长期措施。我国西部地区经济较落后、居民人均收入偏低、地广人稀，以上种种原因导致碘盐运输距离长、费用高，边远贫困地区家庭就会出现买不起加碘盐的问题，需要政府实施碘盐价格补贴政策。2007 年，新疆维吾尔自治区人民政府每年为 300 万贫困农村人口发放价格补贴的食用碘盐。国家对于病情严重地区由中央财政给予经费支持，在未给予补贴的地区加强碘盐网络建设，提高碘盐覆盖率。我国因地域原因导致不同地区居民的饮食习惯不同，加上不同地区环境碘的差异，直接影响不同地区居民膳食碘的摄入量。所以各地应根据自身的条件及时调整本地区的补碘策略。

在食用加碘盐防治 IDD 的同时，还应密切关注一些高危人群的膳食碘摄入量。孕妇和哺乳期

妇女因处于特殊的生理阶段，若碘摄入量不足或过量都会导致严重的不良结果，同时也应注意婴幼儿因碘营养不足所带来的危害。故各地在执行新的碘盐标准时，应着重考虑单独为孕妇和哺乳妇女增设碘含量略高的碘盐。IDD 的防治效果，还在很大程度上取决于群众对有关 IDD 防治的相关知识及认知水平上。通过多年 IDD 健康教育干预，人们普遍对 IDD 危害和防治知识有了一定了解和掌握，但仍有一定比例的群众相关知识不够或存在误区，需要加强宣传教育，以便提高群众自主选择碘盐来保持身体健康的意识。2013 年全国 IDD 健康教育效果评价结果表明：通过采取形式多样的健康教育干预措施，目标人群的 IDD 防治知识知晓率有了显著提高。小学生的 IDD 防治知识知晓率由基线调查的 74.31%上升为效果评价的 94.35%；家庭主妇的 IDD 防治知识知晓率由基线调查的 75.89%上升为效果评价的 93.12%，均达到评估指标，说明该健康教育能够有效提高目标人群对 IDD 的认识，对有效预防 IDD 可以起到积极的促进作用。学校的健康教育课能够有效地普及学生的防治知识，要充分利用“学生-家庭-社区”这一健康教育传播模式，坚持开展健康教育对 IDD 防治具有重要的现实意义。

（二）监测

IDD 的防治监测工作包括碘盐和病情监测两部分。碘盐的监测是以县为单位进行的，而病情检测是以省为单位进行的。通过监测可以掌握 IDD 流行情况，即强度、趋势等，评价干预措施的效果，并为制定新的防治策略和措施提供依据。我国于 1990～2014 年对 IDD 进行了七次大规模的监测工作，其监测内容主要包括加碘盐监测、尿碘监测、儿童甲状腺肿大率及智商水平监测等，均以省为单位采用按人口比例概率抽样方法（PPS）进行抽样。

常用的统计指标：

（1）甲状腺肿大率= $$\frac{\text{Ⅰ度人数}+\text{Ⅱ度人数}}{\text{受检人数}}\times 100\% \quad (24\text{-}1)$$

（2）甲状腺肿患病率= $$\frac{\text{Ⅰ度人数}}{\text{受检人数}}\times 100\% \quad (24\text{-}2)$$

（3）碘盐覆盖率= $$\frac{\text{碘含量}\geqslant 5\text{mg/kg盐样份数}}{\text{检测份数}}\times 100\% \quad (24\text{-}3)$$

（4）碘盐合格率= $$\frac{\text{碘含量}20\sim 50\text{mg/kg盐样份数}}{\text{碘含量}\geqslant 5\text{mg/kg盐样份数}}\times 100\% \quad (24\text{-}4)$$

（5）合格碘盐食用率= $$\frac{\text{碘含量}20\sim 50\text{mg/kg盐样份数}}{\text{检测份数}}\times 100\% \quad (24\text{-}5)$$

（三）防治原则

1. 全民补碘原则 生活在缺碘环境中的所有人，这也包括没有发病的“正常人”，同样都是碘缺乏的受害者。临床表现为尿碘低，甲状腺功能异常，体能下降。因此，无论是病人还是未发病的“正常人”均应补碘。

2. 长期补碘原则 外部环境中缺碘是人们无法改变的，因此补碘措施不仅仅是短期的，而需要长期坚持进行。即使 IDD 消灭了，但是一旦再次缺碘，IDD 还会发生。

3. 每日微量补碘原则 机体储存碘的能力非常有限，因此需要每日补充一定量的碘。但长期高剂量补碘很可能会导致碘过量，对机体造成高碘性损害。

基于上述原则，食盐加碘预防 IDD 是全世界公认的最经济、最安全有效、最易推广的补碘措施。我国为了消除 IDD 的危害，从 1995 年开始实施长期提供加碘盐为主的综合防治措施。

（四）加碘盐的使用原则

用加碘盐防治 IDD 的建议是 1837 年由 Boussinganlt 首先提出的。全世界首先进行食盐加碘的瑞士，国居欧洲的阿尔卑斯山脉，缺碘情况也相当严重。1917 年在美国俄亥俄州第一次大规模用碘盐防治地方性甲状腺肿获得疗效，自 1948 年以来，联合国大力支持 IDD 防治工作，食用加碘盐来防治 IDD 是全球通行的做法。

2011 年 9 月我国卫生部发布新的食品安全国家标准《食用盐碘含量》，食用盐中碘含量标准不再全国“一刀切”，各地可以根据当地人群的实际碘营养水平，在规定范围内浮动。标准规定标准碘含量为 35±15mg/kg，根据这项标准计算，每天可获得 100～300ug（平均 200ug）的碘，足以满足人体的生理需要量。即使是不缺碘的人，按目前我国人群碘营养状况及碘摄入量来看，每天摄入 200ug 碘是安全的。

加碘盐中所用的含碘化合物主要有两种：碘化钾（Potassium Iodide）和碘酸钾（Potassium Iodate），后者较前者具有不易挥发、在高温潮湿环境下化学性质稳定等特点，我国从 1989 年起改用碘酸钾。

加碘盐在食用过程中还应注意以下几点：①碘缺乏地区必须长期科学食用加碘盐，一旦停止食用，IDD 很可能会复发；②每次购买加碘盐不宜过多，因为若碘盐长时间放置碘单质容易挥发；③在储存过程中应密封、避光、避免受热和存放过久，所存放的容器应为加盖；④烹调时不要用盐爆锅、长炖、久煮，以免碘的丢失。

（五）其他补碘措施

1. 碘油　指的是植物油与碘化合而成的有机化合物，同样也是预防 IDD 的有效措施之一。一般分为肌注碘油和口服碘油。我国生产的肌注碘油主要是以核桃油为原料而制成的，而口服碘油主要是碘化豆油和碘化核桃油。应用对象主要是育龄妇女、孕妇、哺乳期妇女和 1～2 岁婴幼儿等特殊人群。

尽管碘油是防治 IDD 的有效制剂，但不能替代碘盐。因为碘油补碘是一种强化性的补救措施，不能在病区全民范围内推行，适用于下列条件：①缺碘严重地区，IDD 病情严重，需要迅速控制时；②碘盐供应不足或其质量不能保证的 IDD 流行地区；③盐资源丰富的地区，人们不愿意购买碘盐时；④补碘不足时。

2. 加碘茯砖茶　指的是在砖茶生产工艺过程中增加一个加碘工序，使砖茶含碘量达到人体的生理需要量，通过饮茶服用补充人体对碘的正常所需。但这种补碘途径措施也只能作为推广食用加碘盐的一项辅助措施。在新疆库车县进行的一项随机对照研究结果表明：加碘茯砖茶干预措施防治 IDD 一年后，儿童甲肿率由防治前的 53.97%下降为 28.07%，有效率为 44.99%；儿童尿碘中位数由防治前的 16.43ug/L 上升至防治后 68.75ug/L。由此可见，在推广加碘盐难度比较大的地区，可以选择适合当地人群生活习惯又易接受的补碘措施，同推广碘盐一起有机地结合起来，提高人群的碘营养水平。

除此之外，还有一些碘化食品或调味品、碘化饮料、含碘海产品等。

（六）补碘的不良反应

随着人群碘摄入量的增加，全民食盐加碘之后逐渐出现了一些值得人们关注的问题。高碘引起甲状腺疾病的发病率增加，如碘致甲状腺功能亢进症、甲状腺功能减退、甲状腺恶性肿瘤、碘中毒和碘油丸油脂酸败中毒等。2001 年，WHO 根据学龄前儿童尿碘评价出碘营养状态的标准：尿碘中位数 100～199ug/L 为适量碘摄入，200～300ug/L 为超足量碘摄入，＞300ug/L 为碘过量。

1. 碘致甲状腺功能亢进症　1949 年荷兰对缺碘地区实行强制性碘化面包，甲状腺功能亢进症患病率由加碘前的 0.001%增加到 0.02%。我国自 1994 年开始实行食盐加碘以来，有些地区反映出甲状腺功能亢进病例数增加，尤其是毒性弥漫性甲状腺肿（Graves 病）。

2. 甲状腺功能减退 若碘摄入量超过甲状腺的正常功能需要量，可能会抑制甲状腺的功能，即可抑制甲状腺激素的合成与分泌。若机体碘浓度过高时，为防止过多的激素合成，甲状腺球蛋白中酪氨酸残基的碘化速度降低，有机化作用减慢，这是甲状腺对高浓度碘的一种急性应答。若有机化作用被抑制且碘运转并未相应降低，细胞内的高浓度将造成甲状腺激素合成减少，即发生甲减。经研究表明：随着机体碘摄入量的增加，甲减的发生也呈逐渐增长的趋势。

3. 甲状腺恶性肿瘤 几年来补碘过量与甲状腺恶性肿瘤之间的关系日益受到研究者们的关注。甲状腺恶性肿瘤是内分泌系统中最常见的恶性肿瘤之一。近年来其发病率在不同国家及地区逐年增长。有研究表明：甲状腺癌是近 20 年来增长速度最快的实体恶性肿瘤。导致甲状腺肿瘤的原因很多，如遗传因素、环境因素、电离辐射、社会心理因素及精神状况等，但目前有较多研究表明其与人体营养状况之间的关系较为密切。目前还没有确凿的证据表明加碘盐或碘摄入过量与甲状腺恶性肿瘤的发生存在直接的关系，需要进一步深入地进行相关流行病学及基础性研究加以探索。

4. 碘中毒 是指碘摄入量不仅大大超过安全范围的上限而且具有不同类型的中毒症状出现。一般分为急性和慢性。急性中毒发生于摄入大量碘化物后的当时或几个小时后，主要症状是恶心、呕吐、咳嗽、腹痛，痢疾、神志昏迷和发烧，明显症状是血管神经水肿、眼部水肿，还可能引起休克和昏厥等。而慢性中毒主要发生在接受较多的碘或多次接受较多碘的情况下，临床表现为患者口腔中会有金属味道，口咽部烧灼感、唾液腺肿胀、唾液分泌增加、鼻炎、寒战、眼睑刺激感和水肿。此外，视网膜反应异常、大脑和神经系统可能的炎症、触觉极端敏感等也是中毒症状。

（七）热点问题

1. 高碘 高碘地方性甲状腺肿迄今已有近 40 年的历史，食源高碘地方性甲状腺肿由日本首先发现，我国是首先发现水源性高碘地方性甲状腺肿的国家。迄今为止，尚未发现任何一个国家拥有像中国这么大的成片高水碘地区。我国有 735 个乡镇属于高水碘地区，主要是分布在山东、河北、河南等省的黄河冲击平原。国内外研究资料：高碘对单纯性甲状腺肿、亚临床甲减和自身免疫性甲状腺炎的研究结果较为一致，认为高碘可导致人群这三种疾病患病率上升。

WHO 推荐的每日盐摄入量为 5～6g；在美国全国范围内的每日平均盐摄入量为 3.4g，目标摄入量为 2.3g；而我国居民日平均盐摄入量远远超出这个数量，有的地区每日平均摄入量超过 10g。不难看出，虽然食盐加碘量相似，但中国人和美国人的实际碘摄入量相差 3 倍以上，可能会导致补碘过量。

2. 碘酸钾与碘化钾 我国从 1980 年开始加碘盐用的含碘化合物是碘化钾，1989 年改为碘酸钾。碘化钾的稳定性差，在食盐加碘的储存、运输、烹调过程中要损失一半以上，食盐敞开散放一个月，碘就损失 60%；用碘酸钾的碘盐即使敞开散放一年，碘的损失只是 2%～3%，因此很多国家改为碘酸钾。但用碘酸钾的碘盐必须添加拮抗剂，防止食盐结块。拮抗剂用的是俗称“黄血盐”的亚铁氰化钾。亚铁氰化钾当遇到高温时会分解出氰化钾，虽然经过试验允许作为食品添加剂使用，但如果长时间应用是否会对人体有不良影响仍然是未知数，因此加拿大等国家一直用较安全的碘化钾作为食盐加碘原料，中国从补碘效率方面出发使用碘酸钾。故近年来有学者提出虽然效率不高，但还是应以食品安全为主，提倡改用原来的碘化钾为食盐加碘原料。

3. 碘盐与非碘盐“双轨制” 随着群众的健康意识和对公共卫生服务质量的需求的提高，近些年，加碘盐与非加碘盐能否在市场上同时供应这一问题备受热议。目前我国利用食盐加碘来防治 IDD 的措施不能动摇，故在市场上应保证充足的碘盐供应。一项“部分城市居民自主选择碘盐和非碘盐的电话调查”发现，所调查的23个城市中居民选择购买碘盐的比例差异较大，由于受媒体的一些宣传的影响，更多的居民选择食用非加碘盐。如果采用碘盐与非碘盐双轨制措施，可能会造成群众盲目选择食用非加碘盐，导致原本已消除IDD卷土重来。那么能否在某些特定的地区实施这一措施呢？这就需要先进行科学的试点工作，通过科学方案来评估碘盐与非碘盐“双轨制”的利弊。

知识点 24-2：碘缺乏病的定义、防治原则、地方性甲状腺肿的分型及分度

（1）碘缺乏病是指环境中缺碘造成机体碘营养不良所表现的一组疾病的总称。

（2）防治原则：①全民补碘原则；②长期补碘原则；③每日微量补碘原则。

（3）地方性甲状腺肿分为弥漫型、结节型和混合型；分为0度、Ⅰ度和Ⅱ度。

第三节　地方性氟中毒

案例 24-2

新疆是我国地方性氟中毒的主要病区，在塔里木盆地西部地区，病区呈片状分布，具有分布面积广的特点，这里患有地方性氟中毒的居民主要表现为氟斑牙。阿克苏冲积平原、克州地区的阿克陶县、喀什地区的岳普湖县、叶尔羌河中下游区及和田大部分地区，均有不同程度的病情显示。而其中以阿克苏冲积平原区氟中毒最为严重，患病率高达60%-80%，有些地带甚至达90%以上。其他地区则为轻中型，患病率达30%-50%。各流域具有从山区到平原至沙漠区由非病区到轻病区到中病区至重病区演化的规律和特点。这与水中氟浓度的变化有密切关系。区内地下水及地表水氟浓度在各河上游区普遍较低，越往下游水中氟浓度逐渐增高。从各流域看，阿克苏冲积平原地下水中氟浓度高低分布与病情轻重分布相吻合，氟离子质量浓度相对最高，一般在1.5 mg/L以上，最高达9.1mg/L；阿克陶县及岳普湖县潜水中氟离子质量浓度多在1.2 mg/L；叶尔羌河中下游区水氟离子质量浓度也多在1-2mg/L，最高达4.5mg/L。盖孜河、叶尔羌河、和田河流域水氟离子质量浓度明显较高。这一区域分布特征表明：水氟离子浓度较高是当地主要水文地球化学特征之一。

问题：

（1）地方性氟中毒的概念是什么？

（2）地方性氟中毒的病因是什么？

（3）我国地方性氟中毒的主要预防措施是什么？

地方性氟中毒（endemic fluorosis）是由于一定地区的环境中氟元素过多，而致生活在该环境中的居民经饮水、食物和空气等途径长期摄入过量氟所引起的以氟骨症（skeletal fluorosis）和氟斑牙（dental fluorosis）为主要特征的一种慢性全身性疾病，又称地方性氟病。

地方性氟中毒在世界上分布很广，五大洲的50多个国家都有发生，亚洲的印度、中国、朝鲜、日本等十几个国家均有本病的发生。在欧洲、美洲、非洲等的20多个国家也有本病发生的报道。我国除上海市外，30个省市自治区存在饮水型氟中毒病区，14省市存在不同程度的燃煤污染型病区，6省市特别是在少数民族地区存在饮茶型氟中毒病区，主要分布于广大农村地区。据2005年报道，我国大约有氟中毒病区县1308个，氟斑牙患者3950万，氟骨症患者287万，病区影响人口1.1亿，西部地区更为严重。

一、病因学

（一）发病原因

氟在自然环境中分布广泛，化学性质活泼，广泛参与了机体内许多化学反应及代谢过程。氟作为与人体健康密切相关的微量元素之一，适量摄入有益于机体的生长发育及维持骨骼、牙齿的正常结构和生理机能，但过量氟的摄入可引起机体急性或慢性氟中毒效应。同时，氟中毒作为在特定地理环境中的一种地方性疾病，严重危害人类健康，氟不仅损害骨骼和牙齿，也损伤机体的神经系统、内脏器官以及内分泌腺等非骨相组织器官。

长期摄入过量氟是发生本病的根本原因，人体摄入总氟量超过 4mg/d 时即可引起慢性氟中毒，我国北方病区主要为饮水所致，西南地区为燃煤污染。本病好发年龄为青壮年，女性常高于男性，患病率可随年龄增长而增高，妊娠和哺乳妇女更易发病，且病情较重。营养不良，特别是蛋白质、钙、维生素供给缺乏时，机体对氟的敏感性增高。

卫生部 1997 年发布的《人群总摄氟量卫生标准》（WS/T 87-1996）规定，8～15 周岁：燃煤型氟病区 2.0mg/（人•日），饮水型氟病区 2.4mg/（人•日）；15 周岁以上：燃煤型氟病区 3.0mg/（人•日），饮水型氟病区 3.5mg/（人•日）。

（二）影响地方性氟中毒流行的因素

1. 氟的摄入量　饮水、食物、空气中氟含量越高，患病率越高，病变程度越重。

2. 营养状况　其他营养物质不足时，可使氟中毒病情加重。一般认为，蛋白质、钙、维生素等均有抗氟、保护机体的作用。

3. 其他化学成分　水的硬度、钙离子浓度与氟之间呈明显负相关；水的碱度能增强氟的毒性；与水中碘含量的关系复杂，当水氟＜1mg/L 时，碘含量高则地方性氟病轻，碘含量低则地方性氟病重；当水氟＞3mg/L 时，碘含量高则地方性氟病重，碘含量低则地方性氟病轻。在氟与有关元素关系的研究方面，除肯定钙、镁、铝、硼有拮抗氟的作用外，通过动物实验还证实了微量元素硒有抗氟作用。

4. 地理气候条件　干旱少雨是形成干旱、半干旱高氟浅层地下水病区的气候条件，此类病区地势低洼、水氟含量高、病情重。海拔高、气候寒冷、潮湿多雨、燃煤量大时间长是煤烟型污染区的气候特点。

二、疾病分型

（一）饮水型氟中毒

饮水型地方性氟中毒是由于饮用高氟水而引起的氟中毒，是主要的疾病类型。饮水型病区一般以地下水氟含量高为主要特征，受干旱、半干旱气候影响，离子淋溶累积规律导致地势高的山区水氟较低，倾斜平原及平原区水氟逐渐升高，形成平原病区。

饮水型病区分布最广，其特点是饮水中氟含量高于国家饮用水标准 1.0mg/L，最高甚至可达 17mg/L。氟中毒患病率与饮水氟含量呈明显正相关，综合我国各地资料，水氟与氟斑牙率的关系大致是：水氟为 0.5～1.0 mg/L 时，氟斑牙率为 10%～20%；水氟为 1.0～1.5 mg/L 时，氟斑牙率为 40%～50%；水氟 1.5 mg/L 时，氟斑牙率为 90%～100%。据 2011 年全国地方病统计报表数据，全国有饮水型氟中毒病区县 1136 个，覆盖病区村 12.36 万个，受威胁人数 8907 万。

（二）燃煤污染型氟中毒

燃煤污染型地方性氟中毒是由于居民燃用当地含高氟煤做饭、取暖、敞灶燃煤，炉灶无烟囱，并用煤火烘烤粮食、辣椒等而严重污染室内空气和食品，居民吸入污染的空气和摄入受污染食品引起的地方性氟中毒，燃煤污染型病区是我国20世纪70年代后确认的一类病区。

燃煤型地氟病是我国特有的地方病，据2011年全国地方病统计报表数据：全国有燃煤污染型氟中毒病区县173个，病区村3.36万个，涉及810万户，人数3319万。全国有13个省份不同程度的存在燃煤污染型氟中毒病区，有氟斑牙患者近1600万人，氟骨症患者约200万人。

（三）饮砖茶型氟中毒

饮砖茶型氟中毒是近年来在我国发现的由于长期饮用含氟过高的砖茶而引起的氟中毒，当地饮水及食物中氟含量不高。砖茶是一些游牧少数民族的生活必需品，“宁可三日无粮，不可一日无茶”，祖祖辈辈沿袭了这种饮食生活习惯。所以，在我国形成了世界上其他国家所没有的饮砖茶型氟中毒病区。

茶可富集氟，据WHO报道，世界茶氟含量平均为97mg/kg，我国的红茶、绿茶及花茶平均氟含量约为125mg/kg，砖茶可高达493mg/kg，最高1175mg/kg。截止2006年，全国具有饮砖茶习惯的县219个，覆盖3246个乡镇，包括31684个行政村和2873座寺院，共涉及3105万人。

三、流行特征

我国的长白山以西、长江以北广大区域，包括黑龙江三肇、吉林白城、内蒙古赤峰、河北怀来、山西大同、陕西榆林等地区为浅层高氟地下水病区；渤海湾滨海平原如辽宁盘锦、天津塘沽、河北沧州等地为深层高氟地下水病区；黑龙江海林、北京小汤山、广东丰顺、福建龙溪等地为高氟泉水病区；河南方城、江西宁都、云南昆阳、贵州贵阳、新疆温宿等地为富氟岩矿病区；分布于四川、贵州、广西、湖北、湖南等14个省150个县的生活燃煤污染型病区。

（一）地区分布

1. 饮水型氟中毒　在世界广泛分布，遍及5大洲的50多个国家，以印度和中国流行最为严重。在我国分布面积广，除上海市、贵州和海南省外，其他各省（市、区）均有病区分布。病例多寡、病情轻重与当地饮用水中含氟高低密切相关，水含氟量越高，饮水时间越长，则病情越重。我国饮水型病区主要分布在淮河-秦岭-昆仑山一线以北广大北方地区的平原、山前倾斜平原和盆地，如东北平原西部、华北平原、华东平原、中原地区、河西走廊、塔里木盆地、准噶尔盆地，形成东起山东半岛西至新疆南山天山山脉的面积辽阔的氟中毒病区。此外，有些地区受含氟矿藏影响形成局部高氟区，如浙江、河南、云南、辽宁、四川等地萤石矿或磷灰石矿。温泉也往往含氟较高，若作饮用可引起发病，主要散在分布于北方地区，这些病区一般范围不大。

2. 燃煤污染型氟中毒　在世界其他国家尚未发现，病情较饮水型重。病区在我国主要分布在陕西、四川、湖北、贵州、云南、湖南和江西等地，以西南地区病情最重，北方有少数面积不大的病区。目前重病区主要集中在我国云南、贵州、四川3省交界的山区和重庆东部、湘西、鄂西的山区，北方也有散在发生。病情除与氟摄入多少有关外，与病区的自然条件、经济状况、生产、生活习惯密切相关。

3. 饮茶型氟中毒　亦是中国特有的氟中毒类型，饮茶型氟中毒病区分布在有饮砖茶习惯的少数民族居住的地区，包括四川、西藏、青海、甘肃、新疆、内蒙古、云南等省区，如藏族、哈萨克族、蒙古族聚居区，当地居民有饮奶茶习惯，而煮奶茶的茶叶主要为砖茶。发现饮茶型氟中毒的流行特点是成人氟骨症病情重，儿童氟斑牙病情轻，儿童氟斑牙轻和饮砖茶量少有直接关系；在摄氟量相同的情况下，藏族病情重，蒙古族病情轻，这与生活习惯，饮食营养成分及海拔高度不同有关。

（二）时间分布

该病的发生与季节年份无明显相关。据全国1991～2000年监测资料，饮水型氟中毒除东北病区外，华北、华东、西北地区的病情均呈下降趋势；全国统计表明：燃煤型氟中毒在西部的病情呈上升趋势，其他南方地区（包括湖南、湖北），病情呈下降趋势。

（三）人群分布

地方性氟中毒的发生与摄入氟的剂量、时间长短、个体排氟能力及对氟敏感性、蓄积量、生长发育状况等多种因素有关，显示出其人群分布规律。病区当地居民氟中毒的发病时间与接触氟的剂量有关，氟含量高者发生氟骨症的潜伏期短。

1. 年龄分布 地方性氟中毒与年龄有密切关系，氟斑牙主要发生自正在生长发育中的恒牙，婴幼儿症状较轻，主要表现为白垩样改变，一般情况下，乳牙不发生氟斑牙。恒牙氟斑牙发生在7～8岁以前一直生活在高氟地区的儿童，因摄入过多的氟使牙釉质或牙本质损伤所致，恒牙形成后再迁入高氟地区一般不患氟斑牙。氟骨症主要发生在成年16岁以后，特别是30岁以后明显增加，患病率随年龄增高而上升，且病情严重。

2. 性别分布 地方性氟中毒的发生一般无明显性别差异，但是可能与生育、哺乳等因素有关，女性病情通常比男性严重，脊柱侧弯、驼背畸形多见于女性，特别是易发生骨质疏松软化，而男性则以骨质硬化为主。

3. 其他 饮水型与燃煤污染型病区的发病与民族、职业无关，但饮茶型病区的发病与民族、职业有关，病区当地汉族几乎不发病，牧民发病率高于农民，且发病率与病情均与氟的摄入量呈正相关。

四、病区的确定与划分

国家地方性氟中毒病区划分标准（GB 17018-1997）规定了我国地方性氟中毒病区的确定和病区程度的划分。

（一）病区确定

当地出生成长的8～12周岁儿童氟斑牙患病率大于30%；饮水型氟中毒病区，饮水含氟量大于1.0mg/L；燃煤污染型地方性氟中毒病区，由于燃煤污染总摄氟量大于3.5mg。

（二）病区程度划分

1. 轻病区 ①当地出生成长的8～12周岁儿童氟斑牙患病率大于30%；②经X线检查证实无氟骨症或出现轻度氟骨症患者；③饮水含氟量大于1.0mg/L或总摄氟量大于3.5mg。

2. 中等病区 ①缺损性氟斑牙患病率大于20%；②经X线检查证实出现中度氟骨症患者，重度氟骨症患者小于2%；③饮水含氟量大于2.0mg/L或总摄氟量大于5.0mg。

3. 重病区 ①缺损性氟斑牙患病率大于40%；②经X线检查证实出现重度氟骨症患者大于等于2%；③饮水含氟量大于4.0mg/L或总摄氟量大于7.0mg。

当环境含氟量与病情不符合时，以病情为准。

五、预防与控制

地方性氟中毒疾病的流行不仅严重危害人民群众的身体健康，还阻碍了病区经济发展，曾为病区家庭"因病致贫和因病返贫"的重要公共卫生问题。在我国，地方性氟中毒是分布范围最广、受威胁人数最多的一种地方病。自 20 世纪 60 年代开始到 20 世纪 80 年代，从中央到地方各级政府陆续建立了地方病防治机构，开展了大规模的调查与研究工作，取得了丰硕的成果，病情得到了遏制，在一些地方甚至被消除。改革开放以来，由于我国工作的重心转移到经济建设，地方病防治工作一度处于停滞或局部倒退的状况，因此病情也呈现加重发展之趋势。为此国务院制定了《全国重点地区地方病防治规划（2004～2010）》，这标志着地方病的防治工作进入了新的发展阶段，地方病的研究工作也将翻开新的一页。

（一）预防措施

在地方性氟中毒疾病的防治过程中，以未采取防治措施的中、重病区为重点，特别要突出西部地区，采取以改水降氟、改灶降氟、限制生产和销售含氟量高的砖茶为主的综合防治措施；在西部地区，要把燃煤污染型氟中毒防治工作放到首位，逐步提高饮茶型氟中毒在防治工作中的位置，不同类型氟中毒的预防措施如下：

1. 饮水型氟中毒预防措施

（1）改换水源：病区内如有低氟水源可以利用，应首先改换水源。①打低氟深井水：我国大部分干旱地区浅层地下水氟含量高，而深层地下水氟含量低，适于饮用，符合防病要求；②引用低氟地表水：将病区附近低氟的江、河、湖和泉水等地表水引入病区作为水源；③收集降水：在缺水地区修建小型水库或水窖，蓄积天然降水。

（2）饮水除氟：本方法适用于无低氟水源可利用的病区，采用理化方法降氟，如电渗析、反渗析、活性氧化铝吸附法、铝盐或磷酸盐混凝沉淀法、骨炭吸附法等除氟技术。在饮水中氟含量不高的地区，则应采取措施降低食品中的含氟量；在高氟地区选择种植含氟量较低的农作物，不使用含氟高的化肥，如磷矿粉，不使用含氟高的农药，如氟酰胺。

（3）重新评价水氟标准：我国在现有水氟标准执行多年后，地氟病发病率显著降低，但有调查发现，降氟改水地区儿童龋齿发病率增加，建议为了降低龋齿发病率，有必要设定我国水氟含量卫生标准的下限。随着降氟改水防治措施的不断落实和社会经济的发展，结合地氟病病区氟中毒病情和儿童龋齿、成人骨质疏松发生情况，应该对我国饮用水氟安全卫生标准进行重新评价，通过调查数据来量化影响氟摄入的各种因素，使水氟标准由一刀切的粗放式管理向因地制宜的精细化管理过渡，最终到达“兴氟利，去氟害”的目的。

截至 2012 年，全国饮水型氟中毒病区总村数为 99238 个，涉及人 1 218 246．8 万人，现已累计改水村 81 641 个，改水率为 82.27%；其中正常使用村 71 456 个，正常使用率为 87.52%；受益人口 6611.86 万，占病区人口的 80.17%。2012 年，27 个省份及兵团在 137 个县的 441 个村开展了饮水型氟中毒监测，结果表明：病区监测点降氟改水工程正常运转率为 89.58%（274/307），水氟含量合格率为 75.08%（223/297）。在改水工程正常运转且水氟含量符合国家标准的监测点，8～12 周岁儿童氟斑牙检出率为 24.04%（3999/16 634）；在改水工程水氟超标或工程不能正常运转甚至报废的监测点，8～12 周岁儿童氟斑牙检出率为 40.77%（1654/4057）。

2 .燃煤污染型氟中毒预防措施

（1）改良炉灶：通过改良炉灶将煤烟排出室外，能够有效地降低氟化物对室内空气、粮食的污染，从而能够有效地降低氟中毒发生率。

（2）改变食物储存方式：我国部分地区氟中毒区已经不再使用敞煤火烘炕玉米等，而利用日晒等方式进行干燥能够将玉米放置在室内密闭保存，能够有效地降低生活燃煤污染性氟中毒发生率。同时，对于我国部分地区，如贵州、四川、湖北等氟中毒病区主要以烟叶为主要经济作物，并且多数家庭有烤烟房，生活中将玉米、辣椒等放在烟房中能够有效地降低氟对食物的污染。

（3）使用清洁能源：氟中毒区使用沼气后农户卧室、厨房以及庭院等生活区域环境明显得到改善，并且常见疾病发生率也明显降低，能够有效地降低燃煤等支出。同时，对于燃煤型地区在非采暖季节，采用电磁炉、电饭煲等炊事，能够有效地降低氟中毒发生率，还能够减少花费。

（4）健康教育：在燃煤型地方性氟中毒区建立有效的健康干预模式，通过教育干预能够有效地提高人们对地方性氟中毒知识的知晓率、改良炉灶率和食物正确保存率，从而能够有效地降低食物含氟量，改善人们生活质量。

截至 2012 年，全国燃煤型氟中毒病区总户数为 822.68 万户，累计改炉改灶 817.58 万户，改炉改灶率为 99.38%，超额完成“十二五”规划目标任务；正确使用炉灶 777.17 万户，正确使用率为 95.06%，达到了“十二五”规划目标要求，其中北京、山西、辽宁、江西、重庆、河南省（市）改炉改灶率均达到了 100%，其他省（市）改炉改灶率也均达到了 95%以上；重庆、山西、湖北省（市）正确使用率未超过 95%，其他省份炉灶正确使用率均在 95%以上。

3. 饮茶型氟中毒预防措施

（1）研制、生产、销售含氟量符合国家标准的低氟砖茶。

（2）茶叶降氟，主要采用物理方法降氟，茶叶颗粒越小越有利于茶氟的浸出，第一泡中，茶氟浸出率高达 65%以上，因此可以将砖茶尽可能捣碎用 80℃热水洗茶一次，然后加水熬煮。

（3）展开健康教育，改变饮茶习惯，并在饮砖茶习惯病区增加其他低氟茶种代替砖茶。

目前，除西藏缺评估数据外，饮茶型氟中毒病区年均销售砖茶量为 24384.22 吨，其中氟含量合格砖茶销售量为 2163.33 吨，占全部砖茶销售量的 8.87%，距“十二五”规划目标差距悬殊。其中，宁夏氟含量合格的茶销售比例较大，占 58.00%（430.94 吨/743.01 吨），其次是新疆，销售量占 19.44%（1033.40 吨/5314.92 吨），其他省份氟含量合格砖茶销售比例均＜10%。

（二）疾病监测

做好相应的监测工作，对监测病区范围较大的地区，按照病区村病情的轻、中、重分层，在每一层内随机抽取一定数量的病区村作为监测点，如果病区范围小，则选择水氟浓度最高或病情最重的典型病区村进行监测。患病情况监测以自然村为最小的监测单位，防治措施落实进度以县为最小监测单位，监测内容如下：①氟中毒流行状况：8～12 岁儿童氟斑牙患病（检出）率、缺损型氟斑牙检出率和氟斑牙指数等指标，成人临床氟骨症与 X 线氟骨症患病（检出）率，人群尿氟水平，环境含氟量；②防治措施落实进度及防治措施的使用管理情况。根据近年来有关研究报导，监测结果如下：

1. 饮水型病区 1991～2006 年，监测县改水率呈逐年上升趋势，从 1991 年的 42.10%增加到 2006 年的 72.68%。监测县降氟改水氟合格率始终在 60%～80%。儿童氟斑牙检出率 1991 年为 60.08%，2006 年下降到 39.47%，说明改水降氟有效降低了病区儿童氟斑牙病情。氟骨症监测结果表明：所有监测点整体临床氟骨症检出率和 X 线氟骨症检出率均表现出下降趋势。总的来说，我国饮水型氟中毒的病情变化趋势是随防治措施不断落实和巩固而逐渐减轻。

2. 燃煤污染型病区 1991～2006 年，监测县改炉改灶率亦呈逐年上升的趋势，从 17.87%升高至 43.32%。2000～2004 年，监测县改炉改灶率在一个水平线上，说明这一时期全国燃煤污染型氟中毒病区所有监测县的改炉改灶工作几乎处于停顿状态。2005 年落实了中央补助地方防治燃煤污染型氟中毒改炉改灶项目，结果 2005 年以来，改炉改灶率增长幅度较大。而燃煤污染型氟中毒病区儿童氟斑牙病情控制效果整体上不如饮水型病区，主要是因为贵州、四川、陕西等省监测点病情居高不下，可能与采取改炉改灶措施时间尚短，或虽然改炉改灶，但不能正确使用以及毁坏后不能及时维修有关。

3. 饮砖茶型病区 2012 年全国饮茶型氟中毒监测报告数据表明：8～12 周岁儿童氟斑牙检出率较低，仅为 15.18%；但成人（36～45 周岁）X 线氟骨症检出率较高，达到 20.58%，不过以轻度为主；砖茶氟含量符合国家标准的比例较低，仅为 11.34%。

（三）治疗原则

目前尚无针对地方性氟中毒的特效治疗方法，治疗原则主要是减少氟的摄入和吸收，促进氟的排泄，拮抗氟的毒性，增强机体抵抗力及适当的对症处理。

1. 合理调整饮食和推广平衡膳食　加强和改善患者的营养状况，可增强机体的抵抗力，减轻原有病情。提倡蛋白质、钙、镁、维生素丰富的饮食，达到热量足够，特别应重视儿童、妊娠妇女的营养补充。高钙、蛋白、维生素 A、维生素 D 饮食尤为重要。

2. 药物治疗　可用钙剂和维生素 D、氢氧化铝凝胶、蛇纹石等治疗。对有神经损伤者宜给予维生素 B 族（B_1、B_6、B_{12}）、三磷腺苷、辅酶 A 等以改善神经细胞正常代谢，减少氟的毒性作用。

3. 氟斑牙治疗　可采用涂膜覆盖法、药物脱色法（过氧化氢或稀盐酸等）、修复法等治疗，使用防氟牙膏也有一定的疗效。

4. 其他　对因有椎管狭窄而出现脊髓或马尾神经受压的氟骨症患者应进行椎板切除减压。对已发生严重畸形者，可进行矫形手术。氟骨症的对症疗法主要是止痛，对手足麻木、抽搐等症状可给予镇静剂。

知识点 24-3：地方性氟中毒的定义、类型

（1）地方性氟中毒是指由于一定地区的环境中氟元素过多，而致生活在该环境中的居民经饮水、食物和空气等途径长期摄入过量氟所引起的以氟骨症和氟斑牙为主要特征的一种慢性全身性疾病。

（2）地方性氟中毒分为：①饮水型氟中毒；②燃煤污染型氟中毒；③饮茶型氟中毒。

第四节　地方性砷中毒

案例 24-3

上世纪 80 年代，准噶尔盆地西南部的天山北麓山前冲积平原地带的居民出现了一种“怪病”，发病的居民常自觉全身有蚁走感，四肢无力，并且这种感觉障碍呈对称性向心性。有的居民还变成了“花肚皮”，主要为皮肤色素沉着和皮肤脱色斑，多见于腹部，背部及躯干部位，并且当地居民的毛发干枯，易脆断、脱落，掌跖部有点状，鸡眼状，疣状角质化等皮肤角化症状，甚至发展到四肢、躯干。有的居民的脚变成了黑色，严重的甚至出现了肢端缺血坏疽，皮肤不断角化、皲裂处易形成溃疡，溃疡经久不愈。

这种奇怪的病到底是什么呢？许多科研人员和医务工作者到当地进行了调查，最终发现罪魁祸首竟然是一种重金属，那就是“砷”。砷是一种分布比较广泛的类金属化学元素，广泛分布于岩石、土壤和水等环境中。地壳中砷的不均匀分布会造成不同地区环境中砷含量的差异，新疆奎屯地区因为其独特的地理环境以及天山山脉山麓丰富的砷含量形成了我国大陆地区最大的饮水型砷中毒病区。

新疆奎屯地区是我国大陆地区发现的第一个饮水型地方性砷中毒病区，1980 年左右发现该病区位于准噶尔盆地西南部的天山北麓山前冲积的平原，病区东起玛纳斯河，西至艾比湖，是一条长约 250km 的深层地下高砷水带，累及人口约 10 万人。

问题：

（1）地方性砷中毒的概念是什么？

（2）地方性砷中毒的病因是什么？

（3）我国地方性砷中毒的主要预防措施是什么？

地方性砷中毒（endemic arseniasis）是指由于长期自饮用水、室内煤烟、食物等环境介质中摄入过量的砷而引起的一种生物地球化学性疾病。临床上以末梢神经炎、皮肤色素代谢异常、掌跖部皮肤角化、肢端缺血坏疽、皮肤癌变为主要表现，是一种伴有多系统、多脏器受损的慢性全身性疾病。

地方性砷中毒在孟加拉、印度、中国、越南、泰国、柬埔寨、智利、阿根廷等国家都有流行，其中智利是历史最早的病区，而近年在孟加拉、印度和中国发现的病区则病情重、病区大、危害人口多。我国大陆自 1980 年在新疆报道饮水型砷中毒以后，在内蒙古、山西发现了严重的饮水型地方性砷中毒，此后，在贵州又发现了燃煤型地方性砷中毒。

一、病 因 学

（一）发病原因

地方性砷中毒是在特定地理环境条件下生活的居民，由于长期从饮水、食物、空气中摄入过量砷而引起的以机体皮肤色素沉着、脱色、角化及癌变为主的全身性慢性中毒。地方性砷中毒是卫生部 1992 年认定的一种新的严重危害人民健康的地方病，分为饮水型和燃煤型，另外还有台湾省的乌脚病。

饮水型地方性砷中毒是因饮水含砷高（超过我国饮水砷卫生标准 0.05mg/L）所致。燃煤型地方性砷中毒是因为当地农民燃高砷煤做饭取暖，炉灶无烟囱，玉米辣椒等放于炉灶上层烘烤，使食物受到室内煤烟中砷的污染，农民通过食入与吸入途径摄取大量的砷而导致砷中毒。

1968 年我国台湾省嘉义县和台南县，发现了人群中的乌脚病，主要表现为肢端中小血管循环障碍，导致患肢局部变黑。经流行病学调查可能与饮水砷浓度相关，主流观点认为是一种慢性砷中毒，流行地区多数水井饮水砷为 0.4～0.6mg/L，通过改水降砷可控制病情。但存在多种病因假说，目前仍在进行深入调查研究。

（二）影响地方性砷中毒流行的因素

1. 砷的摄入量 饮水、食物、空气中砷含量越高，患病率越高，病变程度越重。

2. 营养状况 其他营养物质不足时，可使砷中毒病情加重。一般认为，蛋白质、维生素等均有抗砷、保护机体的作用。

3. 其他化学成分 其有害物质的摄入，如过量氟，可能引起砷中毒患者病情加重。

4. 地理地形 据有关研究报道，除内蒙古赤峰克旗的 2 个饮水型砷中毒村处于山区外，其余均为平原、盆地或高原，燃煤型砷中毒均位于高寒山区。

二、疾 病 分 型

（一）饮水型砷中毒

饮水型砷中毒系由于饮用水中含砷量较高，造成机体摄入过量的砷，从而导致砷在体内蓄积，使暴露人群表现出砷中毒症状群。

1980 年新疆奎屯地区是中国大陆首次发现的饮水型砷中毒病区，该地区居民 20 世纪 60 年代以前饮用河渠水，从未发生过地方性砷中毒；20 世纪 60 年代后开始打井，开采地下水资源；到 20 世纪 70 年代初，居民中开始出现砷中毒。在当时病情最重的村进行普查，受检的 362 人中检出砷中毒病人 168 例，检出率为 46.41%，85 户中有 81 户发病，占总户数的 95. 29%，饮用的自流井水含砷量为 0. 85 mg/L。新疆奎屯病区面积 1200 km^2，分布在 87 个生产连队，受威胁居民约 5 万人，查出病人 2000 多例。到 1984 年底，新疆奎屯地区水含砷量相对高的病区均采取了改水降砷防治措施，对控制砷中毒起到了很好的作用。

2002 年全国地方性砷中毒分布调查发现：内蒙古、山西仍为饮水型地方性砷中毒重病区，内蒙古、山西的一些乡村集中改水降砷效果较好；新疆乌苏市大部分高砷地区经集中改水，病区已有所减少，病情减轻；新确认吉林、宁夏各 1 个县有饮水型地方性砷中毒病区，其中以吉林病区为典型；新发现青海 1 个县和安徽 1 个县有饮水型地方性砷中毒；新发现北京顺义区有饮水高砷暴露乡镇，其他省未发现饮水高砷暴露地区。通过此次调查，确定全国饮水型地方性砷中毒分布于 8 个省（市、区），40 个县（旗、市），154 个乡镇，583 个行政村，1047 个自然村。饮水砷＞0.05 mg/L 的村，高砷暴露人口数为 52.3 万人，包括可疑病例在内，砷中毒病例共 7821 人，检出率为 9.65%；不包括可疑病例砷中毒病例共 6313 人，检出率为 7.79%。

（二）燃煤污染型砷中毒

燃煤污染型砷中毒是中国特有的一种病区类型，是由于居民在室内敞烧高砷煤取暖、炊事，烘烤新收获的玉米、辣椒而造成的慢性砷中毒。严格地讲，它是一种人为的砷污染。

1964 年初，贵州织金县小纳雍乡坝子村 25 户 113 位村民开始使用在驻地附近新开采的煤，年后有 22 户 75 人确诊为砷中毒，检出率为 66.37%，该村煤含砷量高达 2166.67mg/kg；1976 年又在兴仁县雨障镇交乐村及开阳县城关镇石头田村发现由敞烧高砷煤引起的砷中毒。事件发生后，这些村都及时封闭了高砷煤窑。1991～1994 年，贵州对全省燃煤地区进行高砷煤筛查和砷中毒线索调查，结果表明：贵州高砷煤仅分布于兴仁县、安龙县、兴义市、织金县的部分乡镇，煤砷均值分别为 417.70mg/kg、623.50mg/kg、264.50mg/kg、2166.70mg/kg；截止 1994 年，贵州基本查清了燃煤污染型砷中毒病区分布范围，并同步开展了防治措施。1995 年全国地方病年报表中，贵州上报了辖区内燃煤污染型砷中毒的病情：有病区县 4 个，病区村 42 个，病区村户数 6034 户，病区村人口 3.31 万人。

在 2006 年全国地方病防治年报表中，陕西上报了辖区内燃煤污染型砷中毒的病情，病人数上升到 35618 人，该数据不是普查结果，而是通过抽样调查，加之根据煤含砷量综合分析推测的结果，需进一步调查核实。同年年报表显示：贵州有病区县 4 个，病区村 32 个，病人数 2848 人，皮肤癌患者 4 人。

三、流行特征

（一）地区分布

全球约有 20 多个国家发现有地方性砷中毒病区或高砷区存在，如智利、阿根廷、墨西哥、美国、加拿大、孟加拉国、印度、中国、泰国等国家。我国新疆、山西、内蒙古、宁夏、吉林、青海、甘肃、安徽、江苏、湖北、云南、四川、贵州、陕西和台湾 15 个省（自治区、直辖市）有地方性砷中毒病区或高砷区的存在。我国主要病区分布在新疆的奎屯和内蒙古，山西的一些地区和台湾西南沿海地层含砷量过高，使地下水含砷量严重超标。

1. 饮水型砷中毒 全世界暴露于水砷浓度超过 0.05mg/L 的人群约在 5000 万人以上，北美的加拿大、美国，东欧的匈牙利、前苏联，以及南亚、东南亚的孟加拉国、印度、尼泊尔、越南、柬埔寨等国家均有饮水型砷中毒病区。我国饮水型病区主要分布于新疆、内蒙古、青海、甘肃、宁夏、山西等 9 省（区）。饮水型地砷病呈明显条带状、块片状、灶状和点状分布。

2001～2007 年期间，以联合国儿童基金会项目和中央补助地方公共卫生项目为契机，我国进行了高砷水源筛查和拉网式病区调查，以明确高砷饮用水源和砷中毒病区分布。资料汇总后发现我国大部分病区位于西部和中部，因此饮水型地方性砷中毒的防治工作重点应该放在中西部地区。据统计，2011 年全国有饮水型砷中毒病区县 42 个，覆盖 494 个病区村，在新疆建设兵团还有 13 个团场 165 个连队，共涉及病区村（连队）人数 53.15 万；全国有高砷区 12 个县，覆盖 1997 个高砷村，共涉及高砷村人数 143.66 万。

2. 燃煤污染型砷中毒 病区主要分布于敞灶燃烧高砷煤的地区，如贵州、四川、陕西、河南等省（区），其中贵州和陕西为典型燃煤污染型砷中毒病区。经监测，病区煤炭含砷量在 417.7～

2166.7mg/kg，含砷煤炭在燃烧时，可向室内空气中释放砷，致使室内空气砷浓度达 0.093～0.261mg/m^3；在室内干燥储存的食物因受含砷煤烟污染，含砷量可达 41.3～693.00mg/kg，超过我国食品卫生标准 5.9～990.0 倍。经计算每人每日自呼吸道和消化道摄入砷 3～20mg，是饮水型砷中毒病区人群摄砷量的几倍至几十倍。陕西省安康、汉中市 5 个县、区实施燃煤型砷中毒环境及病情线索调查时发现：燃煤户室内空气、粮食、食品砷含量超标，砷中毒病人检出率达 42%，是新发现的地方性砷中毒病区；在吉林、宁夏、青海也发现了大面积的砷中毒病区；贵州省病区包括兴仁县、兴义市、安龙县、织金县、开阳县，病区人口约 7 万～20 万。

（二）时间分布

该病没有多发季节和多发年。

（三）人群分布

环境流行病学调查资料显示：无论是饮水型还是燃煤污染型地方性砷中毒，只有暴露于高砷水或燃用高砷煤这才会发病。地砷病的潜伏期一般较长，中国发现的饮水型砷毒病区患者出现明显皮肤改变症状一般约 10 年左右，高浓度暴露者 5、6 年也可发病。任何年龄均可受害，患病率随年龄的增长而上升，男性明显高于女性，并且病情严重。

1. 年龄分布 任何年龄摄入过多的砷均可患病，从幼儿到高龄老人均有病例报告，年龄越大该病的检出率越高，新疆重病区病人年龄范围在 3～67 岁，燃煤型病区患者年龄范围在 6 个月～83 岁。尽管各年龄均可发病，由于砷中毒潜伏期相对长，随着年龄的增长，机体内砷的蓄积量和累积性损害增加，所以该病的检出率随着年龄的增加而上升，且 20 岁以上居民患病率明显高于 20 岁以下，40～50 岁年龄段是患病的高峰期，新老病区的儿童地砷病的检出率均低于成人。

2. 性别分布 调查结果不相一致，多数为男性高于女性。在成年男性患者中，以重体力劳动者居多，病情严重，患病率男高于女，其原因可能为男性饮水量与膳食量一般大于女性，致使其总摄砷量高所致。

3. 其他 该病无职业多发，主要是农民患病，但病区的牧民、工人、教员也同样发病。发病无民族差异，但病人呈明显的家庭聚集性，大部分受累家庭有 2 名或 2 名以上的患者，有些则全家发病。

四、病区的确定与划分

（一）饮水型病区

在居民生活环境中，因非工业污染所致饮用水砷含量较高，造成人群发病，可认定为饮水型砷中毒病区；凡饮水砷含量在 0.05mg/L 以上，即可确定为高砷地区。根据水砷含量和病情，将地方性砷中毒病区划分为轻病区、中等病区和重病区。

1. 轻病区 饮水砷含量在 0.05～0.2mg/L，临床上可有轻度病例发生，砷中毒患病率小于 10%，无中、重度砷中毒病例。

2. 中等病区 饮水砷含量在 0.21～0.5mg/L，临床上有不同程度的砷中毒病例发生，砷中毒患病率为 10%～30%，中、重度砷中毒病例检出率小于 5%。

3. 重病区 饮水砷含量大于 0.5mg/L，砷中毒患病率大于 30%，中、重度砷中毒病例检出率大于 5%。

病区以自然村（屯）为单位划分，饮水砷含量以含砷最高的饮用水源计算，饮水含砷量与患病率不符时，以患病率划分轻、中、重病区。

（二）燃煤污染型病区

凡以砷含量大于100mg/kg的高砷煤为燃料，引起室内空气、食物、饮用水砷含量增高，造成人群砷中毒流行的病区，可定为燃煤污染型地方性砷中毒病区。其病区的划分主要依据高砷煤分布范围和病情作为主要参考指标。

五、预防与控制

（一）预防策略与措施

地方性砷中毒与经济、生活、行为方式等多因素密切相关，采用“环境干预-行为干预-医学干预”的综合防治措施控制地方性砷中毒流行是行之有效的方法。从环境方面阻止或减少易感人群与砷及其化合物的接触，切断砷源（如改水降砷、禁绝采挖和禁止燃用高砷煤、改炉或改灶、发展新能源等）是预防和控制的根本措施。

中国地方性砷中毒的防治应做好四方面工作：一是针对目前大规模采取的防治措施开展监测，评估其防治效果；二是针对农村新的改水工程应进行水质检测，必须保证水砷符合国家标准，避免出现新的因改水而导致的砷中毒病区；三是卫生部门要依靠当地政府，在燃煤污染型砷中毒病区长期落实以改炉改灶为主的综合防治措施，要与水利部门紧密配合，使现有降砷改水工程长期发挥防病作用；四是加强有关砷中毒患者的治疗方法研究和砷致肿瘤发生的追踪观察，减轻砷中毒的远期毒作用，彻底减轻砷中毒危害。

控制地方性砷中毒的防治措施可概括为：①改水降砷是防制饮水型地方性砷中毒的根本措施；②改用低砷煤或燃气是防制燃煤型地方性砷中毒的关键措施；③改灶降砷、改进粮食烘烤方式是防制燃煤型地方性砷中毒的有效措施；④健康教育是防制饮水型和燃煤型地方性砷中毒的综合措施。实行国家、集体、个人三结合，采取因地制宜、因户而异的防治措施。燃煤饮水理化降砷是研究途径；⑤做好地方性砷中毒地区环境砷与病情监测是十分重要的环节。

（二）疾病监测

卫生部与联合国儿童基金会于2003年在“减轻砷中毒危害”项目中确立了“社区饮水砷监测系统”项目，在宁夏、新疆、青海、山西、内蒙古、吉林、安徽、黑龙江、河南、山东10省和自治区及新疆建设兵团，结合2001～2002年的全国饮水砷筛查结果确定监测县。将饮水砷纳入“全国农村饮水水质卫生监测网”的监测指标中，目的是适时监测饮水砷含量，及时为政府的饮水改善规划提供科学依据。

2010和2011年度全国饮水型地方性砷中毒监测报告结果：①2010年度在45个县共监测降砷改水工程225个，覆盖自然村1349个，受益人口72.66万人；2011年度在48个县共监测降砷改水工程233个，覆盖自然村1576个，受益人口84.61万人；②2010年度共调查了107个村，已改水村81个，改水工程正常运转率为90.12%（73/81），间歇运转率为9.88%（8/81），无报废工程，改水工程水砷合格率为86.42%（70/81）；2011年度共调查了108个村，已改水村89个，改水工程正常运转率为86.52%（77/89），间歇运转率为11.24%（10/89），报废运转率为2.25%（2/89），改水工程水砷合格率为82.02%（73/89）；③2010年度监测未改水村26个，水砷超标户数占总检测户数的66.01%（371/562）；2011年度监测未改水村19个，水砷超标户数占总检测户数的54.99%（204/371）；④2010年度在已改水村检查23964人，砷中毒患者检出率为4.43%（1061/23964）；在未改水村检查3964人，砷中毒患者检出率为5.98%（237/3964），新发病例2例。2011年度在已改水村检查25225人，砷中毒患者检出率为4.68%（1181/25225）；在未改水村检查3145人，砷中毒患者检出率为2.26%（71/3145）。

2010～2014年陕西省燃煤污染型砷中毒监测结果：改良炉和改良灶的合格率和正确使用率均

较低（＜90%），共采煤样 100 份，砷含量范围为 12.295～455.827mg/kg，均值为 91.819±80.989mg/kg；玉米、辣椒食用前的淘洗率均为 100%（198/198，200/200），玉米、辣椒的正确干燥率和保管率均在 95%以上。4 个村共调查 17855 人，检出砷中毒患者 1232 例，检出率为 6.90%（1232/17 855），尿砷含量范围为未检出 0～0.287mg/L，几何均值为 0.033mg/L。

（三）治疗原则

1. 营养支持 在膳食中增加优质蛋白质、多种维生素等营养素摄入，以提高机体抗病能力，可建议居民增加豆制品、奶制品、新鲜蔬菜、水果的摄入比例。

2. 治疗末梢神经炎 选用维生素 B_1、B_{12}、肌酐、三磷腺苷、辅酶 A、辅酶 Q10 等制剂，以减轻砷对神经系统的损害。

3. 处理皮肤损害 用 5%二巯基丙醇油膏涂抹，可缓解慢性砷中毒皮肤损害。对于经久不愈的溃疡，或短期内明显增大的赘状物应及时作病理学检查，以便早期诊断、早期处理皮肤恶变组织。

4. 砷的解毒剂 可采用有效的解毒剂二巯基丙磺酸钠，每天肌内注射 0.125～0.25g，每 3～5 天为一个疗程，应视尿砷浓度变化决定用药期限。如无巯基解毒剂，也可选用 10%硫代硫酸钠，成人每次静脉注射 10～20ml，每日 1 次，3～5 天为一疗程，连用 3～5 个疗程。

知识点 24-4：地方性砷中毒的定义、主要临床表现、分类

（1）地方性砷中毒是指由于长期摄入过量的砷而引起的一种生物地球化学性疾病。临床上以末梢神经炎、皮肤色素代谢异常、掌跖部皮肤角化、肢端缺血坏疽、皮肤癌变为主要表现，是一种伴有多系统、多脏器受损的慢性全身性疾病。

（2）地方性砷中毒的分类：①饮水型砷中毒；②燃煤污染型砷中毒；③乌脚病。

案例 24-1 分析讨论：

（1）碘缺乏病是指环境中缺碘引起机体碘缺乏所导致的疾病。所具有的疾病谱带较为广泛，主要包括地方性甲状腺肿和地方性克汀病，此外，还包括由于缺碘引起的胎儿早产、死产、先天性畸形、单纯聋哑、智力低下以及体格发育不良等。

（2）自然环境碘缺乏是碘缺乏病的主要原因。陆地上碘流入海洋的地质变化发生于 164 万年前的第四纪冰川期，气候变暖、冰川融化、地表岩石及熟土壤被冰水大量冲走，致使碘等微量元素流入海洋。陆地上的岩石经过千万年的淋溶、风化而成为缺乏碘元素的新土壤，其碘含量仅相当于成熟土壤的 1/10；洪水泛滥、沙漠化，土壤被大量雨水反复冲刷，土壤中的碘连同土壤被冲走；人类活动对土壤植被的破坏，滥砍滥伐、水土流失严重，人为造成了环境缺碘。除了环境缺碘之外，碘缺乏病还可能存在其他原因：①致甲状腺肿物质：指能够作用于甲状腺，阻断甲状腺激素的合成或增加肾脏对碘化物的排除而引起甲状腺肿的物质。②营养因素：与碘缺乏病的流行相关营养因素主要有能量、蛋白质的不足以及维生素，如维生素 A、C、B1、B2、B12 和一些微量元素，如锌、硒的缺乏。③环境污染：环境中的一些重金属，如铅、汞、铬、锰、氟、铀等可影响甲状腺的功能。④遗传因素：多基因遗传可能对地方性甲状腺病的发病起一定作用。

（3）自 1994 年开始我国开始实行“食盐加碘消除碘缺乏病危害管理条例”，至 1995 年全国基本普及了加碘盐。实践证明食盐加碘是消除危害人民健康的碘缺乏公共卫生问题的最佳干预措施。其他补碘措施还包括碘油、加碘茯砖茶、碘化食品或调味品、碘化饮料、含碘海产品等。1994 年起，卫生部、中国轻工总会、国家工商行政管理局、国内贸易部、国家技术监督局等五部委将每年的5月5日定为“防治碘缺乏病日”（2000年起改为5月15日），借以加大宣传，提高人们对防治碘缺乏病的认识。碘缺乏病的防治效果，还在很大程度上取决于群众对有关碘缺乏病防治的相关知识及认知水平上。因此，各地在碘缺乏病的健康教育方面投入了大量的人力、物力、财力，对提高群众对碘缺乏病的认识、提高自我保健意识产生了一定的积极作用。通过采取形式多样的健康教育干预措施，增强病区人群的防病意识，促进不良生活行为和习惯的改变，帮助个人和群体掌握卫生保健知识，树立正确的健康观念，提高生活质量。

案例 24-2 分析讨论：

（1）地方性氟中毒（endemic fluorosis）是指由于一定地区的环境中氟元素过多，而致生活在该环境中的居民经饮水、食物和空气等途径长期摄入过量氟所引起的以氟骨症（skeletal fluorosis）和氟斑牙（dental fluorosis）为主要特征的一种慢性全身性疾病，又称地方性氟病。

（2）长期摄入过量氟是发生该病的主要原因，人体摄入总氟量每天超过4mg时即可引起慢性氟中毒。我国北方病区主要为饮水所致，西南病区为燃煤污染。该病好发年龄为青壮年，女性常高于男性，患病率随年龄的增长而升高。妊娠和哺乳妇女更易发病，且病情较重。营养不良，特别是蛋白质、钙、维生素缺乏时，机体对氟的敏感性增高。

（3）饮水型氟中毒的主要预防措施包括①改换水源：打低氟深井水、引用低氟地表水、收集降水；②饮水除氟：本方法适用于无低氟水源可供利用的病区。

燃煤污染型氟中毒的主要预防措施包括①改良炉灶：炉灶应有良好的炉灶结构并安装排烟设施；②减少食物氟污染：应防止食物被氟污染，避免烟气直接接触食物；③不用或少用高氟劣质煤：更换燃料或减少用煤量。

饮砖茶型氟中毒的主要预防措施包括研制低氟砖茶，在饮砖茶习惯病区增加其他低氟茶种代替砖茶等。

案例 24-3 分析讨论：

（1）地方性砷中毒是指由于长期自饮用水、室内煤烟、食物等环境介质中摄入过量的砷而引起的一种生物地球化学性疾病。临床上以末梢神经炎、皮肤色素代谢异常、掌跖部皮肤角化、肢端缺血坏疽、皮肤癌变为主要表现，是一种伴有多系统、多脏器受损的慢性全身性疾病。

（2）地方性砷中毒主要是通过长期饮用含有高浓度无机砷的水或燃用含高浓度无机砷的煤所引起。砷是构成物质世界的基本元素，在自然界广泛分布，多以化合物的形式存在，如砷的氢化物、氧化物、硫化物等。根据砷的来源，人类暴露砷方式大体上可分为生活接触、职业性砷暴露、环境污染及医源性暴露等方式。其中，生活接触方式是引起地方性砷中毒的最主要途径，是形成地方性砷中毒病因链的重要环节。在生活接触中，主要通过引用含高浓度无机砷的地下水所致，成为饮水性砷中毒。在中国，还有少数病区，是由于当地居民长期敞灶燃烧高砷煤，污染了室内的空气和食物而造成的慢性砷中毒，称为燃煤污染型砷中毒。

（3）饮水型砷中毒的主要预防措施包括：①改换水源：在地下水含砷量较高的地区，可改换水源，引来水质清洁的地表水，以供居民引用和灌溉农田；②饮水除砷：水中的砷多吸附于悬浮物质，故经过沉淀过滤可以除去一部分。

燃煤污染型砷中毒的主要预防措施包括：①限制高砷煤炭的开采使用：对于病区高砷煤矿采用封闭、禁采政策；②改良炉灶以减少室内空气砷污染：加强宣传教育，改良敞开式燃烧炉灶，修建烟囱加强通风，粮食蔬菜分开贮藏。

（戴江红）

第二十五章 循证医学

案例 25-1

冠状动脉粥样硬化性心脏病（冠心病）是全球死亡率最高的疾病之一，40 岁以上人群的发病率大于 60%。而糖尿病也是最常见的慢性病之一。冠心病和糖尿病关系密切，糖尿病不仅是冠心病的危险因素之一，冠心病也是糖尿病的并发症，据有关研究显示：80%的糖尿病患者却可能因冠心病而死亡。因此糖尿病患者必须重视对糖尿病并发冠心病的预防及治疗。为此，我们对 1 例 2 型糖尿病合并严重冠心病患者应该选择哪种治疗方法进行了证据检索和评价以期为其优选治疗方案提供帮助。病例：患者，女，67 岁，主因“发现血糖升高 10 余年，心前区疼痛 5 年加重半年”入院。初步诊断：2 型糖尿病；糖尿病性周围血管闭塞；糖尿病性周围神经病变；冠状动脉性心脏病-心绞痛，冠状动脉造影提示三支冠脉病变；高血压 2 级；高脂血症。治疗：1. 罗格列酮 4mg qd、诺和龙 2mg tid 及二甲双胍 0.5g tid 三种药物的作用下血糖控制达标；2. 冠状动脉造影提示三支冠脉病变，不能进行“介入”及“搭桥”治疗，硝酸酯类等扩冠药为主的内科药物治疗冠心病效果满意；3. 他汀类调脂药（阿托伐他汀 20mg qn）及阿司匹林 100mg qd。

问题：

（1）针对该患者，需要解决的临床问题有哪些？

（2）2 型糖尿病合并冠心病的治疗方法多种多样，这些方法疗效如何？有无更好的干预措施？

（3）如何构建循证问题？

（4）如何针对相应的临床问题进行证据的全面收集和评价，以制定针对该患者的循证治疗方案？

（5）如何快速准确地获取最佳研究结果？

（6）如何确定检索来源及检索顺序？

（7）如何评价检索证据？

（8）如何应用最佳检索证据进行循证实践？

（9）如何进行循证治疗后效评价？

循证医学（evidence-based medicine，EBM）是临床医学领域于 20 世纪 80 年代兴起，90 年代后逐步发展起来的一门新兴学科，是当今世界医学领域最重要、最活跃、最前沿的学科。Lancet 将其誉为医学实践领域的人类基因组计划，美国 The New York Times 将其称为 80 个震荡世界的伟大思想之一。它的形成和发展对医学研究、临床实践、医学教育和公共卫生事业的发展产生了巨大的影响，促进了临床医学领域从经验医学为主向现代医学实践模式转化的发展。

循证医学的基本思想是：在临床诊疗实践中，医生应该以最新的客观的科学研究证据为基础确定医疗决策，即临床医生的专业技能应该与现代系统研究所获得的最佳结果或证据有机地结合，用以指导临床诊疗实践，力争取得最好的防病治病效果，从而促进临床医学的不断发展和进步。

由于循证医学的理论和方法借助于当今现代科学技术，为临床医学实践开辟了新的发展空间，从而备受医学界的关注，目前发展十分迅速，并被普遍认为临床医学实践已开始了由传统的经验医学向循证医学时代的转变。通过不断增加医学实践中有效防治措施的比例，提高医疗服务质量和效益，有效利用宝贵的医疗卫生资源。发展和落实循证医学将是今后世界各国摆脱目前医疗卫生服务所面临的困境，并不断提高医疗卫生服务质量和效率的必要策略之一。

第一节 概 述

一、循证医学的概念

循证医学意为“遵循证据的医学”，即是关于如何遵循现有最好的、科学的证据进行医学实践的科学。1992 年 McMaster 大学 Gordon Guyatt 教授领导的循证医学工作组在美国医学会杂志（Journal of American Medical Association，JAMA）上发表了一篇题为“循证医学：医学实践教学新模式”的文章，正式冠以“循证医学”，从此循证医学备受临床医学界的广泛关注。1996 年牛津大学循证医学首任主任 David L.Sackett 教授和牛津大学卫生科学研究院院长 Muir Gary 爵士在《英国医学杂志》提出循证医学的定义为“谨慎地（conscientious）、明确地（explicit）、明智地（judicious）应用当前所获得的最佳研究证据，同时结合临床医生的个人专业技能和多年临床经验，考虑病人的价值和愿望，将三者完美地结合，制定出患者的治疗措施。”这一定义目前作为循证医学较公认的定义而广为引用。该定义认为循证医学的核心是基于证据的医学实践，明确指出临床经验是医学实践不可缺少的一部分。还有许多组织和学者也提出了循证医学的定义，如美国循证医学工作组将循证医学定义为：循证医学是一种医学实践方法，这种方法要求临床医生清楚地了解支持临床实践的证据，并能把握证据的强度。

循证医学的概念首次在医学文献中出现之前，已经存在现代意义的循证医学的意识和尝试，但是这些尝试多是自发的、无组织的、不系统的个人行为。循证医学强调：遵循科学证据进行医学实践应该成为有组织的、有系统的、有意识的、旗帜鲜明的行为，应该成为医学实践的主流模式。循证医学是一种临床医学模式，是研究如何合理、正确利用最新的相关信息（证据）进行临床决策的一门科学。以科学研究的证据来指导临床实践是促进临床医学水平不断提高的重要途径。循证医学的开展要求临床医生在进行临床诊治决策时，能够将经验和最新的科研成果有机地结合起来，同时要求患者积极参与决策，以期达到最佳的临床效果。

循证医学的诞生，正在彻底改变着沿袭千古的医学实践模式，引发了一场医学实践模式的革命。循证医学不同于传统医学，传统医学是以个人经验为主，即根据非实验性的临床经验、临床资料和对疾病基础知识的理解来诊治病人，强调从经验中学习，注重经验的累积。循证医学并非要取代临床技能、临床经验、临床资料和医学专业知识，它只是强调任何医疗决策应建立在最佳科学研究证据基础上，即经验是必要的，但只能弥补科学知识的不足，从科学研究中学习应该是第一位的。两种医学模式各有特色，在传统医学模式下，临床工作的特点是：①医生的临床经验是进行临床诊治的基础，其权威性很大程度上取决于个人的经验；②在制定临床决策时过分依赖于病理生理学所提供的信息，临床医生的技能基本上是个人经验与使用病理生理学技术的结合；③临床医生依靠培训和共同的感觉评价新的诊治技术；④在某一特定课题范围内，临床经验和特长可以发展为临床医生进行临床实践的指南。在循证医学模式下，临床工作的特点：①在有可能的情况下，临床医生从那些系统、可靠、无偏的研究中获取信息（证据）来提高临床诊治的水平；②病理生理学是临床实践的基础，但不是充分的基础条件；③正确评价和利用医学文献所提供的证据是指导临床实践的重要基础。由此可见循证医学与传统医学相比，最大的特点是以科学研究所获得的最新证据为基础，开展临床医学实践活动。实际上开展循证医学，依靠最新证据进行临床决策，并不是排除利用经验，而是不能完全依赖经验。循证医学时代衡量临床医生专业技能的标准是能否将个人的经验与所获取的最新证据有机地结合起来。

二、循证医学的产生和发展历史

循证医学的产生是社会和科学发展的需要和必然，其渊源最早可追溯到古希腊时期。著名医学家希波克拉底首次在医学领域应用观察性研究，他认为医学研究不仅需要合理的理论而且还需要依靠综合推理的经验。19 世纪中期，法国大革命后兴起了“唯结果论”，主张某一行为正确与否应该用其结果来衡量。该理论在医学活动中的表现是注重临床实际效果，强调治疗手段的正确有效性必须经过大量临床实践确凿证据的证实。20 世纪 70 年代，随机对照试验应用于临床疗效评价的研究中，得到了大量高质量的研究结果，但其结果并没有充分的应用于临床实践中。英国著名流行病学家 Archie Cochrane 认识到了这些研究证据对医学实践领域的重要意义，提出了卓越的建议，他认为由于资源有限，临床工作者应充分利用可获得、经过证明可靠的临床研究结果，尤其应该利用随机对照试验获得的研究证据来指导临床实践，提高医学卫生服务的质量和效率。他还进一步提出，应将所有有关的随机对照试验结合起来进行综合分析，并随着新的临床试验的出现不断予以更新，为临床实践提供可靠依据。对此英国卫生系统积极回应，在 Iain Chalmers 的领导下，经过 14 年不断地收集和整理产科 226 种治疗措施的临床证据，在 1989 年完成结果发现只有 50%的措施具有随机对照试验的证据，而其中只有 40%是有效的，60%是无效的甚至是有害的。这个结果震惊了医学界，越来越多的人认识到了仅仅依靠临床经验不能提供足够可靠的证据回答治疗措施是否真正有效，医学实践需要结合随机对照试验等方法证实有效的科学证据，才能有效地提供高质量高效率的医疗卫生服务。

20 世纪 80 年代以前，医学研究和临床实践一直以传统的经验医学为指导，医生根据自己及高年资医师的经验、教科书和医学期刊上零散的研究报告等非系统观察的证据为依据来处理病人，虽然传统医学也是基于证据的，但相对而言这些证据可靠性差、质量也较低。同时，如果说传统医学也有遵循证据的实践行为，那么这些行为多是自发的、不明确的、无意识和不系统的，其结果可能是：一些真正有效的疗法因不为临床医生所了解而长期未被采用，一些实践无效甚至有害的疗法因从理论上推断可能有效而被长期广泛使用。面对这些问题，迫切需要一种科学严谨的医学模式来指导临床医生如何寻找最佳证据作为临床决策的依据。在这个背景下，越来越多的学者认识到了科学研究对临床实践的意义，开始探索将其转化应用的方法和途径，循证医学作为一种新的医学实践模式开始形成并逐渐发展起来。

20 世纪 80 年代初期，加拿大学者 David Sackett 教授将临床流行病学的方法和原理用于指导临床实践，探索基于临床问题的研究，以提高临床疗效。以 David Sackett 为首的一批临床流行病学家，在麦克玛斯特大学（McMaster University）先对年轻的住院医师进行循证医学培训，取得了良好的效果。经过反复实践，于 1992 年相继在 JAMA 等杂志发表了他们的实践研究成果，受到了临床医学界以及其他学者的重视。Gordon Guyatt 教授在 JAMA 上发表的篇题为“循证医学：医学实践教学新模式”的文章，正式冠以“循证医学”，从此循证医学备受临床医学界的广泛关注。

为了促进循证医学的发展，从 1991 年起，对国际上著名的 30 多种医学杂志发表的论著，由临床流行病学、临床有关学科及方法学专家，有选择地、系统地进行分析与评价，将最佳的研究论文，以精练的摘要和专家评述的形式，向临床医生推荐，供循证医学实践使用。1995 年 David Sackett 受聘于英国牛津大学后，组建了循证医学中心（Evidence-Based Medicine Center），并相继出版了循证医学专著及循证医学杂志。1993 年国际上还成立了考克兰协作网（Cochrane Collaboration），广泛地收集临床随机对照试验（RTC）的研究结果，在严格质量评价的基础上进行系统评价（systematic review）和 Meta 分析（meta-analysis），将有价值的研究结果推荐给临床医生及相关专业的实践者，以帮助实践循证医学。到目前为止，世界上已经有 15 个国家相继成立了 Cochrane 中心，包括英国、澳大利亚、美国、荷兰、挪威、南非和中国等。Cochrane 中心旨在通过制作、保存、传播和更新系统评价，提供证据，帮助人们尽量做出合理的决策。我国于 1996 年在四川大学华西医院成立了中国循证医学中心及 Cochrane 中心，推动了循证医学在我国的发展。

循证医学的快速发展离不开临床流行病学研究方法的支持。临床流行病学研究方法的迅速发展与日益成熟，不仅为预防医学提供了开展人群研究的技术，也被临床各学科开展研究所青睐。目前临床流行病学已经成为医学科学研究的重要方法学之一，得到了大力推广与应用。临床流行病学的基本理论和临床研究的基本方法是实践循证医学的学术基础。因为要想收集最佳证据，必然要分析其研究设计是否科学合理；要评价文献的质量高低，必须要掌握严格的评价标准，还要分析文献的研究结果是否存在偏倚的影响及其可被接受的程度，以评价结果的真实性、可靠性；要评价文献的重要意义，就必须分析研究终点指标的合理性、准确程度以及临床价值等。而上述这些因素都是临床流行病学所研究的核心内容。因此临床流行病学是循证医学产生和发展的基础，为开展循证医学保证了高质量证据的来源，而循证医学同时又是临床流行病学的延续。循证医学不能代替临床流行病学，没有在临床流行病学指导下的临床研究结果，就没有循证医学生存的源泉，而循证医学的推行和发展又加速和提升了临床流行病学在临床研究中的应用。

循证医学产生的另一个基础是人们对病因的认识。传统的观念认为疾病与病因是一一对应的关系，这种观念是人们在对传染病的认识基础上产生的。进入 20 世纪，随着传染病得到了有效控制，以肿瘤、心血管疾病为代表的慢性非传染性疾病成为威胁人类健康的主要原因。这些疾病很难用一种病因去解释所有病例的发生，而是多病因的协同作用。由于病因的多样化，使得疾病的发病机制、病理表现、临床预后等各不相同，因此仅靠传统的经验医学去进行临床诊治是不可靠的，而是需要获取最新的临床证据，针对具体病例做出切合实际的临床决策。

计算机和网络技术是 20 世纪的重要标志之一，带动了信息革命。目前世界每年有几百万条医学科研成果产生，面对如此浩瀚的信息，如何在最短时间内，获取所有相关信息，是实现循证医学所需具备的手段。计算机和网络技术的发展，使信息的传播和获取变得快捷，从而为循证医学的产生奠定了技术基础。

知识点 25-1：循证医学的定义

循证医学是谨慎地、明确地、明智地应用当前所获得的最佳研究证据，同时结合临床医生的个人专业技能和多年临床经验，考虑病人的价值和愿望，将三者完美地结合，制定出患者的治疗措施的科学。

第二节　循证医学实践的基础

循证医学并非抽象的概念，它有着自己的学术及实践的基础，可以概括为以下几个方面。

一、素质良好的临床医生

临床医生是实践循证医学的主体，因为对疾病的诊断和对患者的任何处理都是通过医生去实施的。因此要求临床医生不仅要具备良好的专业水平和崇高的职业道德，而且还需要随时更新和丰富自己的知识和技能。

与传统医学相比，循证医学模式对临床医生的素质要求更高。循证医学时代的医生应具备的条件是：

（1）具有扎实的医学理论和精湛的临床技能。

（2）能够利用现代信息技术，跟踪医学科学的进展，及时获取最佳的研究成果，并应用于临床实践，以提高临床诊治技术和水平。

（3）掌握医学科学研究的方法，如临床流行病学、Meta 分析等方法，利用其开展医学科学研究，解决临床疑难问题，为开展循证医学提供可靠证据。所以高素质的医生既是证据的使用者，又是证据的提供者。

（4）具有爱职敬业、不断进取、全心全意为患者服务的崇高医德。

二、最佳的研究证据

循证医学指出医学实践必须基于现有最好的证据，强调了科学研究证据在医学实践中的地位。证据是循证医学的基石，最佳的研究证据是指对当前临床研究的文献，应用临床流行病学的原理、方法以及有关质量评价的标准，进行认真分析和严格评价所获得的新近的最真实可靠的、且有实际临床应用价值的研究成果或证据。应用这些证据指导临床医疗实践，将会有助于取得更好的临床效果。

循证医学证据主要来源于医学专著、期刊、会议专集等刊载的论文及个人在临床实践中的研究成果。现在世界上能够提供临床医学信息的期刊有数千种，怎样从中获取有用的信息，需要有可靠的信息来源为保障。

证据是关于疾病病因、诊断、治疗和转归一般规律的科学发现。研究证明一种药物在人群中有效，并不等于它会治好每一个病人，判断哪个病人可能从治疗中获益，是所有临床决策共有的难题，这时，研究证据必须由临床经验来补充。因此，利用证据进行个体病人的诊治时，医生必须根据病人的具体情况和自己的临床经验，判断病人从治疗中获益的可能性及其大小，并根据病人的经济能力和意愿，做出最适合该病人的决策。由此可见，循证医学不是把医学实践简单化，也不可能脱离实践经验而实现，更不是把医学变成照本宣科式的实践，而是使医学决策更加合理、更加科学。因此，即使证据充分，也必须慎重进行决策。

三、患者的参与及合作

患者是循证医学实践服务的对象和载体。医生的任何诊治决策的实施，都必须通过患者的接受和合作，才会取得相应的效果。所以，循证医学的实施要求医生充分地关心和爱护患者，尊重患者的人权和正当的权益，把患者的利益放在决策的第一位，这样才可能保证有效的诊治措施取得患者的高度依从性，从而产生最佳效果。

在循证医学实践过程中，临床决策分析的两个主要内容是各种诊治方案的利弊及其成本分析。患者作为决策的受施者，理应参与决策的过程。即根据利弊的大小和个人经济承受的能力选择诊治方案。由患者参与决策是循证医学的重要特色之一，来自患者的意愿也可看作是一个需要遵循的重要证据。只有这样，才能保持良好的医患关系，才能在决策的实施过程中最大限度地获取患者及其亲属的配合，达到最佳的治疗目的。

四、必要的医疗环境和条件

循证医学实践需要在具体的医疗环境下开展和实施。进行循证医学实践需要两种技术装备为保障，一是计算机网络技术，二是现代化的诊疗设备。利用计算机网络技术进行信息收集、处理、加工和评价，以获取最佳证据的保障。现代化的诊疗设备是所获取的最佳证据得以应用、发挥，提高临床医疗服务水平的保障。即使某项最佳措施对某疾病有明确的疗效，但当医疗环境和设备受限时，也难以实现最佳诊疗效果。因此，高质量的临床服务、必要的医疗环境和条件是成功实践循证医学的重要保障。

知识点 25-2：循证医学的四要素、研究证据的种类

（1）循证医学四要素：①素质良好的临床医生；②最佳的研究证据；③患者的参与及合作；④必要的医疗环境和条件。

（2）研究证据的种类：①原始研究证据是指研究者直接从研究对象获取数据进行分析而获得的证据；②二次研究证据是指研究者按照某种目的，全面收集所有原始研究结果，应用科学的方法对原始研究结果进行进一步严格评价、整合分析和总结结果而获得的具有一定价值和意义的证据。

第三节　循证医学实践的步骤和方法

实施循证医学主要遵循以下五个步骤，又被誉为循证医学“五部曲”。每个步骤具有丰富的内涵和科学的方法，他们之间相互联系共同构成一个完整的体系，影响循证医学实践的质量。

一、提出明确的临床问题

明确提出患者存在的且应重点解决的临床问题，是循证医学实践关键的第一步。临床医生在日常诊治过程中会遇到各种问题，如何选择最重要且急需解决的问题，使用科学的方法构建一个可以回答的循证问题，然后去寻找答案，采取有效的方法去解决问题，是循证医学实践的重要开始。临床医生的问题主要来自医疗实践，包括病因学、发病机制、形态学、功能、临床症状与体征、诊断、治疗、预后、预防等方面。如一些慢性疾病的病因是什么、临床表现个体之间相差有多大、早期诊断的利弊、各种诊断、治疗技术的利弊如何、怎样评价预后等。这些问题临床医生关心，患者也关心。因为问题的解决不仅有利于对于患者的临床决策，也有利于医生技术水平的提高。当这些问题以传统的经验难以解释时，就应当提出来，通过寻求证据来解决。

当然每一个问题均可提出来通过循证医学实践加以解决。但一个医生的精力和时间是有限的，面对如此众多问题，试图通过一次研究将所有问题解决是不现实的。因此问题的提出必须经过认真筛选，将那些对临床决策影响大的关键性问题首先提出来。临床问题的构建需要选择急需解决的问题，应该考虑哪个问题对病人的生命健康最重要？哪个问题与我们临床工作的需要关系最大？在允许的时间内，哪个问题最具有能得到答案的可行性?哪个问题最令人感兴趣?哪个问题最可能在临床实践中再次出现？临床医生需要结合具体情况和需求构建出一个循证问题。这就要求临床医生应勤于思考，善于在临床实践中认真观察、仔细分析、发现问题并及时归纳。

临床问题的构建主要包括两种类型：背景问题和核心问题。背景问题一般是有关询问疾病或患者状况的一般常识性问题，如患者的性别、年龄；为什么会发热；什么原因导致的腹水等问题。这类问题可以是针对任何疾病或健康状态、检测方法、治疗手段或干预措施，可以涉及生物、社会、心理方面的各种问题。构建这类问题常使用“具体疾病或某一方面”加上“问题的词根（谁、什么、何处、何时、怎样、为何）+动词”构成。例如“糖尿病是由什么原因导致的”、“怎样预防胆结石反复发作”等。

核心问题是临床医生在患者诊治过程中遇到的比较专业的综合性问题，主要涉及病因、诊断、治疗和预后四个方面。构建核心问题可以使用国际上常用的 PICO 格式：P：患者或问题（population/patient or problem）、I：干预措施（intervention/indicator）、C：对照（comparator/control）及 O：结局指标（outcome）。只有明确了临床问题，才能有的放矢地进行证据检索和做出临床决策，这是最基本且很重要的一步。例如：28 岁，男性，复发性疖病 8 个月，采用引流和抗生素治疗，但病情仍反复。患者询问是否有预防复发的措施，使用 PICO 格式构建临床问题．P．复发性疖病患者；I：预防性抗生素治疗；C：未接受预防性抗生素治疗组；O：降低复发性疖病的发生率。

构建的问题为复发性疖病患者给予预防性抗生素治疗，与未接受这一治疗组相比，是否降低了复发率?

二、查找回答问题的最佳证据

循证检索包括为了进行循证实践而进行的检索和为了制作循证证据而进行的检索。在此我们主要介绍第一种检索，在临床实践中遇到急需解决的问题时，如何快速准确地找到最佳证据指导临床实践。其基本步骤是：根据提出的临床问题，选择合适的数据库和检索平台等循证相关检索渠道，确定检索词，制定检索策略，进行初步检索，然后进行检索效果评价，检索效果评价的目的是为了获取所有有价值的信息，如果条件定得太宽，检索到的文献量过多，增加研究者的工作量，如果条件定得太严谨，检索到的文献量过少，会丧失部分信息。因此，在初步检索后需要进行检索效果评价，根据检索结果的情况，不断完善和调整检索策略，提出不同的组合方案，进行再次检索，获得最终检索结果。然后获取全文，全面检索相关资源，找出能够回答拟提出问题的最佳证据，评价和使用最佳证据解决具体临床问题。

为了使医学工作者能够更佳快速准确地检索到最佳证据，医学信息工作者对原始文献进行梳理和总结，整合了研究证据，为临床医生提供了科学可靠的、可以在最短的时间内获取、直接应用于临床进行决策的研究证据资源。加拿大医学信息学家 Brian Haynes 教授使用“5S”金字塔总结了循证医学信息服务模式演进的过程，见图 25-1。

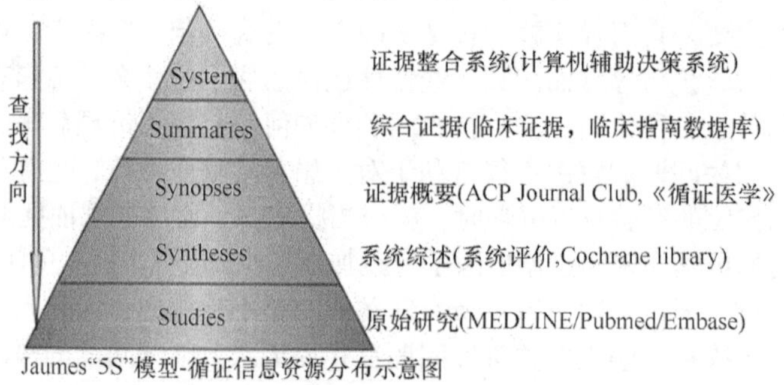

图 25-1 Haynes “5S” 模型—循证信息资源分布示意图

在临床实践过程中最优先选择的是金字塔的顶，即“System（证据整合系统/计算机辅助决策系统）”，通过电子病历和当前最佳研究证据链接起来，可以借助计算机决策系统帮助临床医生获取信息制定最佳决策。该系统无疑是证据演进的终端，但是目前尚处于开发和不断完善的阶段，在国外“医学地图”（map of medicine）和 Zynx Health 系列产品正在逐步使用，我国尚没有应用。

“Summaries”（综合证据）是针对不同临床主题，如某种疾病，汇总其在预防、病因、诊断、治疗和预后的各个方面目前的最佳证据，该证据已经经过方法学家的评价并给出了分级推荐意见，可以直接应用于临床，不需要阅读原始研究文献和对文献评价，为临床医生节省了大量时间，是目前循证临床实践检索的最佳选择。这类证据可以通过检索临床证据（clinical evidence）、UptoDate、DynaMed、Essential Evidence Plus 和临床指南数据库等获得。

“Synopses”（证据概要）是由熟悉研究方法的临床专家，对系统综述和原始研究的结果，进行一个简明扼要的、通俗易懂的总结和评述，整理成研究概要，以减轻医学实践者和决策者的检索、阅读、评价研究证据的方法学上的不足和工作量，协助医学实践者解读文献，为更好地开展循证实践提供了方便。美国内科学会杂志俱乐部（ACP Journal club）、循证医学（evidence based medicine）期刊里面收录了证据概要。

“Syntheses”（系统综述）是对单一临床问题进行系统地、全面地收集所有相关原始研究，并进行方法学质量评价，并对结果进行整理、分析和总结，cochrane library 是现今收集最多的、最权威的、应用最广泛的系统综述证据库。

如果上述证据都没有检索获得，才考虑通过检索 MEDLINE、Pubmed、EMBASE 数据库获得“Studies”（原始研究）。如果连原始研究都没有，这为我们提供了新的研究思路，研究者可以选择合适的研究设计方法，开展一项调查研究，其结果以论文的形式发表之后，可以作为原始研究证据供同行进行检索。

三、严格评价相关证据

检索获得的研究证据如果是证据综合、证据概要或系统评价，其结果已经经过了方法学家的评价，可以结合证据等级和推荐强度应用于临床实践。如果检索获得的证据是原始研究，其研究质量可能良莠不齐，需要临床工作者掌握证据评价的基本方法，学会应用临床流行病学和循证医学质量评价的标准，批判性地阅读和使用研究文献中的观点和结论，给予公正、科学的评价，选择真实、可靠和适用性的结果应用到临床实践中，有效提高医疗水平。如果收集的合格文献有多篇，则可以制作系统评价或 meta 分析，获取更高级别的证据。

证据评价的意义就是让极其繁忙的临床医生仅花费少量的宝贵时间，就可以从来源众多，良莠不齐的海量研究证据中获取高质量研究证据，应用到临床实践中，制定最佳临床诊疗决策，提高医疗质量。

证据评价的基本要素包括研究证据的内部真实性、临床重要性和适用性。具体评价内容包括研究的方法学质量如何、研究显示的效果大小和精确度以及研究结果是否可以外推到自己的病人。

1. 内部真实性（clinical validity） 研究的真实性是指研究收集的数据、分析结果和所得结论与客观实际的符合程度。要使一项研究或测量产生真实的结果，就要控制和防止误差。消除系统误差的影响，可以提高临床医学研究的真实性。证据的真实性可通过对获取文献的设计、衡量、分析过程的质量控制措施与效果来评价。真实性评价的指标主要有：

（1）研究方法选择：一般来讲病因研究以队列研究或巢式病例对照研究提供的证据最佳，临床治疗试验以随机对照试验最佳。

（2）研究对象选择：临床研究所选用的对象主要是病人，评价时要考虑诊断标准是否可靠、所选的病例是否具有代表性、分组是否坚持随机化、研究所用的样本是否足够大等。

（3）因素确定：研究中所选用的观测指标应当客观、定量、稳定、灵敏，否则研究的结果是不可靠的。

（4）盲法观察：这是衡量一项研究真实性的重要条件之一，只有按照盲法设计的临床研究所得到的结论才具有真实性。单盲设计可控制来自研究对象的心理作用，双盲设计可控制来自研究对象和研究者双方的心理影响。

（5）统计分析方法：在对研究结果下结论前对数据进行统计学处理，以排除因机遇产生该结果的可能，未进行统计学检验的证据不能排除机遇可能，也就不能采用。如果进行了统计学检验，其方法选择是否恰当，应用是否合理也应当进行分析。

（6）偏倚的认识与控制：临床研究偏倚是影响研究真实性的最为重要的因素。如果文献未讨论可能发生的偏倚，或未采取控制措施，或采取的措施不足以控制偏倚，其证据是不真实的。

2. 临床重要性（clinical importance） 任何一项诊治方案都存在利弊，临床意义评价就是针对各个方案的利弊产生的概率进行分析。临床重要性评价的内容主要是采取措施与不采取此项措施可能出现的结局及其概率，常用指标有事件发生率（event rate），如治愈率、残疾率、病死率、不良反应率、生存率、保护率等；绝对危险降低率（absolute risk inerease，ARI）；相对危险降低率（relative risk reduction，RRR）；绝对危险增高率（absolute risk reduction，ARR）；相对危险增加率（relative risk increase，ARI）；相对危险增高率（relative risk increase，RRI）；预防一例不良事件发生，需要治疗总例数（number needed to treat，NNT）；治疗多少例患者才发生 1 例负效应（number needed to harm，NNH）；其他指标如相对危险度（relative risk，RR），比值比（odds ratio，OR），灵敏度（sensitivity），特异度（specificity）等。效益分析也是评价临床意义的一个重要内容，以最低的投入获取最大的社会效益和经济效益是最佳的证据选择。

3. 适用性（applicability） 即外部真实性（external validity），证据的适用性取决于医生的技能、医院的基础设施、患者的配合 3 个因素。例如对肾衰竭的患者治疗的最佳措施是肾移植，但对一个具体患者是否适用还要看医生是否具备手术的能力、医院的条件能否开展此手术、有无可供移植的肾源、患者是否愿意接受手术、患者有无经济能力等。再好的证据如果无适用性也难以实施。

四、应用最佳证据指导临床决策

经过严格的证据评价，从中获得真实、可靠并有临床应用价值的最佳证据，用于指导临床决策，服务于临床实践。对于经过严格评价为无效的治疗措施则应予以否定；对于那些存有改进希望的治疗措施，可通过病因分析、诊断性试验研究、疾病治疗证据以及疾病预后证据的循证评价方式进一步研究，得到并提供有效信息，从而指导临床实践。对于最佳临床证据的评价应符合客观规律的真实性、具有临床应用价值、应遵循个体化原则以及当前经济情况，同时应考虑生物学依据和病理生理学依据，以此获得最佳临床证据。

临床决策是针对一种疾病，也可以是针对一个患者所制定的一系列诊治方案。针对一种疾病就是将获取的最佳证据结合医院的具体情况、社会的接受能力等提出的新方案，并通过决策分析技术与传统方案比较，确定其优越性后开始应用于临床实践。随着科技的进步与发展，新证据不断出现，医院设施的升级，社会需求的提高，对一种疾病的诊治方案也在不断更新，从而促进了医疗水平的不断提高。针对一个患者的决策就是将最佳的证据与患者的具体情况相结合，制定出有效、安全、病人愿意接受的诊治方案。

循证医学决策是将最佳证据用于对自己的患者做出相关决策时，务必遵循个体化原则，充分考虑每个患者的个体特征、自身条件、需求和价值观，同时要结合当地医疗环境和技术等外部基础条件，具体情况具体分析，结合以上内部和外部因素，才可能使最佳决策得以实施，达到最佳诊疗的效果。循证医学决策可以是针对一种疾病，也可以是针对一个患者所制定的一系列诊治方案。针对一种疾病就是将获取的最佳证据结合医院的具体情况、社会的接受能力等提出的新方案，并通过决策分析技术与传统方案比较，确定其优越性后开始应用于临床实践。随着科技的进步与发展，新证据不断出现，医院设施的升级，社会需求的提高，对一种疾病的诊治方案也在不断更新，从而促进了医疗水平的不断提高。针对一个患者的决策就是将最佳的证据与患者的具体情况相结合，制定出有效、安全、病人愿意接受的诊治方案。

总之，实践循证医学的关键，就是不断基于具体的临床问题，将医师的临床经验、当前最好的证据和患者的需求相结合，寻求最佳解决方案和最佳解决效果的过程。通过这样不断的实践和评价总结，才能逐步提高医疗质量和学术水平，推动医学实践不断发展。

五、经验总结和后效评价

通过对患者的循证医学临床实践，必然会有成功或不成功的经验和教训，临床医生应进行具体的分析和评价，认真总结以从中获益，达到提高认识、促进学术水平和提高医疗质量的目的。目前后效评价常用的方式有自我评价和效果评价。

循证医学实践中，最重要的自我评价方式就是对自我设计和行动的评价，同时是自身进行继续教育和提高自我临床水平的过程。临床实践者首先应对“提出问题”的能力进行评价，评价的内容包括有没有提出临床问题、问题陈述是否简单明了、反省自己欠缺的知识以及提出问题过程中遇到困难能否克服、是否养成良好的随时记录的习惯等。其次，实践者需对“寻找最佳外部证据”的能力进行评价：有没有寻找证据？是否了解该领域内现有最佳临床证据源？能否迅速找到临床实践所需的硬件、软件以及从庞杂信息中找到有用的外部证据？文献检索时，请专业人士重复同样的检索过程，是否与自己检索的结果相一致？若不一致，可以邀请文献管理员帮忙进行检索，以提高检索水平。第三，实践者需对“严格评价证据质量”进行评价。是否对外部证据进行严格评估，其评估指南是否易于使用？是否做到准确熟练地使用某些严格评估的指标，如似然比等？是否创建严格评价证据的话题，并对其进行总结？以上这些问题均是严格评价外部证据真实性和适用性时涉及的内容。最后，我们要对“整合外部证据与患者价值观”的能力进行评价，做出临床决策。这个过程中，我们需要考虑以下问题：是否将严格评价的证据应用到临床实践中？能否做到准确熟练的调整严格评价指标以适应具体个案？能否通过临床决策以解决临床争议？经过上述四个步骤的自我评价后，临床实践者对于自身存在的不足应该有了充分的认识。与此同时，我们还要进行效果评价，即评价一项有效干预措施是否被用于符合诊疗条件的患者，临床实践质量是否得以改善，使临床实践逐渐做到有证可循。

知识点 25-3：循证医学实践五部曲、PICO 模式、“5s”金字塔

1. 循证医学实践的五部曲　①构建一个可以回答的问题；②查找回答问题的最佳证据；③严格评估证据的内部真实性、临床重要性和适用性；④应用最佳证据指导临床决策；⑤经验总结和后效评价。

2. 构建核心问题的 PICO 格式　P：患者或问题（population/patient or problem）、I：干预措施（intervention/indicator）、C：对照（comparator/control）、O：结局指标（outcome）。

3. “5S”金字塔　System（证据整合系统/计算机辅助决策系统）；Summaries（综合证据）；Synopses（证据概要）；Syntheses（系统综述）；Studies（原始研究）。

第四节　证据分类分级、证据来源与评价

一、证 据 分 类

循证医学中的“证”指的就是临床研究的文献，应用临床流行病学的原则和方法，经过认真的分析和评价获得的新近的、最真实可靠且有临床重要应用价值的研究成果。证据分类方法较多，通常以研究方法进行分类。

从研究方法角度进行分类，证据可以分为原始研究证据和二次研究证据。原始研究证据是指研究者直接从研究对象获取数据进行分析而获得的证据。通常研究者发表的研究论文等都属于这一类研究证据，是研究所获得的第一手资料。常用的研究方法有随机对照试验、交叉试验、队列研究、病例对照研究、横断面分析、病例报告等。二次研究证据是指研究者按照某种目的，全面收集所有原始研究结果，应用科学的方法对原始研究结果进行进一步严格评价、整合分析和总结结果而获得的具有一定价值和意义的证据，是对原始研究结果的二次加工。常见的研究方法有系统综述、临床路径、临床实践指南、卫生技术评估和卫生经济学评价等研究。

二、证 据 来 源

循证医学证据的主要来源有电子数据库（互联网在线数据库、公开发行的数据库光盘、循证医学中心数据库等）、临床指南、临床试验注册库、专业期刊及会议论文摘要等，目前常用的数据库包括：

（一）原始证据来源

文摘型原始文献数据库主要包括以下数据库，一般在撰写系统评价进行文献检索的时候MEDLINE，EMBASE和CENTRAL是必检数据库。

1. MEDLINE 美国国立医学图书馆研制的生物医学数据库，收录了自1966年以来70多个国家40多个语种约3700多种生物医学期刊的题录及文摘1100万条，年报道量约40万～50万条，是世界生物医学文献资源最为重要的数据库之一。在互联网上可查http：//www.ncbi.nlm.gov/PubMed/。

2. EMBASE 荷兰Elsevier Science公司文摘性数据库，包括42个文摘分册和1个题录分册，是一个收录了约4000余种杂志的生物医学与药物文献数据库，拥有医学以及药物相关方面的最新信息（以其对药物研究文献的收录而著名）。收录了1800多种MEDLINE没有的期刊，可使用检索平台有Embase.com和OvidSP。

3. CENTRAL Cochrane临床对照试验中心注册库是Cochrane library的一个子数据库。资料来源于协作网各系统评价小组和其他组织的专业临床试验资料库，以及在MEDLINE上被检索出的随机对照试验（RCT）和临床对照试验（CCT）。还包括了全世界Cochrane协作网成员从有关医学杂志会议论文集和其他来源中收集到的CCT报告。

4. 中国生物医学文献数据库（Chinese Biomedical Literature Database，CBM） 是中国医学科学院医学信息研究所开发研制的综合性医学文献数据库。收录自1978年以来1000多种中国生物医学期刊。CBM与美国的Medline比较相似，是中文的综合性医学文献数据库，由中国医学科学院制作，收集1980年以来国内医学各个领域的相关信息。

5. 中国循证医学/Cochrane中心数据库（Chinese Evidence Based Medicine/ Cochrane Center Database，CEBM/CCD） 是由中国循证医学Cochrane中心组织建立和更新的以中文发表的临床干预性随机对照试验和诊断试验数据库。网址为http：//www.china-co-chrane.org。

6. NRR国立研究注册数据库（National Research Register，NRR） 是由英国国立卫生服务部（National Health Service，NHS）资助的正在研究或新近完成临床试验的数据库。

（二）二次研究证据来源

除了原始证据外，还有对原始研究证据进行加工处理的二次研究证据，如系统综述、临床路径、临床实践指南、卫生技术评估和卫生经济学评价等研究。常见的检索来源有各种数据库和检索平台。

1. Cochrane Library（CL） Cochrane图书馆是临床疗效研究证据的基本来源，也是目前临床疗效研究证据的最好来源。它的制作者是国际Cochrane协作网，国际协作网是一个旨在制作、保存、传播和更新系统评价（systematic review，SR）的国际性、非盈利性的民间学术团体。其制作的SR主要通过CL以光盘形式每年4期向世界公开发行，主要由系统评价资料库（Cochrane Database of Systematic Review，CDSR）、疗效评价文摘库（Database of Abstracts of Reviews of Effectiveness，DARE）、对照试验注册资料库（Cochrane Controlled Trials Register，CCTR）、方法学数据库（Cochrane Database of Methodology Review）等组成，其网址为http：//cochrane.org。

2. EBMR循证医学评价（Evidence-Based Medicine Reviews，EBMR） 是一个由Ovid科技公司制作与更新的付费数据库，以Ovid在线和光盘形式发表。由于CL是目前临床疗效研究证据的最好来源，EMBR的主要内容为从100余种著名临床杂志中依照文献科学性和临床实用性筛选评价后所撰写的文摘，因此被认为是目前指导临床实践和研究的最好证据来源。

3. CRDD评价与传播中心数据库（Centre for Review and Dissemination Database，CRDD） 包括了DARE、NEED和HTAD三个数据库。由NHS和卫生技术评估国际网络机构（International Network of Agencies for Health Technology Assessment，INAHTA）制作与更新，这三个数据库均可

在 Cochrane 图书馆和互联网上在线查询。

4. CE 临床证据（Clinical Evidence，CE） 由英国医学杂志（British Medical Journal，BMJ）出版，每 6 个月更新一次，网络版可免费查询，主要针对临床具体问题提供实用的证据或明确有无证据，这是一个对临床实践有指导意义的数据库。

5. NIHCS&TAS 美国国立卫生研究院卫生技术评估与导向发布数据库（National Institutes of Health Consensus Statements and Technology Assessment Statement，NIHCS&TAS） 由美国 NIH 的医学应用研究事务所（Office of Medical Applications of Research，OMAR）制作，是一个关于卫生技术评估的数据库。

6. 国立指南库（National Guideline Clearinghouse，NGC） 是一个循证临床实践指南数据库，由美国卫生健康研究与质量机构（Agency for Healthcare Research and Quality，AHRQ）、美国医学会（American Medical Association，AMA）、美国卫生健康计划协会（American Association of Health Plans，AAHP）联合制作。该数据库能对多篇指南就各项参数进行比较，能合成具有相同主题的指南文献（系统能对 14 个专题范围的文献进行合成分析），并在相同和有区别之处以高亮显示。

三、证 据 分 级

为了给医学实践者提供经过严格评价的证据，实现科学利用最佳研究证据开展循证实践，节省时间和精力评价证据质量，方法学家一直在探索证据分级评价标准，为决策者提供已确定证据等级和推荐意见的高质量证据。证据分级评价标准是按照研究证据质量强度制定一定的标准人为的划分出多个级别，再进行定量评价利弊关系的方法。GRADE 工作组中定义证据质量是指在多大程度上能够确信疗效评估的正确性；推荐强度是指在多大程度上能够确信遵守推荐意见利大于弊。

随着循证医学的不断发展，多个机构和工作组提出了不同标准的证据分级评价系统。美国两位社会学家 Campbell 和 Stanley 首次提出证据分级的概念，根据原始研究的设计方法对研究证据进行分级，认为随机对照研究的质量为最高，并提出内部真实性和外部真实性的概念。1979 年，加拿大定期体检特别工作组（Canadian Task Force on the Periodic Health Examination，CTFPHE）首次对研究证据进行系统分级并给出推荐意见，将证据分为三级，设计良好的 RCT 级别最高，专家意见级别最低，将推荐强度按证据级别分为支持和不支持两类。1986 年 David Sackett 教授提出了证据的五分法；1992 年，美国卫生保健政策研究所制定的临床实践指南将随机对照试验的 Meta 分析作为最高级别的证据；1996 年，英格兰北部循证指南制定项目（North of England Evidence Based Guidelines Development Project，NEEBGDP）发布了他们制定的证据分级标准和推荐强度，将 RCT、meta 分析和系统评价共同作为最高级别的证据；Bob Phillips、Chris Ball、David Sackett 等临床流行病学和循证医学专家共同制定了 2001 牛津证据分级与推荐意见强度，首次对不同类型研究证据进行分类，包括预防、病因、危害、诊断、治疗、预后和经济学分析七个方面，是循证医学使用最为广泛的标准。2000 年，针对现存证据分级的不足，WHO 等 19 个国家和国际组织共同成立了“推荐等级的评估、制定与评价”（The Grading of Recommendations Assessment，Development and Evaluation，GRADE）工作组，由 67 名临床指南专家、循证医学专家、各权威标准的主要制定者及证据研究者通力协作，制定出国际统一的证据质量分级，并于 2004 年正式推出。GRADE 系统将证据质量分为高、中、低、极低 4 级，推荐级别分为强推荐和弱推荐，见表 25-1。

表 25-1 GRADE 证据等级和推荐强度

证据水平	具体描述
高	未来研究几乎不可能改变现有疗效评价结果的可信度
中	未来研究可能对现有疗效评估有重要影响，可能改变评价结果的可信度
低	未来研究很有可能对现有疗效评估有重要影响，改变评估结果可信度的可能性较大
极低	任何疗效的评估都很不确定
推荐强度	具体描述
强	明确显示干预措施利大于弊或弊大于利
弱	利弊不确定或无论质量高低的证据均显示利弊相当

四、证据评价

在循证医学实践过程中所获得的各种信息能否成为临床决策可遵循的证据，还需要进行科学的评价。评价的内容有信息源的可靠性、文献的质量、临床价值和适用性等。只有经过严格评价证实为真实、可靠、适用、有临床价值的信息方可作为临床证据用于临床决策。证据评价包括方法学质量评价和研究报告质量评价。研究质量的评价（assessment of quality）是评估单个研究在设计、实施和分析过程中，防止或减少偏倚或系统误差的情况，又称“方法学质量评价”，是证据评价的主要内容。报告质量是指研究结果撰写的文献是否按照相应报告规范撰写，内容是否全面完整。

针对不同的临床问题如治疗、病因、诊断和预后的研究，其采用的原始研究的设计类型和实施方法不同，因此其评价标准与指标也不同。循证医学强调采用客观量化指标来评价研究结果的研究质量，目前很多学术机构已经研发了不同类型的证据评价工具，如 AMA 评价工具等，用于评价随机对照试验、队列研究、病例对照研究、横断面研究、诊断试验和系统综述等不同科研设计类型的证据。Cochrane 协作网提出使用偏倚风险评估工具（Risk of bias，ROB）对随机对照试验进行方法学质量评价；使用 QUADAS（Quality assessment of diagnostic accuracy studies）清单对诊断试验进行评价；使用 CONSORT（Consolidated standards of reporting trials，CONSORT）声明进行报告质量评价。非随机对照试验使用 Downs and Black Instrument 进行评价，包括 29 个条目，要求评价者需具备流行病学专业知识才能进行评价，且花费时间较长；观察性研究的质量评价工具有纽卡斯尔-渥太华量表（Newcastle-Ottawa Scale，NOS），包括 8 个条目，简单易用，适用于病例对照研究和队列研究；横断面研究的偏倚风险评价标准有澳大利亚乔安娜循证护理中心制定的（Joanna briggs institute，JBI）标准。对于二次研究证据常用的评价工具有 AGREE（Appraisal of guideline research and evaluation，AGREE）用于评价指南制定中存在的偏倚；AMSTAR（a measurement tool for systematic reviews）表和 OQAQ（Oxman-Guyatt overview quality assessment questionnaire）表用于评价系统综述的方法学质量评价；使用 PRISMA（preferred reporting items for systematic reviews and meta-analyses）声明进行报告质量评价。目前证据评价工具较多，分别适用于不同设计类型的研究证据，因此，在选择和使用工具进行证据评价时要审慎对待，还需结合各种研究的重要性和适用性进行综合评价。

知识点 25-4：证据分类、证据分级、证据评价

1. 从研究方法角度进行分类，证据可以分为原始研究证据和二次研究证据。
2. GRADE 系统将证据质量分为高、中、低、极低 4 级，推荐级别分为强推荐和弱推荐。
3. 证据评价包括方法学质量评价和研究报告质量评价。

第五节 系统综述和 Meta 分析

系统综述和 Meta 分析是循证医学中生产高质量研究证据的重要方法之一。特别是 Cochrane 系统评价是在 Cochrane 协作网统一工作手册指导下，在专家指导小组的帮助下，按照科学的设计方案、筛选和评价证据完成的系统评价，因此所得到的结果更加真实可靠，目前被公认为是最高级别的证据之一，为指导临床决策和制定公共卫生政策等方面提供了重要的循证医学证据。随着循证医学在国内外医学领域里的发展，特别是 Cochrane 协作网在全球的快速发展，高质量的系统评价逐渐成为临床医生、研究者、卫生政策决策者以及消费者决策的最佳证据。美国在申报 NSF 和 NIH 等科研项目时，需要提供本研究领域系统评价的结果，我国临床医生和科研工作者也越来越关注系统评价。

一、概　　述

（一）基本概念

系统评价（systematic review，SR）是针对某一具体临床问题，系统地、全面地收集全世界已发表或未发表的相关临床研究文章，采用临床流行病学严格评价文献的原则和方法，筛选出符合标准的文献，并进行定性或定量分析，得出可靠的综合结论的过程。系统评价将经过严格评价的高质量研究论著，加以综合分析和评价，使得多个研究成果综合为一体，所得的结论更为科学可靠，从而为某一领域和专业提供大量的新信息和新知识。高质量的系统评价是目前级别最高的证据之一，被临床指南广泛应用。系统评价方法发展很快，其主题已由最初的干预措施疗效领域扩展到病因、诊断、预后、不良反应和动物实验等多个方面。Cochrane 协作网定义 Cochrane 系统评价为“全面收集符合纳入与排除标准的经验性证据来回答某个研究问题，用清楚、明确的方法减少偏倚，提供可靠的研究结果以便得出结论、做出决定”。

系统评价包括定性和定量两种类型。如果系统评价中纳入的原始研究缺乏有效数据或者异质性过大，那么就无法进行定量评价，只能进行定性描述结果，即为定性的系统评价；如果纳入的原始研究符合定量分析的条件，即可采用定量的统计分析方法进行评价，即 Meta-analysis。1920 年，著名统计学家 Fisher 提出了“合并 *P* 值”的思想，被认为是 Meta 分析的前身，1955 年开始应用于医学研究领域，1976 年英国心理学家 Gene V. Glass 最先将这种针对多个独立的同类研究中的统计量进行合并统计分析的方法称为“Meta-analysis”（Meta-analysis is the use of statistical methods to summarize the results of independent studies）。在 David Sackett 等撰写的《Evidence based medicine - how to practice and teach it》一书中，Meta-analysis is a systematic review that uses quantitative methods to synthesize and summarize the results，即运用定量方法汇总多个研究结果的一种系统综述。在 Cochrane 协作网上给出的 Meta-analysis 的定义类似，“The use of statistical techniques in a systematic review to integrate the results of included studies. Sometimes misused as a synonym for systematic reviews，where the review includes a Meta-analysis”，即在系统综述中使用统计学方法整合纳入研究的结果。Cochrane 协作网同时指出 meta 分析有时被误认为等同于系统综述，但实质上 meta 分析是系统综述中的一种。

Meta 分析广义上包括提出问题、检索相关研究文献、制定文献纳入和排除标准、描述基本信息、定量综合分析等一系列过程；狭义上则专指系统综述的定量分析。事实上，由于纳入研究的质量、设计类型、资料类型以及方法学等限制，只有部分系统综述可以进行定量分析。而一个系统综述可以选用单个结局指标进行一个 meta 分析，也可选用多个结局指标实施多个 meta 分析。

Meta 分析实质上是汇总相同研究目的的多个不同研究结果并分析评价其合并效应量的一系列过程，即一种对独立研究的结果进行统计分析的方法。合并多个独立同类研究，从统计学角度可以扩大样本含量，从而提高检验效能；对有争议或没有统计学意义的研究进行 meta 分析可以得到更接近真实结果的结论，对效应的估计更精确；meta 分析考虑每个独立研究的质量及其样本量，在合并结果时赋予其不同的权重，克服了传统文献综述等权重（即平等对待多个研究结果，不进行文献质量评价，不考虑样本量大小，只是简单汇总同类研究中某类结论的多少）合并处理同一问题多个研究结果的弊端，从而得到更加接近真实情况的综合性结论。

（二）系统评价与叙述性文献综述的区别

叙述性文献综述，通常是由作者根据特定目的、需要和兴趣，围绕某一题目收集相关医学文献，采用定性分析方法，对论文研究目的、方法、结果、结论和观点等进行分析和评价，结合个人观点和经验进行阐述和评论而总结成文。叙述性文献综述由于常常缺乏严谨规范化的方法，反映的只是综述者本人的观点，容易产生偏倚。系统评价往往是针对某个具体的临床问题，采用严谨科学的方法全面收集已发表和未发表的文献，严格筛选评价研究证据的科研质量和研究报告质量，进行定性或定量的分析，得出真实可靠的结论。叙述性文献综述与系统评价的区别详见表 25-2。

表 25-2 系统评价与叙述性文献综述的比较

特征	叙述性文献综述	系统评价
研究问题	常是某一个研究领域中某个研究方向，但常无假设，只针对研究问题进行一般性讨论	有明确的研究问题和假设
纳入和排除研究的标准	通常未设定纳入或排除研究的标准	在系统评价设计时就有明确的纳入和排除研究的标准，可减少作者主观倾向出现的选择性偏倚
原始文献来源	常不说明	明确，常为多渠道
检索方法	没有检索策略 一般不找出所有相关文献，有潜在偏倚	检索策略明确，检索来源广泛，尽可能找出所有相关文献，减少发表偏倚对结果影响
筛选文献方法	不说明	有明确选择标准
研究质量评价	不考虑单个研究的设计方法或研究质量	严格评价单个原始研究的方法学质量，发现潜在偏倚和研究间异质性来源
综合研究结果	通常不区分研究方法学质量，多采用定性方法，较主观	基于最佳研究方法得出结论，尽可能采用定量方法，较客观
更新	不做定期更新	定期纳入新的研究结果进行更新

系统综述及 meta 分析已经在临床研究和临床实践中得以普及与推广，特别是已被广泛应用于效应量较小或存在争议的治疗性研究（主要为 RCT）、预后研究、病因学研究等，并被逐步推广到剂量-反应关系研究以及诊断试验的综合分析，在临床医学、生物医学、教育学、社会科学、心理学等领域广泛应用，并在循证医学和循证卫生政策管理中发挥越来越重要的作用。

二、系统评价的基本流程

系统评价研究的基本流程包括：①确定题目；②制定系统评价计划书；③检索文献；④文献的选择和纳入；⑤纳入研究的质量评价；⑥资料提取；⑦分析数据定性或定量分析（meta 分析）并撰写报告；⑧解释系统评价的结果；⑨系统评价的更新。

（一）确定题目

系统评价的研究问题可以来自于临床诊治过程中疾病的整个自然史，可以是关于疾病的病因、诊断、治疗和预后的所有问题。爱因斯坦曾经说过"提出一个问题往往比解决一个问题更重要。因为解决一个问题也许只是一个数学或实验上的技巧，而提出新问题、新的可能性、以新的角度看问题等却需要创造性的想象力，并且标志着科学的真正进步"。提出一个好的问题，用可靠的方法去回答这个问题是提高临床研究质量的关键。

系统评价提出的问题应当简单明确，可采用"PICO"的形式使问题结构化，系统评价解决的问题较为专一，在确立系统评价题目时，应围绕研究问题明确四个因素：①研究对象的特征：如所患疾病类型及其诊断标准、研究人群的来源和特征等；②研究的干预措施和进行比较的对照措施，如安慰剂对照等；③研究结局指标；④研究的设计方案。这些要素的确定对于研究的纳入和排除标准的制定有很大帮助。

（二）制定系统评价计划书

系统评价是对已有的研究结果进行综合评价，可视为对证据的观察性研究，同其他研究一样，需要制定详细的计划书。主要内容包括背景、目的和方法。其中方法学部分是重点，主要包括：研究的纳入与排除标准、制定检索策略、数据收集和分析的方法（临床研究的选择、纳入研究的偏倚风险评估、数据提取与汇总分析等）。计划书是系统评价的操作指南，设计完善周密的计划书可以使系统评价的制作变得更容易，其中透明的工作流程也有助于实现偏倚的最小化。

通常情况下，计划书一旦完成就不应再进行变化，如果在系统评价制作过程中，确实需要对计划书进行某些改变，必须在全文与计划书的区别处（differences between protocol and review）报告所有改变的细节。同时，要进行敏感性分析，探讨此种改变是否影响了系统评价结果的稳定性，以帮助读者在决策时，根据研究结果是否稳定做出恰当合理的判断。

（三）检索文献

系统评价要求尽可能全面系统地收集全世界所有与问题相关的研究，所以要多途径、多渠道、最大限度地收集相关文献。为了全面查找所有的相关研究，凡是可能收录的与研究问题相关的原始研究数据库均应考虑，不限定语种和发表时间。常用的文献来源包括多种电子资源数据库、临床试验注册登记系统、参考文献的追溯、手工检索，可能包含阴性研究结果的"灰色文献"也需考虑。此外，请教相关领域专家或与研究通讯作者联系也是获得文献信息的有效途径。

检索策略的制定原则是全面和可重复性，需进行预检索，及时调整、优化检索策略。检索顺序一般是先检索主要数据库，再扩展检索其他相关数据库，最后进行人工检索和找寻其他来源。同时，先进行疾病和干预措施检索，根据检出结果，再组合检索研究设计方案。在检索完成后，对于检索文献量较大的系统评价，为了提高文献管理效率，一般需要借助文献管理软件，对检索结果题录或文摘进行浏览、去重、筛选和排序等管理，以便进一步全文筛选评价。

（四）文献的选择和纳入

系统评价通过详细而严格的选择流程和纳入标准的制定，克服了普通综述纳入文献质量良莠不齐、文章论证强度低下的缺点，使结果的可靠性和论证强度都大大增加。

文献的选择和纳入流程如下：①在文献检索之后，通过文献管理软件来管理检索结果，建立数据库，去除明显的同一研究的重复发表；②初筛：仔细阅读文献的题目和摘要，排除明显不相关的研究文献；③查找可能符合纳入标准的相关文献全文；④将同一研究的不同结果报道整合在一起；⑤全文筛选：仔细阅读文献研究的全文，讨论该文献是否满足系统评价的原始文献纳入标准；⑥文献研究的相关信息不全或不清楚时，需要进一步获取相关信息。如不能根据文章推导出需要的信息，则可能需要联系作者以获得进一步的信息；⑦最后就文献是否纳入做出最终结论。

在系统评价的全文中，附上文献选择和纳入的流程图会更好地帮助读者了解该系统评价最终纳入和排除文献相关情况。

（五）纳入研究的偏倚评价

评价纳入研究的质量对客观判断系统评价结果和结论的真实性、可靠性至关重要。文献评价一般来说包括以下三个方面：①内部真实性（internal validity）：指单个研究结果接近真值的程度，即受各种偏倚因素如选择偏倚、实施偏倚、失访偏倚和测量偏倚的影响情况；②外部真实性（external validity，generalizability，applicability）：指研究结果是否可以应用于研究对象以外的其他人群，即结果的适用价值与推广应用的条件，主要与研究对象的特征、研究措施的实施和结果的选择标准密切相关；③影响结果解释的因素：如治疗性试验中药物的剂量、剂型、用药途径和疗程及依从性等因素。

评价文献质量和偏倚风险的方法较多，可采用单个条目、清单或一览表和量表评分。对于随机对照试验设计类型的原始研究，专家建议使用 Cochrane 协作网制订的“偏倚风险评估”工具（the Cochrane collaboration’s tool for assessing risk of bias，ROB），包括 6 个方面：①随机分配方法；②分配方案隐藏；③对研究对象、治疗方案实施者、研究结果测量者采用盲法；④结果数据的完整性；⑤选择性报告研究结果；⑥其他偏倚来源。针对每一项研究结果，对上述 6 条做出“是”（低度偏倚）、“否”（高度偏倚）和“不清楚”（缺乏相关信息或偏倚情况不确定）的判断。①②⑤用于评估每一篇纳入研究的偏倚风险，其余 3 条则需针对每一篇纳入研究中的不同研究结果进行评估，强调同一研究中不同研究结果受偏倚影响程度不同。偏倚风险评价结果不仅采用文字和表格描述，还要求采用图示，更形象、直观地反映偏倚情况。此评估工具对每一条的判断均有明确标准，减少了评估者主观因素影响，保证评估结果有更好的可靠性。

Cochrane 协作网推荐的偏倚风险评价工具强调针对纳入研究中的每一结局指标按照评价条目分别评估，再对系统评价纳入的每一研究和所有纳入研究的每一结局总的偏倚情况应进行总结，见表 25-3。

表 25-3 总结同一研究和所有纳入研究的每个结局指标偏倚风险的标准

偏倚风险	解释	同一研究某结局指标	所有纳入研究的某结局指标
低偏倚风险	存在的偏倚不会严重影响研究结果	所有条目均为低偏倚风险	大多数信息来自低偏倚风险的研究
不明确偏倚风险	存在的偏倚使研究结果不可信	一个或多个条目为不明确偏倚风险	大多数信息来自低偏倚风险或不明确的研究
高偏倚风险	存在的偏倚严重减弱研究结果的可信度	一个或多个条目为高偏倚风险	高偏倚风险的信息比例足以影响研究结果解释

为了避免评价文献质量者的偏倚，可以考虑一篇文章多人或盲法评价，也可采用专业与非专业人员相结合来共同选择和评价的办法，对选择和评价文献中存在的意见分歧可通过共同讨论或请第三人的方法进行解决。此外，应进行预实验，以摸索经验，标化和统一选择、评价方法。

（六）资料提取

每一个研究都应按照事先制定的资料摘录表内容提取相应信息并填表，这些信息通常包括：①纳入研究的基本信息，如纳入研究的编号、引用题录、通讯作者和联系方式等；②研究特征：如研究合格性、研究对象的特征和研究地点、文献的设计方案和质量、研究措施的具体内容和实施方法，有关偏倚防止措施、主要的试验结果等；③结果测量：如随访时间、失访和退出情况、分类资料应收集每组总人数及事件发生率、连续资料应收集每组研究人数、均数和标准差或标准误等。可以使用 Excel 等软件建立数据库，以备进行定量分析时使用，提取数据和计算机录入时应由双人独立进行，以保证资料摘录和输入的质量。

（七）分析数据并撰写报告

对于收集的资料，可以采用定性或定量的方法进行分析，以获得相应的结果。

1. 定性分析　定性分析是采用描述的方法，将每个临床研究的特征按照研究对象、干预措施、研究结果、研究质量和设计方法等进行总结并列成表格，以便浏览纳入的研究情况、研究方法的严格性和不同研究间的差异，计划定量合成和结果解释，因此，定性分析是定量分析前必不可少的步骤。

2. 定量分析

（1）明确资料类型，制定分析方案。

（2）选择适当的效应指标：连续变量一般用均数差表示效应的大小，二分类变量用率差（rate difference，RD）、比值比（OR）、相对危险度（RR）等来表示效应的大小。

（3）进行异质性检验：在Meta分析的过程中，尽管纳入的多个研究都具有相同的研究假设，但是这些研究在研究设计、研究对象、干预措施、测量结果上可能存在变异，meta分析中不同研究间的各种变异称为异质性（heterogeneity）。异质性检验的目的是检验各个独立研究的结果是否具有一致性（可合并性）。

（4）模型选择及统计分析：常用的统计模型包括固定效应模型（fixed effect model）和随机效应模型（random effect model）。模型选择取决于异质性检验结果。如纳入分析的各研究结果是同质的，可以采用固定效应模型计算合并后的综合效应；当各研究结果存在异质性时，应分析其来源及对效应合并值产生的影响。如果影响较小，可按相同变量进行分层合并分析（亚组分析）或采用随机效应模型进行合并分析；如异质性过大，则应放弃meta分析，只做一般的统计描述。然后，计算效应合并值、进行区间估计，并对效应合并值进行参数估计和假设检验。

（5）用图示直观地表示出各效应合并值参数估计的结果：meta分析的结果常使用森林图（forest plot）进行描述。

（八）解释系统评价的结果

系统评价结果的解释可分成五个部分进行：

1. 主要结果总结　简单归纳所有重要结局指标的结果，包括有利结果和不利结果（不良反应等）；并给出重要结局指标的证据质量。

2. 证据的总体完整性和适用性　明确说明证据的适用人群；重点解释证据在特定环境下不适用的原因：生物学差异、文化差异、对于干预措施依从性的差异；探讨应怎样使用干预措施才能获得收益、风险、负担和成本的平衡。

3. 证据质量　该部分应着重从总体上客观评价纳入试验的质量。

4. 该系统评价可能的偏倚或局限性　包括检索策略是否全面；是否进行质量评价；研究的选择和纳入的可重复性；分析是否恰当；是否评价发表偏倚。

5. 与其他研究或评价的相同点和不同点及解释　同其他原始研究或系统评价进行比较，从中寻找相同点支持自己的结果，并应解释产生某结果的可能机制或原因；如果发现不同点，探索可能导致结果不同的因素，即解释引起差异的原因。

（九）系统评价的更新

在系统评价发表以后，定期收集新的原始研究，按前述步骤重新进行分析、评价，以及时更新和补充新的信息，使系统评价更完善。

三、Meta分析常用统计模型和统计方法

Meta分析中主要有两部分要应用统计方法，一是对纳入的各研究结果进行异质性检验（又叫

一致性检验、齐性检验），二是根据异质性检验结果选用固定效应模型或随机效应模型对各研究的统计量进行加权合并。这些统计分析可以利用 Revman，STATA 等软件进行统计分析。

（一）固定效应模型

固定效应模型（fixed effect model）假设各独立研究是来自同一总体的样本，各研究间的差异只由抽样误差引起，一项个体研究内部的方差与另一项个体研究内部的方差相等（方差齐性）。其主要统计方法包括 Mantel-Haenszel 法、Peto 法和 General Variance-Based 法。该模型在实际应用中最为广泛，对于分类变量资料，效应指标常使用比值比（OR）、相对危险度（RR）或危险差（risk difference，RD）；对于数值变量资料，效应指标一般使用加权均数差（weighted mean difference，WMD）或标准化均数差（standardized mean difference，SMD）。

1. 二分类变量资料实际应用中多用 Peto 法

（1）计算第 i 个研究的 OR_i

$$OR_i = \frac{a_i d_i}{b_i c_i}$$

（2）异质性检验（heterogeneity test）目前常用 Q 统计量检验法，无效假设为纳入的各个研究的效应量均相同。其公式表达为

$$Q = \sum \frac{(a_i - E_i)}{V_i} = \frac{\left(\sum (a_i - E_i)\right)}{\sum V_i}$$

其中 a_i 为治疗组的实际阳性数，E_i 为理论阳性数，V_i 为（a_i–E_i）差值的方差

$$E_i = \frac{n_{1i} m_{1i}}{T_i}, \quad V_i = \frac{n_{1i} m_{1i} n_{2i} m_{2i}}{T^2 (T_i - 1)}$$

Q 值服从于自由度为 k–1 的 x^2 分布，若 $Q \geqslant x^2_{a,k-1}$，$P \leqslant \propto$，表明各研究的效应指标不相同，即各研究之间存在异质性，支持随机效应模型的假定，若 $Q < x^2_{a,k-1}$，$P \leqslant \propto$，尚不能认为各研究的效应指标不相同，即各研究之间是同质的，支持固定效应模型的假定。

（3）计算合并的 $OR_{合并}$及其 95%可信区间

$$\text{OR}_{合并} = \exp\left(\frac{\sum (a_i - E_i)}{\sum V_i}\right)$$

$$95\%\text{CI} = \exp\left(\text{In}OR_{合并} \pm \frac{1.96}{\sqrt{\sum V_i}}\right) = \exp\left(\frac{\sum (a_i - E_i) \pm 1.96\sqrt{\sum V_i}}{\sum V_i}\right)$$

例 25-1：以 20 世纪 70 年代进行的 5 个临床试验研究为例，评价阿司匹林治疗心肌梗死的疗效，见表 25-4、表 25-5。

表 25-4 阿司匹林治疗心肌梗死的 5 个临床试验

研究编号	阿司匹林组		对照组		合计	OR 值	95%可信区间	
	死亡	存活	死亡	存活			下限	上限
1	49	556	67	557	1239	0.72	0.49	1.06
2	44	714	64	707	1529	0.68	0.46	1.01
3	27	290	32	277	625	0.81	0.47	1.38
4	102	730	126	724	1682	0.80	0.61	1.06
5	85	725	52	354	1216	0.80	0.55	1.15

表 25-5　*Q* 统计量计算过程

研究编号	ln*OR*	Varln*OR*	Wi*OR* 和 *Vi*	Wiln*OR*	WilnOR^2
1	−0.33	0.04	25.71	−8.46	2.78
2	−0.38	0.04	24.29	−9.34	3.59
3	−0.22	0.08	13.27	−2.86	0.62
4	−0.22	0.02	48.80	−10.71	2.35
5	−0.23	0.04	28.41	−6.41	1.44
合计	–	–	140.48	−37.38	10.79

Q=10.79−（(−37.38）^{2}/140.48）=0.6，v=5-4=1，P>0.50，异质性检验无统计学意义，说明各研究间效应量是同质的，故采用固定效应模型进行分析（表 25-6）。

表 25-6　Peto 法计算合并效应量过程

研究编号	观察阳性数 ai	理论频数 V_i	方差（a_i–E_i）		（a_i–E_i）^{2}/V_i	OR_i
1	49	57.68	26.30	−8.58	2.80	0.72
2	44	53.54	25.11	−9.54	3.63	0.68
3	27	29.88	13.38	−2.88	0.62	0.81
4	102	112.78	49.30	−10.78	2.36	0.80
5	85	91.29	27.06	−6.26	1.45	0.79
合计	307	345.03	141.15	−38.03	10.85	0.76

合并效应量 $OR_{合并}$为 0.76，95%可信区间为 0.65～0.90。

2. 数值变量（连续性变量）资料　以标准化均数差值为效应量 di，第 i 个治疗组和对照组的均数分别为 X_{1i}、X_{2i}，方差分别为 S_{1i}^2、S_{2i}^2，两组合并方差为 Si^2，计算过程如下：

（1）计算效应量

$$d_i = \frac{\overline{X_{1i}} - \overline{X_{2i}}}{S_i} \quad i=1，2，\cdots，m。$$

合并标准差

$$S_i = \sqrt{\frac{(n_{1i}-1)S_{1i}^2 + (n_{2i}-1)S_{2i}^2}{n_{1i}+n_{2i}-2}}$$

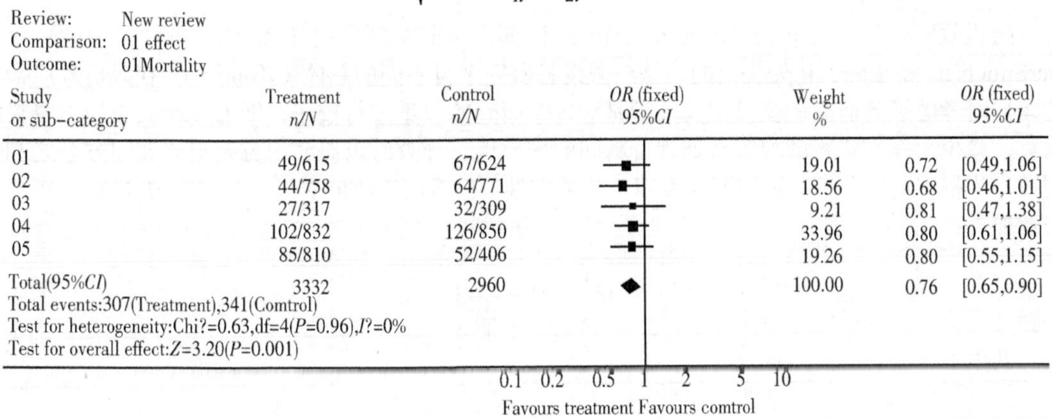

图 25-2　例 1 的 Meta 分析结果

（2）计算合并效应量 $d_{合并}$及其 95%可信区间

$$d_{合并}=\frac{\sum w_i d_i}{\sum w_i}$$

$$95\%CI=d_{合并} \pm 1.96\sqrt{\frac{1}{\sum w_i}}$$

其中

$$w_i=\frac{n_{1i}+n_{2i}}{n_{1i}+n_{2i}}$$

（3）异质性检验

$$Q=\sum w_i d_1^2-\frac{\left(\sum w_i d_i\right)^2}{\sum w_i}$$

例 25-2：为了综合分析某降血脂药物的疗效，经检索及严格评价后，纳入了 5 个随机对照研究，见表 25-7。

表 25-7 某降血脂药物疗效的 Meta 分析

研究编号	治疗组			对照组			S_i	d_i	W_i	$d_i W_i$	$d_i^2 W_i$
	W_{1i}	X_{1i}	S_{1i}	W_{2i}	X_{2i}	S_{2i}					
1	13	5.0	4.7	13	6.5	3.8	4.3	0.4	6.5	2.3	0.8
2	30	4.9	1.7	50	6.1	2.3	2.1	0.6	18.8	10.7	6.1
3	35	22.5	3.4	25	24.9	10.7	7.4	0.3	14.6	4.8	1.6
4	20	12.5	1.5	20	12.3	1.7	1.6	–0.1	10.0	–1.3	1.6
5	8	6.5	0.8	8	7.4	1.4	1.1	0.8	4.0	3.1	0.2
合计	106	–	–	116	–	–	–	–	53.8	19.6	2.4

经异质性检验 Q=3.93，v=5–1=4，P>0.05，即认为 5 个研究间异质性不大，可以采用固定效应模型。本例效应量的合并值 $d_{合并}$为 0.364，其 95%可信区间为 0.097～0.631。

（二）随机效应模型

随机效应模型（random effect model）的计算，目前主要采用 D-L 法，该法是 1986 年由 DerSimonian 和 Laird 首先提出的，该法假设各研究来自不同的总体（不同质），在分析效应指标的差异时考虑了各研究的变异，其关键是对每个研究的权重进行校正，即通过增大小样本资料的权重，减少大样本资料的权重来处理资料间的异质性，计算时以研究内方差与研究间方差之和的倒数作为权重纳入分析。该法不仅可用于分类变量，也适用于数值变量。对权重 W_i 进行校正后的公式如下：

$$W_i^*=\left(D+\frac{1}{W_i}\right)^{-1}$$

其中

$$D=\frac{Q-(k-1)}{\left(\sum W_i-\frac{\sum W_i^2}{\sum W_i}\right)} \quad \bar{d}=\left(\frac{\sum W_i^* d_i}{\sum W_i^*}\right) \quad Var(\bar{d})=\frac{1}{\sum W_i^*}$$

与固定效应模型相比，二者主要步骤完全相同，唯一不同的只是需要事先计算研究间方差，重新校正每个研究的权重。

四、偏倚的种类和控制

（一）偏倚的种类

1. 发表偏倚（publication bias） 是指具有统计学意义的研究结果较无统计学意义和无效的研究结果被报告和发表的可能性更大。如果 Meta 分析只是基于已经公开发表的研究结果可能会因为有统计学意义的研究占多数，从而夸大效应量或危险因素的关联强度而导致偏倚产生。

2. 文献库偏倚（database bias） 世界上几个主要的医学文献检索库如 Medline、Embase、Science Citation Index（SCI）虽然收集的杂志种类多，但绝大部分来自发达国家，发展中国家所占比例很小，而且发展中国家具有阳性结果的研究可能更容易发表在这些文献检索库中，所以仅通过这些文献库收集研究报告可能引入偏倚。

3. 纳入标准偏倚（inclusion criteria bias） 通常文献纳入标准由熟悉所研究领域的调查者来制定，那么这个标准就可能受调查者知识的影响。对纳入标准的处理可能导致某些阳性结果的研究被选择而阴性结果的研究被排除，从而引入偏倚。

4. 筛选者偏倚（selector bias） 尽管制定有严格的研究纳入标准，但由于纳入标准不一定对每一项研究的选入与否都非常特异，在筛选过程中就可能会受筛选者主观意愿的影响而引入偏倚。

（二）偏倚的测量

1. 敏感性分析（sensitivity analysis） 排除可能导致异质性的某研究后重做 Meta 分析，与未排除的 Meta 分析结果比较，探讨被去除的研究对合并效应的影响，比较了解其异质性的来源，称为敏感性分析（sensitivity analysis）。根据不同的入选标准进行敏感性分析，是检查上述偏倚的最佳途径。敏感性分析的主要方式有：改变纳入标准（特别是尚有争议的研究）、采用不同统计方法模型分析同一资料、排除低质量的研究等。如果敏感性分析的前后结果差别不大，表明最初的 Meta 分析的结果较为可靠，如果分析前后的结果不一致，提示可能有潜在的因素影响，需进一步研究明确，在解释结果和下结论时应非常慎重。

2. 漏斗图（funnel plot） 以效应值作为横坐标，样本含量作为纵坐标绘制散点图，若纳入的研究无偏倚，则图形呈现倒置的漏斗形，若图形不对称或不完整，则提示可能存在发表偏倚。通常不被发表的是样本含量较小的阴性结果研究，因此散点图的左下角缺失而不对称。

3. 失安全数（fail-safe number，Nfs） 通过计算假如能使结论逆转而所需的阴性结果报告数即失安全数来估计发表偏倚的大小，其计算公式为

$$N_{fs0.05}=\left(\sum Z/1.64\right)^2-S$$

$$N_{fs0.01}=\left(\sum Z/2.33\right)^2-S$$

知识点 25-5：系统综述和 Meta 分析的定义、系统评价基本流程

1. 系统综述是针对某一具体临床问题，系统地、全面地收集全世界已发表或未发表的相关临床研究文章，采用临床流行病学严格评价文献的原则和方法，筛选出符合标准的文献，并进

行定性或定量分析，得出可靠的综合结论的过程。

2. Meta 分析　广义上包括提出问题、检索相关研究文献、制定文献纳入和排除标准、描述基本信息、定量综合分析等一系列过程；狭义上则专指系统综述的定量分析。

3. 系统评价基本流程包括　①确定题目；②制定系统评价计划书；③检索文献；④文献的选择和纳入；⑤纳入研究的质量评价；⑥资料提取；⑦分析数据定性或定量分析（meta 分析）并撰写报告；⑧解释系统评价的结果；⑨系统评价的更新。

公式中 S 为研究个数，Z 各独立研究的 Z 值。失安全数越大，说明 Meta 分析的结果越稳定，结论被推翻的可能性越小。

（三）偏倚的控制

（1）采用多渠道、多种数据库资源，进行系统、全面、无偏地检索相关的文献，可以有效地减少发表偏倚和文献库偏倚的产生。

（2）制定客观严密的纳入标准，进行仔细地筛选，可以有效地减少纳入标准偏倚和筛选者偏倚。

此外，若发表偏倚较大，则需进一步收集相关资料信息，如与原文作者或研究组联系，查询有无阴性结果的研究，若有，则尽量从中获得相关资料，使发表偏倚减少到最低水平。

案例 25-1 分析与分析：结合以下案例，按照 PICO 格式构建临床问题。

患者男，72 岁，血糖升高 10 余年，心前区疼痛 5 年加重半年入院。

（1）初步诊断：2 型糖尿病；糖尿病性周围血管闭塞；糖尿病性周围神经病变；冠状动脉性心脏病-心绞痛，冠状动脉造影提示三支冠脉病变；高血压 2 级；高脂血症。

（2）治疗方案：罗格列酮 4mg qd、诺和龙 2mg tid 及二甲双胍 0.5g tid 脉三种药物的作用下才血糖控制达标；冠状动脉造影提示三支冠脉病变，不能进行“介入”入及“搭桥”治疗，硝酸酯类等扩冠药为主的内科药物治疗冠心病效果满意；他汀类调脂药（阿托伐他汀 20mg qn）及阿司匹林 100mg qd。

（3）构建的临床问题：P：2 型糖尿病合并严重冠心病的患者；I：罗格列酮；C：其他降糖药物；O：心肌梗死及因心血管原因导致的死亡风险。

2 型糖尿病合并严重冠心病的患者，使用罗格列酮控制血糖与使用其他降糖药物相比是否增加心肌梗死及因心血管原因导致的死亡风险？

罗格列酮案例的背景：1999 年 5 月，美国葛兰素史克公司生产的罗格列酮片首先在美国上市。2000 年，中国和欧盟也批准其上市，又称“文迪雅”。因其可以改善胰岛素的敏感性，弥补了其他降糖药的缺陷，因此很快成为治疗糖尿病的特效药物而被广泛使用。但是，在 2007 年有心脏病学专家提出罗格列酮会明显增加心血管事件的发生率，这使得对罗格列酮的使用引起质疑。2007 年 Steven Nissen 的一篇 Meta 分析引起轩然大波，他发现罗格列酮使心肌梗死的发生率增加了 43 %，心血管死亡风险发生率增加了 64%。但是 2009 年“在糖尿病患者中评价罗格列酮的心血管结局和血糖控制作用”的研究中表明罗格列酮无心血管风险，甚至还有一定的心血管保护作用。这种矛盾结论引发的争论一直持续了 3 年。为了提供更加可靠的证据，美国 FDA 于 2010 年 7 月召开了内分泌和代谢药物以及药物安全和风险管理咨询委员会联席会议，决定重新评估罗格列酮的安全性。提出严格限制其使用条件并更改说明书。2010 年 9 月 23 日，美国 FDA 再次提出严格限制罗格列酮使用条件并且停止了一项罗格列酮和吡格列酮安全性对比（TIDE）试验。2013 年 6 月 5 日至 6 日，美国 FDA 公布 RECORD 研究结果，发现其与 FDA 之前的结论不一致，不认为罗格列酮与额外的心血管风险有关。11 月 25 日，美国 FDA 宣布了根据最新的关于罗格列酮的心血管风险的信息，要求取消对处方和使用文迪雅（罗格列酮）的限制。2014 年 7 月，美国 FDA 更改了罗格列酮的说明书，取消对使用和处方限制的要求。这一决定使得罗格列酮的地位从二线甚至三线药物重新提升到了一线药物，罗格列酮又迎来了春天。罗格列酮重大事件时间汇总情况如图 25-3 所示。

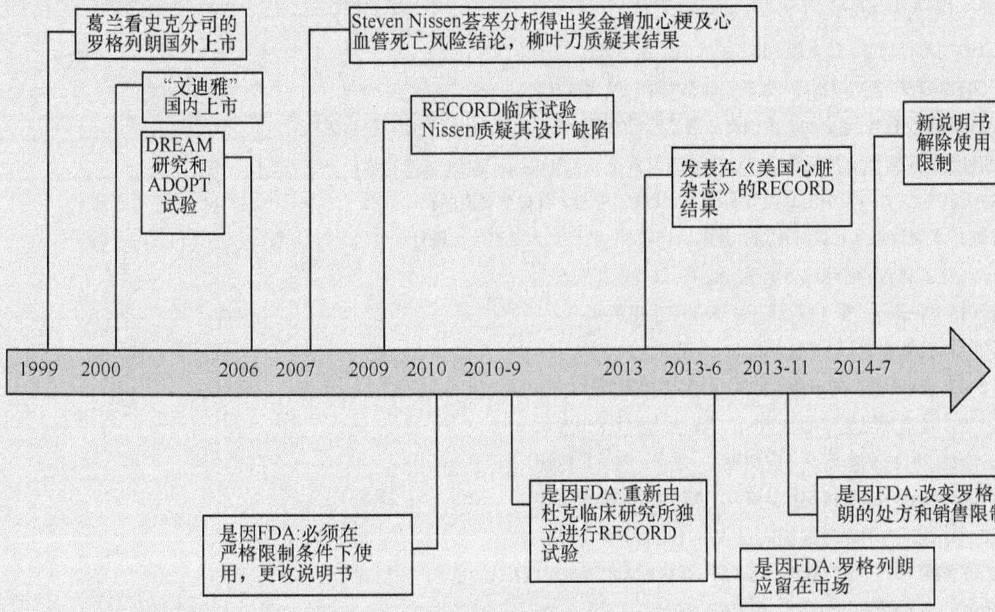

图 25-3 罗格列酮重大事件时间汇总表

罗格列酮案例的思考：不管是药物的上市，下架还是修改说明书，其决策都是建立在循证医学证据的基础上，该案例充分体现出循证医学指导临床实践的重要性，即一切都是证据在说话。

（张 玲）

参考文献

陈清. 2013. 流行病学. 北京：北京大学医学出版社.

高晓虹. 2003.临床流行病学. 大连：大连出版社.

耿贯一. 1997. 流行病学. 第 4 版. 北京：人民卫生出版社.

郭立燕. 2011.流行病学实习指导. 北京：北京大学医学出版社.

国家食品药品监督管理局. 2008. 中国食品药品监督管理年鉴. 北京：中国医药科技出版社.

国家卫生计生委疾病预防控制局. 2015. 中国居民营养与慢性病状况报告. 北京：人民卫生出版社.

国家心血管病中心. 2014. 中国心血管病报告. 北京：中国大百科全书出版社.

胡大一. 2018.心血管疾病社区防治适宜技术培训教材. 北京：人民卫生出版社.

黄民主，刘爱忠. 2008. 临床流行病学. 北京：高等教育出版社.

康德英. 2015.循证医学. 第 3 版. 北京：人民卫生出版社.

李兰娟. 2013. 传染病学. 第 8 版. 北京：人民卫生出版社.

李立明. 2007. 流行病学. 第 6 版. 北京：人民卫生出版社.

林年丰. 1991. 医学环境地球化学. 长春：吉林科学技术出版社.

罗家洪，李健. 2012. 流行病学（案例版）. 北京：科学出版社.

钱之玉. 2005. 药物不良反应及其对策. 北京：化学工业出版社.

沈福民. 2001. 流行病学原理与方法. 上海：上海医科大学出版社.

沈洪兵，齐秀英. 2013. 流行病学. 第 8 版. 北京：人民卫生出版社.

孙殿军. 2011. 地方病学. 北京：人民卫生出版社.

谭红专. 2008. 现代流行病学. 第 2 版. 北京：人民卫生出版社.

王福彦，文育锋. 2014. 流行病学. 北京：人民军医出版社.

王家良. 2008. 临床流行病学. 第 3 版. 北京：人民卫生出版社.

王建华. 2008. 流行病学. 第 7 版. 北京：人民卫生出版社.

王建华. 2015. 流行病学. 第 3 版. 北京：人民卫生出版社.

王素萍. 2003. 流行病学. 北京：中国协和医科大学出版社.

卫生部疾病预防控制局，中国疾病预防控制中心. 中国结核病防治规划实施工作指南（2008 年版）.

谢金洲. 2004. 药品不良反应与监测. 北京：中国医药科技出版社.

杨克敌. 2012. 环境卫生学. 第 7 版. 北京：人民卫生出版社.

叶冬青. 2013. 流行病学实习指导，第 4 版. 合肥：中国科学技术大学出版社.

袁聚祥，王嵬. 2009. 流行病学（案例版）. 科学出版社. 北京.

詹思延. 2012. 流行病学. 第 7 版. 北京：人民卫生出版社.

张朝武. 2014. 卫生微生物学. 第 5 版. 北京：人民卫生出版社.

赵中堂. 2008. 流行病学研究方法与应用. 北京：科学出版社.

郑玉建. 2007. 预防医学. 北京：科学出版社.

中华人民共和国国家卫生和计划生育委员会. 2013. 北京. 《2013 中国卫生统计年鉴》. http：//www. nhfpc. gov. cn

Doll R，Hill AB：A study of the aetiology of carcinoma of the lung. Br Med J，1952.

Doll R，Hill AB：Smoking and carcinoma of the lung. Br Med J，1950.

Evidence-Based Medicine Working，G. Evidence-based medicine. A new approach to teaching the practice of medicine. JAMA，1992.

Gordis L. Epidemiology. 4th ed. Philadelphia：WB Saunders Company，2008.

Haynes B. Of studies，syntheses，synopses，summaries，and systems：the “5S” evolution of information services for evidence-based healthcare decisions. Evid Based Nurs，2007.

Lilienfeld AM，et al. Foundations of Epidemiology. 2nd ed. New York：Oxford University Press，1980.

MacMahon B. and Trichopoulos D. Epidemiology Principles and Methods. Boston：Little，Brown and Company，1996.

Nissen SE，K Wolski. Effect of rosiglitazone on the risk of myocardial infarction and death from cardiovascular causes. N Engl J Med，2007.

PRISMA harms checklist：improving harms reporting in systematic reviews. BMJ，2016.

Rothman KJ，Greenland s，Lash TL. Modern Epidemiology. 3rd ed. Philadephia：Lippincott William & Wilkins，2008.